四川省志

Sichuan Shengzhi

市（州）概况

1986—2005

【第九十二卷】

四川省地方志编纂委员会 编

上 册

方志出版社
Publishing House of Local Records

图书在版编目(CIP)数据

四川省志.市(州)概况:1986—2005/四川省地方志编纂委员会编.—北京:方志出版社,2018.3

ISBN 978-7-5144-3022-6

Ⅰ.①四…　Ⅱ.①四…　Ⅲ.①四川—地方志—1986—2005　Ⅳ.①K297.1

中国版本图书馆CIP数据核字(2018)第048095号

四川省志·市(州)概况(1986—2005)

编　　者:四川省地方志编纂委员会
责任编辑:陈　菁

出 版 人:冀祥德
出 版 者:方志出版社
地址　北京市朝阳区潘家园东里9号(国家方志馆4层)
邮编　100021
网址　http://www.fzph.org
发　　行:方志出版社图书经销中心
电话(010)67110500
经　　销:各地新华书店
印　　刷:成都现代印务有限公司
制作设计:成都未来人图文设计有限公司

开　　本:889×1194　1/16
印　　张:67.75
字　　数:1773千
版　　次:2018年3月第1版　2018年3月第1次印刷
印　　数:0001~2000册

ISBN 978-7-5144-3022-6　定　价　859.00元

成都市 CHENGDU SHI

锦江夜色　　（严永聪　摄）

天府广场　　（严永聪　摄）

美丽富饶的成都平原　　（严永聪　摄）

青城山　2000年11月，被联合国教科文组织列入“世界文化遗产”名录

都江堰　2000年11月被联合国教科文组织列入“世界文化遗产”名录

1997年建立的国内首家开展中国特有濒危保护研究的开放实验室——成都市大熊猫繁育研究基地
（严永聪 摄）

滑雪胜地西岭雪山

跨火车南站斜拉桥　　（严永聪　摄）

川剧变脸　　（严永聪　摄）

中国驰名商标——郫县豆瓣

“太阳神鸟”金箔饰——2005年成为中国文化遗产标志　　（李升、李绪成　摄）

宽巷子　　（严永聪　摄）

武侯祠　　（严永聪　摄）

杜甫草堂　　（严永聪　摄）

文庙前街文翁石室中学　　（严永聪　摄）

自贡市 ZIGONG SHI

自贡盐业历史博物馆

自贡恐龙博物馆

自贡市市中心区

2004年自贡灯会

自贡市第一个以姓名注册商标的“李必祥”水果

自贡市贡井区建设镇固胜新村

攀枝花市 PANZHIHUA SHI

1991年9月开工，2000年完工，中国20世纪建成投产最大的电站——二滩水电站

2004年12月29日，攀钢轧出中国首条百米长尺钢轨

攀枝花市炳草岗新貌、旧貌

中国名砚之一——攀枝花苴却砚

国家AAAA级旅游景区——龙潭溶洞

攀枝花特色水果

泸州市 LUZHOU SHI

黄荆八节洞瀑布

美酒河·小山峡

古蔺太平渡红军四渡赤水纪念碑

泸州尧坝古镇

四川省内最大的客运渡口——宝来桥渡口

2002年12月18日，泸州国际集装箱码头竣工

德阳市 DEYANG SHI

旌城秋色 （王俊 摄）

旌城夜色 （王俊 摄）

千年古刹——德阳什邡罗汉寺

中江县是全国著名的中药材生产基地，图为集凤山区果药带的白芍

三峡水电机组转子从东方电机厂起运

东方汽轮机厂大型燃气轮机转子吊装

绵阳市 MIANYANG SHI

涪江晨曦

“两弹元勋”邓稼先（1924—1986）旧居

绵阳科学城雕塑——“原子之光”

江油李白故居——陇西院

位于绵阳西山的蜀汉大司马蒋琬墓

广元市 GUANGYUAN SHI

剑门关口关楼

旺苍鼓城山

广元城标——凤凰楼

广元皇泽寺内武则天塑像

广元市市区全景

广元女儿节龙舟赛

遂宁市 SUINING SHI

滨江路

中国死海——室内冲浪

宋瓷博物馆

遂宁广德寺全景

沱牌舍得生态酿酒工业园

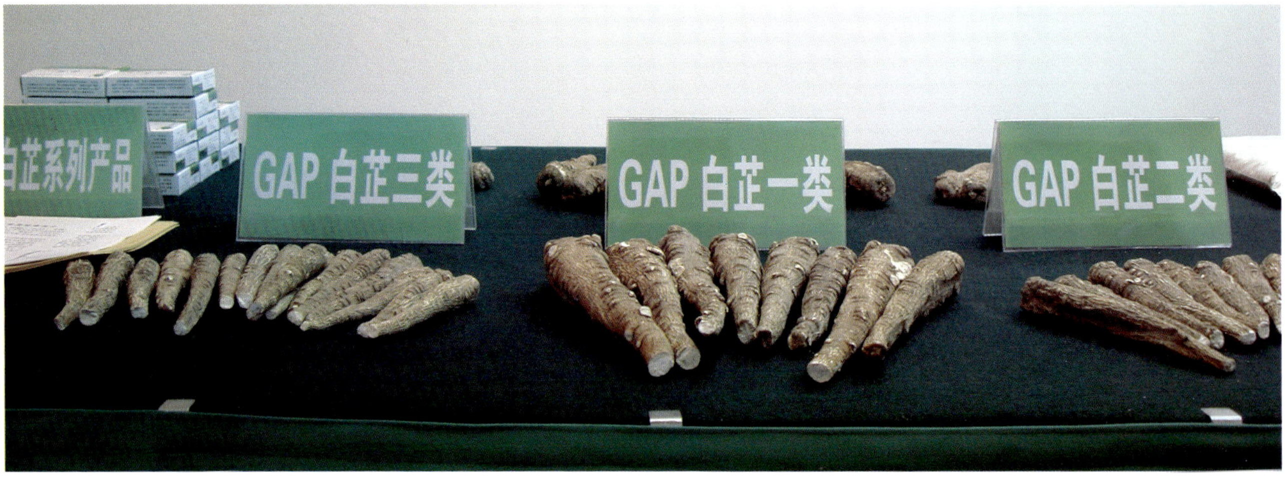

遂宁特产中药材——川白芷

内 江 市 NEIJIANG SHI

内江市市区全景

大洲广场

全国重点文物保护单位——隆昌南关石牌坊

中华人民共和国第一座自己设计、自制设备自己施工的大型机械化制糖厂——内江糖厂

资中木偶剧演出

内江猪1999年被农业部列入资源品种名录。此猪体重增长快，瘦肉多，具有环境适应力和繁殖能力强的特点

乐山市 LESHAN SHI

20世纪90年代的乐山市市区

乐山新貌

城市绿心

峨眉山金顶——十方普贤像

峨眉山报国寺

峨眉山清音阁

位于乐山市沙湾区的郭沫若（1892–1978）故居

犍为文庙

灵宝塔

千佛岩石窟寺

乐山大佛

南充市 NANCHONG SHI

南充市区五星花园 （杨麾　摄）

织绸

阆中保宁醋酿造车间

川北灯戏《拜师》

四川仪陇县朱德（1886–1976）旧居

西晋著名史学家、《三国志》作者陈寿青少年时代读书治学的地方——万卷楼，位于南充市西山风景区

阆中古城

宜宾市 YIBIN SHI

宜宾市区长江地标广场

宜宾长江大桥　　（张光金　摄）

四川省新农村建设示范点——筠连县春风村

全国历史文化名镇李庄　　（张光金　摄）

川南苗族风情节　（冯小薇　摄）

蜀南竹海翡翠长廊　（张光金　摄）

珙县僰人悬棺　（张光金　摄）

五粮液六百年老窖　（张光金　摄）

广安市 GUANGAN SHI

华蓥山游击队游击区

邓小平故里

2005年1月28日，中共四川省委、省人民政府主办的2005年红色旅游（四川）启动仪式在广安举行

广安思源广场夜景

四川首批非物质文化遗产——华蓥山滑竿抬幺妹

武胜国际龙舟赛

广安火电厂

达州市 DAZHOU SHI

达县梓潼红十三军政治部

开江任市陶牌坊

达州“元九登高节”

达州灯影牛肉

渠县三汇彩亭

国家级自然保护区——万源花萼山

老城夜景

巴中市 BAZHONG SHI

红四方面军总指挥部旧址纪念馆

红军石刻标语

巴中南龛石窟

巴中皮影

通江天然气田

光雾山风光

雅安市 YAAN SHI

雅安城区全景

宝兴县蜂桶寨野生大熊猫

荥经县龙苍沟珙桐林

夹金山风光

雅安市雨城区姚桥镇汉代高颐阙

中国工农红军强渡大渡河纪念碑

大渡河大峡谷

宝兴硗碛藏族乡硗碛五仙海

雅安上里古镇

天全二郎山隧道

蒙山茶技龙行十八式

雅州廊桥

眉山市 MEISHAN SHI

眉山的泡菜产业

丹棱梅湾新村

国家级非物质文化遗产——青神竹编

省级非物质文化遗产——仁寿抬工号子

烟雨柳江

资阳市 ZIYANG SHI

绿色资阳

安岳八庙卧佛

安岳竹编

简阳市三星镇蟠龙坝出土的恐龙化石

简阳三岔湖

阿坝州 ABA ZHOU

2004年7月12日，马尔康万人嘉绒锅庄节节庆现场

羌族瓦尔俄足节

藏族舞蹈《圣地鼓韵》

羌族服饰

藏族服饰

跑马拾哈达

辩经

壤塘棒托寺塔群及石经

红军长征一、四方面军会师遗址——小金天主教堂

卓克基土司官寨

黄河九曲第一湾

跑马坪四姑娘山

九寨沟诺日朗瀑布

黄龙五彩池

中国最美的湿地——若尔盖花湖

甘孜州 GANZI ZHOU

稻城亚丁三神山

川西高寒草原之理塘花海

新都桥风光

海螺沟冰川大冰瀑布

藏式伸臂桥——新龙县波日桥

稻城红草地

德格新路海

石渠县松格嘛呢石经城

贡嘎山风光

举世闻名的德格印经院

藏房内饰

藏族妇女服饰

藏族男子服饰

丹巴古碉群

凉山州 LIANGSHAN ZHOU

安宁河平原鸟瞰

西昌市城市面貌

会理古城

冕宁彝海结盟纪念碑

昭觉彝族服饰

彝族朵洛荷

西昌邛海水上滑板

凉山彝族火把节狂欢夜

泸沽湖秋色

螺髻山黑龙潭

四川省地方志编纂委员会成员

主任委员	王　宁			
副主任委员	张为人	朱新华	蔡　竞	杜兰举
	马小彬			
委　　员	叶文培	李　酉	高　山	江红英
	宋晓云	张丽萍	李曙光	张澜涛
	吴　成	何晓平	王映松	杨　杉
	赵家栋	张　强	向华全	欧力生
	陈　智	罗亚夫	王孝平	

《四川省志（1986—2005）》审核委员会成员

《四川省志（1986—2005）》
总编、副总编

总　　编	马小彬			
副 总 编	赵　行	邓　瑜	陶利辉	熊　倩
	张兆法	高伟明	朱艳林	牛　淼

《四川省志·市（州）概况（1986—2005）》
责任总编、责任编辑

责任总编　邓　瑜

责任编辑　邓肖亭

《四川省志·市（州）概况（1986—2005）》
编纂委员会成员

《四川省志·市（州）概况（1986—2005）》
编 辑 室

主　　编　何瑞明
副 主 编　朱艳林
编　　辑　邓肖亭　臧国亮　李海毅

《四川省志·市（州）概况（1986—2005）》
各篇撰稿人（单位）

概　　述	何瑞明	朱艳林			
第一篇	成都市	赖　立			
第二篇	自贡市	自贡市地方志办公室			
第三篇	攀枝花市	攀枝花市地方志办公室			
第四篇	泸州市	林枝平			
第五篇	德阳市	郑洪英	舒启东	陈家泰	管锡庆
第六篇	绵阳市	王志强	宴茂川	李维怡	
第七篇	广元市	邓颖全	王开建		
第八篇	遂宁市	遂宁市地方志办公室			
第九篇	内江市	余崇威	谢　志	杨修武	吉腾久
		张　驰	黄德平		
第十篇	乐山市	康广富	杨家龙		
第十一篇	南充市	南充市地方志办公室			
第十二篇	宜宾市	朱碇欧			
第十三篇	广安市	龙祥云			
第十四篇	达州市	冉　炬	陈开义	朱全森	范希江
第十五篇	巴中市	蹇黎明	闫柱国	饶松柏	
第十六篇	雅安市	危素云	许大容		
第十七篇	眉山市	杨　文	徐　强	王致修	
第十八篇	资阳市	资阳市地方志办公室			
第十九篇	阿坝藏族羌族自治州		卓　林		
第二十篇	甘孜藏族自治州		刘启蓉	韩广富	泽朗初
第二十一篇	凉山彝族自治州		仰　协	李志华	刘尧平
			何　梅		

《四川省志（1986—2005）》
凡　　例

一、本书编纂工作以马克思列宁主义、毛泽东思想、邓小平理论、“三个代表”重要思想、科学发展观、习近平新时代中国特色社会主义思想为指导，坚持辩证唯物主义和历史唯物主义的立场、观点和方法，全面客观地记述四川省行政区域内自然、政治、经济、文化和社会的历史与现状。

二、本书系中华人民共和国成立后首部《四川省志》续编，总名《四川省志(1986—2005)》，由总类、大事纪述、专志、人物、市（州）概况、附录共计93卷构成。各分卷名称为《四川省志·××志（1986—2005)》或《四川省志·××志》（后者为特色志志名)，设中英文目录。

三、本书上限一般起自1986年，下限一般截至2005年。对前志未设之分卷或篇章从事物发端写起；对前志漏载、误载的某些事项进行补载、更正；对前志记载后变化不大的某些事项进行简要复载；升格详载具有地方特色的某些事项。

四、本书记述的地域范围以1986—2005年四川省行政区划为准。

五、本书采用述、记、志、传、图、表、录等体裁，以志为主。

六、本书总类卷设序言、凡例、总述、卷目等，为各卷之首，全书之纲。关于自然环境、建置沿革、经济与社会历史发展状况等基本省情在总述中作简要复载或反映。各专志（分卷）根据社会分工和学科分类的实际，按照“以类相从”或“突出地方特色”的原则设立，以篇、章、节横分类别，节、目以下纵述史实，立足反映四川省行政区域某一事物（事业、行业）断限期内历史与现状的全貌。人物志卷采用传、录、表诸种表述形式，坚持“生不立传”原则，在世人物的突出事迹以事系人载入相关分卷。人物传统一收入人物志。本书大事记以编年体为主，辅以纪事本末体。为完整记述一些重要事物，保存有价值史料，有些分卷设置了专记。

七、本书使用规范的现代语体文记述，行文严谨、朴实、简洁、流畅。使用规范汉字，用词概念准确，符合现代汉语语法规范。使用的标点符号、数字、计量单位等均按国家规定的统一标准书写。

八、本书使用公元纪年，各卷正文（除引文外）采用第三人称表述；行文涉及机构、会议、文件、职衔、地名等，均按当时称谓；除涉及人名、地名、纪年和简称等项采用括注外，其余采用页下脚注。

九、本书资料来源于文献、档案、报刊、书摘、口碑及实地调查等，所用资料均经各修志部门考证、核实。各分卷数据一般采用省统计局公布的数据，省统计局缺乏的，采用有关部门正式提供的数据。

十、各分卷图片分为前置图片和随文插图，随文插图和表格均以篇为单位依次排序编号；所用地图均以省测绘局审定的为准。

十一、各分卷需要特别说明的事项，均在各分卷的《编辑说明》中注明。

《四川省志·市（州）概况（1986—2005）》编辑说明

一、本志为《四川省志（1986—2005）》新增设分卷，按照《四川省志（1986—2005）凡例》的规定："对前志未设之分卷或篇章从事物发端写起。"因此，该志主体内容以该市（州）建立时间为记述上限，下限统一为2005年，重点记事时段为1986—2005年。同时，将市（州）的建置沿革以及经济、文化、社会、风土等地方特有事物进行适当上溯。按照《四川省志（1986—2005）凡例》"升格详载具有地方特色的某些事项"的要求，该志专设优势产业、名优特产、特色文化、地方名人等章节记述各市（州）地方特色的内容。

二、本志记述的地域范围以2005年年末四川行政区域为限。篇目排序按照四川省惯用市（州）排序。历史上属于四川省管辖，1997年划出四川省的重庆市、万县市、涪陵市和黔江地区，其划出前1986—1996年间的内容在个别篇章有所涉及；1986年之后建市的城市或地区，其相关历史内容在之前所属的城市或地区中有所反映。

三、本志各篇由各市（州）地方志机构提供资料和撰稿，资料的主要来源有各市（州）地方志书、档案、年鉴、公开出版的书籍、报刊等，编纂时一般不注明出处。本志使用的数据主要来自各市（州）已出版志书中的统计数据，经过编纂人员的筛选、考证后方予入志。

四、本志记述的市（州）名称，正文中第一次出现时用全称并注明简称，以后出现时用简称。如阿坝藏族羌族自治州（以下简称阿坝州），凉山彝族自治州人民政府（以下简称凉山州政府）。在各篇中分别出现的机构或单位名称均指该市（州）的机构或单位。

五、本志中各市（州）和地区解放时间不一致，为避免歧义，在文中统一使用"中华人民共和国成立前/后”或“市（州）解放前/后”统一表述；各市（州）建市建州时间不同，在文中出现“建市”“建州”等时间概念均以该市（州）为准。

六、本志各篇未设政治部类，其原因是各市（州）政治体制大体差不多，且政治类内容在市（州）志中有详尽记述。本志以体现各市（州）地方特色为主，既反映各市（州）的总体概貌，又不与市（州）志简单重复，以增强志书的可读性。

七、本志各篇的篇幅基本一致。成都市、阿坝藏族羌族自治州、甘孜藏族自治州和凉山彝族自治州因分属副省级城市和民族自治州的特殊性，篇幅略长；而建市较晚的眉山、资阳等市篇幅相对较短。各篇篇目均由省志编委讨论拟定，根据市（州）特点有所不同。

目 录（上册）

第四篇 泸州市

第五篇　德阳市

第六篇 绵阳市

第八篇 遂宁市

第九篇 内江市

第十篇　乐山市

Contents

Part 7 Guangyuan City

Part 8 Suining City

概 述

一

商周时，古蜀族在川西地区建立蜀国，古巴族在川东地区建立巴国。秦惠文王九年（公元前316年），秦灭巴蜀，置巴蜀二郡，故四川古称“巴蜀”。北宋咸平四年（1001年），分川峡路为益州路、利州路、梓州路、夔州路，简称“川峡四路”，总称四川路，“四川”之名由此产生。元至元二十八年（1291年），作为元朝设在地方最高行政机构——四川行中书省，简称四川行省成立，省治成都。民国28年（1939年），国民政府对四川政区进行重大调整，川康分治，建置西康省，省会康定。1950年年初，中央人民政府把四川省划分为川东、川西、川北、川南4个行署区（省级），分别成立行政公署，直属西南军政委员会领导；重庆市改为西南军政委员会直辖市。1950年2月成立西康省人民政府，省以下成立西康省藏族自治区（与专区同级）。1952年9月，中央人民政府撤销西南军政委员会和4个行政公署，成立西南行政委员会（1954年撤销），恢复四川省，成立四川省人民政府。1952年，西康省成立凉山彝族自治区（专区级）。1955年7月，西康省撤销，行政区域划归四川省。1953年，成立四川省藏族自治区（专区级）。1955年11月，调整四川省少数民族地区政区建置，原四川省藏族自治区、西康省藏族自治州、凉山彝族自治区分别更名为四川省阿坝藏族自治州、甘孜藏族自治州、凉山彝族自治州。至此，四川政区分为省、市（专区、自治州）、县（市）、乡（镇）4级。截至1985年12月底，全省辖成都、重庆、自贡、渡口、泸州、德阳、遂宁、广元、绵阳、内江、乐山共11个市，雅安、阿坝、南充、达县、涪陵、万县6个地区，阿坝、甘孜、凉山3个民族自治州，8个县级市，32个市辖区，165个县，9个民族自治县。1987年渡口市更名为攀枝花市，阿坝藏族自治州更名为阿坝藏族羌族自治州。1997年，川渝分治。至2000年，地区全部改为地级市，全省形成成都、自贡、攀枝花等18个省辖市，阿坝、甘孜、凉山3个自治州的行政格局。2005年，全省辖18个地级市，3个民族自治州；地级市和民族自治州下设43个市辖区、14个县级市、120个县、4个民族自治县。

四川地貌类型极为复杂，平原、丘陵、山地和高原4种地貌类型齐全，以山地为主。平原主要分布于成都、德阳、眉山3市；丘陵主要分布于内江、资阳、遂宁、南充、广安等市；山地主要分布于西南部的凉山、攀枝花2市（州）及四川盆地西部、西北部各市；高原集中分布于川西北的甘孜、阿坝2州。四川地势起伏大，地表总起伏是西北部高而东南部低，地表绝对高差之大在全国仅次于新疆和西藏。四川是中国气候带最多的省区之一。全省从南亚热带到寒温带的各种气候带都有。攀枝花、凉山宁南等地，属于长夏无冬的南亚热带气候；成都、泸州、宜宾、自贡、内江、南充等地，为四季分明的中亚热带气候；绵阳、广元、巴中和达州等地，具有北亚热带和暖温带的气候特点；甘孜、阿坝、凉山州西北部的高原，为长冬无夏的高寒温带和寒温带气候。

四川各地自然资源丰富。生物资源具有多样性，动植物种类之多在中国仅次于云南。流经阿坝、成都、眉山、乐山、宜宾的岷江，横呈四川盆地西北边缘广元、绵阳、德阳、成都和阿坝等市（州）的龙门山，跨越雅安、阿坝两地的邛崃山，以及凉山州的大凉山等均属中国著名的动植物基因库，是中国珍稀保护动植物集中地区之一，仅国家一类保护动物大熊猫数量就占中国的80%以上。矿产资源总量丰富，种类较齐全集中，主要分布在川西南（攀西）、川南、川西北3个区。川西南的攀枝花市和凉山州黑色、有色金属和稀土资源丰富；川南地区的乐山、泸州、宜宾、自贡等地以煤、硫、磷、岩盐、天然气为主的非金属矿物种类多，蕴藏量大；川西北甘孜、阿坝等地稀贵金属和能源矿产特色明显。四川水资源以河川径流最为丰富，境内共有大小河流1445条，号称“千河之省”。乐山境内江河纵横，拥有岷江、大渡河、青衣江和众多中小河流。雅安是大渡河流经地，青衣江发源地。宜宾因金沙江、岷江在此汇合，长江至此始称“长江”，被称为“万里长江第一城”。阿坝州是长江上游在四川境内的主要支流岷江、涪江的发源地。四川水能资源集中分布于川西南山地的大渡河、金沙江、雅砻江三大水系，位于攀枝花市雅砻江上游的二滩水电站总装机容量达330千瓦。四川盆地天然气资源十分丰富，是国内主要的含油气盆地之一，已发现天然气资源储量达7万多亿立方米。达州市是国家“十一五”天然气开发重点地区和川气东送起点，有中国气都之称。

四川各地旅游及人文资源得天独厚，全省资源总数和品位在全国均名列前茅，是中国著名的自然和人文资源旅游大省。至2005年，拥有世界遗产4处。阿坝九寨沟、黄龙列入“世界自然遗产”，乐山峨眉山—乐山大佛列入“世界自然、文化遗产”，成都都江堰—青城山列入“世界文化遗产”。宜宾兴文拥有四川唯一的世界地质公园。四川共有国家级风景名胜区15处（峨眉山、黄龙寺—九寨沟、青城山—都江堰以及成都的西岭雪山、广元剑门蜀道等），省级风景名胜区75处，“中国旅游胜地40佳”5处；有国家级自然保护区18处（阿坝汶川卧龙、广元青川唐家河、雅安宝兴蜂桶寨等），省、县级自然保护区17处；有国家级森林公园28处（都江堰、九寨、绵阳千佛山、广元剑门关、甘孜海螺沟等），省级森林公园52处，县级森林公园7处；有国家级地质公园11处（自贡恐龙国家地质公园、跨越成都彭州及德阳什邡、绵竹三县［市］的龙门山国家地质公园、位于乐山金口河、雅安汉源与凉山甘洛接壤部位的大渡河峡谷国家地质公园、绵阳安县生物礁—岩溶国家地质公园等）。成都及都江堰、南充的阆中、自贡、泸州、宜宾、乐山7个城市为中国历史文化名城。全省有省级历史文化名城（镇）55个（成都洛带古镇、自贡仙市古镇、乐山罗城古镇、泸州福宝古镇、宜宾李庄古镇、雅安上里古镇、南充周子古镇等）。有全国重点文物保护单位62处，省级重点文物保护单位227处。成都武侯祠和杜甫草堂工部祠、眉山三苏祠、内江资中盐神庙、南充阆中张桓侯祠等是四川具有代表性的宗祠。自贡西秦会馆、泸州叙永春秋祠、成都洛带会馆是四川极负盛名的会馆。成都的新都桂湖和崇州罨化池等以城市园林公园闻名。德阳文庙、内江资中文庙、自贡富顺文庙、成都崇州文庙、温江文庙、乐山犍为文庙等均为四川保存较完整并具有代表性的文庙。成都市郊的刘备墓（惠陵）、王建墓（永陵）、孟知祥墓（和陵）、朱友埙墓、朱悦燫墓、绵阳西山蒋琬墓、眉山苏洵墓、乐山市麻浩岩墓等陵墓均很著名。隆昌石牌坊、渠县文庙石牌坊、雅安上里石牌坊、仁寿双牌坊等以比例良好、雕刻精细著称。达州渠县的沈府君阙、雅安高颐阙、绵阳游仙区的平阳府君阙等汉阙保存完好，雕刻技术精湛，具有很高的文物价值。

四川是个多民族省份，除汉族外，有55个少数民族，其中彝、藏、羌、苗、回、蒙古、傈僳、满、纳西、土家、白、布依、傣、壮等14个民族是省内世居少数民族。民族地区幅员面积30.21万平方公里，占全省总面积的60.14%。东部盆地以汉族为主体，西南部的凉山是中国最大的彝族聚居区，西北部的甘孜、阿坝两州是中国第二大藏族聚居区，西北角的岷江上游是中国唯一的羌族聚居区。2005年，四川实行民族自治的地区有甘孜藏族自治州、阿坝藏族羌族自治州、凉山彝族自治州（其中木里县为藏族自治县）、乐山市的马边彝族自治县、峨边彝族自治县、绵阳市的北川羌族自治县。按民族自治县对待的有攀枝花市的米易县、盐边县、仁和区，雅安市的石棉县、乐山市的金口河区5个县（区）。此外还有雅安宝兴县的硗碛乡、广元青川县的大院乡等93个民族乡。据2000年全国第五次人口普查统计，四川少数民族人口415万人。四川总人口，1949年为5730万人，1985年为10187.5万人。1949—1974年是四川人口总数高速发展的时期，1975—1985年四川人口猛增的势头基本得到控制。截至2005年12月31日，全省共有8642.15万人，男性4483.64万人，占总数的51.88%；女性4158.51万人，占总人口的48.12%，男女性别比为107.8∶100。四川行政区域间人口分布差异大。1990年全省21个地、市、州，人口最多的是重庆市，2886.62万人，人口最少的是阿坝州，76.60万人。2005年，全省21个市州，人口最多的是成都市，1222万人，人口最少的仍是阿坝州，85.08万人。

四川95%的城镇沿江而建，分布在大江大河沿岸的城镇规模较大。诸如沿长江的宜宾、泸州，沿岷江的成都、眉山、乐山，沿沱江的内江、资阳，沿嘉陵江的广元、南充，沿涪江的绵阳、遂宁等。城市布局东多西少，西部城市仅有攀枝花和西昌。城市规模以中小城市居多。成都别称“锦城”“锦官城”，在全国各省首位城市、中心城市中地位突出。宋代以前，成都在中国大城市中就位居前列，汉代为“五都”之一，唐代更有“扬一益二”之称。西汉公孙述、三国刘备、西晋李雄、东晋李寿、五代前蜀王建、后蜀孟知祥、明末张献忠等立国均建都成都。元、明、清为四川省治，民国初期成为四川省省会。1949年12月27日，成都解放，为川西行政公署驻地。1952年恢复四川省建制后，成都一直为四川省省会，是四川最大的经济、文化、科技、教育中心及交通通信枢纽，也是中国西部地区的重要中心城市。绵阳是四川第二大中心城市，为西部科技城。西昌是科学卫星城，攀枝花是钢城钒钛之都，自贡是盐都，南充是丝绸之府，德阳是重装设备制造业重镇，宜宾、泸州不仅是酒城，还是水陆交通枢纽。成都的都江堰、乐山的峨眉山、南充阆中等城市还是著名的旅游城市。

二

四川古代经济开发于夏、商至战国中期（公元前21世纪—前316年），其时在成都、郫县、邛崃、广汉一带经济较发达。蜀地经济由平原向丘陵向山区，由岷江—沱江—嘉陵江，由川江向长江，由西川向东川发展。经秦汉、魏晋南北朝时期的进一步发展，到唐宋时期（589—1126年）最为繁荣。唐宋时期，四川粮食和经济作物生产都有较大发展。成都平原成为当时全国著名的粮食产区，遂宁甘蔗、绵阳彰明（江油市）附子的种植闻名全国。成都彭县（彭州市）和灌县（都江堰市），雅安、宜宾等地茶叶生产发展较快。雅安的蒙顶茶品第为全国第一，被列为贡品。丝织品、麻织品、陶制品、冶铁业、制盐业、造纸、印刷业、制糖业等手工业都有较大发展。成都蜀锦名扬天下，绵阳三台的熟绫和白花绫，遂宁的樗蒲绫，以及南充蓬州（仪陇）棕丝绫和阆中莲绫，达州的兰绸等也相当有名。泸州的班布成为贡品。眉山陵州（仁寿县）铁山采冶规模最大。遂宁出产的冰糖居全国之首。成都“麻纸”“薛涛笺”“谢公笺”闻名全国。雕刻印刷广布全川各地，以成都、眉山最为发达。成都在宋初（11世纪初）发明了纸币“交子”，为世界货币史上使用最早的纸币。元明至清代后期（1126—1840年），四川经济发展一度有所滞后。这一时期，雅安、眉山、乐山、资阳、内江资中等地仍成为重要产丝区。自贡有盐井8680眼，是省内最大的盐业中心。沱江流域遍植甘蔗，内江初步形成了糖业中心。乐山夹江、眉山洪雅等地生产的手工纸远销陕、甘、鄂、豫。阿坝松潘的当归、大黄、黄连，广元剑州（剑阁县）的降香、乳香等中药材在国内享有盛名。清代又是四川名酒形成和发展的重要阶段，绵竹大曲、泸州大曲、全兴大曲等均为清代四川名酒。

四川经济的近代化晚于沿海地区，清代后期，四川各地农副产品商品化有所发展，最为典型的就是蚕桑业和山货业。以蚕桑业为例，除蚕桑基地南充产茧量达到鼎盛外，原来不植桑养蚕的地区如成都新都、德阳中江、绵阳三台等地也纷纷发展起来，三台县到20世纪初一跃而为四川省丝业中心。清同治三年（1877年）四川机器局在成都的创办标志着四川近代工业的开端。随后，四川井盐、生丝、蔗糖、造纸等传统优势行业由手工业作坊向新式企业转换。清光绪二十八年（1902年）自贡使用蒸汽吸卤机车，使井盐生产向近代机器工业转化。20世纪初，成都、泸州、广元、南充、乐山等地相继兴起火柴、纺织、缫丝、造纸、印刷等民族资本主义企业。抗日战争时期（1937—1945年）沦陷区的大量官僚资本和民族工业迁入四川成都、广元、乐山、自贡、内江、泸州等地，四川的经济进入畸形发展和短暂繁荣时期，并在以四川沱江及岷江流域（包括泸州泸县、内江、乐山五通桥、自贡自流井在内）为中心的区域形成化学工业区。

中华人民共和国成立后，在农村实行土地改革，开展农业合作化运动的同时，国家将优先发展重工业作为经济建设的战略重点，各地开始了现代大工业在中国发展的历程。1953—1957年“一五”时期，国家在川重点设立建设项目，尤其是20世纪60—80年代的“三线”建设，为四川现代工业和交通设施发展奠定了很好的基础。成都成为四川省重要的机械制造中心，攀枝花钢铁冶金基地、西昌航天卫星发射中心、德阳中国第二重型机械厂、东方电机厂、东方汽轮机厂、东方锅炉厂、阿坝汶川映秀湾水电站、乐山沙湾龚嘴水电站和夹江火电站、川西核工业基地等一批工业生产基地和装备制造基地的建成，使四川成为全国内陆地区最大的工业生产基地和装备制造基地。此外，绵阳、广元电子工业也得到迅速发展。1952年7月1日成渝铁路、1958年1月2日宝成铁路、1970年7月1日成昆铁路的全线通车，改善了四川交通条件，为四川工业发展奠定了交通基础。这一时期，四川在农业生产责任制变革方面也进行了有益探索，为全国农村经济体制改革积累了经验。1977年“包产到组”责任制率先在广汉县金鱼公社试行。1980年11月，广汉县向阳人民公社率先进行了变革人民公社“政社合一”体制的试点。这些试点改革，很快在全省、全国推行，促进了农村经济的恢复和发展。

20世纪80年代以后，特别是1997年省委、省政府提出“依托一点，构建一圈，开发两片，扶持三区”的区域发展战略思路后（即依托成都，加快成都平原经济圈建设，加快攀西、川南资源开发，扶持、加快丘陵地区、盆周山区和民族地区经济发展的区域发展战略），各地充分利用资源优势，抓住改革开放、西部大开发等重要战略机遇，实施农业产业化经营，在工业企业中实施“名牌战略”的决策，培育壮大支柱产业和优势产业，加强工业基地和园区建设。尤其是成都平原区所拥有的基础条件优势和较高的经济发展水平，充分发挥成都在四川经济社会发展全局中的独特地位和在区域经济发展中所具有的重要辐射、带动主导作用。到2005年，全省初步形成资阳、遂宁、南充、内江等丘陵地区的粮油、生猪、水果产业带，乐山、宜宾、雅安的茶叶产业带，成都、绵阳、眉山的奶牛、花卉苗木、蔬菜产业带，攀枝花、凉山的热带水果、蔬菜、烟叶产业带。成都、德阳、攀枝花、绵阳、内江、乐山、宜宾、自贡等8个重点市累计完成工业增加值1410亿元，占全省规模以上工业总值的69.3%。成都市规模以上工业完成增加值559.2亿元，占全省工业的27.5%。2005年，四川共有省以上产业园区（开发区）43个，其中，国家级园区5个、省级园区38个。全省工业园已有入园工业企业15034家，其中规模以上工业企业4831家，占四川全省规模以上工业企业总户数的40.4%。

2005年，四川拥有五粮液、长虹、九洲、迈普、柯斯达、剑南春、泸州老窖、全兴、美好、地奥、娇子、希望、通威等国家级名牌产品66个、省级名牌产品347个。全省涌现出攀枝花钢铁集团、德阳东方电气集团、绵阳长虹集团、宜宾五粮液集团、成都新希望集团、内江川威集团、成都通威集团等一批营业收入过百亿元的大集团。同年，在成都、绵阳形成了以英特尔、长虹为代表的高新技术产业集群，成绵区域逐步成为中国集成电路产业第三极；在德阳市形成了以第二重型机械集团、东方电气集团为代表的重大装备制造业产业集群，逐步成为中国三大重大装备制造基地之一；在宜宾、自贡、泸州川南城市群形成了以五粮液集团、泸州老窖公司、泸天化集团、天源股份公司为代表的饮料食品和化工产业集群；在资阳、遂宁、南充、广安区域形成了以四海公司、高金公司为代表的农产品加工产业带；在攀枝花市、凉山州、雅安市区域形成了以攀钢集团、二滩水电集团为代表的特色资源产业带；在成都、遂宁、南充、达州形成了纺织服装、鞋业产业带。此外，四川还形成了德阳重大技术装备，绵阳数字家电，攀枝花钒钛，成都、绵阳、资阳汽车，成都武侯区皮鞋，乐山夹江陶瓷，遂宁食品，成都和乐山硅业，川南白酒，南充丝绸服装，成都家具等为代表的特色产业集群175个。

三

巴山蜀水，物华天宝，人杰地灵。巴蜀文化，源远流长。四川各地文化艺术经过数千年发展积淀，独具特色，名家辈出，佳作迭现，享誉全国。旧石器时代晚期资阳“鲤鱼桥”文化、雅安汉源“富林文化”等，新石器时代成都平原宝墩文化城址、德阳广汉三星堆遗址文化、雅安汉源狮子山遗址、达州宣汉罗家坝遗址、西昌礼州遗址、阿坝营盘山和姜维城遗址，均显示出巴蜀文明起源和形成时期的文化特征。秦统一巴蜀后，巴蜀文化逐步跻身华夏文化前列。西汉时期，成都人司马相如、扬雄，资阳人王褒在辞赋与辞章方面各领风骚。诙谐说唱、鲛漫衍歌舞百戏、杂技杂耍也已流行于宫廷、市井，成都天回镇以及牧马山崖墓出土的说唱俑，宜宾长宁、乐山、成都出土的画像石（砖）都有图案描绘其具体场景。魏晋南北朝时期，史学兴盛。南充三国蜀汉谯周的《古史考》、其弟子陈寿的《三国志》，东晋崇州常璩的《华阳国志》等鸿篇巨制名垂后世。唐宋时期，巴蜀文学艺术空前繁荣，尤以诗歌为最。初唐遂宁射洪陈子昂提倡“汉魏风骨”开现实主义一代诗风。盛唐绵阳江油李白更以浪漫主义的创作方法，把诗歌推向难以逾越的高峰。宋代眉山苏轼集文章（散文）、诗词、书画于一身，开豪放派文风之先。以苏轼为代表的三苏（父苏洵、弟苏辙）文学史称之“唐宋八大家”列位有三。宋代成都已有较为固定的瓦舍勾栏式的百戏场所。明代新都人杨开庵，明朝三大才子之首。明代，山歌号子、演奏锣鼓和吹打乐，耍杂耍，玩龙灯、狮灯、挂扎彩灯等民间文学艺术已成为群众年节庆典、婚丧嫁娶、求神祭祀必不可少的自娱自乐性活动。清代康乾时期，移民大量入川，同乡会馆林立，外地民间音乐、舞蹈、曲艺、戏曲随之而来，四川各地文化艺术进一步恢复发展。罗江李调元（1734—1802）在文坛享有盛誉，且是出色的戏曲作家、评论家、藏书家。世居盆周山区的藏族、彝族、羌族、苗族、土家族、蒙古族、纳西族等少数民族民间艺术也是多姿多彩，尤以舞蹈、音乐、傩戏、曲艺、刺绣工艺品闻名于世。

清末民初西方文化渐次入川，报刊、话剧、歌剧、电影、摄影相继出现，图书馆、博物馆、剧场、电影院等标志近现代文明的文化设施逐步建立，传统巴蜀文化逐渐嬗变为现代意义上的巴蜀文化。自贡富顺人宋育仁堪称“四川报业第一人”，于清光绪二十八年（1902 年）创办成都第一份报纸——《蜀学报》。清光绪三十年（1904 年）电影传入四川。清光绪三十一年（1905 年）四川通省警察局总办周善培（号孝怀）在成都成立戏曲改良公会，集资建立悦来茶园，促进了四川近代戏剧基本格局的形成。民国 2 年（1913 年）曾孝谷在成都成立话剧团体成都春柳剧社。近现代文化设施方面，宣统元年（1909 年）成都劝学公所附设阅报室对外开放，之后绵阳江油、南充等地也相继出现类似的阅报所、室，形成现代社会文化设施雏形。民国元年（1912 年）四川省图书馆建立。民国 8 年（1919 年）四川华西协合大学博物馆正式建成，是清末民初外国人在中国创办的 7 所博物馆之一。民国 8 年（1919 年）五四运动促进了四川新文化运动的发展，绵阳盐亭人袁诗尧参与编辑的《四川学生潮》，成都人吴虞指导创办的《威克烈》，成都人李芾甘（巴金）等编辑的《半月》等一批反封建礼教，提倡新思想、新文化的报刊诞生。20 世纪 20 年代，乐山郭沫若，绵阳张秀熟、沙汀，成都李劼人、巴金、艾芜，广安蒲殿俊，资阳康白情等巴蜀人士，活跃于这一时期前后的中国文坛。抗日战争期间，巴蜀之地成了全国文化艺术活动的中心。民国 27 年（1938 年）起仅在成都创办的刊物即有《文艺后防》《华西晚报・文艺副刊》《朔风》《野马》《挥戈文艺》《四川风景》《华西文艺》等 10 余种。内江张善子、张大千兄弟，自贡赵熙，资阳谢无量等美术、书法、摄影大师，积极投身抗日战争的洪流，以纸笔、相机为武器，创作、书刻、发表、张贴、展览自己的作品。

1950—2005 年，四川文化事业进入一个崭新时期。20 世纪 50 年代，各市（州）县、市（区）普遍建立了文化馆，部分乡、镇建起文化站。老一辈文学家笔耕不辍，著述丰盛。李劼人修改了旧著《死水微澜》《暴风雨前》，沙汀有短篇小说《卢家秀》《过渡》《一场风波》，艾芜有长篇小说《百炼成钢》、短篇小说集《南行记》等。年轻作家和诗人崭露头角，其成就突出的代表人物如小说《红岩》的作者重庆罗广斌和广安杨益言，成都诗人流沙河，达州诗人梁上泉等。1977 年，成都籍作家刘心武发表短篇小说《班主任》，轰动全国。1982 年，资阳周克芹的长篇小说《许茂和他的女儿们》获首届茅盾文学奖。2000 年，阿坝马尔康阿来的长篇小说《尘埃落定》获第五届茅盾文学奖。20 世纪 80 年代以后，表演艺术以振兴川剧为重点，进入繁荣时期。川剧名家内江魏明伦的代表作《易胆大》《四姑娘》及与南国合作的《巴山秀才》在全国优秀剧本评选活动中“连中三元”。成都散打评书艺人李伯清成为当代四川评书领头人物。四川藏戏中的德格、康巴、安多、嘉绒藏戏得到弘扬，其他一些有影响的戏曲剧种豫剧、越剧、花灯戏等和木偶戏、皮影戏、灯戏、曲剧也得到发展。南充的大木偶，成都的木偶、皮影戏在全国均有影响。时尚诗乐舞《大唐华章》被列入 2004—2005 年度国家舞台艺术精品工程名录。2005 年年末，全省共有艺术表演团体 84 个，文化馆 201 座，公共图书馆 140 座，博物馆 56 座。

四川各地由于地域、历史、经济、人文因素，形成古蜀文化、红色文化、三国文化、大熊猫文化、民族文化等地方特色文化。成都、德阳是古蜀文化的发源地及中心，成都平原史前城址群、广汉三星堆遗址、成都十二桥遗址、金沙遗址、古蜀船棺合葬墓为古蜀文化的代表。四川阿坝、甘孜、凉山、雅安、泸州、广安、资阳、南充、达州、巴中、宜宾、广元等地是红军长征文化圣地、将帅故里和川陕苏区革命根据地的重要组成部分，红色文化底蕴丰厚。红军长征行程25000里，其中15000里在四川；红一、二、四方面军先后途经四川近70个县，占当时四川县份的60%以上。长征中，在四川进行了数百次战役，许多辉煌奇迹的发生就在四川，如四渡赤水、巧渡金沙江、彝海结盟、强渡大渡河、飞夺泸定桥、爬雪山过草地等。长征期间，中共中央先后在川召开会理会议、两河口会议、芦花会议、巴西会议等14次政治局会议和重要会议。四川是朱德、邓小平、陈毅、罗瑞卿、张爱萍等老一辈无产阶级革命家的故乡，又是中华人民共和国的将帅之乡。1955—1956年间，被授予中华人民共和国元帅，中国人民解放军大将、上将、中将、少将的四川籍人物共有99位。十大元帅中四川就有朱德、刘伯承、陈毅3位。20世纪20年代起，四川开始苏维埃政权建设，先后组建了4个省委、3个省苏维埃政权、近20个县委和近40个县的苏维埃革命政权，在巴中建立了全国第二大苏区川陕革命根据地。四川是三国历史文物保存最多的省份，著名的有成都武侯祠、阆中汉桓侯祠、汶川姜维城，以广元剑门关为核心的剑门蜀道、德阳庞统墓、大邑子龙墓、绵阳西山蒋琬墓等。跨越成都、阿坝、雅安、甘孜4市（州）12县的四川大熊猫栖息地，是全球最大最完整的大熊猫栖息地。四川地区民族众多，素有“民族走廊”之称，凉山彝文化、泸沽湖纳西文化、阿坝藏羌文化、甘孜以藏文化为主体的康巴文化，以绵阳北川羌族自治县、阿坝汶川、理县、茂县为主的羌文化都是极具特色的民族文化。

四川各地民俗文化、宗教文化、饮食文化具有民风朴实，崇尚人文，休闲雅致，地域特色浓厚等特点。民俗文化主要体现在岁时节庆、生养婚丧、民间信仰、民间传说、建筑风格以及独具特色的四川客家习俗等几个方面。以岁时习俗为例。四川汉族的岁时年节主要有春节、端午节、清明节、中秋节等，典型的节庆有成都灯会与花会，自贡灯会，天彭牡丹会，龙舟赛等，其中龙舟赛以乐山、新津、双流等地最具特色，乐山五通桥被称为“龙舟之乡”。此外，还有广汉保保节、达州正月元九登高、广元女儿节等岁时习俗。20世纪80年代以后，许多地方为发展经济，对传统节日赋予新的含义，如成都花会、灯会，乐山国际龙舟会，宜宾、泸州名酒节，自贡国际恐龙灯会，广元女儿节，成都龙泉桃花会，都江堰放水节，郫县望丛赛歌会等，都与现代生活相融合，集经贸、科技、文化、体育于一体，吸引大批海内外游人和客商来川观瞻，参与经商、投资，文化游乐盛况空前。

四川各地宗教发达，尤以佛教、道教为最。成都大邑的鹤鸣山是举世公认的中国道教发祥地，世界道教朝圣地，被称为“道国仙都”“道教祖庭”。东汉顺帝（126—144年）时，沛国丰（江苏丰县）人张陵于蜀郡大邑鹤鸣山创立正一盟威天师道，为中国原始土生宗教道教创立之始。四川著名的道教宫观还有成都青城山道观、绵阳梓潼七曲山大庙、宜宾真武山庙群、成都青羊宫等。道教造像以绵阳西山玉女泉造像、广元剑阁县鹤鸣山摩崖造像著名。此外，各地还大量塑造城隍、关帝、药王等神像，著名的有绵阳梓潼七曲山文昌宫明代生铁铸像。当代国画大师内江张大千久居青城山，绘有《张天师像》《王母像》《麻姑像》《玉女像》等道教题材画作。四川汉、藏佛教都有，并且分据四川东、西部。从东汉末年佛教进入四川，历时1800多年的曲折发展，在建筑、绘画、雕塑、金石、文学、音乐等方面逐渐形成厚重的巴蜀佛教文化。甘孜州寺庙在四川最多，2005年年底，经政府批准开放和依法登记的藏传佛教寺庙及活动点就有500余座，分布在除泸定县以外的全州17个县。由晋美彭措大师于1980年创建的甘孜色达五明佛学院则是中国具有广泛影响的藏传佛学院，也是世界上最大的藏传佛学院之一，1993年被美国《世界报》称为“世界上最大的佛学院”。其他地区比较有名的寺院及寺院建筑还有成都文殊院、大慈寺、昭觉寺，新都宝光寺，广元皇泽寺，绵阳平武报恩寺，遂宁广德寺，眉山报恩寺，阆中永安寺，阿坝壤塘棒托寺等。四川境内著名摩崖石刻有乐山大佛、荣县大佛、广元千佛崖、安岳卧佛院和圆觉洞等。四川也是著名的佛教经典刻书中心之一，甘孜德格印经院就是藏传佛教历史上三大印经院之一，且是仅存的一家。

四川饮食文化最具代表性的有川菜文化、川酒文化、川茶文化。川菜烹饪艺术的核心在于味觉艺术，故有“食在中国，味在四川”之说。川菜与鲁、苏、粤菜齐名，其味以成都最正，包括自贡、绵阳等地方菜系。四川各地酿造调味品和种植调味品品种繁多、口味丰富、品质优良，如自贡井盐、内江白糖、阆中保宁醋、德阳酱油、郫县豆瓣、叙府芽菜、南充冬菜、新繁泡菜、成都辣椒及汉源茂汶花椒等，其中很多调料为川菜独有。眉山东坡肘子、达州灯影牛肉、广元剑门豆腐、自贡富顺豆花等川菜驰名中外。宜宾五粮液、泸州老窖、绵竹剑南春、成都全兴大曲、古蔺郎酒、射洪沱牌曲酒等名酒名扬中外。四川还有着丰富的古代酒窖遗址，其中泸州大曲老窖池、绵阳剑南春酒坊遗址、成都水井坊酒坊遗址、宜宾五粮液酒坊、射洪泰安作坊等之酿造技术，体现了各地酒文化的深远历史。四川是中国最早饮茶、植茶和出现茶叶市场的地区。茶叶的质量和产量在唐以前都居全国首位。宋代以后，东南地区的名茶跃居全国首位，但四川茶叶的产量仍居全国之冠。四川各地贡茶也很有名，如雅安的蒙顶贡茶、宝兴寺茶，成都的青城贡茶、蒲江雀舌、花楸贡茶、鹤鸣贡茶、龙门贡茶，乐山的峨眉雪芽、荞坝贡茶，宜宾鹿鸣贡茶，凉山黄郎毛尖，广元七佛贡茶等。四川茶馆以成都最有名，遍布全市的戏曲茶馆、评书茶馆、禅茶馆、道家养生茶馆、茶与麻将博物馆、艺术品鉴茶楼、休闲娱乐茶馆和商务茶馆等各种不同类型的特色茶馆演绎着成都的茶馆文化。

四

秦以前四川各地教育主要通过各种宗教祭祀活动，工农业生产技能传授和从师学经学艺等来进行。西汉初，蜀郡守文翁于成都首创全国地方官办学校。随后，四川各地皆立学官，史称“蜀学比于齐鲁”。唐德宗贞元年间（785—805年）在遂宁创办的张九宗书院是四川最早的私人书院。宋代逐步形成书院制度，其间共建书院28所，最负盛名的为涪州（涪陵）北岩书院、夹江同仁书院、黎州（汉源）玉渊书院，蒲江鹤山书院。史有两宋“人文之盛，莫盛于蜀”之说。清光绪元年（1875年）在成都建成的尊经书院，由于倡导通经致用，成为近代四川学术文化的中心。此后，各地新式学堂逐步兴起，特别是20世纪最初的10年，四川各地兴办新式学堂形成高潮。清宣统二年（1910年）存古学堂在成都建立，民国元年更名为四川国学院。19世纪末20世纪初，四川教会学校兴起并逐渐增多，著名的有成都的华美学堂、启化女学堂、华美中学堂、华美女学堂、华西协合高级中学。民国13年（1924年）四川省教育厅正式成立，各县教育局也相继成立。抗日战争爆发后，沦陷区的大批大专院校和中学迁来四川。民国26—33年（1937—1944年），先后迁川的大专院校48所，迁川中学30多所，如迁成都的燕京大学、金陵大学，迁乐山的武汉大学，迁宜宾李庄的同济大学和江安的国立戏剧专科学校等院校。到1949年四川解放前夕，四川省共有高等学校37所，高中197所，初中272所，小学24487所，中等师范学校50所。

中华人民共和国成立后，各地教育事业在改革、整顿中逐步发展。1965 年，全省高等学校达 32 所，中师 68 所，高级完全中学 307 所，初中 1200 所，小学 14.86 万所。中共十一届三中全会后，各地按照合理调整各类学校发展比例、普及小学教育、办好重点中学的教育方针进行办学。1977 年后，各地高等学校恢复统一招生考试制度和培养研究生制度，逐步走上正轨。20 世纪 80 年代中期开始，各地实施教育体制改革，实行九年制义务教育，改革中等教育结构，大力发展职业教育，积极发展高等教育。到 2005 学年初，全省各级各类学校（不含技工校）4.9 万所，在校学生 1836.6 万人，教职工 86.3 万人。全年全省小学 1.9 万所，普通中学 4995 所，小学学龄儿童入学率 99.4%，159 个县（市、区）完成了普及九年义务教育任务，“普九”人口覆盖率 97.7%。全省中等职业教育（职高、普通中专、中等职业）学校 507 所（不含技工校），其中，普通中等专业学校 111 所，成人中等专业学校 211 所，在校学生 12.7 万人；成人中学在校学生 1 万人；成人初等学校在校学生 8 万人；成人技术培训学校学员 254 万人次。全年参加自学考试 43.4 万人，获得研究生、本（专）科文凭的 3 万人。2005 年年末，四川普通高校 72 所，其中成都就有 38 所。座落在成都的四川大学、电子科技大学为国家“985 工程”“211 工程”高校，西南交通大学、西南财经大学为国家“211 工程”高校。其他地区较有名的高校则有雅安的四川农业大学、南充的西华师范大学、西南石油大学、川北医学院、自贡的四川理工学院、泸州的泸州医学院、绵阳的西南科技大学等。

四川是中国古代科技发祥地之一，曾经出现过全国第一流的农业生产技术、水利工程、手工业技术。农业生产技术是巴蜀发展最早的技术，到明清时期，四川传统农业生产技术全面成熟，出现了新都知县张文梵著《农书》，大足知县沈潜著《蚕桑说》，德阳知县阚昌言著《农事说》，什邡张宗法著《三农记》等一批总结农业生产技术的著述。农业经济发展，也推动了水利工程技术的进步。战国末蜀郡守李冰创建的都江堰水利枢纽工程，代表古代巴蜀乃至整个中国水利工程技术的最高水平。古代巴蜀手工业技术发展较早，成都的漆器、金银器、纺织、造纸、雕版印刷等手工业技术都曾大放异彩。唐代遂州（遂宁）总结出冰糖冷却结晶的原理和工艺——“窨制法”，一直为后代沿用。北宋庆历年间（1041—1048 年），自贡创造了开凿卓筒小井的新工艺，在井盐开采史上具有划时代意义。古代巴蜀还涌现出许多手工业技术名家、名著。诸葛亮应征战发明木牛、流马和连弩。后蜀冯鉴援唐代科技史《事始》的体例，著《续事始》。在自然科学领域，有资中苌弘、阆中落下闳、巴中张思训等著名天文学家、数学家。落下闳研制成功中国古代第一台完备的天文仪器浑天仪，比欧洲早 1600 多年。张思训制造了世界上第一台自动天象仪太平滑仪，可自动演示日月星辰的运行。安岳人秦九韶是世界杰出的数学家，精研律算、天文、营造、音律之学。其“大衍求一术”（联立一次同余式求解法）、“正负开方术”（高次方程解法）的成就，比西方早 500 多年，在数学史上有崇高地位。

19 世纪下半叶到 20 世纪初，是四川近代科学技术萌发的时期。农业方面，开始引进国外优良农作物品种和耕作技术。其中棉花品种和果树品种引进较多，收效较好。清光绪三十年（1904 年），四川开始种植美棉。清光绪三十年至清宣统二年（1904—1910 年），美国传教士输入苹果种子，在巴塘实生繁殖，是四川栽种西洋苹果之始。工业方面，成都、广安、泸州、宜宾、南充、乐山、自贡、达州等地相继开办了火柴、面粉、纺织、缫丝、造纸、印刷、玻璃、电力、机械、采矿等近代工业企业，大多采用从西方引进的生产技术，打破了传统手工业生产格局。城市市政设施、交通邮电等方面，以成都为先出现了新技术萌芽。成都分别于清光绪二十九年（1903 年）、清光绪三十二年（1906 年）、清宣统元年（1909 年）建立川汉铁路总公司、自来水公司、启明电灯公司。清光绪二十二年（1896 年），由汉口经重庆到成都的第一条电报线路建成。继 20 世纪初宜宾、成都设邮政局之后，其他各府、州、县设邮局或邮政代办所 300 多个，形成四川的邮政网络。地质学、生物学等近代基础自然科学也引入四川。民国 3 年（1914 年），中国地质事业的奠基人之一丁文江到会理考察。他是第一位考察四川矿产的中国地质学家。清同治八年（1869 年），法国传教士、巴黎博物馆通讯员大卫（Armand David）考察四川宝兴植物，于清光绪十四年（1888 年）由佛朗奇（Franchet）出版《大卫植物表》。20 世纪 40 年代，为适应战争需要，四川加快发展农业、工业、能源和交通运输事业及相应的科学技术。当时，沦陷区的大批企业、重要科研机构内迁成都、宜宾、乐山等地，使四川成为当时全国的科学技术中心，也奠定了四川现代科学技术的基础。

中华人民共和国成立后，"一五"计划以及"三线"建设（20 世纪 60 年代到 80 年代）期间，国家先后在四川成都、绵阳、攀枝花、德阳、广元、阿坝、凉山、泸州、宜宾等地布点上百个项目，充实、内迁、新建科研机构近 80 个，展开电子、核技术、航空、航天、兵器、船舶等国防工业和高新科学技术的研究以及实验和生产基地建设，奠定了四川各地工业技术体系的基础。成昆铁路在牵引动力、通信信号、线路上部建筑、桥隧土石方各项工程快速施工等四个方面取得了突破性进展，使中国的铁路修建水平上了一个新台阶。1986—2005 年，是四川科学技术发展突飞猛进的 20 年。全省深化科技体制改革，深入实施"科教兴川"战略，大力发展高科技，努力推进科技创新，有力地促进了全省自然科学各重大学科和专业技术领域向纵深发展。1988 年、1992 年先后批准成都、绵阳建立国家级高新技术产业开发区。1992 年自贡高新技术产业开发区批准建立，成为全省第一个省级高新技术产业开发区（2006 年更名为四川自贡高新技术产业园区，2011 年升级为国家高新技术产业开发区）。1993 年，成都被国务院定位为西南地区科技中心。2001 年国务院批准建设绵阳科技城，科技部批准成都高新区西区建设方案。到 2005 年年末，拥有在川国家级重点实验室 15 个、省部级重点实验室 60 个，国家级工程技术中心 9 家、省级工程技术中心 26 家。全省有两院院士 57 名，59 人次。其中成都市有 5 个国家级重点实验室和 3 个国家级工程技术中心。农业科学研究方面，四川农业大学教授周开达为首的课题组成功培育出的雄性不育系及冈、D 型杂交稻，对四川和全国南方水稻区增产作出了重大贡献，该成果获 1988 年国家发明一等奖；四川农业大学颜剂教授培育的小麦高产、抗锈的优良种质资源"繁六"及姐妹系，对四川小麦增产作出了重大贡献，1990 年获国家发明一等奖。工业科技方面，东方机电厂饶方权、徐伦长等研制成功的"龙羊峡 320 兆瓦水轮发电机组"是中国 20 世纪 70 年代研制成功的国内单机容量最大的水轮发电机组，1988 年获国家科技进步奖特等奖。20 世纪 80 年代初成都科技大学钟本和等开始进行"3 万吨/年料浆浓缩法制粒状磷胺研究"，该技术针对中国磷矿多为中品位含磷状况的实际，采用直接法生产高效复合肥料，填补了国内空白，1988 年获国家科技进步奖一等奖。医药卫生科技方面，四川于 1997 年启动了中国第一个国家级中药现代化科技产业基地建设，医药生物技术领域发展迅速，医疗卫生、疾病防治领域取得了积极进展。四川省中药研究所邓文龙等在中药抗内毒素作用研究中，发现了世界上第一个具有直接抗内毒素的作用中药"D"成分，使中国在该领域处于世界先进水平。四川大学华西医学院首先在世界上开展了肝内胆管结石合并肝硬变患者的肝移植手术。省中医研究所研制成功的川产紫杉醇及其注射液新药已成为乳腺癌、卵巢癌治疗的一线药物，进入临床应用。基础科技方面，四川农业大学从动态角度探索了性状发育过程中的基本效应、配合力及基因效益与环境的互代关系，在国际上首创把同工酶谱数量化并以相同酶量作为一个性状进行遗传分析，把传统数量遗传研究推向分子水平，达到国际先进水平。成绵德高科技产业带建设成绩显著，初步形成了以电子信息、新材料、生物医药为主体的高新技术产业创新格局，特色优势产业不断壮大。

五

四川自古盛产动、植、矿物多种药材，古谚称："天下有九福，药福数西蜀。"宋真宗时（988—1022 年），峨眉山人巧种人痘预防天花，开人工免疫法之先河。宋哲宗时（1086—1100 年），华阳人唐慎微著《经史证类备急本草》，集宋以前中国药物学之大成，是中国第一部完备的药典。清末，彭县唐宗海致力于中西医汇通学术研究，著《中西医汇通医书五种》，为中国中西医汇通派著名代表人物。清代全省有名医 1000 人以上。清道光二十年（1840 年）以后，西医西药逐渐传入四川，到民国 34 年（1945 年）先后开办教会医院 30 余所，教会卫生学校 20 余所。其中最早的教会医院为清光绪十八年（1892 年）美道会启尔得医生在成都四圣祠建立的仁济医院。清末清政府推行"新政"，警察机关开始管理社会卫生，军警官绅纷纷举办医院，四川现代卫生事业由此肇始。四川最早建立的西医医院为光绪三十年（1904 年），四川总督于成都陕西街创办的"四川陆军医院"。民国 28 年（1939 年），四川卫生实验处成立，筹建各级医疗卫生机构。当年 5 月，设省立保婴事务所，同时在成都成立四川省立传染病医院、四川省立公务员诊疗所。民国 34 年（1945 年），设四川省立妇婴保健院及温江、乐山、茂县（次年撤销）3 个省立医院。民国 35 年（1946 年）增设绵阳、遂宁省立医院，同时在成都成立四川省立医院。

中华人民共和国成立后，四川各地建设医疗机构，培养壮大医疗卫生队伍，大力进行除害灭病，城乡卫生状况和人民健康水平不断改善和提高。1986—2005 年，四川加强卫生体制改革，建立健全医疗卫生服务体系，加强卫生法制建设，改善农村卫生事业，推进城市社区卫生服务。20 世纪 90 年代中后期，成都、泸州、广元、绵阳等市获"全国卫生先进城市"称号。1995 年开始，广元苍溪、遂宁射洪、德阳什邡以及成都青羊区被省卫生厅确定为卫生综合改革试点县（区）。1997 年，绵阳、泸州被确定为全省医疗保险制度改革试点市。1998 年，继成都市青羊区、攀枝花市东区和西区、凉山州西昌市开展城市初级卫生保健试点后，又在全省 40 个市（区）开展城市社区卫生服务试点。2003 年 6 月，成都彭山、广安武胜、泸州叙永、凉山金阳和成都都江堰市被省政府确定为全省新型农村合作医疗试点县。2005 年，成都市武侯区、攀枝花市东区、绵阳市涪城区、南充市顺庆区被命名为首批"四川省社区卫生服务示范区"。各地卫生事业已从单一临床医疗型机构逐步发展成为包括卫生防疫、妇幼保健、医疗预防、教育科研、中医中药五大卫生保健体系和配套的中西医药行业。当年，全省卫生行政机构 205 个，其中市（州）卫生局 22 个（包括四川省科学城卫生局），县（市、区）卫生局 181 个；全省医疗机构 23186 个，其中市州级医疗机构 120 个。位于成都的四川大学华西医院、省人民医院、成都市第三人民医院以及绵阳市中心医院、达州市中心医院、宜宾市第二人民医院、遂宁市人民医院、泸州医学院附属医院、川北医学院附属医院等为三级甲等综合医院，医疗技术在西南地区居领先水平。省人民医院成为首家数字化示范医院，四川大学华西医院成为世界上单点规模最大的医院，四川大学心理卫生中心成为中国最早采用现代医学技术治疗精神疾病的专业临床医院。2005 年年底，全省尚有企业医疗卫生机构 300 个，建于 1970 年的攀钢职工总医院 2003

年被评为全省唯一的三级甲等企业医院，成都市妇幼保健院2000年被评为全省首家三级甲等妇幼保健院，攀枝花市妇幼保健院2004年建成“三级甲等”妇幼保健院。2005年全国评选出56名国医大师，四川省中医药科学院李克光、成都市中西医结合医院王静安被中华中医药学会遴选为“国医大师”。2005年年底，全省15个市（州）卫生局增挂了中医（药）管理局牌子，90%以上的乡镇卫生院设立了中医科，有县及县以上中医药机构207所（含藏医院18所、中医药科研院所5所），位居全国第一。全省中医药从业人员已达10万余人（不含中药制造业），位居全国第一。植根于康巴地区的中国首批国家级非物质文化遗产传统医药甘孜南派藏医药，经过3000多年的发展，已经形成具有浓郁地域特色的医药学学术思想、理论体系、治疗方法和用药特点。此外攀西地区的彝医药，集中分布于岷江上游的羌医药，都是各具特色的民族医药。阿坝州藏医院、若尔盖县藏医院和阿坝县藏医院，甘孜州藏医院、乡城县藏医院、德格县藏医院和巴塘县藏医院被四川省中医药管理局认定为“达标藏医院”。西昌彝医药研究所是全省唯一的一所彝医药研究机构。

武术、气功、棋类、摔跤、射箭、赛马等是四川各地民间传统体育项目。明末清初，简阳、新都、峨眉、乐山、叙永、荥经等46县就建有各类练武场近100个。成都的北校场、东校场、南校场均为清代驻省军队的重要操练场地。古代四川的球场主要是马球场和蹴鞠场。清末，球类、田径、体操、游泳等西方现代竞技体育项目开始传入四川。清光绪三十一年（1905年），在成都北校场举行了第一次全省运动大会。清光绪三十二年（1906年）四川省通令实施学部公布的《奏定学堂章程》，该章程规定学堂开设“体操”（即体育）课，是体育成为政府行为的开始。四川现代体育场地也随着西方近代体育的传入而兴建。清光绪二十七年（1901年）阆中县教会学校华英高等小学堂修建了运动场。民国元年（1912年）成都兴建少城公园时内辟体育场是四川公共体育场兴建的开始。民国21年（1932年）杨森下令修建的广安公共体育场，是当时四川唯一设备完整的大型体育场。20世纪初，四川各地出现足球场、篮球场、排球场、灯光球场、网球场等。清宣统二年（1910年）前后，成都出现足球场，20世纪20—30年代，省内其他地区也相继修建了足球场。20世纪30年代初期，各地修建了327所体育场地，数量居全国之冠。至中华人民共和国成立时，四川有体育场地469个，列全国第三位，但属体育系统的仅14个，且无一个正规的体育场和体育馆。

中华人民共和国成立后，各级各类体育竞技比赛逐渐增多，民间体育活动也逐步兴盛。1953年四川省体育运动委员会成立，各市、地、州、县体委也相继成立，各级政府有了专门管理体育事业的职能部门，在各级党委和政府领导下，协同其他部门和机构，为发展四川体育事业进行了卓有成效的工作。其后，各市、县（区）体育运动委员会成立，钓鱼、信鸽、桥牌、气功等体育协会也陆续成立，各类体育活动频繁开展。1953年2月，四川省第一届人民体育运动大会在成都市人民体育场举行，有田径、体操、篮球、排球4个大项共322个单项比赛项目。1969年，德阳县被评为开展群众体育运动先进县。1986年，国家体委命名成都市金牛区、温江县为“全国体育先进县”。1996年，江油市被国家体委授予“全国武术之乡”称号。四川少数民族体育项目丰富多彩，北川羌族有荡秋千、盔甲舞、马马灯、举石等项目，平武白马人有卡惹则（摔跤）、搭底板（毽子）、跳曹盖（面具舞）、猫猫舞等民族体育项目。甘孜州境内藏族人民喜爱骑马、射箭、摔跤、登山、朵加、俄多、格吞（押加）、奔牛等民族体育活动，尤以赛马、马术、弓技、射击最具特色。到2005年，各市（州）初步形成以基层政府为主导，以广大群众为主体，以体育社团、文体中心（文体站）、体育俱乐部为基础，以体育场地设施为依托的群众体育格局。

六

四川各历史时期都涌现出众多杰出人物，他们在政治、经济、军事、文化等各个领域，为中华民族的发展壮大作出了卓越的贡献。仅就文化科教类人物而言，在四川古代历史上可谓群英荟萃，代不乏人，其最著名的有成都司马相如、严遵（君平）、扬雄、常璩、魏了翁、杨慎，南充陈寿，遂宁陈子昂、张问陶，绵阳李白，眉山三苏父子（苏洵、苏轼、苏辙），资阳王褒、秦九韶，德阳李调元等人。

近代以来，四川历史发生巨大转折，社会思潮发生深刻变化，近代工业逐步兴起。在近代四川政治舞台上，涌现出了自贡富顺刘光第，德阳绵竹杨锐等民主先驱，被称为新学巨子的早期改良主义思想家自贡富顺宋育仁，近代经学家乐山井研廖平，鼓吹思想解放的反孔非儒斗士成都新都吴虞。四川近代历史上也有不少成就卓著的实业家和能工巧匠。其中绵阳三台陈开沚是四川近代蚕丝业奠基人之一，还出现了自贡王三畏堂、李四友堂、吴景让堂这类拥资数十万至百万的盐业资本集团以及众多新兴的盐业资本家等。

现当代，四川社会的变化比以往任何历史时期都更加急速、复杂和深刻，四川与全国的关系及其相互影响也比以往任何历史时期更加密切、直接和明显，由此造就了一批又一批具有重大影响和贡献的各类代表人物。政治舞台上，涌现出成都蒲江李家钰、广安邓小平、南充朱德、资阳陈毅、南充罗瑞卿、自贡荣县吴玉章等叱咤风云的革命家、政治家、军事家、爱国将领、党和国家领导人；还出现过乐山熊克武、德阳广汉戴季陶、成都双流张群、自贡富顺谢持等著名国民党人；在军阀混战中崛起的成都刘湘、刘文辉、南充营山邓锡侯等地方实力派人物；内江隆昌曾琦等各种政治派别的代表人。在长期的反帝反封建的斗争中，四川还产生了如南充张澜等民主革命家和著名爱国人士。四川文化科教类领域也是才俊林立。其中有继鲁迅之后的文化巨匠乐山沙湾郭沫若，扬名海内外的国画大师内江张大千、张善子，泸州龙马潭蒋兆和，享誉全国的著名作家成都李芾甘（巴金）、李劼人、新繁艾芜、金堂流沙河，绵阳沙汀，被誉为巴蜀鬼才的著名戏剧家、辞赋作家四川内江人魏明伦，在研制和发展核武器技术、航天科技领域有突出贡献的“两弹一星”元勋之一郫县肖伦、完成研究人造卫星《东方红》乐曲天线的宋剑鸣，曾负责研制中国第一部电扫描三坐标雷达、第一部大型相控阵预警雷达的著名电子科学家、中国工程院院士泸州张光义，著名音乐家、社会活动家成都温江王光祈，有一代通材之称的生物学家成都新都周太玄，《资本论》第一卷中文本的最早翻译者、经济学家德阳中江陈豹隐，数学大师广安何鲁，以《中国的西北角》一书震撼全国的名记者四川内江范长江等，均为领一代风骚的人物。此外，还涌现出如乐山丁佑君、德阳中江黄继光、雅安石棉赖宁等闻名全国的英雄、革命烈士，自贡高敏、内江唐琳、乐山邓国银、达州杨红兵等荣获世界冠军的体育健将。

在现当代历史上，四川各兄弟民族也产生了众多著名人物，其中有在民主革命时期反帝反封建的革命人物；也有在民族地区产生一定影响的各族首领和上层人物以及在科教文化方面卓有成就的人物。其中全力支援红军，并当选为苏维埃甘孜博巴政府副主席，中华人民共和国成立后为和平解放西藏而献身的藏族高僧格达活佛，是其突出代表。

四川物华天宝，区位优越，山水秀丽，人杰地灵。高原三州丘谷相间，群山争雄，江河奔流，资源丰富。平原、盆地各市城镇密布，人口稠密，经济繁荣，文化昌盛。各市（州）积极发挥区位和资源优势，扬长避短，竞相发展，成绩突出，各显特色。但由于历史和现实原因，各地发展不平衡，也存在着不少挑战和困难。在未来的发展中，各市（州）必须抓住改革开放和西部大开发深入推进等重大机遇，强化忧患意识，振奋精神，昂扬斗志，乘势而上，迎难而进，推进当地跨越式发展。

第一篇　成都市

成都市简称“蓉”，位于四川盆地西部，成都平原腹地，是四川省省会，全省政治、经济、文化中心，中国西南地区重要的中心城市，著名的历史文化名城。行政区域介于北纬30°05′—31°26′和东经102°54′之间，东西全长192公里，南北相距166公里，总面积12390平方公里。东北与德阳市、东南与资阳市毗邻，西南与雅安市、西北与阿坝藏族羌族自治州接壤，南与眉山市相连，行政区划辖9区（锦江、青羊、金牛、武侯、成华、龙泉驿、青白江、新都、温江）、4市（都江堰、彭州、崇州、邛崃）、6县（双流、郫县、新津、大邑、蒲江、金堂），还管辖一个在统计与管理上实行单列的高新技术开发区。2005年年末，全市总人口1221万人，在全国特大城市中，仅次于北京、上海、重庆，列第4位。

成都市是国务院确定的西南地区科技、商贸、金融中心和交通、通信枢纽。1989年、1993年经国务院批准，成都市为国家计划单列和行政副省级城市。2005年，城市综合实力位列全国大城市第九位。1993—2005年，分别荣获国家卫生城市、科教兴市先进城市、优秀旅游城市、环境综合整治优秀城市、社会治安综合整治优秀城市、环境保护模范城市、知识产权示范城市、节水城市等称号。

成都市科技实力雄厚。2005年，全市科技人员44万多人，每千人中拥有科技人员253名，位列全国大中城市前茅。全市有5个国家级重点实验室和3个国家级工程技术中心，2500多个科研技术开发机构，20多所高等院校。在电子、生物、新技术、新材料、光学、光纤通信、核技术应用、激光等高新技术领域中，具有较强的综合优势和技术能力，软件研发、生产是国家重要的产业基地之一。

成都市商业网点众多，商贸流通发达。截至 2005 年，全市有生产资料市场和消费品市场 745 个，商业网点 21.6 万个。形成以城市为中心、市区相结合的市场网络，具有很强的辐射力和吸引力。

2005 年，成都市有国内金融机构 2422 个，信托投资机构 12 家，城市信用社 52 家，农村信用合作社 817 个。形成以成都市区为中心、川内为依托、辐射西南和全国部分省市的融资网络。国外一批著名银行和金融机构纷纷在蓉设立分行和办事处。

成都是成渝、宝成、成昆、达成 4 大铁路干线的交会点，有成都东、成都南、成都西和青白江大湾站 4 个主货场站，成都东站为西南地区最大编组和货运站。公路经过成都和以成都为起点的国道主干线共有 8 条，经由成都起始和通过的省道公路 7 条。2005 年，全市公路通车总里程 16676 公里，公路密度每万平方公里 134 公里，形成以绕城高速公路为环状，由成渝、成绵、成雅、成乐、成温邛、成灌、成南、成彭和机场高速公路为骨架，与多条快速通道相衔接，农村道路为配套的现代化公路网络，率先在西部地区实现县县通高速、村村通水泥沥青路。成都双流国际机场为国内 6 大航空港之一，经营国内国际航线 140 余条，航线总长 16 万公里，通航国际国内 50 多个大中城市。

成都是西南地区重要的邮政、通信枢纽，是全国 7 大邮政通信处理中心之一，国际直拨电话通达世界 180 个国家和地区。2005 年，电话交换机总容量 751.8 万门，用户 428.4 万户，移动通信 650 多万户，位列全国省会城市前列。

成都是国务院首批公布的 24 个国家历史文化名城之一。自古人文荟萃，经济繁盛。早在 4500 年前，成都平原即已出现以"宝墩文化"为代表的一系列古蜀先民的聚落中心，辗转迁徙于成都平原的新津、郫县、温江、新都、双流等地。"成都"得名即与古蜀人迁徙移居的地名读音有关。2001 年于成都西郊发掘出土的金沙遗址，表明至迟在殷商晚期至西周初期，成都城区一带已成为古蜀王国的中心都市所在。秦灭蜀后，于秦惠王二十七年（公元前 311 年），在原蜀王城西南边分筑成都大城与少城，"周回十二里"，城内布局与秦国首都咸阳同制，是成都筑城的确切纪年之始，城址、城名历两千多年不变，成为历代王朝在中国西南地区的政治中心和元代行省制后四川地方政权的治所。

成都平原是西南开发最早的地区，自然条件得天独厚，农业自古发达。西周中期，成都平原上杜宇王国的农业生产已达很高水平。春秋时，蜀王开明氏在成都平原西部凿玉垒山引岷江水溉田，战国秦蜀郡守李冰父子又率众修建举世闻名的都江堰水利工程，形成自流灌溉，使成都平原成为沃野千里、出产富饶的"天府之国"。秦汉时，蜀郡盐铁开采和冶炼技术即已达很高水平，并率先在世界上利用天然气。汉代的成都，是"市廛所会，万商之渊"的贸易场所，其间"列隧百重，罗肆巨千，贿货山积，纤丽星繁"，是全国最为繁盛的商业地区之一。汉代蜀锦蜀布生产遐尔闻名，还经"丝绸之路"远销西方各国。漆器和金银制品以工艺精湛、装饰华美而驰名中外。隋唐时期成都经济高度发达，盛极一时，时人称"扬一益二"，是西南地区"水陆所凑，货殖所萃"的商品集散地和繁华的大都会。丝织、造纸、雕板印刷、制瓷、乐器制造等手工行业在全国占有重要地位。两宋时期，蜀中相对安定，成都经济持续发展，形成月月有市。繁荣的经济使成都成为中央王朝财政和军费的主要来源地，并催生了世界上最早的纸币——"交子"在成都的诞生。

成都自古人文荟萃，文化发达。在这块土地上，诞生了司马相如、扬雄、谯周、常璩、何稠、段安节、欧阳炯、黄荃、范祖禹、唐慎微、魏了翁、杨慎等诸多中国历史上杰出的文学家、史学家、科学家、音乐家、艺术家和医学家，创造出辉煌的业绩，留下了许多华美的篇章。同时也吸引了历代许许多多著名的文人学士游历或寓居成都。

成都市是一座对外开放的城市，西汉时就成为南方丝绸之路的起点。唐、宋时期对外经济、文化交往频繁。元朝时期意大利著名旅行家、商人马可波罗曾游历成都。改革开放后，成都市不断扩大对外交往，先后与法国蒙彼利埃市、斯洛文尼亚卢布尔雅那市、奥地利林茨市、日本甲府市、美国菲尼克斯市、加拿大温尼伯市、比利时马林市、意大利巴勒莫市、韩国金泉市、印度尼西亚棉兰市、瑞典达拉那省结为国际友好城市。截至 2005 年，分别有美国、德国、韩国、泰国、法国在成都设立领事馆。

第一章 地理状况

第一节 自然环境

一、地质构造

成都市境内地质历史悠久，地层比较齐全，除寒武纪外，元古代至新生代地层均有出露，总厚度大于2万米，但分布不一。元古代、古生代地层出露于西北部的龙门山、邛崃山褶皱带，主要由岩浆岩、变质岩和浅海相沉积岩组成；中生代地层主要出露于西北部山区元古代、古生代的东侧（也有部分出露于西侧）和东部的龙泉山、长丘山地区，主要由砖红色的砂岩、泥岩等河湖沉积构成；新生代地层分布于中部平原地区，主要由第四纪各种冲洪积物、坡积物、残积物，即砾石、砂、含泥砂石、砂卵砾石和黏土等组成，覆盖厚度由东向西逐渐递增，东部在10米以内，中部30米左右，西部最厚达数百米。

成都市地质构造复杂，但结构有序，主要构造单元为龙门山褶断带、成都凹陷、龙泉山褶断带三大部分。龙门山褶断带位于成都市西北部，总体走向北东40°—50°，由三叠纪末期印支运动的四川台坳西北部边缘不稳定的沉降带挤压形成。自陕西宁强，经四川青川、北川、茂县、汶川入成都境。又经彭州、都江堰、崇州、大邑、邛崃，延伸至天全、宝兴、泸定一带，全长约480公里，宽约40公里，地质结构复杂，地震活动频繁，成都市域内较大震级的地震主要发生在这条断裂带上。由于龙门山褶断带在新构造运动中受到强烈抬升，因而山势高峻，自东向西，海拔从750米上升到4000米以上，在成都市西北部形成中、高山区。龙泉山褶断带由龙泉山、苏码头—盐井沟和熊坡背斜，断裂及其间的向斜所组成，走向北东，是成都平原与盆中丘陵的分界线，在第三纪末期的喜马拉雅山运动中，由四川台坳的沉积盖层褶皱断裂上升形成。成都凹陷位于龙门山褶断带和龙泉山褶断带之间，走向北东30°—40°，西陡东缓，为不对称向斜型凹陷。该凹陷在第三纪末期以后，受新构造运动的影响，在龙门山、龙泉山褶皱带隆起时逐渐陷落，堆积了从周围山区带来的大量松散砂砾石层，厚度不一，表层沉积物颗粒较细，为黏质砂土或粉质黏土，地势平坦，是成都平原的重要组成部分。

二、地势地貌

成都市地处川西北高原山地和川中丘陵之间，兼有川西北高原山地、盆西平原和川中丘陵三大单元的自然地理特征。东出20公里有连绵起伏的龙泉山脉拱卫，西出50公里有邛崃山脉屏障。地势由西北向东南倾斜。西部以深丘和山地为主，海拔大多在2000—3000米之间，最高处5364米

（大邑县西岭镇苗基岭），东部为成都平原的腹心地带，主要由平原和部分低山丘陵组成，海拔高度一般在750米上下，最低处387米（金堂县云合镇）。境内有高山、中山、低山、丘陵和平原等多种地貌类型，依地势梯次排列。地型中以平原、丘陵和山地为主，分别占全市幅员面积的40.1%、27.6%、32.3%。

三、气候特点

成都市深居内陆，距南海1090公里，距东海1600公里，地处亚热带季风气候区，热量充足，雨量丰沛，四季分明，雨热同期。年平均温度在15.2℃—16.6℃左右；最热月7—8月，月平均气温为25℃—25.4℃，最冷月1月，月平均气温为5.6℃；稳定通过10℃的初日出现在3月中旬，终日为11月下旬。全年无霜期大于337天。年总降水量为900—1300毫米，雨量主要集中于夏季6—8月，约占全年降水量的一半，暴雨期多出现在5—8月。年总日照时数1042—1412小时，太阳辐射总量为80—93.5千卡/平方厘米，年日照率为28%。年平均风速1.3米/秒，最多风向为静风，风向频率为14%。年平均相对湿度82%；年平均气压956.1毫帕。

四、水文及水利资源

成都市境内水系发达，河渠交织，河网呈纺锤状，地表水、地下水资源丰富，全市水域面积700多平方公里，占全市面积的5.5%。河流均属长江支流的岷江、沱江两大水系，年过境水量约173亿立方米，依地势自西北流向东南。河流道汊多，支流发达，是全省河网最稠密的地区。过境水量中以岷江为主，水量丰富，洪枯变化小，水质优异。都江堰灌溉区占全市自流灌溉的绝大部分，除控灌成都市的农田外，还控灌德阳、绵阳、遂宁、乐山、内江等地区的部分农田，有效灌溉面积达1030万亩。成都市地下水资源较为丰富，天然资源31.56亿立方米，可开采资源29.33亿立方米。且埋藏深度较浅，含水层厚度大，便于开发利用。但因城市化进程，地下水受到不同程度污染。

成都市理论水能资源177.4万千瓦，可开采资源77.5万千瓦，约占全省水能资源的1%。因开发条件优越，成都市已建成水电站364座，总装机容量达49.6万千瓦，占可开发水能资源的64%，开发强度已较高。全市共有各类水域面积约8万公顷，可供养鱼水面约1万公顷，是水产养殖条件较好的区域。

成都市地处中亚热带温暖湿润季风气候区域，降水丰沛，雨热同期，水资源总量93.26亿立方米，总量虽多，但人口密度大而使人均水资源占有量仅达800多立方米，约为全省人均占有量的29%，全国人均占有量的40%，节约用水任重道远。

五、土壤植被与生物资源

成都市境内土壤、植被类型多样，资源丰富。在土壤构成中，平原冲洪积土约占50%，以灰色、灰棕色潮土为主，多分布于岷江、沱江冲积平原，土层深厚，土质肥沃；侵蚀台地老冲积黄泥土约占10%，分布于平原四周丘陵台地；低山、丘陵紫色土和其他土类约占40%。土壤类别共有11个土类、20个亚类、56个土属、150个土种。植被依地势高低垂直分布，分别有高山冰川积雪荒漠带、高山灌木草甸带、针阔叶混交林带、次生落叶阔叶林带、常绿落叶混交林带和农田植被带。

成都市境地处亚热带湿润季风气候区，自然生态良好，生物资源丰富。有高等植物2752种，其中裸子植物53种、被子植物2699种；有各类动物388种，其中哺乳类51种、鸟类206种、爬行类

26 种、鱼类 85 种、两栖类 20 种。植物资源主要有森林资源、经济林木资源、药用植物、农田作物资源、花卉植物资源、环保植物资源、草本植物资源。森林主要分布在西北部龙门山、西部的邛崃山区，距离中心城区 100 公里左右，拥有国家级森林公园 4 处。树种多样，植被良好，景色优美，空气清新。有大熊猫、金丝猴、扭角羚和珙桐、玉龙厥、光叶厥等珍稀动植物。

成都市种植业、养殖业发达，水稻、小麦、油菜籽种植面大，产量高，一年两熟；蔬菜品种丰富，四季长青，终年不绝；家禽、家畜饲养普遍，尤以生猪养殖著称全国，水产养殖品种繁多。经济林木种植较广，包括各类果树、茶树、桑树及木本油料植物。药用植物资源十分丰富，多达 862 种，川芎、郁京以及“三木”药材（杜仲、厚朴、黄柏），有野生有家种，名贵药材贝母、虫草、天麻驰名全国。随着城乡生活水平的提高，花卉、环保植物种植已达 558 品种，种植面积、生产数量逐年提高。

六、矿产资源

成都市已探明的矿产资源有 8 类、45 种。其中有一定资源量的矿种有 20 种。品种虽多，但一般储量少。其中金属矿产有铁、钛、钒、铜、铅、锌、铝、镍、金、银等 17 种；能源矿产有煤、天然气；非金属矿产有砷、石灰石、白云石、大理石、花岗石、卤水、硅石、钙芒硝、硫、蛇纹石、钾盐等 21 种。其中钙芒硝分布集中，主要在新津牧马山一带，探明储量 97.45 亿吨，居全国之首。花岗石、大理石、砂石等建筑材料资源储量也较多，具有开采价值。其他矿产一般都品位低，储量小，分布散。成都开发利用天然气已有近 2000 年历史，西汉年间，邛崃等地就利用天然气煮盐。成都地区已探明的天然气地质储量为 530 亿立方米，潜在资源量约 3840 亿立方米，是成都的优势矿产资源。另一具有开采价值的矿产资源矿泉水，分布比较广泛。其中饮用矿泉水埋藏于平原下部含水层及台地丘陵区，每年可开采约 1.71 亿立方米。医疗保健用热矿泉多分布于龙门山、邛崃山、龙泉山等地，具有较好的开发前景。

七、旅游资源

成都市是全国著名的历史文化名城和重点风景旅游城市，历来人文荟萃，名胜众多。截至 2005 年，全市共有人文景观 182 处，以其类型多、规模大、分布广、价值高著称于世。其中，重点文物保护单位有 164 处（国家级 26 个、省级 76 个、市级 62 个）。武侯祠、杜甫草堂、王建墓、金沙遗址、战国船棺葬、蜀僖王陵、二王庙、罨画池、回澜塔、升庵桂湖、观音寺壁画、花置寺摩崖造像等遗址遗迹享誉国内，世界文化遗产都江堰—青城山驰名中外。成都市西北部山区地型地貌复杂多样，自然风光绮丽，有著名的西岭雪山、九峰山、鸡冠山、天台山等，并且还是世界自然遗产大熊猫栖息地的核心组成部分之一。境内山雄水秀，生长着一大批珍稀动植物。成都的旅游资源分布相对集中，已形成以市区为核心，组合不同、风格各异的 12 个国家级和省市级风景片区。成都处在由剑门蜀道、九寨沟—黄龙、峨眉山—乐山大佛、蜀南竹海、长江三峡等旅游胜地组成的四川旅游环中心，以及由北京、西安、成都、昆明、桂林、广州等旅游中心组成的全国旅游环的联结点上，又是内地前往西藏的主要通道。

第二节 建置沿革

一、先秦古蜀时期

成都平原自旧石器时代就有人类活动。在4500—3700年前，成都的新津县境内即出现了以“宝墩文化”为代表的聚落中心。夏、商时期，岷江上游氐羌系中的蜀人迁入成都平原，建立起古蜀王国，先后经历蚕丛、柏灌、鱼凫、杜宇、开明几个时代，各历数代，辗转迁徙于成都平原的都江堰、郫县、彭州、双流等地。公元前四世纪，蜀王开明氏将都城徙治成都，成都建城即肇始于此，城址、城名遂历两千多年不变。

战国时，周慎靓王五年（秦惠文王更元九年，公元前316年），秦乘巴、蜀战争，举兵伐蜀。灭蜀后，即在蜀地推行郡县制。以蜀国旧地置蜀郡，郡治成都大城，县治少城。领成都、郫（郫县）、广都（双流县华阳镇）、繁（彭州市）、蒲阳（邛崃市）、临邛（邛崃市）、严道（荥经县）、葭萌（广元市昭化镇）、南安（乐山市）、湔氐（松潘县）、武阳（彭山县）、僰道（宜宾市）12县。公元前311年，秦大将张仪、蜀郡守张若仿秦国都城咸阳建制，在蜀王城的基础上重筑成都城，是为成都筑城有确切纪年之始。

二、秦、汉、三国、两晋、南北朝时期

秦王政二十六年（公元前221年），秦始皇统一中国，成都地方建置仍推先秦郡县二级制，及至西汉。汉高祖六年（公元前201年），分蜀郡置广汉郡（广汉市）。元封五年（公元前106年），汉武帝在西南地区置益州刺使部（初为监察机构，后演变为地方政区），为全国13部之一，初设于广汉郡。原之蜀郡除保留成都、郫、广都、繁、临邛、严道、湔氐7县外，另新设青衣（芦山县）、江原（崇州市）、绵虒（汶川县）、旄井（汉源县）、徙（天全县）、汶江（茂县）、广柔（理县）、蚕陵（茂县）8县，共计15县。西汉末王莽“新”朝改蜀郡为导江郡，公元24年，导江卒正（蜀郡太守）公孙述于成都称帝，建立“成家”政权。东汉安帝延光元年（122年），分置蜀郡蜀国。灵帝时又分蜀郡一部分置汶山郡（汶川县）。蜀郡建置较西汉略有减少，初领成都、郫、江原、繁、广都、临邛、湔氐、汶江、八陵（西汉蚕陵县）、广柔、绵虒11县，延光四年（125年）后领成都、郫、江原、繁、广都、湔（都江堰市）、临邛7县。东汉末，益州牧刘焉徙益州治于绵竹，初平中（190—193年），又徙治于广汉郡雒县（广汉市），兴平元年（194年），再徙治成都，成都始成为州、郡、县三级政权治所。建安十九年（214年），刘备定蜀，至章武元年（221年），即帝位于成都，建立蜀汉政权，成都为蜀汉都城，与魏之洛阳、吴之建业成鼎立之势，地方建置无变化。

西晋武帝太康十年（289年），一度改蜀郡置成都国，后仍为蜀郡，领成都、郫、广都、繁、江原、临邛6县。西晋永安六年（304年），李雄据成都称王，后称帝，立国号“大成”，至东晋咸康四年（338年），其侄李寿篡位，改国号“汉”，建立“成汉”政权。永和三年（347年），穆帝遣桓温伐蜀，灭成汉，地归东晋版图，地方建置仍推州、郡、县三级制，并由此行成定制。蜀郡建置再度减少，仅领成都、郫、繁、牛鞞（简阳市简城镇，汉置，原属犍为郡）4县。在东晋统蜀的73年（347—420年）中，先后有范贲（347—349年）、前秦苻坚（373—385年）、谯纵（405—413年）

短暂的分裂割据，但蜀郡辖4县的局面在此后的宋（420—479年）、齐（479—507年）、梁（502—557年）、陈（558—560年）期间无变化，仅永昌（郫县唐昌镇）1县一度侨置成都。西魏（535—557年）时，分蜀郡牛鞞县置资州武康郡（资阳市）。恭帝二年（555年），析郫县一部分新设温江县（成都市温江区），加上原之成都、郫、繁3县，仍领4县。北周（557—581年）为加强对地方的管理，于州、郡之上置总管府（行监督之职），成都遂成为府、州、郡、县治所。时之蜀郡，领成都、郫、温江、新繁（原之繁县，治彭州市，北周时徙治新都区新繁镇）、晋原（崇州市，北周初省江原郡，改江原县为多融县，后改为晋原县）、广都（双流县，原属宁蜀郡，北周时郡废）、升迁（双流县境）7县。

三、隋、唐、五代前后蜀、两宋时期

隋一统天下，罢全国诸郡，改郡为州，以州统县，实行州、县两级制。开皇三年（583年），改蜀郡复置益州总管府，领成都、郫、双流（双流县，本广都县，因避炀帝讳改名）、新津、僰道（崇州市东南）、晋原6县。又置西南道行台于成都，行监督职，不久即废。大业元年（605年），废府，仍置益州。大业三年，罢州复置蜀郡，领成都、郫、双流、新津、晋原、清城（都江堰市西南）、九陇（彭州市）、绵竹（绵竹市）、玄武（中江县）、雒（广汉市）、阳安（简阳市）、平泉（简阳市西南）、金泉（金堂县东南）13县。

唐初复隋开皇旧制，罢郡为州，以州统县，仍推州县二级制。贞观元年（627年），始划全国为10道，至开元二十一年（733年），又分为15道，成为全国地方最高一级行政区，形成以道统州府，以州府统县的三级地方建置。时唐之剑南道，道治成都。玄宗开元七年（719年），始置剑南西川节度。至德二年（757年），又分剑南道为东、西两川，置西川和东川两节度。唐初之成都，初为益州治，后升为益州总管府，西南道行台（即益州道行台），益州都督府，益州大都督府。玄宗天宝元年（742年），改州为郡，益州仍为蜀郡。757年，唐玄宗因避“安史之乱”入蜀，以成都为京师（又称“南京”），升蜀郡为成都府，一度为唐王朝中央直辖地。乾元元年（758年），又改全国各郡为州，但成都府仍置，领成都、华阳（成都市城区东南，贞观十七年，分成都县东境置蜀县，乾元元年改名华阳县，与当时之成都县同城分治）、新都（成都市新都区）、犀浦（郫县犀浦镇）、新繁（成都市新都区新繁镇）、双流（双流县）、广都（双流县华阳镇）、郫（郫县）、温江（成都市温江区）、灵池（成都市龙泉驿区）10县。唐天佑四年（907年），西川行营招讨使王建割据三川，于成都称帝，立国号“蜀”，建立前蜀割据政权，后传子王衍，至925年为后唐所灭。943年，后唐西川节度使孟知祥又据蜀称帝，在成都建立后蜀割据政权，延至其子孟昶，于北宋乾德三年（965年）为北宋所灭。在前、后蜀统治的五十余年间，蜀中相对安定，地方建置皆循唐制，成都府政区建置无变化。

北宋结束唐末五代十国的分裂割据，重归一统。乾德三年（965年），于唐时的剑南东、西两川之地置西川路，为全国15路之一，路治成都。开宝六年（973年），又于唐以后的山南东、西两道之地置峡西路。太平兴国六年（981年），又并西川、峡西二路为川峡路。真宗咸平四年（1001年），改为益州路。与梓州路、利州路、夔州路合称四川路，是为此后四川得名之始。北宋淳化四年（993年），王小波、李顺起义于成都附近的青城山，翌年一月攻入成都，改元“应运”，建立“大蜀”农民政权，至995年为北宋所灭。仁宗嘉佑四年（1059年），改益州路为成都府路。所辖之成都府，宋初太平兴国六年（981年）降为益州，端拱元年（988年）复为剑南西川节度成都府。淳化五年

（994 年），又改为节度。仁宗嘉佑五年，又复升为成都府。嘉佑六年，又复为剑南西川节度。虽迭经更易，但成都始终作为路、府（州）、县三级行政机构治地。北宋之成都府路，领成都、华阳、新都、郫、双流、温江、新繁、广都、灵泉 9 县，其领属状况一直延续至南宋末年。南宋绍兴元年至开禧元年间（1131—1205 年），成都府之制置司、宣抚司数经迭罢复置，知府始终代知本路安抚使。

四、元、明、清时期

元初创行省制，地方建制实行省、路、府（州）、县四级制。中统三年（1262 年），设陕西四川行中书省，省治京兆（陕西省咸阳市）。至元三年（1266 年），始移至四川利州（广元市）。至元十八年，因川地辽阔，乃分省四川。至元二十三年，正式建置四川等处行中书省，是为四川独立建省之始，省治始移成都。至元十二年，于南宋成都府路成都府基础上改置成都路，并置总管府，设录事司。至元十三年，领成都、嘉定（乐山市）、崇庆（崇州市）3 府，辖眉（眉山市）、雅（雅安市）、邛（邛崃市）、隆（理县）、黎（汉源县）、威（理县薛城镇）、茂（茂县）、简（简阳市）、汉（广汉市）、彭（彭州市）、绵（绵阳市）11 州。后嘉定自为一路，以眉、雅、黎、邛 4 州隶之。至元二十年，又割黎、雅二州属吐蕃招讨司，降崇庆府为州，隆州并入仁寿县。至此，元之成都路，领司一（成都录事司，辖成都、华阳、新都、郫、温江、双流、新繁、仁寿、金堂 9 县），统彭（彭州市）、汉（广汉市）、灌（都江堰市）、崇庆（崇州市）、威（理县薛城）、安（安县北）、简（简阳市）7 州。元末，明玉珍领导的红巾军起义，至正十七年（1357 年）入川，二十年占领成都，于二十二年建立大夏农民政权于重庆，改成都路为刺史府，其建置统属袭元制，仅增领井研（井研县）一县。

明初地方建置循元之旧。洪武九年（1376 年），改四川等处行中书省为四川承宣布政使司，废路改府，省州改县，在布政使司下，实行府、州、县三级制。早在洪武四年，即降成都路为府，为四川布政使司治所。其政区领简、崇庆、汉、绵、茂、威 6 州，辖 25 县。其中成都府直领成都、华阳、双流、郫、温江、新繁、新都（成都市新都区）、彭（彭州市）、崇宁（郫县唐昌镇）、灌（都江堰市）、金堂、仁寿（仁寿县）、井研、资（资中县重龙镇）16 县。明朝末年，张献忠领导的农民军于 1644 年 8 月攻克成都，建立“大西”农民政权，改元“大顺”，定成都为“西京”，两年后即被清兵所灭。

清初，地方建置仍按明制，四川等处仍称承宣布政使司，但由于多年战乱，成都城废，巡抚治所暂设阆中，顺治十六年（1659 年）移至成都。嘉庆七年（1802 年）于省之下增设 5 道（成绵龙茂道、建昌上南道、川南永宁道、川北道和川东道），以道辖府、州、厅、县，成都府隶成绵龙茂道，光绪三十四年（1908 年）又改名川西道，此一建置沿袭至清末。成都府辖崇庆（崇州市）、简（简阳市）、汉（广汉市）3 州，领成都、华阳、郫、双流、温江、新繁、金堂、新都、灌、彭、崇宁、新津、什邡（什邡市）13 县。宣统三年（1911 年）10 月，辛亥革命爆发，四川宣告独立，同年 11 月 22 日，成立蜀军政府于重庆，成立大汉四川军政府于成都。

五、民国时期

民国元年（1912 年）4 月 27 日，重庆蜀军政府与成都大汉四川军政府合并，于成都成立中华民国四川军政府，川中行政重归一统。同年裁川西道，以府厅直隶省政。民国 2 年，恢复道制。民国 3 年，改原川西道为西川道，废府州厅，以道辖县，三级治所仍置成都。时西川道所领县较之清末的

13 县，增至 31 县，即成都、华阳、新都、双流、新繁、郫、温江、新津、崇庆、崇宁、灌、彭、简阳、广汉、什邡、金堂、北川（北川县）、平武（平武县）、江油（江油市）、彰明（江油市南）、绵阳（绵阳市）、德阳（德阳市）、安（安县安昌镇）、绵竹（绵竹市）、梓潼（梓潼县）、罗江（罗江县）、茂（茂县）、汶川（汶川县绵虒）、懋功（小金县）、理番（理县薛城）、松潘（松潘县）。辛亥革命后的民国元年至 23 年，四川地方军阀连年混战，形成分裂割据的 14 个防区，总揽一地军政要务，地方建置名存实亡。成都周边早期（1918—1919 年）为四川靖国军第一师但懋辛防区，控制着原川西道 13 县。其后各路军阀不停混战，成都防区多次易主，至民国 22 年（1933 年）“二刘大战”（刘文辉、刘湘）后，刘文辉败退西康，刘湘入主成都，遂占有四川大部分地区。在此期间的民国 10 年，以成都、华阳二县的城区部分合并建立成都市政公所，直隶省府。保留成都、华阳二县建置，仅辖成都城区外的郊区部分，二县官署治所仍设城内的署前街和正府街。民国 17 年 9 月 1 日，改组成都市政公所为成都市政府，始正式建立成都市，为省直辖市。民国 24 年 6 月，四川省正式实施行政督察区制，划全省为 18 个行政督察区，置专员公署为省政府派出机构，分辖各县。以原民国初年川西道所辖之成都、华阳、温江、双流、新繁、郫、新津、崇庆、新都、崇宁、灌、彭 12 县隶第一行政督察区，专员公署治温江。

六、中华人民共和国成立后

1949 年 10 月 1 日中华人民共和国成立，同年 12 月 27 日成都市解放，1950 年 1 月成立成都市人民政府。时川中行政划为川西、川东、川北、川南 4 个行署区，同西康省直隶于西南军政委员会领导。川西行署驻成都，辖温江、眉山、绵阳、茂县 4 个专区，共 38 县。其中温江专区辖成都、华阳、温江、郫、双流、崇宁、新都、新繁、崇庆、彭、灌、新津 12 县。1952 年 9 月恢复四川省建置，成都为省会，省直辖市。解放初期成都市城区分为东城区和西城区。1952 年，撤销成都县，将华阳县移至华阳镇，以其郊区与原华阳县附城地区建立成都市郊区（1960 年改名为金牛区），同年将简阳县西部的龙泉驿区和华阳县的东部地区划出建立成都市龙泉驿区，将新都县的弥牟镇和金堂县的华严、大同等公社划出建立成都市青白江区。1965 年撤销华阳县，将石羊、桂溪、胜利（琉璃场）、三圣等公社划归金牛区，其余部分划归双流县。1976 年将简阳县的洛带区划归龙泉驿区；又将温江地区的双流县、金堂县划归成都市管辖。1983 年 5 月，经国务院批准，撤销温江地区，实行市辖县体制，将其所属的 10 县划归成都市管辖，广汉、什邡二县划归德阳市。原之灌县、彭县、崇庆县、邛崃县，分别于 1988 年、1993 年、1994 年经国务院批准，撤县建市，成立都江堰、彭州、崇州、邛崃 4 个县级市，仍归成都市管辖。1990 年 9 月，在国务院批复后，调整成都市行政区划，将成都市原东城、西城、金牛 3 区划分为锦江、青羊、金牛、武侯、成华 5 区。2002 年 1 月，再经国务院批准，撤销新都、温江两县建制，成立新都区、温江区。截至 2005 年年底，成都市行政区划内，共辖 9 区、4 市、6 县，还管理一个高新技术开发区。全市共有 199 个镇，27 个乡，90 个街道办事处，1083 个社区居委会，2374 个村民委员会。

第三节　人口　民族

一、人口

成都自古以来就是中国人口最为稠密的地区之一。古蜀时期，蜀人沿岷江河谷迁移至成都平原，繁衍生息，开发农耕。历蚕从、柏灌、鱼凫、杜宇、开明几代的经营，蜀都初具规模。战国时期，秦移关中数万民众至蜀中，人口剧增。成都平原得都江堰灌溉之利，土地肥沃，宜耕宜种。加之气候宜人，物产富饶，极适合人类居住生活。西汉时即为全国第二大人口都会，东汉时更位列五都之首（成都、洛阳、临淄、邯郸、宛）。此后，成都人口曾出现四次快速增长。第一次为西汉至东汉时期，人口从35万增至42万；第二次为隋唐时期，唐代中期人口即达58万；明末清初，战乱频仍，四川人口锐减，清康熙年间，移全国数省民众填川，至清代中叶，川中人口激增，成都、华阳两县人口为70余万，是为第三次人口快速增长期；第四次是20世纪30—40年代，抗战爆发，外地人口大量内迁，仅成都城区人口即达70多万。中华人民共和国成立后成都人口呈快速增长态势，1950年全市人口为504.8万人，1989年增至908.59万人，2000年达1013.35万人。50年净增人口508.55万人，年均增长率为14.93%。2005年11月1日零时，全市20个区（市）县常住人口为1221万人，与2000年11月1日零时第五次全国人口普查的常住人口1124万人相比，增加97万人，增长8.56%，年平均增加19.2万人，年平均增长1.02%。2005年年末，全市常住人口为1221万人。

二、民族

成都是一个多民族杂居的城市。据2005年统计，境内除汉族外，还居住着回、满、蒙古、藏、彝、羌、土家、苗、白、壮、朝鲜、布依、纳西、侗、仡佬、锡伯、傣、维吾尔、瑶、哈尼、黎、水、傈僳、高山、土、达斡尔、仫佬、景颇、哈萨克、东乡、拉祜、门巴、瓦、京、柯尔克孜、布朗、普米、撒拉、毛南、阿昌、俄罗斯、塔塔尔、基罗等54个少数民族，分布在全市19个区（市）县及高新技术开发区。在这些少数民族中，回族、蒙古族进入成都时间始于元朝，满族始于清朝。而羌、彝、藏、土家、维吾尔等民族，于中华人民共和国成立前进入成都。其他少数民族进入成都大多为中华人民共和国成立后。据2000年11月第5次全国人口普查资料，全市汉族人口1118.37万人，占登记人口的99.46%；全市少数民族人口60538人，占登记人口的0.54%。其中回族18463人，藏族12690人，满族6494人，羌族5133人，蒙古族4978人，土家族4235人，彝族4106人，壮族2283人。这8个民族人数合计为58382人，占少数民族人口总数的96.44%。其余还有苗族、朝鲜族等45个少数民族共计1156人。同1982年第3次全国人口普查时成都市少数民族44008人相比，少数民族人口增加了16530人，比重上升了0.28个百分点。其分布情况与20世纪80年代基本相同，羌族主要居住在都江堰市；回族大部分居住在市区，其余主要居住在都江堰市、彭州市、郫县等县（市）；藏族大部分居住在市区；另一部分主要居住在都江堰市，其余少数民族主要散居在市区各部分。

第二章 经济状况

第一节 发展总况

古代成都是一个经济发达、商业繁盛的城市。开凿于春秋战国时期的都江堰水利工程自流灌溉广袤的成都平原，形成沃野千里、出产富饶的“天府之国”。早在汉唐时期成都就是人烟稠密的“喧然名都会”，素以农业、手工业发达，商业兴盛著称于世，为全国最为繁荣的城市之一，时人称“扬一益二”。两宋时期经济持续发展，商品经济极为活跃，诞生了世界上最早的纸币——“交子”。元朝初年和明朝末年，成都城市遭受两次毁灭性的破坏，人口锐减，经济一落千丈。清康熙至乾隆年间移民填川，到清朝中叶略有复苏。辛亥革命至抗战前夕，四川军阀长期混战，经济发展缓慢。抗战时期曾有短暂的发展，但随后即江河日下，至民国 38 年（1949 年）成都解放前夕已濒临绝境，现代工业仅限于纺织、丝绸、面粉、发电等少数行业，被称为“三根半烟囱”，且生产水平低下；农业自然条件优越，但土地多集中于地主、官僚手中，农民受高租高押剥削和苛捐杂税的压榨，十分穷困。整个城市经济萧条，民生凋敝，是典型的消费城市。

1949 年年底，成都解放，开始进入历史上从未有过的迅速发展时期。1950—1957 年的恢复发展阶段，基本上实行变消费城市为生产城市的建设方针，通过发展经济保障供给、开展土地改革运动与社会主义三大改造，奠定了经济大发展的基础。“一五”时期，国家重点建设项目有 6 项摆放成都，开始了现代大工业在成都发展的历程。1958 年“大跃进”至 1977 年“文化大革命”时期，成都的经济建设在时起时伏中前进，在这期间，社会主义工业化体系基本形成；1958 年“大跃进”造成失误，1961 年的“调整、巩固、充实、提高”八字方针的执行又稳定了社会经济生活。其后随之而来的十年“文化大革命”，成都市的各项经济建设又遭受严重的干扰和破坏。20 世纪 60 年代到 70 年代初，在四川大力进行“三线”建设的时期，成都的航天、航空、兵器、通信、机械和冶金等工业发展迅速，并陆续建起了以航空、电子为重点的科研设施和企业群，形成了具规模的军事工业科研生产基地。1976 年打倒江青反革命集团，结束了长达十年的“文化大革命”动乱，成都的经济建设气象一新，发展迅速；1978 年中共十一届三中全会以后，成都经济体制改革逐步展开，“六五”计划胜利完成，开创出前所未有的新局面，1986 年，全市社会总产值 168 亿元，国民收入 65.5 亿元，工农业总产值 140 亿元，国内生产总值 78.6 亿元，国民经济得到稳定增长。

自 1986 年起，经过改革开放 20 多年的发展，成都市国民经济先后经过了体制变革、机制转换、结构调整、宏观调控等政策性调整阶段，持续快速健康发展，经济总量和发展水平都实现了重大跨越，综合经济实力显著增强。截至 2005 年年底，全市实现农业总产值 307.8 亿元，工业实现增加值

757.3 亿元，其中规模以上工业增加值 597.8 亿元，而全市生产总值达到 2375.99 亿元，占全国的比重提高到 1.29%，其中第一产业增加值达 182.3 亿元，第二产业增加值达 1007.7 亿元，第三产业增加值达 1181 亿元，一二三产业比例关系为 7.7:42.5:49.8。

1986—2005 年成都市历年地区生产总值（GDP）

表 1—1

年份	地区生产总值（万元）	第一产业（万元）	第二产业（万元）	第三产业（万元）	人均地区生产总值（元）
1986	948905	224929	437115	286861	1092
1987	1158644	273588	516883	368173	1315
1988	1464911	322463	687197	455251	1641
1989	1639063	344174	741164	553725	1814
1990	1940857	405650	770657	764550	2123
1991	2327841	413213	880691	1033937	2520
1992	2925556	454357	1089187	1382012	3138
1993	3885838	539474	1500798	1845566	4125
1994	5073962	745596	1987076	2341290	5319
1995	6472632	941089	2462805	3068738	6700
1996	7722699	1051228	2913114	3758357	7911
1997	8754888	1089434	3248582	4416872	8888
1998	9618871	1118116	3549095	4951660	9686
1999	10449059	1121532	3837886	5489641	10446
2000	11567929	1163651	4221275	6183003	11471
2001	13220544	1184869	4902971	7132704	11779
2002	14887638	1254993	5585906	8046739	12993
2003	17052732	1370525	6524538	9157669	14632
2004	20310663	1682481	8055886	10572296	17158
2005	23759858	1771481	9841863	12146514	19670

说明：人均地区生产总值 2001 年前按户籍人口计算，2001 年及以后按常住人口计算

一、所有制结构

1978 年中共十一届三中全会之前，成都实行单一的公有制经济。中共十一届三中全会之后，开始施行“公有制为主体，多种经济成分共同发展”的所有制改革，至 1986 年，成都的工业与商业已形成了多种经济成分共同发展、互相竞争的局面，国营和集体经济独家经营的情况已不存在，但公有制经济仍占据主体地位。1988 年，成都地区生产总值中民营经济占比达到了 20.9%，1990 年达到了 22.7%。1990—1995 年，非公有制经济得到迅猛发展，1995 年年底全市工业总产值中，国有经济占 11.57%，集体经济占 1.81%，个体私营经济占 19.01%，“三资”经济占 19.35%。至 2000 年，

成都多种所有制经济共同发展的格局初步形成，全市工业总产值中，国有经济占51.2%，集体经济占11%，个体私营经济占34.2%，“三资”经济占3.6%，全市所有制结构已由单一的公有制向国有、集体、个体、私营及混合所有制等多种经济成分并存转变，混合所有制经济得到较大发展，全市有各类股份制和股份合作制企业2万多家，其中股份有限公司200家，在沪、深两个交易所上市的股份公司18家；个体私营经济健康发展，全市登记注册个体工商户达27.87万户，实现销售收入或营业收入132.93亿元；登记注册的私营企业1.71万户，注册资金149亿余元，销售总额或营业收入达51.96亿元，非国有经济已经成为区（市）县经济的主体。2003年后成都市的所有制调整更为稳健迅速，非公有制经济得到更大发展，截至2005年年底，全市地区生产总值中，国公有经济所占比重已下降至54.2%，其中国有经济占45.6%，集体经济占8.6%；而民营经济所占比重则上升至45.8%，其中个体、私营经济占40.8%，“三资”经济占5%。经济发展中公有经济与非公有制经济共同发展、相互促进的多元化经济格局已经形成，在成都的大多数区（市）县县域经济中非公有制经济已成为主体力量。

1978—2005年主要年份成都市所有制结构变化情况

表1—2

单位:%

指标	年份	1978	1980	1985	1990	1995	2000	2005
地区生产总值	公有制经济	95.9	87.9	82.7	77.3	70.5	62.2	54.2
	民营经济	4.1	12.1	17.3	22.7	29.5	37.8	45.8
城镇从业人员	公有制经济	99.8	99.4	87.5	84.5	75.3	59.4	32.5
	民营经济	0.2	0.6	12.5	15.5	24.7	40.6	67.5
固定资产投资	公有制经济	100	100	90.1	81.7	75.7	55.7	40.3
	民营经济	—	—	9.9	18.3	24.3	44.3	59.7

说明：公有制经济包括国有经济和集体经济，其他为民营经济

二、产业结构

中华人民共和国成立初期，成都的产业结构是一个以农业为主、工业和服务业为辅的产业体系，直到1970年第二产业才首次超过第一产业，达到44.5%。其后第二产业稳步发展，1978年成都产业结构中第二产业所占比重已达47.2%，1983年更是达到史无前例的50.3%。到1986年，成都一、二、三产业分别占国民经济的比重为23.7%、46.1%、30.2%，第二、三产业已有一定程度的发展，尤其是第三产业保持了较好的发展势头，金融、保险、旅游业等都稳定上升。1990年第三产业在国民经济所占比重已与第二产业持平，1990年后成都工业及第二产业比重呈缓慢下降趋势，第三产业在三种产业中居于主导地位，且比重持续上升，与第二产业的差距逐渐拉大。1995年后二、三产业更是进入快速发展期，2000年一、二、三产业增加值比例已为9.5:44.9:45.6，工业四大主导产业初具规模，产业结构调整步伐加快。截至2005年，第一产业增加值182.3亿元，第二产业增加值1007.7亿元，第三产业增加值1181亿元，产业结构也由2000年的10.1:36.4:53.5调整优化为7.7

∶42. 5∶49. 8，三大产业均衡发展，二、三产业发展迅速，产业结构渐趋合理。

第一产业内部，1986—2005 年成都市农林牧渔业总产值中，农业所占比例逐年下降，畜牧业比例逐年上升，1986 年种植业占农业总产值的 64. 2%，林、牧、副、渔业占 35. 8%，1990 年种植业占比下降为 62. 34%，2000 年为 61. 25%，2005 年已下降至 49. 16%；畜牧业 1990 年占当年农、林、牧、渔业总产值的 34. 06%，2000 年上升为 35. 76%，2005 年增至 45. 26%。农村经济的另一大支柱乡镇企业也经历了曲折发展，20 世纪 80 年代末 90 年代初时成都乡镇企业已初步形成一个实力雄厚的产业体系，虽在 1993 年后进入发展平缓期，但已成为农村经济的主体，1995 年乡镇企业总产值达 1351. 8 亿元，加工业已逐渐成为其支柱产业。

第二产业内部行业结构调整也很剧烈，1986 年成都工业结构以重工业为主（占 55. 2%），后大力发展轻工业，1996 年轻重工业已分别占全部工业总产值的 25. 5% 与 36%，2000 年后行业机构再次发生变化，至 2005 年，规模以上工业总产值中，轻工业占比 36. 2%，重工业占比 63. 8%。

第三产业内部各行业都有较大幅度的增长。1986 年以来，运输、邮电及批发零售、贸易、餐饮业等传统行业稳步发展，新兴服务领域不断拓宽，房地产、租赁商务、科研技术服务、文化卫生等行业发展加快，尤其在 1999—2005 年，除农、林、牧、渔服务业和金融保险业外，其他各行业同比上年增长均在 10% 以上。从各行业占第三产业增加值比重的历年情况来看，交通运输、仓储、邮电通信业和批发零售贸易、餐饮业在第三产业增加值中一直占有较大的比重；金融保险业所占比重虽然一直居于第三位，但呈现下降趋势；属于知识型产业的科学研究和综合科技服务业，比重明显过低；具有较强关联效应的房地产业，虽然呈上升趋势，比重还较低；社会服务业也仍存较大发展空间。

三、体制改革

1978 年中共十一届三中全会后，成都市率先推行农业改革，普遍实行以家庭联产承包为主的责任制和统分结合的双层经营体制，开始了以扩大企业生产自主权为主要内容的城市改革。随后，全市经济体制改革不断深入，由农业逐步扩展到工业、建筑业、商贸流通业、投资以及金融（包括证券、保险）、外贸等领域。1978 年第四季度开始，成都市在成都无缝钢管厂、宁江机床厂、四川化工厂、四川第一棉纺厂 4 户国有大企业中进行扩大企业经营自主权试点，拉开国企改革序幕。1982 年，全市国有工厂都迈进了扩权行列。1983 年参照工业企业扩权试点办法，商业企业和其他企业也全面进行扩权，多种形式试点，不同程度地扩大了企业在计划、生产、经营、产销、资金使用等方面的自主权。在进行扩权试点的同时，成都市也开始了发展股份制经济的尝试，1980 年成立了“成都市工业展销信托股份公司”（今蜀都大厦股份有限公司），发行 3000 万元股票。1987 年 4 月，成都市出现了第一家真正意义上的股份制企业——成都市水产股份有限公司。1988 年，四川第一棉纺织印染厂、成都量具刃具总厂、成都配件厂、四川电器厂也开始进行股份制试点工作。1993 年前后，成都市开始探索多种形式的企业改革方式，市属国企向中央企业、优势企业开放，国有企业向外商以及全社会开放，国企沿路沿街开放，同时积极推进国有企业的公司制改造，实行股份制。到 1993 年年底，全市股份制公司达 73 家，全市股份制企业总数达 150 余家，到 1997 年，全市 79 家股份有限公司中已有 14 家在深圳、上海两地交易所挂牌上市，1 家在香港上市。除了股份制企业，成都市还通过对部分企业进行异地改造、对部分企业进行组织结构的调整，推进国有企业存量资产的合理流动和优化重组。

1996年开始，在试点基础上，成都市开始了国企改革的重要探索，到1998年全市有500余家国有小企业实施了改革，改革面达到50%。1998年3月成都市开始了国有大中型企业改革，一批困难企业扭亏脱困，重焕活力。至1999年年底，全市国有小企业改制面达94%以上，公司制和股份合作制改制254家，兼并破产拍卖180家，实施小企业转让70家，回收资金2.71亿元；亚光电子、成都阀门厂、虹波股份等28家大中型企业改制工作顺利实施，全市国有大中型企业改制面累计达65%，基本理顺了产权关系和法人治理结构。“十五”期间，出台了国有企业改革的政策，推进国有工业企业改革和资产重组。2003年，成都市委、市政府根据四川省政府“百分之百地改制、促动产权、转换职工身份”的要求，决定加快国有企业改革，拓宽劣势企业退出渠道，鼓励境外、外地企业收购、重组成都市的国有企业。至2003年年末，全市国有工业企业改制17家，破产22家。至2004年年末，市属172家国有大中型企业中的81家兼并破产，83家完成企业改制；97%的中小企业完成改制。截至2005年，成都市累计实现兼并企业301家，破产企业172家，改制企业1303家，盘活存量资产300多亿元，30万名职工实现转移安置，共核销银行呆坏账准备金40多亿元。成都市通过采取兼并重组、招商引资、强强联合等方式，优化了国有企业产业机构，实现了国有经济“有进有退”的布局调整。

四、对外开放

1978年以前，成都经济封闭状态非常严重，1978年后才逐渐打破闭塞，不断扩大对外经济交往。

对外贸易是成都参与国际经济合作与竞争的重要方式与渠道。1989年成都取得全面自营出口权后，实现了由间接出口到直接出口的转变，对外贸易数量迅速上升，1990年，成都外贸出口0.9亿美元，是1978年的1.9倍。1991—1995年，成都外向型经济发展迅猛，1995年外贸出口已达6.5亿美元。1997年开始，成都外贸进出口呈现持续性恢复性增长，到2000年已突破7亿美元大关。2001年中国加入世界贸易组织（WTO）后，成都市加大了发展外贸的力度，至2005年外贸进出口总额已达45.37亿美元。

积极利用外资是成都市对外开放的核心内容之一。1985年成都第一家外商投资企业成立，标志着成都市利用外商直接投资开始起步。1985—1990年，成都市外商直接投资规模较小，共批准成立外商投资企业70家，协议外资1.12亿美元。1991年起，成都利用外商直接投资步入高速增长阶段，1992年邓小平南方谈话后因政策调整，对外开放领域不断扩大，1992年成都市成为中国对外开放的11个内陆省会城市之一。1992—1993年，成都市共批准成立外商投资企业1284家，协议外资14.54亿美元，是前8年的10倍。1994年开始，成都利用外资进入调整、巩固和提高的平稳发展期，投资结构得到改善，项目质量明显提高，越来越多的跨国公司和大财团如美国可口可乐、肯德基、日本丰田、伊藤洋华堂、德国西门子等相继在成都投资落户。1998年后，成都利用外资规模不断扩大，质量显著提高，跨国公司在成都投资不断增加。截至2005年，在成都投资的国家和地区达到42个，投资规模达到82.6亿美元。

1978年以后，成都在加强对外贸易的同时，也十分注重与国内各地的经贸合作。1984—1990年，成都企业主动与外地开展横向经济联合的项目1400多个，通过政府和各部门牵线搭桥与外地联合的协作项目达1800多项，引入资金28亿人民币。1991—2000年，成都市进一步加强了与各方的联合与协作，尤其在1999年、2000年两年间，成都市的招商引资取得了对外开放以来最好的成绩，与沿海地区及其他地区签订经济技术合作项目共6898个，引进资金334.4亿元人民币。2001年后，建立的友好城市往来和区域经济合作已经由礼节性的联系步入实质性的经济合作关系。成都市在基础设施、要素流动、产业扩散、商品流通等领域引进的内资在2003年达到156.5亿元人民币，2005年达到425.7亿元。

五、人民生活

辛亥革命后，各派军阀在川你争我夺，导致社会经济遭到严重破坏，民生凋敝。抗战时期，由于要支援前线，加之地主和高利贷的盘剥，商人的囤积投机，广大农民和人民群众的生活依然十分困苦。抗战胜利后，成都地区农业衰败，农村经济濒临崩溃，工业经济几乎破坏殆尽，人民生活更是雪上加霜。直到中华人民共和国成立后，成都市的人民生活水平才得到了明显改善。1950—1957年，物质生产稳步提高，城乡居民收入稳步增长。1957年城镇居民人均可支配收入为224.4元，与1951年相比，增长了1.8倍，年均增长18.7%。1958—1976年，成都先后经历了“大跃进”“国民经济调整期”和“文化大革命”，人民生活出现了倒退、徘徊。城镇居民人均可支配收入年均仅递增1.1%，人均消费支出年均仅递增1%。由于物资的极度匮乏，在消费支出中，食品类的比重占到六成左右，其中农民消费有八成是用于食品。1978年，城镇居民和农村居民的恩格尔系数分别高达57.6和68.5。

20世纪80年代，国家开始调整经济结构，实行对外开放，经济逐步发展，成都城乡居民的生活水平也开始逐步提高。

改革开放为城镇经济注入了活力，城镇居民增收渠道日益拓宽，家庭经营性收入逐渐成为可支配收入的重要来源，股票投资、储蓄存款利息、出租房屋等财产性收入也成为推动成都市城镇居民收入增长的亮点，人均收入逐年上涨，2004年成都市城镇居民可支配收入突破万元大关，2005年达到11358.81元，是1986年的12倍多。随着收入的增长，成都市城镇居民的消费水平、消费结构与消费观念也在发生着变化，2005年城镇居民人均消费支出为9642.45元，是1986年的10.19倍，电视机、冰箱、摩托车甚至是电脑、汽车等高档耐用消费品开始进入居民家庭，衣、食、住、行各方面都开始注重舒适、时尚、个性与档次；食品消费支出在总消费支出中所占的比例逐渐下降，恩格尔系数迅速下降，1986年是51.97，2005年降到35.3，2006年下降至33.88，为改革开放以来最低点，2007年由于物价上涨恩格尔系数上升至39.06，但2000年以后成都城镇居民恩格尔系数一直低于40，表明城镇居民生活水平由温饱跨进全面小康；在食品消费支出下降的同时，成都市城镇居民在医疗、娱乐、教育等方面的消费支出逐渐上升。

改革开放后，成都市农民收入渠道增加，收入水平不断提高，2005年农村居民家庭人均纯收入已达4485元，是1986年的9.79倍，比全省的农民人均纯收入高出1682元，比全国的农民人均纯收入高出1230元。随着收入水平的提高，成都市农民的生活消费水平与结构也发生了根本性的改变：食品和衣着消费支出所占比重大幅度下降，生活消费排序发生变化，以吃穿为主的单一生活消费被生活消费全面发展所代替，生活消费内容更加丰富多彩，1995年农村居民消费结构顺序为吃、住、文、穿、用、医、交，2005年演变为吃、住、交、文、医、穿、用，并且在吃、住、穿等物质方面开始追求时尚、美观、舒适、方便，各种中高档耐用消费品开始进入农村家庭生活，文、医、教育等方面的追求也渐渐成为常态，大大丰富和提高了农村居民的日常生活水平。截至2005年，成都农村家庭人均住房面积已达39.80平方米，每百户拥有冰箱31.8台，摩托车67.1辆，彩色电视机

107.5 台，移动电话 98.5 部。

1986—2005 年成都市城乡居民家庭人均收支及恩格尔系数

表 1—3　　单位：元，%

年份	城镇居民家庭人均收支				农村居民家庭人均收支			
	可支配收入	消费性支出	食品支出	恩格尔系数	纯收入	生活消费支出	食品支出	恩格尔系数
1986	913.19	946.17	488.10	51.97	458.00	427.12	258.30	60.5
1987	1015.64	1006.60	542.29	53.87	525.79	491.02	286.61	58.4
1988	1243.12	1318.01	691.00	52.40	632.00	599.20	339.30	56.6
1989	1564.62	1511.89	830.15	54.90	741.12	670.70	401.64	59.9
1990	1755.37	1680.77	863.63	51.39	772.67	692.92	435.99	62.9
1991	1924.71	1845.11	972.55	52.79	831.37	770.64	478.22	62.1
1992	2101.87	1988.08	1088.08	54.70	902.50	864.53	513.04	59.3
1993	2624.20	2428.32	1296.88	53.40	1029.53	985.56	600.53	60.9
1994	3940.47	3641.19	1890.61	51.92	1303.38	1286.29	790.14	61.4
1995	4708.99	4502.46	2273.50	50.49	1648.73	1643.51	982.62	59.8
1996	5265.64	4925.45	2478.85	50.33	2051.38	1878.39	1192.86	63.5
1997	6018.74	4959.48	2499.54	50.40	2427.00	2134.87	1235.34	57.9
1998	6446.44	5482.28	2434.04	44.40	2630.00	2078.09	1182.78	56.9
1999	7098.01	5797.97	2544.37	43.90	2783.00	2064.76	1106.89	53.6
2000	7649.09	6423.48	2491.43	38.78	2926.00	2200.74	1126.03	51.2
2001	8128.39	6801.19	2546.55	37.40	3178.00	2353.37	1155.89	49.1
2002	8971.91	6874.17	2691.05	39.10	3377.00	2548.55	1178.04	46.2
2003	9641.00	7057.68	2701.22	38.30	3656.00	2721.11	1263.15	46.4
2004	10394.10	8996.97	3182.85	35.40	4072.00	2954.12	1385.55	46.9
2005	11358.81	9642.45	3399.81	35.30	4485.00	3074.25	1429.31	46.5

第二节　优势产业

在优势产业中，电子信息、机械（含汽车）、食品（含烟草）、医药为成都市的四大主导产业。

一、电子信息

电子信息产业（包括电子信息产品制造业，邮电通信及信息服务业、软件业）是成都主导产业的重要工程。

1953—1965 年是成都电子信息产业发展的雏形时期，国家在成都兴建大中型骨干电子工业企业、事业，截至 1965 年，共建成 18 个项目，初步形成了成都地区综合的电子工业基地。“文化大革命”期间，成都电子工业受到严重干扰，电子工业在曲折中艰难发展。1978 年中共十一届三中全会后，成都的电子工业出现了蓬勃发展的生机，成都市电子研究所、成都市无线电技工学校、成都市电子仪表技术推广应用服务部等相继组建。1985 年 7 月，电子工业部在蓉直属企业又下放成都市，进一步增强了成都电子工业实力。1986 年，成都电子工业系统共有企事业单位 113 家，其中工业企业 34 家，工程技术人员 6890 人。

在改革开放方针指引下，成都电子工业围绕产品结构调整，结合技术引进，加快了重点工程和技术改造的步伐。经过十几年发展，至 2000 年年末，成都电子信息产业已具有一定规模和基础，成为全市经济发展的一大支柱产业。2000 年实现销售收入 205.3 亿元，其中电子信息产品制造业 133.7 亿元，邮电通信服务及软件业 71.6 亿元；增加值 81.8 亿元，其中电子信息产品制造业 40.9 亿元，邮电通信服务及软件业 40.9 亿元。全行业的经济结构正向多元化、合理化方向转变。国有经济正逐步退出竞争性领域，股份经济、三资经济呈快速增长趋势。传统电子产品制造业不断萎缩，现代高新电子信息产业发展迅猛。

2001—2005 年，成都市电子信息发展更为迅速。截至 2005 年，全市电子信息产业销售收入 342.78 亿元，其中电子信息产品制造业实现销售收入 207.35 亿元，完成工业增加值 78.42 亿元，软件业实现销售收人 135.43 亿元。一批国内外知名电子信息企业相继落户成都，初步形成了集成电路、信息安全、数字娱乐、光通信等产业的设计、研发、制造和服务的产业链，电子信息产业集群初步形成；软件产业初具规模，增值服务收入约占行业收入的 25%；电子信息产品制造业稳步发展，进入了新的发展时期，在集成电路、信息安全、光通信、军事电子、电子元器件及信息材料等领域形成了一定的优势和特色，具备了快速发展的基础和潜力。

二、机械（含汽车）

成都市的机械设备制造业发展于中华人民共和国成立后。20 世纪 50—60 年代，国家在成都投资新建、改建、扩建、迁建了成都量具刃具厂、成都工程机械厂、南光机器厂、宁江机床厂、四川齿轮厂、成都配件厂等一大批机械设备制造骨干企业。到 20 世纪 80 年代末，拥有通用设备制造、专用设备制造、电气机械及器材制造、交通运输设备制造、仪器仪表及办公用机械制造等五大门类，形成了较为完备的现代机械工业体系，成为成都市工业经济的支柱产业。1990 年后，成都机械设备制造业进入快速发展时期，不断进行企业组织结构调整及资源整合、调整产品结构，开发新产品，提升竞争实力。1998 年，经过改组重构，成都市机械企业非国有经济成分已达 40% 左右。2001 年以后，先后引入广东阳之光、四川禾嘉集团、日本神钢公司、浙江天马集团、江苏太湖锅炉、波兰 TFK 等国内外知名大公司与本地机械设备制造企业进行合资、合作或资产重组。到 2005 年，全市机械设备制造企业破产 19 家，改制重组 13 家，兼并重组 13 家，股份制及民营企业的比重高达 90% 以上。除了进行企业重组与结构调整外，成都机械设备制造行业还不断进行技术革新，1990—1995 年，投资 8.12 亿元进行重点技术改造，对通用机械、建筑机械、工程机械、机床工具、电工电器等 32 大类、2500 多个产品的品质进行提升；1996—2000 年，又投入 19.2 亿元，完成技改项目 49 项，开发出电工电器、机床工具以及轮式装载机等一批拳头产品和名牌产品；2000—2005 年，实施液压挖掘机扩大合资以及和成都量具刃具股份有限公司搬迁等重大产业化项目，在成都经济技术开发区和成都高新技术产业开发区形成以工程机械、模具为主导产品的工业园区。到2005年，成都机械制造业已能生产出26个产品大类、2400余个产品品种，并在工程建筑机械、精密数控机床、模具及量具刃具、电工电器等产品上形成优势，创出了“成工牌”装载机、“神钢牌”挖掘机、“宁江牌”精密数控机床和“川牌”量具刃具等名优产品，成为国内外市场具有较强竞争力的优势产业。

成都汽车制造业起步于20世纪50年代初，至20世纪60年代成都汽车制造业已发展到整车制造阶段。20世纪80年代末，成都汽车制造业基本形成由整车制造和零部件生产两大体系组成的产业链。20世纪90年代，成都市委、市政府将汽车制造确定为支柱产业之一，对汽车制造业给予大力扶持，促进了这一产业的发展。1993—1998年，成都汽车制造业实施组织结构调整，先后引入日本丰田、中国一汽集团、中大集团、广东日新集团、广西银河集团等国内外知名汽车制造企业，推进企业兼并重组，整合资源。2000年后，成都汽车制造业又通过引进、收购、联合等方法，进一步进行企业重组与整合，成都一汽、吉利汽车、四川汽车工业集团、一汽专汽、银河汽车等相继落户成都经济技术开发区汽车工业园，使龙泉驿区成为汽车城。1989年，成都还只能生产轻型汽车以及改装的客车、旅行车、越野车等，年产量仅1.32万辆。20世纪90年代，成都汽车制造业不断开发新产品，实现了以改装为主到自行研制、开发生产的历史性变化，并逐步形成规模效应。1990—1995年，成都着力发展轻型汽车及发动机总成，开发生产出一系列轻型货车、旅行车、客车，创出了“环都”“华西”“金顶”“野马”等成熟的汽车品牌，生产规模亦逐步扩大；1996—2000年，由于引进了日本丰田、中国一汽等强势企业，成都开始生产“柯斯特”高档旅行车、“小解放”轻型卡车、空调汽车、7—9米中型客车。2001—2005年，成都汽车制造业结构调整基本到位，形成实力较强的企业集群和较为完整的产业链，已能生产高档旅行车、高档次越野车、轿车、中重型卡车、特种货车、中高级运营客车。截至2005年，汽车产业发展初具规模，集群效应逐步显现，成为全国重要的高档旅行车、高档SUV（即运动型多功能车，又称休闲越野车）和改装车辆生产地，全市汽车工业企业约140家，总资产120亿元，销售收入138.44亿元。

三、食品（含烟草）

成都市食品工业在中华人民共和国成立前十分薄弱，仅有一些以粮、油、酒、屠宰为主的粗加工作坊，中华人民共和国成立后食品工业逐步发展，行业门类与生产品种不断扩大。1952年全市食品工业总产值为6800万元，1957年则上升到1.59亿元，1980年全市的食品工业总产值（含村及村以下）则达到了8.52亿元，比1975年翻了一番，全民、集体食品企业已发展到2600多家（其中乡以上企业1028家），固定资产原值1.38亿元。1986年全市已有各种企业18423家，固定资产原值3.8亿元。至20世纪80年代末90年代初，成都市的食品业居领先地位，拥有新上海食品厂、耀华食品厂、文华食品厂、成都酿造厂、成都罐头食品厂、成都乳品公司等一批骨干企业。为适应改革开放与社会大趋势发展的需要，1990—2000年，成都食品制造国有企业纷纷改制，外资、合资、民营企业不断涌现，加上每年在成都召开的“糖酒会”的推动，使成都市食品制造业蓬勃发展。2000年，成都市食品制造业有规模以上企业48家，共实现工业总产值11.05亿元，利税1.56亿元。2000—2005年，成都市将食品产业列为主导产业之一，加以大力扶持，形成了成都统一企业食品有限公司、成都派立食品有限公司、成都康迪食品有限公司、四川白家食品有限公司、四川华西乳业有限公司、成都市大王酿造食品有限公司、四川省郫县豆瓣股份有限公司等产值上亿元或上千万元的骨干企业。

1986年，成都食品业的门类已较为齐全，除水产加工外，已有粮食加工、油料技工、肉类加工、酿酒、食料、调味品、罐头食品、烟草、制茶、制糖、制盐、糖果糕点、果品加工、蔬菜加工等23个门类，产品多达数千种，花色品种亦较为丰富。20世纪90年代以后，成都本土食品制造企业又不断推陈出新，不断增添花色品种。而随着一批外地知名食品企业进入成都，进一步丰富了成都食品的种类，增添了方便食品、冰冻食品、保健食品等。成都食品制造业在积极改造工艺和设备厂的同时，大力研发新产品，应用生物工程、酶工程、膨化、新型保鲜、灭菌、真空冻干、速冻等先进生产技术，促进了食品制造业的科技进步，创出了“白家”方便粉丝、“佳雪”速冻食品、“川花牌”郫县豆瓣，“川蒲牌”米花糖、“美登高”冰淇淋、“赖汤圆”汤圆心、“江楼牌”罐头、“大王”系列调味品、“菊乐”“华西”牛奶等名牌产品和知名品牌。到2005年，全市有规模以上食品制造企业88家，从业人员19209人，实现工业总产值53.66亿元，工业增加值16.52亿元，利税3.28亿元。

1952年地方国营成都卷烟厂成立时，当年产量仅2449箱，产值71.55万元。20世纪50年代至60年代初，成都烟草业经过合并重组，卷烟产量突破万箱，到1970年达到了5万箱规模。20世纪70年代，成都卷烟生产规模呈现稳步上升的趋势，及至1981年，年产量达12.5万箱。20世纪60年代中期到80年代初，成都卷烟工业完成了从半手工、半机械生产方式到全面机械化生产方式的转变，生产技术水平有了较大提高。1990年成都卷烟制造业有固定资产净值3465万元，卷烟产量达到22万箱，税利总额突破2亿元，已成为四川省和成都市国有大中型骨干企业，并跻身于中国最大500家和四川省最大50家工业企业之列。20世纪90年代后，成都卷烟制造业进入了高速发展时期。1993年，成都卷烟厂被国家烟草专卖局列为全国烟草行业重点技术改造企业之一，1996年，成都市人民政府将烟草工业列为重点发展的支柱产业之一，1997年，成都卷烟厂又被四川省人民政府列为扩张型企业、被成都市人民政府列为重点优势企业。在大好发展机遇的推动下，成都卷烟制造业加紧进行技术改造，引进了一大批具有国际20世纪90年代先进水平的卷烟生产设备，形成了年产40万箱以上滤嘴烟的生产能力，同时创出了“五牛”“娇子”等名优产品。1998年，成都卷烟厂兼并四川卷烟厂，总资产达到23.5亿元，成为四川省规模最大、实力最强的卷烟工业企业。2000年，成都卷烟产量达到51.1万箱，实现工业总产值13.85亿元，销售收入24.37亿元，利税总额15.43亿元。2000—2005年，成都烟草工业作为成都主导产业之一，得到了进一步发展的机遇。2004年6月，成都卷烟厂与绵阳、西昌两家卷烟厂实现联合重组，产量计划达到90余万箱，总资产61亿元，进入中国特大型卷烟企业之列。截至2005年年底，成都卷烟产量92.2万箱，实现销售收入53.76亿元，税利33.51亿元，成为成都市首批产值突破50亿元的企业之一，其综合经济效益亦连年在四川省100强工业企业中名列前茅，保持了成都工业50强之首和第一纳税大户的称号。

四、医药

中华人民共和国成立前夕，成都市有华洋药厂、同仁堂等10余家中、西药厂和作坊，生产规模小，人员少，设备简陋。中华人民共和国成立后，国家高度重视和扶持医药生产的发展。1951年建立了成都市第一家国营药厂（即成都制药一厂），1958年兴办了一批药厂，其中国家投资建设的四川制药厂是国家在西南布点生产抗生素原料药的重点企业。医药工业施行全国托拉斯管理体制后，至1966年，成都市已初步形成以四川制药厂、成都制药一厂、二厂、三厂、四厂、五厂、成都中药厂等为骨干的医药工业体系。1980年，成都市建立了统一领导医药工商企业的管理体制。至1986

年，成都的医药工业已初具规模，化学制药、中成药、医疗器械工业发展迅速，主要制药企业有四川制药厂、四川省中药厂、成都中药厂、成都制药一、二、三、四、五厂等，生产的药品剂型有20多种，西药500多种，中成药200多种，以及医疗器械100多种。1989年，成都市医药工业有职工2万余人，实现工业总产值4.58亿元。

1990—1995年，成都医药制造业进行科研所体制改革，建立成都药物制剂研究所和成都生化药物研究所，企业向自主研究开发转轨，开发出左旋多巴、橙皮甙、透明质酸等一批新产品，并创出足光粉、抗病毒冲剂、洁尔阴等一批重点拳头产品。1996年起，成都市政府将医药制造业列入重点发展的产业，筛选出实力较强的10家医药企业加以重点扶持，同时利用本地丰富的中药资源，大力发展中成药。这期间，成都制药三厂、四厂、五厂等13家小型国有医药企业先后改制，成都药业与成都地奥集团联合重组，蜀阳集团由远大集团收购。1999年，成都市在高新区（西区）开始国家中药现代化科技产业园建设。此外，还涌现出四川科伦实业集团有限公司、四川华西协和制药公司、四川百利药业公司等药业新军，形成化学药业和中成药业并驾齐驱、共同发展的态势。2000年，成都医药行业中产值上亿元，利税过千万元的企业已达到14家，形成地奥心血康胶囊、青霉素工业盐、葡萄糖输液等一批产值规模大、市场声誉佳的名优产品。

2001—2005年，全市分别有21个和8个医药类项目列入国家科技支撑计划和863计划，获支持资金额近1亿元。除成都地奥集团、四川科伦实业集团有限公司、四川迪康产业控股集团股份有限公司、成都中汇药业、成都蓉生药业、成都联邦制药等本土企业迅速发展为具有相当规模的现代化制药企业外，哈尔滨药业集团、联想控股集团、华海集团、山西振兴集团公司以及国内医药百强企业恒瑞药业、扬子江药业、维奥集团等亦纷纷进入成都建厂。至2005年年底，成都市在高新区（西区）建设的国家中药现代化科技产业园初具规模，引进和聚集了14个制药项目，协议资金26亿元，初步建成了集研究开发、人才培养、中试孵化、生产销售功能于一体的园区；拥有成都国家中药现代化科技产业（四川）基地、国家高新技术产业生物医学材料及制品产业化基地、成都基因工程药物及生物芯片产业基地等专业园区，形成了产业聚集；同时，在金牛、彭州、温江、双流、蒲江等地建立了医药产业集中发展区，这些地区2005年医药工业实现产品销售收入占全市的60%以上。2005年11月，成都市被国家商务部认定为国家级医药出口基地。截至2005年年底，成都医药全行业实现工业总产值112.30亿元，是1989年的25倍，工业增加值50.87亿元，销售收入91.31亿元，利税14.43亿元，利润7.64亿元，成为成都工业的四大支柱产业之一。

第三节　名优特产

一、传统工艺品

蜀绣、蜀锦、漆器、金银丝饰品、竹编等传统工艺品被誉为“蜀中之宝”，是成都享誉全国乃至世界的瑰宝。蜀绣为成都地区生产的刺绣产品，与苏绣、湘绣、粤绣并称中国四大名绣，其以软缎、彩丝为主要原料，制品的题材大致有花鸟、山水、人物、走兽、昆虫、水族、龙凤、博古等八大方面，用途可分为日用品、观赏品、剧装三类。绣工和针法特点概括为“针脚整齐，线片光亮，紧密柔和，车拧到家”，在四大名绣中蜀绣的针法最为丰富多变，已发展到12大类122种，特别是“三异绣”更是堪称“巧夺天工”。蜀锦是用多彩色丝织成的多彩提花织物，其产品色彩鲜艳、图案丰富、质地坚韧。因盛产于四川，故名，与南京云锦、苏州宋锦、广西壮锦并称为中国四大名锦，并以历史最为久远、工艺最为独特而名列其首，被誉为“东方瑰宝，中华一绝”，其兴于秦汉、盛于唐宋、明末衰微、清中晚期得以恢复，成都自古盛产织锦，其传统织造技艺需要精妙的艺术构思和纯熟的操作技巧，成本较高，故产品价格昂贵，历来有“寸锦寸金”的说法。成都漆器发轫于商周时期，历史悠久，是与北京、福建、扬州、广东阳江齐名的全国五大著名漆器之一，素以做工细腻、品质上乘著称，其中雕花填彩、银片丝光、镶嵌描绘等传统手工技艺独树一帜，极具地域特色。银花丝技艺是成都市著名的传统特种手工艺，产品采用高纯度的白银为材料，经过白银熔化、碾片、扎条、拉丝、搓丝、穿丝、掐丝、填丝、焊接、打磨、抛光、压亮等繁多工序过程手工精制而成，技艺极其复杂，如直径达105厘米的银丝大挂盘、高约170厘米的《玉羽迎春》挂屏、金丝烧兰《大龙舟》等，都堪称巧夺天工的艺术作品。成都竹编工艺品主要有瓷胎竹编和竹编书画两大类，瓷胎竹编是在晶莹的瓷器表面用竹丝编织而成的一种特色工艺品，又称为“竹丝扣瓷”，素有“东方艺术之花”的美誉。竹编书画则是用细如发丝、薄如蝉翼、透明晶莹的竹丝为原料，与名家书画奇妙结合，在特定的环境中手工编织而成，其精细效果和艺术神韵完全可与丝绸、刺绣相媲美。

二、轻工产品

成都是西南地区重要的轻工业基地，产品门类全，质量优，名优产品众多，其中最著名的有饮料产品、皮革产品、家具、纺织产品、中药制品等。

成都饮料制造业发展迅速，成都全兴酒厂、邛崃文君酒厂、成都啤酒厂、新都五星啤酒厂、成都茶厂、四川邛崃茶厂等都是骨干企业，名牌产品主要有水井坊牌水井坊酒、全兴牌全兴大曲、绿昌茗牌绿茶、全兴牌饮用天然矿泉水、蓝剑牌冰川时代矿泉水、蜀涛牌绿茶花茶、文君牌文君酒等。水井坊酒起源于600多年前的宋代，水井坊在600多年间生产从未间断，被相关专家誉为“活文物”。水井坊酒的酿造有十分严格而独特的工艺和程序，整个流程中配料、上甑、蒸馏、观火、摊晾、下曲等关键环节都有独到的技艺。大酢师是烧坊中的关键人物，尤其是配料工序必须由其亲自掌握，精髓是“稳、准、细、净”四字，堪为绝技。水井坊酒传统酿制技艺可上溯到宋代锦江边酿制的蜀中名酒“锦江春”，在元末明初臻于成熟。其间经过代代传人的不断总结、提炼、完善、传承，先后酿制有“薛涛酒”“天号陈”“八百春”“福升全”“全兴成”“全兴大曲”等字号、品牌，皆上等白酒。以水井坊酒为代表的成都传统酿酒文化，在四川乃至中国蒸馏酒历史上具有非常显著的地位。

成都的皮革制品是四川省的重点产品之一，皮革及其制品在数量和质量上一直位居全国前列，2001年年初形成以制鞋尤其是女鞋为主的皮革制品工业集群，“艾民儿”“卡美多”“嘉丽多”“三分多”“丽点”等都是获得省优乃至国家级名牌产品称号的名优产品。成都艾民儿皮制品有限责任公司始建于1996年，是一家集开发、生产、销售于一体的女鞋出口企业，公司的自创品牌AIMINER（艾民儿）通过马法里国际注册机构，取得世界上72个国家的商标注册权。2005年12月，公司的“艾民儿”商标被评为四川省著名商标。

成都家具制造业经多年发展，成都全友家具公司、成都明珠家具集团以及成都双虎家具公司已成为成都生产规模最大的家具制造企业，年产值上亿元，“掌上明珠”“双虎”“全友”等产品获“四川名牌”称号，“天子”“爱犬”“浪度”则获“中国著名品牌”称号。成都全友家私有限公司创建于1986年，是中国最大的集研发、生产、销售于一体的大型板式家具企业之一，产品覆盖卧房家具、客厅家具、床垫、沙发等七大系列，30多个品种、200多个款式，连续多年产量、销量名列全国第一，畅销全国30多个省市区及东南亚。主要产品家具套房系列，年生产量最高达到3万套。

成都纺织工业到2005年已形成了一个由化纤、棉纺织、巢丝、印染、针复织、服装服饰、床上用品、无纺布等种类齐全的纺织工业体系，尤其是成都服装业经过十余年发展，已能生产棉、毛、丝、麻、化纤、皮革、羽绒以及针织、梭织各类服装产品，并创出了“托奇”“巨人树”“金瑞通”“岚牌”“宜尔爽”“曼时”“祥和鸟”等品牌。到2005年，成都市服装行业内获出口产品生产许可证的企业有16家。出口产品主要有丝绸服装、牛仔服装、麻棉服装、羊皮服装、羽绒服装及羽绒制品、童装、被褥套、枕套、坐垫及围巾等。“巨人树”“海纳尔”“双舒”等品牌等企业进行了出口美国、葡萄牙等国家和中国台湾地区的外销产品的加工生产。

中药传统制剂方法是祖国医药学宝库的重要组成部分。四川中药资源有5000余种，约占全国中草药品种的75%，其中道地药材和主产药材30余种，应用中药及中药制剂是四川人防治疾病的主要手段之一。成都中药制剂素有名气，曾经生产有中九丸、灵宝丸、金灵丹、紫雪丹、万应锭、渴龙遊江丹、离龙保和膏、七厘散、阿魏丸、鹅管眼药等传统制剂，皆为著名品种。“中九丸”在民间被称作是灵丹妙药，著名外科十三方的第一方，是古代帝王追崇的所谓“长生不老”药之一，有“仙丹”“九转回春丹”“九转还魂丹”之称；纯以金石药物为主，再辅以名贵中药炼制而成，对于一切阴性的痈疽疮毒、脉管炎、骨髓炎、风湿类风湿性关节炎、鹅掌风、臁疮、梅毒及各种恶性肿瘤等疑难杂症均有奇效，是中国中医药宝库中的一朵奇葩。

三、名小吃与调味料

如同川菜一样，成都小吃历史悠久，品种繁多，富有浓厚的地方特色，各种有名小吃和地方风味小吃约有数百种，龙抄手、担担面、钟水饺、廖排骨、麻婆豆腐、夫妻肺片、韩包子、三大炮、赖汤圆、白家肥肠粉、酸辣粉、三合泥等是其中的翘楚，花色品种琳琅满目，香甜、咸甜、椒麻、红油、怪味、家常、麻辣、咸鲜、糖醋、芥末、蒜泥等十余种口味俱全，堪称质优物美，风味十足。“龙抄手”建于民国30年（1941年），当时店址在成都悦来坊，20世纪50年代迁至新集场，60年代又迁入成都闹市区春熙路南段。该店筹建时，创办者张光武等人在“浓花茶园”商议办店事宜，以此茶园的“浓”字谐音“龙”音，定名为“龙抄手”。抄手品种有原汤、海味、清汤、酸辣、红油等。其共同特点是馅心细嫩化渣、馅满皮薄、均匀晶亮、干吃入味、汤吃清鲜、价廉物美，深受顾客欢迎。赖汤圆为清末四川省资阳县人赖元鑫所开创，其汤圆皮料用的糯米，专选崇州所产大香糯米，手工精选，用石缸注入纯洁井水浸泡一昼夜，其间换水两次，以后用石磨细磨，用细白布口袋吊干成粉，经过若干细腻的加工程序做出的汤圆皮料人称“三不沾”，即不沾碗、不沾筷、不沾牙；其汤圆馅心的制作则更加精细，所用黑芝麻除净杂物、竹筛淘洗、文火焙香、石碓舂粉；馅心猪油精选新鲜板油，切成小丁，旺火熬炼；用的白糖必选内江生产的纯正蔗糖；为保证质量，其磨浆、制馅等关键工序，均由赖氏本人亲自操作。其汤圆质量越来越好，声誉日隆、口碑载道，人人呼为“赖汤圆”。

作为川菜必不可少的一部分，成都地区生产的酱油、食醋、豆瓣、豆豉、豆腐乳、甜面酱、酱腌菜及复合调料等调味料也随着川菜的流行而享誉全国，其精酿细制，风味独特，“大王”酱油，“太和”豆豉，“海会寺”豆腐乳，“唐桥”豆腐乳，“锦桥”“蜀香”牌酱肉、香肠调料，九九国泰牌味精、莎麦牌鸡精，金宫牌鸡精、味精等都是为人熟知的调味品品牌，其中郫县豆瓣是成都调味品中最具特色的产品。成都市郫县的豆瓣有着300余年的悠久历史，以独特的传统工艺酿造而成，具有瓣子酥脆、酱香浓郁、红褐油润、辣而不燥、回味醇厚的特点，既是烹制川菜必备的调味佳品，又可以直接佐餐，在饮食界赢得“川菜之魂”的美誉。民国初年，郫县豆瓣生产已形成相当规模，远销各地，名声远播。1998年，郫县豆瓣厂、郫县酿造厂、犀浦酱油厂等5家企业实行集团化经营，年产量达万余吨。同时，郫县豆瓣已与川菜结伴远销世界各地，深受各国顾客的欢迎。鹃城牌郫县豆瓣、旺丰郫县豆瓣、丹丹牌郫县豆瓣都是享誉全国的品牌。

四、土特产品与农副食品

1990年以前，成都土特及农副食品加工多为手工作坊式，进入20世纪90年代以后，一大批外资和民营企业的进入，使其进入工业化生产，涌现出了成都希望集团肉食品加工公司、成都伍田食品有限公司、新繁食品有限公司、四川广乐食品有限公司、四川邑丰榨菜食品有限公司等各类深加工龙头企业，培育出了“美好”火腿肠、“伍田”耗牛肉、“遛洋狗”系列牛肉食品、“青城”老腊肉、饭扫光牌开胃菜、新繁牌泡菜、“邑丰泡菜”等市场畅销的知名品牌，其中“美好”牌火腿肠跻身“中国名牌”产品之列。

第三章 地方文化

第一节 发展状况

一、文学

成都文学传统深厚。秦汉以降，文才代出。如汉有司马相如、扬雄，唐有薛涛、雍陶、唐求，五代有赵崇祚、鹿虔扆，宋有范镇、张俞、魏了翁，元明清有费著、杨慎、黄娥、费密。《成都市志·文学志》列古代成都籍文学家231人、流寓成都的文学家30人，凡261人。

中国新文学时期，巴金创作的长篇小说《家》《春》《秋》，李劼人创作的长篇小说《死水微澜》《暴风雨前》《大波》，皆为中国现代文学史上的不朽作品。民国24年（1935年），艾芜发表著名的短篇小说集《南行记》。民国29年（1940年），沙汀发表短篇小说代表作《在其香居茶馆里》。中华人民共和国成立后，本土作家、诗人写出大量反映当代社会精神风貌和揭示生活本质特征的文学作品。其中，艾芜的长篇小说《百炼成钢》，马识途的长篇小说《清江壮歌》，流沙河的诗集《农村夜曲》等，皆具影响。“文化大革命”期间，成都文学凋零。粉碎江青反革命集团后，始得复苏。1977年，成都籍作家刘心武发表短篇小说《班主任》，轰动全国。20世纪80年代，巴金的《随想录》出版，在全国产生重大影响。时全市登记有文学团体25个、开办文学报刊22种。20世纪90年代，生活在成都境内的作家们勤奋耕耘，佳作迭出，出版有《三人行》《泸沽湖的诱惑》《高处不胜寒》《战争和人》《西江村赶月》《走西藏》《生命呼啸》《大饭店风云》《生命逃亡》《兵家常事》《太阳升起》《文人无行》《尘埃落定》《衣冠似雪》《我在天堂等你》《左右与螺旋》等长篇小说及中短篇小说。其中，王火的长篇小说三部曲《战争和人》、阿来的长篇小说《尘埃落定》分获第四和第五届茅盾文学奖，裘山山的长篇小说《我在天堂等你》获第九届中国人民解放军文艺奖、第八届全国“五个一工程奖”。

21世纪初，成都实施文艺精品工程，成效卓著，奖项丰硕。2001年，文楚安译作《金斯伯格诗选》获第五届全国优秀外国文学奖。同年，王曼玲的中篇小说《让我看看你》发表，获全军文艺创作新作品一等奖。2002年，程宝林的诗歌《擦亮马灯》获美国纽约《彼岸》杂志国际李白诗歌大奖赛三等奖；同年，凸凹发表诗歌《房子是这样建成的》，获首届天府文学奖单篇作品奖优秀奖。2003年，麦家的长篇小说《暗算》出版，后获第七届茅盾文学奖。同年，何大草的长篇小说《刀子和刀子》出版，后获第五届四川文学奖特别荣誉奖。邓贤的报告文学《中国知青终结》出版，获年度“中国作家大红鹰集团杯”文学奖。2004年，《杨红樱童话》出版，获当年冰心儿童文学奖。截至2005年年底，成都市作家协会共有会员817人。

二、艺术

成都戏剧起源甚早。汉代，境内已有“百戏”“角抵”出现。三国时期，刘备曾主持表演“参军戏”。唐宋及元，成都“优伶之戏甚盛”，享有“蜀戏冠天下”的赞誉。明代，杨慎著有散曲集《陶情乐府》、杂剧《洞天玄记》等。清末，“五腔共和”，川剧最终形成，成为中国戏剧百花园中的一朵奇葩。成都境内剧种主要有川剧、话剧、京剧、舞剧及木偶剧等。其中，川剧为中国西南地区影响最大的传统地方剧种。20 世纪 50—60 年代，成都上演有《三打祝家庄》《借亲配》《柳荫记》《秋江》《谭记儿》等大批川剧剧目。“文化大革命”期间，传统剧目全部停演。1978 年年初，邓小平在成都观看《拷红》《花田写扇》等 13 个川剧传统折子戏。此后，禁锢破除，传统戏重新上演。但 20 世纪 80 年代初，川剧观众寥寥，景况萧条。1982 年，中共四川省委发出“振兴川剧”的号召。1986 年，成都举办“川剧艺术抢救继承演出”活动。1988—2005 年，成都川剧艺术工作者和川剧表演团体创作、改编、上演有《芙蓉花仙》《白蛇传》《九美狐仙》《乔太守乱点鸳鸯谱》《目连之母》《山杠爷》《好军妹》《好军嫂》《文成公主》《中国公主杜兰朵》《激流之家》《欲海狂潮》等优秀剧目，其中一些剧目获得“文华奖”“五个一工程奖”等各种殊荣。这一时期，成都川剧表演人才优势突出，晓艇、刘芸、陈巧茹、刘萍、孙勇波、孙普协等川剧艺术家先后获中国戏剧梅花奖。1986—2005 年，成都编创上演有《死水微澜》《儿子》等获奖话剧剧目。同一时期，成都还公演有京剧《千古一人》、舞剧《卓瓦桑姆》、木偶剧《红地球·蓝地球》等优秀剧目。

成都曲艺历史久远。城北天回镇出土的东汉“说唱俑”，反映当时成都的说唱艺术已经流行。唐代，段成式的《酉阳杂俎》中，还有成都“市人小说”（评书）的记载。明代，杨慎“善琵琶，每自为新声度之”。清代，成都风行清唱、洋琴、相声、莲花落等表演。民国年间，成都曲艺从业人员已达数百人。成都境内主要有扬琴、清音、金钱板、竹琴、评书、相书、谐剧、相声、方言诗朗诵、荷叶、花鼓、车灯、连箫、盘子等曲艺品种。20 世纪 50 年代，成都扬琴名角李德才到北京演出《船会》，受到周恩来总理勉励。20 世纪 80 年代，成都的曲艺演出活动深入工矿、农村、部队、学校，进军国际舞台，影响遍及中外。1994 年，李伯清演出评书《徐洪刚热血颂》。1995—1999 年间，成都曲艺界开创用四川方言演出曲艺小品的先河，陆续创作上演《拆迁轶事》《洪霞》等大批节目。2000 年 9 月，程永玲演唱的清音《蜀绣姑娘》获文华新节目奖和表演奖。2002 年 6 月，青年演员张徐创作演唱的金钱板《怪哪个》获第二届中国曲艺“牡丹奖”表演奖。2004 年 9 月，田临平演唱的清音《成都的传说》获第三届中国曲艺“牡丹奖”表演奖。

成都的音乐舞蹈源远流长。古代，蜀王开明氏曾作《东平之歌》，以悦其妃。汉代，司马相如作古琴曲《凤求凰》，乃为佳话。唐代，成都乐舞表演极盛，杜甫有赞云“锦城丝管日纷纷，半入江风半入云”。在城西永陵石刻乐舞伎浮雕上，尚可见唐末五代宫廷乐手和舞者的生动形象。宋元时期，游赏之俗风靡成都，“倡优鼓吹”连绵不绝。清代，张孔山《流水》为代表的蜀派古琴兴起，《天闻阁琴谱》在成都编订成书。民国时期，王光祈著有《音乐学》等专著。20 世纪 50—60 年代，成都上演有《胜利大歌舞》《红梅岭》等音乐舞剧。1986 年，刘世英等创作、张平主演的舞剧《鸣凤之死》参加日本琦玉县国际创作舞蹈大奖赛获第一名，成为中国民族舞蹈的一个典范。1996 年 9 月，成都籍歌唱家廖昌永获得“第四十一届图鲁兹国际声乐比赛”第一大奖，享誉海内外。2002 年 2 月 4 日，成都市人民政府主办，中央电视台全程策划、导演、播出的“蓉城之春”大型音乐演唱会在四川省体育馆举行。2005 年 4 月，成都金沙太阳神鸟演艺文化有限公司出品的音乐剧《金沙》在北京保利剧院首演。

成都绘画风气自古兴盛。唐代，大慈寺内绘画万余壁，世谓“举天下之言唐画者，莫如成都之多”。五代，黄荃工花鸟，名噪华夏。宋代，黄休复著《益州名画录》。明代，新津观音寺内绘十二圆觉菩萨壁画，精美绝伦。清代，成都书画名人达 500 余人。民国，罗元黼著《蜀画史稿》。20 世纪 50—70 年代，成都国画家冯灌父作有《夔门》、伍瘦梅作有《杜甫诗意画》、赵蕴玉作有《蜀宫乐伎》、朱佩君作有《芙蓉鲤鱼》等优秀作品。1986—1989 年，成都举办各种美术展览 107 次。1990 年，吴绪经工笔画《竞技图》获第二届中国体育美展特等奖、李焕民版画《藏族女孩》获日本“中国新兴版画回顾展”金奖。1991 年，李少言、丰中铁获中国美术家协会和中国版画家协会颁发的中国新兴版画杰出贡献奖。1993 年，“中国经验”——周春芽、张晓刚、叶永青、王川、毛旭辉五人画展在成都举办。1994 年，成都 92 位国画家的 171 幅作品先后在成都美术厅、北京中国美术馆、香港展览中心展出。1995 年 9 月，成都市文化局举办“成都油画展”，参展油画家 106 人、作品 167 幅。1999 年 12 月，成都市举办“天府百人中国画、油画世纪展”，展出作品共 100 幅。2001 年 12 月，首届成都双年展举办，主题为“样板·架上”。2003 年 11 月 18 日至 2004 年元月 18 日，围绕“2004（成都）国际城市动漫画展”的举办，开展群众性绘画活动。2005 年 1 月“居住在成都——2005 中国当代油画邀请展”在成都现代艺术馆举办。

三、文物考古与文化遗产保护

成都历史悠久，自然、文化遗产资源丰富。20 世纪 50 年代后期至 70 年代中期，成都考古部门曾先后发掘清理了曾家包汉墓、明代朱悦燫墓、后蜀孟知祥墓、张虔钊墓、青羊宫隋唐窑址等。改革开放时期，成都又取得一系列重大考古发现。1979 年，发现明蜀王陵遗址群。1985 年，发现商周时期的十二桥干栏遗址。1995—1998 年，陆续发现多处新石器时代晚期的成都平原史前城址。1998 年，发现明清时期的水井街酒坊遗址。2000 年，发现战国早期的古蜀船棺合葬墓。2001 年，发现商周时期的金沙遗址，出土太阳神鸟金箔等大量珍贵文物。2003—2005 年，考古部门还发现红牌楼明蜀王府太监墓群、清代“万佛楼”建筑等遗存。

1980 年，成都市人民政府决定将文殊院、大慈寺、宽窄巷子等三个街区列为城市的历史文化保护区。1982 年，国务院公布成都市为中国首批历史文化名城之一。1985—1987 年，建立 106 处市级以上文物保护单位的资料档案。1993 年颁布《成都市文物保护管理条例》。1997 年，杜甫草堂茅屋景区恢复重建完成。同年 8 月，成都市人民政府公布第三批文物保护单位 14 处。1999 年，颁布经国务院批准的《成都市城市总体规划（1995—2020 年）》，其中包含历史文化名城保护的相关条款。2001 年 2 月，成都市人民政府公布成都市第一批文物建筑共 22 处。2003 年，成都市提出文博事业“两中心，六体系”的发展战略构架。2004 年，成都市开展非物质文化遗产普查及申报准备工作。2005 年，全市馆藏文物清理建档工作全面展开，成都 24 家国有文物收藏单位共清理馆藏文物 12 万余件。

截至 2005 年 12 月，全市有世界文化遗产 1 处、国家级历史文化名城 2 个、省级历史文化名城 3 个、国家级历史文化名镇 2 个、省级历史文化名镇 11 个、市级以上文物保护单位 121 处、历史文化保护区 3 处、各类博物馆 50 余个、文物建筑 22 处。

四、公共文化

20 世纪 50—60 年代，成都建立有图书馆、文化馆、川剧团、歌舞剧团等一批文化机构和表演团体，为成都文化的发展与繁荣作出贡献。但在当时的体制条件下，其作用的发挥受到一定的制约。

1979 年，中共十一届三中全会召开后，文化体制改革深化，公共文化活动增多。1986 年 12 月，成都市举办农村艺术节，参演文艺节目 1900 余个，参展美术、书法、摄影作品 2800 余件。1987—1989 年，成都市图书馆举办“中外名著阅读与欣赏”“古今为政清廉谈”等讲座，开展书评、征文、演讲、知识竞赛等读者活动。1990 年，成都市举办“十佳少儿书画展”。1991 年春节期间，武侯区创办“武侯闹春”群众文化活动，规模宏大。1997 年，成都市文化、科技、卫生部门开展“三下乡”活动，丰富乡镇文化生活。同年 6 月，中国文化扶贫委员会、新闻出版署、共青团中央等联合召开的全国“万村书库”工程表彰会在成都举行。1998 年，成都画院美术馆建立。2000 年年底，成都市实现已通电行政村集中收看的电视广播“村村通”目标。

2002 年中共十六大召开后，成都市加强公共文化服务体系建设。同年，金牛区九里堤社区组建成都第一支社区坝坝电影队。2003 年 10 月 1 日，成都图书馆新馆向读者开放，首创“周末公益讲座”，读者数量骤增。2003 年，成都市统筹城乡发展、建设社会主义新农村，投入农村文化事业经费 893. 8 万元，支持“两馆一站”（图书馆、文化馆、文化站）建设。年内，青羊区创立群众文化活动品牌“琴台欢歌”，金牛区组织“高雅艺术进社区”系列活动。2004 年是中共成都市委、市人民政府确定的“文化年”，年内共举办蓉城之春大型综艺晚会、成都大庙会、东方卫视“《花开中国》成都篇——花重锦官城”大型电视直播活动、成都国际桃花节、东方伊甸园放水盛典等 63 个系列的公共文化活动。同年，成都图书馆建成全国文化信息资源共享工程成都支中心。年内，成都市群众艺术馆迁至草堂路 17 号，办馆条件改善。2005 年 1 月，该馆承办成都市首届社区秧歌腰鼓大赛，共 53 支腰鼓队参加；2 月，承办成都市“万人踢踏闹新春”广场文化活动。同年 3 月，成都市举办“情暖民工”系列文化活动，为民工演出歌舞、戏剧（小品）、魔术杂技，举办电影展映、讲座咨询等。是年，全市投入城乡基层文化基础设施建设的经费近亿元。

截至 2005 年年底，成都市有市区（市）县两级公共图书馆 20 座、群众艺术馆（文化馆）20 座，全市 9 个行政区及高新区的 80 余个街道辖区基本建成综合文化活动中心，全市 14 个郊区（市、县）的 200 多个乡镇建成综合性文化站的比例达到 40%。同时，还形成“周末公益讲座”“成都故事”“绿色网上空间”“阳光课堂”“携手同心艺术表演”“优秀电影进社区”等一批公共文化品牌。

第二节　特色文化

一、古蜀文化

约 4500 年前，蜀人从岷江上游进入成都平原定居，建立蜀国，历经蚕丛、柏灌、鱼凫、杜宇、开明等五个时代。然其兴衰神秘，留下很多传说和疑团，故李白叹云：“蚕丛及鱼凫，开国何茫然。”古蜀文化即指这一时期存在于成都平原的一种古文化形态，它以农耕文明和青铜文明为特征，是成都文化最早的源流。

1979—2001 年，省市考古部门相继发现商周时期的成都十二桥遗址、广汉三星堆遗址、成都平原史前城址群、古蜀船棺合葬墓和金沙遗址。这些遗址均为全国重点文物保护单位。它们是古蜀文化的代表，对探索长江上游早期文明的形成具有极其重要的价值。2004 年春节期间，郫县望丛祠举办古蜀文化图片展。2005 年 4 月 21—28 日，中共成都市委宣传部、中共郫县县委、郫县人民政府共同在郫筒镇主办“古蜀文化节”，主题为“解蜀语、瞻蜀祭、观蜀舞、赏蜀景、品蜀味、展蜀史”。同年，音乐剧《金沙》公演，艺术展现古蜀文化风韵。

二、三国文化

魏文帝黄初二年（221 年），刘备在成都称帝，建立蜀汉政权，史称蜀国。历二帝，共 43 年（221—263 年）。蜀汉丞相诸葛亮胸怀文韬武略，竭力辅佐刘备父子，鞠躬尽瘁，死而后已，备受后人景仰。成都的一些街巷名称及遗址皆缘于三国蜀汉。如：市内的万里桥、点将台、九里堤、洗面桥、营门口黄忠祠；周边的洛带八角井、龙泉张飞营、大邑赵云墓、新都马超墓等。同时，有很多三国故事被改编为戏剧曲艺节目，如京剧《群英会》、川剧《江油关》等。其中，尤以四川扬琴中的三国曲目最为丰富，可从《桃园结义》直唱到《杀家告庙》，约有 60 余支。

成都武侯祠系全国重点文物保护单位，是祭祀诸葛亮、刘备的合祀祠堂，被海内外公认为“三国文化圣地”。1984 年，成都武侯祠博物馆成立。1998 年春节期间，武侯祠恢复已中断数十年的“拜忠义、游喜神”民俗活动。2001 年，成都开工修建锦里古街。2004 年 10 月 31 日，由成都市人民政府主办，成都市文化局和武侯区人民政府承办，成都武侯祠博物馆协办的“三国文化节”开幕。同日，祠东侧的“锦里”古街落成开市，成为形象展现三国文化和川西民俗的一方胜地。2005 年，成都大庙会从文化公园移至武侯祠举办，盛况空前。

三、诗歌文化

“自古诗人例到蜀。”唐宋时期，王勃、卢照邻、杨炯、骆宾王、李白、杜甫、王维、岑参、高适、孟浩然、元稹、白居易、贾岛、李商隐、黄庭坚、陆游、范成大等都曾在成都宦游寓居，并且留下许多流芳百世的华美诗篇。明代，杨慎诗风“浓丽婉至”，存诗约 2300 余首。清代，费密作《朝天峡》一诗，备受赞誉。民国时期，廖平、刘咸炘等皆能诗。20 世纪 50—70 年代，刘允嘉写成长诗《高原春天的消息》、胡笳发表诗集《油海飘香》。1982 年，《流沙河诗集》出版。1989 年，翟永明诗集《在一切玫瑰之上》发行。1992 年成都恢复每年一度的“人日游草堂”活动并举办诗歌吟唱会。1997—1999 年，杜甫草堂建成“茅屋”景区和杜诗书法木刻廊坊。2002 年，草堂又辟设诗歌“大雅堂”。同年，《星星》诗刊与成都市公交公司联合征集“公交诗歌”，入选 200 余首，皆制作成公交指示牌，分置于市区站点和公交车上。2005 年 12 月 28 日，位于市内浣花溪公园内的中国诗歌文化中心主体工程——诗歌大道建成开放。道长 200 余米，镌刻 100 多首（句）世间广为流传的诗作。

四、方志文化

成都具有编修史志的优秀传统。西汉，成都人司马相如、严遵均纂《蜀本纪》；成帝时，扬雄纂《蜀王本纪》。东汉，临邛人郑廑著《蜀本纪》，成都人赵谦著《巴蜀耆旧传》、赵宁著《蜀郡乡俗记》。三国时期，谯周著《益州志》。东晋，蜀郡江原人常璩所纂《华阳国志》最为著名。该书记载公元 4 世纪中叶以前中国古代西南地区的史实，开创历史、地理、人文综合编纂的志书体例。千百年来，《华阳国志》挺拔于方志之林，影响甚广、备受赞誉。唐人刘知几言其“传诸不朽、见美来裔”。中国著名文献学家张舜徽称其为“今日方志的初祖”。其后，成都官府修志延绵不绝、民间治史蔚然成风。如唐五代卢求有《成都记》、张周封有《华阳风俗录》、仁显有《华阳记》、杜光庭有《续成都记》，宋句延庆有《锦里耆旧传》、赵抃有《成都古今集记》及王刚中、范成大、胡元质的三部续记（俗称甲、乙、丙、丁四记）、孙汝聪的《成都古今前后记》、袁说友的《成都志》，元代费著有《成都志》，明清时期有天启《成都府志》、康熙《成都府志》、嘉庆《华阳县志》、嘉庆《成都县志》、同治《成都县志》、宣统《成都通览》等大批古代方志。它们是后世研究古代成都的珍贵历史文献，其中有相当部分志书被收录入中国著名方志之列。民国时期，成都各县均编纂有地方志，其中《成都县志》《华阳县志》较具影响。

20 世纪 60 年代，青城山高道易理轮（易心莹）受命编纂《四川省志·宗教志·道教篇》，因“文化大革命”浩劫，未能成书。20 世纪 90 年代，成都市编纂中华人民共和国成立以后的第一部新方志《成都市志》（1840—1989），设总志 1 部、专志 80 部。至 2005 年，已陆续出版专志 69 部。

五、川西民俗文化

成都是川西民俗体现最为集中的地方。境内生活有 44 个民族和大量客家后裔，在文学艺术、岁时节庆及饮食、饮茶、休闲等方面形成独特的民俗。

成都民间艺术种类繁复，其中尤以川剧座唱活动最为普遍。境内流行黄龙溪火龙灯舞、洛带龙舞、大邑狮灯、温江牛灯、郫县望丛赛歌会、青白江过街连箫等乡间艺术，传承蜀绣、蜀锦、漆艺、糖画、竹编、棕编、藤编、草编、风筝制作、盆景盘扎等手工技艺，各具特色、精彩纷呈。

成都岁时节庆传统深厚。全市城乡常年举办有都江堰清明放水节、成都大庙会、成都灯会、成都花会、草堂“人日”吟诗会、新都“三月三”、新津“龙舟会”、崇州街子兰花会、邛崃固驿春台会、元通清明会等大型民俗活动，皆盛大热烈。

成都人爱好饮茶。民国年间，茶馆遍布成都大街小巷，约 500 余家。20 世纪 50 年代公私合营后，成都茶馆数量略减。20 世纪 80 年代，茶馆恢复发展到 600 余家。20 世纪 90 年代中期，“圣淘沙”“耕读园”“绿茗”“顺兴老茶馆”等一批现代茶楼在成都相继开业。这些茶馆，除品茗外还有茶艺表演、收藏交流等文化活动。至 2001 年，成都已有茶馆、茶楼 3000 余家。2005 年 12 月 31 日，四川省第三届茶文化周在成都琴台路开幕。

成都是川菜最主要的发源地，餐饮业素来发达，尤以小吃闻名遐迩，素享“美食之都”盛誉。市内有荣乐园、竟成园、少城小餐、芙蓉餐厅、耀华餐厅、竹林小餐、努力餐、带江草堂、利宾筵、粤香村、盘餐市、赖汤圆、郭汤圆、钟水饺、龙抄手、担担面、谭豆花、金玉轩、夫妻肺片、韩包子、鸡汁锅贴、珍珠圆子、师友面等众多“中华老字号”美食餐点。成都人食俗讲究，民“尚滋味、好辛香”。2004 年，成都市首次举办“中国国际美食旅游节”活动。次年续办。

成都人喜好游乐、崇尚闲适，自古成俗。历史上，“成都游赏之盛，甲于西蜀”。20 世纪 80 年代初，成都在全国首创“农家乐”休闲方式。2005 年，成都境内的“农家乐”已达 5000 余家。其中，三圣乡的“五朵金花”最负盛名。

成都客家人多为清初客家移民的后裔，保留说客家方言（土广东话）的习俗，能以广东音韵撰写祭文、自传等民间文本。有演唱客家山歌、戏曲及表演舞蹈的喜好，婚丧嫁娶习俗特点鲜明。洛带镇每年的“水龙节”和“火龙节”，更是客家人传承数百年的特色民俗活动。2005 年 10 月，成都市人民政府在成都市举办第二十届世界客属恳亲大会，主题为“全球客家、天府情缘”，洛带为唯一分会场。

六、道教文化

成都是道教的发祥地之一，道教文化传统深厚。西汉，严遵著《老子指归》，阐发清静无为思想，影响深远。东汉，张陵在大邑鹤鸣山修炼，创立“正一盟威天师道”，倡互助救困。唐元和中，蜀郡江源人梅彪著有《石药尔雅》，乃丹药专书。唐末五代，杜光庭居青城山，著述尤丰，《道藏》共收其作 25 种、凡 359 卷。清乾隆年间，温江道士陈复慧校正《广成仪制》数十卷。民国时，成都市区有道观 40 余处。

20 世纪 50—60 年代，鹤鸣山、青城山涌现出张至益、刘圆常等一批道教气功家和名医，促进中华武术和道家医术的发展。20 世纪 70 年代，青城道士张孔山所谱道教音乐古琴曲《流水》，由美国“旅行者二号”宇宙飞船带入太空。20 世纪 80 年代，境内庙会活动渐盛，其中又以新津老君山的老君会和彭州葛仙山三月三庙会最热闹。1990 年，成都道教气功养生研究所在青羊宫成立。2001 年，青羊宫道乐团成立。2003 年，青城山道乐团成立。2004 年，举办“中国成都道教文化节”。2005 年 5 月，青城山道乐团和青羊宫道乐团参加全国道教音乐汇演，7 月赴台湾参加“海峡两岸道教音乐会”表演，获高度评价。

七、大熊猫文化

大熊猫是国家一级保护动物，主要生存于四川。成都境内都江堰、崇州、大邑、彭州等地尚有野生大熊猫出没，数量很少。1987 年，成都大熊猫繁育研究基地建立。1993 年 9 月 24—28 日，林业部、建设部、国务院新闻办公室、国家环保局、四川省人民政府、成都市人民政府联合举办“中国四川成都’93 国际熊猫节”，主题为“人—动物—自然”。1997 年 9 月，举办“中国四川成都’97 国际熊猫节”。2005 年 11 月 11 日，大熊猫成功入选北京奥运会吉祥物。同年，成都作为四川大熊猫栖息地组成部分，进入世界自然遗产申报。

第三节　非物质文化遗产

一、蜀锦织造技艺

蜀锦织造技艺是国家级非物质文化遗产之一。蜀锦是用彩丝织成的多彩提花织物，成品色彩鲜艳、质地坚韧。因盛产于四川，故名。它与南京云锦、苏州宋锦、广西壮锦并称为中国四大名锦。蜀锦织造兴于秦汉、盛于唐宋，已有 2000 余年的历史。

蜀锦织造技艺非常繁复，一幅蜀锦的完成，要经过设计、定稿、点匠、挑花结本、装机、织造等生产程序，极耗工时。其中，“挑花结本”是蜀绣最关键和核心的技艺，而“织造”工序则包括打节、打竿儿、拉花、投梭、转下曲、接头等多种操作技能。花楼机是织造蜀锦的主要工具，生产时由两人配合操作。蜀锦传统品种有语丝锦、方方锦、铺地锦、散花锦、浣花锦、民族锦、彩晕锦等。

1951 年，成都蜀锦厂建立，采用传统技艺生产。20 世纪 80—90 年代中期，织出“文君听琴”“嫦娥奔月”等一大批极具代表性的蜀锦精品。此后，现代织造技术兴起，传统蜀锦生产萧条，古老的手工织造技艺面临失传。2002 年，为加强传统技艺的传承和保护，成都丝绸总公司组建蜀锦文化发展有限责任公司。2005年6月，以传统技艺制作的蜀锦珍品——仿汉锦“五星出东方利中国”在成都问世。

二、蜀绣工艺

蜀绣工艺是国家级非物质文化遗产之一。蜀绣为成都地区生产的刺绣产品，与苏绣、湘绣、粤绣并称中国四大名绣。汉代蜀绣生产颇具规模，西汉扬雄赞其为“若挥锦布绣，望芒兮无幅”。蜀绣以软缎、彩丝为主要原料。蜀绣针法最为丰富多变，有12大类122种。刺绣艺人运用辅针、滚针、掺针、沙针、盖针、晕针等不同针法，表现绣品的光、色、形和神韵，达到“以针代笔、以纸代墨”的技艺境界，绣制出光鲜亮丽、画意浓郁的作品。蜀绣绝技为“三异绣”，它能在薄如蝉翼的透明底料上绣出构图、色彩、针法截然不同的正反两面，堪称巧夺天工。20世纪50—60年代，成都生产出许多蜀绣精品，如陈列于北京人民大会堂的条屏《芙蓉鲤鱼》和巨幅绣屏《大渡河》。20世纪70—90年代，机绣逐渐代替手绣，传统技艺面临危机。2004年，《四川省传统工艺美术保护办法》施行，蜀绣保护加强。2005年，蜀绣制成的中国文化遗产标志“金沙太阳神鸟”搭乘“神舟六号”飞船遨游太空。

三、成都漆艺

成都漆艺是国家级非物质文化遗产之一。成都是中国漆器的发源地之一和主要产地。成都漆器又称卤漆，发轫于商周时期。成都漆器以天然生漆、木、竹等为原料，素以做工细腻、品质上乘著称。卤漆工艺繁复，其装饰技法有雕、嵌、描、绘、堆、贴等。其中雕花填彩、银片丝光的技艺是成都漆器的独有风格，在全国业界内绝无仅有。20世纪50年代，成都组织老艺人，成立卤漆社。1975年，成立成都漆器工艺厂。20世纪90年代中期，该厂陷入困境，曾一度停产。2004年，成都市制订“锦绣工场”建设计划，以保护漆艺等传统工艺。同年，四川省工艺美术大师宋西平漆器艺术作品展在广州举办。2005年，成都漆艺进入国家级非物质文化遗产申报。

四、都江堰清明放水节

都江堰放水节是国家级非物质文化遗产之一。它是当地一个盛大的节日和重要的民俗活动，源于古代的江神信仰和两千多年前对江水的祭祀。北宋太平兴国三年（978年），朝廷将清明节正式定为放水节。此后，都江堰每年都在清明日举行放水庆典，以颂扬李冰父子的丰功伟绩，祈愿农业丰收。1957年，节制闸门建成后，都江堰无须全部断流，放水节中断。1990年，为弘扬民族文化，都江堰市决定恢复每年的清明放水模拟活动。主要仪程有祭奠李冰父子、砍杩槎放水、打水脑壳等，人称“天府第一盛会”。2005年的放水节，场面壮观、动人心魄，观者人山人海，时由中央电视台新闻频道直播现场实况。

第四章 社会事业

第一节 教育 科技

一、教育事业

成都兴学源远流长。汉景帝末（公元前143—前141年），蜀郡守文翁在成都城南（成都石室中学校址）修筑石室，兴建讲堂，所办“文学精舍”为中国最早开办的地方官办学校之一。此后，即使朝代变迁，兵火相仍，只要社会稍为稳定，成都即视兴教办学为一大要务，且官学私学并举，历代相习。以“文翁石室”为例，汉代为郡学，唐代为府学，宋代始为州学后为府学，元代为石室书院，明代为府学，清代始为府学，后在府学右偏隙地建锦江书院，在原址连续办学2000余年。

清光绪二十二年（1896年）废科举，兴学校，成都创设中西学堂。光绪三十一年（1905年），在蓉外国教会开始筹办华西协合大学。宣统二年（1910年），成都城区有高等学堂、师范学堂、中学堂、实业学堂、小学堂、幼儿院等各级各类学校近200所。

民国初年，四川军阀混战，教育经费奇绌。民国20年（1931年），国立成都大学、公立四川大学、国立成都师范大学合并为国立四川大学。抗日战争时期，约有10所战区高校（或院、系）迁入成都。义务教育和国民教育制度先后在成都实施。民国31年（1942年），在蓉高等学校有14所。民国35年（1946年）下期，成都城区有小学103所，中学42所（其中高完中38所）。民国36年（1947年）内战爆发后，师生爱国民主运动风起云涌。到民国38年（1949年），成都各级学校多未进行正常的教学活动。

中华人民共和国成立之初，人民政府接管、接办了在蓉全部公立、私立与外国教会办大、中、小学校，并将各级学校的工作重心逐步转移到以教学为中心的轨道上来。恢复和发展普通中、小学校；高等学校进行院系调整，一些沿海地区的高校或系科、专业迁入成都；举办夜校和业余学校，扫除文盲。从1961年起，进行了3年的调整、巩固、充实、提高。1965年，全市共办小学737所，小学生291437人；普通中学91所，中学生79729人；在蓉高等院校11所，在校大学生21262人。

1966年开始的“文化大革命”中，成都教育事业遭受严重冲击，各级各类学校大批干部、教师遭到残酷迫害，大量教学设备设施被毁坏，学校停课，教育质量严重下降。1976年10月，“文化大革命”结束后，成都市尽力修复校舍，拨乱反正，恢复教学秩序和高等学校招生考试制度；清理冤假错案，重新树立“以教学为中心，不断提高教学质量”的思想。并逐步将中、小学学制改为“六、三、三”分段制，发展职业中学，扩大高校办学自主权。

1986年，成都市基本普及小学教育。随即层层分解任务，把普及九年义务教育的责任落实到县、乡、学校。进行农村教育综合改革实验，建立教师培训机制，十年中每年改建、扩建或新建乡初中约40所。1996年，成都市适龄儿童小学入学率达到99.9%，小学毕业生升学率达到98.2%，实现了基本普及九年义务教育的目标。在此期间，从1990年开始，成都市在全市开展扫除剩余文盲工作。1993年，全市青壮年非文盲率达到98.65%，完成了扫除青壮年文盲的任务。

1996年，成都市启动普及高中阶段教育工作。在人口相对集中、区域辐射力强的城镇和重点镇新建、扩建普通高中和职业高中学校；减少学校数，增大学校规模，提高办学质量。进行公办中小学办学体制改革，发展民办初等和中等学历教育。实行中小学干部、教职工人事制度改革。2001年后，新课程改革实验在全市全面铺开。将农村学校人、财、物划归区（市）县直接管理。2005年，全市初中毕业生升入高中阶段学校升学率达到88.82%以上，普职比5.6∶4.4，高中毕业生升学率达到83.96%，基本普及高中阶段教育。

1996年之后，四川大学、电子科技大学、西南交通大学、西南财经大学“211工程”建设项目相继启动。2000年，在蓉高校招生55131人，比1998年增加52%。在蓉近20所高等学校进行了新校区建设。以四川大学两次强强合并组建的新四川大学为代表，一批在蓉高校经合并组建成新的综合性大学，一批高校升格为综合性大学或本科院校。高等职业教育快速发展。成都市集中优质教育资源开办了成都农业科技职业学院和成都职业技术学院。

成都市认真进行幼儿园分等定级工作，2001年验收、评定市一级园12所，审核市二级园35所、市三级园43所。同时，长期坚持农村幼儿园建设，至2005年，成都市学前教育事业已形成城市、农村并举，单位、集体和公民个人一起办幼儿园的局面，全市共有幼儿园1797所，在园儿童25.75万人，3—5周岁儿童入园率92%。

为适应新形势和新的要求，2002年成都市提出了“举社区教育的旗，办终身教育的事”的成人教育新的工作思路。一方面加强农村实用技术培训、转移培训和新增劳动力培训，每年共培训约150万人次；一方面推动和指导社区教育工作，学校教育资源向社区开放，在城区建设终身学习网络，提高居民的文明素养。

2004年，成都市决定推进城乡教育一体化，努力实现基础教育均衡发展。实施农村中小学标准化建设工程，投资10亿元，完成对全市农村中小学的校点布局调整，在两三年内建设410所农村中小学。实施农村中小学现代远程教育工程，到2005年，全市农村中小学已建网络教室279间，农村学校拥有计算机8370台。实施农民教育与培训工程，2005年完成各类农村劳动力培训146.3万人次。启动教育强乡（镇）工程，到2005年有5个市级教育强乡（镇）受到市政府授牌表彰。实施帮困助学工程，2005年各类受助学生达30余万人。农村教师素质提升工程，2005年对农村教师6000余人进行了不同类型的培训。城乡结对帮扶工程与免费义务教育工程，2005年“免费义务教育”试点受益学生20余万人。

2005年，成都有普通高等院校38所，在校学生482692人；普通中等专业学校31所，在校学生80666人；普通中学524所，在校学生592474人；职业中学36所，在校学生67580人；小学573所，在校学生757468人；幼儿园1797所，在园幼儿257485人；成人高校22所，在校学生152243人；成人中专45所，在校学生72372人；另有特殊教育学校13所和工读学校1所。

二、科技工作

公元前250年前后，秦蜀郡守李冰主持兴建的都江堰水利工程，是成都古代科技成果的杰出代表。此后一千余年，成都在农业、天文、医学、制纸、雕版印刷、蜀锦织造等方面多有成果。清道光二十年（1840 年）鸦片战争后，近代科技开始传入成都。清光绪三年（1877 年），在成都下莲池开办四川机器局，开创了成都近代工业发展的先河。民国初期，成都在电力、通信、医药、纺织、农业等科技方面有所发展。抗日战争时期，有数十家沦陷区和沿海城市的厂矿企业、科研机构迁到成都。1949 年年末，成都有 3 个专业科研机构。

中华人民共和国成立后，第一个五年计划期间（1953—1957 年），有 5 个苏联首批援华的重点项目在成都建设，其中 4 项为电子工程。1956 年后，中国科学院、中央各部门、四川省和成都市相继在蓉设立了一大批专业科研院、所。1958 年设立成都市科学技术委员会和科学技术协会。20 世纪 60 年代初，成都被列为“三线”建设的重点区域，一大批大型国营民用、军工骨干企业在成都建设，集中了核工业、机械、电子、航空、航天、冶金、化工等行业较先进的技术、设备。

“文化大革命”十年（1966—1976 年），成都科技事业遭到严重破坏。

从 1979 年开始，成都各级各类科研机构逐步将科技开发、应用重心转移到面向生产和为经济建设服务的轨道。1983 年以后，在兴建一批科技机构、组织实施一批科研计划项目的同时，成都市培育技术市场，改革科技计划管理模式，改革科技人员管理制度和科技拨款制度。1993 年，成都市常设技术市场、技术合同认定登记站数十个，年成交额达到 10 亿元以上。至 1998 年，累计实施火炬、星火、软科学、新产品等各类科技计划 2059 项，实现产值 549. 9 亿元。部分科技人员“下海”，至 1999 年共建立厂办科研所 250 多个和科研生产联合体 56 个。1998 年，产值上亿的民营科技企业有 20 家。20 世纪 90 年代改革拨款制度，科技投入经费来源由财政拨款为主逐步过渡到以企业投入为主。

1988 年建立成都高新技术产业开发区。1991 年被批准为首批国家高新技术产业开发区。1996 年，高新区面积扩展到 47 平方公里。2000 年被批准为中国亚太经济合作组织（APEC）科技工业园区，2001 年成为中国西部第一个通过 ISO14001 中国认证和英国皇家 UKAS 国际认证的区域。在科技部历次综合评比中，均被评为全国先进高新区。2005 年，全区共有高新技术企业 822 家，占全市高新技术企业总数的 64. 8%，其中以电子信息类、生物医药类、现代食品类的企业居多；实现技工贸总收入 392 亿元，工业总产值 175 亿元。

1993 年，成都被国务院定位为西南地区科技中心。成都市逐步注入现代农业高新技术，全市农作物良种覆盖率达 95%，农业先进实用技术覆盖率达 100%。自 1980 年成都动物园在世界上首次采用冷冻精液繁殖成活大熊猫以来，截至 2000 年 3 月成都大熊猫繁育研究基地及成都动物园在仅有的原 6 只大熊猫基础上共繁殖成活大熊猫 36 胎，建成世界最大的大熊猫人工种群，保持着人工繁殖大熊猫技术国际领先水平。成都市工业科技主要围绕节约能源、新产品开发和老产品更新换代、对重点行业和重点企业进行技术改造而开展。1998 年，成都市制订《新产品试制（鉴定）计划》，此后数年间，先后完成企业技术改造项目 1200 多项，其中包括引进国外先进技术的重大技术改造项目 180 多项。电子信息、生物医药和先进制造技术三大行业的产值共占全市工业总产值的 18. 2%。最突出的是计算机技术的应用，成都已有 100 多条自动化或半自动化生产线。132 厂是国家“863”高技术计划中 CIMS（计算机集成制造系统）工程的试点单位，南光实业公司、禾嘉实业公司和四川电器公司也相继实施了 CIMS 工程。

到 2005 年，成都地区已建立起具有自身特色、较为完整的现代科技体系，科技自主创新能力显著增强。据不完全统计，1990—2005年16年间，成都科技人员获国家级科技奖458项。其中自主研制的歼—10战斗机获国家科技进步奖特等奖。科技进步对全市国民经济增长的贡献率达到51.5%。2003—2004年度成都市分别被评为全国、四川省科技进步先进市。

1990年以后，成都市连年举办科技下乡活动。1997年被科技部命名为全国科教兴市先进城市。2001年设立成都市知识产权局。2005年，成都市专利申请量达7241件，获专利授权量增至3079件，注册商标总量已达4.2万件，被列为首批创建国家知识产权示范城市。同年举办首届成都科技节，参与市民300万人（次）。成都市先后有13个区（市）县获“全国科技进步先进县（市）”称号。

2005年，成都地区有市属以上研发机构126个（中科院属6个、国务院部门属20个、军口12个、省属66个、市属22个），国家重点实验室7个，国家级专业实验室7个，部级重点实验室71个以上，四川省重点实验室118个以上，国家级、部省级、成都市级工程技术研究中心（工程研究中心）89个以上，国家、四川省企业技术中心49个，38所普通高校有重点研发机构250个以上，国际国内著名公司在蓉设立（合办）研发机构30多个，博士后科研流动（工作）站83个；有高新技术企业1020家；形成包括独立科技情报研究所、高校及企业科技信息站、图书馆等在内的多层次科技情报体系。有专业技术人才68.66万人。据不完全统计，有中国科学院、中国工程院院士32人（其中2人为双院士），国家有突出贡献的中青年专家121人以上，四川省学术和技术带头人727人（次），博士生导师1278人，享受各级政府特殊津贴专家等多层次、多种类拔尖人才数千人。

第二节　卫生　体育

一、医疗卫生

成都历来是全国著名的中医药材集散地，名医辈出，医药典籍丰富。北宋著名医学家唐慎微和其所著的《经史证类备急本草》为其后历代医学界所称道。17世纪西方医药开始传入成都。19世纪末西医医院和西医学校陆续在成都开办。清光绪三十三年（1907年），在华西协合大学筹建过程中成立的牙科诊所，是中国建立的第一个现代牙科诊疗及教学基地。民国初期，成都医疗力量薄弱。成都中医团体积极抗争求存，于民国26年（1937年）创办四川国医学院。抗日战争时期，一批战区医学教学机构和医院迁入成都。抗战胜利后，成都医疗卫生事业萎缩。民国34年（1945年），成都霍乱流行，死亡4000人以上。

中华人民共和国成立后，成都市大力开展爱国卫生运动，采取预防为主、团结中西医的方针，充实卫生技术队伍，建立了遍布城乡的医疗预防网，并在对原有医院进行调整更名的同时，建立新的医疗卫生机构。20世纪50年代初，四川省人民医院、四川医学院附属医院、成都军区陆军总医院相继建立，创建了成都中医学院及其附属医院。四川医学院附属医院口腔科于1966年改建为四川医学院附属口腔医院。20世纪80年代，成都医疗卫生事业从“文化大革命”造成的十年停滞中走向恢复，并在改革中逐步发展。

1986年以后，成都市在乡镇卫生院普遍推行“以收定支”或“以支定收”“以奖代补”的经济政策，转换办医模式，探索多种办医形式。一方面鼓励社会办医，另一方面对医疗机构进行合理布点。启动医院分级管理评审工作。20世纪90年代初，先后成立成都市卫生执法大队和龙泉驿、锦江、青白江、青羊区卫生执法中队，统一管理食品、环境、饮水、学校、职业、放射卫生执法。1990年成都市各级医疗机构共有1675个。

1997年8月，“成都市卫生大会”召开，针对前期改革中出现的问题，随即进行政策调整，加强监督管理、严格社会办医的准入条件；强化多方面的监督和审计制度；开展医德医风、廉洁行医教育，提倡因病施治，合理检查、合理用药；实行医药费用“总量控制、结构调整”，减轻病人的医药负担。同时逐年增加对卫生事业的财政投入。

1998年，在改革公费、劳保医疗的基础上，建立城镇职工医疗保险制度。同年，成都市开展社区卫生服务工作，实施城市贫困人群医疗救助，经历了试点、体系建设、完善功能三个阶段，至2005年，中心城区设置社区卫生服务机构88家。1998年，成都市把发展中医药纳入经济社会发展的总体规划，2002年规划和实施构建新型中医药医疗、科研、人才、产业开发、对外交流与合作网络体系的工作。1998年和2003年，成都市先后两次共授予87人“成都市名中医”称号，成都市26名名中医于1999年和2003年先后被授予“四川省名中医”称号。

2002年起，成都市着力抓城乡卫生一体化、乡镇卫生院和村卫生站规范化、城镇社区卫生服务中心（站）建设，打造“十五分钟健康圈”。2003年，全市295个乡镇卫生院和2307个村卫生站达到省级先进标准。同年，为继续巩固、发展农村合作医疗工作，在都江堰市试点推行新型农村合作医疗制度。2004年在全市推广。与此同时，增加农村卫生投入资金绝对数额，安排资金约4亿元，对全市建制乡镇公立卫生院进行标准化建设，建设项目239个。2005年全市参合人数达到505.45万人，参合率达到89.43%。同年，成都市建立少儿住院互助制度。至此，全市约9成居民有了医疗保障。

2001年，成都市实行营利、非营利医院分类管理，把医疗质量管理扩大到民营医疗机构，并在全市开展医疗质量检查和诚信示范医院评比活动。注重引进新成果、新技术，进入21世纪后，市级医疗卫生单位平均每年引进50项，华西医院100多项，四川省人民医院70余项。加强卫生执法监督体系建设，2002年建立成都市卫生执法监督所，2004年成立成都市卫生执法监督支队，并将执法监督重心下移至乡镇、街道和单位。2003年成功阻止了“非典”疫情。2005年有效预防和控制了“人感染猪链球菌病”在成都地区的传播。同年，成都市成立“医疗质量管理委员会”。

2005年，成都市有各类卫生机构4458个，其中公有1472个、私营2986个；医院309个，门诊部114个，诊所、卫生所、医务室3467个（其中私营2986个）；疾病控制机构22个，妇幼保健院19个，卫生院329个，专科疾病防治所9个，社区卫生服务中心（服务站）144个，其他卫生机构45个。传染病发病率为254.70/10万，孕产妇死亡率为21/10万，婴儿死亡率为13.4‰，人均期望寿命为75.49岁。

二、体育健身

自古以来，习武健身、以棋会友在成都习见常闻。清末，近现代体育项目开始在成都流行。民国时期，各项体育活动由学校扩展到社会。竞赛活动增多，在少城公园（人民公园）兴建了体育场和足球场，并在此举行两届市民运动会。

中华人民共和国成立初期，成都市体育行政机构、事业单位相继设立。同时推广工间广播体操，修建综合性的市人民体育场，在全市大、中学校普遍施行“劳动卫国制度”体育锻炼标准。1953年建立西南体育学院，1956年更名为成都体育学院。同年举办成都市第一届工人运动会。1964年举办了第一届全市运动会。

1978 年中共十一届三中全会后，全市体育工作从“文化大革命”的停滞状态迅速恢复，建立项目运动学校，增加体育经费，举办各项体育竞赛。1981 年，成都越野赛跑活动定于每年元旦节举行。1987 年举行第六届全市运动会。在此前后，成都市连年开展田径、篮球、门球、乒乓球、足球、亚运会火炬接力等体育活动。1990 年，成都羽毛球队参加国际青年羽毛球比赛，包揽了 5 个项目的全部冠军；成都市金牛区少年棒球队代表中国参加远东地区少年棒球锦标赛获冠军。成都市组团参加了第一（1987 年）、二届（1991 年）全国城市运动会，各获 4 枚金牌，总分进入前 10 名。

20 世纪 90 年代，成都体育事业进入大发展时期，开始发行体育彩票。为举办国家级和省级体育运动会比赛，成都市重建了成都体育中心和猛追湾游泳场游泳馆，改建了大批体育场馆设施；在蓉高校新建、改建了 13 个体育场馆。1993 年，成都市承办了足球世界杯亚洲 A 组第二阶段预赛。1994 年首次全国足球甲级队联赛成都赛区球市由升温而红火，上座率在 90% 以上，荣获中国足协最佳赛区称号，被称为“金牌球市”。1995 年和 1996 年，成都先后举办了 10 多起商业性国际足球对抗赛，世界著名球队和球星亮相成都球场。四川成都球迷包机、包专列去上海、泰国看球赛，开全国之先河。足球、乒乓球和棋牌成为这一时期成都市对外体育交往的主要内容。同时，全市全民健身组织网络逐步形成，举办了一系列社区群众体育展示活动；在农村重点抓乡镇体育场地设施建设。同时建立田径、游泳、足球、网球、乒乓球、体操、武术、射击和棋类等九个项目的市级管理中心，制定了项目管理的规范性文件。体育彩票业进入鼎盛时期，1999 年，在青羊区体育场销售即开型体育彩票，有数十万人参与，数天销售金额达 4300 万元。

进入 21 世纪后，成都体育事业稳步向前发展。2001 年，青羊区政府在青城山承办了第四届东北亚体育史学会。同年，市体育局对 11 个体育项目的规范性文件进行修改。经反复讨论拟订的《成都市体育条例》，于 2006 年获市人大通过和省人大批准。积极开展农村老年、残疾人体育活动，在全市城乡普遍增设全民健身设备设施。彭州、崇州、新都、郫县、双流等区（市）县先后被国家体育总局命名为“全国体育先进县”，成都市 21 个乡镇先后被命名为“全国亿万农民健身活动先进乡镇”。2004 年举办第十届全市运动会。2005 年，举办“成都体育年”活动。连年举办元旦省、市健身跑（即越野赛跑），共进行了 16 届，每届均有万人以上参加。2005 年全市参加全民健身活动的人数达到 480 万人次，体育人口已占全市人口的 45%。

经多年建设，成都市逐步形成了由市属业余体校、区（市）县业余体校、传统项目学校和社会办学、俱乐部体训网络的多层次人才输送渠道，为国家队、省队、市队及解放军队输送了大批的优秀运动员。据不完全统计，1990—2005 年 16 年间，成都籍运动员 6 人 12 次获世界冠军，16 人 25 次获亚洲冠军，100 余人 250 多次获全国冠军。2004 年参加第五届城运会获得了 13 枚金牌，金牌数居全国第九位，西部第一位。

第三节　劳动就业

19 世纪后期，成都开始出现少量机器工业。至 20 世纪中叶，现代工业屈指可数，劳工队伍以手工业艺人、店员和人力车夫等苦力为主，产业工人极少。劳工就业无门、失业无依、饥寒交迫的状态，随处可见。

1949 年 12 月 27 日成都解放，生产力和生产关系发生了根本性的变化，就业问题一度缓解。但在解放初期、1958 年“大跃进”后和 1976 年“文化大革命”结束后等三个时期中，城镇待业问题均较严重。成都市采取生产自救、转业训练、组织回乡（下乡）生产等办法进行安置，在较短的时间内解决了近百万人口的就业问题，安定了社会，恢复了生产。

20 世纪 80 年代，成都市加快了劳动制度改革步伐。改革就业制度，打破传统的统包统配模式；改革用工制度，面向社会公开招考，择优录用人员；改革固定工制度，将竞争机制引入企业用工。1986 年 2 月，成都市在全省率先开放劳务市场，形成市、区县、行业、企业配套的劳务市场网络。同时广泛开展就业前培训，提高劳动者素质。至 1989 年，全市累计安置城镇待业人员 105. 34 万人，待业率降到 1. 56%。全市全民所有制企业职工达到 118. 38 万人，集体所有制企业职工 32. 2 万人。进入 90 年代后，成都市进一步发展劳务市场，1993 年全市综合性、专业性劳务中介服务机构已发展到 121 个，介绍 31. 1 万人（次）就业，满足了近 6000 个单位的用工需要。同时，鼓励劳动服务企业吸纳安置城镇待业人员，1994 年，全市劳动服务企业达到 2279 个，拥有 5. 2 万名职工。

20 世纪 90 年代中后期，成都市先后在青羊、成华、都江堰、新都、双流 5 个区（市）县开展了“再就业工程”试点。工作重点由失业职工扩大到停产整顿企业职工，进而扩大到减员增效企业职工及破产企业职工。再就业培训重点开办适应第三产业发展需要的专业（工种），突出定向培训、实效培训和转岗训练，帮助和指导失业职工实现再就业。1998 年，成都市劳动力资源微机管理信息网正式建成，各类职业介绍机构发展到 207 个。一个由国家政策引导扶持，社会提供帮助服务，鼓励和推动劳动者依靠自己努力，多渠道、多形式实现就业的局面基本形成。1996—2000 年 5 年间，全市共指导、帮助 16. 2 万名城镇失业人员就业，近 10 万名企业下岗职工实现分流安置，城镇登记失业率保持在 3% 左右。

进入 21 世纪以后，失地农民就业任务繁重。成都市着手建设覆盖城乡所有失业人员的城乡一体的就业体系。成都市对劳动年龄以内有就业愿望的失地无业农民，实行与城镇下岗失业职工相同的就业扶持政策。2004 年成立成都市农村劳动力培训、开发和就业工作领导小组。全市建立省、市、区（市）县三级农村劳动力培训基地 183 个，免费对农村劳动力进行农村实用性技术培训、就业前引导性培训、职业技能培训和创业培训。同年，成都市人力资源市场建成并投入使用，劳动力市场信息分析与发布形成制度，初步形成三级管理、四级服务的体系和劳动保障工作网络。与此同时，加强社区就业工作，2002 年，全市共建社区就业服务中心 182 个，社区就业服务站 351 个，新办社区就业实体 1100 个。2005 年，全市城镇新增就业 12 万人，其中下岗失业人员实现再就业 5. 5 万人，“4050”（下岗失业人员女 40 岁以上，男 50 岁以上）等就业困难人员实现再就业 1. 8 万人，培训农村劳动力 101. 29 万人。

第四节　社会保障

20 世纪中叶以前，成都民众基本无社会保险，传统习俗是“养儿防老”。

中华人民共和国成立后，1951 年，成都市批准 21 家企业实行劳动保险。职工享受退休、退职、公费医疗、病假、伤残补助、死亡抚恤、生育给假与补助，以及探亲假等待遇。此后实施范围逐年扩大。“文化大革命”开始后，企业劳动保险审批工作被迫停止。1975 年 8 月恢复审批工作。1979 年，将全市街道工业和集体所有制企业职工纳入社会养老保险范围后，全市国营、集体、合作企业中享受劳动保险待遇的共有 369 家，职工 26.99 万人。20 世纪 80 年代初，在部分区县的城镇集体所有制企业中进行老年社会保险金统筹试点，并将部分行业的农民协议工、合同工纳入保险范围，合同期内享受与固定职工基本相同的社会保险待遇。

1986 年，成都市开始实行固定职工退休费社会统筹，其养老资金全部由企业和国家负担。但成都市企业医疗费用普遍超支，1987 年国营企业医疗费超支 66.1%。20 世纪 80 年代后期，成都市开始对部分国营企业实行劳保医疗门诊包干改革试点，并选择部分行业或企业试行大病医疗费用社会统筹，把企业和个人无力承担的医疗费化解为社会共同负担。1993 年，大病医疗费用社会统筹开始在全市城镇企业职工中全面实行。20 世纪 90 年代末，城镇开始建立职工医疗保险和补充医疗保险制度；在农村则继续实行合作医疗制度。

1992 年 7 月 1 日，成都国有企业 57 万职工按规定开始缴纳基本养老保险费，结束了基本养老保险由国家和企业全包的传统养老模式。同年，成都市开始农村社会养老保险试点。1994 年，成都市有 5 个区被评为“全国农村社会养老保险先进单位”。到 1995 年，已有 16 个区（市）县、195 个乡镇开展社会养老保险工作，有 65 万农民参加保险，累计保险费 3380 万元。1997 年，集体企业职工全面实施社会统筹和个人账户相结合的基本养老保险制度，覆盖面达 95% 以上。企业职工工伤保险和生育保险暂行办法开始施行。

至 20 世纪末，全市社会保障体系框架基本形成，共建退管工作站 71 个，近 20 万名企业离退休人员进入退管站实行社会化管理，全市 33 万名企业离退休人员中已有 31.35 万人的基本养老金实行社会化发放，基本实现企业离退休人员的基本保障与企业经营风险分离；全市 6 万余名国企下岗职工按时足额领取基本生活费，15 万余名国企分流职工的社保关系得到妥善衔接，1 万多名失业人员按规定享受失业保险待遇。

从 2001 年起，基本医疗保险在全市范围内实行统一制度，统一标准，统一管理；基本医疗保险费由用人单位和职工共同缴纳。离休干部的医疗费仍在规定范围内由所在企业实行实报实销。2003 年以后，在全市农村逐步推广新型合作医疗制度。2005 年，全市基本养老保险参保人数达到 138.57 万人，基本医疗保险参保人数达 210.01 万人，失业保险、补充医疗保险、工伤保险、生育保险、非城镇户籍从业人员综合社会保险等参保人数增加较快；有 505.45 万人参加新型农村合作医疗，参合率 89.43%。征地农转非人员社会保险工作全面推进，统筹城乡的社会保障体系逐步建立。全市已有近 30 万名征地农转非人员参加社会保险，已有 13 万余名征地农转非人员按月领取养老金。

第五节　社区建设

20 世纪 80 年代，随着计划经济体制逐渐向社会主义市场经济体制转变，人口流动量急剧增长。原来由企业承担的社会职能被剥离出来，城乡社会生活发生深刻变化。1987 年，成都市西城区人民北路街道办事处开始开展社区服务工作，主要内容是民政福利服务和便民利民服务，解决本社区居民首先是民政扶持对象迫切需要解决的问题。之后数年，成都市东、西城区将社区服务工作纳入城市发展和综合体制改革的总体规划，服务对象逐步扩展到社区全体居民，逐步形成以街道、居委会为依托，社会福利企业服务网络为支柱、服务内容包括为老年人、残疾人、优抚对象进行生产、生活、家庭服务的社区服务格局。

1992 年，全市居委会开展以民主选举、民主决策、民主管理、民主监督为核心内容的居民自治示范活动。1995 年，人民北路、肖家村、黄瓦街街道办事处被民政部评为“中国街道之星”；肖家村居委会、天彭镇北街居委会被评为“全国模范居委会”；人民南路指挥街李梦华被评为“全国优秀居委会主任”。至 2000 年，全市经市政府命名授牌的“居民自治示范街道”25 个，区（市）县命名授牌的“居民自治示范居委会”529 个。

2001 年，成都市着手改革城市基层管理体制，将城区原 716 个居民委员会辖区划分为 294 个社区，每个社区的人口规模一般在 1000—3000 户之间，并建立了组织管理机构。到年底，全市城区有街道社区服务中心 32 个，社区服务站 227 个，取得社区服务收入 1365 万元。2003 年制订《城市社区建设五年发展规划》，出台并实施《城市社区建设管理规定》，全面完成了社区办公用房等硬件建设和配套设施建设。

农村社区建设和社区服务主要依托村民委员会进行。村委会每届任期三年。成都市农村于 1992 年、1995 年、1998 年、2001 年、2004 年先后共进行了 5 次村委会换届选举。同时建立村民代表会议制度、村民小组等组织机构，负责办理本村的公共事务和公益事业，搞好社区卫生，繁荣社区文体活动，美化社区环境，调解民间纠纷，协助维护社会治安；制定村规民约，促进村民自我管理、自我教育、自我服务。从 2004 年起，成都市各区（市）县结合土地整理开始建设农民集中居住区。对突破原有村组隶属关系的新型农村社区，地方政府采取“统规统建”或“统规自建”模式进行管理，并投资建设基础设施和文化、医疗、治安等社区服务设施，促进农民居住方式转变。对于尚未实现集中居住的广大农村，进行村组撤并，以减轻农民负担和增强农村社区服务功能。到 2005 年 10 月，全市县城和重点镇已规划 53 个农民新式农村社区，有 36 个已动工建设，开工建筑面积 144 万平方米。

截至 2005 年年底，成都市共建成市级社区服务中心 1 个，区（市）县级社区服务中心 13 个，街道级社区服务中心 77 个，社区服务站 917 个，便民利民服务设施（网点）3701 个，老年人、残疾人服务设施 700 多个。城区和城镇建立社区警务室 685 个，街道卫生服务中心 93 个（其中城区 78 个），社区卫生服务站 60 个（其中城区 6 个），社区图书阅览室 314 个，社区法律服务工作站 190 个，社区残疾人就业点 109 个，体育健身路径 440 条。全市已建立由市、区（市）县、街道（镇）三级社区服务中心和居委会各类社区服务站（点）组成的社区服务机构，形成了多层次的社区服务网络。

第五章　城建环保

第一节　城乡建设

成都市城市建设历史久远，如以战国晚期秦惠王二十七年（公元前311年）张仪、张若建成都大城、少城为成都建城之始，已有2300多年的历史。在漫长的历史长河里，城市建设步伐虽然缓慢，却仍然不断发展。中华人民共和国成立后，为城市建设注入新机，改革开放以来，进入全面建设现代化城市的新时期，高楼大厦鳞次栉比，城市交通四通八达，基础设施不断完善，河湖水系综合治理，城市环境显著改善，城市面貌日新月异。

一、城市规划

1953年，成都市启动首轮城市规划编制，1954年完成，1955年年底经国家批准实施，1959年、1963年曾两度进行调整。1979年，成都市启动第二轮城市总体规划编制，1984年1月经国务院批准实施，1986年经四川省人民代表大会常务委员会批准，对总体规划进行了补充和完善。

1994—1996年完成《成都市城市总体规划（1995—2020）》的编制，1999年6月经国务院批准实施。规划期限为25年，规划范围12390平方公里，规划确定2020年全市总人口为1150万人。规划确定的总目标是：建设一个具有良好生态环境、体现历史和地方特色、人民安居乐业的现代化特大城市，实现经济社会的可持续发展。1999年城市总体规划实施后，陆续编制了主城区分区规划、专项规划、详细规划，并完成一批规划研究及城市设计项目。

2000年开始修编《成都市总体规划（2003—2020年）》，该规划于2004年经省政府批准后上报国务院。规划期限为17年，规划范围12390平方公里，规划确定市域总人口，2010年为1100—1300万人；2020年为1300—1500万人。规划目标是：全面建设小康社会，实现工业新跨越，增创服务行业新优势，开拓现代农业新局面，加快城市化进程，推进城乡一体化发展，增强城市综合竞争力，努力建设成中国西部创业环境最优、人居环境最佳、综合实力最强的现代化特大中心城市。

二、城区建设

战国晚期秦惠王二十七年（公元前311年），蜀守张若仿照咸阳建制，正式兴建成都大城和少城，此为成都建城之始。秦昭王五十一年（公元前256年），蜀守李冰修建都江堰，穿二江成都之中，发展城市水上交通。唐乾符三年（876年），节度史高骈，扩展城区，改造城市水系，将秦汉时期“二江珥市”改为“二江抱城”的格局。宋末元初，千年古城遭战争破坏，明洪武四年（1371年），重建成都大城，又在大城内建造蜀王府，俗称皇城。明末清初战乱，成都城池再次遭到严重破坏，历经清代康熙、雍正、乾隆三朝的努力，始得恢复，并在少城遗址处新筑满城，“皇城”旧址改建为贡院。从而形成大城、少城（满城）、皇城（贡院）“三城相套”与府河、南河“二江抱城”的独特城市格局。民国2—7年（1913—1918年）拆除满城隔墙及四门月城，开始拓建马路，试建中西结合的洋楼。民国26年抗日战争爆发，大批工厂、大型机器、学校相继内迁，城市建设迎来新发展的契机，修建了“华西坝”、励志社大楼等一批中西合璧建筑，开通复兴门（新南门），架设复兴桥（新南门大桥，城区向南扩展，兴建了新南门外的大片街区，城市面貌得到改善。

中华人民共和国成立后，成都市城市建设进入历史新时期，1952年成渝铁路通车，为与之适应，建成人民北路、梁家巷路、驷马桥路；1953年在人民南路广场两侧建成百货大楼和新华书店；1953—1957年第一个五年计划期间，全国156项重点工程项目，有10项选址成都，成都东郊工业区形成，沙河得到全面改造，城市向东扩展；为庆祝中华人民共和国成立10周年，建成锦江礼堂、锦江宾馆；1966—1967年的“文化大革命”期间，拆除皇城、淹埋金河、御河，使建于明朝的标志性建筑毁于一旦；“文化大革命”后，百废待兴，成都城市建设加快步伐，横贯东西的蜀都大道上，建成岷山饭店、金河饭店、成都饭店等高层建筑。

民国38年，成都市城区面积仅29.9平方公里。中华人民共和国成立后，城区范围不断扩展，2005年成都市中心城区已扩展至外环路（即绕城高速公路）以内的范围，面积达598平方公里。1986—2005年，城区建设一手抓旧城改造，一手抓新区建设。

位居城市中心的天府广场，经几番改造，已成为标志性建筑；火车北站广场经改造后成为市区北大门的窗口；红星路广场的建成，为市中心增添了休闲娱乐空间；文殊坊、大慈寺、宽窄巷子、水井坊四个片区古韵犹存；春熙路、琴台路两条街道焕然一新；锦江（府河、南河）、沙河相继治理；城区道路拓宽，桥梁立体交错；低洼棚户及危旧房屋相继拆除，居住小区星罗棋布，周边场镇陆续改造，旧城面貌发生了巨大的变化。

城市建设按照向东向南发展的方针，至2005年年底，规划面积为76平方公里的东部新区和规划面积为52平方公里的南部新区已初具规模，基本建成。此外，还建成高新技术产业开发区（简称高新区），分南部园区及西部园区，总面积82.5平方公里；建成国家级经济技术开发区，面积30平方公里。

1986—2005年期间，累计建成各类房屋6亿多平方米。

公用建筑中的展览馆建筑根据不同主题突显不同风格，代表性建筑有金沙遗址博物馆、花卉博览会场馆、国际会展中心及新国际会展中心；文化建筑注重突出文化氛围，体现历史文化名城特色，代表性建筑有成都图书馆和成都川剧艺术中心；教育建筑力求布局合理，功能完善，人文景观与自然环境协调，代表性建筑有成都大学新校区、树德中学、草堂小学；商务建筑既讲求外型豪华气派，又注重内部功能适用，代表性建筑有太平洋百货、王府井百货、喜来登大酒店、香格里拉大酒店；金融建筑显示银行实力，给人信赖、信用、信心的心理感觉，代表性建筑有中国银行四川分行综合楼。

居住建筑分经济实用房、商品住宅房、农村新居房三种类型，以适应不同阶层民众的不同需求。房屋建筑逐步由砖混结构改变为框架结构、框筒结构，由低层向高层发展，住宅小区的内部道路、公共绿地、休闲空间日趋完善，出现了一批优秀的居住小区，经济房小区如玉林小区、战旗居住区；商品房小区如棕北小区、芙蓉古城、蜀风花园城、翡翠城；农村新居房小区如桂林小区、龙井小区。

成都是国务院首批公布的历史文化名城，成都建城史长达2320多年，在漫长的历史长河里，城址未迁，城名未变，遗留下许多文物古迹。1986—2005年，重视历史文化名城的保护，对重点文物保护单位强化管理，对宽窄巷子片区、文殊院片区、大慈寺片区、水井坊片区进行了保护性建设。

三、村镇建设

村庄是农民聚点，成都的农民历来选择傍水、近田、靠路的地方，以家庭组团建房居住，聚居规模较小，主要以院落形态聚居，形成星罗棋布的众多村庄，因其外围皆有乔木或竹木包围，形如盘状，俗称林盘。林盘是集生产、生活、景观于一体的复合性农村居住形态，构成沃野环抱、密林簇拥、小桥流水的独特景观。林盘是传统的农耕时代生态文明的结晶，已延续数千年，据调查统计资料，2005年年底全市共有林盘14.11万个，总面积6.77万公顷。20世纪80年代改革开放后，农民逐渐富裕，自发改造旧居，建设新房，经历了土草房、木草房、砖瓦房、小楼房的过程。由于村落规模较小，难以建设基础设施和服务设施，如自来水、天然气、商店、医疗站、文化站、村小学等。为此，20世纪90年代在全市先后启动中心村和农村居民点建设试点、农村新社区建设试点及新居工程建设。与此同时，注意林盘保护，全市共规划2100个聚居林盘保护点、2885个非居住生态林盘保护点。

成都市位于成都平原腹心地区，中心城区周边分布着300多个小城镇，构成成都平原城镇群落的主体，1985年以前，城镇建设步伐较缓慢。1986—2005年，城镇建设步伐加快，1994年启动的小城镇建设带动了小城镇经济的发展，2002年全市已有179个省级试点镇；2005年为缩短战线，突出重点，集中力量，择优发展，全市确定了30个重点建设镇；2005年，又确定其中的14个镇为优先发展镇，这些镇根据各自优势，突出各自特色，确定发展方向，加快建设步伐。

市域内古镇名镇众多，截至2005年年末，有国家级历史文化名镇2个：安仁镇、平乐镇；有省级历史文化名镇13个：西崃镇、五凤镇、黄龙溪镇、洛带镇、怀远镇、元通镇、街子镇、崇阳镇、临邛镇、茶园镇、新都镇、新繁镇、城厢镇。1986—2005年，重视历史文化名镇的建设与保护，加强基础设施建设，整治周边环境、发掘人文内涵、展现特色风貌。

四、交通设施

成都市地处西部，深居内陆。盆地四周，群山环峙，形势险要，交通闭塞，素有“蜀道难，难于上青天”的千古叹息。自李冰建造都江堰、“穿二江成都之中”以来，使成都成为一座滨江城市，为成都营造了一条“一水通天下”的黄金水道，水运成为成都市主要交通。

中华人民共和国成立前，成都市公路总长度仅497公里，没有铁路，陆上交通落后；水上交通发达，共有19条航道，通航里程约1000公里；航空交通航班稀少，乘客寥寥。中华人民共和国成立后，兴修公路，建设铁路，发展民航，至1985年年底，成都市作为西部地区交通枢纽的地位基本形成。

1986—2005年，成都市公路交通、铁路交通、航空交通继续全面发展，成都市作为西南地区交通枢纽的作用更加突显。公路领域，高速公路从无到有，建成成渝（重庆）、成绵（绵阳）、成雅（雅安）、成南（南充）、成灌（都江堰）、成彭（彭州）、成温邛（温江、邛崃）、机场、绕城、城北出口等10条高速公路，实现了全市所有区（市）县通高速公路、村村通水泥（沥青）公路。2005年，全市公路总里程达16676公里，为1985年公路里程5142公里的3.24倍。铁路领域，达成铁路于1997年建成，2009年完成扩能改造，宝成铁路复线于1999年通车，成昆铁路于2000年实现全线电气化，使铁路运输能力大幅度提高。民航领域，先后完成双流机场扩建工程、老航站楼改造和新航站楼建设工程、北指廊建设工程，使双流机场成为西南地区规模最大的现代化机场，2005 年通航城市达 80 个。水运交通衰退，通航里程减少，2005 年仅 177 公里。

1986—2005 年，城市交通设施建设突飞猛进，面貌焕然一新。对中心城区内的主干道、次干道、支路、中小街道系统进行了全面改造；新建成青羊大道、武侯大道、成华大道、光华大道、北新大道等一批交通主干道。1998—2003 年，实施“五路一桥”工程（即三环路、天府大道、老成渝路、成龙路、成洛路、火车南站立交桥群）。2001—2005 年，实施畅通工程，构建“井 + 环”路网体系，以红星路及东城根街为二纵，以新华大道及滨江路为二横，构成“井”字路网；以一环路及二环路为主，构成环形交通快速转换系统。

1985 年以前，城市交通仅有 5 座公路下穿铁路的分离式简易立交桥，1986 年建成的九眼桥半菱形立交桥是为成都市城市交通互通式立交桥之始。此后，随着城市交通网络的形成和车辆流量的增多，道路立交工程快速发展，1986—2005 年，共建成城市道路立交桥 48 座、公路铁路立交桥 12 座、下穿隧道 12 座。各类立交工程类型多样，造型美观，不仅发挥了交通功能，而且营造了城市新景观。市区内河流纵横，水网密布，跨河桥梁建设历史悠久，文化积淀深厚，1986—2005 年，新建（含拆旧桥建新桥）173 座，2005 年年底，中心城区共有跨河桥梁 186 座，其中包含了一批仿古桥梁，如安顺廊桥、风雨廊桥、锦绣桥等。

五、水利设施

成都市水利建设历史悠久，战国后期李冰修建的都江堰经历代不断发展，至 1949 年年底，灌溉范围含成都平原 14 县，灌溉面积达 282.57 万亩。中华人民共和国成立后，都江堰灌区不断扩大，渠系不断延伸。1953 年起，分 7 期兴建人民渠；1956 年起，分 6 期兴建东风渠；1954—1955 年建三合堰灌区；1955—1956 年扩通济堰灌区；1957—1958 年建牧马山灌区；至 1993 年年底，都江堰主干渠三穿龙泉山，延伸至沱江流域及涪江流域丘陵区，灌溉范围惠及 6 市 34 县，含成都市除蒲江县以外的 18 个区（市、县）。灌溉面积超过 1000 万亩。1950—1985 年期间，成都市先后建成九龙滩大型提水工程、玉溪河大型引水工程以及众多的中型小型水利设施，形成以都江堰为骨干，大型、中型、小型结合，引水、蓄水、提水并举的系统水利工程，1985 年年底，拥有各类水利设施 2.3 万多处。

1985 年以前，市域内没有大型水库，2001 年 2 月动工，2005 年 5 月建成的紫坪铺水库系市域内第一座大型蓄水工程，水库总库容 11.12 亿立方米，电站装机 4 × 19 万千瓦，兼具灌溉、供水、发电、防洪、环境等多种效益。

1986—2005 年，共完成江河堤防 210 余公里；重点防洪工程岷江（金马河）治理工程、沱江金堂峡拓宽工程及锦江排洪总出口工程，全面提高了成都平原三大出水通道的行洪能力；1993—1997 年完成府南河综合整治工程，三次获得联合国及国际机构奖励；2001—2004 年完成沙河综合整治工程。

成都市城市供水始于 20 世纪 40 年代，1946 年供水规模仅 0.5 万立方米/日，1985 年年末为 37.3 万立方米/日，2005 年中心城区供水规模达 138 万立方米/日，为 1985 年的 3.7 倍。14 个区（市）县供水事业也同步发展，2005 年县城供水规模达 65.9 万立方米/日，为 1985 年供水规模 11.9 万立方米/日的 5.5 倍。此外，还建成乡镇小水厂 177 座。1986—2005 年，完成农村饮水解困工程，初步解决了山丘区 32.74 万人的饮水困难。

成都市中心城区历来实行合流制排水，多顺应地形地势，依托河渠池塘，修建合流制排水沟道，以消导雨水为主，兼具排泄污水功能。1986—2005年，许多重大建设项目都包含了排水管网建设或改造，2003—2005年对230条中小街道的排水管网按雨污分流体制进行改造。至2005年，中心城区排水管网总长度达2215公里，为1985年年底的4.9倍。

成都市中心城区污水处理设施建设始于20世纪50年代，先后在麻石桥、猛追湾建成临时污水处理厂。1968年在狮子山建成第一座永久性污水处理厂，1980年停止运行。1988—2005年陆续建成三瓦窑污水处理厂一、二期工程（第一污水处理厂）、乌龟碑污水处理厂（第二污水处理厂），三瓦窑污水处理厂三期工程（第三污水处理厂），沙河污水处理厂（第四污水处理厂）；2001—2003年高新西区建成一座污水处理厂，规模4万吨/日。截至2005年年底，成都市中心城区共拥有污水处理厂5座，污水处理总规模94万吨/日。2000年以后郊县污水处理厂纷纷加快建设步伐，至2005年年底，龙泉驿、青白江、新都、温江、都江堰、彭州、邛崃、双流等8个区（市）县各建成1座污水处理厂，总规模31.5万吨/日。

1986—2005年，共完成渠系防渗7284公里；建成微型水利设施4.39万处；完成88座水库除险加固；完成21座骨干提灌站技术改造；完成水土流失综合治理1578平方公里。1996—2005年，成都市连年获省政府农田水利基本建设“李冰杯”奖，其中一等奖2次、二等奖6次、三等奖2次。

成都市高度重视节约用水工作，1981年经市人民政府批准，成立成都市节约用水办公室，1986—2005年成都市节水工作全面展开，成效显著。城市节水领域，1986—2005年中心城区累计节约用水约4亿立方米；工业用水重复利用率由1985年的40.3%提高到2005年的81.62%；农业节水领域，大力推广以渠道防渗为主要内容的节水工程建设，大力推广农耕农艺节水技术，至2005年年底，全市节水灌溉面积达159.42万亩，占全市有效灌溉面积的31.3%。2005年2月，建设部、国家发展改革委员会命名成都市为“全国节水型城市”。

六、能源设施

就总体而言，成都市属能源贫乏区，大部分能源要从外地输入。石油及各种制品基本上靠输入；煤炭资源也不丰富，累计探明储量1.32亿吨，仅占全省的1.5%，只能起到部分补充作用；天然气虽然丰富，但是开采时间较晚，使用范围较小，1968年仅用于工业原料及燃料，1973年始进行民用试点；电力设施除成都热电厂外，其余地方电站主要为小水电站，基本上为径流式电站，缺乏调节能力，电力缺口很大，20世纪80年代初期和中期，许多工厂只能“停二开五”或“停三开四”。能源消费结构以煤炭为主，也不合理。

1985年年底，市域内国家电力设施只有成都热电厂，装机容量12.5万千瓦；地方电力共有电站417座，装机容量11.17万千瓦；总计418座，总容量23.67万千瓦。1986—2005年，国家电力扩建成都热电厂，新建华能电厂、嘉陵电厂及三瓦窑热电厂，地方电力新建了一批骨干电厂，淘汰了一批设备落后的小电厂。至2005年年底，市域内国家电力有4座电厂，装机容量71.9万千瓦；地方电力有373座电站，装机容量64.6万千瓦；总计377座，总容量136.5万千瓦，约为1985年总容量的5.8倍。电网建设同步进行，以利输入电能。至2005年年底，城市电网已建成35—500千伏变电站140座，拥有变压器242台，容量达1197万千伏安；建成35—500千伏输电线路269条，总长度4037公里。

成都市天然气开发历史悠久，在西汉年间邛崃市火井镇已利用天然气煮盐，是世界有关天然气利用的最早纪录。已探明成都市有白马庙、平落坝、洛带、新都、大兴西5个气田。累计探明地质储量630亿立方米，可开采储量354亿立方米，潜在资源量3840亿立方米。20世纪60年代，市域内利用天然气仅限于工业原料和燃料，1973年进行民用试点，1985年以后加快民用发展力度。至2005年年底，中心城区共有输气管线3821.5公里、配气站14座、调压柜606台、调压箱6607个、储气站3座。

1986—2005年郊县天然气开发利用也全面加快，如青白江区是省内较早使用天然气的地区，20世纪70年代就以天然气作为加热能源及工业原料，四川化工厂等15家大型企业及家庭用户3万余户、商业用户560余户使用天然气，2005年全区用气量达10.07亿立方米。又如邛崃市是世界上最早使用天然气的地方，至迟在西汉年间已利用天然气煮盐，1990年成立邛崃市天然气有限公司，截至2005年年底，供气范围含临邛、道佐、平乐、桑园、卧龙、高埂等乡镇，用户达2万多户，2005年供气量达1000多万立方米。

七、电信设施

成都市电信事业始于清光绪十二年（1886年），在文庙前街开办官督商办的成都电报局，并开通汉口至成都的电报线路；宣统三年（1911年）建立成都电话局；民国14年（1925年）开办成都至新都的长途电话。但是在清代光绪十二年至民国38年（1886—1949年）长达60余年的时间里，发展甚为缓慢。中华人民共和国成立后，成都市的电信事业几经曲折，逐步发展，至1985年年底，已初具规模。市内电话交换机总容量达2.18万门，长途电话线路达764条，新技术应用如微波通信、载波通信、同轴电缆、光纤电缆等都有较快发展。

1986年引进比利时程控交换机1万门，1999年引进德国程控交换机2万门，交换机总容量达到13万门，成为全国第6个实现市话全网数字化的省会城市。1993年12月12日，市内电话号码由6位升至7位，1996年12月，12个郊县（市）电话进入市话大网，统一使用“028”区号。1998年市话交换机容量超过100万门，全市电话用户超过100万户，2000年交换机容量达273万门，为1985年的125倍。2001年本地网固定用户超过200万户，成为继广州之后全国第二个电话用户超过200万户的省会城市。2002年4月20日，电话号码由7位升至8位。2004年全市电话交换机总容量达546万门，全市电话用户达366.5万户（其中小灵用户102.2万户），移动电话用户441.9万户。

21世纪初，成都电信已形成以中国电信、中国移动、中国联通、中国网通、中国电通、中国铁通等多个电信企业平等竞争的局面。数据微波、光纤、程控、卫星和计算机处理等交换机和传输手段，已构成信息流动的大动脉。传输技术和交换技术的发展，使通信网朝着数字化、智能化、宽带化、综合化、个人化的方向发展。

八、园林景区

成都市的园林，历史久远，可追溯到公元前4世纪，蜀王开明营造的武担山是成都最早的名胜之地；最早的私家花园建成于西汉，当时临邛（邛崃市）首富卓王孙拥有颇具规模的私家花园；形成于隋，扩建于唐，完善于五代的摩诃池，成为前蜀、后蜀割剧政权皇家园囿；隋唐以来，寺庙园林发展也很快，青城山的道观天师洞，成都的文殊院、昭觉寺，新都的宝光寺、龙藏寺，都拥有很大的林园围护；成都名人荟萃，文化昌盛，因他们的踪迹而留下杜甫草堂、望江公园、新繁东湖、崇州罨画池、新都桂湖等纪念园林；清宣统三年（1911年）建成的少城公园（人民公园）是成都市第一座对外开放的公园。

中华人民共和国成立后陆续整修和新建了一批公园，至1985年年底，全市共有公园45处。

1986—2005年，成都市公园建设进入新发展阶段，以政府投入为主，企业、社会、民间多元化投入，对原有园林进行扩建改建，并新建了一批公园。中心城区有新华公园、浣花溪公园、金沙遗址公园、东湖公园、北湖公园、两河森林公园以及三圣乡的幸福梅林、花乡农居、江家菜地、东篱菊园、荷塘月色等“五朵金花”。郊县（区、市）有新都区的新桂湖公园、双流县的棠湖公园、新津县的宝资山公园等。至2005年年末，全市公园总数达113座，其中市级公园39座、区级和居住区公园74座，另有街边绿化小游园436座。

市域内共有12处风景名胜区，其中：国家级风景区4处，即青城山·都江堰风景区、西岭雪山风景区、龙门山风景区、天台山风景区；省级风景区5处，即鸡冠山·九龙沟风景区、龙泉花果山风景区、朝阳湖·石象湖风景区、云顶山风景区、黄龙溪风景区；市级风景区3处，即新津五津风景区、白塔湖风景区、烟霞湖风景区。其中青城山·都江堰风景区列为世界文化遗产。上述景区普遍进行了交通设施、服务设施、游乐设施的建设，并加强景区的保护，规范景区的管理。

第二节　环境保护

历史上，成都市环境优美，水绿天青。近代，随着人口的增长，经济的发展，化肥农药的过量使用，使生活污染、工业污染、农村面源污染全面加剧，城乡环境问题严峻。

1986—2005年，成都市全面加强环境保护工作，一手抓城乡环境综合整治，一手抓生态示范区与环境优美乡镇建设。21世纪初，国家环保总局开展“创建国家环境保护模范城市”活动，2002年成都市启动创建工作，经三年努力，2005年2月18日，获“国家环境保护模范城市”称号，城市环境得到全面改善，城市形象得到显著提升。

一、环境监测

成都市环境监测工作始于20世纪70年代中期，1985年年底，全市仅有3个环境监测站（所），1986—2005年成都市环境监测工作加快发展，2005年年底，各区（市）县全部建成环境监测站，主要包括空气环境监测、水环境监测和噪声监测。

空气环境监测以中心城区为主，1993年设6个空气监测点，1994年建立5个自动监测子站，2005年扩大为8个子站。1996年1月起每日向社会公布城区空气质量，2001年空气质量日报上升为预报，直接为公众服务。

水环境监测以城区府河、南河（又称锦江）、沙河为重点，进水口为都江堰鱼嘴，出水口为双流县黄龙溪，控制断面1990年为10个断面，1992年以后增加三道堰自来水六厂断面。1990年以后对地下水进行监测，区（市）县地表水监测也逐步开展。2001年起全市共设监测断面74个，其中岷江水系51个，沱江水系23个。

噪声监测以城区为主，各区（市）县驻地城镇作辅助性调查。截至2005年，功能区噪声监测方面，将城区划为4类标准适用区，共设5个定位监测点；区域环境噪声监测方面，网络设置为900米×900米，网点数215个，覆盖范围175平方公里，覆盖人口约200万人；道路交通噪声监测方面，监测交通干道24条，总长度323公里，测点数258个。

二、环境治理

成都市空气环境的污染主要来自煤烟尘、工业废气、汽车尾气、扬尘。1990 年大力推进烟尘控制区建设，1999 年城区烟尘控制区全覆盖。控制区内禁止燃煤设施，推广清洁能源。治理工业废气污染的措施主要是调整东郊工业区。扬尘主要来自道路、建筑工地和裸露地面，2002 年，市政府制定《成都市扬尘污染治理暂行规定》，对建筑工地加强监管，规定运渣车密封运行，建筑工地打围施工，车辆出入用水清洗，禁止在城区建筑工地搅拌混凝土，有效地控制了扬尘源的扩散。20 世纪 90 年代后期以来，成都市机动车数量急剧增长，汽车尾气逐渐成为重要的空气污染源，1995 年市政府发布《成都市机动车污染防治管理办法》，明确机动车尾气必须达标排放，环保和公安部门联合执行路检。2003 年全市运营的 3026 辆公交车，有 2333 辆改烧天然气，改变了柴油车“冒黑烟”现象。2003 年起，机动车达标排放率均在 90% 以上。

成都市于 1993—1997 年对锦江（府河、南河）进行综合整治；2001—2004 年对沙河进行综合整治；2003—2005 年开展的中心城水环境治理，完成了中心城区雨污分流工程。

环境噪声主要来自道路交通噪声、施工噪声和生活噪声，1990 年起，成都市全面治理噪声。1991 年开始环境噪声达标区建设，以人口密集的文教、居住、商业区为控制重点，每年有计划地新建环境噪声达标区和对已达标区进行复查，1995 年建成达标区 40. 35 平方公里，2005 年累计达标区达 118. 24 平方公里。道路交通噪声治理方面，2001 年开始实施畅通工程，从而缓解了车辆流量压力，在很大程度上降低了交通噪声。2000 年开始，二环路以内实行机动车辆禁鸣喇叭，2003 年将禁鸣范围扩大至三环路以内，并从严控制警报车辆安装使用。生活噪声方面，2002 年起加强了餐饮、酒吧、歌厅、沿街店铺等公共场所管理，对群众反映突出的噪声扰民投诉开展专项检查和查处。施工噪声治理方面，2002 年起全面开展创建绿色环保工地活动，逐级签订责任书，对夜间施工实行严格管理。中考高考期间，全市做了大量禁噪工作，保证考生有一个安静的应试环境。

三、生态环境建设

1996 年 3 月，国家环保局批准“成都市温郫都生态示范区”作为全国首批示范区之一，该区涵盖温江、郫县、都江堰市。经三年努力，2002 年 3 月国家环保局正式命名为国家级生态示范区。国家环保局于 2004 年 12 月命名蒲江县为国家级生态示范区；于 2006 年 12 月命名大邑县、邛崃市、崇州市为国家级生态示范区；于 2008 年 5 月命名金堂县为国家级生态示范区。

2002 年 7 月，国家环保局决定在全国开展环境优美乡镇的创建活动，邛崃市平乐镇、双流县黄龙溪镇于 2004 年 12 月被命名为全国环境优美乡镇。

2003 年 11 月，四川省开展创建生态小区的活动，截至 2005 年年底，成都市共创建 10 个省级生态小区、2 个省级工业生态园区、2 个省级人居活动生态园区。

四、创建国家环境保护模范城市

21 世纪初，国家环保总局开展创建“国家环境保护模范城市”的活动。成都市于 2002 年启动该项活动，开展了以治水、治尘、治脏、植绿为重点的“三治一植”工作。重点抓了调整工业结构、治理重点污染企业、综合整治城市水环境、治理城市大气环境、整治城区市容环境等五项工作。2005 年 2 月 18 日，成都市荣获“国家环境保护模范城市”称号，成为西部地区第一个获此称号的省会城市。

第六章　名胜古迹

第一节　世界遗产

一、青城山与都江堰

青城山与都江堰为国家级风景名胜区，国家 AAAAA 级旅游景区，世界文化遗产。

青城山古名天谷山。相传轩辕黄帝遍历五岳，封青城山为“五岳丈人”，故又名丈人山。唐开元十八年（730 年）改名为青城山。青城山东向成都平原，后接岷山雪岭，包括前山和后山。前山为青城山主体景区，面积 12.56 平方公里，自古即以“青城天下幽”而名扬四海。山上植被茂盛，终年常绿，有植物 346 种。青城山诸峰环绕，状若城廓。唐代杜甫诗云：“自为青城客，不唾青城地。为爱丈人山，丹梯近幽意。”青城山是中国道教名山，亦为道教发祥地之一。东汉末年，张陵创“正一盟威天师道”，曾在此结茅修炼。晋代以后，山中道教渐盛，极盛时有道观 70 余处、胜景 108 处。保存下来的道观主要有天师洞、建福宫、上清宫、祖师殿、圆明宫、老君阁、玉清宫、朝阳洞等。

都江堰位于都江堰市城西，全国重点文物保护单位，古时属都安县境而名都安堰，宋元后称都江堰。都江堰是中国古代大型水利设施，为秦代李冰父子率众兴建，至今仍在发挥灌溉农田和消除水患的巨大作用。它具有自动分流江水、自动排沙、自动控制进水流量等功能，其规模和效益在世界上绝无仅有，堪称人类科技史上的一座丰碑。都江堰水利工程主要由鱼嘴、飞沙堰和宝瓶口三个部分组成。其工程布局及“深淘滩、低作堰”“乘势利导、因时制宜”“遇弯截角、逢正抽心”等治水方略，是中国古代水利科学的开创之举。都江堰景区内，有二王庙、伏龙观、安澜索桥、南桥等名胜古迹。

二、四川大熊猫栖息地

四川大熊猫栖息地为世界自然遗产。主要位于成都平原与青藏高原之间的邛崃山脉，由四川省境内的 7 处自然保护区和 9 处风景名胜区组成。其中，青城山—都江堰、天台山、西岭雪山、鸡冠山—九龙沟等 4 处风景名胜区均在成都境内，地跨成都市所辖都江堰市、崇州市、邛崃市、大邑县。四川大熊猫栖息地生存着全世界 30% 以上的野生大熊猫，是全球最大最完整的大熊猫栖息地，被保护国际（CI）选定为全球 25 个生物多样性热点之一，由世界自然基金会（WWF）确定为全球 200 个生态区之一。

2004 年，中国政府正式向联合国申报“四川大熊猫栖息地”世界自然遗产项目。2005 年，在南非德班举行的第 29 届世界遗产大会上，四川大熊猫栖息地正式被列为 2006 年第 30 届世界遗产大会中国唯一的自然遗产审议项目。

第二节 历史遗存

一、成都平原史前城址群

20 世纪 80—90 年代，成都市境内陆续发现新津宝墩遗址（龙马古城），郫县古城，温江鱼凫古城，都江堰芒城，崇州双河古城、紫竹村遗址等 6 座古城，皆系新石器时代晚期遗存。其中，宝墩遗址面积达 298 万平方米，文化特征最为鲜明，故学界将此类遗址命名为“宝墩文化”。据考，宝墩文化与三星堆文化一脉相承。2001 年，成都平原史前城址群由国务院公布为第五批全国重点文物保护单位。

二、武侯祠

武侯祠为全国重点文物保护单位、国家 AAAA 级旅游景区，位于成都市武侯祠大街 231 号，是纪念三国蜀汉君臣刘备、诸葛亮的合祀祠堂。约公元 5 世纪时，成都南郊就建造有武侯祠。唐代，武侯祠与惠陵、昭烈庙分列并毗邻。明初，蜀献王朱椿以武侯祠逼近刘备庙不合礼制，“君臣宜一体”为由，下令废武侯祠，移诸葛亮像于刘备庙内。明末，祠庙毁于战火。清康熙十一年（1672 年）重建，以前后两大殿分祀刘备和诸葛亮，形成中国诸家武侯祠中特有的君臣合庙格局。

1984 年，成都武侯祠博物馆成立。1996 年，原位于提督街的三义庙迁建于武侯祠内。1998 年春节期间，武侯祠恢复已中断数十年的“拜忠义、游喜神”民俗活动，举行“新年仿古祭拜”表演。2000 年，完成三义庙迁建工程并对外开放。2001 年，在祠东侧开工修建仿古一条街锦里。2003 年南郊公园并入武侯祠。2004 年 10 月 31 日，“锦里”古街建成开市。2005 年，成都大庙会从文化公园移至武侯祠举办。

三、杜甫草堂

杜甫草堂为全国重点文物保护单位、国家 AAAA 级旅游景区，位于成都市西郊浣花溪畔，是唐代诗人杜甫流寓成都时的故居。杜甫草堂主要由工部祠、草堂寺两大建筑群及梅苑三部分组成。

1955 年杜甫纪念馆成立，1985 年更名为杜甫草堂博物馆。1992 年恢复“人日游草堂”民俗活动。1997—1999 年，杜甫草堂重建“茅屋”景区、建成“杜诗书法木刻”廊坊。2002 年，草堂辟设诗歌“大雅堂”，内有大型磨漆壁画，形象表现杜甫《茅屋为秋风所破歌》诗意。2004 年 9 月在草堂内东南面重建清代“万佛楼”，次年 10 月竣工。

四、明蜀王陵

明蜀王陵为全国重点文物保护单位，位于成都市龙泉驿区十陵镇境内，1979 年发现。遗址区内有明太祖朱元璋的宗亲及家族陵墓 10 座，其中蜀王陵 5 座、蜀王妃墓 3 座、蜀王府郡王陵 2 座，故称为成都“明十陵”。陵区山水形胜，松柏参天、红墙碧瓦，俨然似北京明代皇家陵园，唯规模数量逊之，因此流传“北有十三陵，南有明十陵”的说法。1979 年发掘僖王陵，探明一座规模宏大、装饰华丽的地下宫殿。1991 年发掘昭王陵，出土有残圹志。1998 年，明蜀定王次妃王氏墓从锦江区琉璃乡迁至明蜀王陵陵区内。2004 年，又有市内红牌楼等地发现的明蜀王府太监墓迁此。

五、永陵

永陵为全国重点文物保护单位，位于成都市永陵路10 号，发掘于民国31 年（1942 年），系五代十国时期前蜀开国皇帝王建的陵墓，俗称王建墓，史称“永陵”。墓冢封土为圆形，墓室棺床石壁上刻有乐舞伎24 人，分别演奏琵琶、筝、鼓、笙、钹、箜篌等乐器，系全国考古发掘结果中唯一完整的唐朝宫廷女子乐队形象。出土有玉带、哀册、谥册、谥宝，各种银器及铁猪、铁牛等珍贵文物。

1978 年12 月，建立成都王建墓文物保管所。1979 年元旦，王建墓正式对外开放。1990 年4 月，更名为成都王建墓博物馆。1998 年9 月28 日，经国家文物局同意、成都市人民政府批准，成都王建墓博物馆正式命名为“成都永陵博物馆”。2005 年，成都举办“国宝回家—永陵出土文物精品展”。

六、水井街酒坊遗址

水井街酒坊遗址为全国重点文物保护单位，位于成都市锦江区水井街，属明清两代遗存，1998 年8 月在全兴酒厂曲酒生产车间改建工地时发现。该遗址是一座采用蒸馏技术酿造白酒的古代手工作坊，延续生产数百年。发掘区内有晾堂、酒窖、炉灶、灰坑等遗迹。水井街酒坊代表明清时期白酒酿造的最高水平，是研究中国古代蒸馏酒酿造工艺起源和发展的实物资料，堪称中国白酒第一坊。

七、古蜀船棺合葬墓

古蜀船棺合葬墓为全国重点文物保护单位，位于成都市商业街58 号，是东周时期（约当古蜀国开明王朝中晚期）的一处大型多棺合葬墓，属战国早期遗存。该墓朝东北—西南向，为土坑竖穴墓。墓坑内存棺木17 具，其中船棺9 具、独木棺8 具。该墓葬规模宏大，形制独特，葬具的数量和体量均堪称全国之最。考古人员推断，该遗址极可能就是战国早期古蜀国开明王朝王族甚或蜀王本人的家族墓地。古蜀船棺合葬墓是研究古蜀国历史及丧葬制度的重要实物资料，亦为成都城市发展的确切物证。

八、金沙遗址

金沙遗址为全国重点文物保护单位，位于成都市金沙遗址路2 号。该遗址分布范围约5 平方公里，2001 年在城西苏坡乡金沙村发现并开始大规模发掘，出土大量金器、玉器、青铜器、石器、陶器以及象牙、野猪獠牙、鹿角等珍贵文物和动物遗骨，轰动国内外。遗址范围内分布有宫殿区、祭祀区、生活居住区及墓葬区，证实成都悠久的城市历史。金沙遗址是继三星堆之后发现的又一古蜀国都邑城址，是成都境内规模最大的商周文化遗址。2002 年被评为“2001 年度全国十大考古新发现”之一。2004 年11 月，金沙遗址博物馆开工建设。2005 年8 月，金沙遗址出土的太阳神鸟金箔图案被国家评选为中国文化遗产标志。2007 年，金沙遗址博物馆建成开放。

九、杨升庵祠及桂湖

杨升庵祠及桂湖为全国重点文物保护单位，位于新都区新都镇桂湖中路52 号，素有“川西第一湖”之称，以环湖遍种桂树而名。桂湖面积5 万平方米，其中水面约三分之一，形如一面横卧的琵琶。桂湖原为杨升庵家族的花园，内有纪念杨升庵的祠堂。祠建于清代，由升庵殿、会心堂、藏舟山馆、澄心水阁等四部分组成。桂湖内共有台亭楼阁、轩堂桥榭等古建筑20 余处，布局严谨，且匾额楹联甚多。桂湖西面及南面有古城墙 850 米，其上有望月楼、问津楼、观稼台。

中华人民共和国成立后，朱德、周恩来、董必武、陈毅等党和国家领导人以及李一氓都曾亲临桂湖视察、题词。1963 年，郭沫若为桂湖书题“升庵桂湖”榜文和“桂蕊飘香，美哉乐土；湖光增色，换了人间”联语。

十、望江楼

望江楼为全国重点文物保护单位，位于成都市东门九眼桥外，坐落在望江公园内。望江楼系清代建筑，本名“崇丽阁”，取意于晋代文学家左思《蜀都赋》中“既丽且崇，实号成都”一句，“望江楼”是俗称。

望江楼为纪念中唐女诗人薛涛而建，系木质穿斗结构建筑，风格绚丽纤秀。高 39 米，建筑面积为 311.43 米，共 4 层。下面两层四方飞檐，上面两层八角翘尖。崇丽阁西侧为濯锦楼，东侧为吟诗楼，毗连五云仙馆、泉香榭、清怨室和浣笺亭等，是极具成都平原风格的园林建筑群。

十一、辛亥秋保路死事纪念碑

辛亥秋保路死事纪念碑为全国重点文物保护单位，位于成都市人民公园内。此碑为纪念农历辛亥年（1911 年）秋在四川保路运动中英勇献身的烈士而建，是中国旧民主主义革命的纪念性建筑物，闻名全国。

辛亥秋保路死事纪念碑建于民国 2 年（1913 年），砖石结构，方锥形，通高 31.85 米。碑身东、南、西、北四面分别镌刻四位四川著名学者手书的“辛亥秋保路死事纪念碑”10 个大字。碑顶为攒尖式屋面。全碑造型庄严，自然大方，具有鲜明的时代特征和中国气派。

十二、新都宝光寺

新都宝光寺为全国重点文物保护单位，位于成都市新都区宝光街，相传建于东汉，是中国历史悠久、规模宏大、结构完整、文物众多的佛教禅宗丛林，全国汉传佛教重点寺院。寺占地 8 万平方米，建筑群面积 2 万余平方米，主要由“一塔五殿十六院”构成，具有中国早期佛教庙宇“寺塔一化，塔踞中心”的典型布局。寺内宝光塔高 30 米，塔身 13 层；罗汉堂塑像共计 577 尊，栩栩如生；藏经楼贮书 7280 卷；有“镇寺三宝”舍利、贝叶经和铜优昙花。

十三、彭州领报修院

彭州领报修院为全国重点文物保护单位，位于彭州市白鹿镇以西书院村，旧为天主教成都教区培养传教士的神哲学院。1895 年动工兴建，1908 年落成，命名为“领报修院”，又称“白鹿上书院”。修院建在山坳，呈四合院格局，院内建筑高挑疏朗。主楼共三层、层高 5 米；礼拜堂钟楼高 12 米，宽 9 米，巍峨雄伟，具有典型的罗马与哥特建筑风格，是研究欧洲中世纪建筑的珍贵实物资料。

成都市域内还有成都十二桥遗址、崇州罨画池、大邑刘氏庄园、邛窑遗址、新津观音寺、邛崃石塔寺石塔、彭州佛塔、洛带会馆建筑群、蒲江石窟、邛崃石窟等全国重点文物保护单位和成都青羊宫、文殊院、大慈寺、昭觉寺、石经寺、新繁东湖、郫县望丛祠等众多古迹。

第三节　风景名胜区

一、天台山

天台山为国家重点风景名胜区，位于邛崃市西南端，景区面积达106平方公里，主峰玉霄峰海拔1812米。天台山拥有长滩、叠溪、瀑布、海子等自然景观，宛若一幅中国山水画长卷。景区内有珙桐、红豆杉、银杏等20余种珍稀植物及大熊猫、红腹角雉、大鲵等7种国家珍稀保护动物。

二、龙门山

龙门山为国家重点风景名胜区之一，位于彭州市龙门山镇西北，由丹景山、银厂沟、九峰山、马鬃岭组成，最高峰太子城海拔4812米。龙门山山峰险峻，峡谷幽深，景区之内，飞禽走兽、流泉飞瀑、峡谷栈道、怪石彩虹、神灯佛光、奇花异草无所不有，极具壮、险、奇、幽、趣特色，是距大城市最近的高山峡谷型风景名胜区。

三、西岭雪山

西岭雪山为国家重点风景名胜区之一，位于大邑县城西北部西岭镇境内，最高处为庙基岭，海拔5364米，为成都第一峰。景区内数百座峰峰顶终年积雪，晶莹闪烁，杜甫诗云“窗含西岭千秋雪，门泊东吴万里船”。景区生态环境保护良好，兼具林海雪原、高山气象、险峰怪石、奇花异树、珍禽异兽、激流飞瀑等景观。域内原始森林覆盖率达90%，有植物3000余种，亦为大熊猫、牛羚、金丝猴等野生动物的繁衍栖息地。1991年定名为“西岭雪山风景名胜区”。西岭雪山宜于冰雪运动，至2005年这里已连续举办五届中国四川南国冰雪节。

此外，成都境内还有崇州九龙山、成都大熊猫繁育研究基地、成都三圣花乡，彭州丹景山，崇州白塔湖，蒲江朝阳湖、石象湖等众多自然风景区。市区内有天府广场、合江亭、安顺廊桥、宽窄巷子、锦里古街、琴台故径、文殊坊、活水公园、沙河八景等城市景观。

第四节　历史文化名镇

一、安仁镇

安仁镇为全国重点文物保护单位、中国历史文化名镇，位于大邑县城东南。唐为剑南道邛州安仁县治，《太平寰宇记》记其“取仁者安仁之意”而名。街市略呈长方，存古街三条，分别为维星街、树人街、裕民街，保存完整。民国时期，安仁镇涌现刘湘、刘文辉等一批军政要员，存留老公馆27座，颇具建筑特色。大邑刘氏庄园位于镇口，系全国保存最为完整的地主庄园建筑。2005年，建川博物馆聚落在该镇建成开放，尤以抗战文物展出著称。

二、平乐镇

平乐镇为国家AAAA级旅游景区、中国历史文化名镇，位于邛崃市西南部，形成于西汉，古称

“平落”。古镇坐落于深丘腹盆坝子，白沫江穿镇流过，两岸古木参天，四季风景如画。街区沿江而建，呈鱼骨状布局。街道33条，曲直有度。街巷两边有大量清代民居，青瓦木檐，古风浓郁。镇东北江面上有建于清代的七孔石桥，名“乐善桥”。境内有金华山、花楸山、芦沟竹海、金鸡沟等景区和天宫寺、观音院、唐代摩崖大佛、黄金堰及秦汉驿道等历史遗存。平乐古为造纸之乡，大小作坊遗址达70余处，因造纸而衍生的“竹麻号子”在当地犹存。

三、黄龙溪镇

黄龙溪镇为国家AAAA级旅游景区、中国历史文化名镇，位于双流县西南部。黄龙溪古名“赤水”，形成集镇已有1700余年。沿江存活古树6株，盘根错节，浓荫蔽日。镇内存明清时期街坊7条、民居76座。镇内有古龙寺、镇江寺、潮音寺，保存完好，皆位于正街，形成“一街三庙，街中有庙，庙中有街”的趣观。古龙寺后侧遗存古代衙门，乃旧时华阳、彭山、仁寿三县合署，人称“一县三衙门”。古镇保留着打更、放生、漂河灯、川剧座唱等传统习俗，尤以烧火龙闻名遐迩，是“中国民间艺术火龙之乡”。2005年，被评为“全国环境优美乡镇”。

四、新场镇

新场镇为中国历史文化名镇，位于大邑县城西南。形成于东汉，古称清源。旧时甚为繁华，前人有赞云“人声三里市，春夜一街灯”。街区呈“井”字形格局，房屋多为清代及民国时期建筑，是川内规模较大、保存较好的古镇之一。境内尚有茶马古道、川王宫、石刻佛子岩、天主教堂等古代遗存。

五、洛带镇

洛带镇为国家AAAA级旅游景区、中国历史文化名镇，位于成都市龙泉驿区。聚落街市始于三国，兴于宋代，至清代为“甑子场”。该镇素称“中国西部客家第一镇”，客家文化的传承相当完整。镇上居民多系明末清初入川移民后裔，会说“土广东话”，好唱客家山歌，坚守先辈的习俗传统。镇内老街以石板铺成，两旁宅铺鳞次栉比。镇内有建于清代的移民会馆4座（湖广会馆、广东会馆、江西会馆、川北会馆），为国家级重点文物保护单位。境内尚有燃灯寺、金龙寺及重建的四方塔。

此外，成都境内尚有四川省历史文化名镇8个，分别为新都区新繁镇、邛崃市茶园乡、邛崃市西来镇、金堂县五凤镇、青白江区城厢镇、崇州市街子镇、崇州市怀远镇、崇州市元通镇。

第七章 风土民情

明末清初，战乱频仍，成都城市毁于一旦，人口锐减。自清康熙年间始，实行了长达百年的移民填川，全国数省人口迁往蜀中。五方杂处，带来各地风俗习惯。长期融合相通，渐成独具特色的地方民情风俗。

第一节 生活礼仪习俗

一、婚姻

封建时代，婚姻是延续家庭香火的重要环节，结婚是为了生儿育女、传宗接代。一直到民国初年，儿女婚姻都由父母做主，媒人说合。“五四”运动以后，受自由、民主思想的熏陶，这种状况有所改变。成都青年人的婚姻，逐渐改变过去婚前不见面的传统习惯。可在媒人和双方家长陪同下，到茶馆去“相亲”，男女双方可在婚前见一次面。但主要还是由父母做主，个人无权反对。一旦相中，男方即选择吉日，于婚前一天“过礼”，送衣料、首饰等，用抬盒，请来“抬相”，送到女家。女方也要准备礼物，随女“嫁”到男家，俗称“陪奁”，一般为箱笼帐被、衣料等；富贵人家则以田地、房屋、布料等作为陪奁。旧俗称结婚前夜为“花夜”，男家设家宴为新郎祝贺，俗称“花宵酒”。结婚仪式分为迎亲、拜堂、开席、闹洞房四个步骤。新婚后第三日，新婚夫妻一齐回娘家，俗称“回门”。

中华人民共和国成立后，废除封建礼制，主张自由恋爱结婚。1950 年，《中华人民共和国婚姻法》颁布，确立一夫一妻制。特别是大批妇女走上工作岗位，在经济上逐步取得独立，城镇和农村自由恋爱结婚者日益增多，包办婚姻现象逐渐减少。20 世纪 50—70 年代，个人婚姻主要还是依赖于朋友、亲戚进行介绍和牵线，有的还由单位组织出面进行介绍。提倡婚事新办、简办，婚礼中旧的仪式基本取缔，新娘出嫁一般步行，在农村则坐鸡公车。城镇中，多由单位工会出面主持婚礼，不再摆酒席，买一点香烟、糖果、花生、瓜子招待亲友同事。同时，受时代影响，择偶还要看家庭出身和政治条件。20 世纪 70 年代后，随着经济条件的改善，城乡又兴起举办婚宴。

20 世纪 80 年代以后，各类报刊开始刊登“征婚启事”，城镇中出现“婚姻介绍所”，未婚男女可通过这样的形式，扩大交流。在农村，仍以亲朋好友介绍为主。其时，国家提倡计划生育，提高人口质量，一对夫妻只生一个小孩；禁止近亲结婚，人们的婚姻观念也有很大改变。

20 世纪 90 年代，男女青年 18 岁谈恋爱已很普遍。20 世纪 90 年代末，随着市场经济的发展，住房、汽车、家电、家具等也成为谈婚论嫁的条件。近郊农村家庭经济水平很多超过城镇中一般家庭，农村姑娘不再看重城市户口和工厂工作。

20世纪90年代以后，婚嫁开始用汽车接送。一些饭店、餐厅为招揽顾客，在举办婚宴时，举行传统的婚仪形式，用花轿接亲。2000年以后，新婚夫妇还特意到合江亭摄影留念，据说合江亭的“合”字能象征他（她）们的感情地久天长，百年好合，并逐渐成为新式婚俗。有的新婚夫妻在府南河边种上一株松柏，意为感情像松柏一样长青。此外，婚事新办、出外旅游或由有关部门主办集体婚礼的也日渐增多。

二、生育

生子传宗接代，是传统的伦理观念。“不孝有三，无后为大”，结婚数年后，没有生育，是令全家极其丢人的事。故结婚后都盼早生儿子，以尽其传宗接代的孝道。此外，养儿防老的传统观念也根深蒂固。

古代，婚后无生育，人们会上娘娘庙求子，民间还于家供奉王母娘娘。宋代，农历三月二十一日至二十三日，成都妇女朝拜东门外海云山鸿庆寺（成都市沙河堡附近），摸寺中水池内石子，以求子。民间日常供奉张仙送子图，相传张仙是青城得道的张远霄，又传为后蜀皇帝孟昶。清代以来，农历三月初三为娘娘庙会。成都娘娘庙、延庆寺及各县娘娘庙，或庙中有娘娘殿的，皆于是日举行隆重庙会；各地都要募捐演剧酬神，并雕刻木质四五寸长童男童女若干，于活动中抛向人群，众人争抢，俗称“抢童子”。民间还有拴童子习俗，有求子嗣者到娘娘庙，在娘娘身上随意拴一童子，谓可以得子。清代，农历五月端午成都有打李子之俗。是日，在东门城楼、北门五担山一带有掷李之戏。游人登临高处，或城楼上，向下抛撒李子，供人拾抢，以谓求子。中秋之夜，还有偷瓜、送瓜之俗，以破瓜得子之意以求子。

古代，民间主要以土法为产妇接生，遇到难产只有求神拜佛。清末，外国传教士在成都创办教会医院，开始为产妇接生。民国中期，成都才出现较规范的“西式”产科医院。孩子出生后，要给亲朋好友、邻居报喜，送红蛋。婴儿出生后的第三天早晨“开奶”。这一天，城乡都有给婴儿“洗三朝”的习俗。婴儿出生满月“吃满月酒”、满百日举办百日礼，给小孩穿“百家衣”。是日，还要给婴儿“开荤”。满周岁做生，举行“抓周”，以卜孩子将来贫富贵贱和前途。为保佑孩子平安成长，民间还有拜干亲、禳灾习俗。

中华人民共和国成立后，求子之俗，逐渐消除。随着医院的建设，文化卫生知识的普及，城镇、农村的产妇普遍到医院分娩。20世纪70年代末，随着计划生育的开展，重男轻女思想较为突出。20世纪80年代末，新都区马家镇恢复一年一度“三月三”普利寺传统求子活动，并赋予新的时代内容，以文为媒、文经结合的大型文化物资交流会，使古老的“三月三”具有浓厚的时代特色和地方风情。20世纪90年代以来，都江堰天马、崇义一带乡间，有小孩人家，或人家求子，三月三日到街上购娘娘凤冠、娘娘服、娘娘鞋（用红纸、黄纸糊制），回家后用黄糕、香蜡敬祀娘娘，然后焚烧，谓求子、保佑孩子平安。孩子三岁前杀一只大红公鸡敬祀娘娘，以佑护孩子平安成长。同时，很多家庭父母（特别在成都市内）望子成才心切，给孩子启蒙的时间越来越早。孩子3岁左右，父母即教其识字，或让其学书画、乐器，希望孩子尽快成才。20世纪90年代中期，连续几年，全市19个区（市）县，都是男婴出生率高于女婴。1993年男婴出生率高于女婴6.9个百分点，2005年男婴出生率高于女婴7.3个百分点。

三、丧葬

传统孝道，亲人过世，讲究“事死如事生”，故父母的丧葬是家庭中的大事。清代、民国时期，老人临终时，儿女及孙辈都要到床前守候，直到断气。在外地和出嫁的直系亲属都要提前通知，以便赶回送终。亲人过世，要给死者擦身、洗脸、理发，换上衣、鞋、袜等备用的寿衣。乡间住瓦房的要将屋顶揭去一两片瓦，住草房则用竹竿捅一个洞，俗称“出煞”，谓让死者的灵魂迅速飞升。孝子贤孙同时为死者烧倒头纸，烧后纸灰盛进一个瓦罐，出殡后一齐埋掉，旧俗认为这笔钱作为死者在阴间备用的。全家老小换上素衣，堂屋内的家神、门神立即用白纸贴上，表示家中带孝。家门上用白纸条贴个十字，门前吊一束纸钱，称“望魂钱”。在堂屋内设置灵堂，在灵柩前立一纸扎门框，用白布作帷幔，上书一“奠”字，下挂死者遗像。布幔前摆一张桌子，铺白布单，放上死者灵位，以供吊唁。亲人亡故3日后，直系亲属成服，全家老少及出嫁女儿、女婿并外孙均穿孝衣、孝鞋，头包孝帕，守灵举哀，亦称“成孝”。一般人家停柩时间不太长，少则三五天，多则7天，必须安葬，俗称“出殡”。安葬的日子、安葬的地方一般请风水先生择定，按所择定时刻，用柏枝或芝麻秆在墓穴中焚烧，灰烬铺于穴内，称“暖穴”；然后下棺木于穴内，风水先生用罗盘核定位置后，随即掩土垒坟，将引魂幡插于坟顶上，焚烧花圈。安葬后，丧家要请道士做“安神谢土”法事，然后撕去覆盖在家神、门神上的白纸，在家门上方贴一方红纸，以示丧事完毕。从死者断气之日算起，每隔7天烧纸钱祭奠，谓之“烧七”，要烧7次共49天。在此期间，由道士测定1天为死者灵魂回家之期，俗称“回煞”“回殃”。到时在死者房中备上酒食，并撒草木灰于地上；关上大门，在大门外顺房斜放一根竹竿，谓“天梯”，方便魂灵回来。然后家人全部回避，俗称“躲煞”。

20世纪50年代，丧事从简，出殡送葬多为至亲密友，出殡礼仪大多仍旧。20世纪70年代开始实行火葬，一般在殡仪馆开追悼会后举行告别仪式。仪式完毕，燃放鞭炮，将遗体送上灵车到火葬场火化。前来致哀者送花圈、送钱。20世纪70年代末，则时兴送布料，俗称祭幛，单位送花圈。20世纪90年代以后，经济收入不断改善，又时兴送钱。

改革开放后，随着物质生活水平的提高，举办葬礼的规模日渐扩大，出殡后则摆宴席请乡邻亲朋。20世纪80年代以来，随着物质生活水平的提高，一般人家都请人在家中搭设灵棚，守孝2—3日，摆上几桌麻将，让客人陪灵消磨时间，并准备宵夜待客，俗称“打丧火”。丧事毕，直系亲属为答谢参加丧事的亲朋好友，购置毛巾、碗筷回赠，以示谢意。此一风气，渐成习俗。

死者火化后，亲属购买骨灰盒，将骨灰接走，在一年内选择合适地方，将骨灰盒下葬安埋。每年清明前后，家人备酒食前往扫墓祭奠。

第二节　地方特色节俗

一、灯会

元宵灯会，古代称为上元节、灯节，又称元宵节，兴起于东汉时期，唐玄宗时期逐渐形成民间节日。成都地区灯会每年春节前后举行。

成都灯会久负盛名，青羊宫道灯、大慈寺水灯、昭觉寺佛灯都曾名噪一时。民国时期，成都正月有元宵灯会，清明有荷花灯会，九月又有菊花灯会，尤以元宵灯会最为隆重。

中华人民共和国成立后，灯会停办，但民间在正月十五仍有点灯的习俗，在东大街、东御街、西御街一带的商铺，节日期间在店铺门前挂上各式彩灯，并贴上灯谜，供人猜赏。1962 年恢复灯会，由政府组织，集中到青羊宫举办。“文化大革命”期间灯会停办，至 1977 年始恢复。一年一度的灯会在保留原来灯节特色基础上，从品种、式样、规模、影响等方面都有很大发展，成为春节期间人们游乐的重要去处。灯会期间还设立成都各地名小吃棚户摊区和旅游产品、百货商贸展销区。20 世纪 90 年代以后，成都灯会先后被邀赴广州、深圳、长沙、南京、上海、北京等地展出。

二、花会

农历二月，是成都百花盛开的季节，民间认为农历二月十二是百花的生日，百花盛开，最堪游赏。成都花会始于唐，肖遘《成都》诗中有“月晓已闻花市合”之句，相沿至今，已有一千多年的历史。每年农历二月十五日，相传为李老君死后在青羊宫托生的日子，是日，在青羊宫举办庙会。清光绪三十三年（1907 年），将青羊宫花会、庙会合二为一，善男信女到青羊宫进香朝拜；城中男女老幼也纷至沓来逛花会、赶庙会，岁岁相沿，渐成习俗。清朝末年实行新政时，四川劝业道利用花会举办全省性劝业会，民国初年改称“物产展销会”，将会期由二月初延长至四月初，每日往观者达数万余人，马车喧阗，官商毕集。花会期间又举办武术擂台赛“打金章”，吸引了不少人专程前来观赏。届时，远近的花农们把自已精心培育的名花异卉运到成都，集中展览和出售；此外，百货商贾和附近县份的名小吃也入园摆摊设点，交易售卖。

1951 年，成都举办解放后第一次花会，时称为物产展览会，动员川西各地农产品、土特产品到成都花会展销。期间举办各种文娱活动，历时一个月，游人上百万人次。此后每年举行花会，展出花木品种愈来愈多，规模也越来越大。“文化大革命”中，花会停办。1980 年恢复举办第十七届花会。1984 年，将庙会、花会分开举办，庙会在青羊宫，花会在文化公园。1989 年，第 26 届花会新开辟百花潭展区，扩大花会的规模。一年一度的花会成为人们游乐、赏花、购物的盛会。1999 年，举办第 36 届花会暨首届花卉节，花会以“迎接澳门回归”和“迎接中华人民共和国成立 50 周年”为主题，利用花会的形式，展现改革开放的硕果。从 2002 年第 39 届迎春花会起，一改过去由“政府办会”为“市场办会”，招商入园经营，开始扭转花会“年年办、年年亏”的局面。

三、望丛歌会

郫县望丛祠是纪念古蜀望帝杜宇和丛帝鳖灵的陵墓。相传古蜀王杜宇“教民务农”，因其相鳖灵治水有功，杜宇禅位于鳖灵，后隐居西山，仍关心农业生产，魂魄化为杜鹃，每年春二三月，啼鸣于田间地头，催民务农。为了纪念发展天府农业、治理水患的望帝、丛帝，人民群众除建祠外，每年五月端午要去望丛祠对歌赛歌，逐渐形成独具特色的民俗活动。届时，远近的人们纷纷前往望丛祠朝会上香，祭祀望帝、丛帝，祈祷是年风调雨顺，庄稼获得好收成。参加者以川西农民为主，歌曲内容丰富，会间还有川戏、武术等表演。民国 36 年（1947 年）后，因战乱赛歌会中断。

1983 年，恢复中断 40 余年的望丛赛歌会，并根据农时季节，将赛歌会推至农历五月十五日大端午举行。20 世纪 90 年代以后，望丛赛歌会与民间艺术节、物资交易会结合举办，连年不断。

四、新都桂花会

桂花是传统的名贵花卉，历来享有“独占三秋压众芳”的美誉。据北宋赵抃的《成都古今记》

所载，古代成都一带，把每年农历八月定为桂花会会期，卖桂花、赏桂花、吟桂花成为一时盛景。明代，新都大文豪杨升庵一生酷爱桂花，青年时在临近家门的湖畔，沿堤遍植桂树数百株，后人为了纪念他，陆续在湖畔广植桂树四千多株，并扩大湖面，在湖里广种荷花，每至中秋之时，桂蕊飘香，远近游人纷至沓来，游湖赏桂，交易土特产品，形成一年一度的盛会。

1980 年起，新都县政府决定每年中秋在新都镇举办桂花会，会期历时一个月，以推动当地文化、经济的发展。1987 年，桂花经新都县人大常委会通过，定为新都的县花，在全县掀起种植桂花的热潮。花节期间举行桂花盆景展、传统文物展、园外盆景展、大型文艺表演以及一系列丰富多彩的文化交流活动，同时举办物资交流会、展销地方名小吃、举办富有地方特色的歌舞、戏剧表演。游园赏桂、瞻仰升庵祠、参观文物书画展览等活动。

五、天彭牡丹艺术节

彭州是四川省牡丹花培育基地，为全国四大牡丹胜地之一。远在唐代，彭州已开始种植牡丹。宋代，牡丹得以大规模栽培，花市极盛。宋陆游著《天彭牡丹谱》："牡丹在中州，洛阳为第一；在蜀，天彭为第一。"其谱中所列牡丹共计 67 品。其诗《忆天彭牡丹之盛有感》："常忆彭州送牡丹，祥云径尺照金盘。"每至清明时节花开，游人聚花竞胜，登城眺望，灿若云霞。史称："花时，自太守而下，往往到花盛处张饮帘幕，车马歌吹相属。"赏花宴饮，时称"勘花节"。南宋淳熙年间，驻守成都的将帅甚至不惜高价购买彭州牡丹，用快马送至成都；是日晚，在西楼设宴赏花。元代，彭州人称"小洛阳"。明末清初，战乱频繁，天彭牡丹自此衰落。

1985 年 3 月，彭县第十届人大常委会议通过，将牡丹定为县花，并以丹景山为基地，形成以牡丹为特色的风景区，把继承传统、美化环境、开辟旅游、提高经济效益结合起来。同时决定每年清明前后举办牡丹花会，以丰富人们精神文化生活。20 世纪 90 年代以后，牡丹会与物资交流大会、招商引资结合在一起，形成一年一度的盛会。2000 年，天彭牡丹会更名为"天彭牡丹艺术节"，提出"以花为媒，文化搭台，经贸唱戏"，并邀请国内外文艺团体至此演出，会期历时一个半月之久，吸引众多游人前来观花旅游。2002 年，彭州牡丹花会正式升格为成都市级牡丹花会，由成都市人民政府主办，彭州市人民政府承办。2005 年 3 月 25 日举办"中国牡丹行·巴蜀风情篇"暨成都市第 21 届牡丹花会，展出牡丹品种达 260 多个、300 余万株，超过历届花会。

六、龙泉桃花会

20 世纪 40 年代中期，龙泉驿山泉乡晋家果园开始引进水蜜桃。20 世纪 50 年代以后，龙泉山开始大面积种植，逐渐形成以水蜜桃为主的水果生产基地，成为全国十大桃花观赏景点之一，唯一正式命名的"中国水蜜桃之乡"。阳春三月，"桃花似火，红焰拂天，放目天际，实为西川绝景"。1987 年起，每年定期举办桃花会。

1990 年，举办第四届桃花会暨物资交易会，新辟天峨岭、书房村景点，观光游客达 61 万人，并吸引了北京、哈尔滨、台湾等地的客商。1993 年的第七届桃花会，《光明日报》《人民日报（海外版）》首次做了报道。1994 年第八届桃花会接待游客 82 万人次，直接经济收入 160 多万元。随着经济结构的调整，以桃花节为核心的旅游观光成为经济发展的新增长点。1999 年，规划的万亩观光园，已有 5 个初具规模，向游客开放；全区"农家乐"达 2300 户以上，接纳观光游客近 300 万人，收入达到 3500 万元。

七、都江堰清明放水节

都江堰清明放水节为国家级非物质文化遗产，源于古蜀人对岷江水神的祭祀活动。因秦蜀郡守李冰主持修建都江堰水利工程，惠及川西，使传统的祭祀活动逐渐演变为纪念李冰治水功绩的祭祀活动，一年一度，世代相传，并誉为“都江第一盛会”。唐代“春秋设斗牛戏”。宋代开宝七年（974年），诏封李冰为广济王，每年一祀，朝廷在二王庙设监庙官，规定其祭祀级别与五岳相等。唐、宋之时，蜀民以羊祭祀李冰父子，“庙前江际皆屠宰之家”。宋代“每岁用羊四万余头”。清代称为“祀水”，民国年间称为“开水大典”。祭祀完毕，到堰功祠瞻仰历代修堰先贤，最后到杨泗庙前江边祭棚主持放水仪式，沿河两岸、盘山路上挤满了观水的民众。主祭官一声号令，鸣放三声礼炮，顿时锣鼓喧天，鞭炮齐鸣，剽悍的堰工立即跳上内江拦河杩槎，齐声吼起“杩槎号子”，挥动利斧砍断绑扎杩槎的竹索。岸上的堰工拉紧纤绳，拉垮其中几架杩槎，拦河杩槎顿时解体，滔滔江水从决口处涌入干涸的内江。两岸群众面对汹涌的江水，欢欣鼓舞，年轻人沿江疾跑，不断用石子向流水最前端投去，俗称“打水脑壳”。更有好事者于堰头放下鸭子，下游两岸的年轻人便勇敢地跳下水去，争抢“水头鸭”。老人们则跪在江边，舀起“头水”敬神，祈求五谷丰登。

1950年清明，举行了解放后第一次开水典礼，剪彩放水。1957年后，都江堰修建了电动钢闸门，可以随时启闭，岁修工程也不用全部断流，砍杩槎放水的仪式不再举行。1989年，中共中央政治局委员、国务委员李铁映视察都江堰，建议弘扬传统文化。1990年，以“文化搭台，经贸唱戏，扩大交流，搞活经济”为方针，恢复举办清明放水节，成为都江堰市规模盛大、气氛热烈、群众最为喜爱的民俗节日。20世纪90年代后，放水节与物交会结合，庆典3天，物交会25天，吸引了周边及国内各省的民众，每年自发前往观礼的民众达到10多万人，而且吸引众多海外游客前来观礼。2005年4月5日，在放水节开幕式上，中央电视台新闻频道与成都电视台33频道联合直播了放水节仪式的全过程。

第三节 宗 教

成都市境内宗教历史悠久，有佛教、道教、伊斯兰教、天主教和基督教5种宗教。东汉顺帝时，张道陵率弟子于成都大邑境内的鹤鸣山创立正一盟威天师道，是为中国道教之始。东汉永平年间，佛教传入成都。宋元时期，成都境内即有穆斯林居住，于明洪武年间在成都鼓楼街创立首座清真寺。唐贞观年间天主教即在陕西一带流传，成都亦有相当数量的教徒。清光绪七年（1881年）英国内地会传教士首先到达成都，为近代基督教传入成都之始。中华人民共和国成立后，贯彻中共的宗教信仰自由政策，保护正常宗教活动，加强宗教活动场所管理，严肃处理非法传教，抵止境外敌对宗教势力渗透，各个宗教健康发展，至1990年，全市有教职人员1084人，开放宫观、寺庙、教堂等宗教活动场所160余座，其中不乏全国重点寺庙。全市各种宗教和睦相处，信教爱国，不少宗教界知名人士成为省、市、县各级人大代表或政协委员。

进入21世纪后，继续贯彻落实中共的一系列宗教政策，不断完善和规范宗教事务管理，促进了各个宗教在全市的健康发展。全市宗教教职人员日趋年轻化、高学历化。在不断深化改革开放的过程中，成都市各宗教团体拥护中共的领导，爱国爱教，积极参与社会主义物质文明和精神文明的建设，为构建和谐社会贡献自身力量。

一、佛教

据明天启《成都府志》记载，成都“万佛寺建于汉延熹二年”，清嘉庆《四川通志》称，“成都圣寿寺建于汉代”，由此而传至迟在东汉时期成都境内即有佛教。东晋兴宁三年（356 年），著名高僧法和入蜀住于阳平寺。南北朝时在成都建龙渊寺，是佛教传入成都的确切记时标志。

隋唐至宋代，是成都佛教的鼎盛阶段，以禅宗独盛一时。宋代大诗人苏东坡曾有“成都，西南大都会也，佛事最胜”的赞语，显示了这一时期成都佛教的盛况。在此期间，玄奘法师曾入川求学，于唐武德五年（公元622 年）在成都受戒。唐代皇帝与成都的佛教关系也极为密切，中宗曾诏益州（成都）慧义寺清虚入宫祈雨；玄宗入蜀时应僧人之请，敕建成都大圣慈寺；僖宗曾诏休梦禅师问法，并赐额改建元寺为昭觉寺；后来避难入蜀时又诏知玄问法，并赐号“悟达禅师”，并命悟达重装建宝塔，并改寺名为宝光寺。有唐一代，成都大慈寺、昭觉寺、文殊院、宝光寺等均为全国著名的禅院，规模巨大，建筑宏伟。大慈寺被称为“震旦第一丛林”，占地1000 余亩，绵延成都东门半城，主要殿宇即达 96 院，殿、堂、房屋 8524 间。寺内以壁画著称于世，全国许多著名画师均有佳作。寺院僧侣众多，至明末仍保持常住僧众2000 余人。存世最早的印刷品，即是在成都出土的唐代梵文《陀罗尼经咒》。北宋开宝四年（971 年），在成都镌刻了中国第一部雕版的《大藏经》，史称“开宝藏”，刻版约 13 万块，流传至日本和高丽等国，影响犹巨。

成都佛教宗派主要有禅宗、密宗及净土宗，唯禅宗独霸，且高僧辈出，境界卓越。以至于天下有名言：“言蜀者不可不知禅，言禅者尤不可不知蜀。”域内著名禅院众多，如文殊院、大慈寺、昭觉寺、宝光寺、龙兴寺等，均享誉全国，以至于有“上有文殊、宝光，下有金山、高闵”之说。在明清两代，全国最为著名的四大佛教禅林，成都即占据其二。昭觉寺是“川西第一丛林”，是宋朝大禅师圆悟克勤弘场临济宗杨岐禅法的基地，被日本临济宗视为祖庭。成都龙泉驿石经寺是明初传播禅宗临济断桥禅法的中心，至 20 世纪后期更成为金刚道场，成显密兼弘的圣地。铁象寺是近代能海上师开创的七个金刚道场中唯一的尼众道场，爱道堂是当代著名的比丘尼十方丛林，也是川西平原的佛教女信徒进行法事活动的中心。

成都地处西南，为藏区进出要道，市内寺院多为禅密共住，且世代相传。昭觉寺自清初起，即与藏区往来密切，常有藏僧挂单，并专设密坛。民国能海上师等法师先后至康定学习密法，回蓉后整修近慈寺，成为汉地藏传佛教格鲁巴传承的一个密宗道场。藏密在成都广为流布，不仅汉僧入藏学密法，藏地高僧来汉地弘法的也不少。章嘉活佛、贡嘎活佛等大师都先后在成都传法。昭觉寺、石经寺、铁像寺都是显密共修之道场。

净土宗在成都也有很大的发展，文殊院、宝光寺清初重建时即辟有念佛堂，并在僧团中组织形成修持制度。民国以来，成都宣传净土佛学社的居士林，比比皆是。成都著名禅林普开净土法门，在僧众和信徒中日增，以念佛为主要修持形式。

近现代僧人能海、清定、宽霖、遍能、隆莲（女）等都是海内外知名高僧，其中能海、隆莲（女）两人曾担任中国佛教协会副会长。在佛教居士中，宋代眉山的苏轼、新津的张商英、清末民初的颜楷、当代的王恩洋、贾题韬等都是大名鼎鼎的学者。

中华人民共和国建立后，党和人民政府实行宗教信仰自由政策，佛教受到应有的尊重和保护。1957 年 1 月，成都市佛教协会成立，会长慈青，秘书长宽霖。到 1962 年 10 月，召开了第二届佛协代表大会，改选了理事会，永光等9人为常务理事，会长永光，副会长宽霖。

20世纪60—70年代，因“文化大革命”影响，成都佛教受到冲击，部分寺院被占用，僧侣解散，成都佛教事业处于低谷。中共十一届三中全会后，党的宗教政策得到恢复和落实，成都佛教迎来了新的春天，走上了一条与具有中国特色社会主义相适应的康庄大道。成都佛教界不断调整自己、完善自我，逐步发展壮大。随着时代的进步和党的宗教政策的落实，成都市各区（市）县陆续开始了寺院的重建和环境整治工作，取得了显著的成效。同时注重道风建设和人才培养，主动参与社会公益事业活动，关注民生问题。2004年10月，成都市佛教协会第八次代表大会于郫县召开，选出35名常务理事，会长宗性，名誉会长隆莲（女）。2005年，成都市佛教协会主办了“中国成都佛教文化展”，受到广泛关注和好评。

截至2005年，成都市开放寺院共计90余座，分布于全市各区（市）县。据不完全统计，有常住僧人共计1080余人，其中尼众229人。

二、道教

成都是道教的发源地，自古道教兴盛。东汉顺帝（126—144年）时，沛国丰（江苏丰县）人张陵于蜀郡大邑鹤鸣山创立正一盟威天师道，是为中国原始土生宗教道教的创立之始。因张陵自称“天师”，又称为“天师道”，不久即移师青城山进行传教，在巴蜀地区设24个教区，称“二十四治”，以祭酒分领。张陵死后，其子张衡、其孙张鲁继续在蜀中传道。并在宗教的旗号下，于陕西汉中建立了政教合一的张鲁割据政权，雄据巴汉达30年之久。

建安二十年（215年），张鲁降操，天师道活动中心移往北方。成都地区天师道经短暂的沉寂，在东晋时期又渐趋活跃。西晋末年，虔信天师道的巴西賨民李特、李雄父子，率略阳、天水等六郡流民入蜀，在成都建立成汉政权，以青城山道士范长生为相，加号“天地太师”，弘扬天师道，成都地区的天师道由是空前兴盛。至成汉政权败亡，其子范贲凭其声名号召信徒，割据称帝一方。

进入唐代，李唐王朝尊崇老子，大力宏扬道教，中原道派回流入川，改变了成都地区传统天师道的格局，形成高道辈出的局面。一批名道高士或隐修于名山大川，或寄身于繁华闹市中的宫观，成都地区道学盛极一时。宫观数量之多，建筑之奢华，为全国之最。著名的有至真观、玉局观、青羊宫、常道观、太清宫、建福宫等几十个宫观。由长安入蜀的著名道士杜光庭对道教的哲学理论、思想源流、修道方法、斋醮科仪、神仙信仰等进行全面系统的研究，成为唐代道教思想的集大成者。高道孙思邈以道入医，写成《千金方》传世，被后人誉为“药王”。安史之乱时，唐玄宗避难入蜀，以道士为师，封官赐爵。还大量召见道士，捧为座上宾。唐代皇室对道教的重视，在很大程度上推动了成都地区道教的发展。

宋元之际，以炼养为主的新道派逐渐兴起，以道法为主的旧道派日渐衰落。有元一代，全真派在北方逐渐形成强大的教团，而旧有之灵宝、上清诸派则被并于正一派，影响多在南方。源流所及，成都地区的道教仍以正一派为主。绵延至明清，成都正一派道士大部分散居民间，分别隶属于“广成派”（广成坛）和“法言派”（法言坛），主要负责民间斋醮活动。全真道虽在宋末已经传入成都地区，但由于正一道在此根基深厚，人数极微，并未形成很大影响。康熙八年（1669年），湖北武当山道士陈清觉与道友张清湖、张清云、穆清风、张清夜、张清仕相偕入川，止杖于青城山天师洞。在对天师洞进行整饬后，陈清觉将教务付与张清湖，天师洞转为龙门派正嗣。与此同时，张清夜主持成都青羊宫、武侯祠，张清仕主持青城山文昌宫，成都地区道教渐成龙门派气象。康熙二十六年

（1687 年），陈清觉入住成都青羊宫，得官员赵良壁支持，为建二仙庵，开堂接众，被康熙册封为“碧洞真人”，“碧洞宗”由此而生，逐渐发展成全真道，以青城山和二仙庵为中心，不仅在成都地区传承，还发展到云南、贵州、重庆等地，影响深远，形成了其后四川道教的基本格局。民国年间，由于军阀混战，时局不稳，成都地区的道教发展受到遏制，宫观废圮，道士改行。据民国 38 年（1949 年）统计，成都市区有道观 42 座，道士 260 人。

中华人民共和国成立后，全面贯彻执行党的宗教政策，实行民主管理，成都道教得以正常开展活动。并按传统习惯，组织劳动生产，自给自养。同时植树造林，养护宫观，保护文物，开展旅游。20 世纪 60—70 年代，由于“文化大革命”的影响，成都地区道教遭受重创，许多宫观遭到破坏，道士大部分流散还俗。

中共十一届三中全会以来，随着党的宗教政策的全面落实，成都地区逐步恢复和开放了部分道教宫观，道士们得以安居乐业，开展正常的宗教活动。继 1962 年成都道教协会成立，都江堰（青城山）、新津、大邑、崇州等（市）县也相继成立了道教协会。截至 2005 年，成都地区开放道教活动场所 28 处，有道士 300 余人。其著名的宫观和活动场所有成都青羊宫，青城山常道观、祖师殿、上清宫、朝阳洞、圆明宫、玉清宫、建福宫，都江堰二王庙、八角庙，新津老君山老子庙，彭州葛仙山道观、丹景山天师宫道观，大邑鹤鸣山道观，崇州上元宫道观等。其中，有被纳入全国重点文物保护单位的都江堰二王庙，有国务院首批公布为重点道观的成都青羊宫（二仙庵）、青城山天师洞、青城山祖师殿，有被省市列为重点道观和文物保护单位的青城山上清宫、大邑县鹤鸣山道观、新津县老君山道观、彭州阳平观等。

三、伊斯兰教

据有关地方文献载，早在唐代，成都就有伊斯兰教徒进入。五代前蜀时，蜀中有名的李姓三兄妹（李珣、李玹、李舜玹）皆为波斯血统人。元朝赛典赤—瞻思丁镇蜀时，成批的穆斯林教徒开始进入蜀中，有一批工匠、阿訇、商人随军队驻扎成都，实行屯田制，由此定居下来，生息繁衍，生活在富饶的成都平原上。

明末清初，四川战乱频仍，人口锐减。康熙年间实行移民填川，亦有不少穆斯林迁入。其中一支首先迁入仁寿青岗桠的部分回民，再次迁往成都城区，集中居住于原蜀王府周围的“皇城坝”一带。此后，散居于川南各地的穆斯林亦闻风而至，纷纷移居于这一区域。清同治十二年（1873 年），清廷在镇压了陕西回民起义后，将起义的俘虏押往成都管制屯田，约 1000 余户。其中安置 7 个营于青白江弥牟镇，1 个营安置在成都北郊二台子，2 个营安置在崇宁县（郫县境）。从清代起，成都社会相对稳定，不少穆斯林从陕西、甘肃、宁夏和江南等地来成都经商谋生，久之则留居下来。在辛亥革命后的民国时期，亦有不少穆斯林迁入。特别是抗日战争时期，原居北方的穆斯林有相当部分迁入川中避难，抗战胜利后即定居于此。中华人民共和国成立后，全国各地支援三线建设，其中也不乏回族职工。20 世纪 80 年代改革开放，西北地区的穆斯林群众入川打工，经商做买卖，也有相当部分在成都购房定居。

按照穆斯林的习俗，定居相对稳定后，即于定居地建立举行礼拜仪式的清真寺。明洪武中期，成都城区鼓楼街即建有清真寺。据清同治《成都县志》记载，成都城区与郊县在清同治年间（1862—1874 年）已有清真寺 12 座。由此而知，在明清时期成都城区已有相当数量的回族。成都市的穆斯林大多属于伊斯兰教逊尼派中的格底木派（即古老的意思）。形成以寺为中心的教坊制社会组织制度，并按回族大分散、小聚居的特点，相对集中居住。一座清真寺即为一坊之基本单位，本寺的穆斯林称为“诰目”，“诰目”一般都在本坊举行宗教活动，为本坊尽义务。寺内设有管理寺务和教务的两套组织，从本坊“诰目”中选出寺内管理者——“乡老”主持日常事务，由热心公益事业、办事清正廉洁的几人或几十人组成，并在此基础上产生主事乡老。由乡老决定聘请品学兼优的阿訇来本寺开学掌教。寺内管理一般体现民主，乡老任期3—5年，连选连任。重大事务由本坊乡老同诰目会商决定。主事乡老常利用主麻日或其他节日聚礼时向诰目汇报经济开支及管理情况。乡老为义务制，平时从事其他职业，不在寺内领薪。阿訇、海里凡、寺师傅的生活费用由寺内供给。成都伊斯兰各寺坊之间，相处和睦，互相支持，在重大宗教活动或节日时互相延请，彼此间互不统属，互不干涉事务和教务。在教坊制下，成都各清真寺为维持正常运转，都有一定的经济来源。各寺的不动产、天课、乜贴等收入，供阿訇等的生活费用和日常开支。

成都地区清真寺在历史上最多时有38座之多，多建于清朝时期，其中城区13座，郊区3座，县区22座。城区最大的清真寺建在原蜀王府旁（天府广场西侧），俗称“皇城清真寺”，是全川最大、诰目最多的寺院。

截至2005年，成都市有信仰伊斯兰教的少数民族户籍人口2.28万人，其中绝大部分为回族。据不完全统计，居住在成都一年以上的非户籍穆斯林人口至少在1.5万人以上。开放的清真寺有8座，分别是皇城清真寺，为市属直管宗教场所，其余有金牛区土桥清真寺、青白江区弥牟清真寺、新都区清真寺、都江堰市清真寺、彭州市清真寺、郫县郫筒镇清真寺和团结清真寺。全市各清真寺共有聘任阿訇15名，均取得四川省伊斯兰教协会颁发的阿訇资格证书并通过教职人员资格认证备案。全市8座清真寺全部成立了民主管理委员会，每周五“主麻日”（礼拜日）各清真寺举行宗教活动，在伊斯兰教的开斋节、古尔邦节、圣纪节三大节日均要精心准备，张灯结彩，举行重大庆祝活动。

1954年5月，成都市回民文化协进会成立。1981年12月，经全市穆斯林代表民主选举，在原协进会的基础上成立成都市伊斯兰教协会，其工作的主要任务是：在党和政府的领导与支持下，始终把促进民族团结、维护宗教和睦与社会稳定作为第一要务，认真贯彻党的民族宗教政策和《宗教事务条例》，高举爱国爱教旗帜，开展爱国主义教育，大力维护民族团结、宗教和睦，维护社会和谐稳定，指导各清真寺开展正常有序的宗教活动。

四、基督教

清光绪七年（1881年），英国内地会的传教士首先到达成都，为近代基督教传入成都之始。之后，美以美会、英美会、公谊会、圣公会、浸礼会、基督复临安息日会等外国差会相继派传教士来蓉设堂布道。解放战争时期，清洁会和神加会的传教士从西北、华北辗转来到成都。基督教在蓉历经百余年的岁月，到1949年成都解放前夕，全市共有16个宗派，分别为：内地会、中华基督教卫理公会、中华基督教四川大会、公谊会、中华圣公会、浸礼会、基督复临安息日会、成都教会（基督徒聚会处）、救世军、中国神召会、清洁会、循礼会、成都神召会、真耶稣会、外南礼拜堂、成都基督教南大街聚会所等。此外，还有其他教会团体11个、各类学校25所，文字出版机构8个、教会医院8个。有礼拜堂56座，外国传教士127名，中国教职人员64名，教徒2000余人。

1949年10月1日中华人民共和国成立，中国基督教走上了独立自主的道路。1950年9月23日，吴耀宗等中国基督教领袖发表了《中国基督教在新中国建设中努力的途径》的“三自宣言”，摆脱了外国差会的控制，实行中国基督教“自治、自养、自传”、独立自主自办教会的方针。成都市基督教会纷纷响应，积极拥护。1950 年 11 月 17 日，于暑袜街礼拜堂成立成都市基督教徒学习委员会，主任委员王俊贤。1955 年 2 月 8 日，在成都市暑袜街礼拜堂召开了成都市基督教第一次代表会议，成立了成都市基督教三自爱国运动委员会，截至 2005 年 12 月，成都基督教三自爱国运动委员会共计召开 10 次代表大会，时任主席张贤升。

20 世纪 80 年代改革开放伊始，成都基督教积极贯彻落实党的宗教政策，继续发扬爱国爱教精神，坚定走三自爱国道路，依法办好教务，加强宗教活动和宗教场所管理，培养造就爱国爱教的中青年教职人员，加强三自爱国会的自身建设。在 1994 年，全市共有教堂 5 座，教职人员 20 人，教徒 2 万余人。到 2005 年，全市共有基督教爱国组织 6 个，教堂 7 座，分别是：市区的上翔堂、恩光堂、金堂五凤溪福音堂、都江堰市福音堂、龙泉驿区洛带福音堂、彭州市崇光堂、双流县福音堂。全市教牧人员 28 人，其中牧师 8 人，副牧师 6 人，长老 4 人，神学生传道员 10 人。在信教人员方面，据不完全统计，2005 年全市有信教群众 7 万余人，其中正式领洗的有 4 万余人，慕道友 3 万余人。

在服务社会方面，成都基督教三自爱国委员会积极参与社会公益活动，1985 年，为解决社会上 1 岁半至 3 岁婴幼儿入托难的问题，积极创办"宝宝家"幼儿园，数年来一直坚持提高办学质量，不断改善办学条件，受到社会广泛好评。曾获全国两会及省、市宗教事务管理局的表彰，被评为先进集体。为体现基督教博爱精神，1986 年还于上翔街礼拜堂开设医务咨询室；恩光堂复堂后也于 1990 年设立医务咨询室，以参与做礼拜的人员为主要服务对象，后扩展至每星期礼拜前后为信徒诊病，分担社会就诊压力，坚持数十年如一日，仅收药品成本费，并对年迈老人实行半价收费或减免费用。

在每年的圣诞节、复活节等重大节日里，成都基督教全体教牧人员积极筹划，开展各项庆祝活动，既有圣经的讲解，又有以圣经为背景的诗歌朗诵、圣剧、器乐演奏、诗班合唱、小品表演等，团结广大信教群众，营造其乐融融、和谐稳定的社会氛围。

五、天主教

天主教进入中国较早，其中一支名为聂斯托里的派别在唐贞观年间即在陕西一带流传，时称"景教"。据相关地方方献载，成都送仙桥有"景教遗址"，西门石笋街建有大秦寺 1 座，有相当数量的教徒，为当时"景教"的主教区。明崇祯年间，有西方传教士利类思、安文思二教徒在成都传教，蜀王后裔及夫人亦曾率家人领洗入教。张献忠攻入成都后，利、安二神甫还一度担任大西军的顾问，被赐于"天学国师"。明末四川战乱频仍，成都城毁，人口流散。清康熙年间移民填川，其中奉教者不乏其人。时主政川政的许瓒曾即为虔诚的教徒。此时的成都，已有经堂 1 处，有教友 300 人。清康熙四十一年（1702 年）天主教遣使会的穆天尺和毕天祥，巴黎外方传教会的白日升和巴同埃等司铎到蓉开展教务，购置房屋，兴建教堂。清乾隆四十七年（1782 年），神父李安德抵成都购院买房，作为传教场所。其后，清廷实行禁教，传教活动转入隐蔽，发展一度受阻。鸦片战争后，中国门户洞开，清政府被迫取消禁教，外国教会纷纷涌入，个别传教士凭借特权和法国公使护照，飞扬跋扈，强买强占土地，包庇入教莠民，引起民众反洋教斗争，光绪二十一年（1895 年），发生了震惊中外的"成都教案"。据 1951 年川西行署统计资料，民国 38 年（1949 年）成都教区所辖的 48 个县市教会中，有教堂 75 座，学校 13 所，医院 4 所，慈善事业 9 处，土地 2.4 万亩，历任主教 22 人，其中中国神父 50 人，外籍神父 31 人，中国修士 7 人，外籍修士 1 人，中国修道 61 人，外籍修道 23 人。据民国 19 年《教会年鉴》统计，成都教区共有教徒 5 万多人，成都市区民国 38 年有修会 6 个，大、小教堂 12 座，教徒 2000 余人，开办大修院 1 所、中学 2 所、医院 1 所，有街房 998 间、田地 10320 亩。

中华人民共和国成立后，随着帝国主义势力在中国的结束，天主教罗马教廷对中国采取敌视态度，干涉中国内政。广元天主教神父王良佐提出与国外敌对势力割断关系，自办教会，得到全国人民和广大教徒的热烈响应。1952 年成立成都天主教革新促进会，实行独立自主，自办教会。1957 年以后，成都教区自选自圣中国神父李熙亭为主教。20 世纪 60—70 年代的“文化大革命”中，成都天主教与其他宗教一样受到严重冲击，教堂被侵占，神职人员被批斗抄家，打成“牛鬼蛇神”。中共十一届三中全会后，拨乱反正，认真落实宗教信仰自由政策，平反冤假错案，恢复宗教活动场所。1985 年以来，先后祝圣了倪宗文等十多位修生为神父。据 1991 年统计，成都市共开放了天主教堂 3 座，活动点 20 处，有教徒 3 万余人。1986 年，成都天主教区经过堂区调整，辖成都、德阳、绵阳和广元 4 市。截至 2005 年，全教区共有教堂 56 座，活动点 7 处，神父 21 人，修士 1 人，在院修生 5 人，永愿修女 6 人，暂愿修女 6 人，教友约 10 万人。

继 1952 年成都市天主教成立革新运动促进会、1954 年更名为成都市天主教教友爱国会后，在 1962 年又更名为成都市天主教爱国会，至 2005 年未有变化，期间共计召开了 9 次代表大会。

第八章　地方名人

成都是著名的历史文化名城，是古蜀文化的中心，自古物华天宝，地灵人杰。

据历史文献和考古资料证明，早在5000多年前，古蜀先民已定居于成都平原。先后经历了蚕丛、柏灌、鱼凫、杜宇、开明几个王朝。据史料载，蜀王蚕丛及其妃教民养蚕，从荒野游牧转向定居农耕，改变了生活方式，因此蜀王蚕丛及其妃子被后世遵奉为“马头娘娘”“青衣神”或“西陵圣母”，世代相沿。

春秋时，蜀人开始进入杜宇王朝的农耕时代。杜宇“教民务农”，开发了成都平原。因常受洪水威胁，杜宇拜荆人鳖灵为相，治理水患。鳖灵带领民众开山凿壁，引流江河，“民得陆处”，受到蜀民的拥戴。杜宇禅让鳖灵为王，改号开明氏，史称丛帝。民间相传，杜宇死后，其魂化为杜鹃，每到春播时节，啼叫催民务农。杜宇的传说对中国文化具有深远的影响，成为人们寄托家国之思的象征。

秦灭蜀后，秦蜀郡守李冰主持修建了举世闻名的都江堰水利工程，惠及川西，泽被千秋，使成都平原成为“水旱从人，不知饥馑”的天府之国，人们不忘李冰之功，将其奉为川主，每年清明奉祀，世代相袭。

西汉文景之时，蜀郡太守文翁，兴文重教，“修学官于成都市中”，逐渐吸收、融合中原文化，使蜀地学风大开，“学比齐鲁”。其业绩为蜀中民众永志不忘，“为立祠堂，岁时祭礼不绝”，崇文重教的传统一直延续下来，故史称成都人“尚侈好文”，罕有勇武征战之才。汉代以来，文士才俊辈出，成都人司马相如，其辞赋“气势磅礴，文辞典雅华丽”，是汉代最有才气的辞赋大家，并影响、带动了蜀中文学的繁荣，史称：“世之作赋者，自扬雄之徒咸则之。”扬雄，西汉末年成都人，仰慕司马相如，所作辞赋文采华丽，气势宏伟。此外，扬雄在文学理论、语言、天文学、历史方面也卓有成就，其著作《方言》，是中国方言地理学最早的著作，对后代研究中古时期蜀中历史、文化、风俗、语言有着重要的参考价值。此外，两汉时期，经学兴盛，成都人杨终、李弘、张宽、何英、常洽、张霸等都是著名经学家；柳伯骞结九友共学，号为九子，民谣有：“得黄金一笥，不如为伯骞所识。”何武、赵谦、赵温等位居三公，赵典与李膺等并号八俊。

西汉时期，成都人严君平，即借卜筮教化，以宣讲《易》理而闻名于世，其撰著的《老子指归》，是研究《易经》《老子》学说的重要著作，成为张道陵创立天师道的重要理论依据。东汉末年，张道陵偕弟子在大邑鹤鸣山创立“天师道”，使成都成为中国道教的发源地。东汉末年，诸葛亮辅佐刘备建立蜀汉政权，他对成都乃至西南地区的统一和经济文化的发展作出重要的贡献，勋业千古昭著，为世代蜀中百姓所敬重。

魏晋南北朝时期，成都产生了众多杰出的史学家、经学家，谯周著《古史考》、陈寿著《三国志》，均被后世誉为“良史”；蜀郡江源常氏为文化世家，常勖专治《毛诗》《尚书》，常骞专攻《诗经》，常宽以明经著称，专治五经、史、汉，曾著《蜀后志》《后贤传》《梁益篇》等，常璩所著《华阳国志》，开创了把历史、地理、人物三方面内容结合记述的新体裁，对后世地方志的发展具有重要的影响，被后人誉为“方志之祖”。

成都是“天府之国”的腹心，有山川之胜，有丰厚的文化积淀，自古文人多至蜀，秀丽壮美的山川形盛，为他们提供了吟咏不绝的题材，李白即盛赞“蜀国多仙山”。特别是“安史之乱”以后，大批的文人入川，为蜀中文化艺术的发展注入了新的活力。著名诗人高适、杜甫、岑参、李商隐、薛涛等都先后寓居蜀中，留下大批诗篇。

五代前、后蜀时期，蜀中偏于一隅，少于战乱，经济、文化有所发展。王衍、孟昶都以诗词著称，大量人才也汇集到蜀中。后蜀赵崇祚编辑的《花间集》，是中国第一部词总集，汇集搜录了晚唐至五代时期18位词人的作品，确立了“词”的文学地位，并对宋元明清词人的创作产生深远影响。其中的韦庄，是前蜀宰相，既有政治才能，也有很深的文学造诣，被誉为花间冠冕，艺苑之雄。

成都的绘画亦与文学相媲美，在山水、花鸟、人物方面，先后出现一批造诣很高的画家。宋人黄休复的《益州名画录》，记述了自唐乾元初至宋乾德年间，蜀中58位画家的事迹。其中黄筌、黄居宝、黄居寀父子尤称佼佼者。入宋后，黄筌执掌翰林院画院，其技法被称为“院体”，为工艺花鸟画奠定基础，成为北宋画坛的领军人物，在中国绘画史上有着重要地位。

宋代是四川文化事业兴盛繁荣、人才辈出的高峰时期，时称“人文之盛，莫盛于蜀”，而成都范氏一门尤令人瞩目。范氏家族，唐末随僖宗入蜀，后遂定居华阳，历三世而鼎盛于宋，成为以经学传家、科第相继的文化官宦世家。其家族成员中出现了不少著名学者，范镇、范百禄、范祖禹、范冲、范仲黼等。范祖禹先后参与编修《资治通鉴》《英宗实录》《神宗实录》《神宗皇帝正史》等史籍，所著《唐鉴》12卷在历史上有很大影响，为时所重，千百年来，这部书被学者们喻为“万世君人者之金镜”。此外，成都人吴缜所著《新唐书纠谬》《五代史纂误》，新津张唐英著《蜀梼杌》也是具有重要参考价值的史学著作。杰出的医学家蜀州晋原（崇州市）人唐慎微，所著《经史证类备急本草》受到高度评价，后由朝廷组织修订，颁行全国，并为后世医学家所推崇，明代李时珍撰《本草纲目》即以此为蓝本。伴随着文化的发展，宋代成都的雕版印刷业也非常兴盛。成都人彭乘“聚书万余卷，皆手自刊刻，蜀中所传书多出于乘”。此外成都辛氏、广都费氏、临邛韩醇都是著名的刻书家。宋代文学也十分兴盛，人才辈出，吕陶、魏了翁、宇文虚中、任渊等均为一代著名文学家。宇文虚中在金国19年，为中原文化在女真民族中的传播作出积极的贡献。成都蒲江人魏了翁是宋代继朱熹之后的著名理学家，在中国理学史上占有重要地位。此外宦游入蜀的黄庭坚、陆游、范成大对成都文化的繁荣作出贡献。陆游是著名爱国诗人，曾长期客居成都，写作了大量诗篇，其“当年走马锦城西，曾为梅花醉似泥”的诗句，颂扬了南宋时成都青羊宫至浣花溪的田园美景，成为千古绝唱。

元代，华阳人费著“世为成都巨族，亦喜刻书”，也是著名的史学家，其所编著的《氏族谱》《岁华纪丽谱》《楮币谱》等，是研究宋代成都社会、经济、文化、风俗的重要著作。明代杨升庵，是成都文学方面的杰出代表，其诗词歌赋、元曲、杂剧、散文无所不精，“其诗含吐六朝”，别树一帜，开一代新风。

明末清初，著名学者、诗人和思想家费密，出身于成都新繁书香世家，在文学、史学、经学、医学、教育和书法等方面都有很高的造诣，在清代学术史上具有重要的地位。其子锡琮、锡璜也都以诗文著称于世。双流人刘沅是历史上少有的被人奉为教主的学问大家，创立槐轩学派，门生弟子遍布西南各省，其著作《槐轩全书》，鸿篇巨制，融道入儒，会通禅佛，在近现代四川国学界有着深远的影响。其孙刘咸炘继承刘沅学术，融文史哲于一炉，受到著名学者梁漱溟、陈寅恪、蒙文通等人推崇，誉为"一代之雄，数百年来一人而已"。李惺是以教育为己任的一代师表，先后讲学于成都锦江书院及川内各地，民谣有"天下翰林皆弟子，蜀中进士尽门生"的赞誉。华阳人胡峻创立四川高等学堂，成为全川学校的楷模和先导。唐宗海为清末国内一代名医，其医术精良，医学著作宏富，尤以《中西汇通医书五种》著称于世，成为国内早期开创和促进中西医结合的代表人物。郑钦安善用经方，救人于危而名震一时，中医界尊为近代具有代表性的"伤寒学家"。

近代以来伴随着新思想、新文化的传播，成都兴文重教的风气更甚。廖平主讲尊经书院，培育了大量的人才，其今古学观为近代改良主义和维新思潮的兴起，提供了重要的理论依据。受维新思潮的影响，宋育仁联络潘祖荫、吴之英等人，成立成都第一个宣传维新变法的团体"蜀学会"，涌现出吴虞、骆成骧、杨锐、顾印愚等一代在国内有着重要影响的人物，对唤醒民族意识，反封建，促使广大青年和知识分子的觉醒作出巨大贡献。

清末，在反帝反清的斗争中，同盟会发动哥老会组织同志军，借保路之名，行反清之实，在成都地区发动声势浩大的保路运动，哥老会侯宝斋、周鸿勋、秦载赓、张达三、张泽源、杨家祯、叶之甫等为反清革命英勇斗争，保路运动成为辛亥武昌起义的开路先锋。在"二次革命"中，饶旭辉、任重远、范绶强、张达三、杨骁骑、吴庆熙、孙泽沛等为推翻帝制作出贡献。

民国以来，樊孔周在成都开办书店、创办新报、开办工厂，对四川民族工商业的勃兴有着较大推动作用。著名教育家胡安澜、龚道耕、曾学传、胡念祖、徐炯、刘咸荥等为发展教育、培育人才作出重要贡献。曾孝谷是国内最早融中西画理于一炉的画家，在成都创办春柳剧社，被誉为国内早期戏剧艺术活动家。周达三主持志古堂50余年，使它成为四川著名第一书坊。王光祈主持"少年中国学会"，所著《东西乐制之研究》《东方民族之音乐》等，为中国比较音乐学的研究奠定了基础。叶伯和被誉为"新音乐在四川以至西南的启蒙者与奠基人"。

在新民主主义革命、抗日战争、解放战争中，革命志士殊死拼搏，为民主和自由而奋斗。王右木是马克思主义在四川最早的传播人，共产党人何秉彝、孟本斋、刘愿庵、钟善辅、孟光远、董朗、罗南辉、车耀先、张露萍以及十二桥烈士王伯高、毛英才等为共产主义事业英勇献身。抗战时期，川军将领刘湘、王铭章、李家钰、许国璋、解固基、梁静珊等为抵抗日寇入侵，进行了殊死的拼搏。中共的高级干部李一氓、曾涌泉、谭绍文等为革命和党的事业作出重大贡献，有被誉为中国革命和妇女解放运动杰出人物的胡兰畦，所著《在德国女牢中》一文，在欧洲大陆引起强烈的反响。此外民国高级官吏、国民党元老张群、任觉五、杨森等，在历史上都是有着重要影响的人物。

现代以来，在文化教育战线，有着一大批享誉中外的人物，为成都的社会经济、文化的发展作出重大的贡献。如著名作家巴金，其代表作《家》是中国现代文学史上最卓越的作品之一。著名文学大师李劼人，代表作长篇小说三部曲《死水微澜》《暴风雨前》《大波》，真实而深刻地描写了从甲午战争到辛亥革命前后20年间广阔的社会生活及历史巨变。有被鲁迅先生誉为"中国最优秀的青年作家之一"的艾芜，所著《南行记》系列短篇小说集，开拓了新文学创作的题材领域。军旅作家丁洪，参与编著的电影文学剧本《抓壮丁》《董存瑞》《雷锋》等，具有划时代的影响。诗人罗洛，是中国现代新诗史上七月派诗群中重要的一员，其诗歌来源于生活，闪耀着时代的光芒。数学家柯召、史学家徐中舒、古文学专家缪钺、神话学者袁珂、民族学家宋蜀华、训诂学专家刘君惠、古代文献学家罗孟祯、四川女子教育的先驱之一丁秀君、特殊教育的先驱者罗蜀芳、中国世界语运动先驱者之一卢剑波等都是一代宗师、大家，在国内外享有盛誉。国学大师杨明照，对中国古代文学名著《文心雕龙》的研究，被公认为具有划时代意义的成果。研究宋代文学的专家白敦仁，誉为“渊博的学者”而享誉海外。哲学家贺麟，是国内黑格尔哲学研究的一代宗师，被誉为“东方的黑格尔”，吸取西方哲学中的优秀思想成果，着力于中华民族文化的深层次开拓，其见解有着重要的启迪意义。哲学家尹大贻，专著《基督教哲学》，誉为1949年以来中国大陆第一本关于基督教哲学的专著，在国内有很大影响。围棋史专家刘善承，主编《中国围棋》专著，在中国围棋发展史上具有划时代的意义。

在全面推进物质文明建设和精神文明建设的进程中，涌现出无数的俊才英杰，在文化科技教育战线上，有着一批在国内外都具有重要影响的人物，如中国科学院院士、“两弹一星”元勋之一肖伦，中国科学院院士、物理学家蒲富恪，国内化学工程教育的奠基人之一张洪沅，其研究得出的硫酸反应动力学方程式，被公认为“张氏公式”，在国内外有着重要影响。西南财经大学教授许廷星，创立著名的“国家分配论”，提出的关于财政赤字“临界点”的理论，为调控国民经济运行提供了方法论。四川大学教授唐正序，专著《文艺学基础》在理论体系上作出探索和改革，提出：“形象是文学的生命，没有形象便没有文学。”拓展了对文学基本属性的认识，在国内产生广泛影响。太钢大型特殊钢基地的创建者王国钧，所拟中国第一部《电炉炼钢操作规程》，1955年颁布施行。中国第一家光学仪器制造企业的创始人金广路、著名蔬菜遗传育种和生物技术研究专家陈世儒、天然高分子聚合物专家张铭让、四川大学河流泥沙学科奠基人华国祥、水利专家熊达成、誉为“追光逐电”的光明使者邓治安等，为发展中国的科技事业作出了重大贡献。

在医学战线，人才济济，有一批技艺超群、成就卓著，在全国都有着影响的人物，如中国口腔正畸学创建人之一陈华、口腔修复学创始人之一魏治统、中国皮肤病学奠基人之一杨国亮、药物合成研究专家邓蓉仙，国内儿科界先驱者之一张君儒、病理学家陈钦材、妇产科学的开拓者乐以成、妇产科专家刘云波、医学解剖学专家何光篪等，都是学科的带头人和领军人物，在医学上都有着重要的建树。被誉为“中国公共卫生之父”的陈志潜，是中国社区医学的创始人和健康教育事业的奠基人，由其创建的适合中国农村实际的三级医疗卫生保健网等经验，一直被世界卫生组织所采纳，作为在全球推广的初级卫生保健的基本模式。药物化学家李正化，对中国新药设计领域构效关系进行开拓性研究。传统中医方面有药用植物学家何铸、针灸大师李焯成、骨伤专家张鉴铭；现代中医骨科代表人物杨天鹏、杜琼书等，以其手法治疗享誉医界。著名中医针灸学专家李仲愚，“李仲愚杵针疗法的研究”被列为国家“七五”攻关重点科研项目。中药学家徐楚江，被誉称为“药王菩萨”。药学家廖工铁主持国家“七五”重点科技攻关项目《生脉注射液及其制备工艺》研制，被列为“国家重点新产品”。

在传统戏剧曲艺方面，有川剧前后四大名旦阳友鹤（筱桐凤）、阳云凤、薛艳秋、琼莲芳、许倩云、陈书舫、竞华、杨淑英，川剧表演艺术家廖静秋、周企何，川剧小生泰斗袁玉堃，四川曲艺界“四绝”之一李月秋等，在继承和发展传统文化方面有着重要贡献，其代表戏曲被录制成唱片、音带、音碟在国内广泛发行。

在宗教文化方面，有着一批大德高僧和大师，如佛学家贾题韬、道教大师傅元天，高僧遍能、宽霖、清定、贞意，伊斯兰教阿訇马慎之，天主教主教刘显儒等，为发展宗教事业作出了重要的贡献。

现代以来，成都书画艺坛名家辈出。著名国画家朱佩君，主笔的《芙蓉鲤鱼》巨型蜀绣画屏为北京人民大会堂四川厅所藏。艺术家刘伯年，融诗、书、画、印于一炉而享誉于海内外。中国画大师陈亮清，其作品被作为国家礼品，赠于友好国家收藏。画家张道森，擅长花鸟、山水画作，其作品享誉海外。国画家邓奂彰被誉为“中国梅兰大师”，作品为30多个国家的文博单位和个人收藏。胡仁樵，被誉为20世纪80年代四川油画领军人物。

在改革开放、建设具有中国特色社会主义的历史进程中，经济学家罗元铮被国内外经济学界誉为“第一位为政府改革开放献智献策的经济学家”，不仅深入研究世界经济，又着力探索国内经济问题；中国现代化研究的主要开拓者和代表性学者罗荣渠，发表许多具有开拓性的重要论著，其《现代化新论》《扶桑国猜想与美洲的“发现”》《论中美关系史和美国史研究中的一些问题》《论一元多线历史发展观》《论现代化的世界进程》等论文，已成为当代中国学术的经典之作。总工程师刘昌诚致力于现代城市规划研究，对成都城市规划事业的开创、发展贡献卓著。

成都市是西南地区的大都会和中心城市，是人才汇集的集中区域。从古至今许多优秀人物，灿若星辰，熠熠生辉。随着时代的发展，社会的进步，物华天宝的首善之区，必将涌现出更多的优秀人物。

第二篇 自贡市

自贡市地处四川盆地南部。民国28年（1939年）9月1日设市，为四川省继成都、重庆之后的第三个省辖市，市域面积160.9平方公里。中华人民共和国成立后，历经数次区划调整。2005年年末，市域面积4372.6平方公里，建成区面积44.2平方公里。辖自流井区、贡井区、大安区、沿滩区和荣县、富顺县，全市总人口317.28万人，其中市区非农业人口59.7万人，城市化率35%，是四川省率先进入大城市行列的4个地级市之一。地形以丘陵为主，平坝地形十分狭小。主要矿产有岩盐、天然卤水、天然气、煤、矿泉水、石灰岩等。系亚热带湿润季风气候，全年多阴云天气，雨量丰沛，但分布不均，有春早、夏长、秋短、冬暖的特点。

自贡是一座老工业城市。当中国还处于农耕社会时，自贡就已创造出独特的工业文明。东汉章帝年间，自贡便开始凿井、采卤、制盐，由盐业“因利所以聚人，因人所以成邑”，走过了因盐设镇、因盐设县和因盐设市的道路，特别是经过20世纪50年代的社会主义改造、20世纪50年代末的“化工城建设”、20世纪60年代的“三线”建设和改革开放以来的快速发展，成为以盐化工、机械、新材料为支柱，具有较好农业基础，经济、科技、教育、文化、卫生、体育等各项事业较为发达，城市现代化水平逐步提升的大城市。2005年，全市生产总值273.95亿元，三次产业比例为20.3:

42. 8∶36. 9。城市居民人均可支配收入 7435 元，农村居民人均纯收入 3188 元。

自贡是一座历史文化名城。境内盐业遗址和文物古迹众多。两千年的井盐历史，亿万年的恐龙群窟，八百年的彩灯文化，构成了自贡独具特色的盐、龙、灯文化，先后被批准为全国历史文化名城、中国优秀旅游城市、首批国家地质公园。市内有中国七大具有代表性的专业博物馆之一的自贡盐业历史博物馆，有亚洲最大、世界三大恐龙博物馆之一的自贡恐龙博物馆，有“天下第一灯”的自贡灯会，以及大型植物化石硅化木、世界第一口超千米盐井燊海井、中国第一大如来佛荣县大佛、四川文庙之首富顺文庙等 70 余处名胜古迹。在自贡这片土地上，涌现出著名革命家、教育家、历史学家、语言学家吴玉章，“戊戌变法”六君子之一的刘光第，秋收起义总指挥卢德铭，女子乒乓球世界冠军童玲，女子跳水世界冠军高敏，戏坛“怪杰”“巴蜀鬼才”魏明伦等一大批优秀人才。

自贡是一座休闲美食之城。“吃在四川，味在自贡。”自贡菜在川菜派系中被称为小河帮川菜，俗称“盐帮菜”，著名的品种有水煮牛肉、火边子牛肉、富顺豆花、牛蹄熊掌、鱼杂烩、砣子鱼、冷吃兔等等。自贡盐帮菜的主要特点是香、辣、鲜。2000 年后，自贡餐饮业发展迅猛，各种名店、特色店、小吃店遍布大街小巷。2005 年，全市较大规模的餐饮企业有近 20 家，餐饮业年营业额 40 亿元。自贡盐帮菜已经走出自贡，登陆全国各大城市，深受群众喜爱。

自贡是一座开放的城市。1986 年，自贡被确定为对外开放城市。之后，不断加强基础设施建设，改善发展环境，对外交往不断加深，开放合作水平不断提高。在成渝经济区和川南城市群的区域经济格局中，自贡具有发挥交通枢纽和经济、商务影响的潜力，具有扩大辐射力的区位优势。至 2005 年，交通条件得到改善，形成以公路运输为主体，铁路运输为骨干，水路运输为辅助的综合运输体系；建成一批具有较大规模的专业市场，商业设施不断完善，集聚辐射功能明显增强，逐步成为全省物流链的重要节点以及川南重要的商品集散地。

第一章 地理状况

第一节 自然环境

一、地质地貌

自贡大地构造系扬子淮地四川台坳、川中台拱、自贡凹陷。北与威远—龙女寺台穹相邻，东南为赤水凹陷，南与泸州凸起相接，西南与凉山褶断带相邻。境内构造简单、岩层产状平缓。东南部褶皱紧密，构造狭长；西北部构造相对宽缓。西北部地势高、东南部地势低。西北部是全市低山集中分布区，山岭海拔一般在500—800米。最高点在荣县丁家山主峰，海拔为901米。东南部海拔一般在300—400米左右，多为300米（±50米），最低点在沱江出富顺境处水面，海拔为241米。最大相对高差为661米，一般地形相对高差小于50米。地貌类型属低山丘陵，由低山地貌、丘陵地貌、平坝地貌和沟谷地貌组成。低山呈条带状，分布在西北和东南，分布面积广，沟谷纵横交错，穿插在丘间。地形以丘陵为主，平坝地形十分狭小、分布零星，一般多为沿河阶地、丘陵间之平地。全市低山面积占7.1%，丘陵占83.7%，缓丘平坝占9.2%。

二、气象气候

境内属亚热带湿润季风气候，有春早、夏长、秋短、冬暖的特点。全年多阴云天气，雨量丰沛，但分布不均，降水集中于夏季，日照时数年平均1150—1200小时，比同纬度的长江下游少40%左右。1990年以前，年平均气温17.5℃—18℃。1991—2005年，年平均气温17.7℃—18.1℃，由东南逐渐向西北递减。年均降水量1000—1100毫米，其中夏季降水量占全年53%—60%，冬季占3%—5%。境内风速较小，季节差异不大，均在1.5—2米/秒范围内。冬季刮西风、北风，夏季以东南风为主。受寒潮和强对流天气影响，偶有8级或8级以上大风。1991—2001年，共出现大风11次，主要集中在4—8月。2002—2005年连续4年无大风。霜、雪主要出现在12月至次年2月，1月出现频率占50%—65%。降雪稀少，年平均雪日1—2天。出现雾日时间冬季持续较长，春夏较短。

三、水系

境内江河分属沱江、岷江水系，分为9个小流域。流域面积在5平方公里以上的河流共142条，其中流域面积50平方公里以上的17条；河流长度在5公里以上的152条，其中10公里以上的有73条，河流形状多为羽毛状或树枝形。沱江为长江一级支流，其下段自富顺庙坝乡入境，经永年、怀德，至长滩乡出境，全长127公里。其支流釜溪河是流经市区的主要河流，由旭水河、威远河在市区双河口汇合，经沙湾、沿滩、邓关，至富顺李家湾注入沱江，全长73.2公里。岷江水系在境内仅有一、二级支流及源头段，越溪河为岷江的一级支流，从仁寿进入荣县，至宜宾入岷江，境内115公里。

四、自然资源

境内自然资源比较丰富，有植物近800个（系）科，主栽300多个；动物70多个类（目），其中人工养育20多个大类。矿产主要有盐卤、天然气、石灰岩、陶瓷原料、建筑石料等，盛产井矿盐、天然气，是全国最大井矿盐生产基地。1990年以前，境内森林采伐严重，野生动物减少。20世纪90年代末，实施天然林保护、退耕还林等工程，森林覆盖率提高，消失多年的野生动物陆续出现。2005年，野生动物有46科300余种，以蛇、蛙、鸟类等有益的野生动物种群数量居多，主要分布在森林较多的丘陵地区。全市活立木总蓄积381.99万立方米，森林覆盖率23.2%。

五、自然灾害

自贡境内自然灾害主要是干旱、洪涝。冬季雨水稀少，冬旱频率高，平均10年9遇。春旱频率为64%，伏旱发生频率高于夏旱。1986—2005年，西部荣县冬旱频率最高，达100%；东南部富顺发生频率最低，为30%左右。1994年入春后，全市气温偏高，境内出现中华人民共和国成立后罕见旱灾。洪涝出现季节主要在6月至9月上旬。1950—1990年，出现中等以上洪涝27次，其中重大洪涝4次。1991—2005年，共出现洪涝21次。1997年6月26—27日，釜溪河流域普降特大暴雨，降雨量市区达301.1毫米，发生1949年12月自贡解放以来最大洪水，出现频率50年一遇。境内大风每年都有发生，年平均4次，最多年17次，瞬间最大风速有时大于12级。雹灾多发生在春夏季午后或傍晚。1989年4月20日零时，发生罕见的雷雨、大风、冰雹，全市有84个乡、699个村受灾，其中死9人，伤1090人，倒塌房屋5000余间，损坏房屋46万间，农作物受灾77.3万亩，绝收13万亩，直接经济损失1.7亿元。1991—2005年共出现3次冰雹灾害。

境内属典型的城市直下型中强地震活动区，具有震源浅、烈度高、破坏性大、重复概率高的特点。中国1990年版、2001年版《中国地震烈度区划图》和《中国地震动参数区划图》，将自贡市的基本烈度定为Ⅶ度，地震动峰值加速度0.1g，是全国重点抗震设防城市之一。1986—2005年，自贡市境内发生地震均在4.0级以内，最大地震是2000年7月17日19时15分，发生在自贡北东大山铺一带（北纬29°25′，东经104°49′）的3.8级地震。

第二节　建置沿革

自贡因盐设市，“自贡”之名源于著名盐井自流井和贡井。贡井古称“公井”，因大公盐井得名。自流井是自贡境内继富世盐井、大公井之后又一著名盐井。设市前称自流井地区、贡井地区，“自贡”系两地合称。

秦代，市境分属巴、蜀二郡。北周武帝天和二年（567年），因盐业发展，盐区人口增加，以富世盐井为名，设富世县。北周武帝时期（561—578年），大公井亦闻名于世，并以井命名置公井镇，唐武德元年（618年）升公井镇为县。富世县和公井镇，是自贡地区最早因盐而设的政区建置。唐贞观二十三年（649 年），因避太宗（李世民）讳，改富世县为富义县，隶属于泸州。因自贡地区盐井不断开凿，经济繁荣，初步形成东富义、西荣州两个以井盐业为中心的经济区。宋治平元年（1064 年）置富顺县。治平四年旭川县改名荣德县。明嘉靖年间，在富顺县城西新开自流井等盐井，与贡井盐场相距仅 5 公里，两地产、运、销联系密切，“前明以来，本属一厂，名曰富义”。清雍正八年（1730 年），以荣溪河（釜溪河）为界，将富义厂一分为二。河东自流井称富厂、富荣东厂，河西贡井称荣厂、富荣西厂。富顺县和荣县分别在自流井和贡井设县丞署，管理东西盐厂。乾隆二十三年（1758 年），富荣盐场成为四川三大产场之一。清咸丰三年（1853 年），太平军定都南京，控制长江中下游，淮盐不能销楚，清廷下令“川盐济楚”，富荣盐场生产大增。清同治末至光绪初年，富荣盐场产盐近 20 万吨，占全川产量一半以上。

清宣统三年（1911 年）十月辛亥革命爆发，荣县首义天下，成立军政府，并遣同志军进军自流井，清军溃败，自流井宣布独立。同年 12 月 30 日，自流井、贡井各方人士筹商后，在自流井井神庙召开会议，选举临时正、副议长及议员 60 人，成立自贡地方临时议事会。民国初年，有识之士倡议富荣盐厂与两县脱离，设“新和县”，未果。抗日战争爆发后，沿海一带沦陷，海盐生产遭到严重破坏，在后方的川盐得到大发展，建立统一的、独立的政治经济实体和行政建置的条件已臻成熟。民国 28 年（1939 年）8 月，为解决抗战食盐供应，划出富顺县和荣县的主要产盐区，即富顺县第五区的桐档镇、新档镇、长丘镇、上丘镇、高硐乡、大山乡、新又乡，以及荣县第二区的贡井镇、艾叶乡、敦睦乡，共 5 镇 5 乡组成自贡市，幅员面积 160.9 平方公里。同年 9 月 1 日，自贡市正式设立，隶属于四川省政府。

民国 33 年（1944 年），改组乡镇设区，全市划分为 9 个区。此区划延续至 1949 年自贡市和平解放。20 世纪 50 年代初期，在沿袭旧制的基础上有所调整。1978 年 4 月，荣县全部以及富顺县何市区 6 个公社划归自贡市管辖。1983 年 3 月，富顺县全部划归自贡市管辖。1992 年后，多次开展区县、乡镇行政区划调整和撤乡并镇工作。2005 年，实施较大范围的行政区划调整，调整后，市区面积增加 975.67 平方公里，为 1437.37 平方公里。2005 年年末，自贡市辖自流井、贡井、大安、沿滩四区和荣县、富顺县，区域面积 4373 平方公里。其中：自流井区辖 6 街 3 镇 4 乡，面积 152.94 平方公里；贡井区辖 2 街 9 镇 2 乡，面积 417.63 平方公里；大安区辖 4 街 9 镇 3 乡，面积 398.81 平方公里；沿滩区辖 11 镇 2 乡，面积 467.99 平方公里；荣县辖 21 镇 6 乡，面积 1598.97 平方公里；富顺县辖 22 镇 4 乡，面积 1336.26 平方公里。

第三节 人口 民族

一、人口

中华人民共和国成立以前，自贡地区人口增减变化较大。明洪武十四年（1381 年），荣县仅有 4997 人。清康熙二年（1663 年），富顺县全境仅存 988 人。康熙十九年（1680 年）起，清政府大规模“移民实川”，以及实行休生养息政策，人口迅速增长。光绪二十八年（1902 年），荣县发展到 48.25 万人。宣统元年（1909 年），富顺为 89.84 万人，一跃成为全省人口最多的县。民国时期，四川军阀连年混战，加之遭受百年未见的特大旱灾，人口有所下降。民国 31 年（1942 年），荣县人口降至43.41万人。民国38年（1949年），富顺县减少到83万人，自贡境内总人口155.95万人。

中华人民共和国成立后，随着社会的稳定和国民经济的迅速恢复，出现第一次生育高峰。1953年年末，全市总人口上升到183.47万人，4年净增27.52万人。1958年总人口突破200万人。1959—1961年，三年生活困难时期，人口数量急剧下降。1961年年末，全市总人口降至20世纪50年代初的水平。至1965年，人口数量恢复到1956年的水平。1966年“文化大革命”开始后，出现第二次人口生育高峰，1966—1967年净增13.23万人。中共十一届三中全会后，计划生育成为国家的基本国策，“人口理论”教育普遍开展，计划生育工作开始步入法制化，人口过快增长得到控制。1986年户籍人口284.42万人。1990年第四次人口普查，全市总人口294.64万人。2000年年底，人口突破300万人，为306.87万人，其中男性157.21万人，女性149.66万人，人口平均预期寿命73.21岁。此后，外出务工人员增多，常住人口不断减少。2005年年底，全市总户数97.21万户，总人口317.28万人，其中：非农业人口92.67万人；男性163.62万人，女性153.66万人；常住人口276.04万人。

二、民族

自贡市是一个汉族聚居地区，没有少数民族聚居乡、村，汉族少数民族混合户多，全户少数民族户少。1953年，除汉族以外，仅有回、彝、蒙古、苗、藏、满等少数民族共292人。1964年有少数民族20个，320人。1982年少数民族25个，967人。1990年第四次人口普查时，有少数民族37个，共2813人。2000年第五次人口普查时，全市汉族人口302.98万人（其中男155.27万人、女147.70万人），占总人口的99.87%；少数民族40个，4012人（其中男1475人、女2537人），占总人口的0.13%。少数民族中人口较多的是回族710人、彝族514人、蒙古族492人、满族422人、藏族370人。

第二章　经济状况

第一节　发展状况

一、发展沿革

在历史上自贡经济以制盐为主。自贡地区的井盐生产，发端于东汉章帝时期（76—88 年）。到晋代时初具规模，唐宋时期闻名全川，明清时期进一步发展。19 世纪中叶，自贡盐场因第一次“川盐济楚”走向鼎盛，成为“富庶甲于蜀中”的“川省精华之地”。伴随着盐业生产，煤炭业、竹业、养殖业等迅速发展。清同治至光绪初年，富荣盐场拥有盐井、天然气井 1729 眼、煎锅 5900 口，年产食盐近 20 万吨，占全川产额的 50% 以上。抗日战争时期，沿海相继沦陷，海盐业遭受严重破坏，自贡盐场第二次“川盐济楚”，迎来又一个大发展的黄金时期。民国 27 年（1938 年），盐产量 22.8 万吨。民国 30 年（1941 年）产盐 26.3 万吨。自贡解放前夕，物价飞涨、货币贬值，运销停运，食盐积压，使盐商资金周转失灵，井灶停产，工人失业。

中华人民共和国成立后，采取一系列恢复经济的措施，使盐业得以恢复和发展。1953—1957 年，国家实行过渡时期总路线，自贡市开始有计划地对农业、手工业、资本主义工商业进行社会主义改造，经济得到相应发展。1957 年，全市工农业总产值 3.82 亿元，比 1952 年增长 46%。1958—1960 年“大跃进”时期，中共自贡市委提出：奋战三年，建成化工城。全民办化工，各行各业办化工，大中型结合、土洋结合，全市建起小化工厂 1948 个，化学工业继盐业后成为自贡市的又一支柱产业。1964 年后，自贡市把战略重点转向“三线”建设，从沿海各地先后迁到自贡的企事业单位 21 个，其中，工业 18 个、科研 2 个、大学 1 所，自贡逐步形成制盐、化工、机械为主体的工业格局。1966 年“文化大革命”开始后，自贡经济发展受到很大影响，工业生产水平、经济效益急剧下降。

中共十一届三中全会以后，以经济建设为中心，促进经济快速发展。1979 年，扩大企业自主权试点。1983 年，实施大中型国营企业利改税。1985 年，全市生产总值 18.35 亿元。至 1986 年，推进流通体制和宏观管理体制改革、企业联合改组、股份制试点、企业用工制度等一系列改革，搞活企业、搞活流通，促进经济快速发展。1986 年 11 月，自贡市被列为对外开放城市。1988 年，全市社会总产值 41.14 亿元，国民收入 17.07 亿元，工农业总产值 33.93 亿元，财政收入 3.44 亿元，分别比 1978 年增长 1.82 倍、1.54 倍、1.72 倍和 69.5%。

20 世纪 80 年代末至 90 年代初，自贡经济经过经济环境治理和经济秩序整顿为重点的新一轮调整，需求增长得到控制，市场出现疲软，经济增长放缓。1991 年，全市地区生产总值 40.21 亿元，比上年增长 5.2%，出现改革开放后经济发展的第一个低谷。1992 年后，贯彻中共十四大精神，市委、市政府制定《自贡市第二次创业发展纲要》，确定“打好基础、调整结构、提前翻番、进入大城市”的总体目标，推进现代企业制度试点和优化资本结构试点，对国有经济进行战略性重组，出台“加快改革开放步伐、推动经济上新台阶”的“20条”“40条”，全市形成思想解放、精神振奋、大胆突破、搞活经济的发展氛围。是年，全市地区生产总值44.82亿元，比上年增长11.4%。1996年，市委、市政府制定《自贡市国民经济跨世纪发展战略》，以工业化为重点、城市化为桥梁、市场化为动力，对国民经济进行战略性调整，全市地区生产总值超100亿元大关，为110.93亿元。1997年，亚洲金融危机暴发，加之自贡国企改革进入攻坚阶段，国内有效需求不足，市场疲软，经济增长速度开始回落。1998年，自贡市制定并实施跨世纪“三三三”发展战略，夯实农业、科教、城市基础设施三大基础，壮大机械、化工、轻工三大支柱，培育建材房地产、旅游、商贸三个新的经济增长点。1999年，全市工业总产值、实现利润下降，全市经济再次陷入困境。是年，全市地区生产总值138.42亿元，比上年增长6.2%。2000年起，围绕国家实施西部大开发战略，实施三年脱困规划，推进以盐业为重点的国企改革，实施经济结构调整，经济开始回升。2002年，围绕“大化工、大化纤、大旅游、大学园、大城市”发展战略，树立发展是第一要务、环境是第一要素、富民是第一任务、改革是第一动力、人才是第一资源、稳定是第一保障的观念，推进老工业城市“三大改造”，做大做强盐化、化纤、新材料、机械制造四大支柱产业，培育大公司、大集团，布局开发工业园区，加快城市化进程，提高群众生活水平，经济进入正常增长轨道。2004年，地区生产总值超200亿元，增长14.1%，经济发展步入较快增长通道。2005年开始，着力培育五大产业集群，提升城市经济竞争力，全市国内生产总值273.94亿元，比上年增长14.5%；社会商品零售总额105.4亿元，地方财政收入18.92亿元，三次产业比例为20.3∶42.8∶36.9。

二、经济结构

自贡市设立之初，工业结构单一，以制盐业为主；农业以种植业为主，牧业、林业、副业次之；第三产业以商业为主，均为私营。经过抗日战争时期的第二次“川盐济楚”，自贡制盐业已有较大规模，民国33年（1944年）产盐24万吨，但占经济比重较低。中华人民共和国成立后，产业结构出现多次大的演变。1952年，地区生产总值中，第一产业占48.2%、第二产业占21.8%、第三产业占30%。以后，历经以盐业为重点的社会主义改造，以盐卤、天然气资源开发为重点的化工城建设，以及大规模的三线建设，初步形成以盐业、化工、机械为支柱的产业体系，工业在国民经济中的比重不断上升。全民商业亦开始兴起，并不断发展。1964年，第二产业比重超过第三产业，产业顺序变为“一、二、三”。1965年，三次产业比例为42∶31.7∶26.3。1975年，第二产业的比重超过第一产业，三次产业比例37.2∶37.7∶25.1，产业顺序变为“二、一、三”，工业成为国民经济的主导产业。

20世纪80年代后，乡镇企业快速发展，工业主导作用增强。20世纪90年代初，工业中机械、盐业、化工占主导地位；农业重点发展高产、优质、高效农业以及以生猪、山羊为主的畜牧业；国有商业企业推行转换经营机制试点，逐步“经营放开、价格放开、用工放开、分配放开”，个体私营经济不断发展。1992年后，推进市场化取向的企业改革，开展国有企业转换经营机制试点，全市工业企业逐步推行股份制改造、兼并重组，优资破产等改革。是年，全市三次产业结构顺序由“二、一、三”演变为“二、三、一”。1996年，确定“调一业（盐业）、促二业（机电、化工）、强三业（建材、化纤纺织、轻工食品）”的工业发展思路，新建自贡化纤、四川聚酯等一批重点工程。

2000 年开始，实施以盐业企业破产重组为脱困突破口的体制改革，推动国有企业战略性重组，促进国有、集体、民营经济的共同发展。2000 年后，实施大化工、大化纤、大旅游、大学园、大城市“五大工程”；农业重点发展粮食、生猪、水果、蔬菜、茶叶、笋竹、蚕桑、中药材等特色农产品生产、加工、销售，构建优质粮食、优质水果、优质蔬菜、花卉、优质茶、蚕桑等六大特色产业带；第三产业推广连锁经营、物流配送等各种新型的商业业态，发展各种专业市场、特色商业街、购物中心。2005 年，培育盐化、机械、纺织、新材料、食品五大产业集群。是年，全市地区生产总值 273.95 亿元，三次产业比例为 20.3∶42.8∶36.9。全市工业总产值 363.02 亿元，其中规模以上 265.31 亿元，盐业、化工、机械、化纤纺织、食品、建材占工业产值的比重分别为 2.3%、15.1%、56%、7.3%、11.8%、3.1%。轻重工业之比为 20.7∶79.3。全市农业总产值 55.63 亿元，粮食总产量 315.2 万吨。全市粮、经、饲作物播面比例调整为 70.2∶21.1∶4.7，农林牧渔业产值比重为 43.1∶2.6∶50.9∶3.3。

1991—2005 年自贡地区生产总值（增加值）统计表

表 2—1　　单位：亿元

年度	生产总值	第一产业	第二产业		第三产业
		增加值	增加值	其中：工业	增加值
1991	40.21	12.70	15.10	14.09	12.41
1992	44.82	13.61	16.20	15.01	15.01
1993	55.67	16.22	22.00	20.05	17.88
1994	74.24	21.95	28.16	25.57	24.13
1995	93.24	26.99	34.99	31.27	31.26
1996	110.93	32.03	41.65	37.52	37.25
1997	122.90	34.26	45.41	41.19	43.23
1998	132.49	35.65	48.97	44.07	47.87
1999	138.45	35.68	50.06	44.61	52.71
2000	142.87	35.94	48.96	43.10	57.97
2001	152.71	35.13	53.26	46.49	64.32
2002	170.69	38.09	61.34	53.44	71.24
2003	192.42	41.70	71.04	61.97	79.68
2004	233.39	52.29	89.37	79.21	91.73
2005	273.94	55.63	117.27	105.70	101.04

三、人民生活

中华人民共和国成立后，居民生活水平逐步提高。“大跃进”时期，群众收入水平下降。改革开放后，居民收入改变长期缓慢增长甚至停滞不前的状态，快速增长。1952—1978 年，职工年均工资增长 2.1%。1980—2005 年，城市居民人均可支配收入年均增长 12.4%，农民人均纯收入年均增长 11.3%，2005 年分别达到 7201 元、3188 元。

20 世纪 80 年代，城市居民家庭耐用消费品开始由“三转一响”（自行车、缝纫机、手表和收音机）向“新四件”（彩电、洗衣机、电冰箱、录音机）发展，农村居民家庭耐用消费品主要有自行车、缝纫机、时钟、手表、电风扇、收音机、黑白电视机。21 世纪初，空调、电脑、数码照（摄）像机、电话（移动电话）快速进入城市居民家庭。2005 年，每 100 户城市居民家庭拥有洗衣机 104 台，电冰箱、冰柜 109 台，彩色电视机 145 台，空调 67 台，摩托车 6 辆，小轿车 1 辆，家用电脑 27 台，住宅电话 94 部，移动电话 103 部；每 100 户农村居民拥有黑白电视机 20 台，彩色电视机 84 台，洗衣机 43 台，电冰箱 21 台，摩托车 11 台，移动电话、电脑也开始进入农民家庭。

20 世纪 90 年代初期以前，城市居民住房多为单位分配的公房，农村多住土墙房。1991 年，85% 的城市家庭居住公房；15% 的城市家庭拥有自有房，且多为陈旧平房。20 世纪 90 年代后，农村砖房、楼房逐步兴起。1992 年，城镇住房制度改革全面实施。1993 年 4 月，推进住房制度改革，开始向职工出售公有住房。1998 年，拥有全部住房产权的家庭比重增至 68%。2000 年后，房地产市场快速发展，居民自购房增多。2005 年，城市人均住房消费 1131 元，其中购房建房支出 678 元，租赁公房的家庭比重降到 12%，居住自有房和房改房的比重上升到 88%，其中 35% 的家庭住房属商品房；农村人均居住面积 34.11 平方米，大部分为砖混结构，有的用上天然气，农村用电实现户户通。

第二节　优势产业

自贡工业基础较好，拥有全国最完整的盐卤化工体系，全国最大的甲烷氯化物生产厂家和西南最大的联碱生产企业，全国大型火电、机电设备、石油化工容器生产骨干厂家，生产的电站锅炉、数控机床、工业阀门、CNG 压缩天然气成套设备、氯碱化工、氟化工、工程炭黑、盐及深加工等产品在国内具有领先优势。

一、制盐工业

东汉章帝时期，自贡就开始井盐生产，晋代已初具规模。清乾隆二十三年（1758 年），自贡地区有盐井 424 眼，其中火井 11 眼，煎锅 1001 口，年产盐 900 万公斤。至清咸丰三年（1853 年），由于太平天国运动的兴起，淮盐不能上运湘鄂，清廷饬令川盐济楚，自贡井盐业急剧扩张，并一跃成为四川井盐业的中心，盐产量跃升至 14.6 万吨/年，上缴盐税逾 170 万两白银，约占全川盐税收入的 40% 以上，被誉为“富庶甲于蜀中”。至清光绪初年，富荣盐场已拥有盐井、天然气井 1729 眼、煎锅 5900 口，年产食盐近 20 万吨，占全川产额的 50% 以上。民国 26 年（1937 年），抗日战争暴发，川盐第二次济楚，自贡盐业得到空前发展。民国 30 年，产量增至 26 万多吨。民国 34 年，盐产量占全川的 60%。之后，内战造成物价飞涨，盐业生产逐年下降。1949 年产量降至 12 万吨。中华人民共和国成立后，人民政府接管盐场，迅速恢复生产。1952 年，全市推汲卤井 141 眼、煎锅 4428 口，盐产量 25.93 万吨，产量近 26 万吨。以后，逐步采用现代化生产技术，1962 年产量增至 80 多万吨。“文化大革命”期间，生产下降，加之黄黑卤资源减少，1969 年盐产降至 32 万吨。1970 年开发长山盐矿，生产回升。1979 年起，先后有 8 座年产共 60 万吨真空制盐投入运行。

20 世纪 80 年代中期，乡镇制盐企业大量兴起，盐产量快速上升，1985 年盐产量超过 100 万吨。1990 年，全市有市属盐厂 7 家，另有制盐生产辅助企业、科研单位、县属生产企业以及 35 家乡镇平锅盐生产企业，制盐总能力 146 万多吨，产量 143 万吨。1991 年 9 月，组建四川久大盐业（集团）公司，实行资产一体化经营。因盐业属计划调控，随着市场经济发展，自贡盐业进入底谷。至 1999 年，连续八年亏损。是年开始，实施“一调三转三减”的盐业扭亏脱困改革，对盐业企业实施破产重组。2001 年 12 月，启动四川久大盐业（集团）公司产权制度改革，久大制盐企业转制为股份制民营企业——四川久大制盐有限责任公司。2002 年，盐业结束连续亏损局面。2003 年 6 月，四川久大盐业（集团）公司收购荣县盐矿，2004 年 3 月收购湖北应城制盐厂和第一制盐厂，2005 年 12 月收购四川蓬莱盐化有限公司。2005 年，全市有 10 座真空制盐设备，生产能力 200 多万吨，原盐产量 226. 03 万吨，占四川盐产量的 2/3。全市岩盐保有基础储量 35. 62 亿吨，资源储量 84. 87 亿吨。有专业化、技术装备先进的盐业地质勘探队伍，采用压裂法、油垫法、潜卤泵等先进开采卤水技术，卤水含盐量、卤井生产能力处于全国同行业领先地位。全国井矿盐科技情报站、井矿盐质量检测中心设在自贡，拥有真空制盐核心技术。生产的“自流井牌”精制盐获全国唯一井矿盐银质奖，食用盐获“中国名牌”产品称号。

二、化学工业

自贡化学工业始于民国 23 年（1934 年），在凉高山创建四川建国化工厂，以盐卤为原料，土法生产碳酸钠，后终因设备简陋、技术条件差，形不成生产规模，仅维系半年的试生产。此后，又先后建厂 15 家，都没有形成较大的生产规模。至 1949 年，仅存 3 家，生产 4 种化工产品，年产量 177 吨。中华人民共和国成立后，自贡化学工业得到恢复发展。1957 年化工产品达到 18 个品种，年产量达到 7376 吨。1958 年，提出“大干三年，建成化工城”，全市先后建起化工小土群厂 1948 个。化工产品最多时达到 1464 种，经整顿后有 115 种，产品总产量 3. 94 万吨。其间，兴建鸿鹤坝化工厂、自贡炭黑厂，对张家坝化工厂进行技术改造，形成自贡市化学工业的骨干力量。1960 年，全市化工总产值比 1957 年增长 14. 3 倍，一度超过盐业产值。1964 年起，“三线”建设展开，晨光化工研究院迁至自贡。以后，陆续建设自贡市化学试剂厂、荣县氮肥厂、富顺化肥厂、自贡市电化厂、自贡市釜江化工厂等化工企业。

1990 年，全市化工行业有企事业单位 110 个，工业总产值 8. 84 亿元，利润 1. 01 亿元。20 世纪 90 年代初期，化学工业呈现平稳发展态势，1995 年化学工业产值 16. 19 亿元，比 1990 年增长 59. 2%。20 世纪 90 年代中后期，自贡化学工业处于低水平、低增长的徘徊阶段，至 1999 年出现负增长，实现产值 17. 34 亿元，比上年下降 5. 6%，净亏损 2296 万元。2000 年年初，自贡化学工业实现恢复性增长，2002 年全市化学工业产值 24. 01 亿元，比 1999 年增长 38. 5%。2005 年，规模以上化工企业 39 家，从业人员平均人数 1. 79 万人，固定资产净值平均余额 16. 16 亿元，工业总产值 39. 99 亿元，占全市的 15. 1%，工业增加值 14. 36 亿元，实现销售收入 36. 58 亿元，利税总额 2. 88 亿元。拥有全国最完整的盐卤化工体系，自贡市鸿鹤化工（集团）股份公司是中国西部最大的基础化工原料生产企业和甲烷氯化物生产基地，中橡集团炭黑工业研究设计院是中国炭黑行业唯一集科研生产为一体的专业炭黑生产基地，中昊集团晨光化工研究院是全国合成高分子新材料重点科研生产单位。全市化工产品有 12 大类 300 余个品种，其中纯碱、烧碱、聚四氟乙烯树脂等一批国家优质产品，产品市场占有率高。

三、机械工业

自贡机械工业起于民国3年（1914年）。至民国25年，自流井地区有机械修配厂9个，员工约300人。民国26年（1937年），抗日战争爆发，机械工业得到发展。抗战结束后，机械工业业务骤减，至自贡解放前夕，多数厂停工倒闭。20世纪50年代，机械工业有所恢复，全行业人员近2000人，但厂房、设备简陋。1964年起，实施“三线”建设，先后从沿海地区内迁机械企业8家，新建地方机械工业14家，建成以电站锅炉、工业锅炉、高压容器、石化设备、电焊条、铸钢件、电碳制品、机床、矿山运输机械等为主体的生产体系，机械工业成为自贡市第一大产业。1978年后，对机械工业实施技术改造，形成四大优势产品，即以锅炉、焊接材料、电碳为主的电工电器机械，以铣床为主的金属切削机床，以化工容器、运输设备、工业泵为主的石化通用设备，以阀门、密封件为主的通用零部件。

1990年，机械行业职工4.92万人，工业总产值5.57亿元，利润6019万元。1993年11月19日，东碳股票率先在上海证券交易所上市。1994年3月27日，自贡高压阀门总厂改组为自贡高压阀门股份有限公司，总股本为5495万元。1996年12月27日，东锅公司股票在上交所上市流通。2001年1月27日，中国大西洋焊接材料股份有限公司股票在上海证券交易所挂牌交易，成为自贡市第四家上市公司。

2005年，规模以上机械工业企业137家，从业人员平均人数3.67万人，固定资产净值平均余额15.79亿元，工业总产值148.46亿元、占全市56%，实现销售收入140.82亿元，利税总额16.53亿元。东方锅炉（集团）股份公司是全国电站锅炉骨干生产企业之一，自贡硬质合金有限责任公司是世界第四大硬质合金及合金刀具、钨钼制品生产企业，骨干企业还有大西洋集团公司、高压阀门厂、长征机床集团公司、自贡空压机总厂、自贡工业泵总厂、自贡运输机械总厂等。全市机械工业生产6大类、30个中类、58个小类、1200余个品种，其中：电站锅炉及配件，金属切削机床及数控机件，硬质合金及道具，压力容器，电焊条及焊丝、焊剂，石墨及碳制品，高中压阀门、泵、运输机械、气体压缩机等一批产品质量高，市场竞争力强。

第三节　名优特产

一、名牌产品

20世纪80年代，自贡生产的食用小苏打、精制盐、旭水大曲等获国家、省优质产品称号。1991—1996年，18个产品荣获国家和部优质产品称号。2003年，自贡鸿鹤化工股份有限公司鹤牌烧碱荣获“中国名牌产品”称号，填补自贡市无国家名牌产品的空白。2005年12月，鸿鹤化工股份有限公司鹤牌氯化铵、四川仁吉制粉有限责任公司仁吉牌小麦粉获国家免检产品称号。2005年末，有中国名牌产品4个，省级名牌产品20个，优质名牌产品实现产值占全市工业总产值的30%左右。

自流井牌精制盐由四川久大盐业（集团）公司生产。主要有工业盐、食用盐、多品种盐等大类，100余个品种，年生产能力220万吨，加碘精制盐、多品种盐分别出口日本等国家和地区，在国内外享有较高声誉，其加碘精制盐在20世纪80年代分别获国家、轻工部、四川省优质名牌产品称号。

2006年获中国名牌产品称号。与海湖盐相比，自流井牌精制盐更具有绿色环保特性。

鹤牌氢氧化纳、碳酸钠由自贡市鸿鹤化工集团股份公司生产。氢氧化纳年产量近20万吨，碳酸钠年产量近5万吨，两个产品在20世纪80年代分别获国家、化工部、四川省优质名牌产品。2003年和2005年，分获中国名牌产品称号，同时获中国驰名商标称号。

大西洋牌电焊条由大西洋焊接材料股份有限公司生产，年生产能力10万吨以上。该公司生产的产品在20世纪80年代分别获国家、机械部、四川省优质名牌产品称号，产品在国家重点桥梁船舶、北京奥运会“鸟巢”“水立方”等标志性建筑等重大工程广泛使用。大西洋牌电焊条在国际、国内市场上享有较高声誉。

长城牌硬质合金由自贡硬质合金有限责任公司生产。自贡硬质合金有限责任公司是世界上第四大硬质合金及合金刀具、钨钼制品生产企业，该企业生产的硬质合金顶锤、三氧化钨在20世纪80年代分别获国家金质、银质产品奖。2004年，获中国驰名商标、中国名牌产品称号。长城牌系列产品有60%出口到40多个国家和地区。

东方牌电站锅炉由东方锅炉（集团）股份公司生产。公司是中国电站锅炉骨干生产企业之一，生产的具有自主知识产权的30万兆瓦、60万兆瓦亚临界、超临界级电站锅炉，20世纪80年代分别获国家、机械部、四川省优质名牌产品称号。2005年，产品扩展到核电、环保等领域。

长铣牌铣床由长征机床有限责任公司生产。企业从生产普通铣床发展到生产数控铣床、大型加工中心等六大系列60多个品种，年生产能力可达4000台。该公司生产的产品在20世纪80年代分别获国家、机械部、四川省优质产品奖。20世纪90年代再获四川省名牌产品称号。

二、地方特色产品

1991年起，自贡市开始发展地方名优特产。1995年，启动农产品品牌建设。2003年，“李必祥”牌水果商标注册，是自贡市第一例被国家工商总局以自然人命名的注册商标。至2005年，全市农产品（含加工产品）注册商标203个，其中4个评为四川省著名商标。

龙都早香柚的特点是早熟、果大、外观美、色泽金黄、香气浓郁持久、品质优良，为国内少有的特早熟柚类优良品种之一，也是自贡唯一享有自主知识产权的特色农产品，主要集中在贡井区建设镇和大安区大山铺镇。1995—1997年，龙都早香柚参加全国柚类评比，连续三年荣获金杯奖。2001年，通过国家工商局注册。2004年，成为全市第一个通过省审定的地方水果品种。2005年，栽种面积1.5万亩，产量6000吨。

荣州椪柑主产地荣县是全省最大的椪柑生产县。1986年，荣县、富顺县有柑橘树766万株。1987年被国家计委、农业部批准为国家优质柑橘商品生产基地。1991—2000年，荣县椪柑参加历届西博会，多次评为名优农产品。2001年，通过国家工商局注册。2002年3月，荣县顺达优质农产品开发服务中心注册“荣州椪柑”商标。2004年10月，“荣州椪柑”被认定为自贡市知名商标。2005年年底，荣县椪柑面积10万亩，产量8万吨。主要分布于留佳、长山、正紫、新桥、古佳等乡镇。

富顺甜橙主产于富顺县。1993年，富顺锦橙、华脐橙优系荣获中国第二届农业博览会金奖，罗脐获银奖。2003年，富顺县被农业部纳入长江沿岸优质甜橙产业带范围，成为全国和全省柑橘产业发展重点区域。2004年，国家农业部批准建设富顺柑橘良种繁育基地。2005年，发展甜橙1.95万亩，产量8000吨，主要分布在富顺县互助、骑龙，沿滩区仙市，大安区牛佛、回龙等乡镇，以罗伯逊脐橙为主，其次是锦橙。

九洪西瓜产于沿滩区九洪乡。20 世纪 90 年代初引进、选育的中果型西瓜“京欣一号”试种成功后，生产面积迅速扩大。该瓜皮薄、汁多、脆甜而倍受消费者喜爱，被消费者称为“九洪西瓜”。常年栽培面积 1.5 万亩，亩产 1.5 吨，总产量 2 万多吨。20 世纪 90 年代末，荣获四川省优质西瓜品种评比第一名，并注册“九台山”牌原产地商标。

自贡黑山羊品种经长期选育，有早熟、肉质鲜美、皮张好的特点。2003 年，全市出栏黑山羊 130 万只。2005 年，20 只以上肉羊定单户 2349 户，适度规模养殖户 7048 户，饲养量 208 万只。2005 年 9 月 19 日，自贡黑山羊正式通过四川省畜禽品种审定委员会审定并命名，成为自贡市首个获得命名的地方畜禽优良品种。同年，自贡市“贡洋牌”黑山羊得到品种命名，远销广东、福建、浙江等地。

自贡市扎染工艺工厂生产的蜀颉牌扎染，与龚扇牌竹扇、自贡剪纸俗称为自贡市的“小三绝”。扎染主要以丝绸为材料，采用民间传统工艺生产服装、丝巾、装饰品等服装旅游产品，是自贡市有代表性的特色产品。

第三章 地方文化

第一节 发展状况

清代以来，自贡地区商贾云集，各类地域文化在这里交流，形成一种较为独特的文化现象，成为川南文化中心。1987 年，被评为国家历史文化名城。进入 20 世纪 90 年代，文化设施不断完善，群众文化活动广泛开展，文化事业持续发展。2005 年，全市文化产业收入 6.30 亿元。

一、文化设施

自贡文化设施较为齐全。民国时期设有民众教育馆，开展国民文化教育、图书阅览等。中华人民共和国成立后，市人民政府接收民众教育馆，创办文化馆，新建市图书馆、人民电影院等文化设施。改革开放后，企业、社会办的图书馆、影剧院增多。至 1991 年，全市有公共图书馆 2 个，藏书量 49.6 万册；有各类电影院 22 个，影剧院 1 个，开放礼堂俱乐部 5 个，座席 2.63 万个，较大的影剧场主要有自贡剧场、工人文化宫剧场、人民电影院、檀木林影剧院等。以后随着居民消费方式变化，影剧场日渐衰落。1996 年，启动文化广场建设。同年，新市图书馆在汇东落成，建筑面积 6000 多平方米。至 2005 年年末，市中心城区文化广场 18 个，一般附设单杠、双杠、秋千等体育设备；公共图书馆 3 个，藏书量 35.5 万册；乡镇文化站 106 个，少数文化站有活动室、图书室、茶园、小卖部等；影剧场数量不多，规模均较小。

二、专业文艺团体

自贡市属专业文艺团体有市川剧团、市歌舞剧团、市曲艺剧团、市杂技团，在国内外有较强影响力。自贡市川剧团成立于 1950 年，是国家文化部树立的“出人、出戏、走正路”的先进典型单位。自贡杂技团由民间杂技艺人于 1952 年组建，常年在省内外城市、农村演出，是省内实力较强的杂技团之一。市曲艺剧团组建于 1957 年。市歌舞剧团前身为市文工团，组建于 1959 年。专业文艺团体常年在市内外演出。1988 年后，杂技、歌舞、川剧文艺团体经常到日本、新加坡、韩国、泰国、加拿大等国家进行商业演出，促进自贡市对外文化交流。进入 20 世纪 90 年代，在各地专业文艺团体纷纷关闭的情况下，自贡专业文艺团体依然活跃在国内外舞台。1995 年 2 月，自贡川剧团赴台湾参加第十四届国际艺术节。1998 年 9 月 2 日，自贡川剧团在全国政协大礼堂举行《中国公主杜兰朵》首场演出。1999 年，“久大艺术团”成立，2004 年更名为四川青年艺术剧团，并吸纳声乐、器乐、舞蹈、曲艺专业演员加盟，成为专业艺术团体。1991—2005 年，全市专业文艺团体每年平均演出 800 场左右，自贡川剧团演出的大型川剧《夕照祁山》《中国公主杜兰朵》多次获奖，舞蹈《叶儿青青菜花黄》获文化部“群星奖”金奖。

三、群众文化活动

自贡市文化活动丰富多彩，具有浓厚的艺术特色和地方特色。主要传统民间艺术有音乐、舞蹈、美术3个小项40余种，其中音乐类主要有川剧音乐、民乐合奏、唢呐、盐工号子、山歌等，舞蹈类主要有龙舞、灯舞、腰鼓、秧歌、莲箫、高翘跷抢帕子等，美术类主要有字画、糖画、面人、泥塑、陶艺等，民俗类主要有自贡灯会、做斋、荣县大佛庙会、沿滩区元宵民间民俗文化节、富顺县端午龙舟会等。

抗日战争时期，市县文教馆组织市民及机关、学校，通过文艺表演形式，宣传抗日救国。中华人民共和国成立后，人民政府注重群众文化活动，机关、厂矿、企业、农村都积极组织群众文艺活动和文艺创作。1985年，举办首届艺术节。以后每两年举办1次。1992年，首次举办“广场乐”群众文化活动，将传统的舞台表演改在广场进行。2001年后，随着一批文化广场的陆续建成，广场文化活动开展频繁。2002年后，全市每年举行广场文化活动150场以上。2005年，城市中心区有文化广场18个，成为群众健身之地。1991—2005年，共举办7届市艺术节，演出1500余场，参演者10万人次，观众1000余万人次。

四、文艺创作

自古以来，自贡地区文学艺术人才辈出，文艺作品不断涌现。20世纪90年代后，文学艺术创作日趋繁荣，小说、诗歌、散文作品频频见诸报刊；书法、绘画、音乐、舞蹈、戏曲等新人倍出，作品在国内外展演多次获奖。

文学作品以小说、诗歌居多。清代，出现爱国诗人朱鉴成、刘光第。近代以来，有赵熙、吴玉章、雷铁崖、张光厚、易昌楫、柳青等。民国4年（1915年），刘光第之子刘长述创作10万字的白话长篇小说《松岗小史》，开四川白话小说之先河。五四运动前，李宗吾的《厚黑学》发表，成为轰动国内的名著。民国33年（1944年），作家王余杞创作20万字小说《自流井》。20世纪30年代，柳倩等人发起成立中国诗歌会，创办《新诗歌》旬刊。1978年以后，文学创作进入新的历史时期，新人新作不断涌现。1979年魏明伦创作的《易胆大》获省文艺一等奖，1980—1981年获全国优秀剧本奖。1988年，武志刚短篇小说《干姐妹》和廖时香中篇小说《乐胆》获四川省第二届文学奖。1989年后，刘仁辉长篇小说《囚锁在荒原上的爱》、武志刚小说集《盲马》、李加建长篇小说《古道斜阳》、吴磊长篇小说《漂亮女孩》、黄礼明短篇小说集《朝圣启示录》、杨晶晶长篇小说《玫瑰山庄》、郭同星长篇小说《新淘金记》、曹德权长篇报告文学《重庆棒棒军传奇》等相继发表或出版。

自贡艺术创作主要有书法、绘画、音乐、舞蹈、戏曲等。擅长书法者，明代有彭德海、甘为霖等，清代有刘光第、宋育仁等，民国时期有赵熙、谢持等书法名家。中华人民共和国成立后，较有影响的书法家有欧阳樾牟、孙策勋、孙维干、刘克刚、黄庆轩、黄宗壤、张鉴川、郭广岚等，其书法作品多次参加国内外展出。在美术界，清代晚期有以花鸟人物画闻名的宫廷画师王绍卿。民国时期，王啸岩、王杏岩、王松岩并称蜀中名画家，或以画墨竹见长，或以画牛见长，或擅画花鸟、山水等。民国17年（1928年），王松岩、孙尔嘉、胡西民等发起组织书画会，举办展销性画展。抗日战争时期，国内名画家汇集大后方四川，徐悲鸿、陈之佛、张大千、陈浩东在自贡举办联合画展。中华人民共和国成立后，以画蝴蝶著称于世的詹联科、万钟，誉称荣州二蝶。有擅长画八哥的刘克刚、继承传统山水画法的孙维干、闻名巴蜀的“祁梅花”祁博文、致力于敦煌题材油画创作的青年油画家曾浩等等，创作出大量优秀作品。自中华人民共和国成立至2005年，自贡市共创作大型川剧28部，大型歌舞剧8部，通俗喜剧5部，大型话剧6部，魏明伦创作的《易胆大》《四姑娘》《潘金莲》《夕照祁山》《中国公主杜兰朵》等一批在国内外有影响的戏曲文学剧本，其中《易胆大》《巴山秀才》《四姑娘》《变脸》获全国优秀剧本奖等奖项，《变脸》获文化部文华大奖，《中国公主杜兰朵》获中国戏剧节优秀剧目奖、文化部文华新剧目奖。

五、文物保护

1986年，国务院命名自贡为中国历史文化名城，其文化遗存遍及4区2县。1991年4月，燊海井、王爷庙、刘光第墓、吴玉章故居、荣县军政府旧址、夏洞寺、大山铺恐龙化石遗址列入四川省第三批文物保护单位。1991年，全市有国家级、省级、市级和县（区）级文物保护单位20余个，其中国家级2个，省级7个，市级3个。2001年6月，富顺文庙被国务院列入国家级重点文物保护单位。2003年2月，东源井列入四川省级文物保护单位。2005年年末，全市有各级文物保护单位82个。

第二节 特色文化

自贡文化历史源远流长，内容丰富，形成具有鲜明地域性、历史性、时代性的井盐文化、恐龙文化、灯会文化，盐、龙、灯被誉为“大三绝”，龚扇、剪纸、扎染被誉为“小三绝”，“盐帮菜”在川菜系列中独树一帜。自贡由此被誉为“盐之都、龙之乡、灯之城、食之府”。2003年，自贡市因彩灯享誉中外被国家文化部命名为“中国民间艺术之乡”。

一、井盐文化

自贡是一座曾经遍地盐井的都市，有近2000年的井盐生产史，被誉为“千年盐都”。在“煮卤为盐”，创造出内涵深邃、灿烂辉煌的掘井、采卤、制盐科学技术和经济财富的同时，积淀并形成独具特色的地域文化——井盐文化。

东汉章帝时期，自贡就开始井盐生产。宋淳熙元年（1174年），陆游荣州“摄理州事”，入荣便写下“长筒汲井熬雪霜，辘轳咿哑官道旁”等诗句，赞咏当时自贡地区吸卤熬盐盛景，更以“……荣州则井绝小，绝容一竹筒，真海眼也”赞叹领先于时的盐井开凿技术。明代中叶，资本主义萌芽在自贡井盐生产中出现，并形成19世纪中国最大的手工工场。明正德时期（1506—1521年），全川盐税年征白银7.15万两，自贡既征1.28万两，占全川盐税的18%。至清咸同年间“太平天国运动”及抗日战争时期，自贡抓住两次“川盐济楚”的历史机遇，开创了盐业发展的“黄金时期”，从而成就自贡因盐设市。自贡地区开凿的盐井1.3万余口，井盐生产中所采用的冲击式顿锉凿井法被誉为世界钻井技术之父。民国32年（1943年），中国抗日战争处于艰苦之际，在冯玉祥将军的发动下，自贡市掀起两次节约献金高潮，创下当时全国个人、户平及城市三项最高献金纪录，支持全国抗战。为此，蒋介石多次传令对“慷慨捐输，造成空前纪录”的献金绅士予以嘉奖。中华人民共和国成立后，盐业生产作为自贡的一大支柱产业，为国家贡献大量的税收。同时，井盐文化得到不断发扬，盐业遗迹得到保护和开发利用。自贡井盐深钻吸制技艺被誉为“世界石油钻井之父”，2005年被评为首批国家级非物质文化遗产。

自贡境内盐业遗存众多。会馆类有西秦会馆、王爷庙、桓侯宫、炎帝宫、南华宫、贵州庙等等，其中西秦会馆评为国家AAA级旅游景区。20世纪50年代普查，保存完整的盐井尚有1000余口，其中，最负盛名的是富世井、大公井、自流井、燊海井、东源井、小桥井、发源井和磨子井。天车是自贡古代盐业生产的一项重大发明，为“千年盐都”的象征和标志。20世纪80年代后，大量天车在城市建设中消失。至2005年年底，全市仅存天车19座，最高55米。盐商居住的宅邸，如胡慎怡堂、涵园、天禄、罗园、胡廷洁公馆等，都能见证当年的盐商文化。此外，还有大量祠堂、寨堡、牌坊、盐道及老街等盐业遗存。

二、恐龙文化

自贡恐龙化石众多，被誉为“恐龙之乡”。民国4年（1915年）8月，美国地质学家劳德伯克在荣县、威远一带发现恐龙化石。1987年，在恐龙遗址现场建成自贡恐龙博物馆，为世界三大恐龙博物馆之一。至1990年年底，自贡地区共发现各类古生物化石点120处，其中恐龙化石点94处。2001年，以中侏罗纪恐龙化石群遗迹为主体的自贡恐龙公园，被国土资源部批准为全国首批国家地质公园。1991—2005年，发现各类古生物化石点48处，其中恐龙化石点38处，恐龙足迹化石点1处，鱼类化石点3处，鳄类化石点1处，蛇颈龙化石点3处，硅化木化石点2处。恐龙化石点占80%。至2005年年末，自贡地区已发现恐龙化石点132处。以大山铺恐龙化石群遗址埋藏最丰富，化石富集区面积1.7万平方米，在2000余平方米范围内发掘出200余个恐龙个体的上万块骨胳化石，完整和较完整骨架30余具。恐龙动物群包括3个纲、11个目、15个科的属种，并出土一批珍贵伴生动物化石。1995—2005年，自贡恐龙先后在上海、西安、兰州等城市展出50余次，出国出境展出10余次。

三、灯会文化

自贡灯会有近800年的历史，被誉为“南国灯城”。唐宋时，自贡地区已有新年燃灯、元宵节前后张灯结彩的习俗。明清时期，逐渐衍展为一项大型民俗文化活动，有“狮灯场市”“灯竿节”等。20世纪初，又逐渐形成节日提灯会、放天灯、舞龙灯、戏狮灯、闹花灯等民间习俗。1964年，自贡市人民政府举办中华人民共和国成立后的首届灯会。“文化大革命”结束后，将传统灯会的制作和现代科技有机结合起来，把雕塑、绘画、书法、剪纸、工艺与灯展巧妙综合，融知识性、趣味性、思想性和艺术性为一体，开创出一种新兴大型艺术，使自贡灯会大放异彩。至1986年，共举办7届春节迎春灯会。1987年，举办第一届自贡国际恐龙灯会经贸交易会，至2005年，已举办11届。1988年10月，自贡市人民政府决定修建彩灯博物馆，历时3年，在自贡市彩灯公园内落成，占地面积2.20万平方米，建筑面积6375平方米，成为自贡灯会常年展出地。

1978年改革开放后，自贡灯会走遍祖国大江南北，先后在100多个大中城市展出。1988年，于北京北海办龙灯会，首都新闻界称“每五个北京人中就有一人观看北海灯会”，6月16日举办中央首长专场，邓小平、杨尚昆、邓颖超等113位党和国家领导人观赏灯会。进入20世纪90年代，自贡灯会作为中华民族的文化使者，先后赴新加坡、泰国、马来西亚、韩国、日本、德国、西班牙、澳大利亚、阿联酋等36个国家展出50余次，将中国灯文化传播到海外各地。2000年后，自贡灯会被国家旅游局确定为全国两大民俗活动之一，列于40个民俗活动精品榜首，被文化部命名为“中国民间艺术之乡（彩灯）”。灯会规模由小变大，工艺由粗至精，灯具由个体发展为群体，布展由平面发展为立体，形成自贡灯会的独特风格，灯会也由单纯的娱乐型向娱乐经营型发展。1991—2005年，观赏自贡灯会的中外观众逾6000万人次，以灯会为平台开展经贸活动成交近300多亿元。灯贸会成为融经济、文化、科技、旅游为一体的大节庆，成为促进自贡对外开放和经济发展的一大平台，被誉为“天下第一灯”。

四、饮食文化

食盐为百味之祖，自贡为井盐之都，盐帮为美食之族。吃在四川，味在自贡。植根于巴蜀文化，结胎于川菜系列，伴随着盐业经济的繁荣与发展而形成的自贡盐帮菜，成为有别于成渝两地“上河帮”“下河帮”菜肴的川南“小河帮”杰出代表。

清代中叶，火旺水丰的自贡盐场，常年聚集的盐商与盐工达20万人左右，按不同的社会分工被称为各种行帮。盐商有井帮、灶帮、笕帮、银钱帮、竹木油麻帮；盐工有山匠帮、锉井帮、辊子帮、烧盐帮、屠宰帮、车水帮、橹船帮等等。百里盐场，市井繁华，酒肆林立，会馆密布。不同层面的饮食消费和嗜好，不同地域的饮食文化交融，使自贡逐步形成了独具风味的盐帮饮食文化。20世纪90年代后，自贡盐帮菜得到进一步发展，各种名店、特色店、小吃店遍布市内大街小巷，餐饮业年营业额40亿元左右。

自贡盐帮菜分为盐商菜、盐工菜、会馆菜三大支系，以麻辣味、辛辣味、甜酸味为三大类别，以味厚、味重、味丰为其鲜明特色。除具备川菜“百菜百味、烹调技法多样”的传统之外，更具有“味厚香浓、辣鲜刺激”的特点。盐帮菜善用椒姜，料广量重，选材精道，自种自配。煎、煸、烧、炒，自成一格；煮、炖、炸、溜，各有章法，尤擅于水煮与活渡。有代表性菜肴不下百种，如火边子牛肉、水煮牛肉、火爆黄喉、毛牛肉、李氏回锅肉、水煮肉片、牛佛烘肘、荣县羊肉汤、冷吃兔、鲜锅兔等等。

五、龚扇扎染剪纸

清代及民国时期，自贡龚扇、剪纸、扎染均有名气。中华人民共和国成立后，经过发掘、更新，获得新的发展，被誉为“小三绝”。

龚扇为中国竹编精品，因龚氏世代编制而得名。清光绪年间，自贡竹编匠人龚爵五寓成都“篾火笼”，引竹编技法于“竹篾扇”中，独创一种线条清新流畅、竹丝晶莹光亮、造型高雅别致的工艺扇种。其子龚玉璋潜心探索，匠心独运，首次把名家书画移植于扇面。民国21年（1932年），他的《竹纱山水》《竹纱团扇》获四川省第11次劝业道赛宝会特等奖。第三代艺人龚长荣、龚玉文，创制小型扇、双面竹丝扇等。兄弟俩分别获四川省和国家级“工艺美术大师”称号。1982年，龚扇作为四川出口工艺品在美国费城展销，被誉为“中国第一扇”。2000年后，除扇类外，尚有座屏、挂屏等，远销几十个国家和地区。

扎染古谓“绞缬”，即打绞成缬而染之意。清末民初，国外机印花布充斥市场，民间染缬逐步萎缩，年深日久，几乎绝迹。20世纪70年代末，自贡艺人张宇仲深入民间学习，总结出一套针法染技，形成自贡扎染独特风格。所染人物、花鸟，形神毕肖，栩栩如生。1986年获“省优”称号。产品有服装、壁挂、窗帘、头巾、台布、被套等。20世纪90年代后大批量远销日本、美国、加拿大、澳大利亚、泰国等国家和中国香港地区。

剪纸为自贡民间传统，主要为各种吉祥如意图案。20 世纪 40 年代末，鄂西人余曼白流落自贡，酷爱当地窗花艺术，他吸收民族绘画、金石书法、浮雕版画之养分，揉合南北各派剪纸风格之精髓，形成自贡剪纸的独特剪法。1968 年余曼白去世后，其弟子将剪纸艺术继承发扬光大。1989 年沈成林剪纸作品获中国首届剪纸大赛二等奖。自贡剪纸优秀作品有《红楼梦人物》《少数民族头像》《熊猫》《永乐宫壁画仕女头像》等，并批量出口海外。

第四章 社会事业

第一节 教育 科技

一、教育

自宋代始，自贡地区盐业日趋发达，带动文化教育进步。宋庆历二年（1042 年），富顺县李冕高中进士，县人遂集资修孔庙，建雁塔，刻士名于塔上，激励读书致仕。在荣县，北宋有王庠、王序兄弟，道德文章，光耀乡里。南宋爱国诗人陆游任荣州通判时诗赞荣州："其民简朴士甚良，千里郁为诗书乡。"中华人民共和国成立后，自贡教育快速发展，市民受教育程度不断提高。1985 年，全市各类学校 1782 所，在校学生 45.76 万人。2005 年年末，全市有各类学校 1092 所，在校学生 49.92 万人，教职工 2.52 万人。

自贡市基础教育起于 20 世纪初。清光绪二十九年（1903 年），加拿大传教士易正礼在荣县办教会育婴堂附设豢养院，开设幼儿教育。民国元年（1912 年），自贡市开始建立高、初等小学校，开展小学教育。民国 7—32 年（1918—1943 年），先后组建和创办自贡一中、私立蜀光中学、私立旭川初级中学、私立剑南初级中学、市立师范学校。中华人民共和国成立后，自贡基础教育不断发展。1985 年，有幼儿园 376 所，在园幼儿 3.49 万人；小学校 1616 所，在校学生 33.15 万人；普通中学 121 所，在校学生 10.92 万人。1987 年，自贡市被确定为全国城市教育综合改革试点市。1993 年，实施普及九年义务教育，实现高标准扫除青壮年文盲目标。1997 年，提前实现"基本普及九年义务教育"和"基本扫除青壮年文盲"目标。1998 年，小学在校学生人数达到最高，为 29.28 万人。以后生源逐步减少，在校学生逐年下降，一些农村小学因生源不足，出现"混班"情况。2000 年，开始对九年义务教育学校布局进行调整，部分农村小学被撤并、整合。2002 年，调整高中阶段学校布局，普通高中由 36 所调整至 27 所。至 2005 年年底，全市有幼儿园 355 所，幼儿入园率 77.2%；小学校 554 所，在校学生 22.10 万人；九年一贯制学校 63 所，初中 51 所、在校学生 11.07 万人，高中 25 所、在校学生 4.5 万人。

自贡职业教育开始于 1958 年的"大跃进"，开办农业职业中学 18 所，学生 913 人；开办工业职业学校 15 所，学生 2008 人。至 1965 年，全市职业中学 32 所，学生 4871 人。1966 年"文化大革命"后，职业中学或停办，或改制为普通中学。1979 年，恢复职业中学办学。1983 年，自贡市 5 所普通中学改制为职业中学。1991 年后，职业技术教育坚持"三性一化"，即基础性、专业性和育人性，对部分文化学科实行技能化。一批普通高中进行"2+1"分流、"3+X"教学模式试点，部分初中进行四年制初级职业技术教育试点。2001 年，5 所省部级重点技工校合并，组建自贡市职业培训学院。次年起，技工教育统一纳入高中教育阶段范围。2005 年年末，全市职业中学 24 所，其中公办14所、民办10所。招生8814人，毕业3959人，在校生1.70万人。教职工1204人。

自贡中等专业教育始于清光绪三十年（1894年），荣县女子学堂附设初级师范速成科，学制一年。光绪三十四年（1898年），富顺县私立树人学堂开办一年制速成师范班。民国7年（1918年），自贡私立仁济医院内附设自贡私立仁济高级护士职业学校，民国34年（1945年）更名自贡市私立义济高级护士职业学校。民国33年（1944年），市立师范学校成立，民国36年（1947年）停止招生。1950年，荣县、富顺县分别接管两县县立师范学校。1958—1959年，先后创建四川省盐业学校、自贡市化工学校、自贡市体育学校（自贡市业余体育学校）及四川省自贡市农业学校，1985年，全市中等专业学校7所，在校学生3631人。1998年，富顺师范停止招生，改办为普通高完中，定名为“富顺县高级中学”。2000年，荣县师范学校停止招生，并入荣县中学。至2001年，中等专业学校招生不足2000人。2005年8月，市工业校、市农校、市财经校、市职工中专合并组建自贡市职业技术学校，转向职业教育。

自贡市普通高等教育最早为1944年建立的中央技艺专科学校。次年更名为国立自贡工业专科学校。1950年在校学生343人，同年9月迁泸州与泸州工业专科学校合并。1958年，创办四川省自贡化工专科学校，1962年并入泸州化专。1965年，华东化工学院在自贡创办华东化工学院西南分院，1973年秋季招生。1979年，该校迁回上海。同年7月，经四川省政府批准，在该校原址筹建“四川化工学院”，1980年开始招生。1984年，以自贡市师范学校为基础，建立自贡市师范专科学校。1984年年底，筹建自贡职业大学。1990年，自贡职业大学更名为自贡市高等专科学校。2003年4月，四川轻化工学院、自贡师专、自贡高专、自贡教育学院合并，组建为四川理工学院，是年招生4000人，在校生1.42万人，教职工1683人。2005年，招生9006人，在校生2.50万人。

二、科技

自贡市科研力量较强，是国家高分子、硬质合金等新材料的科研生产基地，形成科研设备配套、技术力量较强的多层次科学技术研究与开发体系：中昊集团晨光化工研究院是全国从事高分子合成材料研制和生产的重要基地之一，中橡集团炭黑工业研究设计院是全国炭黑工业的设计、检测、中试、产业化科研开发中心，四川省精细化工研究院在化学助剂和精细化工领域具有较强的研究开发能力，自贡计量测试研究所被国家确定为四川省川南计量检测中心（简称SCMTS），自贡市轻工设计研究院是全国唯一的井矿盐研究开发单位，市化工研究设计院集科研、设计、检测、生产经营为一体，无机新材料、精细化工产品开发具有先进技术水平。

自贡设市以前，全市没有专业科研机构。民国29年（1940年），成立自贡市农业推广所，为第一个市属科研机构。1958年成立天然气综合利用实验站，1961年改名为市天然气研究所。1960年建立化工研究所。“三线”建设时期，化工部炭黑工业研究所、化工部晨光化工研究院内迁自贡。企业亦纷纷建立科研机构。1991年，市内有中央部属、省属、市属独立科研机构14家，科研机构人员5842人，科技活动人员2856人，高中级专业技术人员1461人。以后，推进科研院所改革，科研机构先后转制为科技型企业。2005年年底，全市独立科研机构14家，科技活动人员2000人，高中级专业技术人员1098人；国有企事业单位各类专业技术人员3.43万人。

东汉章帝年间，自贡在凿井、采卤、制盐等方面创造了令人惊叹的古代科技。宋代，荣州（荣县）出现卓筒井工艺技术，人类第一次创造机械凿井方法，取代长期传统的人工掘井方法，并最早发明冲击式钻井。中华人民共和国成立后，科技事业得到蓬勃发展。1950—1957年，科技工作主要围绕减轻劳动强度，提高劳动生产率，增产节约，大力开展技术革新。1958—1965年，建立科技管理部门，实施科技攻关，取得20项重大科技成果。1966年，吴鹿平、熊明镜等人主持真空制盐四效联运试验成功，提高劳动生产率3倍以上。1986年后，自贡市实施“科教兴市”发展战略。1992年7月，市政府奖励有突出贡献的科技工作者5名，每人奖励1万元。2001年，开始设立自贡市科技杰出贡献奖项，每两年评定1次，每人奖励20万元。1991—2005年，登记各类科技成果635项，有612项次获科技成果奖励，其中，获国家成果奖2项，获部级科技成果奖13项，获省级科技成果奖46项，获省厅级科技成果奖21项。2005年，自贡市通过2003—2004年度国家、四川省科技进步考核，成为四川省通过国家科技进步考核的两个市州之一。

第二节 卫生 体育

一、卫生

清代以前，自贡医药均为传统的中医中药。清光绪二十八年（1902年），西医传入自贡。民国38年（1949年），全市有各类小型诊所、医院20余所，病床208张，西医人员185人，中医人员1429人，每千人口有病床0.12张。自贡解放后，建立健全各级医疗、防疫、保健机构。1985年，全市卫生机构529个，床位5518张，卫生人员1.13万人。以后，卫生事业不断加强，综合性医疗机构、专科医疗机构、卫生防疫机构得到发展，医疗手段、医疗技术水平提高，逐步形成预防、保健、医疗、基层卫生、教育科技及卫生监督等门类齐全、分工明确、配置合理的医疗体系。1990年，卫生机构537个，病床6327张，卫生技术人员9482人。2005年年末，全市医疗机构665个，卫生技术人员8117人，每千人口有病床2.17张、卫生技术人员2.56人；1万元以上医疗设备2338台件，其中100万元以上设备30台件。

民国3—36年（1914—1947年），自贡霍乱、痢疾等疾病发生大流行12次。中华人民共和国成立后，采取预防注射等综合防治措施，使霍乱于1950年、天花于1952年在自贡绝迹。疟疾总发病率下降，1985年为25.66/10万人，提前7年实现低于四川省提出的50/10万人的目标。同年，在四川省16城市“三优一学”竞赛中获第一名。1995年接受四川省消灭疟疾达标验收，成为全省第一个以市（州）级基本消灭疟疾的地区。1996年，通过创建全国卫生城市的考核验收，并命名为“全国卫生城市”。同年，成为全省率先实现农村初保达标的三个地市之一。2005年，实现全市消除碘缺乏病目标，传染病发病率由1950年的1464.58/10万人下降为323.43/10万人，连续11年无白喉、连续12年无脊灰发生。麻疹、百日咳、新生儿破伤发病率低于国家控制指标，其他传染病发病率控制在极低水平。

二、体育

明景泰五年（1454年），富顺文庙即有“射圃”。清乾隆年间，荣县、富顺县建成演武行和武校场，供武生骑射。清光绪三十三年（1907年），自流井私立王氏树人学堂创办速成体育班，聘日本人山根花子主授体育课，为川南各学堂培养一批体育师资。清光绪三十四年（1908年）八月，树人学堂参加四川省大运动会，获轻器械团体操第一名。辛亥革命后，近代体育项目田径、游泳、体操、球类技术及其比赛方法传入自贡，群众体育团体相继诞生，竞赛活动逐渐开展。设市之初，釜溪公园内建有小运动场、网球场、篮球场，部分私立中学建有运动场。1955年建设檀木林体育场。1966

年建成自贡市游泳场和射击场。1985 年修建自贡市体育馆，建筑面积 8839 平方米，观众座位 3894 席，属国家标准乙型体育馆。至 20 世纪 90 年代初，全市有体育场地近 800 个，观众座席 14 万余个。1991 年后，体育场馆逐步向学校、社区、机关、城市广场、农村乡镇辐射。2001 年，启动全民健身路径工程。2004 年，建成自贡市跳水学校，建筑面积 7119 平方米，校内有达到亚洲游泳联合会标准的跳水池和 50 米标准游泳池。2005 年年底，全市体育场地共 1100 个。

自贡体育训练水平在全省领先。1956 年，市少儿业余体育学校成立，设田径、体操、足球 3 个班，招收学生 120 人。是年，自贡籍运动员首次代表国家参加国际比赛。1956 年，建成市体育场，还建有体操房，有成套体操器械。1964 年，国家体委决定在 30 万人口以上城市建立重点项目基地，省体委决定自贡为乒乓球、体操基地。1966 年建成市游泳场和市射击馆，此后，建立室内温水游泳池，1988 年建成市体育馆、训练馆跳水馆，厂矿、区县也先后建有体育馆。到 1990 年，全市有运动场地 8 类 713 个。1991 年后，先后确立游泳、跳水、体操、乒乓球、足球、篮球、排球、举重、体操、射击、田径、垒球、曲棍球、棒球、皮划艇、棋类等为重点项目，承担这些项目训练的学校，分别由省、市命名为相应的“体育传统项目学校”。2005 年年底，全市体育传统项目学校 68 所，参加训练 3000 多人；市级业余体校 4 所，参加培训 462 人。1986—2005 年，各级业余体校共计向国家队、省级运动队输送 20 个项目 193 多名运动员，其中 32 名运动员入选国家队或国家青年队集训，自贡籍运动员代表国家参加各类体育国际比赛，共获金牌 44 枚、银牌 26 枚、铜牌 39 枚，产生了高敏、童玲、程晖、王伟、颜文珍、张世洪 6 位世界冠军。

自贡群众体育基础较好。民国 21 年（1932 年），举办市民运动会，项目有田径、球类、国术、器械操。民国 29 年（1940 年），举办自贡市首届春季运动会。中华人民共和国成立后，农民体育、居民体育、老年人体育开始发展。1952 年举办第一届人民体育运动会，项目有田径、篮球、排球、拔河 4 项。1985 年开始，举办职工“盐都杯”、中学生“三好杯”、小学生“萌芽杯”、幼儿“希望杯”、农民“丰收杯”五大杯赛，每年举办 1 次。1986 年后，群众性体育活动更为活跃，桥牌、门球、篮球等项目继续巩固，广场健身舞、骑游、健步走、钓鱼等群众体育活动形式逐步兴起。2004 年后，因外出务工农民增多，多数乡镇无法组队参赛，农民“丰收杯”系列比赛不再定期举行。至 2005 年，共举办 10 届市运会，体育人口比例 40%，跨行业群众体育俱乐部、体育锻炼群体 430 多个，常年参加有组织的体育活动人员 10 万余人，连续 15 年获四川省体育事业发展“突出贡献奖”。

第三节　劳动就业

进入 20 世纪 90 年代，自贡推进劳动用工制度、职业培训体制改革。1993 年 7 月起，结束国家下达企业招工计划历史，劳动就业政策转向劳动部门介绍就业、组织起来就业、劳动者自谋职业的多元化就业取向（简称“三结合”就业）。90 年代中期开始，启动“再就业工程”，职业培训重点转向下岗、失业人员的再就业培训。1986—2005 年，自贡市劳动就业形势稳定，城镇登记失业率控制在较低水平。

一、资源

1953 年第一次人口普查，自贡市区劳动年龄人口 13.6 万人。1964 年增至 27.65 万人。1978 年后，区划面积扩大，人口增加。1982 年，劳动年龄人口 151.64 万人。1991 年，全市劳动力资源总数

205 万人，占总人口的 68.2%。其中，城镇劳动力资源 45.3 万人，农村 159.7 万人，分别占 35% 和 65%。至 2002 年，城镇劳动力资源保持在 50 万人左右，农村劳动力资源逐年上升，达到 182.5 万人。以后，城镇化进程加快，农转非和进城务工人员增多，城镇劳动力增加较快。至 2005 年，全市劳动力资源 204.4 万人，占总人口的 64.4%。其中，城镇劳动力资源 71.6 万人，增加 26.3 万人；农村劳动力资源 132.7 万人，减少 27 万人。

二、培训

自贡自古代以来基本沿袭传统的师带徒授业方式，清末，各县奉令建有师范学校，以保证新学堂师资需要，后建有一些私立师范学校。解放后由人民政府接管。1942 年，富顺创办私立建国女子职业学校，开设会计、簿记、缝纫等专业，1949 年后停办。1958—1961 年“大跃进”时期，学徒制已不能满足用工需要，一批国有企业办起 8 所半工半读职业学校，在校学生 3000 余人，学生毕业后由主办厂招收为学徒工。“文化大革命”开始至 20 世纪 70 年代末，职业培训基本中断。1980 年起，就业培训模式为“先培训，后就业；先培训，后上岗”，企业办技工学校普遍兴起。1986 年起，全市劳动制度改革，企业普遍采取定向培训招工。1991 年起，培训范围扩大至城乡各类求职人员、企业各类用工。以后，劳动指标逐步取消，多数技工学校陆续停办。1994 年后，下岗失业人员增多，培训重点转向下岗失业人员的再就业培训。1999 年，全市 27 所省、市下岗职工再就业培训基地授牌，再就业培训规模 8950 人。2004 年，实施定向培训、订单培训，以民间办学为主，政府主导培训，构建培训体系。1991—2005 年，全市下达就业培训计划 7 万人，培训城乡求职人员 10.53 万人，培训后实现就业 6.73 万人，就业率 68.4%。

三、就业

自贡解放前夕，盐场井停灶歇，经济萧条，全市失业者 6000 人。1949 年 12 月自贡解放后，采取措施，恢复生产，发展经济，安置失业人员和新增劳动力。至 1957 年年末，共招收 1.84 万人就业。“大跃进”期间，招工失控，全市新招收 2.83 万人。1961—1962 年，全市精简压缩职工 3.24 万人。“文化大革命”时期，经济遭受挫折，待业人员大量增加，城镇新成长的劳动力难以就业，全市动员 5.3 万余名城镇知识青年“上山下乡”。中共十一届三中全会后，改变劳动力“统包统配”管理体制，实行“三结合”就业方针。1983 年，在少数企业开展用工制度改革试点。1985 年，改革用工制度，面向社会公开招收、全面考核、择优录用，新工人实行劳动合同制。1991 年，沿用国家下达企业招工计划制度。1993 年 7 月起，结束国家下达企业招工计划历史，将厂矿自办带就业指标的技工学校，整合为 5 所不带指标的技工学校。1998 年，国家对大专、中专毕业生完全取消包分配制度，劳动就业政策由政府计划安置，转向“三结合就业”。1991—2005 年，全市就业 53.2 万人，其中：劳动部门介绍就业 36.89 万人，组织起来就业 6.01 万人，自谋职业 10.30 万人。2005 年年末，全市劳动就业 152 万人，其中城镇 26.4 万人。

第四节 社会保障

1951 年，根据《中华人民共和国劳动保险条例》，在 100 人以上的厂矿实行劳动保险。1953 年，盐业系统全部实行劳动保险，搬运、建筑行业实行劳动保险集体合同。20 世纪 80 年代，开展养老保险。1983 年，国家实施全民所有制单位退休费用社会统筹试点，自贡列入全国 4 个试点城市之一。1992 年 9 月，荣县列入全国农村养老保险试点县。1998 年后，推行职工工伤保险、职工生育保险。2000 年启动医疗保险。至 2005 年，形成养老、失业、生育、工伤、医疗等较为完备的社会保障体系。

一、养老保险

1983 年，经国务院同意、省政府批准，自贡市被确定为全民所有制单位退休费用社会统筹的 4 个试点城市之一。1992 年，城镇职工养老保险制度由市级统筹向省级统筹过渡，并引入个人缴费机制，提高统筹层次。同年 9 月，荣县作为农村社会养老保险试点县，制订试行《荣县农村社会养老保险暂行办法》；富顺县在代寺镇开展农村社会养老保险试点。1993 年，建立并实施企业补充养老保险制度，由基本养老保险向多层次养老保险过渡。1996 年 1 月，实施机关事业单位养老保险制度改革试点。同年，建立企业职工基本养老保险社会统筹与个人账户相结合的制度，将养老保险从城镇国有企业拓展到集体、中外合资、私营企业和个体劳动者。2000 年，改“双基”为“单基”征缴养老保险费，全面推行养老金社会化发放工作。1991—2005 年，共征集企业养老金 34.23 亿元，支出 39.82 亿元。2005 年年末，城乡参加养老保险 66.08 万人，形成企业养老保险、机关事业单位养老保险、农村社会养老保险三大体系。

二、失业保险

1986 年 10 月 1 日起，实施《自贡市国营企业职工待业保险试行办法》。1987 年，待业保险对象为国营企业固定职工和劳动合同制工人，国家机关、事业单位和人民团体中的劳动合同制工人，其所在单位为参保缴费单位。20 世纪 90 年代后，实施失业保险扩面，增强抵遇风险能力。1999 年，失业保险参保对象扩大为城镇企事业单位职工、社会团体专职人员、民办非企业单位职工、机关中的事业编制人员和劳动合同制工人。是年，参保单位增至 2581 家，参保职工 24.9 万人。2004 年 1 月 1 日起，将征地后转为城镇居民的失地无业农民纳入失业保险范围。2005 年年底，全市失业保险参保单位 1770 家，参保职工 21.63 万人。1991—2005 年，筹集失业保险基金 3.89 亿元，累计 17.36 万人次失业职工领取失业保险金，支付失业保险金 1.57 亿元。

三、工伤保险

1998 年 1 月 1 日起，执行《自贡市企业职工工伤保险实施办法》，实现从单一的养老保险向多险种的过渡，是年参保人数 16.58 万人。2004 年 3 月，修订《自贡市〈工伤保险条例〉实施暂行办法》，支付待遇范围扩大至机关事业单位，并提高支付标准。2005 年年末，工伤保险参保人数增至 11.76 万人。1996—2005 年，累计征缴工伤保险费 4521 万元，支付 1133 万元。

四、生育保险

1995 年，开始建立生育保险制度。是年，参保人数 1.92 万人。1997 年，制定《自贡市企业职工生育保险实施办法》，从次年 1 月 1 日起，在城镇企业实施生育保险市级统筹。1998 年，调整生育保险费支付标准，顺产按 1200 元支付，难产按 1500 元支付；难产费用超过标准的，由社保机构和企业共同承担。是年，参保人数增至 16.47 万人，比上年增加 12.55 万人。1999 年后，参保人数逐年下降。2005 年年末，参保 9.14 万人。1995—2005 年，征缴生育保险费 2741 万元，支付 1565 万元。

五、医疗保险

1999年以前，国家机关、全民所有制单位实行国家基本包干的公费医疗制度。1999年，实行公费医疗体制改革，成立自贡市医疗保险制度改革领导小组，制定医疗保险实施方案。2000年12月，公费医疗结束，城镇职工基本医疗保险制度启动。2001年，建立城镇职工补充医疗保险制度，与基本医疗保险配套。2002年9月起，建立城镇个体参加医疗保险制度。至2005年年末，参加基本医疗保险单位2788家，参保人数29.71万人，其中在职职工17.08万人、退休人员12.63万人。2000—2005年，累计征收基本医疗保险基金7.69亿元，累计支出5.92亿元。

六、最低工资保障

1995年起，执行《中华人民共和国劳动法》和四川省人民政府《四川省最低工资保障规定》，建立最低工资保障制度。是年，自贡市最低工资标准为每月140元。1996年调整为每月150元。1997年调整为每月165元。1999年调整为每月200元。2000年调整为每月240元。2002年调整为每月270元。2005年最低工资标准为每月340元。

七、最低生活保障

1998年1月1日起，在4个城区实施城市居民最低生活保障制度，保障标准为每人每月110元。次年，城市低保标准提高30%，市区提高到143元，荣县旭阳镇、富顺县城关镇提高到104元。是年，全市享受保障对象1.42万人，实发保障金686.5万元。2005年，将符合条件的失地农转非人员纳入低保范围，全市低保对象4.74万户、9.47万人，累计发放低保金6679万元，人均月补差59.7元。同年12月，启动全市农村最低生活保障工作，对户人均年收入在693元以下的农村居民，每人每月补助10元。是年，全市农村享受低保3.6万人。

第五节 社区建设

1951年废除保甲制度，城市设立居民段，全市共设91个段，每段由250—300户组成。1953年建立居委会，全市15万城市人口划分为53个居委会；下设居民小组，30—50户为一组，全市共794个居民小组。1955年，全市16万城市人口调整为98个居委会。1983年年底，全市城镇人口51万，共设居委会320个。1987年，全市各区县居委会进行首届选举。1991年，全市有10个街道（镇）开展社区服务工作，兴办社区服务设施100余个。1992年居委会进行第二届选举，以后每三年进行一次换届选举。1994年，全市有12个街、9个镇、234个居委会建立社区服务网点，社区服务专职管理人员218人，兼职服务人员665人，志愿服务人员423人，初步实现社区服务社会化管理。1996年，将自流井区确立为开展“社区服务示范城区活动”的“达标示范区”，带动全市社区建设和社区服务。同年，提高城镇居委会干部生活补贴标准：四区及荣县旭阳镇、富顺城镇每人每月不低于160元，两县其余乡镇不低于130元，每人每月平均提高60元。1999年，自流井区被省政府授予“四川省社区服务先进示范城区”。2000年，全市有10个街、76个镇建立社区服务网点，有社区服务中心11个。2005年，启动“村改居”工作。是年年末，全市253个社区居委会共有各类社区服务设施网点4416个，其中便民服务设施网点4091个；有社区服务中心（站）325个，社区服务志愿者1.15万人。

第五章 城建环保

第一节 城乡建设

自贡市中心自流井原为一个小镇。民国5年（1916年），简阳人士樵甫在其所著《自流井》中描述当时的自流井："自流井，街道虽多，然不联接。正街一条，循河岸，甚长，人烟稠密。前清末年，正街放火，损失甚大。街道甚窄，铺户不整齐，街道之转折处，多作锐角形，且多作曲线形。"1949年，城市建成区面积3.1平方公里，城市人口15.9万人。改革开放以来，自贡加快城乡建设的步伐，在城乡规划、基础设施、公用事业、园林绿化、环境卫生等方面，循序渐进，城乡面貌发生巨大变化。20世纪80年代前，富顺城乡建设基础设施落后，全县公路均为泥结碎石路。到1987年，全县城区面积1.43平方公里。1988—2005年，全社会固定资产总投资74.06亿元，全县公路里程2141.65公里，实现村村通公路，县城区面积扩大到9.48平方公里。1993年，建成旭阳镇南干道开发区。1997年，建成荣州大桥和李家花园小区与莲花坝、程家坝、光明路片区，打通新生街。2002年，完成南街、桂林街等片区，建成荣州广场。2005年年末，县城面积由1991年的2.19平方公里增至6.58平方公里。2005年年末，全市建成区面增加到44.2平方公里，城镇人口增加到92.67万，城镇化率提高到35%。

一、总体规划

自贡解放初期，百废待兴，城市规划尚未提上议事日程。1954年8月，自贡市人民政府提出"自贡市市区中心及街道计划"，主要内容是把檀木林作为市中心，市中心广场侧可开辟为运动场等。1958—1959年，编制《自贡市规划方案（草案）》（简称"58规划"）。中共十一届三中全会后，工作重心转移到经济建设，原有规划已不适应自贡经济建设需要，1979年编制《自贡市总体规划》（简称"80总规"）上报四川省人民政府批复同意。1988年，对"80总规"进行调修，同时新编制《自贡市历史文化名城保护规划》。此后，根据自贡城市发展需要，1993年编制《自贡市城市近期建设规划》。2003年，省政府批准《自贡市城市总体规划（2001—2020）》，其城市性质为：国家历史文化名城，以盐业化工、机械制造、化纤纺织、高新材料工业为主导的综合工业城市和独具特色的文化旅游城市；市区人口规模：近期（2005年）、中期（2010年）、远期（2020年）分别达到110万人、113万人、119万人；城市用地规模：2005年43平方公里，2010年48平方公里，2020年60平方公里。富顺县1983年编制第一部总体规划（1983—2000）规划县城北面为文化区，东湖街村南面为仓储区，西面为化工工业区，旧城为生活区。到2000年，县城人口控制在6万左右。1993年，县城总体规划期限近期为2000年，远期2020年，远景2050年。1998年，为强市建县，调修1993

年总体规划，以沱江为界，将城市划分为江北、南岸2个大区。江北为政治、文化、经济中心的新区，南岸区，包括全市的副中心西禅寺片区和以发展轻纺、机械工业和仓储为主的东湖片区。2004年总体规划，以发展综合化工、商贸服务为主，具有地域历史文化特色的山水园林生态城市为目标，编制2010年近期规划，2020年远期规划和2050年远景发展规划。近期城市建成区12.4平方公里，远期19.8平方公里。城区人口15万人、远期22万人、远景预计50万人。荣县1992年对1982年的《荣县县城总体规划》进行调修，调修近期为2000年，远期为2020年，远景规划2050年。到2020年，形成1个小城市（荣州市）、9个中心建制镇、22个一般建制镇和35个乡镇的县城城镇体系。2000年，全县总人口96万，县城聚集人口18.72万人。2020年，全县人口115万人，城镇聚集人口47.84万人。

二、市政建设

自贡市建市较早，城市基础设施有一定基础。1949年，全市有街道26条，总长29.4公里，总面积12.9万平方米。中华人民共和国成立后，开始制订城市建设计划。1978年后，开始编制城市规划，有序推进城市建设。20世纪90年代初，城镇人口58.1万人，建成区面积26.5平方公里。1990年后，实施“建新城为主，相机改造旧城”的城市建设战略。1993年开始，实施“一水（双溪水库）、一路（内宜高速公路）、一区（汇东新区）”为重点的基础设施建设，全面加快城市化进程。同年，编制汇东新区总体规划，兴建高新区第一条城市道路汇东路。1994年，开展“交通发展年”活动，并启动境内第一条高速公路建设。2000年后，大规模建设和改造城市道路。2001年7月，确定未来五年城市建设重点：整治“一河”（釜溪河）、打造“两园”（大学校园、生态园）、开发“三区”（南部、西南部、北部工业园区）、建设“四大工程”（道路、生态景观、名城特色、旧城改造）。2003年，自贡市区非农业人口达到53.93万人，进入大城市行列。至2005年，陆续改造仁和路、人民路、檀木林大街、五星街、光凤路等城市道路，实施东方广场、新世纪广场、温州商城、帝豪广场以及滨江路景观建设，建成丹桂、方冲、绿盛、高笋塘、青杠林、白果等住宅区，城市面貌发生巨大变化。1991—2005年，全市房地产开发总面积1822万平方米。2005年年末，城市街道增加到167条，总长337公里，市政道路增加到578.27公里，人均拥有道路面积10.69平方米；建成区面增加到44.2平方公里，城镇人口增加到92.67万人，城镇化率提高到35%，绿化覆盖率31.9%；公路通车里程2167公里，公路等级率提高至61.4%。成为西南最大的电力输配枢纽，移动通信、电信实现数字化、交换程控化，实现村村通电话。

三、公用事业

自贡市公用事业发展较早。民国14年（1925年），自流井区泰丰电灯厂开始向居民供应照明电。自贡设市后，一些工商业者倡议兴建自来水厂。1943年9月，成立自贡市自来水股份有限公司，筹款法币400万元，因物价飞涨，工程预算不敷甚巨，暂告停顿。1948年2月，川康盐务管理局在所征盐场建设费项下拨法币20亿元作建设之用，同年5月完成一期工程。后因竹木管道经不住水压而爆裂，自来水工程遂告失败。民国35年（1946年）2月，自贡市政府调用防空指挥部的一辆1941年产的美式“瑞特牌”2.5吨货车和贡井盐商凑股购买的一辆“万国牌”货车改装成的公共汽车，分别由市中心开往凉高山和贡井终点站，1948年停运。中华人民共和国成立后，人民政府高度重视公用事业发展。1953年建成自流井水厂。1974年开始规划民用天然气。同年，数百户居民用上天然气。1986 年，建成从葫芦口水库到烈士堰水厂的管道输水工程。1992 年，自贡市最后一个无电村——荣县累岭沙渊沟村用上电，全市实现村村通电。1992 年后，陆续建设 220 千伏园湾变电站、500 千伏洪沟变电站等供电设施，自贡成为“川电东送”的主要枢纽。1993 年建成双溪水库，库容 5800 万立方米，供应荣县县城及市区用水。1996 年兴建日供水 3 万立方米长土水厂。1999 年开始，启动“一户一表”的城市电网改造工程。2000 年后，实施农网改造工程。2005 年，全市城区有自来水厂 8 座，日供水能力 29 万立方米，供水普及率 99%；全市售电量 22.51 亿千瓦时；天然气供气量 4.89 亿立方米，城市气化率 85% 以上；公交营运车 760 辆，出租汽车 1437 辆。

四、园林绿化

1949 年，自贡市园林绿地 459 亩，其中：公园 166.5 亩，环境保护林 36 亩，机关、学校等单位绿地 256.5 亩。1956 年，制订城市 3 年绿化规划，城市周围的山岭为重点地区，划分给各机关、学校、居委会为植树责任区，由单位负责植树。是年，4000 多人上山植树 18.9 万株。1958 年，提出“奋战两年，绿化自贡”目标。1987 年，开展园林绿化单位建设。1990 年，自贡市城市绿化覆盖率 25.4%，城市人均公共绿地面积 2.5 平方米。1991 年后，陆续实施绿化工程，绿地不断增加。2005 年年末，建成区绿地面积从 20 世纪 80 年代的 8490 亩增至 1.77 万亩，其中：公共绿地面积 3900 亩，单位附属绿地面积 6464 亩，居住绿地 996 亩，生产绿地面积 2367 亩，防护绿地 3730 亩。绿地率 26.50%，绿化覆盖率 31.9%，人均公共绿地 4.05 平方米。

五、乡镇建设

1990 年以前，自贡市村镇建设多由乡镇组织实施，没有统一的规划。1990 年后，村镇道路、供水、供电、供气等公共设施建设，由省、市财政给予经费补助。1994 年，村镇建设规划陆续编制完成，村镇建设正式起步。是年后，多方筹集资金，按规划推进村镇公共设施建设。1996 年，实施以道路为重点的基础设施建设，改造永年镇等 3 个自来水厂，竣工村镇住宅和公共性建筑面积 180.34 万平方米。1999 年，推进长山镇、成佳镇、牛佛镇、代寺镇等为主的省级试点镇市政基础设施、住宅小区建设及旧城改造。是年，全市 14 个省级试点镇投资 7500 万元，竣工房屋 10 万平方米。全市村、镇新建、改扩建住宅建设投资 6.17 亿元，建筑面积 176 万平方米。2004 年，农民新村建设开始起步。2005 年，全市村镇建设投资 4 亿元，在舒坪、仲权、牛佛、新店、龙潭等 26 个镇（乡）修建街道 3.7 公里，建设农民新村 1.3 万平方米。是年年末，全市建制镇 73 个，其中国家级试点镇 2 个、省级试点镇 14 个、市级试点镇 18 个，镇域内交通、通信、供水、供电、天然气、教育、科技、文化、卫生等基础设施逐步完善。

第二节　环境保护

自贡因盐而兴，同时也带来环境污染。1958 年大炼钢铁，生态环境严重破坏。20 世纪 70 年代以前，环境保护处于自发状态。1975 年 5 月，成立环境保护办公室，自贡市环境保护工作正式启动。1986 年后，逐步走上法制化管理轨道。1992 年起，将环境保护纳入各级政府目标考核，以创建国家卫生城市为契机，实施城市环境综合整治，重点开展沱江流域自贡段污染源综合治理。1997 年，取缔、关闭12户“十五小”企业。1998年，全面启动“一控双达标”工作，历时3年，127家工业企业全面达到国家规定的污染物排放标准。2001—2004年，开展创建优良人居环境活动，综合治理城乡环境。2005年，全市环境空气质量国家二级标准达标率83.5%，垃圾无害化处理率95.1%，城市生活污水集中处理率66.8%，城市绿化覆盖率32.1%，交通干线噪声平均等效声级较1991年下降9.7分贝。

一、水环境

自贡水资源短缺，水环境容量小。境内釜溪河无机盐类、有机物类污染严重。1978年11月，正式开展地表水水体水质监测。至1985年，自贡饮用水为河段水。1986年起，葫芦口水库成为城市主要生活用水源。1991年后，实施污水治理计划，关闭污染严重、治理无望的企业。1995年，经过省相关部门和自贡、内江两市协调，全部撤除长葫水库土焦和网箱养鱼，由自贡市筹资300万元补偿威远县。同年，双溪水库网箱养鱼全部拆除，水库水质恢复II类标准。1996年，制定《自贡市饮用水源保护管理办法》，确定江河、水库水源一级、二级和准保护区范围。1997年，编制《2000年工业污染源达标排放工作方案》，将127户企业作为2000年限期达标企业。2001年3月，127户企业污染物达标排放通过省政府验收。2002年，划定81个乡镇88个集中式饮用水水源保护区，面积154.46平方公里。同年2月1日，开工建设城市截污管道工程，次年建设市污水处理厂一期工程和贡井污水处理厂。2004年3月，市污水处理厂一期工程投入试运行。是年，处理生活污水1638万吨，集中处理率56%。2005年，新建截污管道，增加截污面积，处理生活污水2219万吨，集中处理率升至66.8%；全市饮用水源水质达标率95.9%；城区段水质为劣V类，出境断面水质主要是石油类超标，超标3.72倍。

二、大气环境

1980年10月，正式开展大气质量监测。1981年，大气主要污染物为总悬浮微粒。1985年，设大气监测点11个，降尘采样点17个，酸雨监测点6个，监测项目5个。1991年，开始烟尘控制区建设，实施城市“煤改气”，推广清洁燃料。1999年，制订《自贡市二氧化硫污染综合防治规划》，新上重点污染源治理项目10个，关闭年产20万吨以下高硫煤矿井95个。2000年，954辆机动车改为CNG汽车，控制汽车尾气污染。2001年，建成环境空气质量连续监测点4座，实现环境空气质量周报。2002年，对185个炉灶实施“煤改气”，对95户餐饮业进行油烟治理。2004年，建成环境空气自动监测子站2座，环境空气质量实现自动连续监测。1991—2005年，全市新增废气处理能力41.88亿立方米/年。2005年，全市工业烟尘排放达标率88.8%，工业二氧化硫排放达标率74.4%，工业粉尘排放达标率74.3%；硫酸盐化速率平均值0.46；年际降水pH年均值5.83；烟尘控制区覆盖率96%，环境空气质量达到国家二级标准。

三、声环境

改革开放以前，自贡城区等效声级较低。以后随着车辆增多，城市人口增加，城区等效声级呈增加趋势。1982年开始城市区域噪声试测。1984年采用网格布点法，设点243个，覆盖面积近16平方公里。1991年，开展城市区域环境噪声普查，以后每年5月监测一次。是年，全市平均昼夜等效声级61.8分贝，昼间超标率57.1%，夜间超标率35.8%。1991年后，通过采取噪声污染控制措施，改善声环境质量。2004 年，开展“噪声达标区”建设，城市区域环境噪声 54.2 分贝，噪声达标区面积 34 平方公里，达标覆盖率 80%。同年，实施城市道路“黑化”工程，采取城区车辆禁鸣措施，交通干线噪声大幅下降，平均等效声级为 69 分贝。2005 年，城市功能区等效声级 52 分贝，昼间超标率 10.8%，夜间超标率 41.1%。

四、自然生态

自贡境内多属浅丘，自然生态区域较小。1991 年启动自然生态保护工作。是年，全市批准的自然保护区 2 处，并在富顺县、荣县开展鹤类和珍禽保护试点。1992 年，省林业厅批准设立富顺县青山岭森林公园，面积 4 平方公里。1993 年，荣县高石梯森林公园升为省级森林公园，并易名为四川省高石梯森林公园，面积 3.50 平方公里。1999 年，建成自贡农团尖山生态保护区，面积 21.50 平方公里。2000 年，开展全市生态环境现状调查。2001 年，在富顺县童寺镇设立鹭鸟类保护小区，面积 9.33 平方公里。2003 年，实施《自贡市生态环境保护规划》，全面启动天然林资源保护、退耕还林、重点生态环境治理、城市生态环境建设、水土保持五大工程。2004、2005 年共命名 17 个市级生态小区，其中 6 个为省级生态小区。2005 年，全市自然保护区面积 5 平方公里，风景名胜区面积 192.66 平方公里，森林公园面积 7.5 平方公里。

第六章　名胜古迹

第一节　文物古迹

自贡市是一座具有近两千年盐业历史的全国历史文化名城，境内以盐、龙、灯为特色的文物古迹较多，尤以盐业遗存为众。2005 年年末，有国家重点文物保护单位 5 个、省级 15 个、市级 11 个。

一、西秦会馆

西秦会馆是中国七大具有代表性的专业博物馆之一，集中展示自贡盐业历史文化。西秦会馆寺名武圣宫，亦称关帝庙，俗称陕西庙。清乾隆元年（1736 年），来自贡地区经营盐业而致富的陕籍商人，为“迎神庥、联嘉会、襄义举、笃乡情”集资兴建，历时 16 年竣工。清道光七年至八年(1827—1828 年)，进行大规模的重修与扩建。1959 年，邓小平等倡议选定西秦会馆作为“自贡市盐业历史博物馆”，郭沫若题写馆名。通过全面修复和合理布局，馆内陈列各种古代钻井、治井、找捞工具。并采用声、光、电等现代化表现手段，真实地再现井盐生产技术的演进和变革。1988 年 1 月公布为中国重点文物保护单位。2002 年，评为国家 AAA 级旅游景区。整个建筑群由前至后，层层叠叠，逐渐升高。会馆的主要建筑有武圣宫大门、献技楼、大观楼、福海楼、金镛阁、贲鼓阁、抱厅、参天奎阁、左右客廨、中殿、正殿、内轩、神庖等，精美木雕、石刻、彩绘、泥塑数百件，尤以石狮、献技、金镛、贲鼓等楼阁的雕刻最为突出。

二、恐龙博物馆

自贡恐龙博物馆为亚洲最大的恐龙博物馆，被誉为“恐龙群窟，世界奇观”。1984 年 4 月，在大山铺恐龙化石群遗址上修建自贡恐龙博物馆，历时近 3 年，1987 年春节建成开放，成为继美国国立恐龙公园、加拿大恐龙公园之后的世界三大恐龙博物馆之一，被誉为“东方龙宫”。主展馆以“洪荒时代，一堆化石”为构思基调，巨石形体为造型基础，远眺如同一座巨型“岩窟”，俯视似一具侧卧着的大恐龙。1991 年，列入“四川省文物保护单位”，同年被评为“中国旅游胜地四十佳”。2001 年，其基本陈列被评为“全国十大精品陈列精品奖”。是年 12 月，启动以博物馆为中心的国家地质公园扩建工程，至 2002 年 9 月基本完成，新建 2500 多平方米游客中心、近 3000 平方米生态停车场、1.8 万多平方米游人广场，竖立具有恐龙文化特色的国家地质公园标志碑。至 2005 年年底，馆藏恐龙骨架 18 具，有 200 余个恐龙及其他脊椎动物个体近万件化石标本，几乎囊括了 2.05—1.35 亿年前侏罗纪时期所有已知恐龙种类，收藏和展示侏罗纪恐龙化石为世界之最，被美国《全球地理杂志》评价为“世界上最好的恐龙博物馆”。

三、中国彩灯博物馆

中国彩灯博物馆陈列、展出自贡彩灯精品。1989 年 6 月于市彩灯公园内动工兴建，建筑面积 6375 平方米。1990 年年底，主体工程竣工。彩灯博物馆以灯为主题，造型以正方几何形体重迭组合，悬挑宫灯形角窗和镶嵌于墙面的圆形、菱形灯窗，构成一组大型宫灯形建筑。1992 年 8 月 1 日，国家文物局批准自贡市成立中国彩灯博物馆，作为中国彩灯收藏、保护、展示和研究的专门机构。1994 年 2 月 1 日，中国彩灯博物馆开馆。2002 年，被国家旅游局评定为 AAA 级旅游景区（点），中外旅游界专家称之为“最具东方文化神韵，极具开发潜能的博物馆”。至 2005 年年底，接待中外游人 120 万人次，陈列精品先后赴国内 30 余个大中城市巡展。

四、燊海井

燊海井位于大安区大安街长堰塘，是世界上第一口超千米的深井，享有“凿井奇观”“天下第一”的美誉。该井始凿于清道光十五年（1835 年），3 年后凿成，井深 1001.42 米。燊海井凿成之初，日喷黑卤 14 立方米，日产天然气 8500 立方米，烧盐锅 80 余口，日产盐 14 吨左右，是一口卤、气同产的高产井。1988 年 1 月，被国务院公布为全国重点保护文物单位。1995 年，采用线刻手法，雕刻传统采卤制盐工艺壁画，作为现场陈列附属展览，供游人参观。2000 年 12 月 10 日，中央电视台《直播中国》栏目，以直播方式向全世界介绍这口著名的盐井，展示盐都古老的科技工艺和悠久的历史，以及传统井盐生产过程。2003 年 5 月 12 日，中共中央总书记、国家主席胡锦涛在自贡市考察期间，专程前往燊海井视察，并欣喜地说：“感谢 300 万盐都人民保护了燊海井这一活文物。”

五、荣县大佛寺

荣县大佛寺是世界第一大释迦牟尼佛、第二大石刻大佛。坐落于荣县城郊大佛山山麓，海拔 414 米。佛身通高 36.67 米，头长 8.76 米，肩宽 12.67 米，膝高 12 米，脚宽 3.5 米。荣县大佛始凿于宋神宗元丰八年（1085 年），元祐七年（1092 年）建成。大佛西面半山处名啸台，有多处唐宋摩岩石刻。1988 年，对大雄宝殿进行重建。1991 年，大佛寺内新建荣州碑园一座，集中展示荣县历代碑刻艺术精品。1993 年 7 月，高山镇湘阳洞出土明代佛像石刻 30 多尊，移至大佛寺达摩殿内陈列。2000—2001 年，新建山门殿一座，面积 760 平方米，内建广场 2800 平方米。寺门由原西北方向改为正北方向，由新建的 108 级石梯直通大佛正殿，参拜者由山下可直瞻大佛慈颜。2000 年，荣县大佛寺景区被评定为国家 AA 级旅游景区。2005 年，对大佛寺古建筑加固维修，全面修缮大佛主要附属建筑。

六、富顺文庙

富顺文庙是国内保存最完好、规模最大、建筑最精美的文庙之一。位于县城中心南门，始建于北宋庆历二年（1042 年），文庙主供孔子，时称“文宣网庙”。并在庙内立石质“雁塔碑”，以刻全县历次中试者的名字。文庙坐北朝南，占地十余亩，历代经 21 次维修改造，主体规格为清道光二十年（1840 年）形成，整个文庙由 3 个庭院组成。抗日战争时期，日本飞机炸毁大成殿一角及西廊庑，后虽经修复，因技艺原因，终未复原。1958 年对文庙粉饰一新。1986 年后，逐年拨款维修，基本恢复原貌。至 1991 年，翻修改造上戟门、大成殿、崇圣祠屋顶，雕刻大成殿孔子、四配、12 哲人塑像。1998 年 8 月，维修崇圣祠翼角。2000 年 7 月，维修改造文庙前院部分。同年，被列为全国重点文物保护单位。

七、吴玉章故居

吴玉章故居位于荣县双石镇蔡家堰。1988 年，为纪念无产阶级革命家吴玉章 110 周年诞辰，在其旧居之西重建吴玉章故居和陈列馆。同年 12 月 30 日揭幕开展。整个建筑占地 1.50 万平方米，建筑面积 1050 平方米，规格为砖木结构的四合院。陈列馆大门匾额上，镌有杨尚昆题“吴玉章故居”。吴老半身胸像坐落在四合院坝中央，塑像大理石底座上嵌有邓小平题“我国杰出的无产阶级革命家、教育家、历史学家、语言文字学家吴玉章”。故居陈列有吴老生平事迹照片、史料及实物，全国各界知名人士书写的字画等 1000 余件。1991 年被列为四川省文物保护单位。1997 年始，新建 10 个共 300 余平方米的展览室，新收集文物资料、照片、文件、实物 1000 余件，中央领导和书画名家手稿珍品近百件。2000 年，征地 13 亩，修建吴老墓地，并于次年将吴老骨灰从北京迁回故居安放。2003 年，评为国家 AA 级旅游景区。

第二节　风景名胜

自贡是“中国优秀旅游城市”，境内主要风景名胜区有 8 处，景点 75 个。

一、飞龙峡风景区

飞龙峡风景区原名尖山农团生态旅游风景区。尖山风景区由自流井区管辖，农团风景区由贡井区管辖。景区面积 40 平方公里，地处自贡市区西南部边缘，海拔 400—500 米，年均气温 17℃，四季气候宜人。风景区有“历史古迹”6 处，以“建筑园林”为代表的景点 12 个；天然林面积 1.84 万亩、人工林 1240.5 亩；有鹳、黑颈鹤、猫头鹰、黄鼠狼、花面狸、豺猫及蛇类等多种野生动物，30 多种药用植物。景区内有水库 3 座。20 世纪 80 年代中期，以“草堂寺—印把山”一线为主，发展景区旅游业。20 世纪 90 年代后期，开发以飞龙峡和周家冲为主的景点，可供游览面积 1.5 万亩。1999 年，景区被评为市级自然生态示范区。2001 年，被评为国家 AA 级旅游区。2005 年，整个景区划归自流井区管辖，是年投入 1700 万元，对尖山、农团风景区进行整合打造，更名为飞龙峡风景区。

二、桫椤谷风景区

桫椤谷风景区位于自贡市荣县西南金花乡境内，占地 10 平方公里，是古代造山运动形成的巨大漏斗型深谷。桫椤是远古时代恐龙的主要食物，被称为活化石。桫椤谷有 1.6 万株桫椤树，成片生长在幽谷之中，成带状分布，植株一般高 3—4 米，最高的 8—10 米。1997 年，改造进出景区道路，修建景区山门、停车场、简易接待住宿等设施。2000 年 7 月，将桫椤谷作为自贡恐龙王国公园先期项目、恐龙王国子公园进行建设，并确立以绿色生态、科普、休闲为主题定位。是年，被四川省人民政府命名为“桫椤自然保护区”。2002 年，评为国家 AA 级旅游景区。

三、双溪湖风景旅游区

双溪湖风景旅游区位于荣县城北 1.5 公里处，为水库型自然风景区。双溪湖因地处东川、寿水两溪交汇处而得名，历来是荣州文化胜地。1995 年，双溪水库全面竣工，成为集农业灌溉、城镇供水、防洪、旅游、发电等多功能于一体的人工湖。湖区集雨面积 80.25 平方公里，年城镇供水量 500—2000 万立方米。双溪湖景区有湖光山色清幽秀美和精巧的特点，有“书阁寻踪”“龟峰环秀”“碧水泛舟”“山庄烟柳”“蓝桥翠壁”“石门访古”“客舍松风”“激流探险”“东湾鱼趣”“双桥险壑”等特色景点，宾馆、山庄、茶舍、竹楼、娱乐城、游乐园、游泳池、钓鱼场星散分布，各具特色。2002 年，被评为国家 AA 级旅游景区。

四、富顺西湖风景区

富顺西湖风景区位于富顺县城内西北隅，是一座人工修饰的天然湖，南大北小，形似平放的葫芦，素以荷花闻名。西湖原是钟秀、神龟、五府、玛瑙诸山雨水汇流的自然洼地，早在宋代即已疏凿，砌石为堤，隧成湖泊，“湖阔六七里”。经历代培修点缀，先后修建有西湖厅、湖光亭、凌波亭、吹香亭、春风亭、浩然台等。由于历代居民围湖造田、建屋，城内湖面大减。至 1949 年，西湖周长 1680 米，水面 51 亩。1984 年，改建钟秀山、五府山之间的石平桥为平拱结合 3 孔龙凤石桥，加宽改建西湖影院通五府山的石桥，从泊船嘴修建连接湖心碧波亭、红蕖榭的九曲桥。碧波亭上有一幅对联：“异代人材辉泽畔；千秋月魄照湖心。”赞扬清代戊戌六君子之一的邑人刘光第。西湖北为五府山，有烈士纪念塔和刘光第墓。湖东至湖西，有清代学者段玉裁读书楼旧址。西湖南，有宋代易学大师李见功书的“读易洞”。西湖之西，有唐代修建的古刹资国寺遗址，人称罗浮洞。

第七章 风土民情

第一节 宗 教

唐代后，荣县、富顺县出现大型寺庙、丛林。道教影响仅次于佛教。道教作为传统教派在清代最为兴盛，全市有道观 100 余所，道徒 400 余人，荣县境内的槐轩派流行甚广，该派融儒释道为一体，后人称为汇融三教，经三代传人后，逐渐式微，1949 年后，自贡道教在民间自行消亡。清代帝王崇佛抑道，佛教进一步发展。清朝中期，回民迁入自贡地区，传业伊斯兰教。清朝后期，基督教和天主教传入自贡。民国前期，各类宗教并行发展。由于军阀混战，佛教、道教庙宇被征拍卖用作经费。民国中期，庙宇被征用改作保国民学校，宗教活动大不如前，信徒亦大大减少。中华人民共和国成立后，佛教、伊斯兰教、天主教、基督教根据中共和人民政府宗教信仰自由的政策，从事正当宗教活动。1990 年全市共有宗教教徒（友）2.5 万人。2005 年，全市依法登记宗教活动开放场所 32 处，教职人员 79 名，各类教徒约 3.5 万人，信教群众近 30 万人。

一、佛教

自贡地区寺庙众多。荣县城内有保存下来最早的隋建佛教寺庙。唐、宋、元、明、清各代继续修建寺庙。尤以清代佛教发展最盛，建寺最多，僧人 1686 人，信教群众数以万计，寺庙有田产 1.23 多石。清末民国初，自贡地区有大小寺庙 1000 余座。民国 38 年（1949 年），全市尚有寺庙 468 座，其中荣县 80 座，富顺县 300 余座。中华人民共和国成立后，随着社会改革，多数僧尼还俗，参加工农业生产，佛教活动及参加人数逐年减少。“文化大革命”初期，红卫兵到各寺庙破“四旧”，寺庙佛像被砸毁，法器经书被销毁，寺庙被查封，一切佛事活动被迫停止。1984 年 7 月，妙观寺获准对外开放，佛事活动开始恢复。至 1991 年，全市开放寺院共 7 座，有僧尼 50 余人。2005 年年末，开放寺院 23 座，在册僧尼 118 人，其中僧 51 人、尼 67 人，持皈依证居士 1 万余人。

自贡地区的佛教活动，以佛诞法会活动为主。一年中有农历二月十九日，观音菩萨圣诞；四月初八日，释迦牟尼佛圣诞；六月十九日，观音菩萨成道；九月十九日，观音菩萨出家；冬月弥陀会等。在这些纪念日，各大寺院多开展大型法会活动。1984 年后，阴历每月初一、十五举行两次宗教活动。2002 年以后，各大庙宇烧子时香的信众不断增多，每到除夕子时，妙观寺、青莲寺、天池寺等庙宇，便聚集许多信众。一座庙宇有时香客几千上万人。每逢寺庙大雄宝殿落成，进行佛像开光法会（佛像落成时，替佛开眼的仪式）。2003 年荣县龙潭寺开光，900 余人参加。同年，荣县醒悟寺开光，1500 余人参加。2004 年，荣县白云寺开光，3000 余人参加。2005 年，富顺普法寺开光，1800 余人参加。平常佛事活动主要有早晚颂课和传戒受戒。每年都收徒剃度传戒。2001—2005 年，共有

28 人收为沙弥（尼），23 人受三坛大戒，500 多人受居士菩萨戒。

二、伊斯兰教

清朝中期，回民迁入自贡地区传来伊斯兰教。清咸丰二年（1852 年），建荣县瓦滓乡清真寺。清光绪元年（1875 年），回民集资修建荣县留佳镇清真寺。民国 18 年（1929 年），建富顺县城关清真寺，是富顺地区穆斯林活动的主要场所。20 世纪 50 年代，瓦滓乡清真寺、墨林乡清真寺因属危房被拆除，留佳镇清真寺 1951 年被占用，1981 年落实政策，修复后退还穆斯林，由几户回民居住。1983 年全市有回民 581 人。1986 年，市政府拨款 3 万元，维修城关清真寺，1987 年 5 月开斋节开放，成为自贡地区唯一的穆斯林宗教活动场所。清真寺请阿訇主持宗教活动，成立民产管理小组，建立清真寺管理规章，管理小组设组长 1 人，成员 4 人，对清真寺施行民主管理。

回民全民信奉伊斯兰教。伊斯兰教教法严密，回民信仰虔诚，奉行教规教义参加宗教节日活动，婚丧都按宗教仪式举行，新生婴儿请阿訇取名。伊斯兰教的教务活动有五大功课，即念、礼、斋、课、朝；圣纪节、开斋节、古尔邦节三大节日。每周星期五主麻（聚礼日）礼拜，每天的五番礼拜。自贡地区的穆斯林活动，主要集中在富顺清真寺，每周主麻礼拜，阿訇与教友举行宗教聚会。礼仪活动后，教友须聆听阿訇讲解教义、教规，接受训诫。每年三大节日举行集体活动，一般参加集体活动的穆斯林几十人。伊斯兰教的一般节日和纪念日，如阿拉伯日、登宵节、白那提夜、圣姑节、盖德尔夜等，教友则个人或在家庭中进行纪念，一般倒油（榨油香）用生面或煮面做成圆形、圆圈形的饼，再用菜油或花生油炸熟，家中已逝世老人的也要做一份，饼除自食外，还要赠送教友。

三、天主教

清咸丰十年（1860 年），法国巴黎教会所属四川叙府教区，派传教士到自贡，租民房作为临时教堂，发展教徒。清光绪年间，荣县、富顺县先后建教堂、设神父。清光绪二十七年（1901 年）的反洋教斗争中，教堂被工人焚毁，富顺官府制钱五千串在原教堂附近重新建造一座法国式教堂，改名天主堂。民国初年，军阀混战，教堂遂成为群众避难场所，入教人数增多，天主教得到较大发展。1949 年后，天主堂停止宗教活动。1982 年后，落实各项宗教政策，天主教恢复正常宗教活动。1985 年，市政府拨款 18 万元，教会自筹 3 万元，在檀木林街新建一座天主教堂，总面积 1048 平方米。2005 年，全市有天主教堂 5 座，教徒 1760 人。

天主教会每年在檀木林教堂举行四大瞻礼，即耶稣复活、圣神降临、圣母升天和耶稣圣诞活动。每月举行月末追思亡故教友会，每周日下午还举行圣体降福弥撒、集体诵经，每天由神父主持做弥撒。2003 年 9 月以前，教堂尚未派驻神父，荣县教会由自贡市檀木林天主堂神父代看，重大庆日和宗教仪式也由市天主堂神父主持。2003 年 9 月，天主教宜宾教区派俄的尔日到荣县天主堂任神父，主持宗教活动。

四、基督教

清光绪二十八年（1902 年），英国基督教内地会派牧师到自流井租民房改设教堂，开始传教。次年，加拿大基督教英美乐山教区派牧师到荣县租用民房改修为福音讲堂，开始在荣县传教。至民国 3 年（1914 年），教堂总数为 25 所。民国 7 年（1918 年）前后，由于经费减少，教堂减少为 8 所。1949 年全区会尚有教堂 13 所。“文化大革命”开始后，一切教会活动停止。1978 年后，全面落实各项宗教政策，基督教逐渐得到恢复和发展。1980 年，桐梓坳福音堂开放。1997 年，基督教爱国会和基督教协会自筹资金 110 多万元，在桐梓坳福音堂旧址建成一座综合大楼，建筑面积 3000 平方米。荣县北门福音堂皇在县人民政府拨款 1 万元维修后，1986 年 2 月开放。1990 年，全市基督教徒 150 人。2005 年，全市有基督教堂 3 个，基督教徒 5000 余人，其中正式教徒 2600 人。

基督教传入自贡后，发展很快。中华基督教四川大会辖属 10 个区会，有 2 个在自贡。基督教会在自贡传教的同时，先后开办中小学 40 所、幼稚园 8 所、职业学校 3 所、医院 2 所。影响较大的教会学校有培德幼稚园、培德女子初级中学、荣县华英女子中学、义济高级护士职业学校，自流井仁济医院、荣县仁济医院等。

基督教每星期日举行 1 次礼拜活动，多由牧师主领引用《圣经》的某些章节向信众宣传教义，领唱《圣经》，唱赞美诗。或由信众自己祈祷。自贡市基督教堂每年在两大节日，即圣诞节和复活节期间，举行特殊礼拜，如为纪念基督殉难举行“圣餐”，为新入教者举行“洗礼”仪式等。此外，周间还有查经读经、祷告见证、青年团契等聚会活动。

第二节 民 俗

一、民居

自贡地处川南，依地形、气候特征，民居建筑有“外封闭、内开敞、大出檐、小天井、冷摊瓦、高勒脚”等基本特征。“外封闭”指四周修围墙，墙上不开窗，周围有竹林，功能是挡风、安全。“内开敞”指院内设天井，设敞口厅，设活动窗、望楼等，主要功能为通风排湿。“大出檐”指院内、街道边的房屋出檐皆宽，院内檐下可晒粮食、挂玉米、堆柴薪，沿街的檐下可摆摊、避雨。“小天井”是指房屋与天井占地比例为 3∶1。“冷摊瓦”，即瓦面可透气，草房顶亦然，以适应潮湿闷热的气候。堂屋，相当于现代的客厅，是民居建筑的核心，处于平面的中心。一般农户设有堂屋，既供祀先人，又是接待客人的处所。除集镇外，农村居民多分散居住。农村修房有许多禁忌，如谚语“草房平，住不成。瓦房陡，住不久”“门对窗，必遭殃；窗对门，必伤人”等等。20 世纪 80 年代中期以后，农村建房普遍。确定住房位置时，“风水”不作为主要考虑，注重交通方便，多建于离公路近的地方。所建房屋多为两三层砖混结构，晒坝宽敞，大多有粮仓、猪圈。

二、服饰

自贡民众自古以来崇尚勤劳俭朴，一切穿戴服饰务求实用。中华人民共和国成立前，小康人家平时也不穿绸缎呢绒，民间多用青、蓝、灰色土布做衣裤。农村居民多用自织土布自己缝制衣褥鞋袜。城镇居民多穿长衫，劳动者多穿襟布扣短衣。自贡地区穿戴上有一大特色，即除公教人员、士绅、地主外，居民多在长衫或短袄外罩上一条长围腰，护住前胸及膝部，以免弄脏衣裤。在冬天，为下肢保暖，老年男女爱穿只有两条裤管的棉腿裤（没有裤裆和裤腰），优点是行动方便，节省衣料。20 世纪 50—70 年代，成年人外衣外裤普遍为灰、蓝色，夏天穿白布衫衣。城市居民普遍穿对襟衫以及长布衫。20 世纪 70—80 年代，在“上山下乡”知识青年影响和带动下，妇女戴乳罩迅速在农村普及。改革开放后，随着人们思想观念的变化，穿着的式样、色彩不拘一格，变化层出不穷。

20世纪80年代，男性夹克便装风行，西装革履逐渐普及。20世纪90年代中后期，人们已习惯打领带，一些女青年穿皮裙和“二马裤”，在春秋甚至冬季穿厚裙，或短裙配以统袜的，也日渐增多。2000年后，男女着装也更注意时尚、个性，休闲装、西便服、风衣等比较流行。

佩戴方面，中华人民共和国成立前，自贡男性多戴瓜皮帽，公教人员流行博士帽，农民在头上多包白帕。一般女性喜欢戴银手镯、戒指、耳环。有条件的小孩戴加长命锁的银项圈、银手镯。即使贫寒人家也节衣缩食，备有一只银镯，是为了给孩子“滚蛋”“去风”，治疗风寒感冒等小病。烧盐工人在高温条件下劳动，一般不穿内裤，下身围布帕。20世纪40—50年代，人们普遍穿布鞋，劳动者多穿草鞋。20世纪60年代塑料凉鞋成时髦之物。在农村，胶鞋逐步取代了草鞋。改革开放后，皮鞋成普及之物，戴金银手饰也很平常。2000年后，戴帽已不时兴，穿鞋追求舒适、美观。

三、饮食

自贡人节俭好客。改革开放前，百姓平时多以素菜、咸菜佐餐，以大米为主食，喜欢吃回锅肉。多数农民的主食随粮食收获季节而变化，红苕半年粮，大米、小麦约占全年口粮的一半。在春夏之交，上年储粮已空，农村多以刚收获的小麦磨成粉，搅成稀麦糊下胡豆、瓜菜当饭，民间有“瓜菜半年粮，海椒当衣裳”的谚语。自贡人好客，每当红白喜事和年节期间，多爱请邻里亲朋聚会，称为请客，以不善知宾待客为耻。一般宴席分八大碗、九大碗、十大碗不同等级，但主菜必须有粑粑肉、炖鸡汤、咸烧白、回锅肉、砣子鱼等。改革开放后，居民生活水平提高，饮食习惯、结构发生变化，吃更讲营养、讲味道。2000年以后，自贡地区农村仍流行“九大碗”，数量质量有较大变化。招待亲朋或遇红白喜事，多在餐馆设酒席，办家宴请客的情况逐渐减少.

自贡菜肴在川菜中属小河帮系，俗称盐帮菜，偏重咸辣麻。具有地方特色的品种有火边子牛肉、水煮牛肉、豆花、牛佛烘肘、糍粑等。比较有影响的地方小吃，比如郑抄手、谢凉粉、庆荣森酸辣水粉、长生面、鲜辣兔头等等。盐帮菜讲究调味，其主要特点为重用油脂、擅用椒姜、料广量重、选材精道、麻辣刺激。

四、生养

旧时怀孕妇女禁忌较多，如孕妇的丈夫不能去抬丧，否则小孩生下来会脚手软。孕妇不能去逗、抱别人的婴儿。孕妇不能自己穿针，在使用针线时，线不能搭在自己肩上，否则分娩时脐带会缠住婴儿的脖子。孕妇要自己梳头，其他人不能代梳。孕妇忌吃羊肉、兔子肉、鲢鱼、母猪肉，否则小孩生下后会遗传羊儿疯、兔唇、流口水、母猪疯等怪病。其中有的习俗还延续着。旧时产妇都只能在丈夫家分娩，忌讳回娘家或到亲戚朋友家分娩。“坐月子”期间，产妇要用一张毛巾围住头部，忌吹风、忌洗头，不能坐硬板凳。产妇忌串门。婴儿出生100天，要为其举行“开荤”仪式，让婴儿开始吃一些荤菜。有钱人家要请客。新生儿100天内不剃头，满百日时才第一次剃发，须保留“天顶盖”上的胎毛不剃，认为这样可以“护命”。小孩满周岁，要行“周岁酒”。自贡还普遍流行拜干爹、干妈的习俗，称为“拜保保”。

五、婚嫁

旧时男女婚姻由父母包办，封建婚姻礼俗繁琐，男方媒人提亲、女家允婚后，还须算八字，合八字后，择婚期，女方备嫁妆。娶亲时新娘抬到男家门前停轿，送亲者取新娘用的火笼向顺、反方向倒灰，新娘向花轿作揖三个，厨师杀鸡在花轿四周淋鸡血驱邪，主仪人向花轿洒米。花轿抬入堂内，由多福多子的妇女扶新娘下轿与新郎男左女右并立，拜天地、祖宗、父母，然后入洞房、揭盖头，喝交杯酒。1951 年《中华人民共和国婚姻法》颁布后，父母包办、买卖婚姻、童养媳等习俗废止，提倡自由恋爱，婚姻仪式日趋简化。改革开放后，随着生活水平逐步提高，结婚又开始比较讲究。男女青年结婚一般要举行婚庆仪式和婚宴，使用婚车、新娘着婚纱、摄影、录像等比较普遍。农村索要彩礼现象已不多。

六、丧礼

自贡地区的丧葬习俗，因受“百行孝为先”的影响，历来重视厚葬，葬礼程序繁琐。老人“病危”时，家人就赶备寿材（棺材），做寿衣，请“阴阳”看风水、选墓地。人死后子女环绕遗体哀哭，换孝服，为亡人沐浴、穿寿衣、移尸入堂，讣告亲友。在双扇门上各贴一草纸，作为新门神，待丧葬完毕才除去，还原状门面。隔日小殓，奉尸入棺，盖棺上漆，书灵位。招僧道置魂幡，念经诵忏，每日晨夕献饭。亲友致吊时，丧家裂白布以缠头，至亲则特制孝服，叫开孝。这时妇女号哭尽礼，孝子跪谢。丧家请僧道做斋，家境困难者，请一个道士用半天时间开“小灵”。富裕家庭，人死后设灵堂，供家人守灵、亲友吊唁，请道士做道场或请和尚念经，超度亡魂。做斋有七天或九天，仪式有请水、接亡、商金桥、献花、破地狱、赏车夫、坐焰口、还库、焚化冥房、冥币、纸人桥等。出殡时，扛“望山钱”的行前，沿路撒“买路钱”，亲人中男在棺前步行，女于棺后哭送。途中如设有路祭，每到一处，丧主跪谢，祭毕续行。到达墓地，置棺入坑，经阴阳先生校正位置后，覆土掩埋，葬礼告成。第三天丧家用酒祭奠于新墓，举家望哭，称为“复山”。第七天为亡人烧袱子，全部葬礼始告结束。三年后孝满“除服”。民国时期，大体沿袭旧俗，但死者棺椁衣衾，坟茔器物，根据丧主财势与奢俭而有不同。中华人民共和国成立后，丧葬中的陋习逐渐废除。人死亡后，有关单位发讣告，亲朋好友一般送花圈或祭幛，也有的送礼金，有的设灵堂，亲属及亲友吊唁时均戴黑纱，至亲戴白纱。追悼会或遗体告别仪式多在殡仪馆举行，之后进行火化。农村一直没有革除请道士择地、开灵之陋习。1964 年起，实行殡葬改革，推行火葬。20 世纪 90 年代初开始，全市先后修建 4 座收费公墓，存放或墓葬骨灰。城镇基本上不再土葬，农村推行火葬还有一定阻力。

第八章　地方名人

自贡人杰地灵，英才辈出，从自贡这块土地上，走出了无数志士仁人、英雄豪杰、文人墨客、学问大家、科技巨匠，他们或活跃于历史广阔舞台，或默默耕耘，或舞文弄墨。他们的作用和影响，已超越自贡地域，而至全川、全国。

陆游中年时入蜀抗金九年，宋淳熙元年（1174 年）赴荣州（荣县）摄理州事，任职 70 天，留下不少赞叹自贡盐业与民风的诗篇，其中诗 22 首、词 10 首。明代，有“景泰十才子”之一的晏铎、“西蜀四大家”之一的熊过。清朝著名学者段玉裁，在代理富顺知县任内完成了《说文解字注》，并主持编修《富顺县志》，被梁启超先生誉为“方志中之表者”。

清末，清政府在甲午战争中失利，有识之士力主维新变法。时至刑部候补之事的刘光第，满怀爱国热忱，秉笔直书《甲午陈条》，力陈时弊，提出维新之良策。他有胆有识的维新观点，在社会上产生极大影响，也得到光绪皇帝赏识，赐他四品卿衔，授任军机章京参与新政。但维新变法却遭到清王朝顽固势力的极力反对。光绪被囚，刘光第与谭嗣同等 6 人被害，史称“戊戌六君子”。刘光第等成为千古传颂的俊杰。

维新变法失败后，以孙中山为首的资产阶级民主革命的先行者，举起推翻帝制、建立共和的革命旗帜。吴玉章在日本留学时，辅佐孙中山组织同盟会。他授命返回故里荣县，与王天杰、龙鸣剑等人策动荣县独立，建立军政府，脱离清王朝的统治，打响了辛亥革命的第一枪，揭开了辛亥革命的序幕。吴玉章后来加入中国共产党，毛泽东称他为一生只做好事的人。邓小平评价他是：无产阶级革命家、教育家、历史学家、语言文字学家。在这一历史时期里，还有被孙中山追授为陆军中将左将军的谢奉琦；有一生从事资产阶级民主革命宣传工作，被誉为“华侨之友”的雷铁崖；还有李筱亭，从加入同盟会到参加共产党，从反对帝制到反对国民党，李为革命做了许多工作，解放初期，曾任四川省副省长。在此时期，还应提及一个历史人物谢持。谢是同盟会早期会员，他反清，后来也反共；他拥护孙中山，后来成为“西山会议派”领头；他曾反蒋，后又拥蒋；他制造了分裂，又四方奔走呼吁团结；晚年又为抗日奔波，力主对日以坚决抵抗。

1921 年，中国共产党成立，党领导全国各族人民，为推翻国民党反动统治，进行艰苦卓绝的武装斗争。秋收起义时，卢德铭担任起义总指挥。他为掩护部队安全脱险，在阻击战中壮烈牺牲。还有协助彭德怀发动平口起义，担任红五军参谋长、军长的邓萍。在红军长征攻打遵义城时，邓萍英勇献身。在国民党统治区进行地下斗争中，涌现了江竹筠这样的“红岩英烈”。她被捕后，关押在重庆渣滓洞，受尽酷刑，坚贞不渝，视死如归。在自贡盐场工人运动中，有深受工人拥护的肖凤阶、方士廷。他俩被反动派杀害后，盐场 2000 多名工友为其送葬。1939 年自贡设市后，涌现出自贡市首任市长曹任远、任自贡市长 17 年的张奇等有影响的政界人物，他们为自贡的建设事业做出了积极贡献。

自贡盐业的发展，离不开历代盐商的贡献。19 世纪中叶，第一次“川盐济楚”大大刺激了自贡盐业发展，一时间自贡经济空前繁荣，百业兴旺。大批盐商在也此时崛起，“积巨金业盐者一千七百余家”。在这些盐商中，“王三畏堂”“李四友堂”“胡慎怡堂”“颜桂馨堂”实力最为雄厚，被称作“四大家”。他们的开拓者王朗云等人，善于经营，勤于管理，用人有术，注重信誉，使他们成为拥有百万家资、富甲一方的大盐商。19 世纪 70 年代至 20 世纪 30 年代，清政府政策的倾斜给整个四川盐业沉重打击，盐业行业在短时间内迅速衰败。民国 26 年（1937 年）抗日战争爆发后，第二次“川盐济楚”开始，自贡盐场又获得迅猛发展，新一代盐商开始登场。这一时期，著名的盐商主要有王德谦、余述怀、熊佐周、侯策名、罗筱元、刘瀛洲等。民国 33 年（1944 年），冯玉祥将军第二次到自贡倡导节约献金救国运动，富荣盐场西场首富的余述怀，率先捐法币 1000 万元，可购战机一架。“王三畏堂”最后一位“总理”、盐场首富王德谦，除捐款 700 万元外，献黄谷 894 市石，另在盐业团体中认献 250 万元，三项合计 1500 万元左右。他俩的举动带动了盐场的募捐活动，当年，自贡献金总数高达 1.21 亿元法币，人均献金 545 元，总数和人均献金均为全国第一。

在文学艺术领域，自贡巨星云集。清末民初，语言文字学家宋育仁文学造诣深厚，有多部学术著作、诗词作品问世。他主修《四川通志》、主持监修《富顺县志》；有博学多才，集诗词、书法、绘画于一身的赵熙，他作诗词 3000 多首，有《香宋诗钞》《香宋词》等出版问世；李宗吾所著《厚黑学》，喜笑怒骂皆成文章，被视为愤世之作，揭露封建社会统治者的奸诈和官场的腐败，颇有影响；近代“左联作家”王余杞的小说《浮现》《自流井》等作品有较大影响；著名剧作家魏明伦，著有《易胆大》《巴山秀才》《四姑娘》等剧目，多部剧目获文化部优秀作品奖。在美术方面，有版画家郭钧，他曾任天津人民美术出版社社长；有本土工笔画家刘克刚。在音乐方面，有作曲家王锡仁，作品颇丰，他谱曲的《太阳最红，毛主席最亲》，唱响大江南北，深受群众喜爱。在表演艺术方面，有卓越的表演艺术家陈戈，他在《南征北战》《党的女儿》《抓壮丁》等多部电影片中担任主角，给广大观众留下深刻印象；还有著名的马克思主义哲学家黄楠森，他有多部哲学著作问世，主编有《马克思主义哲学史》等。在工艺美术方面，被誉为自贡“三绝”的龚扇创始人龚爵五，第二代传人龚玉璋，第三代传人龚玉文皆为中国工艺美术大师，龚扇图案精美，柔似绸绫、薄如蝉翼，是国家赠送外国贵宾的礼品，以及收藏家的珍藏品；剪纸大师余曼白，在继承中国民间剪纸技艺的基础上，形成了质朴丰润、清新明快、拙中带巧、平中有奇、图案味浓、富有情趣、雅俗共赏的艺术风格，其作品有 500 多幅。《余曼白剪纸图案集》1956 年由四川人民出版社出版。

在科学技术领域，英才济济、硕果累累。清朝咸丰到光绪年间，颜蕴山是自贡井场技术的一代宗师，他发明的“深井浅推”汲卤法，对推动盐业生产的发展起到积极作用。20 世纪初叶，化学专家曹任远，留学日本、美国、法国，取得化学博士学位，流行半个多世纪的阴丹士林布，就是他的发明成果。中国工程院院士、中国工程勘察大师胡海涛，是中国工程地质与环境地质学科带头人之一，是“李四光地质科学奖”的获得者。中国科学院院士王方定是核物理学专家。中国科学院院士侯朝焕是水声学专家。中国首席网络科学院院士王行刚，是中国第一台电子计算机研制者之一。著名火药专家王道同，在兵器制造方面有重要贡献。著名的盐化工专家吴鹿萍，早年在日本留学，获工学博士，他主持设计中国第一条硼、钾、溴、碘等化工产品生产线，填补了中国化工产品的空白，是自贡真空制盐的主要设计者，对推动制盐工业技术进步有重大贡献。

在体育方面，自贡培养出众多优秀人才。清光绪三十三年（1907 年）自流井大盐商开办王氏树人学堂，效仿“新政”教育，在中国首批开设体操科，开启自贡近代体育史。中华人民共和国成立后，自贡籍运动员参加国际大赛获得 18 枚金牌和 120 多个洲际冠军。1981 年，童玲获第三十六届世界乒乓球赛女单冠军，成为当时世界乒坛上最年轻的世界冠军，同年评为全国“十佳”运动员，其先后 4 次获得国家“体育运动荣誉奖章”。1986 年 11 月，自贡姑娘颜文珍在第七届世界技巧锦标赛上，与队友配合默契，造型优美，尤其造型的全立柱臂叉和屈体三周下的高难动作完成质量高，与保加利亚队并列女子三人第二套第一名。次年，第六届世界杯技巧赛在美国举行，张世洪与队友合作，获得男子四人全能、第一套、第二套 3 块金牌，创造中国技巧史上最好成绩。20 世纪 80 年代，自贡的跳水神童、1983 年年仅 13 岁的高敏获全国跳水冠军赛 3 米板冠军，并通过运动健将标准，成为全国年龄最小的跳水运动健将。1986 年 8 月参加第五届世界游泳锦标赛，以 558. 90 分的优异成绩荣获女子 3 米板跳水冠军，创造女子跳水有史以来的最高分。之后，高敏在女子跳水项目上所向披靡，独步于国内外各赛场，被誉为“跳水皇后”。此外，自贡籍世界冠军还有女子曲棍球选手程晖、航空模型选手王伟、男子跳水选手周义霖等。

第三篇　攀枝花市

中国钒钛之都——攀枝花，是全国唯一以花命名的城市，以其资源高度富集且禀赋天成而享誉中外。

20 世纪 60 年代中期，中共中央、国务院从调整全国工业布局，巩固国防后方，把现代生产力从东部沿海推进到西部内陆的战略高度出发，组织实施了“三线”建设这个重大战略，基于铁矿和煤矿资源极其丰富的条件，中央将攀枝花钢铁基地列为“三线”建设的重点项目，作出开发建设攀枝花的重大决策，开启了攀枝花这座资源型新兴工业城市建设与发展的新纪元。经过 40 年的开发建设，昔日荒凉贫瘠的攀枝花迅速崛起，实现了由原始农业社会向现代工业社会的历史性跨越，成为中国西部一颗璀璨的工业明珠，一个现代化的钢铁钒钛能源基地，成为中华人民共和国建设创业和改革开放的标志地之一。特别是 1986—2005 年这 20 年间，攀枝花实现了从计划经济向市场经济的成功转轨，并以攀钢二期工程和二滩水电站两项重大工程为标志，掀起了建市以来又一轮开发建设的新高潮。

攀枝花市位于中国西南川滇交界部，四川省西南部，区域面积 7440.4 平方公里。辖 3 区 2 县（东区、西区、仁和区、米易县、盐边县），境内居住有 41 个少数民族。2005 年年末，总人口

107. 98 万人，其中少数民族人口 14. 47 万人，少数民族占总人口的 13. 4%。矿产资源富甲天下。共发现矿种 76 种，已探明资源储量 39 种。境内钒钛磁铁矿资源丰富，截至 2005 年累计已探明资源储量 71. 8 亿吨，保有资源储量 67. 3 亿吨。其中伴生的钛资源保有储量 42870 万吨，居全国第一；钒资源保有储量 1047. 9 万吨，居全国第一，世界第三。

2005 年，全市地区生产总值 248. 01 亿元，其中第一产业增加值 11. 63 亿元、第二产业增加值 172. 12 亿元、第三产业增加值 64. 26 亿元。人均国内生产总值 21969 元，居全省第一。全市固定资产投资 94. 73 亿元，社会消费品零售总额 62 亿元。两税（国税、地税）收入实现 47. 99 亿元，地方财政收入 20. 52 亿元。人均地方财政一般收入 1976. 4 元，居全省第一。城市居民可支配收入 9124 元，农村居民人均纯收入 3463 元。

第一章　地理状况

第一节　自然环境

一、地理位置

攀枝花市是中国四川省直辖市，位于中国西南川滇交界部，“攀西大裂谷”中南段，金沙江与雅砻江汇合处，介于北纬26°05′—27°21′，东经101°18′—102°15′之间。东北面与四川省凉山彝族自治州的会理、德昌、盐源3县接壤，西南面与云南省的宁蒗、华坪、永仁3县为界。成昆铁路、108国道公路和成昆高速公路纵贯全境。市政府驻炳草岗，北距成都749公里，南接昆明351公里，是四川省通往华南、东南亚沿边、沿海口岸的最近点，为古“南方丝绸之路”上重要的通道。

二、地貌特征

攀枝花市属于侵蚀、剥蚀的中山丘陵、山原峡谷地貌。燕山运动后，该地区相对稳定，形成了广阔的剥夷面。自喜马拉雅山运动开始，原来统一的剥夷面遭到破坏。一方面沿着古老的断裂，有的地方升为山地，有的地方下陷为断陷盆地；另一方面河流下切作用加剧，形成深山峡谷，使地貌具有山谷深、盆地交错分布的特点。

地势由东北—东南倾斜，西北高、东南低，地形起伏，高差悬殊，以山地地貌为主。山脉走向近于南北，是大雪山的南延部分。东部为小相邻—螺髻山—鲁南山系，中部为牦牛山—龙肘山系，西部为锦屏山—柏林山系。最高点位于盐边县柏林山穿洞子，海拔4195.5米，最低点位于仁和区平地镇师庄，海拔937米，相对高差3200米以上，一般相对高差1500—2000米。

三、气候特点

攀枝花属于亚热带—北温带的多种气候类型，被称为“以南亚热带为基带的立体气候”，具有夏季长，四季不分明，干、雨季分明，气温日变化大，气候干燥，降雨量高度集中，日照多，太阳辐射强，蒸发量大，小气候复杂多样等特点。

年平均温度高，四季不分明，气温日变化大。攀枝花市是四川省年平均气温和总热量最高的地区。年平均气温为19.2℃—20.3℃，最热月一般出现在5月，最冷月出现在12月或1月，年温差比四川盆地明显偏小，但日温差偏大。全年以1月和2月的日温差为大，月平均值为13℃左右，最大日温差可达20℃以上。市区、仁和区海拔1500以下，米易县、盐边县海拔1400米以下地区，全年基本无冬，秋、春两季相连，夏季长达半年左右。盐边县虽有短暂的冬季，但仍以夏季天数最多，各地均无明显四季之分。年极端最高气温40℃左右。年极端最低气温－2℃左右，无霜期300天左右。

干、雨季分明，多夜雨、雷阵雨。一般每年6月至10月为雨季（或称湿季），11月到翌年5月为干季，年雨量的地区分布差异较大。年总降雨量并不少，但季节分配极为不均，长达7个月左右的干季，降雨量仅占全年总量的10%左右；1—3月一般都只有小雨甚至全月无降水；雨季期间，月雨量多在100毫米以上。

降雨量多在夜间，多雷阵雨，降雨强度大。夜间降雨量占全年降雨总量的70%—75%。

全市各地光照充足，太阳辐射强，具有丰富的光热资源。全年日照时数达2300—2700小时。全年太阳总辐射138—150千卡/立方厘米。气候干燥，年平均相对湿度61%—68%，最小相对湿度在10%以下。

垂直气候差异显著，小气候复杂多样。河谷地区气候均属同一类型，气象要素随时间的变化趋势大致相同，但热量和湿润状况仍有一定差异。其干热程度以沿金沙江河谷为甚，米易县安宁河谷次之，盐边北部最次。气候垂直差异显著，有“山高一丈，大不一样”之说。一般随海拔高度增高，有温度降低，降雨增多的趋势。据划分气候带温度指标，海拔1400米以下的地区相当于南亚热带的热量水平，1400—1800米相当于中亚热带，1800—2100米相当于北亚热带，2100—2500米相当于南温带，2500—3300米相当于温带，3300米以上相当于北温带的热量水平。

四、自然灾害

攀枝花市气候干雨季分明，降雨量高度集中，再加上山高谷深的地貌特征，易造成暴雨和洪涝灾害。暴雨引发山洪、滑坡、泥石流等灾害，给人们群众的财产、生命造成重大损失。1986—2005年，全市因暴雨引发的洪涝造成重大灾害18次。其中死3人以上的10次，死10人以上的4次。除暴雨洪涝灾害以外，主要气象灾害还有高温、干旱、大风、冰雹、霜冻、低温阴雨等。

攀枝花市地质构造复杂，山高坡陡，沟谷深切，“V”字形谷坡较多，相对高差大，崩塌、滑坡、泥石流等重力作用活跃，加之为典型的资源型工业城市，境内煤、铁、花岗石、石灰石等矿区经长期开采，地质破坏较为严重，再加之区域内干、雨季分明，雨量集中，因此沟谷边所堆积的大量松散层受地表径流的冲击、渗漏，失去了应有的稳定性，随水流大规模移动堆进，易于形成滑坡与泥石流。2005年，全市有地质灾害区385处。

第二节　自然资源

一、矿产资源

攀枝花境内矿产资源丰富。截至2005年，已发现的矿产资源有76种，矿产地490处（含矿点、矿化点），已得到开发利用的45种。其中大型、较大型矿床45个。

境内黑色金属矿主要为钒钛磁铁矿，分布于攀枝花（小地名）、红格、白马等地，储量大，易开采，其次还有磁铁矿、赤铁矿、菱铁矿、铅矿。钒钛磁铁矿以铁为主，伴生有钛、钒、铜、钪、镓、钴、铬、硒、铂、镍、硫、磷等元素，资源储量大，分布集中，共生矿、伴生矿组分丰富，开采条件好，得天独厚。截至2005年年底，探明大型矿床13个、中型矿床7个，累计探明资源储量71.8亿吨，保有资源储量67.3亿吨。钛资源丰富，储量居全国第一，约占全国储量的93%，位居世界前列。主要伴生在钒钛磁铁矿中，截至2005年年底，保有资源储量42870万吨。钛用以制取金属钛（海绵钛）、钛合金、人造金红石、钛白粉等。钛及铁合金具有重量轻、强度高、耐高温、耐超低温、耐腐蚀等优良性能，用于制造飞机、舰船、潜艇、火箭、宇宙飞船部件以及化妆品等。钒资源丰富，占全国第一，世界第三。主要伴生在钒钛磁铁矿中，截至2005年年底，保有资源储量1047.9万吨。钒在钢铁工业中，主要用于炼制优质合金钢和其他合金产品，可增加钢的强度和韧性；在化学工业中，钒的氧化物（钒触煤剂）用于生产硫酸、精炼石油、制造染料的催化剂等。全市铁矿除钒钛磁铁矿外，还有少量赤铁矿、磁铁矿、菱铁矿及褐铁矿，均为小型矿床或矿点，全铁品位一般在40%—50%之间，估算磁铁矿资源量约250万吨、赤铁矿资源量约260万吨、铬地质储量696万吨。攀枝花市共发现有锰矿矿产地16处，其中，小型矿床2个，其余均为矿点。

境内煤主要分布在仁和区宝鼎和盐边县的红泥、箐河等地，米易县亦有少量。截至2005年年底，累计探明资源储量67107.1万吨，保有资源储量39055万吨。尚有一定的勘查远景，2004年5月31日，宝鼎矿区煤炭资源延深勘探工程正式启动，预计可探明资源储量约3.1亿吨。

境内发现的有色金属和贵重金属矿为铜、镍、铅、锌、钴、锡、铝、镁、铂、金、钯共11种；矿产地共80余处。截至2005年年底，已探明铜镍矿小型矿床1个、伴生镍矿床1个，镍（主要矿产加单一矿产）保有资源储量21932万吨，铜（伴生镍矿中）保有资源储量7174万吨。已探明铅锌矿小型矿床1处，其他为矿点和矿化点。已探明铝土矿小型矿床1处，截至2005年年底，保有资源储量95.5万吨，其余为矿点。已探明锡矿产地1处，属矿点。已探明金矿产地6处，其中小型床1处，平均品位7.05克/吨，资源储量350千克，其余均为矿点和矿化点。

境内熔剂石灰岩分布广泛，探明的大型矿床有大火山熔剂石灰岩矿床、巴关河熔剂石灰岩矿床、大水井熔剂石灰岩矿床3处，中型矿床有米易县挂榜熔剂石灰岩矿床1处。截至2005年年底，累计探明矿石资源储量31139万吨，保有资源储量29554万吨。市内冶金白云岩分布广泛，质量好，已探明的有大水井冶金白云岩大型矿床和米易县观音乡冶金白云岩中型矿床。截至2005年年底，累计探明矿石资源储量7741万吨，保有资源储量7495万吨。市内有耐火粘土矿产地8处，其中中型矿床3处，截至2005年年底，累计探明矿石资源储量1273.6万吨，保有资源储量1032.4万吨。境内有硫铁矿产地11处，均为矿点和矿化点，地质工作程度低，估算资源量26.5万吨。有伴生硫产地2处，估算资源量2053.2万吨。有磷矿矿点2处，估算资源量1231.1万吨。有重晶石矿产地6处，地质工作程度低。石墨矿是攀枝花市仅次于钒钛磁铁矿的第二大优势矿产，产地8处，其中大型矿床1处、矿点7处，截至2005年年底，保有晶质石墨资源储量1545.3万吨。攀枝花市基本上富集了四川省所有的硅藻土资源，主要分布于米易县，有矿产地11处，截至2005年年底，累计查明资源储量约1355.6万吨，保有资源储量约1355.6万吨。有白云母矿点和矿化点3处。有石棉矿化点6处，含棉率低。有蛭石矿点2处。境内花岗石产地多，主要分布于米易县的黄草、白马、沙坝、草场、横山等地，截至2005年年底，保有地质储量8395万立方米。有石膏矿矿点2处，规模小，地质工作程度低。有高岭土矿点1个，估算资源量78万吨。有水泥用石灰岩矿产地9处，其中大型矿床1处、中型矿床2处，截至2005年年底，保有资源储量20086万吨。境内宝玉石资源及工艺矿物资源种类繁多，有石榴子石、绿柱石、水晶、苴砚石、玛瑙、蔷薇石及雕刻石等，分布广泛，有宝玉石及工艺矿物岩石矿点16处。苴砚石矿为攀枝花市的又一特色优势矿产，主要分布于仁和区平地及大龙潭境内，呈带状分布于金沙江畔悬崖峭壁上，截至2005年年底，苴砚石原矿地质保有储量2098.5万吨。可利用优品苴却石237.78万吨。境内已发现的稀有金属矿产有铌、钽、铍、锆共4种，有矿产地6处，均为小型及伴生矿床。未发现有独立的分散元素矿床，分散元素矿产共生于攀枝花钒钛磁铁矿中，有钪、镓、锗、硒、碲。已发现的放射性元素矿产有铀矿，共发现有6个矿点，截至2005年年底保有资源储量232吨。

二、土地资源

2005年，全市区域面积7440.4平方公里。其中以山地为主，其余为丘陵、盆地、河谷阶地。土地资源以林地、荒山草坡为主，耕地面积较少。攀枝花的土地由山地、丘陵、盆地、河谷4种类型构成。

境内山地多属中山山地，面积6840.3平方公里，占总面积的91.96%。丘陵一般呈丘状形态，相对高差小于200米，主要分布在低山河谷区，面积23.9平方公里，占总面积的0.32%。盆地主要分布于米易县的普威、海塔及盐边县的择本龙长草坪等地，面积11.8平方公里，占总面积的0.16%。河谷地主要分布于境内安宁河、大河、三源河沿岸，以河谷小盆地的形态存在。面积558.4平方公里，占总面积的7.56%。

根据2004—2005年攀枝花市土地利用现状更新调查结果，2005年，攀枝花市实有土地总面积742345.9公顷。其中，耕地59300公顷，占总面积的7.88%；园地7400.03公顷，占总面积的0.99%；林地472000公顷，占总面积的63.58%；牧草地129900公顷，占总面积的17.49%；城镇及工矿用地18100.01公顷，占总面积的2.44%；交通用地3900公顷，占总面积0.52%；水域17800公顷，占总面积的2.4%；未利用土地42945.84公顷，占总面积的5.70%。

三、水资源

攀枝花市河流众多，境内有大小河流95条。水能储藏量占四川水能储藏量的37%，全国的18%。江河分属金沙江、雅砻江两大水系，雅砻江水系河流最后全部汇入金沙江。其中，出口在境内的河流，流域面积大于500平方公里以上的6条（不含金沙江），流域面积100—500平方公里的26条，流域面积50—100平方公里的18条。全市地表水资源总量1144.16亿立方米，其中过境水1104.91亿立方米。全市地下水资源总量7.9亿立方米，可开采量3亿立方米。2005年，人均有水资源3634.93立方米，平均每平方公里有水资源52.75万立方米，略高于全省平均水平。全市水能资源可开发量599.4万千瓦。其中雅砻江水系488.1万千瓦，金沙江水系151.3万千瓦。2005年，两大水系已建水电站装机344万千瓦，尚有较大的开发空间。

四、生物资源

攀枝花市是四川省重点林区之一。根据攀枝花市林业局林业资源调查，2005年全市林地面积552046公顷，占全市国土总面积的74.25%。其中有林地354778公顷（含经济林11553公顷）、疏林地5231公顷、灌木林地83222公顷、新造未成林地32839公顷、无林地76169公顷（含宜林荒山30980公顷）。2005年，全市森林覆盖率58.97%，林木总蓄积量2944.4万立方米。有林地中以针叶林为主，面积230419公顷，占有林地面积的64.95%，针叶林蓄积量占林木总蓄积量的80%。主要树种为云南松、云南油杉、华山松、米德松、冷云杉等。

境内野生植物多达190余科、900属、2300余种。珍稀野生植物主要有：攀枝花苏铁、云南红豆杉、黄杉、栌菊木、扇蕨、红椿6种。其中攀枝花苏铁、云南红豆杉为国家一级保护野生植物，黄杉、栌菊木、扇蕨为国家二级保护野生植物。

境内野生动物多达479种。其中鸟类325中、哺乳类64种、爬行类20种、两栖类15种、兽类55种。各类野生动物中，有国家一级保护野生动物金雕、四川山鹧鸪、豹、黑颈鹤4种，有国家级二级保护野生动物40余种。

五、旅游资源

境内旅游资源丰富奇特。温泉、瀑布、湖泊、溶洞等自然景观引人入胜，钢铁钒钛基地、二滩水电站、金沙江漂流基地、红格温泉、格萨拉生态旅游区等构成工业旅游、大裂谷奇异风光旅游、阳光休闲度假游、民族风情旅游等线路。由于冬季阳光明媚，气候温暖，吸引全国各地旅客尤其是老年游客来此休闲越冬。

第三节　建置沿革

攀枝花市是中华人民共和国最年轻的城市之一。20世纪60年代，为改变中国的工业布局和“大三线”建设的需要，在中共中央主席毛泽东的亲自过问下，开始了攀枝花钢铁基地的建设。1965年2月5日，中共中央、国务院下发了《关于成立攀枝花特区人民委员会的批复》。3月20日，攀枝花特区人民委员会成立。4月22日，国务院批准四川省人民委员会的请示，同意将攀枝花特区人民委员会改名为渡口市人民委员会。1987年1月23日，经国务院批准，渡口市更名为攀枝花市。

1965年，经国务院批准，将四川省西昌专区的盐边县、会理县和云南省楚雄州的永仁县、丽江州的华坪县所属的43个公社划归攀枝花特区。根据划入地的原区划和地理条件，攀枝花特区组建了大河区、玉泉区、大田区和金江区，幅员面积1411.96平方公里。1973年2月，撤销大河区、玉泉区、大田区、金江区建制，另行组建东区、西区、郊区。1981年8月，郊区更名为仁和区。1978年10月，原西昌专区所属的米易县、盐边县划入渡口市，幅员面积增至7434.40平方公里。2005年攀枝花市下辖东区、西区、仁和区、米易县、盐边县及23个乡、21个镇、16个街道办事处、353个村民委员会、129个社区居委会。全市区域面积7440.4平方公里。

第四节　人口　民族

随着攀枝花市的开发建设和辖区的扩大，人口迅速增长。建市之初的1965年年末，全市人口为34.76万人，其中非农业人口6.41万人，占总人口的18.4%；农业人口28.35万人，占总人口的81.6%。其后经过3次区划调整，到1978年年底，全市人口增至78.89万人，其中非农业人口36.28万人，占总人口的46%；农业人口42.61万人，占总人口的54%。2005年年末全市人口107.98万人，其中非农业人口58万人，占总人口的53.71%；农业人口49.98万人，占总人口的

46.29%。总人口中男性56.16万人，女性51.86万人。人口平均预期寿命74.2岁，人口自然增长率为6.6‰。

攀枝花的职工队伍大多来自全国各地及省内各地、市、州，攀枝花市这座新兴的工业城市被称为“移民城市”。根据1982年全国第三次人口普查，全市城区人口为330855人，其中来自全国28个省、市、自治区（主要为辽宁、山东、云南、陕西、湖北、河北、河南、江苏、湖南、吉林等）人口126728人，占城区人口的38.3%；来自省内125个市、县（区）人口202477人，占城区人口的61.20%；本地人口仅1650人，占城区人口的0.5%。

1986年年末，全市有35个少数民族，少数民族人口9.32万人，占总人口的10.99%。1990年年末，全市有少数民族人口10.54万人，占全市总人口的11.6%。2000年年末，全市有少数民族人口13.14万人，占总人口的13.14%。2005年年末，全市有少数民族乡镇17个（彝族乡镇14个、傈僳族乡2个、苗族乡1个），有少数民族41个，人口14.47万人，占全市总人口的13.4%。

根据2000年全国第五次人口普查，全市总人口为1091657人，其中少数民族人口139340人，占总人口的12.76%。40个少数民族中，彝族有人口110326人，占总人口的10.11%；傈僳族有人口8658人，占总人口的0.29%；回族有人口3426人，占总人口的0.31%；苗族有人口3411人，占总人口的0.31%，其次依次为傣族、纳西族、白族、满族、土家族、蒙古族等。

攀枝花是一座汇集了本地原住民方言、四川方言、重庆方言、东北方言等各种语言的城市，体现出移民城市特有的语言风格。

第二章 经济状况

第一节 发展状况

1965年2月，攀枝花特区成立，攀枝花工业基地建设全面展开。在高度集中的计划经济体制和“举国体制”下，国务院和中央各部委集全国之力，实行统一指挥、统一规划、统一投资、统一设计、统一施工和综合项目计划单列等特殊政策，为攀枝花开发建设注入了强大的活力。5万余建设大军半年内即从国内30余个省（市）自治区成建制调集攀枝花，冶金、矿山、煤炭、电力、林业、交通、建工、建材、地质等9个建设指挥部迅速成立，各项建设工程全面铺开。在没有城市依托，没有铁路等物流条件支撑的情况下，全靠汽车从350公里外的昆明、750公里外的成都等地将全国各地支援攀枝花建设的物资转运至攀枝花，仅用1年多，就实现了通路、通水、通电和工业基地建设的设计等前期工作。再用短短三四年时间，在约2.5平方公里的弄弄坪建设起产能达100万吨，被世界誉为“象牙微雕钢城”的大型钢厂。1970年6月29日出铁，1971年出钢，1972年轧出钢坯，1974年8月轧出钢材，攀钢一期工程基本建成。攀枝花市对外交通大动脉成昆铁路于1971年通车，改善了物流交通条件。至1978年，520项收尾配套工程全部完成，攀枝花基地一期工程全部建成，形成年产生铁144万吨、钢材41万吨、钒产品2万吨、原煤352万吨、水泥34万吨的生产能力。同时，国家对攀枝花工业基地的综合项目管理告终，全国支援攀枝花建设的体制结束，从此，攀枝花走上了依靠自身力量求发展的道路。

1978年，全市地区生产总值为6.69亿元，是1965年的18倍。1964年，全市地区生产总值第一、第二、第三产业占比为69.23%、3.08%、27.69%，到1978年，调整为6.91%、76.36%、16.73%。短短15年间，攀枝花市由一个以农业为主的边远山区嬗变为中国西部重要的工业、制造基地；人均国内生产总值从1964年的131元猛增到1978年的851元，增长5.5倍；地方财政收入从1964年的0.04亿元增加到1978年的0.97亿元，增长23倍；城市居民人均可支配收入及消费支出分别达到339和319元。

中共十一届三中全会后，攀枝花市进入综合发展阶段。各项建设稳步推进，形成以钢铁为主，包括煤炭、电力、建筑、建材、森工、机电、制糖、食品、医药、造纸、化工、针织、印刷、交通、邮电、商业、农林牧副渔及乡镇工业等门类比较齐全的国民经济体系。1984年，地区生产总值9.73亿元，比1978年增长45%；人均地区生产总值1184元，比1978年增长39%；全市工业总产值15亿元，比1978年增长64%；农林牧渔总产值1.47亿元，比1978年增长133%；全社会消费品零售总额3.04亿元，比1978年增长83%；财政收入1.39亿元，比1978年增长43%；城市居民人均可支配收入643元，比1978年增长90%；农村居民人均纯收入274元，比1978年增长1.42倍；人均期末储蓄存款163.55元，比1978年增长5.16倍。

1986年后，进入全面开发建设时期。市委共提出“七五”至“十一五”等5个全市国民经济和社会发展的建议，均经各届市人民代表大会通过并得以执行。根据大胆改革、实事求是和前瞻性原则，中共攀枝花市委确定全市经济、社会发展在各个不同时期的发展重点和目标任务，先后制订了《攀枝花市科教兴攀实施纲要》（1991年3月）、《攀枝花市农村实现小康规划》（1992年9月）、《攀枝花市第三产业发展规划》（1992年12月）、《关于依靠大企业、推动全市经济大发展的意见》（1995年11月）、《关于进一步加快攀西资源综合开发的实施意见》（1996年）、《关于进一步推进对外开放的意见》（1990年、1997年）、《关于加快发展旅游业的决定》（1998年）、《鼓励外商投资优惠政策》和《关于进一步加强招商引资工作的意见》（1997年、2002年）等一系列重大决策，统揽全局，协调各方，团结带领全市各族人民，解放思想，更新观念，深化改革，全面推进攀枝花经济社会的快速发展。

1986年后，胡耀邦、江泽民、乔石、李鹏、朱镕基、温家宝、邹家华等数十位党和国家领导人先后视察攀枝花，其中国务院副总理方毅先后8次到攀枝花视察，中共中央总书记江泽民曾两次视察攀枝花。众多国家领导人如此密集地视察地处偏远、人口仅百万的攀枝花市，体现了国家对攀枝花经济发展的重视，给全市人民带来巨大鼓舞。

此期间，以攀钢二期工程和二滩水电站建设为标志，攀枝花市开始全面开发建设。攀钢二期工程项目自1986年1月开工，历经11年建设，总投资93.59亿元，于1997年全部竣工。先后建成1350立方米高炉1座、130平方米烧结机2台、大容积焦炉2座、年产100万吨的1450（毫米）热轧板厂、1350（毫米）连铸机和年发电量30万千瓦的自备电厂1座，以及冷轧板厂、转炉提钒工程、万立方米制氧机、冷轧厂铁路联络线等，形成年产360万吨钢、260万吨钢材的生产能力。

1991年9月，位于雅砻江攀枝花段的20世纪中国最大的水电工程——二滩水电站主体工程开工。1993年大江截流。1997年导流洞下闸。1998年8月第一台机组发电并网。1999年11月，总投资277亿元、总装机容量330万千瓦的6台机组全部并网发电。

2000年，工业继续保持全市经济的支柱地位。全市工业总产值182.08亿元，比1984年的15.01亿元增加167.07亿元，增长11.13倍。工业经济成分中，国有大企业继续占据主导地位，成为发展的龙头，其产值占全部工业总产值的64.56%。全年生产钢363万吨、生铁415万吨、钢材275万吨、钒渣13.91万吨、焦碳297万吨、原煤619万吨、发电量117.74亿千瓦时、水泥73万吨、糖2.95万吨、饮料酒3.61万吨。全市以工业为主导的经济迅猛发展。至2000年，全市固定投资总额达到573.67亿元，比1984年增长11.18倍。地方工业企业达到3041家（其中规模以上工业企业63家），完成工业总产值58亿元，占全市工业总产值的比重达到31.85%。工业投资主体的多样化和民营化进程取得突破，全市非公有制工业企业完成产值37.89亿元，占全市工业产值的20.81%，比1984年的0.003亿元猛增近1.3万倍，成为攀枝花市经济中增长最快的门类。2000年，全市农林牧渔总产值13.61亿元，比1984年增长7.9倍。粮食产量达22.85万吨，比1984年增长27.2%；蔬菜产量达32.7万吨，为1984年的2.74倍，主要蔬菜品种达上百种，攀枝花市成为省内著名的早市、反季节蔬菜的主要调出地，是年仅通过米易火车站外运的蔬菜就达4.5万吨。因二滩水电站修建被淹没的盐边县于1997年7月建成新县城并完成搬迁，移民得到妥善安置。至年末，全市总人口

103.01 万人，其中非农业人口 54.91 万人，占全市人口比例的 53.3%，攀枝花市成为四川省城市人口占比最高的城市，城市化进程居全省第一。全市地区生产总值达 114.52 亿元，比 1984 年增加 154.27 亿元，增长 15.9 倍，居四川省 21 个地市州的第 3 位。人均地区生产总值达 11184 元，是 1984 的 9.45 倍，居四川省第 2 位，高于全国平均水平 58%；出口创汇 16687 万美元；全市财政收入 6.9 亿元，比 1984 年增长 3.96 倍；城市居民人均可支配收入 6732 元，比 1984 年增长 9.47 倍；农村居民人均纯收入 2439 元，比 1984 年增长 7.9 倍；人均期末储蓄存款 7391.54 元，比 1984 年增长 44.19 倍；城市、农村人均住房使用面积分别达到 16.7 平方米和 27.49 平方米。

20 世纪末，市内工业企业仍然是攀钢公司"一枝独秀"。在经济结构中，钢铁经济仍占据统治地位。随着全国钢铁行业的迅猛发展和国家对钢铁行业的宏观调控，攀枝花钢铁产业的优势逐渐丧失，依赖于钢铁产业的攀枝花经济面临越来越大的市场风险和不可持续性，攀枝花以资源为立市根本的发展战略危机与机遇同时存在。为此，市委、市政府制定了以钒钛资源为依托，发展钒钛产业，走优势资源深度开发的工业发展新路，以解决资源型城市发展中的规律性矛盾的战略决策。2001 年 6 月，总投资 70 亿元的攀钢三期工程建设启动，实施钢铁主业技术改造，钒钛资源综合利用和环保节能三大系统建设。2005 年，全年产生铁 461 万吨、钢 411 万吨、钢材 383 万吨、钒渣 15.98 万吨、焦碳 401 万吨、发电量 204.4 亿千瓦时、水泥 139 万吨、糖 1.6 万吨、饮料酒 4.8 万吨。百米长尺高速铁路用钢轨在国内京津高速等多条铁路上铺设，并出口美国、印度、巴西等国。

2005 年，攀枝花市形成了以优质稻为主的商品粮食基地，石榴、早春枇杷、酿酒葡萄、烤烟、蚕茧、中晚熟芒果、早熟脐橙等优质水果基地和反季节蔬菜基地。全年生产粮食 22.08 万吨、甘蔗 15.21 万吨、蔬菜 41.87 万吨、水果 7.04 万吨、水产品 8700 余吨。农林牧渔业总产值达到 19.96 亿元，比 2000 年增长 58.28%。从 2004 年 1 月 1 日起，攀枝花市全面免除农业税及附加，全市在全省率先结束了农民千百年来缴纳"皇粮国税"的历史。

2005 年，攀枝花市已形成以工商银行、农业银行、中国银行、建设银行攀枝花市分支机构为主体，股份制商业银行、农村信用社、证券公司、财务公司、邮政储蓄、保险公司等多种金融机构并存共同发展的现代金融组织体系。全市共有各类金融机构 290 个，年末各项存款余额 231 亿元，各项贷款余额 169.45 亿元。保险公司各项保费收入 5.67 亿元。证券公司 A、B 股交易量 27.54 亿元，开户数 7.96 万户。全市有大型超市 23 个，大型百货专业店 18 个，商业网点 2.5 万个，从业人员 7.5 万人。全市社会消费品零售总额 62.01 亿元，比 2000 年增长 60.8%，居全省第 17 位。进出口交易总额 3.02 亿美元，其中出口 1.34 亿美元。

2005 年，全市地区生产总值 248.01 亿元，比 2000 年增长 75.30%，占全省的 3.30%，居全省第 13 位；人均国内生产总值 21969 元，比 2000 年增长 68.02%，居全省第 1 位；农林牧渔增加值 11.631 亿元，比 2000 年增长 27.6%；工业增加值 158.43 亿元，比 2000 年增长 116.7%，占全省的 6.61%，居全省第 4 位；人均工业增加值 16567.1 元，居全省第 1 位。社会固定资产投资总额 94.73 亿元，比 2000 年增长 182.7%，占全省的 2.7%，居全省第 12 位；人均社会固定资产投入总额 10831.87 元，居全省第 2 位。地方财政收入 20.52 亿元，比 2000 年增长 197.4%，居全省第 3 位；财政支出 31.34 亿元，比 2000 年增长 1.59 倍；人均地方财政一般预算性收入 1976.41 元，比 2000 年增长 180.9%，居全省第 1 位。城市居民人均可支配收入 9124 元，比 2000 年增长 35.53%；农民人均纯收入 3463 元，比 2000 年增长 41.98%，居全省第 3 位。城乡居民储蓄 142.34 亿元，比 2000

年增长90.9%；人均期末储蓄存款余额13182元，比2000年增长78.34%。城市、农村人均住房使用面积分别达到19.06平方米和31.85平方米，分别比2000年增加2.36平方米和4.36平方米。城镇化率为56.6%。

攀枝花地处中国西南腹地，区位劣势造成攀枝花市在交通物流方面的落后状况在短期内难以得到根本的改变。西昌—攀枝花、攀枝花—昆明高速公路的建成和攀枝花机场的开通，虽可在一定程度上改善攀枝花的交通条件，但主要工业产品严重依赖铁路外运的状况没有得到根本解决。受发送量远大于到达量的影响，铁路外运满足不了经济发展的需要。因此急需加大对外运输通道尤其是铁路的建设，以突破交通瓶颈。攀枝花以资源开发立市。经几十年开发，矿山资源将日渐减少，采掘成本日渐增高，加之环境问题、采空区职工的搬迁、安置等问题日益突出。各种遗留问题为攀枝花市经济的可持续发展留下隐忧。三次产业结构特别是工业结构不尽合理，重工业畸重，轻工业畸轻，第三产业发展滞后。

1965—2005年部分年份攀枝花市地区生产总值情况

表3—1

年份	地区生产总值（万元）	其中			人均地区生产总值（元）
		第一产业（万元）	第二产业（万元）	第三产业（万元）	
1965	9438	2732	4637	2069	292
1970	32147	2908	23785	5454	608
1975	45518	3934	32841	8743	630
1980	75300	7077	58174	10049	942
1985	117717	11930	88251	17536	1405
1990	216420	23785	148530	44105	2399
1995	809314	63616	557377	188321	8508
2000	1145225	78799	785377	281049	11184
2005	2480110	116314	1721171	642625	21969

1965—2005年部分年份攀枝花市工农业总产值情况

表3—2　　单位：万元

年份	全部工业总产值	农林牧渔业总产值	其中		
			农业	林业	牧业
1965	498	3480	2543	389	545
1970	12678	3819	2899	72	845
1975	55714	5231	4137	95	995

续表3—2

年份	全部工业总产值	农林牧渔业总产值	其中		
			农业	林业	牧业
1980	113157	8726	6464	302	1927
1985	165047	16581	11305	1154	3940
1990	341295	35880	21820	2366	10856
1995	1214500	93002	54907	6052	29793
2000	1821308	126116	71724	5109	45057
2005	4164700	199595	104798	11351	71392

1965—2005 年部分年份攀枝花市财政收支、信贷、现金收支及居民储蓄余额情况

表 3—3　　单位：万元

年份	财政收支		银行信贷		现金收支			城乡居民储蓄余额
	收入	支出	存款	贷款	现金收入	现金支出	投资	
1965	596	341	2067	1422	2923	3715	792	250
1970	1974	2485	14692	7913	11128	14498	3370	681
1975	6377	3604	18716	17070	15442	18317	2875	1407
1980	8347	5291	24295	17456	27038	31382	4344	3804
1985	19067	9141	50703	40278	62625	71238	8613	17457
1990	32964	19903	146159	229191	176210	209199	32989	77082
1995	70425	95286	506880	1328170	880789	1027286	146497	380045
2000	69033	120998	1249610	1070124	1776906	1880263	103357	761403
2005	205204	339115	2310966	1694699	5488531	5704340	215809	1423433

说明：因税制改革，增值税上划比例不同，出现财政收入起伏。1998 年以前银行信贷额为国家银行数，1998 年起为全市金融机构数

第二节　优势产业

攀枝花市依靠钒钛磁铁矿资源、煤炭资源、水能资源和生物、光热资源等优势资源，经 40 年开发建设，至 2005 年已形成钢铁、钒钛、能源和特色农业四大强势产业。

2005 年年底，全市已建成包括冶金、煤炭、电力、建材、化工、机械、食品、饮料、医药等 20 多个门类的工业体系，形成年产铁 460 万吨、钢 400 万吨、钢材 380 万吨、电力装机 400 万千瓦、水泥 140 万吨、原煤 1200 万吨、焦炭 400 万吨、钛精矿 20 万吨、钒渣 12 万吨、黄磷 12 万吨、食糖 3

万吨、啤酒5万吨的生产能力。

1965—2005 年部分年份攀枝花市主要工业产品产量情况

表3—4

年份	钢总计（万吨）	生铁（万吨）	成品钢材（万吨）	钒渣（万吨）	焦炭（万吨）	原煤（万吨）	发电量（亿千瓦小时）	水泥（万吨）	糖（万吨）
1965	—	—	—	—	—	1	0.06	—	0.53
1970	0.2	5	—	—	13	67	2.64	18	0.39
1975	63.0	76	17	0.89	112	311	10.21	28	0.51
1980	163.0	196	50	4.03	152	372	15.26	35	0.95
1985	168.0	192	71	6.41	149	416	15.34	37	1.80
1990	194.0	232	84	6.26	188	540	24.01	51	1.87
1995	262.0	323	172	5.20	259	581	34.12	77	3.03
2000	363.0	415	275	13.91	297	619	116.65	73	2.95
2005	411.0	461	383	15.98	401	950	204.40	139	1.60

一、钢铁工业

1965—2005年，钢铁工业一直居于攀枝花市工业经济的主导地位，攀枝花钢铁（集团）公司是全市钢铁企业中的龙头。1978年攀钢一期工程建成。1986年攀钢二期工程开工，经10年建设，于1997年3月全面建成，全部工程投资93.59亿元。新建4号高炉、板坯连铸、板材等三大主体系统，新增铁、钢、坯、材产能各100万吨，形成年产钢360万吨、钢材260万吨的生产能力。形成了以重轨为代表的大型材，以汽车大梁板、石油管线钢、冷轧镀锌板为代表的板、管产品系列，实现了从“钢坯公司”向钢材公司的转变。2001年6月攀钢三期工程开工建设，至2005年，攀钢（集团）公司钢、铁产能均突破400万吨，连铸比达100%，钢材板、带比例达到68%。攀钢（集团）公司钢铁产量占全市产量的90%以上。

1986年后，地方钢铁工业开始发展。至2005年，全市有地方民营选矿企业40余家、炼铁厂10家、炼钢厂3家、铁合金生产厂10家，钢、铁产量约占全市钢铁总产量的10%。

二、钒钛工业

攀枝花市以丰富的钒钛资源著称于世。1976年开始，为打破国外对于钒、钛等“战略金属”生产技术的封锁和控制，国务院副总理方毅先后8次到攀枝花，组织全国科研单位，对从攀枝花钒钛磁铁共生矿中提取钒、钛开展攻关，历经10年，取得了“雾化提钒”等一系列技术突破。1986年，以提高钒钛生产技术和产能为主要项目的攀钢二期工程开始建设。1991年，中共中央总书记江泽民视察攀枝花市时题词“努力把攀钢建设成现代化的钢铁钒钛基地”。1997年，钒钛资源的综合利用取得重大进展，雾化提钒工艺技术得到优化，建成转炉提钒工程，钒的氧化率提高到90%以上，达到国际先进水平，铁水提钒率达到80%以上，从磁铁矿中提取钒的回收率由10%提高到35%。2000

年，钒制品产能达到30万吨，钒渣产量由1979年的1.5万吨增加到14万吨，并建成五氧化二钒生产线，年产能达到2000吨。钛的回收技术取得突破性进展，钛制品产能达到4000吨。

2001年，市委、市政府制定以钒钛资源为依托，以发展钒钛资源深度开发的优势产业为核心的产业发展新路。除推动攀钢三期工程建设，做大、做强以攀钢为龙头的钒钛产业外，大力吸引民营资本进入钒钛磁铁矿综合开发领域。2005年，攀枝花市钒钛高新技术开发区经四川省人民政府批准成立。同年全市投产或在建的钛制品企业已达15家（民营企业12家），钒制品企业13家（民营企业12家），形成年产钒渣16万吨、五氧化二钒1.2万吨、钒钛5800吨、钒氮合金1300吨、钛精矿60万吨的产能，年产值近30亿元，攀枝花市已成为中国最大的钒产业基地。攀钢建成钒原料、五氧化二钒、三氧化二钒、高钒铁、钒氮合金等5条生产线，其钒产品产量占全国的74%、世界的18%，攀钢（集团）公司成为世界第二大钒生产企业，也使中国成为世界第二大钒生产国。至2005年年底，全市有钛精矿生产企业37家，产量58万吨。钛制品企业13家（6家在建），钛渣产量1.1万吨，钛白粉产量1.96万吨，纳米级钛白粉产量45吨。

三、煤炭工业

攀枝花市境内有宝鼎煤田、红坭煤田、箐河煤田等3大煤田，资源储量67107万吨。1964年成立渡口矿务局，开始建设宝鼎煤矿。1979年，红果煤矿由西昌地区划给攀枝花市管辖。改革开放后，为满足经济快速发展对煤炭的需求，大批乡镇小煤矿开始建设。1990年，成立盐边县红坭矿务局，在红果煤矿基础上新扩建3口地方国有煤矿矿井。全市形成了国有大矿、地方国有煤矿和乡镇小煤矿齐发展的局面。受当时“有水快流”经营思想和利益驱动，乡镇煤矿迅速发展，1990年达到1000余家。1993年攀枝花市对小煤窑、煤炭市场、小洗煤加工厂等进行清理，历时1年，共清查78个井口、39家小洗煤厂，炸封非法生产小煤窑250个。截至2001年，共关闭大小煤矿188个（矿井850处）。2002年年底关闭20家改良焦企业，并妥善处理了关闭企业的善后事宜。

2005年，全市有合法煤炭经营企业134家，形成了原煤生产能力1300万吨（实际生产原煤950万吨）、精煤洗选能力1300万吨、焦化能力580万吨（实际生产焦炭401万吨）。攀枝花市成为省内重要的产煤大市。

四、电力工业

攀枝花市境内有过境雅砻江、金沙江，水能资源蕴藏量巨大，电力工业成为优势产业。1985年，已建成3座火力发电厂，装机33.6万千瓦。地方小水电站231处，装机1.14万千瓦，年发电量2085万千瓦时。

随着攀枝花市经济和社会事业的发展，到1986年电力已供不应求，攀钢二期工程开工建设后，电力供应更为紧张。1987年8月，攀枝花矿务局巴关河煤矸石发电厂开工建设，1992年12月26日正式并网发电。1991年二滩水电站正式列入国家基本建设计划并开工，装机容量为330万千瓦，年发电170亿千瓦小时，于1999年年底全部建成投产，成为20世纪中国建成的最大水电站。1994年建成攀钢自备发电厂，装机30万千瓦。2003年发电公司河门口发电站（厂）4台2.5万机组因不符合国家产业政策关停，随后在拆除机组的原场地上进行“以大代小”技改工程，新建2台13.5万千瓦循环流化床机组，首台机组于2005年4月30日并网发电，年底全面建成投产。2004年12月，攀煤集团2×135兆瓦煤矸石发电技改工程开工，建成后年发电15亿千瓦小时。2005年，攀枝花市境内电网内装机428.48万千瓦，其中火电装机84.18万千瓦，水电装机344.3万千瓦（二滩水电站330万千瓦、地方小水电14.3万千瓦）。全年完成发电量212.15亿千瓦时（市内6000千瓦以上机组），其中攀枝花发电公司发电17.71亿千瓦时、攀钢发电厂发电22.56亿千瓦时、二滩水电站发电157.34亿千瓦时。

1985年，全市建有110千伏变电站4座、35千伏变电站6座，110千伏输电线路12条、207.15公里，35千伏输电线路20条、131.76公里，10千伏配电线路40条、537.92公里。"十五"期间全市建成500千伏变电站1座，220千伏变电站3座，新增110千伏变电站2座，新增35千伏变电站5座，新增10千伏开关站4座。攀枝花电网以500千伏石板箐站为支撑，由5个220千伏变电站组成的220千伏骨干网络已基本建成。至2005年年末，市内大电网拥有500千伏变电站1座、220千伏变电站5座、110千伏变电站12座、35千伏变电站17座，总变电容量2786万千伏安，35千伏及以上输电线路总长度2509公里。全市用电负荷需求为114万千瓦，攀枝花电网最大供电能力为97.3万千瓦，全年日最大供电量1796万千瓦时，网供最大负荷83.9万千瓦，全年负荷率为90.57%，居全省前列。全社会用电量529080万千瓦时，其中农、林、牧、渔、水利业用电7925万千瓦时，工业用电464426万千瓦时，建筑业用电1974万千瓦时，城乡居民生活用电21678万千瓦时，向省外输出电量38934万千瓦时。

五、特色农业

攀枝花市年均气温达到20.3℃，无霜期达到288—330天，日照时数年均2780小时左右，为特色农业发展提供了优越的条件。从海拔937—4195米的区域依次分布着热带、亚热带、温带、寒温带等不同类型的植物群落，形成了多种植物共栖共生的良好生态环境。

1984年，米易县列为四川省立体农业综合开发试点县。1986年，四川省在米易县召开全省县长会议，以米易县为模式，在全省推行立体农业开发。农业部、中国农业科学研究院的有关领导、专家曾6次到攀枝花指导立体农业综合开发。1990年，全国立体农业研讨会在攀枝花市召开，攀枝花市立体农业开发模式在全国推广。

2005年，市内特色农业主导产业区域基本形成。海拔1500米以下的金沙江干热河谷区，主要发展热带、亚热带经济作物。海拔1500—2000米的暖润中山区，主要发展粮食、水果、烤烟、畜牧、渔业等产业，形成了以优质稻为主的商品粮食基地、优质石榴基地、优质早春枇杷基地、优质酿酒葡萄基地、优质烤烟基地、优质蚕茧基地、中晚熟芒果基地、早熟优质脐橙基地，反季节蔬菜基地和早春枇杷基地。海拔2000米以上的高山、山地寒温区，主要发展优质药材基地和干果基地。

2005年，全市达国标三级以上的优质稻种植面积达5000公顷以上，无公害"菜用粮"（鲜食玉米、菜豌豆）等种植面积7000公顷以上，实现了粮食作物品种结构和品质结构的优化。蔬菜产量从1965年的1.04万吨增加到2005年的41.87万吨，增长39.26倍。至2005年，已建成蔬菜基地10138公顷，蔬菜生产实现产业化经营，总产值近4亿元，每年向北京、西安、乌鲁木齐和省内外销蔬菜20万吨以上，成为市内农民增收的支柱产业之一。1965年，全市水果种植仅40余公顷。至2005年，水果种植面积已达1.3万公顷，产量由1965年的682吨增加到2005年的70426吨，增长102.26倍，水果品种由单一的梨、柑橘发展为以芒果、石榴、柑橘、枇杷、葡萄等优质南亚热带特色水果为主的360余种水果品系，水果产业成为全市农民综合经济收入的主要来源之一，攀枝花市已成为全国闻名的特色水果生产基地。攀枝花市是全国为数不多的优质烤烟基地，所产烤烟质量优良。2003 年，在国内 11 个省、14 个优质烟叶开发点的 28 个烟草样品的外观质量和评吸质量评比中，攀枝花市烤烟名列第二、三名。2005 年，全市种植烤烟 4786 公顷，产量 9578 吨。市境内蚕茧生产历史悠久，蚕茧茧层率、茧丝长、解舒率在四川省历次质量评比中均名列第一，且一年可养四季。2001—2004 年，攀枝花市获得世界银行贷款安宁河流域蚕桑基地开发资金，利用退耕还桑发展茧业基础。2005 年，全市产茧 2088 吨，农民茧款收入超过 2000 万元。

1965—2005 年部分年份攀枝花市主要农产品产量情况

表 3—5

年份	粮食（吨）	甘蔗（吨）	蔬菜（吨）	水果（吨）	水产品（吨）	猪肉（吨）	牛羊肉（吨）	禽蛋（吨）	生猪年末存栏头数（头）	大牲畜年末存栏头数（头、匹）
1965	98025	66645	10438	682	13	3250	401	76	138238	71036
1970	116860	47294	37440	1207	21	3890	518	116	168264	86980
1975	133605	69016	48302	1925	71	4795	652	139	224772	101998
1980	158230	90045	69075	2834	151	800	710	158	280767	110826
1985	161385	203782	115070	3500	445	11210	1095	442	362949	128352
1990	179845	230784	173598	9395	1244	17201	1588	468	451481	152861
1995	203498	298882	269130	18623	2733	28536	3313	1014	508825	164461
2000	228463	341239	326990	29960	4858	38824	3598	1617	525350	162350
2005	220754	152096	418656	70426	8720	48509	8463	4098	607610	160896

第三节　名优特产

攀枝花市系中国西部地区重要的钢铁工业基地，其钢铁产品品种、规格齐全，系列产品中尤以百米长尺钢轨（PD3 钢轨）在全球享有盛名。市境内特色农业发展迅速，早春蔬菜、水果、地方土特产品均富有特色。此外，境内产苴却砚历史悠久，质地细腻，堪与中国四大名砚媲美。

一、百米长尺钢轨（PD3 钢轨）

20 世纪 90 年代初，攀钢（集团）公司利用本市优势钒资源和自有先进钒生产技术，开发出了 Si－Mn－VPD3 高碳微钒热轧钢轨。与国外的 Cr－v 热轧钢轨相比，PD3 热轧钢轨解决了合金含量高带来的钢轨焊接时常出现的种种问题，其抗拉强度大于 980 兆帕，抗磨损系数高。实际使用寿命比其他钢轨提高了 50% 以上，使养护工作量大大减少，列车提速得以实现。该钢轨填补了中国微合金化钢轨的空白。PD3 钢轨在国内京津高速铁路等铁路主干线上大量使用，成为国家大力推广应用的新一代高强耐磨钢轨，其中 50—75 公斤/每米钢轨被国家质检总局批准为出口免检产品。

二、早春蔬菜

市境内光照充分，昼夜温差大，河谷地区终年无霜，发展冬春反季节喜温蔬菜具有明显优势，是国家农业部投资建设的“南菜北运”基地之一。境内早春蔬菜一般在春节期间上市，比其他地区提前1—2个月。以茄子、三月瓜、豇豆、四季豆、番茄、辣椒等为主的早春蔬菜远销北方地区和省内各地，且量大质优。

三、水果

境内水果品种丰富。2002年，生产的龙潭牌石榴、攀西牌石榴、春绿牌早春枇杷、仁和牌芒果、大祥牌芒果在成都西部农业博览会上被评为名优产品，远销全国。每年市内均要举行石榴节、芒果节等节庆活动。全市有名优特产水果基地1.47万公顷，年产水果5万吨以上。境内产芒果可溶性固型物含量11.5%—21%，甜度高，上市时间为7—10月，比海南、广西、云南等地晚1—3个月，填补了需求空白，具有明显的市场优势。石榴主要品种为青皮软籽石榴，个重500—1000克，籽小、籽软、籽粒红水晶色、口感极佳。早春枇杷上市一般在1—3月，比其他产地早1—2个月，成为元旦、春节全国各地水果市场的抢手品种。且可溶固形物、糖分含量高，风味独特。

四、苴却砚

以产地“苴却”（古地名，攀枝花市大龙潭乡、平地乡一带）得名。宋朝时名泸石砚。宋·高似孙著《砚笺》四卷记：“泸川石砚暗黑墨，视万丈悬崖中，正砦白眉。”元·虞集著《道园学古录》载《谢书巢赠宣和泸石砚》诗：“巢翁新得泸石砚，指拭尘埃送老樵。毁壁复光知故物，沉沙俄出认前朝。毫翻夜雨天垂藻，墨泛春水地应潮。恐召相如令草檄，为怀诸葛渡军遥。”所言诸葛亮渡泸处即为苴却，元以后因战乱频仍，泸石砚制作逐渐沉寂。清宣统时期大姚苴却巡检宋光枢取当地所制砚台3方送展巴拿马万国博览会获奖，苴却砚名闻中外。民国后，苴却砚制作工艺再度失传。1980年，随着攀枝花的开发建设，沉寂多年的苴却砚制作工艺被重新发掘。苴却砚石质细腻，研墨如油，抚之如婴儿肌肤，叩声清脆铿然，成砚有存墨不腐、历寒不冻、呵气可研墨等特点，加之其天然形成的翠绿、金黄石眼和黄标、绿标、玉带标经艺术家加工而成“二龙抢珠”“丹凤朝阳”“荷塘月色”等巧夺天工的艺术形象，使苴却砚兼具文房四宝和工艺精品为一身，中国书法家协会主席启功亲题“中国苴却砚”砚名，中国文物鉴定委员会副主任、中国收藏家协会会长史树青考证确认苴却砚为宋时泸石砚。1994年6月，苴却砚获亚太地区博览会金奖，10月获首届中国名砚博览会金奖。1995年，全国人大常委会委员长乔石出访日本和韩国时，将苴却砚作为国礼赠送日本天皇和韩国总统。

五、地方土特产品

境内土特产品主要有鸡土从、松茸、香菇、木耳、块菌、爬沙虫、野风蛹等。

鸡土从又称伞把菇、三堂菌、独角菇，为境内特产美味山珍，称为菌中之王。肉质肥硕，质细丝白，鲜甜脆嫩，清香可口，可与鸡肉媲美，故名“鸡土从”。出产于境内盐边县、米易县、仁和区山坡未受污染的红壤中，每年六七月为盛产期。鸡土从形如伞状，灰白色，足为黑褐色。可炒、煎、煮，其味鲜香，并含有丰富的钙、磷、铁、蛋白质等多种营养成分。用植物油将鸡土从熬成“鸡土从油”可久存，香味扑鼻。

松茸又名松口菇，系名贵食用菌，主要生长在盐边县、米易县的松树林和针阔叶混交林地中。七月、八月、九月为高产期。松茸形似伞状，菌盖呈褐色，菌柄为白色，均有纤维状毛磷片，菌肉白嫩肥厚，质地细密，有浓郁的特殊香味。营养丰富，含有蛋白质氨基酸、多种维生素、碳水化合物和矿物质成分。可煎、炒、煮、炖食，也可泡酒。据研究，松茸富含磨菇多糖，有抗癌药效。

香菇又称蘑菇，朵大肉厚，有独特香味，生长在境内深山湿润的楮木树林，为境内山货珍品之一。用鲜香菇烧肉、炖汤，清爽细嫩。干香菇发胀后烧鸡、炖肉汤浓味鲜。

木耳体形略呈耳状，润湿时半透明，生长于境内青杠木、桤木（又名水冬瓜）、毛叶黄杞（又名胖婆娘树）的腐木上，以青杠木耳为上品。木耳含有丰富的营养，可入药，有益气活血、止痛止痒的功效，还具减少动脉硬化、清胃助消化的作用。

块菌为子囊菌类中的一类地下食用真菌，俗称猪拱菌、无娘果，又称为松露，是较松茸、冬虫夏草更具有商业价值的珍稀食用菌，在欧洲被誉为“黑钻石”。块菌富含17种氨基酸、8种维生素、适量的蛋白质、以及雄性酮、甾醇、鞘脂、脂肪酸、氨基酸及微量元素等50余种生理活性成分，并且含有人体自身不能合成的8种氨基酸、锌、锰、铁等必需营养素。块菌属于外生菌根真菌，必须与适合的活体树种形成共生关系。攀枝花市有较丰富的块菌资源，主要有印度块菌、中国块菌和假凹陷块菌，其中印度块菌和中国块菌两种为商业块菌，其宿主树种有云南松、云南油杉、马桑、青香树、地瓜藤、蕨类等，攀枝花市和爱乡、啊喇乡、坊田乡、得石镇、普威镇、新九乡、红格镇等20余个乡（镇）海拔1100—2600米的垂直地带均有分布，自然分布面积约为18万公顷。

爬沙虫誉名为中华大蛉蛾幼虫。身躯黑褐色，长约5—7厘米左右，身体分段，头扁平，嘴上有一对锐夹，腰部为黄褐色，身体下部两边长有足，足上有毛，尾部有肉刺，常年生长在境内三源河、安宁河及其支流的石头下。据当地民间验方载，爬沙虫为“土海参”，可入药，有“生打熟补”的功效，对体弱肾虚、劳损腰伤有裨益，对治疗小孩子“尿床”有奇效。食用前将爬沙虫置于盆中用开水烫，除其内脏，油炸、酒泡、蒸蛋、生食均可。盐边县、米易县名菜“椒麻爬沙虫”则以酥脆干香闻名。

夏秋之际，市内二半山区的树上多有野生马蜂巢。用火驱赶或烧死成蜂，用口袋拢住蜂包取下，取出幼虫，用植物油炸至金黄即可食用，酥脆可口，营养丰富。

第三章　地方文化

第一节　发展状况

1966 年，攀枝花战鼓文工团成立，为市内第一个市级专业文艺演出团体。经过 40 年的发展，攀枝花市形成丰富多彩的现代大工业移民文化与独具魅力的地域民族文化交融并存，多种文化形式相互补充、多元发展的文化格局。至 2005 年，全市文化单位在职人员 535 人，其中专业文艺创作演出单位 3 个（市歌舞团、市京剧团、市川剧团），有职员近 300 人（中级职称以上 139 人）。群众文化队伍主要有攀钢（集团）公司职工艺术团、攀钢（集团）公司矿业公司艺术团、朱矿职工业余艺术团、十九冶职工艺术团、东区红叶艺术团、星光艺术团、星海民乐团等 30 余支城市社区业余文化表演团队和大田、平地、撒莲、总发、新山、格萨拉等 46 支农民文艺表演队。

2005 年，市内文化设施有市图书馆、市文化馆、攀枝花影城、新华书店、湖光剧场、市歌舞剧团演艺厅，在建文化设施有攀枝花影城二期、攀枝花艺术大厦，已纳入市政建设规划的标志性的文化设施有攀枝花剧院、攀枝花博物馆等。有集休闲、娱乐、体育、文化功能于一体的城市广场 47 个。有市级公共图书馆 1 座、县级公共图书馆 4 座、乡（镇）文化站以上的各级各类图书馆（室）100 余个。全市 44 个乡镇均建有文化站，建站率达到 100%。

20 世纪 80 年代中期，攀枝花市的文化经营业主不足 300 家，到 20 世纪 90 年代中期迅速发展到 1700 家。2005 年年底达到 1278 家，从业人员近万人，文化市场走向成熟。书报刊、网络、文艺演出、音像制品、美术作品、电子出版物、娱乐业、艺术培训等市场总投资达 2 亿多元，年产值 3 亿多元。2005 年年底，全市共有全国统一刊号的报纸 5 种、期刊 2 种；定期编印的内部资料 31 种，其中报型内部资料 5 种、刊型内部资料 26 种。全市共有审核合格的印刷企业 47 家、复印打字 192 家。全市有文轩连锁店 3 家，有集体、个体书报刊经营业主 224 家，电子出版物经营单位 14 家。

第二节　特色文化

一、专业文化

攀枝花市川剧团成立于 1984 年 7 月。1986—2005 年，市川剧团剧目生产按照“传统剧、新编历史剧、现代剧三并举”的方针，引进排演了《白蛇传》《绣襦记》《八仙过海》《碧波红莲》《百花公主》《生死牌》《三上轿》《拉郎配》等全本戏，演出了《做文章》《花田写扇》《迎贤店》《太君求情》《八郎回营》等折子戏116个，排演了《秤杆》《回笼宴》《办年货》《吆喝人生》《超前行动》《问路》等川剧及戏剧小品96个。创作演出大幕戏50台，其中自创并排演大幕戏7台、改编整理并演出大幕戏9台、戏歌节目和民族音乐会等综合节目20余台，下乡到厂矿进学校到部队慰问演出498场。1995年4月，市川剧团被国家文化部、人事部命名为“全国文化工作先进集体”。1992年剧团排演的小川剧《办年货》赴兰州参加“全国话剧小品、戏曲小喜剧比赛”，获“创作演出二等奖”。1999年排演的大型川剧《无言的莫高》获“首届中国川剧节”银奖。2001年市川剧团排演的方言小品《一票》获“四川省农村小戏、小品展演”一等奖、第十一届全国农村小戏小品“群星奖”银奖、攀枝花市精神文明建设“五个一工程”第五届入选作品奖。

攀枝花市京剧团成立于1975年11月。1986—2005年，市京剧团排演了《甘露寺》《四进士》《失空斩》《红鬃烈马》《四郎探母》等大型（全本）传统剧目，同时排演了《拾玉镯》《青风寨》《三岔口》《打焦赞》《怀都关》《樊江关》《三气周瑜》《起解》《空城计》《岳母刺字》《铡美案》《金山寺》等小型（折子戏）传统剧目，新编、改编、移植《徐九经升官记》《佘赛花》《青儿闹西天》《三请樊梨花》《三凤求凰》《杨八姐智取金刀》《三打陶三春》等剧目，还排演了《谁怕谁》《派出所的故事》《习惯不能成自然》《葛一刀》《天若有情》《语言问题》《产房门外》《一捆柴》《警花出更》《门里门外》《粑耳朵》《攀亲》等小品，《攀枝花月夜曲》《独享花名世无双》《我是中国人》《咏梅》《红梅赞》《故乡是北京》等京剧戏歌。下乡到厂矿企业进校园到部队慰问演出1000场。多次在全国、省、市比赛中获奖，2001年被国家文化部、人事部命名为“全国文化工作先进集体”。1992年《雪宝公主》获四川省1992年度精神文明建设“五个一工程”奖。1994年，市京剧团被文化部列入“全国十三个青年京剧团（队）”之一。1997年，市京剧团排演的新编历史剧《虎门销烟》参加“四川省第八届振兴川剧暨新剧目调演”获新剧目二等奖。1999年《虎门销烟》获四川省第七届精神文明建设“五个一工程”入选作品奖。

1966年3月战鼓文工团成立。1974年文工团内设京剧队。1975年增设话剧队，同年京剧队独立为市京剧团。1977年话剧队独立为市话剧团，1977年战鼓文工团更名为渡口市歌舞剧团。1984年改称渡口市歌舞团。1999年1月市歌舞团与市话剧团合并更名为攀枝花市歌舞剧团。2001年9月，在市歌舞剧团乐队的基础上又成立攀枝花交响乐团，为全省唯一市级交响乐团。1986—2005年，市歌舞剧团排演和举办了大量优秀的歌剧、舞剧、歌舞剧、交响音乐会和歌舞晚会，演出近2000场，下乡到厂矿、学校、部队慰问演出600场，编创了3000余件音乐、舞蹈作品，多次参加全国和省文艺汇演、比赛并多次获奖。1991年被国家文化部、人事部命名为“全国文化工作先进集体”。

1995年5月3日，攀枝花市歌舞剧团成建制编入“中国·四川·民间艺术团”，全团23人编为一分团赴欧演出，参加了西班牙、法国、比利时国际民间艺术节活动。根据三国民间艺术节组委会安排，先后赴西班牙巴塞罗那的卫星城塞尔达略那，法国奥尔良的阿诺尔、马勒赛布，比利时布鲁塞尔的沃吕沃、伊特尔、维特尔、维尔通、圣·吉兰，比利时北部布鲁城的东罗泽贝克、埃勒泽勤等地，并与法国、以色列、西班牙、比利时、意大利、匈牙利、格鲁吉亚、外高加索、哥萨克、印度、巴西、多哥、巴拿马等13个国家和地区的民间艺术团同台在20个点举行演出，总计演出39场（次），观众达8万余人次。1997年7月8—13日，由攀枝花市副市长聂泽洪任团长、四川日报社副总编席文举为副团长的1997中国文化节代表团·四川省团，参加在荷兰鹿特丹市举办的“1997中国文化节”，活动历时6天。2001年10月，攀枝花市文化馆副研究员肖大昌，作为四川省书法家代表团成员赴韩国参加中、韩作品联展，并以著名书法家身分与韩国著名书法家一道为联展剪彩。2002年3月30日，攀枝花市米易县文化馆馆员钟毅应美国中华艺术学会前会长于潛心之邀，在美国洛杉矶举办了“钟毅现代水墨画展”。中国驻洛杉矶总领事馆文化领事陈永山，美国中华艺术学会前会长于潛心，美国国际中国书画研究会会长、画家宋秀珍和画家江家瑞，美国大西南同乡会会长周顺祥等人为画展剪彩。2000年12月21日，市文化局副局长刘虹参加了由省文化厅艺委会应台湾“财团法人周凯剧场基金会”之邀组织的“四川地区文化艺术参访团”，参访团一行15人赴台，与台湾同胞进行文化艺术交流。

二、企业文化

攀枝花因工业立市，企业文化在生产建设中蓬勃发展。2005年，企业文化队伍主要有攀钢（集团）公司职工艺术团、攀钢（集团）公司矿业公司职工业余艺术团、十九冶职工艺术团、朱矿职工业余艺术团、机械厂职工业余艺术团、钛业公司选钛厂职工业余艺术团、河门口发电厂职工业余艺术团等10余支群众艺术团体。1985年，攀钢（集团）公司职工艺术团成立，40余名演职人员都出自艺术院校。艺术团为企业经济发展服务，先后在成都、洛阳、北海、贵阳、昆明等地演出，多次应邀参加大型晚会，以其独特的风格受到各地观众欢迎。1992年10月，该团在“四川省‘首届思丽丝杯’舞蹈新作大赛”中，分别获表演二、三等奖和创作优秀奖。1993年8月，该团应邀赴意大利参加国际民间艺术节，先后在米兰、巴乌格、威尼斯、贝加尔摩等10多个大小城镇演出28场，演出10多个中国民族舞蹈节目，赢得好评。1994年3月，攀钢退休职工文艺爱好者自发组成红叶艺术团，常年活跃在攀钢各厂矿进行文艺演出，为职工表演喜闻乐见的文艺节目。1998年元旦和春节，攀钢（集团）公司矿业公司职工业余艺术团、朱矿职工业余艺术团、机械厂职工业余艺术团、钛业公司选钛厂职工业余艺术团、河门口发电厂职工业余艺术团及攀枝花幼儿园、市少年宫舞蹈班、武术班等1000余人参加市文化局组织的文艺演出。1999年，攀钢朱矿职工业余艺术团的舞蹈《山寨妮苏玛》获文化部“群星奖”银奖。2000年，攀钢（集团）公司矿业公司职工业余艺术团在北京人民大会堂参加由国家经贸委、国土资源部、中国矿业协会为纪念毛主席“开发矿业”题词50周年联合举办的“走向辉煌”大型文艺晚会，演出自创节目——配乐诗画《祖国啊，我是您的一脉山川》，掀起了晚会高潮，受到中央、国务院有关部委领导和晚会主委会的好评。

三、节庆文化

“中国·攀枝花国际长江漂流节” 2001—2005年，攀枝花市在格里坪镇金沙滩国际长江漂流基地先后成功举办4届“中国·攀枝花国际长江漂流节”，其间举行了漂流等级赛、“民族亲和杯”民族漂流赛、记者杯漂流赛等赛事，汇集中外参赛队伍197支，共1436名运动员，分别来自中国、美国、英国、法国、日本、德国、俄罗斯、捷克、南非、加拿大、澳大利亚、爱尔兰、新西兰、斯里兰卡、以色列等19个国家和港、澳、台地区。4届长漂节引起沿江17个重点城市的关注及168家强势媒体的宣传报道，接待中外游客30多万人次，成功打造了“万里长江第一漂”旅游品牌，发挥出调动全市、带动沿江、影响全国、超出国界的国际品牌影响力。第一届（2001年5月1日）长江漂流节由攀枝花市人民政府、四川省旅游局、四川省电视台主办；第二届（2002年5月2日）由四川省人民政府、水利部和国家环保总局、林业局、旅游局、全国绿化委员会、长江水利委员会主办。第三届（2003年12月6日）主办单位在第二届的基础上增加了国家体育总局。第四届（2005年12

月16日）由四川省人民政府、国家体育总局主办。

中国攀西石榴节　攀枝花市仁和区大田镇盛产青皮软籽石榴，该石榴果大皮薄、晶莹剔透、味甜、爽口，具有营养成分含量高、耐贮藏等优点。1993年，曾获得全国农业博览会金奖，中国绿色食品发展中心为其颁发了“绿色食品AA级产品证书”，还先后荣获全国“名优农产品”和“优质鲜食石榴”等称号。2005年，该镇石榴种植面积已达1.5万亩，母本示范园250亩，全市种植石榴1.82万亩，产石榴4030吨。为打造攀枝花旅游全新品牌，做大做强石榴产业，2002—2005年，攀枝花市先后举办了3届石榴节，前两届在仁和区大田镇举办，第三届分别在仁和区和成都市举办。3届石榴节参与人数达17万人次，接待省、市及周边友邻州、县（区）客户800多家，销售石榴达80多万公斤，农副产品交易额达900多万元，招商引资1.5亿元。在第三届石榴节上评选出的“石榴王”“石榴王妃”“石榴太子”分别以25万、4万、3.8万的高价成功拍卖。中央电视台、新华社、《四川日报》、四川电视台、《四川工人日报》、四川人民广播电视、香港阳光卫视、《攀枝花日报》、攀枝花电视台等10余家新闻单位相继对石榴节进行了报道。

火把节　原系彝族十月历法年节，古称“星回节”，节期3天。据民国《盐边厅乡土志》记载，火把节的起源是：“汉元封年间，叶榆酋长罗阿娜为汉将郭世忠所杀。其妻阿南有姿色，忠欲妻之。南曰：‘从我三事乎？一作幕次祭故夫；一焚故夫衣易新君衣；一令国人遍知礼嫁。’忠如其言，明日聚国人，张松幕，置火其下。阿南抽刀出，令火炽焚故衣，引刀自断，扑火中，时为六月二十四日，国人哀之，故每岁以是日燃炬聚会，名曰‘星回节’。”到了农历六月二十四这天，人们穿上节日盛装，在火塘烧小石头和用黄色或麻色母鸡的肝、翅、脚驱霉祈福，家中挂一棵禾苗祈求风调雨顺；用酒、肉、荞粑祭祖，全家围坐火塘吃祭祖的酒肉。入夜，各家门口燃起火堆，执火把转游庄稼地，插火把于田边地角。是夜，各家还要用猪和羊“转脑壳”后宰杀，吃坨坨肉，喝大碗酒。全村人聚于平坝广场，燃篝火，围火堆跳“锅庄舞”。次日、三日，举行斗牛、斗羊、赛马、摔跤、荡秋千、对歌、跳舞等文体活动。第三日入夜，各家再点火把，先在居屋四周和畜圈巡绕，烧蛛网蚊虫，后持火把依约定的路线，集火把于“火把梁子”燃烧后，节日方告结束。火把节是市境内彝族群众一年内最重要的节日，彝族青年男女常借以谈情说爱，择觅对象。

攀枝花市其他旅游节庆活动情况

表3—6

节庆名称	时　间	地　点
务本桃花节	2月25日至3月15日	仁和区务本乡
花鱼节	7月	盐边县渔门镇
啤酒节	12月	攀枝花啤酒广场
傈僳族约德节	3月	米易县新山乡
格萨拉索玛花节	4—5月	格萨拉生态旅游区
混撒拉芒果节	6—7月	仁和区混撒拉
龙舟节、泼水节	5月端午节前	白娜姑民族风情度假村
风筝节	3月	西区格里坪金沙滩

续表3 —6

节庆名称	时　间	地　点
美食节	12 月	仁和区
啊喇吆山节	6 月 25 日	仁和区
苗族花山节	1 月 15 日	盐边县
樱桃节	3—5 月	米易白马镇

四、非物质文化遗产

攀枝花市是民族散杂居地区，境内少数民族多达 41 个，在长期的文化交融和历史文化演变过程中，形成大量独有的民族文化。为宏扬民族文化传统，发展先进文化，从 2005 年 1 月攀枝花市正式启动“非遗”普查，共普查到六大类 372 项民族民间文化资源。向四川省文化厅申报“四川省非物质文化遗产名录”6 项，经四川省人民政府审核认定 4 项（苴却砚雕刻技艺、东区阿署达红彝打跳舞、仁和区平地镇迤沙拉谈经古乐、米易县新山乡傈僳族约德节）。

苴却砚雕刻技艺　苴却砚石材产于攀枝花市仁和区平地镇与大龙潭乡之间，集“四大名砚”石品优点于一身，其最具代表性的“石眼”可谓世间独有。苴却砚石制作的砚台，石质细腻，磨墨如油，光彩夺目，抚之如婴儿肌肤，扣之清脆铿然，有存墨不腐、历寒不冻、耐磨益毫、呵气研墨等特点，勘称中华一绝。苴却砚雕刻技艺采用中国传统的手工雕刻技艺，早在唐宋、明末清初，就有地方名匠采石制砚。清宣统元年（1909 年），大姚苴却巡检宋光枢取当地所制砚台 3 方代表中国政府参展在美国旧金山举办的巴拿马太平洋万国博览会并获奖，名震中外。砚因产地而得名，从此苴却砚声名远播。后因战乱及地理偏僻、交通不便等因素而匿迹多年，雕刻技艺也逐渐失传，直到 20 世纪 80 年代才重新开发，苴却砚逐渐兴盛。2005 年，攀枝花较有影响的制砚者是任述斌，其雕刻技艺得自祖传，自幼随父游历民间石刻，凭着在绘画及雕刻技艺上的深厚造诣和精湛技艺，创作了一件件国家级苴却砚珍品，在“第五届亚洲及太平洋国际博览会”“国际书画博览会”“首都艺术博览会”“第四届中国民间民族工艺品交易博览会”等高级别的展览中获得金奖，其作品还被中央领导选作国礼赠送给日本天皇和韩国总统，本人也被联合国教科文组织授予“中国民间工艺美术家”称号，其苴却砚雕刻技艺亟待保护。

东区阿署达红彝打跳舞　阿署达红彝打跳舞流传于东区银江镇阿署达彝族村及周边地区，源于金沙江两岸民间流传的“锅庄舞”，却又自成体系，独具风格。自明朝始传，已有三四百年历史。该舞曲调多样，音乐形象鲜明，时而刚劲有力，时而舒缓深情，具有突出的民族音乐个性。舞蹈变换复杂，分三脚、四脚、五脚以至九脚，同时辅以勾、踢、盘、跳、踏等，动作舒展有力、粗犷大方，体现了彝族同胞热情、爽朗、奔放的性格特征。有古曲调上百首，仍流传的有 40 余首。

仁和区平地镇迤沙拉谈经古乐　迤沙拉谈经古乐属于洞经古乐的乐种。起源于南北朝的宫廷音乐，盛唐时传入南诏国（今云南大理），被僧侣、道士用作设坛诵经时的伴奏音乐，明朝初期逐渐传到攀枝花市平地镇一带，因其特有的艺术感染力，受到民间广泛喜爱，被民间逐步推广运用在婚礼、丧礼、寿宴、庙会等庆典中。此乐种在汉族地区濒临失传，但在攀枝花市平地镇迤沙拉村却较完整地保留了下来。迤沙拉谈经古乐所用乐器以京胡、南胡、三弦、笛子为主，加入芒锣、堂鼓、七星点、镲等打击乐器，配以拉弦乐，曲调悠扬、清越典雅，若行云流水。古乐有《朝歌》《叠落泉》《五字诵》《七字诵》《南清宫》《月儿》《桂香颂》等20余首，乐队组合最少4人（京胡、二胡、长三弦、笛子），多则十几人至几十人。

米易县新山乡傈僳族约德节　米易县新山乡傈僳族是县境内历史较久、人数较多的少数民族之一，大多于明清时期由云南省丽江地区迁入，多数聚居在米易县新山乡境内，每年兴办具有民族特色的传统节目——约德节。节庆活动中自发或有组织地举行跳锅庄、吹奏葫芦笙和对山歌。锅庄舞多为集体自娱性舞蹈，具有广泛的群众性，男女老少群集，参与人数多至上百人。舞蹈有平脚、双脚、四脚、五脚、七脚、合脚舞、团结舞、半收舞、纺纱舞、打鱼舞、荞子舞、插秧舞、薅秧舞、一根竹子砍三刀、挖生地、赶场、老虎刨泥巴、斑鸠吃水、斑鸠打架、公鸡打架、迎亲、姑娘出嫁等20余种，乐曲热情奔放、舞姿粗犷，脚步整齐、变化丰富。伴舞乐器为葫芦笙，一般为五管，根据不同的间高可分为高音、次高音、中音3类。曲目繁多、制作巧妙，祖传72调，仍有30余调流传。葫芦笙曲节奏鲜明，旋律流畅，节拍多使用混合拍子，曲体结构多为一段式和大一段式，演奏者为集体舞蹈的领舞。山歌曲调优美、高昂，两人或数人坐拉家常，也用山歌对唱形式进行，均用傈僳族语演唱。

第四章　社会事业

第一节　教育　科技

一、教育

1965 年，攀枝花建设初期，教育起点低，仅有小学 140 所、农业中学 1 所，在校学生 7200 人，适龄儿童入学率为 58%，90% 以上的农村青壮年是文盲。进入 20 世纪 70 年代，职工家属及其子女大量迁入，市内各大企业本着“先生产、后生活”的方针，因陋就简办起了一批职工子弟学校，但办学效益和教育质量处于较低水平。1980 年，全市开始实施普及初等义务教育。

1986 年，全市有托幼园所 91 所，在园幼儿 8600 余人；有小学 688 所，在校学生 119892 人，小学适龄儿童入学率 95.9%、毕业率 83.5%、升学率 83.5%、适龄儿童初等教育普及率 81%；有初中学校 73 所，附设初中点 14 个，在校学生 39997 人，初中入学率 81.3%、毕业率 96.2%、升学率 55.2%；有高中学校 26 所，附设高中点 1 个，在校学生 9204；有中等职业学校 18 所，在校学生 8360 人；有高等教育学校 5 所，另有高等教育函授站、班 13 个；教职工 14408 人。1988 年，东区、西区和 50 个乡（镇）占全市人口 87% 的地区基本实现了普及初等教育。1991 年，全市实现普及初等教育目标。1992 年攀枝花市开始实施九年义务教育，建立巩固“普九”成果专项复查评估制度。从 1996 年起，市区开始实施普及高中阶段教育工作，至 1998 年，城区基本普及高中阶段教育，普及率达 90% 以上，各县（区）也加快了农村普通高中的发展步伐。从 2004 年开始，市内少数民族乡（镇）和散杂居少数民族村的所有接受义务教育的学生，以及全市农村特困家庭和城市低保家庭受义务教育的学生全部实行免杂费、免书本费入学，并对农村特困家庭和城市低保家庭义务教育阶段的学生实行生活费补助。2005 年完成中央和省属企业办中、小学的分离工作，攀钢（集团）公司、第十九冶金建设公司、四川华电攀枝花发电公司、攀煤（集团）公司的 50 所普通中、小学和 5306 名教职工移交地方政府管理，结束了建市初期至 2005 年实行的企业办学与地方政府办学的“两条腿走路”的办学模式。

2005 年，全市有幼儿园（所）159 个，在园幼儿 29179 人，学前 3 年幼儿入园率 73.97%，农村学前 1 年幼儿入园率达 86.8%；有小学 432 所，在校学生 99867 人，适龄人口入学率 99.8%、毕业率 99.7%、升学率 97%，适龄人口初等教育完成率 99.4%；有初中学校 65 所，在校生 43580 人，适龄人口入学率 99.3%、毕业率 99.6%、适龄人口初级中等教育完成率 96.8%，毕业生升学率 84.8%；有高中学校 18 所，在校学生 17103 人，高中学生高考上线率 36.98%；有中等职业学校 11 所，在校生 8196 人，毕业生就业率 97%；有高等教育院校 3 所，在校学生 19029 人，有教职工

15651 人。1986—2005 年，全市教育事业费共投入 19.24 亿元。

二、科技

攀枝花工业建设依靠科技而发展，科学技术队伍随工业战略基地建设而壮大。1985 年，全市有独立科研机构 8 所，从事科技活动人数为 3.6 万人。至 2005 年，全市拥有独立科研院所 9 所（工业科研机构 1 所、农业科研机构 3 所、规划设计类科研机构 2 所、社会公益科研机构 3 所），全市有专业技术人员 5.19 万人，知识结构以高、中级为主，专业技术人才中具有中级职称以上的有 2.18 万人，享受政府特殊津贴的专家有 120 人。

1985 年，攀枝花市从农业开始科技体制改革的探索，到 1990 年全市有 800 多名科技、管理人员下乡开展农业技术承包。1991 年 3 月市委、市政府《关于科学技术发展的十年规划和“八五”计划》中首次提出实施“科教兴市”发展战略。1992 年 7 月加入教育内容，合并为“科教兴攀”战略。2000 年 7 月，市政府批准成立攀枝花高新技术产业园区。至 2005 年年底，全市共有高新技术企业 21 家，当年实现技工贸收入 3.77 亿元；在新材料产业基地建设上，全市有新材料企业 20 多家，形成 PD3 重轨、Ⅲ级含钒钢筋、高速钢轨、钒氮合金、高钒铁、钛白、纳米二氧化钛等主导产品；建成省级中药现代化科技产业基地 1 个，市级中药现代化科技产业基地 2 个；建成米易冬春优质枇杷、无公害蔬菜、大田优质软籽石榴、优质芒果、草食牲畜、渔门名优水产养殖 6 个农业科技核心示范区，并形成以“春绿”“吉丰”“锐华”“大祥”“漫山春”等一批农业企业为龙头的农业产业化格局，并申请注册商标。加强国际间科技交流与合作，在冶金、轻工、酿酒、种植等科技领域，聘请法国、英国、德国、日本、芬兰等国专家到攀进行技术指导和科技合作研究，推动了攀枝花科技的发展。

1986—2005 年，共获得市以上政府部门颁奖的重大科技成果 877 项，是 1965 年建市以来 20 年获奖成果的近 2.8 倍。成果中有国家级成果 14 项，大多具有国际领先地位和国内独创先进水平；省部级成果 205 项；市级成果 658 项。历年全市专利申请量达到 904 项，其中 2005 年申请专利 147 项，专利授权量达 73 件，实施专利 79 项，实现产值 13547 万元。

第二节　卫生　体育

一、卫生

1965 年，攀枝花钢铁工业基地建设开始，大批卫生技术人员和管理干部响应支援国家大“三线”建设的号召，来到金沙江干热河谷区，为新兴工业城市的卫生事业奠定了基础。

1986 年，全市各类卫生机构已发展到 410 个，病床 4234 张，卫生技术人员 6976 人，每千人平均拥有病床 4.99 张、卫技人员 8.22 人。2000 年省爱卫会授予攀枝花市“四川省卫生先进城市”称号。同年经考核省政府确认攀枝花市为四川省第一个基本构建起城市社区卫生服务体系的城市。2002 年，盐边县达到四川省卫生县城标准，米易县达到市级卫生县城标准。2003 年，仁和区达到市级卫生县城标准。至 2005 年，全市累计评出全国、省、市级卫生单位（村、镇）841 个。卫生防疫部门积极开展急慢性传染病、地方病、职业病防治，对城市的劳动卫生、放射卫生、食品卫生、环境卫生开展监督；血吸虫病防治达到省级验收标准；麻风病发病率大幅下降，两县一区已由麻风病高流行区降为中流行区，城市东区、西区为低流行区。全市新型农村合作医疗制度覆盖农业人口18.08万人，共有84873名农民参加新型农村合作医疗，参合率46.95%。

2005年，全市有各级各类医疗卫生机构1157个，其中政府举办的卫生机构94个、企业办卫生机构147个、其他性质的卫生机构916个。已建成国家三级甲等综合医院2所、三级甲等中西医结合医院1所、三级甲等专科医院2所、二级医院8所（在医疗保健机构中已建成“爱婴医院”14所)。全市各级各类医疗卫生机构有职工8244人，其中卫技人员6943人，占84%。全市实有病床5609张，其中农村卫生院实有病床756张。全市每千人平均拥有病床5.24张、卫技人员约6.5人。全市社区卫生服务机构增加至52个，其中服务中心4个、服务站48个，同年东区被国家卫生部、民政部、国家中医药管理局命名为全国社区卫生服务示范区。

二、体育

建市初期，攀枝花体育事业既缺场地设施，又缺专业干部，只能因陋就简地开展体育活动。至1985年，全市已拥有近百名体育干部和教练员，已建成能容纳3万人的露天体育场1座，游泳池和儿童游泳池各1个，灯光篮球场1座，集训楼1栋。县（区）和各大企业已修建可进行田径、足球比赛的运动场5个，灯光篮球场36个，游泳池19个。20世纪90年代，市政府加强体育设施建设，至2005年，已建成金沙江漂流基地、米易县国家级皮划艇激流回旋竞训基地、攀枝花国家射击射箭训练基地、中国攀枝花市国家级手球、曲棍球、棒球垒球竞训基地等大型体育训练基地4个，市级体育场馆7个，各县（区）共有体育场地799个，各大企业共有体育场馆107个，各高等院校和中等职业学校以及中、小学校均配备了体育场地。

1995年11月，攀枝花市全民健身指导委员会成立，各县（区）和攀钢、十九冶、攀煤相继成立委员会。1996年4月，攀钢（集团）公司被省政府确定为四川省首批“全民健身试点单位”。1996年后，市全民健身指导委员会、市重大节目领导小组、市体育局开展了足球、篮球、排球、乒乓球、羽毛球、网球、元旦越野长跑、钓鱼、游泳、漂流、武术等数十个项目的运动，每年市级群众体育竞赛达20次以上。在农村及少数民族地区，还开展了赛马、蹴球、珍珠球、射弩、扭扁担、跳锅庄等独具民族特色的民间体育活动。至2005年年底，全市有省级以上“亿万农民健身活动”先进乡镇13个，其中米易县草场乡被农业部、国家体育总局命名为“亿万农民健身活动”先进乡镇，省级以上城市体育先进社区5个，其中东区长寿路街道办、仁和区大河中路街道办、西区清香坪街道办被国家体育总局、国家精神文明办命名为全国城市体育先进社区。

1986—2005年，攀枝花市先后被国家体委授予“全国棒球运动发展重点城市”称号、“全国业余训练先进地市”称号；被国家体委、中华全国总工会授予“全国冬季长跑活动先进城市”“迎亚运先进城市”称号；被国家体育总局授予“推行国家体育锻炼标准全国先进城市”称号、“推行全民健身宣传周先进城市”称号。至2005年，已举办4届“中国攀枝花国际长江漂流节”，该赛事被四川省体育局定为“万里长江第一漂”。

第三节　劳动就业

1986—1990 年，攀枝花市城镇劳动力大幅增长，共有约 13 万城镇劳动力需要安置。市委、市政府制发《关于切实加强领导，采取坚决措施，努力做好就业工作的通知》，积极推进就业工作。至 1990 年年底，全市共安置 50654 人。1996 年，攀枝花市因国企改革而产生的大量富余国企职工被推向社会，就业压力陡增。1998 年，攀枝花市全面启动国有企业下岗职工基本生活保障和再就业工作，市委、市政府制发《关于促进国有企业下岗职工再就业工程的试行意见》和《关于加强下岗职工管理促进再就业的通知》，大力开展就业服务承诺制、托底安置活动、小额无息贷款、腾岗补贴促进就业等专项援助活动。1998—2005 年，全市共有 72410 名下岗失业人员实现了再就业。

第四节　社会保障

1986 年，攀枝花市开展全民所有制企业职工养老保险工作，1992 年全市养老保险参加省统筹，1993 年在仁和区开展农村养老保险试点工作，1995 年启动并实施集体企业职工养老保险社会统筹，1996 年启动机关事业单位养老保险社会统筹工作。至 2005 年，全市参加城镇职工基本养老保险社会统筹的人员达到 298359 人，其中参保职工 202014 人、享受基本养老金 96345 人，养老保险覆盖范围达到城镇劳动力人口的 96% 以上，国有、集体单位实现全覆盖。

1986 年 10 月，攀枝花市开始建立失业保险制度。1997 年，全市 5 个县（区）均实行了以县（区）为单位的大病医疗统筹，有 4 个县（区）开展了工伤保险和生育保险工作。2001 年 7 月，全市启动城镇职工基本医疗保险制度。2004 年 1 月，全市启动工伤保险市级统筹。2005 年 12 月，全市启动生育保险市级统筹。全市参加失业、医疗、工伤、生育保险人数分别达到 19.61 万人、31.99 万人、16.28 万人、3252 人。各项社会保险基金征缴率均保持在 90% 以上，参保人员的各项保险待遇全部实现按时按规定发放。

1998 年 9 月，建立并实施城市居民最低生活保障制度。2000 年 3 月，启动农村最低生活保障工作。至 2005 年，全市城乡居民最低生活保障制度基本建立，有 35120 名城市居民和 5584 名农村居民享受最低生活保障。1998—2005 年，共支付城市居民最低生活保障金 14251.87 万元。2000—2005 年，共支付农村最低生活保障金 225.65 万元。

第五节　社区建设

1986 年 7 月，市政府印发《城市居民委员会建设工作试行条例》。1987 年，市政府下发《关于加强东、西区居民委员会建设的通知》，对每个居民委员会进行补贴。1988 年 9 月，解决了炳草岗、大渡口、大河中路等街道办事处 25 个居委会的办公用房。1989 年，全市建立居委会 148 个，解决居委会办公用房 134 个，落实了居委会干部补贴。1995 年 10 月，市政府下发《加强城镇居民委员会建设的通知》，提高居委会干部的生活补贴，鼓励居委会发展社区服务项目。2000 年，市政府逐步推行“两级政府、三级管理、四级网络”的管理体制，依靠社区成员，整合社区资源。2001 年 9 月，全市居委会由原来的 186 个调整为 122 个，以调整后的居委会辖区作为社区地域，建立新的社区居委会。2002 年，攀枝花市成立社区建设工作领导小组，对社区建设工作实行目标管理。8 月，市委、市政府印发了《攀枝花市城市社区建设五年发展规划》，市委办公室、市政府办公室印发了《关于推进攀枝花市城市社区建设的意见》。2004 年 7 月，开展公安、文化、卫生、社保“四进社区”工作。当年全市建立达标社区警示务室 85 个，配备社区民警 100 名；开展“万家社区图书室援建”活动，援助 50 个社区建起“万家社区图书室”；建起社区固定活动场所 371 处，社区业余文化骨干队伍 304 支；建起覆盖全市的社区卫生服务机构 61 个，职工总数 899 名，50% 的社区卫生服务机构纳入了医疗定点；全市 124 个社区居委会建立劳动工作保障站，配备专兼职工作人员 324 人。企业退休人员纳入社会化管理，社会捐助站、关工委、消防、科普、司法等工作进入社区。2005 年，东区弄弄坪街道办东风社区被民政部、中央文明办、国家新闻出版总署、广播电视部命名为“全国万家社区图书室援建和万家社区读书活动先进单位”“全国百佳学习型社区”。

第五章　城建环保

第一节　城乡建设

一、城市建设

1965 年建市以后，经过 20 年开发建设，完成了从工业基地建设到城市建设的转变，至 1985 年城市建设已具有一定规模。城市布局沿金沙江两岸呈带状组团形成 8 个片区，建成区面积达到 42 平方公里。1986 年 11 月 30 日，攀枝花市被列为全国第二批开放城市；1987 年 2 月 26 日，被列为全国 72 个综合经济体制改革试点城市之一。1994 年攀枝花市被四川省政府命名为“四川省园林绿化先进城市”。同年米易县得石镇被列为第一批省级试点镇，带动了盐边县渔门镇等一大批集镇建设。为建设二滩水电站需异地搬迁建设的盐边县新县城于 1995 年在安宁乡大坪地奠基，1997 年 7 月建成搬迁。自 1998 年湖光小区、凤凰小区开工建设起，相继开发了南山花园、仁和春天、上海花园、春华、倮果等住宅小区。2005 年，房地产业开发完成投资 94872 万元，房屋施工面积 183.58 万平方米，房屋预售面积 86.59 万平方米；同时大批经济适用房、廉租房相继建成，城镇居民住宅条件得到根本改善，城市居民人均居住面积为 19.06 平方米，农村住户人均居住面积达 31.85 平方米。2005 年，攀枝花市以“迎冬旅，创国优”（迎接四川省首届冬季旅游发展大会在攀枝花召开和创建国家优秀旅游城市）为契机，推动全市经济社会发展，启动新渡口大桥、新雅江大桥、310 省道（李雅段）、阳光大梯道、红格温泉假日酒店、啤酒广场等道路桥梁、旧城改造、旅游景区景点、生态环境整治等项目 81 个，完成投资 28 亿元，全市城市基础设施进一步改善，城市功能更加完善，城市形象显著提升，攀枝花市建成区面积达 54 平方公里。2005 年 12 月，四川省首届冬季旅游发展大会在攀枝花成功召开，攀枝花市被国家旅游局命名为“中国优秀旅游城市”。

二、村镇建设

1986 年以前，市内村镇建设滞后。1990 年前后，村镇建设发展较快，村镇的饮水、农房建设、街道建设和市场建设力度加大。1986—1990 年，完成盐边县红格、惠民、箐河，米易县垭口等重点集镇的街道改造工程；完成米易县宁华、新河，盐边县新坪，仁和区啊喇、平地等 5 个集镇的改水工程。1991—1993 年，完成仁和区同德、大龙潭、中坝，盐边县和爱、共和，米易县坪山、沙坝等集镇的饮水设施改造；拓宽了米易县得石、观音、柳贤，盐边县岩口、新九等集镇的主要街道；仁和区平地、大田、同德等集镇安装了路灯，改造了公厕和绿化了环境。1994—2005 年，对部分集镇就街道铺装、供排水工程、农贸市场等进行了改造和建设。其中抓住二滩水电站淹没区集镇搬迁建设的契机，搬迁新建或改造了盐边县桐子林、渔门、鳡鱼、益民、永兴、红格、米易县、团结、南坝、得石等集镇。

三、交通建设

攀枝花市的交通建设起步于1964年，至1985年境内铁路、公路、水运交通网络初步形成。1986年以后，以扩大进出通道、提高干线道路等级为重点，展开大规模、大力度的公路、桥梁、飞机场、铁路电气化等技术改造和建设，逐步形成了方便、快捷、高效的交通体系。攀枝花保安营飞机场于2003年年底通航。到2003年，西昌至攀枝花、攀枝花至昆明高速公路已经开工。2005年，全市公路总里程达4119公里。全市44个乡（镇）、353个村全部通了公路。境内3大水系和2个可通航水库，通航里程达368.4公里。境内铁路有成昆铁路区间137.73公里、渡口支线41公里、企业专用线189.08公里。

成昆铁路攀枝花段于1970年通车，随着经济发展和对外开放，20世纪80年代末期，铁路运输能力已不能满足攀枝花市客货运输需要。1990年12月，成都铁路局和攀枝花市共同投资3300万元建设金江站扩能工程，工程于1991年10月完工并投入运营。工程包括金江火车站的客站改造和客车技术整备站新建两部分。金江站扩能工程使攀枝花站具备了始发直达特别快车的能力，此后陆续增开了金江直达重庆、西安、北京的特别快车。1999年12月，成昆铁路成都至攀枝花段、攀枝花至昆明段电气化铁路全线开通。成昆铁路攀枝花段电气化改造工程在本市境内征地150余亩，搬迁安置居民120人以上，地方配套设施建设资金1700万元以上。电气化改造延长到渡口支线密地站。1986—1996年，攀钢公司为解决二、三期工程达产后，钢、铁渣翻弃，模铸、产品输出等问题，投资约4亿元，先后建设了巴关河渣场铁路专用线、冷轧铁路联络线、攀钢铁路第二出入口和改造北部站、弄弄坪厂区铁路运输网，建成铁路线37公里及相应隧道、桥涵、配套设施。

攀枝花市从1992年开始实施第一个连续五年的“交通年”活动，开展交通大会战。1997年开始第二个五年交通大会战。2003—2005年，攀枝花市筹办“四川省冬季旅游发展大会”，将交通建设推向高潮。通过交通会战，公路的密度及通达情况、道路技术等级大为提高。1986—2005年，全市共投入近37亿元，新开工建设公路8条。全市公路通车里程由1985年的2575公里增至2005年的4119公里。1989年和1991年二滩右岸公路和左岸公路分别建成通车；1996年12月渡仁西线建成通车；1998年炳清路建成通车；2002年2月，滨江大道建成通车；2002年12月西昌至攀枝花高速公路开工，其中攀枝花段全长85.6公里，投资46.8亿元，是境内第一条高速公路；2003年10月，机场路建成通车；2004年10月乌清线复线建成通车。1986年，全市农村公路总里程1174.5公里，其中等级公路仅245.8公里，县乡道路面硬化率为21.7%，村道路面硬化率为1.2%。2003年年底，全市实现了乡乡通公路，至2005年年底，全市农村公路总里程达3386公里，实现了村村通公路，全市82%的乡镇、29.5%的村通了油路或水泥路。

1986—2005年，市内新建大桥7座。1989年12月，三滩大桥建成通车；1990年6月，桐子林大桥建成通车；1994年6月，倮果大桥建成通车，该桥是当时国内第三座中承式劲性骨架箱形拱桥梁，也是攀枝花市第一座新颖的桥梁；2001年12月，炳草岗大桥建成通车；2005年3月，法拉大桥建成通车；2005年3月，新渡口大桥建成通车；2005年11月，新雅江大桥建成通车，该桥为主跨150米的上承式钢筋混凝土箱形板拱桥，在亚洲同类型桥梁中跨度最大。2005年，由市交通系统管养的各类桥梁达327座，其中特大桥15座、大桥14座、中桥72座、小桥226座。由于攀枝花市内桥梁众多，桥梁结构多样，施工工艺新颖，因此攀枝花市素有“桥梁博物馆”之称。

市境内有金沙江、雅砻江、安宁河、三源河及二滩库区部分河段从事水路交通运输和旅游通航。1970 年，成昆铁路建成及周边地区通往攀枝花的公路通车，各种物资运输“弃水走陆”，金沙江流域船舶运量大大减少。1985 年以后，除安宁河部分航道和金沙江航道倮果以下航段外，其余已通航道基本报废。1998 年二滩库区蓄水，攀枝花市开始建设雅砻江流域水路交通基础设施。1998—2005 年，共投资 2360 万元，建设港口、客货运码头 28 个。2005 年，全市水路通航里程 389 公里，合计航线年通过能力为客运 125 万人次，货运 28 万吨。

1995 年 9 月，国务院、中央军委批准攀枝花保安营机场立项，同意新建攀枝花民用机场。1998 年，国家计委批准可行报告。1999 年 11 月，国家计委下达开工令，机场开工建设。2003 年 12 月 6 日，机场正式通航。机场按西南地区的重要支线机场建设。机场红线内的总面积为 305.2 公顷，土石方挖填达 5600 万立方米，建成候机楼主体建筑面积 3500 平方米，跑道长 2800 米，设有 3 个机位，可满足波音 737、空客 A320 等机型起降。机场工程概算为 81230.8 万元，建设资金由市财政投入 45230.8 万元，申请国家开发银行贷款 16000 万元，申请国家债券 20000 万元；实际投资为 108652.42 万元。

第二节　环境保护

攀枝花市建设初期，为了早出钢铁，首先抓主体工程建设，环保设施被列为后补项目。攀钢一期工程建设虽设计、安装了部分环保设施，但未充分利用，致使大量未经处理或未完全处理的工业“三废”（废气、废水、固体废弃物）外排，造成严重污染。随着生产建设的发展，环境污染日益严重，引起了市委、市政府的重视。攀枝花市从 1976 年开始开展污染治理工作。1986 年后，随着攀钢二期、三期工程建设和全市工业经济的不断发展，各类污染物排放量逐年增多，环境污染日趋严重。1986 年后，攀枝花市全面实施建设项目有效管理，狠抓污染治理，环境影响评价和环保“三同时”制度逐步得到落实。

一、大气污染防治

建市前，攀枝花地区无工业生产，空气环境质量好。1970 年，攀钢一期工程建成投产后，市内固定点源、流动线源和面源等各类排放源猛增，大量废气物对外排放，造成严重污染。1978 年，市内弄弄坪、河门口、大渡口片区降尘和二氧化硫浓度已达到严重污染程度。1978 年后，市内开展大气污染治理。1985 年全市空气环境质量由“较重污染”降为“中度污染”。1986—2000 年，大力开展环境治理，至 2005 年，攀枝花市先后对 431 个大气污染项目进行治理，总投资 44748.43 万元。2005 年市委、市政府以攀枝花市创建中国优秀旅游城市为契机，加大污染治理力度，加强环境监管，市内空气环境质量开始好转。当年二氧化硫和二氧化氮年平均浓度均达到国家环保二级标准，可吸入颗粒物年平均浓度达到或超过国家环保二级标准，全市空气环境质量合格率为 53.9%，比 2004 年增加了 39.7 个百分点。

二、水污染防治

1980 年，全市废水排放量为 2.18 亿吨，其中工业废水 1.6 亿吨、生活污水（含医院污水）0.58

亿吨，污染物超标排放严重。1995年建成河门口电厂西沟灰坝，1996年建成了新庄发电厂长滩灰坝，1999年年底关闭了攀枝花发电厂，结束了3个电厂灰渣水直接排入江中的历史。2000年年底，攀枝花矿山公司选矿厂尾矿实现100%过江入坝，全市每年可减少40%的悬浮物排放。2003年，市政府对市内6家民营机焦企业的焦化废水污染下达限期治理令。2005年，全市焦化企业废水实现“零”排放。2004年省政府对新钢钒股份有限公司等3家企业外排废水下达限期治理令，2005年11月前，3家企业总投资9031万元，分别完成了污水治理任务，实现废水达标排放。1986—2005年，全市治理水污染项目278个，总投资40410万元。2005年，全市工业废水外排量为2460.69万吨，比1986年的6227.78万吨少排放3767.09万吨；达标排放量2379.31万吨，达标率96.69%，比1986年的46.66%提高了50.03个百分点。

三、固体废弃物污染防治

攀枝花市的固体废弃物主要来源于采选、冶金、电力、建材、化工等工业生产的尾矿、高炉渣、煤矸石、煤泥、粉煤灰和煤渣。为解决尾矿排放入江造成水体污染的问题，1985—1987年，攀枝花矿山工业公司选矿厂投资4100万元进行技术改造，到2000年实现尾矿全部入坝，结束了尾矿污染金沙江的历史。1995年，河门口电厂、新庄电厂分别投资6400万元和1200万元修建的“灰渣治理工程”完工，结束了两厂灰渣直接排江的历史。1992年，攀钢投资16195万元，建成巴关河渣场，关闭了西渣场，结束了高炉渣排江的历史。2002年攀钢又投入4000万元，沿金沙江修建了长600米，高2.2米的档墙，有效防止了西渣场“渣山”崩塌入江造成污染。1986—2005年，全市固体废物治理项目达到84个，总投入49792万元。2005年，全市固体废弃物产生量为1629.04万吨，较1986年增加706.06万吨，增长176%。

1970年攀钢一期工程建成后，开展工业“三废”回收利用工作，至2000年，对转炉污染、提钒污染、烧结污染、高炉瓦斯灰、高炉矿槽粉尘、轧钢铁皮、尘泥和废焦油渣等全部回收利用。1985年，攀枝花矿山工业公司建成投产了选钛生产线，以尾矿渣为原料，年产5万吨钛精矿和6400吨硫钴精矿，2005年钛精矿生产已达到年产20万吨规模。1992年，攀煤公司投资9000多万元，建成煤矸石发电厂，并利用煤矸石修筑道路，生产矸石砖及其他建筑材料。同年，二滩水电站开工建设，筑大坝所需的粉煤灰全部由市内3家火电厂提供，使火电厂的粉煤灰入江量大大减少。2001年，攀枝花市环业冶金渣开发公司开始利用冶金渣生产各种建筑材料。到2005年，全市累计储存工业固体废物17216万吨，全市固体废物年综合利用量达678.36万吨，占生产量的41.65%，比1986年增长32.45%。

四、噪声污染治理

攀枝花市的噪声源主要有工业噪声、生活噪声和交通噪声3类，重点为工业噪声。市内工业噪声分布比较集中，主要来源于生产企业的矿石开采、机械加工、破碎、空压机、风机等生产工艺噪声和建筑施工噪声。对工业噪声的治理主要采取消声、减声和隔离、封闭等办法。1979—1999年，攀钢（集团）公司对氧气厂大螺杆、制氧机、空分膨胀机、压缩机排空放氧等进行了消声治理，噪声由100分贝降至90分贝；对炼铁厂3个高炉冷风放散阀进行消声，使噪声由136分贝降至88分贝；对煤化工公司罗茨鼓风机、耐火厂立窑风机、炼钢厂球磨机等高噪声进行消声治理，使噪声由100分贝降至90分贝以下；对选矿厂大型破碎机和球磨机进行隔离减声治理，对动力厂、机修厂的高噪声设备进行消声治理，使噪声降至 90 分贝以下。从 1999 年开始，市政府把中高考“禁噪”管理工作纳入市环保部门的职责范围，每年中高考期间，组织力量集中“禁噪”，对施工工地、娱乐场所和露天餐饮业集中进行检查和受理群众投诉。2000—2005 年，攀钢（集团）公司逐年加大对老噪声污染源治理。经过多年的治理，弄弄坪攀密片区的噪声大大下降。1996—2005 年，全市治理噪声项目 77 个，总投资 1419 万元。2005 年，区域环境噪声平均值为 54. 2 分贝，达到《国家城市区域环境噪声标准》I 类标准，全市道路交通干线噪声平均等效声级值 72. 5 分贝，超标 2. 5 分贝。

第六章　名胜古迹

第一节　风景名胜

一、大黑山省级森林公园

位于仁和区务本乡，距攀枝花市中心 46 公里，是山岳型旅游风景区。公园总面积 96000 公顷。主峰花肋巴峰海拔 2926 米。景区由林海、石林、龙洞、桃花园、乌拉天国、舍身崖、观音崖等 50 余个景点组成。

二、宝鼎生态旅游区

位于仁和区太平乡大坝村。距攀枝花市中心 36 公里，是以森林景观和亲近野生动物为主的旅游风景区。景区总面积 1799 公顷。游览区海拔 1775—2694 米，景区内物种多样，有扇蕨等珍稀植物 5 种，九龙颈槽蛇、雀鹰、穿山甲等珍稀动物 18 种。生活着攀枝花地区最大的野生猕猴种群。景区由宝鼎金山寺、人工狩猎场、唤猴亭、阳雀箐瀑布群、百果园等景点组成。

三、岩神山

位于攀枝花市仁和区仁和镇，距攀枝花市市中心 10 公里。岩神山又名普陀崖，因整座山形如坐佛而得名，总面积 4.5 平方公里。山顶海拔 1899 米，区内森林覆盖率 70%。区内有清朝年间建造的古寺及康熙五十二年（1713 年）军营遗址——天生营。是集旅游观光、休闲避暑、朝山礼佛、科考功能于一体的旅游区。景区由绿带三台、千年龙壁、夫妻情深、蛙鸣深涧、岩莲花、天生营、莲花寺等景点组成。

四、龙洞石林

地处西区格里坪镇烂坝村，景区占地 4 平方公里，形成于约 2.7 亿年前的远古冰川时期，仍保持了原始自然风貌，石林介于川西南、滇西北之间，交通十分便利，属典型的“一景两省游”景区。大自然鬼斧神工塑造的近万尊奇石千姿百态，骏马奔驰、石猴出世、雄狮静卧、青龙飞天、苍鹰振翅等景观形象栩栩如生；奇石表面大都呈水纹线、玉带纹，清峻秀美，堪称一绝。

五、龙潭溶洞风景区

为国家 AAA 级旅游区，位于米易县白马镇的龙肘山下，安宁河畔，距西昌市 131 公里，距米易县城 22 公里。处于川、滇、藏的香格里拉旅游大环线上，为攀西“阳光度假旅游区”的中间站。该景区开发于1992年，1998年第一期开发基本完成，当年6月18日正式向游人开放。旅游区内自然与人文景观兼备，包括龙潭溶洞在内民俗观光游览区，宗教、历史遗址——挂榜清真寺区，四川省弯丘“五七干校”原址和观音乡温泉等四大景区。被誉为“中国奇洞、地府龙宫、瑶池仙境”的龙潭溶洞，洞内钟乳晶莹剔透、形态万千，飞瀑暗河常年不绝。

六、“万里长江第一漂”培训基地

位于西区格里坪金沙江畔，1999年3月开发建设，培训基地前期工程占地5000平方米，建筑面积1000平方米。建有长江文化公园、漂流博物馆、“漂流者之林”、休闲别墅、会议中心、健身房及其他体育健身设施，餐饮、娱乐、健身服务配套。从基地往下游到雅砻江与金沙江汇合处约30公里的金沙江段，江面平坦，为金沙江漂流最为理想的场所。2001年年底，经省体育局批准成立“四川攀枝花长江国际漂流培训基地”，运动员经培训合格后，可颁发漂流专业资质及等级证书。2005年11月，经省旅游局批准评定为国家AAA级景区。

七、迤沙拉葡萄沟

位于攀枝花市仁和区平地镇迤沙拉村，海拔1570米，年均气温18摄氏度，日照时间长，降水量丰富，十分适合优质酿酒葡萄和各种鲜食葡萄的生长。葡萄沟已形成优质酿酒葡萄约2万亩种植规模，其中按观光农业规范化种植的葡萄约有1万亩。建有纵横交错长约6公里的数条葡萄长廊，其规模超过了新疆吐鲁番的葡萄沟。

八、二滩风景区（二滩国家级森林公园）

为国家工业旅游示范点，1993年10月4日经林业部批准建立，是攀西阳光度假旅游区的重要组成部分。公园由二滩高峡平湖和雅砻江下游库周大片原始森林、风景地貌组成，总面积732.4平方公里（其中水面101平方公里），森林覆盖率67%。二滩国家森林公园（二滩风景名胜区）主要功能区划为观光游览区、水上娱乐区、自然保护区、森林旅游接待服务区、民族风情区。规划了桐子林、菩萨岩、高坝平湖、湖岛风光、天生桥、箐河仙人洞、马鹿寨、白坡山、老君庙等九大风景区，近百个高品位景点。二滩水电站1991年9月开工，1998年7月第一台机组发电，2000年完工，坝高240米，地下厂房跨度25.5米，装机容量330万千瓦，为20世纪中国建成的最大水电站。泄洪时数孔齐开，水柱如巨龙腾空，常有七色彩虹横挂两岸美景。

九、红格温泉旅游度假开发区

位于攀枝花市盐边县红格镇，距市区约30公里，已建成项目占地58亩。开发区属南亚热带季风性气候，无霜期长达300天，终年阳光明媚，气温宜人。红格温泉于1986年启动开发，1987年1月建成红格温泉公园（红格温泉宾馆前身），1992年，成立红格温泉公园。2000年，市政府设置红格温泉度假开发区，并投资1800万元，对红格温泉进行全面改扩建。2005年，红格开发公司投资1000万元按三星级标准对红格温泉宾馆进行全面改造。2005年年底，红格温泉假日酒店完成一期建设。开发区内水、电、通信、交通和与之配套的基础设施完备，吃、住、行、娱等旅游要素齐备。这里群山环抱，绿树葱郁，碧水长流，尤以温泉而闻名，被喻为“深山明珠”。1987年3月，著名作家马识途慕名而来，挥毫盛赞“红格温泉”。红格温泉有“攀西名泉”之称，为含偏硅酸的镭、氡、氟、硫化氢的高温医疗矿泉，内含60余种有益于人体健康的微量元素。引人入胜的是温泉水在受天气影响时，会随水温变化呈现出清澈、淡绿、乳白等3种不同的颜色。

十、格萨拉生态旅游区

位于盐边县西北部的格萨拉乡、温泉乡及箐河乡境内，面积594.23平方公里。景区距攀枝花市中心118公里，处于红格—二滩—渔门—格萨拉的精品旅游线上，从景区向西可达丽江，向西北可至泸沽湖，沿省道216线向北则可去稻城亚丁，交通区位优势明显，已被国家旅游局列入大香格里拉旅游环线的重要组成部分。年游客接待能力达20万人次，已申报国家AAAA级风景名胜区。区内自然景观以山、水、泉、洞为主，居住着彝族、傈僳族、回族、纳西族、泰族、白族等10多个少数民族，拥有丰富多彩的少数民族文化。格萨拉生态旅游区由格萨拉主景区和岩口景区、灵泽洞箐河瀑布景区、天生桥及温泉乡景点四个配套景区（点）构成。

十一、攀枝花苏铁国家级自然保护区

1983年3月，由市政府批准成立。因其在中国生物多样性保护方面具有典型性和代表性，1996年11月，国务院批准建立攀枝花国家级苏铁自然保护区，是中国唯一的苏铁类植物国家级自然保护区。同年5月2日，邮电部发行《苏铁》纪念邮票1套4枚，其中收入了攀枝花苏铁。保护区位于攀枝花市西区、仁和区境内，总面积1358.3公顷，保护区分为核心区（民政乡核心区、格里坪镇核心区）、实验区（科普区、苏铁人工群落区、自然植被恢复区）。1997年，调查统计保护区内有攀枝花苏铁234776株，区内攀枝花苏铁平均高0.5米，最高达3.2米。攀枝花苏铁是1971年发现的苏铁新种，1981年正式定名，1984年被列入中国第一批珍稀濒危保护植物名录。该苏铁雌雄异株，年年开花，雌花如球，结子如珠，雄花似塔，色金黄。除攀枝花苏铁外，区内还有各种野生植物248种，野生兽类、鸟类87种，保护区内的栌菊木、龙棕、云南梧桐、穿山甲、小灵猫、金雕、四川山鹧鸪等为国家重点保护的野生动、植物。

第二节　文物古迹

一、何家坝遗址

位于米易县挂榜乡西200米的挂榜河与安宁河夹角上，属挂榜河的三级台地，高出河面20—50米之间均有文化层露头。在1998年10月20日的调查中，在一田埂剖面文化层中，发现第一件石器制品——石锛。在1999年1月27日的调查中采集到石斧2件、钻孔器2件、石锛2件、磨制石器废弃品2件。经有关专家、学者对该遗址进行考察论证后，确认为新石器时代人类活动遗址。该遗址南北长约100米，东西宽约65米，总面积达6500平方米，系一大型遗址。该遗址文化层暴露清楚，上层为农耕田土，厚约40—60厘米；下为文化层，厚的约几米，薄的约15—50厘米，均由黑色细泥砂土组成。砂土中有大量的夹砂灰陶片和少量的黑、红陶片。陶片中有口沿、耳、颈、底、腹等部位，其器型为膨腹、平底、敞口、扁平耳、耳与颈、口沿相连，耳孔小，能穿绳提用。其器物多素面无纹饰，部分有少量绳纹和直线纹。2002年12月31日，四川省文物管理局公布该遗址为四川省第六批省级文物保护单位。

二、下湾新石器时代遗址

位于仁和区新生乡共和村东北300米处的大河、箴箩河交汇处的二级台地上。台地已垦殖，建有房舍。该遗址文化层堆积较为集中地分布在台地高处的南坡。该遗址东西长约50米，南北宽20米，总面积在1000平方米左右。地层分布：地表为农耕土层，厚约20厘米；其下为山地黄壤层，厚约30—50厘米；再其下为文化层，厚约30—50厘米。文化层包函物有红烧土、碎陶片、磨制石器制文化遗物。已采集磨制石器5件，其中石凿1件（磨制精细）、石斧3件、半成品石坯1件，均以砾石为原料磨制而成。采集的陶碎片，均为夹砂陶，多黑、褐陶。陶片上的纹饰有绳纹和网状纹，以素面为主。至2005年年底，该遗址尚未发掘。

三、米易撒莲安氏宗祠碑

立于明洪武二十五年（1392年）。清光绪三十三年（1907年），法国人亚陆纳（M. lecommadantd’ollone）于撒莲迷易土司衙门第二西厢房中发现此碑，即译成法文，连同拓片和《倮倮安氏纪功碑探访记》一文，发表于清宣统二年（1910）年刊行的《亚洲学报》第十编第十六卷。此碑内容主要记述撒莲安氏奉明王朝之令自云南大理入川，参加平息元朝降将月鲁帖木儿叛反获功的事迹。中华人民共和国成立后，陆翔曾将法文碑记译成汉文，发表于齐鲁大学《国闻译证》上。1980年，市文化局参加二滩水电站淹没区文物调查，于撒莲中学教师宿舍内发现一断为两截残破的石碑，经鉴定即《萨莲安氏宗祠碑》，后移至米易县档案馆保存。

四、铁索桥

盐边县境内有6座，均为铁链式索桥，分别建成于清道光八年（1828年）至道光十七年（1837年）间。每座桥有铁链9—11根不等，铁索桥最长的54米，最短的19.5米，桥面最宽的3.5米，最窄的3.4米；离河面最高的13米，最低的4.2米。二滩水电站建设时，拆除5座位于1200水位线以下的铁索桥，2005年仅剩新坪乡老哇岩铁索桥。

五、米易挂榜清真寺

位于米易县白马镇田坝村，是市内仅存的一座早期伊斯兰教建筑，占地面积1080平方米。保存较完整的是一座三重檐三层亭阁式的望月楼，飞檐斗拱，木构榫结，建筑工艺精湛。米易挂榜《清真寺碑记》立于清乾隆年间，保存在米易挂榜清真寺礼拜堂左侧。碑文除记述建寺之缘由外，还记述了修建清真寺捐款、捐地之人员清单，其中记“乾隆元年十月初十日，买士相舍人民田三索”，“索”为“贝”的计量单位，从唐至清初，贝是“南道”的通用货币，证明攀枝花地区在清初仍属“南道”要津。1991年5月被公布为省级文物保护单位。

六、阿懿墓碑

立于清乾隆二十四年（1959年），位于盐边县渔门乡弯微村一组阿懿墓前。阿懿系清初马喇长官司土司阿凤骞的曾孙。此墓立碑两块，一为功德碑，叙其人品及对人处世；一为谱系碑，追述马喇长官司阿氏迁徙、发家、沿革的简单经过。印证了米易撒莲乡发现的《安氏宗祠碑》记述的明初中央王朝动用军队和少数民族的力量，镇压元朝月鲁帖木尔在攀枝花一带策动反明叛乱的历史事件。

七、营盘山古军营

位于攀枝花市仁和区啊喇乡营盘山海拔 2270 米的山上。古军营寨坐北朝南，面积约 3 平方公里，主寨墙为东西向，依山而建，外高内低，用坚硬的花岗石砌成，从东寨门到西寨门长 470 米，寨墙的平均宽度为 2. 6 米，平均高度 2. 8 米，整个寨墙每间隔 100 米左右设一垛口，垛口向外延伸 2. 5 米，东寨门和西寨门与主寨墙连为一体，但比主寨墙高，寨门内有内宽外窄的瞭望孔和射击孔，寨门内砌有石级通上寨墙。西寨门外有战壕和烽火台，烽火台为锥形，直径约 8 米，外围设置有排水沟，排水沟中间凹下如锅底状，寨墙内有大大小小的依地势高低而建的半地穴式营盘和少量干打垒土墙营房的残痕。疑为清代官军镇压云南杜文秀起义的屯兵营地。

八、大渡口十三栋

位于大渡口，建筑面积 1259 平方米。1964 年，云南省建筑公司在大渡口街南边山坡上修建了一批房屋，从上到下依序排列，到攀枝花特区建设总指挥部招待所序号为 13，故称“十三栋”。1965 年更名为渡口市建设指挥部招待所。1969 年更名为渡口市人民政府招待所，先后接待过中共中央政治局常委、中共中央书记处总书记邓小平，国务院副总理余秋里、贺龙，中央政治局委员、中华人民共和国元帅彭德怀，以及陈伯达、李井泉、彭真、郭沫若、吕正操等党和国家领导人和数十位中央、国务院各部委负责人。1995 年 12 月 1 日，市委宣传部将“十三栋”确定为爱国主义教育基地。2004 年正式交由市文化局管理，市政府拨款 120 元进行修缮。2004 年 8 月 11 日，“十三栋”被市委、市政府命名为“攀枝花开发纪念馆”作为攀枝花市革命传统教育和爱国主义教育基地。

九、攀枝花市英雄纪念碑

位于攀枝花公园。1991 年 3 月建成。碑体高 26 米，象征攀枝花开发建设已经 26 年，碑座为红色花岗石，贴面五角形，象征着攀枝花建设者来自五湖四海，也表示一朵抽象的攀枝花，正面石刻碑文：谨以此碑献给攀枝花的建设者，纪念为开发建设攀枝花贡献青春智慧乃至生命的英雄。碑体呈人字形三角，标志攀枝花建设为全国人民所支援，碑顶为闪光铜球，标志攀枝花建设者功绩与日月同辉。1995 年 9 月，市委、市政府将该纪念碑命名为全市十大爱国主义教育基地之一。

第七章　风土民情

第一节　宗　教

境内宗教主要有佛教、道教、伊斯兰教、天主教和基督教。2005 年，全市共有经批准开放的宗教活动场所 29 处，其中佛教寺庙 12 处、伊斯兰教清真寺 7 处、天主教堂（点）5 处、基督教堂（点）5 处，全市共有信教群众 11 万余人。

一、佛教

魏晋以前佛教即传入攀西地区，除藏传佛教外，主要是汉语系佛教禅宗，下分临济宗和曹洞宗。明清时期，境内佛寺多由这两派和尚主持。2005 年，全市共批准设立寺庙 12 处，其中西区 1 处（西佛寺）、仁和区 4 处（宝灵寺、观音寺、观音崖寺、莲花寺）、盐边县 3 处（百灵寺、兴盐寺、广福寺）、米易县 4 处（盘龙寺、观音寺、圣龙寺、灵佛寺）。各寺庙均成立民主管理组织，建立各项规章制度，接受县（区）民宗局的依法管理。2005 年，全市有佛教信徒 91000 余人，各寺共有长住僧人 27 人。

民间信仰佛教，主要是祈福祛灾。逢农历初一、十五以及观音会（阴历二月十九日、六月十九日、九月十九日），信徒聚集在各寺庙开展宗教活动。

二、道教

道教于东汉、南北朝时期形成于四川境内，明清时期境内已较为流行。曾经活动于境内的道士和道姑分全真派和正一派，道教在民间的影响曾甚于佛教，宫观也多于佛寺。民国以来，道教宫观财产全失，出家者无以为生，全真派几乎绝迹，偶有正一派道士居家替人禳灾祈福为生。至 2005 年，境内有道教信教群众 2100 多人，无依法批准设立的道教宫观，无道教教职人员。

三、伊斯兰教

唐朝即已传入市境。元朝初年大批回民从陕、鄂、滇、黔等省迁入境内，明朝已有数百户。中共十一届三中全会以后，宗教信仰自由政策逐步恢复和落实，清真寺开始修复开放。1980 年，首批开放米易县境内的乡农、田坝、中坝、五锁沟等 4 个清真寺。1982 年，又开放米易县湾崃和磨盘山清真寺。此后陆续重修或维修了各清真寺和活动点。各伊斯兰教活动点分别订立“管理条例”和“爱国公约”，成立民主管理组织，伊斯兰教的宗教活动逐步纳入正轨。1983 年，市政府批准成立仁和中坝回民殡仪站，为东区、西区、仁和区境内的穆斯林提供殡葬服务。2003 年 8 月，在仁和中坝回民殡仪站的基础上开放仁和区中坝清真寺。至 2005 年，全市共批准开放了仁和区中坝清真寺，米易县白马镇田坝清真寺、磨盘清真寺、乡农清真寺，撒莲镇湾崃清真寺，丙谷镇五锁沟清真寺，攀莲镇大水沟清真寺等 7 个清真寺。全市共有伊斯兰信众 2500 多人，共有阿訇 11 人。

四、天主教

清康熙、雍正年间，天主教法国巴黎外方传教会即派遣教士到云南永仁、华坪（境内西区、仁和区原属云南省华坪、永仁两县）和马上（西区格里坪镇）、大田等地发展信徒。鸦片战争后，天主教传教解禁，相继在境内红卜苴（红格）、迷易所（米易县）、盐边阿所拉（盐边县渔门镇）、毕苴芦（盐边县新坪乡）、棉花地（仁和区同德镇）、太平、格里坪等地建立教堂或传习所。至 1949 年境内共有天主教堂 6 处（红卜苴、米易、观音、毕苴芦、马上、大田），传习所 8 处（水塘、丙谷、草场、卧龙、阿拉所、照壁山、棉花地、格里坪），教徒约 1000 人。境内原四川辖区教务由宁远教区派人主持或者巡视；云南辖区教务由昆明教区管理，同受巴黎外方传教会控制。中华人民共和国成立后，各教堂都摆脱西方教会的控制，走上独立自主自办教会的道路。1978 年，中共十一届三中全会以后，党和政府落实宗教政策，返还在“文化大革命”中被占用的天主教房地产。1983 年 5 月，批准平江天主堂登记（西区格里坪天主堂）。1984 年以后，境内天主教教务由天主教西昌教区指导。随着宗教信仰自由政策的落实，天主教徒开始公开信仰。1985 年 3 月，大田活动点合法登记。其后陆续批准设立 5 处天主教教堂（点），即东区圣伯多禄堂、西区格里坪天主堂、仁和区大田天主教活动点、盐边县红格天主教活动点、米易善牧堂。各堂（点）成立民主管理组织，建立健全各项规章制度，接受县（区）民宗局的依法管理。2002 年 8 月，攀枝花市成立天主教爱国会。2005 年，全市共有天主教信徒 6000 多人。

民间信仰天主教，主要是崇拜上帝、诵读圣经。逢星期日以及 4 月 8 日复活节、12 月 25 日圣诞节等天主教节日，信徒聚集在各堂（点）举行弥撒和庆祝活动。

五、基督教

清光绪年间基督教已传入境内。20 世纪 60 年代，仁和镇、新九乡有少数人信奉基督教，境内无牧师，教徒须到会理福音堂受洗。70 年代年信徒人数开始增加，主要是“农转非”迁入攀矿三公司和矿务局小宝鼎等厂矿的职工家属，没有公开开展活动。1986 年 11 月，新九乡基督教活动点成立。1994 年 3 月，境内第一座基督教堂在东区江南竣工。之后全市陆续批准设立 5 个基督教堂（点），即东区江南基督教堂和攀北基督教活动点，西区花山基督教尊圣堂，盐边县新九乡基督教活动点以及米易县基督教活动点。2004 年 11 月 19 日，攀枝花市成立基督教三自爱国运动委员会。2005 年全市共有基督教信徒 7000 多人，有基督教教职人员 6 人。

市境内民间信仰基督教，主要是崇拜上帝、诵读圣经。逢主日（星期日）以及 4 月 8 日复活节、12 月 25 日圣诞节等基督教节日，信徒聚集在各堂（点）举行礼拜。每逢复活节、圣诞节，本市的基督教信徒都会聚集在各堂（点）举行盛大的庆祝活动。活动中除了按基督教传统习惯举行隆重的祈祷、讲经等宗教仪式外，还表演舞蹈、朗诵等丰富多彩的文艺节目。

第二节　民　俗

有史以来，攀枝花市地区均属民族杂居区，境内少数民族大多相对集中分布，具有大杂居、小聚居的特点。市内汉族除少量世居本地外，多数是历代开拓边区的移民。20 世纪 60 年代，大批参加“三线”建设的职工从全国各地进入市内定居，汉族人口大幅增长，市内汉族大多仍传承或沿袭内地汉族的风俗习惯。2005 年，全市少数民族人口占总人口的 13.4%，少数民族中，彝族人口最多，占全市人口总数的 8.8%；傈僳族次之，占全市人口总数的 0.8%；其他少数民族人口较少。市内彝族有 5 个支系，下属 9 个分支。主要聚居于盐边县、米易县、仁和区。境内凉山彝“诺苏”、白彝“里泼”、红彝“格苏泼”的社会风俗历史悠久，形式复杂多样，“塔直”“尼罗”“纳苏”、贵州彝“阿布”也各有特色。

一、凉山彝“诺苏”

清道光时，两盐么些土司“招彝作俑，抵制汉佃”及家支械斗失利，“诺苏”随各大家支从凉山迁入定居，主要分布于盐边县、米易县。用父系血缘集团的联络谱系识别家支，区别是否同一祖藤，称“搓佳”家支，每隔数代人口增多，又分裂出新家支。崇拜雌虎、黑虎，自认为是虎族。人死火葬，烧人不烧灵，认为不火葬灵魂化不成虎。每个家支选一特定植物做灵台，灵台上放置由毕摩按家支特定物做成一颗“灵”供奉于住房内墙头篾笆上，为祖藤标志物。信仰崇拜为原始自然崇拜与巫鬼并存。认为天地山川万物皆有神，疾病是鬼作祟。主神有天主神恩梯古兹、山水姆神木灵。神职人员为毕摩、苏业与专司历史谱序的若卓。“诺苏”的婚姻等级森严，不同等级不准婚配，亦不与外族通婚。并严禁三代人开亲，姑姑家女孩必须嫁舅舅家儿子，姨表为亲兄弟姐妹决不婚配。奴隶由主子任意赐配。民主改革后婚姻习俗有所改变。人死，栽木桩搭篾笆，用黑色寿衣裹殓，由毕摩择定吉日（蛇、虎、羊日），亲友邻居买酒出粮来吊举哀，抬往各家支特定地点，架木柴焚烧。死男架 9 层、死女架 7 层，将尸体坐于柴顶，脸向祖籍东方。送葬者牵牛或马绕尸三圈痛哭，饮酒后从底层举火。尸体化骨灰后收入坛内，由孝子抱往选定坟地，奠以酒食。再由毕摩选吉日做毕道场，送死者魂魄回大凉山“吉土拉搭”入“罗儿拉比”去投生。

二、白彝“里泼”

先民系明朝开边置卫所迁入云南定居的南京等地军户、民户，与当地彝族融合后成为白彝。主要聚居于仁和区。信仰为儒释道与巫鬼并重。正屋同汉族一样不设火塘，供天地君亲师、灶神、祖先、土地。拜释迦佛、观世音、李老君、孔夫子，还拜彝族祖公南诏王土主庙。既念佛拜菩萨又请道士驱鬼除瘴，请端公（巫师）庆坛跳神，请阴阳先生看风水测门向，请算命先生合婚择吉日。供奉村社土主神，有不忘故乡故土之意。农历三月二十八办土主会杀猪羊献祭，祈风调雨顺，五谷丰登。每家还有设小土主神，为白彝特色信仰。凡迁入新居建成新屋，必在正屋后檐角或山墙上插一枝三叉椏云南松，挂上红线为小土主神，位置方向根据不同祖籍而定。初一、十五烧香顶敬，正月初三、六月十五杀鸡敬献。庆“坛神”。六月二十四为苍龙生日，庆“苍龙坛”可无灾害；还庆“锅龙坛”，请端公跳神，祈五谷丰登。敬树神、猎神。树神管风雨雷电自然现象，猎神管狩猎。猎获野兽需四足分开祭猎神，见者有份。用汉族阴历纪年，二月初八为“天赦日”，上山采回山茶花，插祖先神位前，祈天赦免灾祸。三月十八为全县、村社土主庙庙会。四月初八大佛会，朝向方山静德寺拜佛诵经。六月二十四火把节，七月初十“祭祖节”，十月初十上坟扫墓。婚姻由媒人说合。清雍正朝“改土归流”后，改火葬为土葬。人死，堂屋正中放凉床，用竹叶地瓜水洗尸剃头穿寿衣入殓，忌用丝织品与旧衣入棺，放含口银，悲啼泪水不能滴入棺内。用黑布盖尸脸，等至亲均看过后封棺。请阴阳先生看龙脉选墓穴：女死要左边一山高过一山，男死则要右边一山高过一山，头部须枕山。下葬忌霜降前三天与寒露十八天，称“土房十八天”。如逢忌日，用绳悬吊棺木不沾地，用土坯封殓，另择日下葬。葬前请道士为点主官，亲生儿子均须滴血点于神主牌的“神”字一竖、“主”字一点上。未滴血点主的儿子不能继承房地产和遗产。子媳全部披麻戴孝穿布袜草鞋送葬。抬棺至墓穴，由长子脱下草鞋当卦板祈祷卜卦，顺卦方能入葬；不是顺卦，又穿上草鞋前踩 11 步重开墓穴下葬。葬完将死者生前被褥衣物烟茶具等放置坟前。

三、红彝“格苏泼”“塔直”“尼罗”“纳苏”

主要分布境内和爱、银江、普威、草场等乡镇。居室、服饰与当地汉族相同。用汉族农历纪年。节日有过年（汉族春节），主节为农历六月二十四火把节，婚姻按“娘亲舅大”原则，嫁女先问舅家，舅家不娶方可外嫁，为交换亲婚姻。同时有转房制，夫死妻嫁叔伯。人死按彝俗“烧人不烧灵”。先停尸堂屋正中，由长者领亲属子女绕尸蹀脚跳舞，竹篙敲地绕尸环转表示驱赶虫甲蚂蚁。有固定火葬场称“阿多窟堵”。焚尸时用柴架成方架，尸体忌穿毛织物，陈于架顶，由舅舅点火，毕摩念经焚化。焚毕，拣一头盖骨、两手肘骨、两膝骨放入敬罐（火葬罐），到河边寻一干净石头封住罐口。其余骨灰另装一罐，红布包裹后送到家族坟场（列别），按辈份横向排列下葬。另一罐过 2 至 3 年请毕摩做道场，打开装头盖骨罐，取出骨殖，用绿松针擦干净到“列别”入葬。人死后设灵台，为一块篾笆，墙上栽木桩供于堂屋左角，称“列兹特”。祖先灵台放于堂屋右角称“沙拿搭”。死后无后人，则将灵台送入山洞中。

四、贵州彝“阿布”

为原普济州土司从祖籍贵州带来定居的家奴后裔。主要分布于米易县普威。岁时节令有大年（春节）、火把节，主节为六月二十四火把节。婚姻按“舅舅亲、姑姑亲，舅家不娶才嫁外人”的原则婚配。人死火葬“烧人不烧灵”，烧尸只能用白杨树柴。毕摩念经，杀绵羊取心肝祭死者，取绵羊毛搓成绳子，夹在松树棍内为灵台，吉姓支系供于堂屋墙壁 3 个篾兜里，周姓则供卧室内。

五、水田彝“耶罗”

明代从雅州密腊寺迁入盐边县永兴乡八爱村定居。用汉族阴历纪年。“白龙会”为村社节日，每年六月初举行。有女先嫁舅家，舅家不娶才外嫁。准许与纳西、傈僳通婚，不与“诺苏”通婚。行土葬。人死用麻绳按男九、女七挽套放置胸前，停尸堂屋正中，请东巴念经、放含口银，再移院中等候亲戚绕尸环跳吊祭。装殓用麻织物，忌棉毛织物入殓。葬后 7 天，用草包红火炭往坟上送火献饭，献死者生前所用器物，不收回。葬后请东巴到家安灵于神龛。

六、水田彝“衣卢”

亦称“水田”。先民从乌蒙山迁入定居，分布于仁和区福田乡。信仰为自然崇拜与巫鬼崇拜并存。由村上指定一株老树为“山神”，阴历四月，由东巴（祭司）定一吉日，全村集树下祭祀，并派人守村口不许汉族人进入，称“忌路、蹲路”。村后立土地神庙，叩拜祈保平安。还有“兜兜坛”神，因姓氏不同而异。倪、李二姓的兜兜编人字纹，供堂屋左角篾笆上，请“端公”跳神庆坛，祈求全家平安，五谷丰登。婚配由舅舅作主，行转房制，外姓只准许入赘。行土葬。人死停尸于堂屋，足头点七星灯（七根灯草油灯）。全家在院坝环转跳舞，举哀开路。装殓忌铁器入棺。请东巴择吉日下葬，垒坟修墓。墓门用石卷拱，无滴水，为“衣卢”坟墓标识。墓成竖白纸坟标“挂青烧灵”。请东巴做道场后，钉两根树棍于堂屋墙上，放一篾笆，用竹子劈两片供上，总称“衣俄、拉石衣俄”（灵台），灵位称“比亦椏”。

七、傈僳族

市内傈僳族从云南碧罗雪山迁入，聚居于盐边县的岩口、米易县的新山等地。信仰崇拜为原始自然崇拜，信鬼神。敬奉坛神。丁姓、贺姓、陈姓为火塘中三锅庄名“私列、么卡列”；马姓供房头，名“托把列”。指定屋后一棵树或一矗立怪石为家庭保护神，平时或节日杀鸡、备酒、献茶敬山神。家神似汉族香火，供3台：男家父母供堂屋右角、妻家父母供左角、远祖供正中。形象为泥碗插香，除夕日剪纸贴上。狩猎、采集、建造、问财运等请东巴用羊骨占卜。有傈僳“十月太阳历”，年节有“润拾节”（春节）“桂青节”“祭伤亡神节”“火把节”“白龙会”。

第八章 地方名人

中华人民共和国成立前，攀枝花地域内因地处偏远，经济、文化、教育事业落后，加上地方官僚、土司、地主的压迫剥削，杰出人物虽然不多，但有一定影响者不乏其例。有编纂《盐边厅乡土志》的盐边县人杨松年和编撰《邛嶲野录》的米易县人何东铭；有同治元年（1862 年）中进士，曾任翰林院编修的米易县人廖坤培；有清朝晚期苴却砚雕刻大师仁和区人寸炳信；有终身从教、桃李满园的盐边县人冉宁侯、仁和区人寸曦炳和米易县人范光华；有为避敌追捕到盐边县隐蔽从事革命活动的共产党人，中华人民共和国成立后曾任中部组部长、中央顾问委员会委员的陈野萍；有医技高超、名噪一时的盐边县人王又新、王国蕃、王卿义；也有不堪官府欺压而奋起抗争的米易县人谷纳、盐边县人丰四；还有两次到攀枝花为发现攀枝花钒钛磁铁矿作出重大贡献的地质学家常隆庆、刘之祥。

中华人民共和国成立后，在攀枝花这块热土上，在境内两次平叛斗争中，有 300 余名解放军战士、国家干部、民兵、群众壮烈牺牲，为保卫新生的红色革命政权流尽了最后一滴鲜血。特别是在抗美援朝战争中，50 余名本籍志愿军战士长眠于朝鲜民主主义人民共和国的国土上。

攀枝花市建市后，为了支援攀枝花钢铁工业基地建设，以刘学温、宋北川、任汉卿、汤乃武、殷开忠、晏治、祁绍州、柳荣耀、陈彬、陈冀、冯先作、李原等为代表的一大批建设者，从全国各地奔赴攀枝花，以“活着建设攀枝花，死了埋在攀枝花”，“献出青春何足惜，甘愿还献儿和孙”的无私奉献精神，为攀枝花钢铁工业基地建设奉献了一切。在成昆铁路攀枝花段及攀枝花支线铁路的建设中，235 名铁道兵战士将自己的鲜血洒在了这片热土上。在中越自卫反击战中，7 名战士为国捐躯。此外在改革开放及社会主义事业建设的进程中，以赵相林、唐汉华为代表的一批革命烈士和先进模范人物为建设攀枝花，为保护国家、集体和人民群众的生命财产献出了生命。

第四篇　泸州市

泸州历史悠久，夏、商时为梁州域，西汉景帝前元六年（公元前151年）置江阳县。东汉建安十八年（213年）设江阳郡，到隋朝，改为泸川郡，辖区相当于泸州、宜宾、内江三市大部分区域。南北朝梁武帝大同年间（535—546年）即有泸州建置，后为历朝郡、府、州、道治所。泸州地处四川盆地南缘，东与重庆接壤，南连云南、贵州，扼长、沱二江，自古乃锁钥一方的关隘重地，为巴蜀要冲、川南门户、四省通衢，政治、经济、军事战略地位突出，史称“西南要会”。泸州自古乃兵家必争之地，重要时期均有朝廷要员镇守，自汉代至清末，泸州发生“兵事”70余起。宋元之际，蒙古军南下，席卷蜀地，泸州军民筑神臂城阻击蒙军，致其34年不克，故与合川钓鱼城齐名，誉称“天生重庆，铁打泸州”。

泸州具有光荣革命传统。清光绪三十三年（1907年），同盟会人士佘英、黄方发动泸州起义，反清。民国5年（1916年）春，蔡锷举旗讨袁护国，率云南军入川，朱德时任护国军支队长，在纳溪棉花坡大败北洋军，战功卓著，誉为护国名将。民国10年（1921年）冬，中国共产党早期领导人恽代英、肖楚女等在泸州从事新文化运动，传播马克思主义，点燃革命之火，引导大批青年走上革命之路。民国15年（1926年），中共重庆地委军委发动震惊全国的“顺泸起义”，刘伯承在泸率起义军浴血奋战，抗击军阀重兵围剿，为之后党领导南昌起义积累了经验。民国 24 年（1935 年）初，毛泽东率中国工农红军在古蔺、叙永转战 50 余天，其间先后于古蔺县太平、二郎两渡赤水，写下“四渡赤水”得意之笔。

泸州特殊的地理位置及丰富的自然资源为先民聚居、发展生产、商贸往来提供了优越条件，成为长江流域开发较早的地区。泸州是举世闻名的中国酒城，酿酒始于秦汉，兴于唐宋，成于明清，盛于当代。同时拥有“浓香鼻祖”泸州老窖和“酱香典范”古蔺郎酒两个国家名酒，是中国白酒和名酒的重要产区。唐宋时泸州水稻、麻纺品、茶叶生产已相当发达，宋熙宁十年（1077 年），泸州即纳酒课税 1 万贯，岁输军粮大米 2 万石，故有“川南粮仓”之称。明宣宗时（1426—1435 年），跻身全国 33 个大工商业城市之列。清初，泸州即为四川三大茶产地之一。泸州引进种植桂圆、荔枝较早，为内陆桂圆荔枝唯一集中产区，乃南北水果荟萃之地。市内矿产资源丰富，尤以天然气、煤、硫铁矿为多，探明市内天然气储量 407 亿立方米，占四川总量四分之一；煤储量 43 亿吨；硫铁矿储量 23 亿吨。

泸州山川秀丽，景色迷人，文物古迹众多，自古以来，文人荟萃，集美流芳。唐代杜甫，宋代苏东坡、黄庭坚、陆游、范成大、虞允文、魏了翁，明代杨升庵，清代卓秉恬、张问陶、赵藩、黄云鹄，近代的蔡锷、冯玉祥、朱德、刘伯承、恽代英、肖楚女、吴玉章、茅盾、蒋兆和、王朝闻等许多革命志士、文化名人都在泸或居住、或游览、或采风、或战斗，留下许多脍炙人口的诗文字画、石刻题记，实为泸州宝贵文化财富，也是泸州历史文化名城佐证。

1983 年省辖泸州市成立后，市委、市政府带领全市人民以改革开放为主线，发挥本地优势，培育壮大“天（天然气化工）、长（长江工程机械）、地（以煤为主的矿产业）、酒（白酒酿造业）”四大支柱产业。相继实施“工业强市”“煤电化路港”综合开发、“八业兴农”等发展战略，加快交通、城市、科技、教育、文化、卫生建设，工业门类逐步齐全，优势明显，水陆空交通齐备、畅通、便捷，整体经济实力逐步增强。1994 年以来，泸州坚持打造城市品牌，先后获得并保持“国家卫生城市”“国家历史文化名城”“全国双拥模范城”“中国优秀旅游城市”四顶桂冠，成为小有名气的中国西部名城。泸州逐步成为经济繁荣、山川秀美、生活富裕、社会文明的川南经济强市，四川沿长江及南出海通道对外开放的门户，川滇黔渝结合部商贸中心和交通枢纽。

2005 年，泸州市辖江阳区、龙马潭区、纳溪区、泸县、合江县、叙永县、古蔺县等 3 区 4 县，设有 12 个街道办事处、90 个镇、49 个乡，有 2411 个村委会、206 个居民委员会，人口 479.60 万人，人口密度 389 人/平方千米。是年，全市地区生产总值 284.90 亿元，财政收入总量 26.47 亿元，其中地方财政收入 12.20 亿元，城市居民人均可支配收入 8970 元，农民人均纯收入 3165 元。

第一章 地理状况

第一节 自然环境

泸州位于四川盆地东南，处川、渝、黔、滇结合部。地理坐标为北纬27°39′—29°20′，东经105°08′41″—106°28′；东西宽121.64公里，南北长181.84公里。2005年土地变更调查，全市区域面积12246.95平方公里。境内地貌多姿，自北向南依次为丘陵、低山、中山地貌，山地面积占区域面积56.14%。境内最高海拔1902米（叙永县罗汉林木鱼山），最低处仅203米（合江县榕山镇长江出川江面）。主要山脉有叙永丹山等14条。

泸州属四川盆地中亚热带湿润季风气候区，长江及沱江、赤水河沿岸具南亚热带气候特征，四季分明、雨热同季、冬无严寒、夏无酷暑，立体气温明显。泸州为全国低日照区，年日照时数1173—1424小时，日照百分率27%—32%，年均太阳辐射总量为82.1—91.9千卡/平方厘米。市内多年平均气温17.6℃—18.2℃，无霜期302—357天。年降水量1200毫米左右，时空分布不均，降水与温、光同季。年平均相对湿度一般为77%—85%。泸州属长江水系，长江自西向东流经纳溪区、江阳区、龙马潭区、泸县、合江县，全段长133公里。市内有长江1—4级支流106条，呈树枝状。市内河流为暖季河流，靠降水补给，年际间、季节间变化大。泸州土壤种类较多，呈水平地带性和垂直地带性分布。其中，72.6%为紫色母岩发育而成，先天肥力高，宜种性广。按照全国土壤分类系统，泸州境内土壤划分为水稻土、紫色土、黄壤、黑色石灰土、黄棕壤、新积土等6个土类，11个亚类，32个土属，87个土种。

2005年，泸州市农用土地107.62万公顷，占总幅员的87.88%。其中，耕地38.5万公顷，占全市总幅员的31.44%；林地48.28万公顷，占总幅员的39.42%；草地面积3.04万公顷，占总幅员的2.48%；其他农用地面积15.23万公顷，占总幅员的12.44%。全市建设用地7.16万公顷，占总幅员的5.84%。未利用土地7.69万公顷，占总幅员的6.28%。境内产水总量66.57亿立方米/年，占全省水资源总量的2.13%。市外来水2613亿立方米，可利用量21.95亿立方米。全市水能理论蕴藏量有63万千瓦。长江以北水能藏量9.36万千瓦，可开发容量3.66万千瓦；长江以南53万千瓦，可开发量21.5万千瓦。市内矿产资源丰富，矿种繁多。已探明矿种有金属、非金属、能源3大矿类，矿种33种。其中，尤以煤、硫铁矿、天然气储量丰富。境内已探明有大型矿床17处，中型矿床11处，小型矿床24处，矿点44处。探明黑色金属矿储量3698万吨；硫铁矿储量23亿吨；煤储量43亿吨；天然气储量407亿立方米，占四川四分之一以上。全市有野生植物520科、813属、5950种，其中水杉、珙桐、南方红豆杉、银杏、台湾苏铁、水松等6种为国家Ⅰ级保护植物，有国家Ⅱ级保护植物 24 种。有野生动物 214 种，分属 25 目 65 科。有豹、云豹等国家Ⅰ级保护动物 2 种，国家Ⅱ级保护动物 28 种。长江泸州段 133 公里，沱江、永宁河、赤水河为长江珍稀特有鱼类国家级自然保护区。市内长江水系栖息鱼类有 169 种，长江上游特有鱼类 32 种。有白鲟、中华鲟、达氏鲟等国家Ⅰ级重点保护品种；鳗鲡、胭脂鱼、大鲵、小爪水獭等国家级Ⅱ级保护品种。有省级重点保护品种 12 种。

泸州自然灾害主要分气象灾害和地质灾害两类。主要气象灾害为干旱，夏旱危害面大，尤以伏旱危害农业最为严重，其发生频率在 60% 左右，年际间为害程度不一，常致灾区人、畜饮水困难，大春生产受损。境内 6 月至 8 月常有暴雨，多年平均 3 次，因暴雨相对集中，加之地貌影响，常有洪涝灾害。地质灾害主要有泥石流、滑坡、崩塌，主要发生在南部山区，因暴雨而生。

第二节　建置沿革

泸州历史悠久，古称江阳。夏、商时期为梁州的一部分。周代为巴国辖地。汉景帝六年（公元前 151 年）封赵相苏嘉为江阳侯，始设治筑城，置江阳县，已有 2000 余年历史。汉武帝建元六年（公元前 135 年），江阳县划属犍为郡。东汉献帝建安十八年（213 年），自犍为郡分出置江阳郡。历经三国、两晋、南北朝，南北朝梁武帝大同年间（535—546 年），建置州，治马湖江口，远及泸水（当时设侨置州的作法）取名泸州，为历史上以“泸州”命名之始。隋炀帝大业三年（607 年），改州为郡，以郡统县，转改为泸川郡。唐高祖武德元年（618 年），废郡行州县两级制，恢复泸州。唐高祖武德四年（621 年），升为都督府，辖 1 州 7 县 14 羁縻州。宋代泸州政治、经济、军事、文化地位显要。宋太宗时，调整政区，泸州隶属剑南道。真宗咸平四年（1001 年），四川分为四路，泸州属梓州路。《宋会要辑稿·方域》记载，宋徽宗颁诏书云：“泸州，西南要会，边阃之寄付非轻，可升为节度，仍赐名泸州军。”泸州升为军事州，设泸州军节度使。宋元之际，蒙古军入蜀，泸州毁于战乱，先后迁治于合江榕山、江安三江碛、合江安乐山、神臂山，江阳区蓝田坝、茜草坝等地。元代，泸州辖江安、纳溪、合江 3 县地域。明代，泸州隶属四川布政司。清代设置下川南道。清宣统三年（1911 年）辛亥革命时，建川南军政府。民国 2 年（1913 年），废府撤州存县，泸州改称泸县，成立专员公署。1949 年 12 月 3 日，泸州解放，为川南行署所在地。1950 年 7 月 10 日，中央人民政府批准设立泸州市，隶属川南行署，辖第一区（小市）、第二区（蓝田）、第三区（瓦窑坝）、第四区（罗汉场）、第五区（和丰场）。1952 年 12 月 20 日，四川省人民政府隆昌区专员公署改称四川省人民政府泸州专区专员公署，辖泸州市、泸县、纳溪、合江、隆昌、富顺、叙永、古宋、古蔺等 8 县 1 市。1960 年 7 月 14 日，国务院决定撤销泸州专区，所辖县市并入宜宾专区。1983 年 3 月 31 日，国务院批准成立省辖泸州市。1983 年 5 月，中共四川省委、省政府批准将原专辖泸州市改为市中区。是年 8 月，市中区与省辖泸州市工作机构合并，撤销市中区建制。1984 年 7 月 16 日，设立市中区人民政府，行政区域为原专辖泸州市及由泸县、纳溪县划出一部分地区。省辖泸州市初辖市中区、泸县、纳溪县、合江县、叙永县、古蔺县等 6 区县。1983 年 9 月，叙永、古蔺两县划宜宾地区。1985 年 6 月 4 日，国务院批准将叙永县、古蔺县划归泸州市管辖。1996 年 1 月，国务院批准：市中区更名江阳区；撤销纳溪县，设立泸州市纳溪区；新设泸州市龙马潭区，行政区域为原市中区小市街道、高坝街道、罗汉镇、鱼塘镇及从泸县划出石洞镇、胡市镇、特兴镇、安宁乡、金龙乡。2005 年 12 月 31 日，泸州市辖江阳区、龙马潭区、纳溪区、泸县、合江县、叙永县、古蔺县等 3 区 4 县。全市有 12 个街道办事处，49 个乡，90 个镇，2411 个村委会，206 个居民委员会。治所江阳区大山坪。

第三节 人口 民族

一、人口

1983 年，全市有 93.96 万户、419.17 万人，其中女性 199.32 万人，非农业人口 49.71 万人。1995 年，有 128.26 万户、452.17 万人，其中女性 216.89 万人，非农业人口 62.73 万人。2005 年，全市户数增加到 138.39 万户、人口总量增加到 479.63 万人，其中女性 229.74 万人，非农业人口 82.51 万人。1983 年，全市人口密度每平方公里 337 人。2005 年，增至每平方公里 391 人，增长 16.02%。江阳区、纳溪区、龙马潭区、泸县、合江县 5 区县，幅员占全市总面积 49.7%，人口占全市总人口 69.1%，人口密度为每平方千米 545 人，是古蔺、叙永两县人口密度的 2.3 倍。

1990 年、2000 年，泸州两次人口普查显示，泸州人口年龄构成特征，无论从通行国际标准或国内标准已由 1991 年前成年型变化为老年型。1991—2004 年，人口自然增长率均在 8‰以下，其中 2004 年最低，人口自然增长数为 7713 人，自然增长率仅为 1.64‰。2005 年人口自然增长率升为 13.13‰。

1990 年第四次人口普查，全市 6 岁及以上人口中，具有小学以上文化程度占 79.58%。2000 年第五次人口普查，全市 6 岁及以上人口中，具有小学以上文化程度占 90.16%，与 1990 年比，人口文化素质有很大提高，文盲、半文盲人口占该年龄段总人口比例由 20.42% 下降为 9.84%。

二、民族

泸州人口以汉族占绝对多数，苗族、彝族为世居土著。中华人民共和国成立后，随着经济社会发展，人口流动增加，境内呈现多民族人口聚居。1990 年人口普查，市内有 39 个民族。2005 年，全市有 47 个民族，其中少数民族 46 个，人口 7.4 万余人。万人以上少数民族有苗族、彝族，千人以上少数民族有回族。全市有古蔺县箭竹苗族乡、大寨苗族乡、马嘶苗族乡、乌龙苗族乡，叙永县合乐苗族乡、枧槽苗族乡、石坝彝族乡、水潦彝族乡等 9 个民族乡。市委、市政府多方筹措资金、组织人力、物力对民族乡实行教育、卫生、科技等扶贫，不断促进民族乡社会和经济发展。

1984 年始，实施民族乡教育扶贫。通过办民族班、定向招生、对口支教等措施为民族乡镇培养人才。至 1990 年，古蔺县蔺阳中学、叙永城郊中学、叙永师范校实行优先录取、寄宿制、生活补助等方法招收少数民族学生 660 余人。1994 年，市区大中专院校、重点中小学与民族乡镇签订《对口支援五年协议书》，明确任务，促进援助落实。1999 年，全市 9 个民族乡实现普及九年义务教育。至 2005 年，各级政府以专项拨款、企业捐赠、援建学校、社会献爱心等筹资 300 余万元和大量衣物、学习用品、教学设备开展教育扶贫。是年，9 个民族乡建有中学 10 所，学生 2630 人；中心完小 11 所，村小 47 所，学生 8118 人；私立小学 4 所，学生 320 人；入学率 96%，巩固率 93%。

1994 年始，采取资金补助、对口援助、赠送医疗设备等方式开展卫生扶贫。“九五”期间，有 2

个民族乡医院达一级卫生院标准，7 个民族乡医院达二级卫生院标准。2002 年始，市内 10 所县级以上医院对口支援 9 个民族乡医院发展。至 2005 年，9 个民族乡有乡级卫生院 10 所，医生 41 人，病房 27 间，病床 67 张，实现乡乡有医院，小病不出乡。

1983 年以来，市级各部门、国有大企业、各民主党派等发挥人力、技术、资金优势，组织科技人员以送技术、送物资、派驻人员、举办培训班等形式，帮助民族乡发展种植业、养殖业、乡镇企业。1999 年始，实施安居工程，逐步改善少数民族住房条件。至 2005 年，省、市、县政府共补助资金近 800 万元，完成少数民族建房 3069 户，户均 80 平方米以上。

2000 年始，扶持民族乡办公大楼建设。新建的由省拨款 20 万元，市配套 20 万元，县配套 10 万元；维修的由省政府拨款 5 万元，市政府配套 5 万元，县政府配套 5 万元。历时三年，6 个民族乡新建，1 个乡维修。

1991—2005 年，争取省杂散居民族发展资金、支援不发达地区发展资金、少数民族发展资金及市级配套费等“四项资金”2000 多万元，用于民族乡发展经济，兴办教育、文化卫生事业，改善生产生活条件。2005 年，叙永、古蔺两县的 9 个民族乡国内生产总值 1.61 亿元，乡财政收入 2740 万元，人均纯收入 1552 元，粮食总产 2.88 万吨，人均 350 千克。

第二章 经济状况

第一节 发展状况

泸州优裕的地理自然条件使其成为四川和长江流域较早开发地区，宋代已成汉夷门户，川南商业都会城市，农业、手工业、白酒酿造业、商业贸易自古兴旺。明宣宗时期（1426—1435年），即跻身全国33个大工商业城市行列。清末明初泸州酿酒业已中外闻名。19世纪20年代，现代工业与金融业即在泸萌芽。然因半殖民地半封建制度束缚以及自给自足自然经济影响，泸州经济发展缓慢。民国38年（1949年）时，全市仅有酿造、农产品加工、化工等行业的10余家企业和200余户手工作坊，工农业总产值仅1.63亿元（1952年价）。1950年后，贯彻实施中共中央关于恢复和发展国民经济的各项方针政策，农村实行土地改革，农业合作化，人民公社化，城镇工商业开展民主改革，建立以国营为主，集体、个体为辅的工商业体制，实施国民经济发展“五年计划”等，不断解放生产力，泸州经济扶摇而上。1965年，全市社会总产值为5.71亿元。“文化大革命”时期，泸州经济发展受到冲击而回落。20世纪70年代，随着国家“三线”建设推进，企业内迁，全市逐步形成化工、工程机械、酿造等3大产业为主的现代工业体系，工业门类逐步齐全，涌现出一批名酒、工程机械、化工类拳头产品。20世纪70年代，泸州成为四川“双季稻”主产区，种植面积占全省种植面积80%以上；泸州桂圆、合江荔枝享誉省内外。中共十一届三中全会后，将工作重点转移到以经济建设为中心，认真执行“调整、改革、整顿、提高”方针，泸州经济建设迅猛发展，至1980年，全市社会生产总值达20.8亿元。之后，深入贯彻对外开放，对内搞活的方针，继续深化农村、城镇各个领域的改革，积极发展主导产业，逐步形成化工、酿酒、机械、能源等支柱产业。至1990年，全市社会生产总产值上升到62.97亿元。1991年以后，加快企业经营机制转换步伐，推行股份制改革；推动企业干部人事、劳动用工、工资分配3项制度改革；转变政府部门职能，实行政府宏观管理，企业自主经营；鼓励个体、私营经济发展。1992年年底，隆（昌）黄（贵州黄桶）铁路隆泸段峻工通车，结束泸州不通火车历史。泸州农业按照中共中央“绝不放松粮食生产，积极发展多种经营，大力发展乡镇企业”的农业发展方针，以“市场导向调结构，稳粮增收奔小康”思路，实行传统农业向现代农业，粗放经营向集约化经营两个转换，农村产业结构深入调整，农民收入稳定增长，自1993年起，粮食总产连续7年增产，创历史最好水平。1994年泸州老窖股份有限公司股票在深圳交易所顺利上市，时为四川酒类唯一股票上市公司。1995年起，以搞活国有企业为目标，全面推行国有企业产权改革。1996年，泸天化公司、四川天华公司强强联合，组成国内最大化肥生产企业泸天化股份有限公司；以资产为纽带的长江工程机械集团公司挂牌运作。泸州老窖股份有限公司、泸天化股份有限公司、古蔺郎酒厂列为全省37家“扩张型”企业。1997年，国内生产总值达到128.7亿元，提前3年实现国内生产总值比1980年翻两番目标。2000年，随着国家西部大开发战略实施，实行经济结构战略性调整，以加快泸州经济发展步伐。是年，县属国有企业产权改制工作全面完成，市属国有企业改制工作完成82%，通过改制，组建各类企业集团30个；隆（昌）纳（溪）高速公路峻工通车，为泸州首条高速公路。2001年，以建设“西部化工城”为突破口、实施煤、电、路、化综合开发，构建泸州新型工业体系。2003年始，实施“工业强市”战略和工业5年翻番计划，启动建设西部化工城项目12个，总投资约34亿元。是年，泸州集装箱多用码头投入营运，实现泸州集装箱水路运输零突破，为四川第一水运大港增光添彩。2004年以来，围绕农民增收，以结构调整为主线，科技为支撑，创新为动力，实行畜牧业、竹业、渔业、蔬菜业、水果业、优质米业、药材业等“八业兴农”，提高农业综合生产能力，提高农业效益。2005年，“西部化工城”列入全国首批循环经济试点园区；酒业加大资源整合力度，成功申报“泸州酒”地理标志产品保护，启动泸州酒业集中发展园区建设，建造中国“酒谷”；引进川煤集团、中色集团、宁发集团等大型企业进入古叙矿区开发，推进煤炭资源规模化开采。是年，地区生产总值达到284.91亿元，工业对全市经济增长贡献率上升为45.3%，提前两年实现《工业五年翻番计划》。

随着社会经济发展，泸州经济结构发生巨大变化。其变化趋势为：农业比重逐步下降，工业比重稳步上升，第三产业迅速发展。1952年，农业比重过半，占57.8%。1980年，一二三产业比值为51.2∶31.8∶17。1990年时，一二三产业比值变为44.4∶34.7∶20.9。至2005年，一二三产业比值为25.3∶38.6∶36.1。

20世纪50年代，对私营工商企业实行利用、限制、改造政策，所有制结构以全民所有制为主，1952年时其比重为84.3%。“文化大革命”期间，为解决职工家属就业，国有工矿企业在后勤、外围产品方面纷纷举办“大集体”类企业，到1980年时全民所有制企业比重变为81.9%。随着经济体制改革不断深入，中共中央出台扶持民营经济发展政策，逐步形成以国有制经济为主体，多种所有制成分并存的经济体制，民营经济迅速发展。1991年，公有制经济增加值占国内生产总值比重为78%，民营经济占22%。到2000年，公有制经济增加值占国内生产总值比重降至63.6%，民营经济升至36.4%。2005年，公有制经济增加值占国内生产总值比重51.7%，民营经济增至48.3%。

改革开放以来，城乡居民收入逐年增加，市民生活水平得到较大改善。1991年，全市城镇居民人均可支配收入1596元，农民人均纯收入501元。“八五”期间，“安居工程”在区县启动，住房制度改革全面推进，有66%城市居民住进成套住房。1996年，城镇居民人均可支配收入增至4388元，农民人均纯收入增至1420元。到2005年，城镇居民人均可支配收入达8790元，农民人均纯收入3165元；80%城镇居民拥有全产权房，人均住房面积29.31平方米，农村人均住房面积32平方米。

1985—2005年部分年份泸州市国民生产总值、工农业生产总值情况表

表4—1

年份	国民生产总值（万元）	人均产值（元）	其中		
			第一产业（万元）	第二产业（万元）	第三产业（万元）
1985	223091	539	93131	88910	41050
1990	356551	814	158253	123672	74626
1995	919017	2233	341569	334032	243416
2000	1530219	3719	457000	527032	546187
2005	2849099	6753	722300	1099320	1027479

1985—2005 年部分年份泸州市财政收支、居民人均收入情况表

表 4—2

年份	财政收入（万元）	财政支出（万元）	城镇居民收入（元）	农村居民纯收入（元）
1985	20362	15924	760	312
1990	34538	26199	1385	491
1995	46144	68002	4189	1080
2000	80064	143286	6207	2173
2005	110844	356298	8790	3165

第二节 优势产业

一、酿酒

酿酒在泸州“始于秦汉，兴于唐宋，成于明清，盛于当代”。《华阳国志》载，西汉时泸州已享有“江阳尽道多佳酿”美誉。晚唐五代古窑址中泸州出土的酒具表明，泸州酒业已十分发达。宋熙宁年间，泸州是全国年商税额达十万贯以上的 26 个城市之一，其中酒税即占整个商税的 33.6%，成为举足轻重的经济支柱。泸州的气候、土壤、水质等自然条件及数千年酿酒技术积淀和雄厚的技术人才队伍造就了泸州酒业。民国 4 年（1915 年）巴拿马太平洋国际博览会上，泸州老窖曲酒荣获金质奖，享誉世界。中华人民共和国成立后，蝉连中国名酒。1957 年，轻工部主持编著出版《泸州老窖大曲酒》，为国内首部浓香型曲酒酿造技术专著，广为采用，成为全国浓香型白酒评价标准。1984 年，与贵州茅台毗邻的古蔺郎酒获国家名酒，誉为茅台姊妹酒，泸州成为国内唯一同时拥有两个国家名酒的城市。1996 年，建于明万历元年（1573 年）并沿用至今的“泸州老窖窖池群”由国务院公布为“全国重点文物保护单位”，誉为“中国第一窖”，与都江堰共称为全国仅有两项“活文物”，载入世界吉尼斯大全。古蔺郎酒厂用于储酒的天然溶洞天宝洞、地宝洞同时列入世界吉尼斯大全。

泸州酿酒种类有白酒、黄酒、果酒和啤酒，以生产浓香型曲酒为主，酱香、兼香齐全。1986 年全市有酒厂 1400 余家。20 世纪 90 年代后，酒业进入调整发展阶段。以举办“名酒节”活动和特色宣传，使“酒城泸州”这一品牌在国人心目中得到认可。2003 年，筹划泸州酒业集中区，总规划用地 7500 亩，投资逾 70 亿元，建设“中国酒谷”。列为四川省“工业强省”重点项目、省首批“中小企业创业基地”、省“高新技术园区”。2004 年，泸州申报“泸州酒”地理保护标志，作为泸州特有资源受法律保护。

泸州酿酒工业逐步建成集生产、科研、营销为一体，较为完整的产业体系。至 2005 年，有国家级白酒尝评员 6 名、省级尝评员 35 名，获得酿酒技师职称的近千名。全市酿酒工业行业有在职职工 2.11 万人，季节性用工 9000 多人，其中高、中级技术职称人员 1019 人。全市有大小酒类产销企业 700 多家，其中品牌企业 400 多家，规模以上企业 53 家，有上百个部、省名优酒，有窖池 1.9 万多口，其中 100 年以上窖池 1600 多口。是年，白酒年产量 40 多万吨，工业增加值 16.22 亿元，占全市

规模以上企业完成数的33%，白酒行业产生的财政收入占财政总收入的30%。老窖集团和郎酒集团两个龙头企业快速发展，市场竞争力不断增强，一批“小巨人”企业发展势头强劲。“中国最大的白酒加工基地”和“中国第一个白酒加工配套产业集群”——泸州酒业集中发展区加快建设，卓越的生产规模将日益彰显酿酒业巨大的产业优势。

二、化工

泸州化学工业依托市内丰富的天然气、煤、硫铁矿等矿藏资源为基础，1959年，中央批准在泸州建设年产10万吨合成氨的泸州天然气化工厂。20世纪80年代即有化肥、纤维素衍生物等精细化学工业骨干产业和集生产、教育、科研、设计、化工机械、化工建安六位一体的化学工业体系，成为泸州经济支柱产业之一。1990年，市内有化工企业99户，固定资产总值11.3亿元，职工近3万人，其中工程技术人员约1万人。20世纪90年代始，对传统化学工业实施改造，发展现代化学工业。1990年，泸州天然气化工厂投资3.2亿元，建设具有国际先进水平的3万吨油脂化工项目。1992年，该厂从美国引进硝酸设备，生产脂肪酸系列精细化工产品。1993年，泸州化工厂“保军转民”第二次创业，建设年产1400吨甲基纤维素及衍生物项目。是年，四川天华股份有限公司投资22亿元自意大利引进年产30万吨合成氨、52万吨尿素的大化肥成套装置，1995年建成投产。20世纪90年代中期，泸州市碱厂扩建为年产烧碱4万吨、氯甲烷8000吨的中型氯碱企业，上马2万吨离子膜烧碱项目，开发出无机氯产品、有机氯产品和精细化学品系列产品。

1991年始，泸州谋划“化工城”建设。2001年4月，省委主要领导到泸州调研，结合泸州三大支柱产业优势条件，作出建设“西部化工城”决策。将传统化肥工业扩大到天然气化工、精细化工、医药化工、煤化工、生物化工、石油化工等产业链，产品锁定在高、精、特、新，实施“煤、电、路、化”综合开发，形成区域经济特色。2003年3月，省政府在成都为“西部化工城”举办招商引资洽谈会，引进金良公司、中油化工有限公司、日本三洋公司、中海油重交沥青、芙蓉矿务局等企业。2001—2005年，《四川西部化工城发展规划》实施17个项目，启动15个，建成投产10个，年新增产值30多亿元。2005年，“西部化工城”列为四川省发展循环经济重点园区。是年，“四川西部化工城”列入全国发展循环经济第一批试点工业园区，时为四川省唯一入选园区。同年，泸州化学工业规模以上企业有31家，其中外资企业1家，中外合资企业2家，国有企业6家，其余为民营企业。化学工业产品主要品种有尿素、甲醇、二甲醚、“1，4—丁二醇”、油脂系列产品、硝酸、硝铵锌、纤维素及衍生物、沥青、氯产品、氯甲烷、乙二醇、碳铵、磷肥、民爆炸药、催化剂、801产品及二氧化碳、氢气、氧气等工业气体。全市规模以上化工企业总资产97.5亿元，工业增加值17.36亿元，出口交货值2.62亿元，实现利润4.03亿元。化学工业成为泸州工业经济增势强劲产业。

三、机械

抗日战争时，国民政府将大批工业南迁，泸州机械工业得以起步。1950年后，人民政府对私营工商业进行改造，增加生产性投入，泸州机械工业开始复苏。20世纪60年代，国家加强“三线”建设，一批机械行业内迁泸州，助推了泸州机械工业发展。20世纪80年代，乡镇企业崛起，更为全市机械工业注入活力。中共十一届三中全会后，泸州机械工业由生产型企业转变为经营生产型企业。1991年后，泸州长江起重机厂、泸州长江挖掘机厂等主要企业获得“外贸经营进出口权”，泸州机械工业产品出口获得长足发展。

1991 年始，泸州工程机械普遍由机械式更新为液压式，达到当时国际先进技术水平。长江起重机厂开发出 QY25B 至 QY50 等 84 系列液压汽车起重机产品。1995 年，增加随车起重运输车、高空作业车、清障车、混凝土搅拌运输车、铁路救援起重机等新产品。2000 年，开发出“G”系列汽车起重机、“S”系列随车起重机、“LT”系列汽车起重机和伸缩臂叉装车等特种机械，新产品产值率占 59%。长江挖掘机厂 1991 年开发出全系列液压挖掘机。2003 年，企业改制为邦立重机公司，确立以“大型化、专业化、个性化”为新产品开发战略，快速开发适合矿山使用各类挖掘机。该公司 60 吨级以上大吨位液压挖掘机研制列入国家“863”计划，国内市场占有率 50%，液压抓钢机、抓料机占有率 95%，中、大吨位产品开发居国内领先水平。2005 年，该公司成为国内唯一能研制生产 8 吨至 100 吨级全系列液压挖掘机、抓钢抓料机厂家，创制中国第一台全液压挖掘机、中国大吨位全液压挖掘机、中国第一台电动型全液压挖掘机、中国第一台全液压坝前清污机、中国第一台船用挖掘机和中国第一台大吨位全液压抓料机“六个全国第一”。长江液压件厂 1991—1995 年研发主机液压件，为工程机械行业提供替代进口元件。1996—2000 年，开发出高压齿轮泵、多路换向阀等系列新产品。2001 年，形成生产多路阀、液压缸、齿轮泵等液压系统产业格局。完成“三峡工程门机抓梁系统”“国电亚洲最大输电线 1000kV 杆塔实验站液压加荷系统”“西昌卫星发射基地 301 发射平台系统”和“二炮防护门液压系统”研发。泸州川南机械厂为研制生产航天火工装置的专业生产厂。2005 年，该厂生产的点火器、电爆管等系列火工装置，广泛应用于长征系列运载火箭、卫星、神舟飞船等航天器上。由泸州交通机械厂改制的四川恒威活塞环有限公司为省内最大活塞环专业生产及研制企业。1994 年，其生产的“长沱”牌活塞环获“中国名牌产品”称号。与国内多家企业配套协作，外贸出口 60 多个品种。长江机械有限公司经过 20 年打造的“长机”牌、“飞环”牌主导产品精锻同步器齿环，为“四川省名牌产品”“首批全国汽车配件推荐商品”，国内市场占有率 30% 以上，外销英国、德国、巴西、日本等。纳溪区超强机械有限公司生产的川泸压砖机获四川省科技进步一等奖，盲孔空心压砖机为国内专利产品，深得用户好评。

至 2005 年，泸州工程机械以液压技术为特色，以汽车起重机、液压挖掘机、工程液压件为主要产品，以长起公司、邦立重机公司和长液公司为龙头，形成工程机械产业集群。是年，泸州机械工业企业配套厂家有 100 多家，产品形成较强市场竞争力。

四、能源

市内能源有煤、电、石油、天然气，以煤为主。泸州煤储藏量大质优，古叙矿区为四川唯一尚未规模开发的低硫、特低磷、中高发热量大型优质无烟煤矿区。已探明和预测低硫、特低磷、中高发热量无烟煤储量 69 亿吨，占全省 33%；煤层气 1001 亿立方米，占全省 28%。1985 年后，乡镇煤矿迅速发展。至 1990 年，全市有 7 个国有煤矿（矿井 8 对），年生产能力 52 万吨；乡镇小煤矿（井、窑）918 个，年生产能力 190 万吨。是年，全市原煤产量 209 万吨，主要产品为：原煤、块煤、精煤、焦炭、滤水煤。随着“四川西部化工城”建设和煤、电、路、化综合开发战略整体推进，煤炭工业成为泸州的新兴支柱产业。先后引进川南煤业集团、攀枝花煤业集团等大型煤矿企业集团进入矿区开发，促进中小煤矿重组改造；关闭布局不合理、浪费资源、破坏环境小煤矿，优化投资环境。2004 年，全市原煤产量为 516. 60 万吨。2005 年，引进川煤集团、地奥集团、中色集团、天津宁发集团等大型企业进入古叙矿区规模开发。全市产原煤 562. 40 万吨，有规模以上煤炭企业 80 家，工业总产值10.65亿元，实现利润1.20亿元，上缴税金3182万元。

第三节 名优特产

一、名酒

泸州老窖大曲酒 该酒以本地所产糯高粱为原料，小麦制曲，稻谷壳为辅料，老窖发酵，老槽配料，混合蒸馏，储存老熟，精心勾兑而成，“醇香浓郁、饮后尤香、清冽甘爽、回味悠长”。泸州老窖大曲酒酿造技艺始于元朝，最早窖池建于明代万历元年（1573年），一直在使用，从未中断，国内罕见。民国4年（1915年）巴拿马太平洋国际博览会上，泸州老窖大曲酒获金奖。之后，泸州老窖大曲酒出口东南亚和港澳地区。1952年，全国第一次评酒会上，泸州老窖大曲酒评为中国4大名白酒之一，定为浓香型白酒典型代表。故浓香型白酒也称“泸型酒”，誉为“浓香鼻祖、酒中泰斗”。之后，全国历届评酒会上，泸州老窖以其独特品质蝉联国家名酒美誉。1991年，泸州老窖注册商标“泸州”牌，时为中国酒行业中唯一以城命名商标，后评为“中国驰名商标”。泸州老窖人不断挖掘总结传统工艺，运用现代科学技术和分析技术，剖析影响白酒风格差异性的物质基础及其机理，衍生数十个品种，适应不同消费群体，所创科技成果全国广泛应用。1996年11月20日，泸州老窖400余年窖池群被国务院批准为酒类行业首个国家重点文物保护单位，堪称“国窖”。2001年，创制精品泸州老窖国窖酒，以“国窖1573”及“百年泸州老窖”赋予名牌战略新载体。2002年3月，在西安举行泸州老窖中国4大名酒浓香型典型代表命名50周年庆典时，钓鱼台国宾馆将“国窖1573”和“百年泸州老窖”列为国宾馆特供酒。2004年，1573国宝窖池被省委、省政府命名为四川省第二批爱国主义教育基地。2005年1月23日，泸州老窖公司在上海国际会议中心召开新闻发布会，对外宣布泸州老窖明代窖池申报世界文化遗产。至2005年，泸州老窖拥有30年以上窖池1万多口，其中百年以上窖龄窖池300余口。

郎酒 该酒与贵州茅台酒誉为赤水河上相邻而居的两颗“明珠”。郎酒为古蔺县郎酒厂所产，该厂坐落在古蔺县东北部赤水河左岸二郎镇，海拔430米。厂区山清水秀、草木葱茏；有深层优质矿泉水涌出，清末建井，名“官井”，其水质清澈透明，含有多种有益微量元素；用“天宝洞”“地宝洞”两个天然溶洞储酒，两洞上下相连，面积2万平方米，可储酒上万吨，洞内开阔，冬暖夏凉，常年恒温19℃左右，微生物群十分活跃，经长年累积覆盖洞壁，当地人称“酒菌”，尤利原酒醇熟净化，为郎酒产生创造得天独厚的自然条件。郎酒以当地所产优质红粮为主要原料，酿造工艺考究，有“十月酿造、三年出洞”之说。即窖料、翻料、煮料，分别反复3次，每次要窖3月之久，然后烤出原酒，盛入大瓦罐密封，运入天然溶洞储存3年以上，经过醇化老熟，按不同老熟期限科学勾兑各类陈酿精品。郎酒酿造技艺始于民国9年（1920年），以大曲酒生产工艺酿制“回沙郎酒”。民国14年（1925年），采用贵州茅台酒工艺酿造“回沙大曲”。民国18年（1929年），定名为郎酒。红军长征四渡赤水时，当地人民以郎酒招待红军，红军收作消毒疗伤之用。20世纪40年代，郎酒即畅销全国及港澳，远销东南亚一带。据史料记载，贵州茅台酒厂曾因火灾，厂房、窖池烧毁。重建时，其新建酿酒窖池所需富含酿酒微生物的窖泥取自郎酒厂，故同行称茅台和郎酒为“你中有我、我中有你的姐妹花”。1957年后，郎酒3次被评为四川名酒。1979年，评为国家优质酒。1984年全国第四次评酒会上，郎酒以“酱香突出、醇厚净爽、幽雅细腻、回味悠长”特色评为国家名酒。20世纪90年代，郎酒商标成为中国驰名商标，产品形成不同档次，酱香、浓香系列。1996年8月6日，天宝洞、地宝洞因其为世界最大天然酒库，载入世界吉尼斯纪录。2004年，郎酒集团以“神采飞扬中国郎”为概念，全新推出“中国郎”“红花郎”等系列。其酒瓶防伪功能在陶器酒瓶中首开先河，彻底解决防伪和渗漏问题，瓶身线条流畅柔美，张弛有度，经105道工艺精心打磨，特别引进英国低温红、24K沙金花、24K亮金压边，色彩艳丽，使郎酒非凡品味得以充分展现，获“2004年中国优秀工业设计奖”。

二、优质农产品

罗沙贡米　产于龙马潭区特兴镇罗沙坪，该地地势开阔，沙质土壤，泥脚浅，不沾硝，肥沃盈散，无林木荫蔽，光照长，所产稻谷饱满，以米粒晶莹剔透、清香扑鼻、滋润可口而著名。明清时期，泸州商贸繁荣，商贾往来频繁，当地富商常以罗沙米为特产相赠客人，辗转入宫，深受好评，故名罗沙贡米。罗沙贡米主产区常于3月初播种，秧龄30天左右，8月上旬收中稻蓄留再生稻，再生稻于10月初收割，米质更优。1998年，经国家工商局注册“罗沙”牌商标。罗沙贡米经农业部杭州稻米质量检测中心测定，含多种维生素和多种氨基酸、蛋白质，尤以可溶性钙、铁含量高，为其他米2—5倍，故称“米中钙王”，各项指标超过国家规定特种米要求。1999年，参加中国北京国际农业博览会获中国名牌产品称号，开四川大米获国家名牌之先河。2000年，泸州老窖公司组建泸州老窖罗沙米业有限公司，引进日本佐竹公司优质大米加工设备，采用精细加工技术，加工米颗粒饱满、均匀、洁白、光亮。除满足本地需求，大量运销重庆、成都等地。2001年，泰国代表团访问四川，省长张中伟以罗沙贡米相赠。2002年，泸州老窖公司与湖南金键米业强强联合，成立金键泸州罗沙米业有限公司。至2003年，全市罗沙贡米种植面积扩大为2667公顷。2005年，种植面积扩大至4000公顷，产稻2万余吨。

泸州桂圆　其树枝干弯曲如龙，果肉晶莹透出果核形如眼，故又称龙眼树。桂圆在泸州栽种历史悠久。西晋左思《蜀都赋》上就有“旁挺龙目，侧生荔枝”的记载。泸县志《南裔志》载：早在1600多年前，每年收干龙眼四五十万斤，为农家副产收入之大宗。销路上至川南各县，下至重庆、万县、宜昌、沙市，贵州省尤占多数。泸州桂圆主要产于泸县、江阳区、龙马潭区长、沱两江沿岸村社，纳溪区和叙永县永宁河谷有零星分布，为内陆少有集中产地。春末夏初开花，农历八月成熟。果实圆形，灰黄或褐色。果肉白色而透明且有汁，纯甜无酸，纤维少，果味绝佳。江阳区茜草镇张坝桂圆林，紧靠长江，占地200余公顷，其品种为当地富豪自粤、桂、闽多地引进，成林于19世纪，绵延5公里，有1.5万株百年以上桂圆树，最老树龄达300余年，称“桂圆树王”。该桂圆林为北回归线以北中国最大、最古老桂圆林，为国内不可多得的桂圆种质基因库。其最高年产量1000余吨，常年300—500吨，果实以其“皮薄、肉厚、味甜”著称。尤以“八月鲜”果实厚嫩、甜汁多、色泽晶莹、清香可口成为馈赠佳品。鲜桂圆烘制后的桂圆干，为泸州名产。有“邓桂”牌和“泸桂圆”两大品牌。1998年，泸州市园科所自栽培品种中选育出“泸丰”“泸早”“蜀冠”等良种，经四川省农作物品种审定委员会审定，推广至全川。2004年，国家农业部授予泸县南亚热带作物名优基地（桂圆）。2005年，全市种植面积6280公顷，其中泸县潮河镇建成川南第一个万亩桂圆镇。

合江荔枝　荔枝乃珍稀水果，享有“果中之王”美称。秦汉时期，荔枝由岭南传入合江县。历代皇氏家族、达官贵人，以馈赠品尝合江荔枝为尊。杜甫经泸州时，赋诗：“忆过泸戎摘荔枝，青山隐映石逶迤，京中曾见君颜色，红颗酸甜只自知。”相传，杨贵妃享用品就有合江产荔枝。合江荔枝品种自岭南引进，多年驯化，种质资源丰富。有大红袍、绛纱兰、妃子笑、糯米糍、佛顶珠、乌泡、并头欢、良姜泡、带绿、楠木叶、桂味、铊缇等品种，称“十二金钗”。荔枝出产品种以大红袍居多，占总产量80%—90%，全县荔枝产量占全川90%，并以其晚熟、皮薄艳丽、个大核小、肉厚汁多、晶莹透明、脆嫩浓甜、清香馥郁、细腻化渣、风味独特而驰名。至2005年，全市荔枝种植面积4000余公顷，年产3500余吨。

合江青果 即果用橄榄，具有生津止渴、清热解毒、利咽化痰、除烦醒酒、润肺、解纳、滞食积等功能，有“中华珍果”“健康水果”美誉。主产合江县，该县青果栽培已有1000多年历史，县内马街园艺场尚存有20余株树龄500年以上的青果树。合江青果因涩味淡、甜味浓、个大肉厚之特点，鲜食、加工皆宜而畅销。主要品种有白圆青果、梭子青果、特种青果等3大类30余个品种，为四川唯一集中产区。2005年，种植面积5300余公顷，产量2850吨。

纳溪凤羽茶 泸州产茶已有1000多年历史。唐陆羽《茶经》载“泸州产茶”。宋代《茶业通史》有“泸州纳溪梅岭茶”记载。1983年，纳溪农业局研制成功凤羽茶，后成立泸州凤羽茶叶有限公司批量生产。因原产于金凤山一带，成品茶扁平状似羽毛而得名。产地集中分布在纳溪区护国、打古、大渡、天仙、白节、上马等乡镇。该区域远离城市，紧邻长江，山清水秀，植被率高，气候暖凉，常年多雾；土质为酸性红壤，宜茶，为川南名优早茶基地之一。产品因采茶早迟而命名为探春、迎春、报春、惜春凤羽，最早可于“元宵节”上市。1983年后，连续多次评为四川省优质名茶。1999年，送农业部质量检测，评语为“全国先进水平”。2000年以来，纳溪区委、区政府将其列为农业产业化重点项目，采取政府扶持，引进业主，多方筹资促进发展。2001年，获中国（成都）国际茶叶博览会金奖和中国（北京）国际农业博览会名牌产品称号。2005年，种植面积达到1667公顷。

古蔺牛皮茶 产于古蔺县白沙坡、椒子沟、头道河、凤文坡等海拔800—1200米山区。《四川茶经》载：牛皮茶产量高出其他品种约4成，鲜叶含茶多酚29.27%，咖啡碱4.15%，水浸出物45.17%，独有“味醇厚、耐冲泡、具栗香”风格。四川省农作物品种审定委员会认定为四川省4大地方良种之一。1994年以来，古蔺牛皮茶连续4次获四川省“甘露杯”优质名茶称号。1999年，获中国（北京）国际农业博览会名牌产品称号。

三、名食

泸州黄粑 明清时期，每到新年来临，一般家庭都要做数十上百斤米的黄粑，自食、待客、赠礼。泸州黄粑以优质糯米、大米和红糖或白糖为主要原料。制作时，先将米淘洗后（可加入少量糯米）磨成米浆，放入适量红糖或白糖，再将浸泡后的糯米蒸到八九成熟，倒入米浆内搅拌均匀，待糯米饭把米浆水分充分吸收后，将其搓打成15厘米左右长，5厘米左右高、宽之长方体，用泸州特产具特殊香味的黄粑叶包裹，以棕树叶抽丝捆扎成方柱形，放入大木甑蒸24小时。成品色泽金黄，香气浓郁，柔软味甜，凉姜叶独特香味保留其间，色、香、味、型俱佳。可即食、切片油炸、切片或粒加入醪糟水煮沸食用等多种食用方式。20世纪80年代，全市有数十家人专门做黄粑卖。以林叶素“林黄粑”最为著名，2001年被评为“泸州名小吃”；2005年建厂扩大生产规模，开发出红糖、白糖、肉末、绿豆等多味、多规格品种。

古蔺麻辣鸡 产自古蔺县。20世纪40年代，古蔺县人聂墩首创，初名“聂墩墩麻辣鸡”，后更名“古蔺麻辣鸡”。该产品以多种中药材配制熬制卤水，用本地所产良种公鸡（俗称土公鸡）宰杀、脱毛后卤制而成，制作考究。食用时也有讲究，即配以用辣椒、花椒、胡椒、土榨麻油、芝麻、冰糖水、味精、酱油等混合成蘸水而食之。其皮金黄而脆、肉脱骨而嫩、香气浓郁，入口渐觉麻而舒、辣而鲜，回味甘甜而悠长，为宴客靓菜。1950 年后，其制作方式广为流传，成为古蔺传统食品佳肴。20 世纪 90 年代起，陆续传入省内外各大城市，多次评为省、市名食品。2005 年，全市已有 20 余家专营户，开发有真空包装保质保鲜。

钟跷脚牛肉系列 20 世纪 70 年代，古蔺食品公司开发生产毛条牛肉干，后由民营商家钟胜宏经营，注册商标为“钟跷脚”，经不断探索，形成牛肉系列产品，有毛条牛肉干、麻辣牛肉干、桂花牛肉、牛肉松等。均用山区所产黄牛肉去筋去油，煮熟切条或片与香料拌煮，露干后用木炭烘烤而成。产品香甜、爽口、提胃，为四川省名小食、泸州名小吃。其中，所产“牛肉松”畅销全国。20 世纪 90 年代，开发出“三巴汤”火锅餐饮。“三巴汤”，用滋补类中药材煨炖成汤料，配以天然食用菌，以山区所产黄牛的嘴巴、尾巴、牛鞭为主料，牛的其他部位为辅料制成全牛火锅，该火锅汤鲜味美，滋阴壮阳，风味独特，深受消费者青睐。

四、长江奇石

长江泸州段地理位置特殊，河道蜿蜒曲折，河滩漫布，上游石块经辗转冲击，天然打造，形成奇石随江驻足于此，冬春枯水常裸露河滩，采集方便。泸州奇石赏藏历史悠久，史载诸葛亮曾以泸州空石为武器，故得名孔明石。唐宋时，杜甫、黄庭坚分别在泸州留下赏石、咏石诗篇。明末清初泸州雨花石加工极为发达，在城区作坊相连成街，得名“珠子街”。张大千托友觅空石、王朝闻一次点评奇石百枚，传为佳话。泸州长江奇石资源丰富、种类繁多、质地细腻、纹理精美、色彩斑斓、千姿百态，或雄浑、或雅秀，或人、或物、或景、或字，惟妙惟肖。1999 年，泸州长江石参加昆明世界园艺博览会国际赏石艺术展出，名声大振，深受国内外赏石名家好评。长江三峡大坝截流，泸州长江奇石倍显珍贵，为泸州独具地方特色旅游产品，众多爱好者当作一种不菲的艺术品珍藏。2000 年，泸州市博物馆为此专门开辟奇石馆，向社会展示奇石珍品。2003 年，由民间收藏家创建“泸州奇石网站”，泸州奇石广为传颂。2005 年时，市内设有专业交易场所 5 处，数以百计的家庭藏石馆更是泸州奇石观赏、交易宝地。

五、古蔺兰花

古蔺县地处云贵高原边缘，山高林密，气候温和，山区湿度大，日照时数长，适宜兰草生长，有“无山不产兰”之说。古蔺兰草品种繁多，珍品无数，四季绽放，香味馥郁。有剑兰、四季兰、春兰、送春兰、惠兰、台兰、虎头兰、套耳兰、硬叶兰、线叶兰、纹瓣兰、牟耳兰、金边兰、寒兰等数十种。古蔺兰草花型奇秀，多姿多彩。有梅瓣、荷瓣、水仙瓣、水晶头、水晶稿等。舌瓣有匙形、瓢形、鱼肚形之分；花姿有龙凤呈祥、金满堂、风叶飞、凤冠、玉麒麟、玉蝶、弥勒佛、绿绒球、金荷鼎、双女图、巨龙、五彩衣、花仙子、绿宝荷、千手观音、红霞飞、醉美人、绿云、蕊蝶、蜀傲、红玉等 20 余种。古蔺兰花红、黄、白、绿、黑色具备，或单色，或复色，色彩炫丽。珍品定名多与色相连，如马蹄红、太阳红、金鹅红、红玉、红霞飞、大黄袍、皇冠、金荷鼎、金满堂、玉麒麟、玉蝶、绿绒球、绿宝荷、翡翠冠等。1990 年，中国（厦门）第三届兰花博览会上，荣获金奖，古蔺兰花一举成名。1993 年，中国（成都）第四届兰花博览会上，古蔺兰花囊括金、银、铜奖。兰草行家誉为“兰草圣地”“兰花之乡”。随着社会经济发展，兰草资源逐步开发，不少农户建兰园、种兰草、养兰致富，年交易额千万元左右。

六、中药材

赶黄草 又名扯根菜，为虎耳科植物。具有健脾、降酶、保肝、退黄药理作用。主要分布于海拔1000米左右乌蒙山区，其生长、成活与否，对土壤、日照、气温、降水等条件均有严格要求。古蔺制药厂（四川郎中药业制药有限公司）以其为主要原料，自20世纪60年代起经20多年反复研制成肝苏合剂。1988年，获全国星火计划成果博览会金奖。1995年，获四川工业博览会金奖、四川省卫生厅科技成果奖。1997年，经卫生部药典委员会鉴定，载入中华人民共和国卫生部《中药成方药剂》。1998年，经国家药品监督管理局评审，获国家“中药保护品种证书”，编入《国家基本药物》。2002年，古蔺县建立赶黄草种植科技示范基地。2005年，全县赶黄草种植面积66.67公顷，产值150万元。是年，通过四川省中药现代科技产业基地协调领导小组验收，为四川省中药材现代科技产业基地。

黄栀子 市内中、南部深丘山区，海拔高度、降水、气温和红砂壤适宜黄栀子生长。2002年，纳溪区大渡镇建立黄栀子种植科技示范区，列为省第二批中药材料科技示范基地。2005年，黄栀子种植面积为2133.33公顷，产量700吨。

七、分水油纸伞

产于江阳区分水岭乡，始创于明末清初。泸州分水纸伞厂为中国西部唯一、全国仅存三家纸伞厂之一，年产油纸伞10万余把。分水纸伞为纯手工制作。以优质楠竹、桐油、皮纸、丝线为原料，全伞无一金属配件，五色丝线穿连伞骨、渡2000多针联骨，竹跳开关、一片双档，为伞中绝活，纸伞造型精美，工艺独特，油润光亮，抗水耐温，挡风力强。分水油纸伞尤以“美美”牌绘花系列纸伞著名。该伞以中国民间传说为题材，彩绘图像千姿百态，栩栩如生。1993年，伞厂老艺人以4个月时间用88根老松、52根楠竹、1800张皮纸、1吨油料、40多种原料，经70多道工序，特制一把宽8米大伞，被称为“中国伞王”“千斤巨伞”，申报吉尼斯世界纪录。分水纸伞在四川省旅游产品评比中曾多次荣获一等奖和优秀奖，产品畅销法国、英国、德国、新加坡、马来西亚、美国、日本、澳大利亚等10多个国家和地区。中央电视台、四川电视台、上海东方电视台等媒体多次介绍。

八、泸州肥儿粉

泸州肥儿粉始创于中华人民共和国成立初期，以大米、黄豆、绿豆、扁豆、淮山、芡实、莲米、鸡内金、苡仁、健曲等多种原料制成。产品配方独特，制作精良，营养丰富，香气宜人，食用方便，易于消化。产品含蛋白质、脂肪、钙、磷、铁、胡萝卜素、硫胺等多种营养成分，能促进婴幼儿胃功能发育和营养吸收，肥儿壮儿，故取名肥儿粉，也适宜老、弱、病患者食用。多次评为全省“消费者最喜爱食品”。

第三章 地方文化

第一节 发展状况

一、群众文化

清代中期，川剧在泸州流行，川剧“玩友”组织成群众团体，闲暇之余相互切磋艺术、自娱自乐。或逢庙会、红白喜事、节日时受聘演唱。20 世纪 30 年代，省外人士定居泸州者逐渐增多，群众性京剧爱好者业余演唱组织也应运而生。1950 年后，市、县文化馆相继成立，引导、帮助、提高群众文化活动。1953 年始，全市在农村试办国有型文化站。农业合作化时期，乡有演出，村有活动，社社有文化节目，群众文化活动热火朝天。之后，因多种原因，乡文化站保留者甚少。20 世纪 60 年代，各县区文化馆协助农村建立民办公助文化站，主要开展图书借阅、组织业余演出。全市工矿企业基本建有职工俱乐部，放电影、排演文艺节目、组织棋牌活动等，丰富职工业余文化生活。1981 年，中共中央《关于关心人民群众文化生活的指示》发出后，全市农村文化站迅速恢复发展。1990 年，农村文化站发展到 321 个，其中文化中心 22 个。1991—2005 年，全市举办 5 届农村文艺调演，在四川省历届“少数民族艺术节”，泸州建市 10 周年、20 周年庆典和重大节日期间，泸县雨坛彩龙、合江福宝唢呐、纳溪班打狮子、叙永苗族芦笙舞、古蔺花灯、江阳花船等在市内城区街头和广场表演。2000 年起，随着社区建设的推进，采取市补助、区县划拨、社区筹建等办法，扶持社区建起青少年活动中心、老年活动中心、法律咨询中心和图书室、书画室、老年健身队、腰鼓队、军鼓队、莲花队等群众文化队伍，社区文化丰富多彩。市内厂矿企业建有职工乐团、文艺演出队、老年秧歌舞队、健身舞蹈队、楹联组、书画摄影等文化组织。市内各学校建有音乐、舞蹈、书法、美术、文学写作小组和诗社、文学社，成立乐队、艺术团，每年均举办校园艺术节。随着城镇建设的推进，配套设施逐步完善，公共绿地间早晚的群众性舞蹈、体操、武术等活动繁荣。至 2005 年，全市创建“四川省艺术特色学校”11 所，市级“艺术特色学校”7 所，民间职业川剧、歌舞演出团（队）达 40 余个。

二、文学艺术

民国 5 年（1916 年），护国战争期间朱德客居泸州时，邀约“东华诗社”“振华诗社”同仁相聚吟诗作赋，“呼吁打倒西方帝国，方称联翰之缘，吟咏我之乐事”，“泻腹中牢强，忧国忧民，舒胸中锦绣，讽人讽事”，不少佳作脍炙人口，广为传诵。民国 11 年（1922 年），川南师范学堂师生大唱文明戏，高歌由恽代英创编的《国耻歌》，唤醒民众，反帝反封。1950 年后，各地文化馆组织文艺骨干、文艺团体围绕党的各项方针政策颁布实施、中心任务开展，创作编排文艺节目、绘制宣传画、制作幻灯片等，宣传党的方针政策，歌颂新人新事，赞美英雄模范人物，推动社会主义改造和社会主义建设。1957 年起，泸州创作的文艺节目参加全省、全国会演、调演并多次获奖。1958 年，四川省文化工作现场会在古蔺县召开，会上仅古蔺县即送诗 4. 35 万首、诗集 37 册，歌曲集 31 集。“文化大革命”期间，形成全民歌咏高潮，群众性文艺宣传演出十分活跃。1979 年，全市举办纪念毛泽东“在延安座谈会上的讲话”发表 37 周年文艺汇演、讲座、书法美术展，推出新节目 88 个，新故事 17 个。1983—1990 年，参加全国会演（调演）7 次，获奖项目 8 个；参加四川省调演（会演）15 次，获奖项目 31 个。1991—2005 年，泸州文化系统、文学艺术界联合会创作各类文学艺术作品 1 万余件（个）。其中，出版长篇小说、中短篇小说集、诗歌诗词集、散文集、报告文学集、剧作集、儿童文学集、文学评论集数百部。获市级以上奖励和报刊发表作品上千件，在省级报刊发表作品和省级展览、演出获奖 190 件（个），获国家级奖励 69 件（个），在国家级、国际展览演出和刊物发表、出版 55 件（个）。

三、文化交流

中华人民共和国成立前，民间庙会、节日庆典期间民间艺人以演川剧、耍龙灯、舞狮子、唱花灯、踩高跷等形式切磋技艺，展现各地艺人风采。少数民族聚居地利用踩山节、赶场节对歌，表演民族舞蹈、技艺。1950 年后，各级文化会演、调演活动较为频繁，节日庆典时，各地民间文艺队伍到城镇街头进行丰富多彩的文艺演出。1957 年起，全市文艺会演、调演活动几乎每年都有举办，泸州开始组团参加四川省、全国文艺会演、调演活动。1984 年，由泸州发起，川南 5 地市（泸州、宜宾、自贡、内江、乐山）联合组织音乐会，并到 5 地市巡回演出。是年，泸州开办首届艺术摄影展。1988 年，市文化馆举办城乡散文笔会，翌年，召开文学研讨会，加强文化交流，提高群众文化水平。1989 年、1990 年，全市举办金银花诗歌大赛、劳动者之歌创作和朗诵大奖赛，促进群众性文艺创作活动开展。1990 年，酒城经济文化艺术摄影部分作品赴京参展。1994 年 8 月，市演出公司承办“中国·四川国际民间艺术节”泸州分会场演出活动，美国、德国、墨西哥、朝鲜、比利时和上海市、云南省 7 个民间艺术代表团到泸州交流演出。1996 年始，泸州开展送文化、科技、卫生“三下乡活动”。组织“送文化下乡小分队”和“文化大篷车”，送书、送戏、送电影、送农业科技资料到乡村。1996—2004 年，白俄罗斯国家舞团、俄罗斯大马戏团、哈萨克斯坦国家歌舞团、俄罗斯布拉戈维申斯克歌舞团在泸州公演 12 场，与市和各区县文化单位进行文化艺术交流。至 2005 年，全市共送戏下乡 1800 余场、观众 36 万余人次，送图书 10 万余册、科普资料 70 多万份。

四、新闻出版图书发行

清宣统三年（1911 年），泸州即办有新闻报刊。到民国 38 年（1949 年），先后办有日报、午报、夜报、画报、儿童报等各类报刊 60 余种，记载当时历史面貌。1950 年，《川南日报》社随川南人民公署迁到泸州。1952 年，该报随川南人民公署撤销而终刊。是年，泸州地委开办《川南报》，为地委机关报，市内大企业，大专院校，泸县、叙永县委等也曾办有内部刊物。1960 年，泸州并入宜宾专区，《川南报》终刊。1984 年，中共泸州市委创办《泸州日报》。1991 年，市内公开出版报纸有《泸州日报》《泸州广播电视报》，高等院校公开出版刊物《泸州医学院学报》《四川省公安管理干部学院学报》，内部报刊 30 家，内部期刊 13 家。后经历次清理整顿，至 1998 年，全市内部报刊尚存 14 家、内部资料 10 家。2005 年，全市内部资料性报刊留有 26 家。

清代康熙年间，泸州即有集印刷发行于一身的宏道堂书坊，到清代后期，该书坊不仅在宜宾、乐山开有书坊，还在宜昌、武汉、南京、上海等地设有分店。清末民初该书坊日渐衰败。之后，泸州先后开有开智书局、正中书局、中华书店、大华书店。民国28年（1939年），中共泸县中心县委开办泸县书店，发行进步书刊。民国31年（1941年），因当局扣押书刊，阻止发行，该书店被迫停办。至1949年，泸州城区有16家书局、书店发行图书。1950年，泸州建立新华书店川南分店。之后，各县区先后建立新华书店分支机构，农村由供销社设立专柜、专店发行图书。改革开放后，民营书店陆续开办。1991年，市内新华书店6家，发行网点（含供销社代售点）174个，从业人员340人，年销售额1700万元。集体民营书店（摊）98家，从业人员265人，年销售900余万元。2002年，市内新华书店增设销售网点11个，扩大营业面积1500平方米，年销售额8983.84万元。2005年，市内有出版物批发零售企业163家，出版物222种，从业人员3996人，年创税利1085万元。

五、广播电视

1950年，泸州成立川南人民广播电台。1951年，建有泸州市人民广播电台，通过有线喇叭传播节目。“文化大革命”期间，农村乡镇陆续建立有线广播站，转播中央、省、市台节目。1984年，成立泸州市人民广播电台。1986年，市中区广播站调频广播开通，城区结束有线广播。1993年，全市农村有线广播干线3401.27公里，533个村建有广播室，用户喇叭42万余只，入户率44%，通响率95%。1998年，市内1097个村建有广播室，用户喇叭39.52万只，生产合作社239只高音喇叭，入户率50%，通响率95%。1999年，全市农村喇叭47.9万余只，入户率60%。2005年，因电视机广泛普及，乡镇有线广播停止运行。

1983年，西南化工设计院将地面卫星接收天线收到的电视节目信号，经过处理，转换成电视节目，传输至用户，为泸州电视有线传输之始。至1986年，泸州城区有4000余户居民安装有线电视。1991年，市和区县使用中小功能和多点广播电视无线覆盖，覆盖率85%左右。1996年，建成一套各区县联通的广播电视干线传输系统，运转至今。1998年始，实施“村村通”工程，扩大广播电视覆盖面。2005年，泸州城区光纤模拟有线电视用户达13万户，数字电视用户0.5万户；526个自然村实现广播电视“村村通”，市内广播电视覆盖率95%以上。

第二节　特色文化

一、历史文化名城

泸州历史悠久，文化灿烂，遗存有丰富的文物古迹、历史瑰宝。全市有不可移动文物保护单位748处，列入国家、省、市级保护100处。馆藏文物4806件，其中国家三级以上1613件，一级146件。有全国规模最大的汉棺群雕像和宋墓群石刻；有国家重点文物保护单位抗元山城“老泸州”（神臂城），明代万历年间建造并延续使用至今的泸州大曲老窖酒池，全国独一无二，誉为“国窖”；明代洪武年间建造，中国三大古桥之一的龙脑桥；叙永春秋祠堪称清代木雕一绝；护国讨袁时朱德在泸旧居（况场）陈列馆，为全国重点文物保护单位；刘伯承领导的泸州起义要隘龙透关，矗立城区；唐宋时期的玉蟾山摩崖造像，川南罕见；宋代报恩塔、抗元名城神臂城、市区明代仁和城垣、会津城垣、三圣城垣、小北门城垣、枇杷沟城垣、福宝古镇、尧坝古镇、蔡锷题辞的护国岩等，为历史文化名城的佐证。泸州山川灵秀，为历代名人雅士钟爱。李白、杜甫、苏轼、黄庭坚、范成大、陆游、杨慎、张问陶、章士钊、茅盾等，流连于泸州山水之间，留下了不少优美的诗篇和文章。东岩脚下的“杜甫石”，黄山谷的“玉蟾”“拙溪”石刻遗迹，杨慎“金鳌峰题记”，翁方纲“涪翁小像赞”，黄云鹄“龙马潭诗碑”“滴乳岩题记”，冯玉祥在合江题“还我河山”石刻等，是他们流寓泸州的历史见证。朱德驻泸5年，与当地名流一道创建“东华”“振华”诗社，为泸州留下宝贵文化财富。1991年，泸州被四川省人民政府批准为第一批历史文化名城。1994年1月，泸州被国务院命名为第三批国家历史文化名城。

二、国家物质、非物质文化遗产

泸州大曲明代窖池 泸州老窖窖池群，包括位于城区明代老窖池、百年以上老窖池300余口，为泸州老窖曲酒传统酿造技艺传承和发展根基。据《中国酒典·舒聚源糟房》载，明代万历年间，泸州有舒姓武举，嗜酒如命，对当地所产佳酿每餐必饮。为能日日饮美酒，便自己开酒坊。派人从城外五渡溪取来优质黄泥，与营沟头龙泉井水掺和建窖，建成泸州大曲酒第一个酿酒作坊“舒聚源糟房”。后，“温永盛糟房”购得“舒聚源糟房”10口陈年酒窖，改名“豫记温永盛曲酒厂”，酿制“三百年老窖大曲”。其中，4口明代窖池一直处于使用中，经400余年粮糟发酵，窖池孕育出庞大有益微生物体系。经中国科学院食品发酵研究所考证，4口窖池微生物中芽孢杆菌为优势微生物群体，成老窖泥独特微生物学特征。窖池越老，有益微生物越多，粮糟发酵产酒酒质越好，造就“泸型酒”独特优质风格。1996年被国务院公布为“全国重点文物保护单位”，时为酒类行业唯一获得者，誉为“中国第一窖”。与都江堰同誉为全国仅有两项，自建成投产连续不断地为生产服务的“活文物”，2001年载入世界吉尼斯纪录。

泸州老窖酒传统酿造技艺 该技艺包括在特定空间长期积淀而成的泥窖制作维护技艺、大曲药制作鉴评技艺、原酒酿造摘酒技艺、原酒陈酿技艺、勾兑尝评技艺及相关固定法则等。20世纪50年代以来，国家组织专家对泸州老窖酒传统技艺进行整理和研究，形成全国独有的浓香型白酒生产技艺科学体系。1957年由轻工部主持编著出版了全国第一部关于浓香型曲酒酿造方法的技术专著——《泸州老窖大曲酒》。泸州老窖经验由此得以广为流传，被全国各酒厂沿用。故业内将浓香型酒亦称为“泸型酒”，成为国家浓香型白酒的评价标准。泸州老窖酒传统酿造过程，蕴含着丰富科学、历史、人文、经济及社会价值，为众多民间传统手工技艺集萃，为世界酒类酿造业中极其珍贵的非物质文化遗产。2005年，泸州老窖酒酿制手工技艺被国家文化部首批命名为国家非物质文化遗产。

泸州雨坛彩龙 泸县雨坛镇地处泸县、荣昌、隆昌三县交界的龙洞山上，自古以来就有设坛耍龙以求风调雨顺、五谷丰登习俗，明末清初盛行，雨坛镇因此得名。雨坛彩龙分金龙和银龙，彩绘精美，龙体造型别具特色。龙头额高嘴短，双目纵突能动，下颌开合自如，形象雄壮憨厚。龙身13节，长30米，龙体浑圆灵活，尾长于头呈鲢鱼尾状。雨坛彩龙表演注重“活”字，舞龙者“动于中而形于外”，“心有性情，手显神色”，人与龙情感交融，龙与宝纠缠连绵。表演造型精致，套路丰富，在连贯变幻太极图形中呈现“龙出洞”“龙夺宝”“龙拖宝”“龙抱蛋”“龙擦痒”“龙叹气”“龙滚宝”“跳龙门”“龙脱衣”“龙翻滚”“龙砌塔”“龙背剑”“太子骑龙”“黄龙滚”等数十套动作。舞龙时由21人组成的乐队，以锣、鼓、唢呐等吹打乐器伴奏，音乐震撼、激荡，川味浓郁，节拍与舞龙情绪和动作速度配合默契，既有旋律可赏性，又增强观众对龙舞场面恢弘气势的感受。表演时由绣有“中国泸州雨坛彩龙”八面幡旗开门列阵、穿梭回环，场面更显宏大与活泼，使巨龙夺宝恢弘气势震撼人心，其鲜活灵动生命情态及不屈不挠民族精神展示淋漓尽致。20 世纪 50 年代初，雨坛彩龙参加四川省民间舞蹈汇演，获二等奖，选为出席“世界青年联欢节”节目，参加在京举办的全国专业团体音乐舞蹈汇演。1985 年，该表演编入《中国民族民间舞蹈集成》。2000 年 10 月，参加文化部“首届中国铜梁龙灯艺术节”比赛，获最高奖“神龙腾飞奖”。2001 年 1 月，应邀参加国家文化部“第十五届北京 2001 年‘龙潭杯’中华民间花会大赛”，夺“金奖”，并囊括所有单项奖。2005 年，雨坛彩龙被国务院首批命名为国家非物质文化遗产。

四、馆藏文物

2005 年，泸州市博物馆、纳溪区博物馆、泸县博物馆、合江县博物馆、叙永县博物馆、古蔺县博物馆共有馆藏文物 4806 件。其中，国家三级文物以上 1613 件。馆藏国家三级以上玉器有汉、宋、明、清时期 42 件；馆藏三级以上铜器 71 件；馆藏三级以上陶器、瓷器 185 件；馆藏三级以上书画 618 件；馆藏三级以上石刻 504 件。还有馆藏三级以上古钱币、1935 年苏维埃铜币、纸币。

馆藏三级以上现代文物有民国 6 年（1917 年）朱德在泸任靖国军旅长时送与好友驻军师长艾承庥之碗、金汉鼎等人整理成册刻印的《朱母潘太夫人荣哀录》、泸顺起义总指挥部布告、红军医书、红军印章、红军木质标语、红军铜口笛、红军银戒指、红军手榴弹、红军《步兵教程》（残本）、古蔺地下党员刘平 1941 年 7 月 1 日为纪念党生日所绣“枕戈待旦”四字和兰花图案布质纪念品、红军扁担、刘复初名片等 33 件。馆藏三级以上其他文物有恐龙化石 300 余块、中生代剑齿鱼化石、宋代战争武器陶泥弹丸、清代牙雕龙纹球、清代骨雕《红楼梦》人名行酒令、汉画像砖、清代乌木象牙屏雕、清代镂空象牙球、清代左宗棠藏八宝奇珍墨、清端砚、清永宁八景木刻等 81 件。

五、龙桥文化

泸州龙桥是大型石质圆雕龙与平板石桥相结合的桥，分布泸州全境，以泸县最集中、典型，有中国乃至世界最大的龙桥群。在泸县境内，三里一桥，桥桥有龙，各龙不同，无一重复。其中以泸县龙脑桥最具代表性，它是集建筑造型和石雕艺术于一体的龙雕石梁板桥；中部 8 座桥墩分别以巨石雕凿成吉祥走兽，计有四龙二麒麟、一象、一狮；造形别致、栩栩如生，气势生动，技术精湛。泸州龙桥以多孔石质梁桥居多，无桥栏。其桥台多为半圆形和梯形，桥墩用单块条石垒砌，迎水面多切为梯形，以分水势。龙桥均较为低矮，高出平均水位线不超过 1.5 米，使得在发生较小洪水时仍可通行，而在较大洪水时，洪水携裹物则可越桥面而过，不会堵塞桥孔造成垮塌。桥面以规整、厚重石桥为梁铺设，每孔一块或两、三块，或者更多并列排成。龙桥翘墩条石上的雕刻类型多样，除龙外，尚有狮、象、麒麟、猪、牛、鳄、蟾蜍、鸭、雁、鱼等形象的瑞兽，绝大多数为圆雕，头部迎向水流方向。泸州龙桥将硕大的吉祥物群雕与桥梁结构融为一体，既突破了桥梁建筑装饰在桥拦板和望柱上雕刻的艺术成规，又充分利用了科学原理，并与地理环境完美结合。雕刻技艺熟练，线条明快舒畅，粗犷之中突显细腻，为中国石刻艺术史和中国美术史尤其是四川地区石刻艺术的历史传承与发展的研究提供了非常丰富和重要的实物资料。泸州龙桥的显著特征，是将沉静龙桥石刻艺术做活性处理，把人们日常的交通道路融入了独特的艺术、科学、历史价值，具有鲜明的地域特色和文化内涵。龙桥文化是泸州特有的一种文化现象，是泸州古代民众桥梁建设的犯创精精神和艺术审美的独特情趣的突出表现，对研究泸州地域民俗文化的产生与发展具有不可估量的作用。

第四章 社会事业

第一节 教育 科技

一、教育

普通教育 20世纪初，泸州已有政府、私人举办幼儿、小学、中学教育。清光绪二十七年（1901年），开办泸州中学堂，时为四川首批开办的中学堂之一。光绪二十八年（1902年），各县设有蒙学养院，招收6岁前儿童就读，学制4年，此为泸州学前教育之始。光绪二十九年（1903年），泸县创办县立高等小学，为市内最早的官办小学。民国5年（1916年）起，境内开始兴办私立小学。继后，宗教、教会、商业团体、宗族和私人集资兴办小学，各县城乡公立小学也逐步发展。20世纪30年代，各县开始兴办幼稚园，但幼儿教育事业未受到政府足够重视，无固定教材，无系统教养方案。至民国36年（1947年），全市有中学32所，学生9401人。至民国37年（1948年），全市共有小学2129所，学生20万人。中华人民共和国成立之初，政府接办普通教育。国家教育部颁发《幼儿园暂行规程》，明确办园宗旨、开办课类，采取寓教于乐，着重培养幼儿良好的学习、生活习惯和思想品德，促进儿童身心健康。各县人民政府接管各级公立学校，接办私立学校，调整布局，培训师资，组织适龄儿童入学。在中学生中实行人民助学金和困难补助，选拔一批机关干部和优秀教师担任中学校长和教导主任，加强中学领导，普通教育健康发展。1957年，全市有中学52所，学生2.42万余人。1958年"大跃进"时，民办、公立幼儿园如雨后春笋般发展，全市建有公立幼儿园75所，民办幼儿园4619所，学生15.54万余人。1959年，全市小学发展到5248所，学生55.75万名。1961年后，因连续遭受自然灾害，全市民办幼儿园停办。1962年，根据中央"调整巩固充实提高"工作方针，对中学进行整顿，至1965年，全市有中学47所，学生1.6万余人。"文化大革命"初期，停课闹革命，中小学教育受到严重冲击。1970年后，中小学相继复课，但教学秩序仍不尽如人意，农村实行贫下中农管理学校，办学之风再次盛行。至1977年，全市有中学693所，小学附设初中949所，学生22.62万余人。1978年起，各级政府对中小学校开始整顿、巩固工作，逐步调整学校布局，整顿提高初中，压缩"戴帽"（附属）初中，中小学教育重新走上正轨。1983年，全市中学调整为393所，有学生12.33万人。是年，全市幼儿园334所，650个班，学生2.06万人。此期起，各地部分中心小学开办学前班招收六七岁儿童，学制1年，为进入小学打基础。1984年，全市有小学3593所，学生60.69余万人。是年，全市调整小学领导班子，开始小学教学教材改革实践。1985年建立中小学分级管理和分类指寻体制，实行校长任期负责制和教师聘任制。1989年始，国家、集体和个人举办幼儿园，学前教育进一步发展。1991年，全市幼儿园发展到481所，学生6.74

万人。是年，泸州开始实施普及九年义务教育（简称“普九”），取消小学升初中全市统一考试，调整初中布局，撤并校（点）。1996年起，泸州实施创建“义务教育示范学校”工程。2000年，全市实现基本普及九年义务教育，小学升初中全部免试就近入学。是年，全市3至6周岁幼儿入园率57.83%。通过创建“义务教育示范学校”活动，2001年时市内有11所省级重点中学。2002年，全市9所中学评为四川省示范性普通高中。2003年，泸州高中、泸县二中被评定为四川省国家级示范性普通高中。是年起，为方便管理，提升办学设施，提高教学质量，全市开始撤并农村小学。2004年，市内3所小学被命名为“四川省小学校风示范学校”，有1所小学成为全省首家实验教学示范学校。2005年，全市有注册幼儿园340所，在园幼儿8.87万人；小学校294所，在校生40.36万人，小学入学率99.5%，毕业率100%；中学199所，在校生17.63万人，初中入学率、毕业率分别为94.31%和97.14%；高级中学25所，在校生7.6万余人。

中等专业教育 清光绪二十八年（1902年），开办川南师范学堂，为泸州专业教育之始。先后开办有师范、农业、工业、财贸、卫生等专业技术教育学校。中华人民共和国成立后，一直在办且较有名气的有泸州医学院附属医院护士学校、泸州化工学校、四川省人民警察学校、四川省水电校等。20世纪80年代后，中等专业学校经重组、合并、升级，成为大专院校。期间，进行教育结构改革，部分中学的高中部改为职业中学，进行适应社会需求的专业教育，至1992年，全市有泸州市树风职高、泸州市江阳职高、合江县先市职高等3所省级重点职业高中。1995年，泸州化工学校建成国家重点普通中专。是年，全市有中等职业教育学校38所，其中中专中师8所，职业高中17所，技工学校13所，在校生2.38万人。2000年，全市招生9625人。其中，民办职业学校6所，招生4237人，占职业学校招生人数44.02%。2005年，全市有中等职业教育学校25所，其中民办10所，在校生4.43万人，其中民办校2.65万人，职业学校就业和升学人数占毕业生97%。是年3月，全国职业教育与成人教育工作例会在泸州召开，教育部部长周济评价合江少岷职业技术学校“代表中国中等职业教育发展的方向”。

特殊教育 1990年，泸州首所特殊教育学校泸县聋哑学校在该县胡市镇成立。1991年，泸州特殊教育学校发展为3所，在校生102人。1993年时，新建纳溪、合江、泸州市、古蔺、叙永等市县聋哑学校，在校学生253人。1994年，特殊教育入学率为54.2%。1994和1995年，合江、泸县跨入全国特殊教育先进县行列。1997年，开展残疾儿童随班就读，残疾儿童入学率随之提高。至2005年，市内有特殊教育学校6所，在校学生908人，其中特殊教育学校在校生337人，普通学校随班就读学生571人，特殊教育专任教师65人；城镇适龄视力、听力、智力残疾儿童少年义务教育阶段入学率90%以上，保留率达到80%以上；农村“三类残疾儿童少年”义务教育阶段入学率85%左右，保留率75%以上。

高等教育 泸州高等教育始于抗日战争时期。民国29年（1940年），设于昆明的“西南联大”在叙永县建分校，设有理、工、文法3个学院，学生660余人。民国30年（1941年），分校迁回昆明。中华人民共和国成立后，高等教育有所发展。1952年，西南地区的11所大专院校中的化工专业进行院系调整，其师资、教学设备、在校生合并成立泸州化工学院。1954年后，该院与四川大学工学院合并建成都工学院，迁成都。1958年，创办泸州大学。1959年，泸州医士学校升格为泸州医学专科学校。是年，泸州大学更名泸州专科学校。1978年，泸州医学专科学校更名泸州医学院，泸州专科学校更名宜宾地区教师进修学院。1983年后，宜宾地区教师进修学院更名泸州教育学院。2000

年，四川省人民警察学校与四川省公安管理干部学院合并为四川省警官高等专科学校。2002 年，泸州教育学院、泸州师范学校、四川省水利机电学校合并重组为泸州职业技术学院。2003 年，泸州化工学校升格为泸州化工学院。2004 年始，泸州医学院招收国外留学生。至 2005 年，泸州有普通高等学校 4 所，在校生 3.2 万余人，学生来自全国 29 个省、市、自治区和东南亚部分国家。

民办教育 明清以来，民办教育主要以私塾形式逐渐遍布城乡。1950 年，全市尚有私塾 28 所，学生 407 人。1951 年，人民政府宣传取消私塾，在农村普遍兴办小学。1952 年，全市私塾消失。改革开放后，民办教育逐渐兴起，逐步发展到幼儿、小学、中学、高中、职业教育等领域。1995 年，全市社会力量举办小学 5 所，在校学生 799 人，教职工 17 人。1996 年，民办初中仅 2 所，在校生 799 人，教职工 19 人。2000 年，民办小学发展到 14 所，在校生 1842 人，教职工 69 人。2002 年，泸州天立学校成立，招生 315 人，始有民办高中。是年，全市民办职业学校有 6 所，在校生 1.14 万余人。至 2005 年，全市民办小学达 45 所，在校生 6809 人，教职工 381 人；民办初中 14 所，其中 2 所设有高中部，在校初中学生 6584 人，教职工 636 人；民办高中增至 3 所，在校学生 3100 人；民办职业学校 12 所，在校学生 1.17 万余人，教职工 1000 人。

二、科技

民国 26 年（1937 年），建有四川省稻麦改进所泸县试验场（即后来定名的四川省农业科学院水稻高粱研究所）、23 兵工厂技术处研究所，为泸州最早的科研机构。1949 年，全市仅有科技人员 100 余人。1950 年后，随着社会主义建设蓬勃开展科研机构逐渐增多，科技队伍逐步扩大。1951 年，创建川南园艺试验场，即后来的泸州市园艺科学研究所。1960 年，建于隆昌的天然气研究站迁泸州，定名石油工业部石油科学研究院天然气研究所。1966 年，建有化工部西南化工研究院开发利用西南地区天然气资源。省辖泸州市成立后，有专业科所（院）7 个，其中省（部）属 3 个；大中型厂矿企业自办科研机构 8 个；县属科研机构及民办科研所 15 个。1985 年，全市有专业技术人员 3.6 万人，与人口总数比例为 1∶0.009。1990 年，有专业技术人员 6.26 万人，与人口总数比例为 1∶0.014。1991 年，市内有省部建立的科研机构专业科研机构 5 所，后因搬迁、撤销，至 2005 年，尚余 3 个。市内部分企事业单位建有科研机构，研究新产品开发、先进技术和先进工艺应用、机器设备维护和修理等。泸州天然气化工有限责任公司（以下简称泸天化）建有国家级企业技术中心，设有博士后流动工作站。泸州北方化学工业有限公司、四川长江工程起重机有限责任公司、四川邦立重机有限责任公司、四川长江液压件有限公司、泸州老窖股份有限公司、郎酒集团均建有省级技术中心。是年，全市有专业技术人员 4.14 万人（未含中央、省驻泸州单位），与人口总数比例为 1∶0.009。其中，高级职务 2036 人，中级职务 1.35 万人，初级职务 2.30 万人。全市有国务院授予突出贡献专家 3 人，享受政府特殊津贴专家 68 人，省级优秀专家 7 人，四川省学术和技术带头人 2 人，市级学术和技术带头人 53 人。

泸州人才辈出，科研成果层出不穷。至 1990 年，全市有 639 项科技成果获奖。其中，有 3 项获国际奖；51 项获国家奖，其中 8 项为国家发明奖；168 项获省（部）级奖；417 项获厅（局）市级奖。1991 年以来，泸州组织各行各业实施科技项目，开展科学技术普及，推动科技成果应用，促进科技成果转化。至 2005 年，组织实施科技项目 621 项，获国家、省、市科技奖励 809 项。其中，国家级奖 3 项；省科学技术进步奖 159 项；市科学技术进步奖 406 项；申请专利 1224 件，实施专利新增产值 26.3 亿元。获奖项目遍及化工、机械、农业、医药、卫生、能源食品、轻工、交通、邮电等领域。1995年，实施科技兴市“35亿工程”，引导科技成果转化。至2000年，组织成果推广项目200项，实现产值124.10亿元。同年，实施“45233科技行动计划”，以10年内建成川南经济强市、长江重要绿色生态屏障、四川对外开放沿长江和南通道出海门户、川滇黔渝四省市结合部商贸中心4大目标，发展生物技术、信息技术、新型材料、精细化工、绿色环保5个高新技术产业，建设民营高新技术和农业科技示范两大园区，实施30个高新技术项目，形成30个高新技术重点企业。至2005年全市高新技术产业实现产值30亿元，高新技术在全市经济发展中主导地位逐步确立。

20世纪50年代起，泸州开始邀请国内外工业、农业、医疗界专家、学者到泸参观、考察、讲学、帮助生产，开展科学技术交流，促进经济技术合作。20世纪60年代起，泸州开始派员赴国内外企业科研单位进修、学习，组织企业参加国内外科技交流、展览。随着改革开放的推进市内各行各业出国援建、学习、交流、技术贸易人员逐渐增多。1983年以来，全市陆续建有专业学会60余个，定期、不定期开展学术讲座、学术交流，开展“科技之春”“科技下乡”等活动，加强学术交流，普及科学技术，促进科学技术发展。2005年，市科技局建立泸州对外科技合作信息平台（对外科技合作网页），开通与40多个驻外使领馆和国内其他省市专用网络视频对话系统。是年，省科技厅将泸州列为国际科技合作信息网站建设试点城市。与中科院有关部门、研究所进行广泛科技项目洽谈，寻求技术信息或合作伙伴，解决企业技术难题，有7个项目开始实施。与中国科学院广州分院签订院地合作协议，开泸州与中国最权威科研机构科技合作先例。

第二节 卫生 体育

一、卫生

中华民国时期，境内卫生医疗条件低下。公共卫生状况恶劣，瘟疫频发，死者甚多；妇女分娩为落后的传统方法接生，妇科病丛生；医疗多以散布城乡的中医及中草药为主。民国29年（1940年）始，各县相继建立县卫生院（所）。1950年后，贯彻“面向工农兵、预防为主、团结中西医、卫生工作与群众运动相结合”方针。建设医疗机构，培养医壮大疗卫生队伍，广泛开展群众性爱国卫生运动、普及疫病防治知识，城乡卫生状况和人民健康水平得以改善和提高。1952年，市爱国卫生运动委员会成立，开展卫生宣传，培训卫生工作骨干，创建卫生先进单位，发动群众开展“除四害”“讲卫生”活动。是年，全市建有医院51所，门诊、卫生所（室）80余个，卫生医疗人员2461人。1953年，基本消灭天花；霍乱、伤寒、回归热等恶性传染病得到有效控制，其他传染病发病率明显下降；建立妇幼保健站，宣传实施新法接生，开展妇科病查治，实行妇女劳动保护。“文化大革命”期间，个体行医视为非法而取缔。1969年，农村合作医疗开始在部分县试点，1970年后全市推广，建立大队（即村）合作医疗站，负责本级防病治病、妇幼保健、计划生育和卫生宣传。1981年，实施《四川省个体开业行医人员暂行管理办法》，开始对其实行考试和核发证制度。1984年，改革公费医疗制度，实行门诊费包干，住院费由市县统一管理。1985年，大队合作医疗站更名村卫生站，境内2836个村实现村村建站，赤脚医生经考试合格后更名乡村医生。是年，市县医院发展为254所，厂矿事业单位办有门诊部、卫生所（室）382个，卫生医疗人员9748人；乡镇街道卫生院335个，卫生技术人员3188人。1990年起，泸州开始创建“国家卫生城市”。1991年，7个区县全部达到四川省农村初级卫生保健工作低限标准，实现“人人享有初级卫生保健”。1995 年，经 5 年艰辛创建，泸州获“国家卫生城市”称号。1997 年，成立“泸州市行政事业单位医保中心”，市级单位职工参保率 90% 以上。1998 年，城镇医疗职工保险全面启动，市本级参保单位 241 个，参保率 91.45%，职工参保率 92.12%。2000 年，农村开展合作医疗保险试点，合作医疗参保人数达 1.30 万人；古蔺县获卫生部“全国合作医疗先进集体”称号。是年，与国际克利斯朵夫防盲协会和爱德基金会合作，组织省市眼科专家成功施行复明手术 4000 多例。2003 年，“非典”肆虐全国，泸州为四川、重庆守住“非典”侵入南大门，受到省政府肯定。是年，始行新型农村合作医疗制度试点。至 2005 年，泸州连续 10 年保持“国家卫生城市称号”。全市医院病床总数 7014 张，每千人口病床率为 1.46‰。全市卫生系统应聘在岗卫生技术人员 6963 名，其中正高 54 名、副高 394 名、中级 1835 名、医（技）2417 名、医技士（员）1484 名、其他 779 名。各级医疗卫生机构拥有自动化程度高、功能齐全的现代化大型仪器设备，医疗、教学、科研水平不断提高。泸州医学院附属医院具有连体婴儿分离、同种异体临床心脏移植等高、精、尖手术条件。泸州成为川南地区医疗卫生强市。

二、体育

南宋绍兴十六年（1146 年），福建“黎家教”拳种传来合江县，为泸州史上最早的传统体育。18 世纪中叶，泸州开始举办“龙船会”，龙舟数量不等，多时一二十艘龙舟竞渡长江，规模宏大，两岸观众成千上万。清光绪十九年（1893 年），泸州武举人李达创办泸州武士会，此为境内最早的体育组织。清光绪三十一年（1905 年），合江县举办第一届运动会，开泸州举办运动会先河。民国初，朱德、杨森先后在泸任教体育，各主办一届川南运动会。1950 年后，各级政府重视体育工作。市、县、企业体育设施从无到有；兴办体育学校、培训体育骨干；组团参加全国、全省体育竞赛，硕果累累；群众性体育运动蓬勃开展。1951 年，新建泸州市人民广场，为泸州首个体育场。是年，泸州市首届运动会在该场举办。1958 年，开办泸州专区体育学校，培训师资和人才。是年，四川省体委、文化厅、团省委在纳溪县召开“四川省农村体育工作经验交流会”。1983，市人民广场扩建并更名为泸州市体育场。是年，“四川省农村体育工作经验交流会”再次在纳溪县召开。1984 年，泸州组团参加全国首届伤残人运动会，获跳远、铅球项目金牌各一枚。1985 年，在四川省首届伤残人运动会上，泸州获金牌 14 枚。1986 年，举办 12 次全市职工运动会，参加 9 次省级比赛，获金牌 5 枚、银牌 3 枚、铜牌 2 枚。1987 年，全市 360 所学校参加省《达标通讯赛》，参赛面 78.9%，达标率 81.4%，获组织奖第一名。1991 年以来，各级建立完善老年人体育组织，修建老年人体育活动场地。市、区县、乡镇街道成立老年人体育协会，组织开展老年体育活动。1991—2005 年，泸州承办省级以上赛事 39 次，有 463 支代表队、6888 人参加，其中国际性赛事 3 次；向国家和省专业运动队、省体校、八一队和国家煤炭部输送运动员 49 名；参加全省体育赛事获团体和个人冠军 282 项次、亚军 313 项次、季军 373 项次；参加全国竞技赛事获冠军 9 项次、亚军 4 项次、季军 6 项次；参加亚洲赛事获冠军 4 项次、亚军 1 项次。至 2005 年，全市建有体育中心 14 个，业余体校和训练点 16 处；省级示范性（重点）学校室内外运动场地及其设备，大多能承办省级中小学生单项体育竞赛活动；全年群众参加日常锻炼约占全市总人口 35%。

第三节 劳动就业

中华人民共和国成立后，党和政府以救济失业人员、扩大就业结合，解决劳动就业。“大跃进”时，受“左倾”思想影响，下放招工权，致招工失控。1960—1963 年，精简压缩城镇人口，减少城镇劳动就业压力，缓解就业结构失调。“文化大革命”时期，掀起城镇知识青年上山下乡运动，企业用人按政策规定转为在农村招收，大批农村人口应招进城，城乡劳动力大对流。20 世纪 70 年代末，随着大批上山下乡知识青年陆续回城，城镇劳动就业问题突显，待业率曾达 13%。中共十一届三中全会后，贯彻执行“三结合”就业方针，广开门路，发展集体、个体经济，建立劳动服务公司，统筹劳动就业和管理社会劳动力，解决城镇职工就业问题。1985 年，全市安置待业人员 1.13 万人，待业率 1.85%。20 世纪 90 年代，泸州农村劳动力主要在农业生产领域，次为亲联亲、朋帮朋外出务工。1990 年，实行国家统筹规划和指导下劳动部门介绍就业、自愿组织起来就业和自谋职业“三结合”就业的方针，建立各级政府劳动就业工作目标管理责任制。1991 年后，城镇失业率一直控制在 4% 以下。1993 年起，贯彻国家宏观政策指导下市场就业，劳动职业中介服务机构应运而生。是年，劳动部门完善劳动力市场建设与管理、职业技能培训与就业指导、劳动关系协调、仲裁与调控等社会保障职能。1996 年，实行劳动者自主择业、市场调节就业、政府促进就业，以市场手段实现劳动力资源配置。企业招收职工，按照“先培训、后就业”和面向社会、公开招收、全面考核、择优录用原则，不受行政区划限制，允许不同所有制企业职工互相流动。企业有权依照法律、法规和企业规章，解除劳动合同、除名、开除、辞退职工。是年始，市政府建立“再就业工程”目标管理责任制，全面推进全员劳动合同制，打破不同所有制职工之间，干部和工人之间身份界线，消除劳动力流动障碍，失业人员和富余职工在更宽松环境和更大范围内择业。1998 年后，随着企业改制逐步深入，下岗失业人员增多，城镇失业率一路飙升。

2000 年起，农村劳动力向城镇转移猛增，是年达 69.83 万人，就业矛盾加重。至 2002 年，失业率升至 4.85%。市政府采取下岗职工基本生活费保障线、失业保险待遇保障线、城市居民最低生活保障线、政策扶持和各种就业服务手段安置富余职工，保证下岗职工基本生活，促进下岗失业人员再就业。是年，7 个区县建成劳动力市场，泸州被列入全国劳动力市场职业供求状况分析报送城市。2003 年始，劳动力市场公共职业介绍机构对用工单位和求职人员实行免费服务。并建立每年工资指导价位发布制度，为用工企业和求职人员提供公开化服务。2004 年，初步建成市、区县和乡镇及社区四级劳动力市场计算机信息网络系统，实现各项就业服务工作信息化、网络化。至 2005 年，全市劳动力市场综合服务面积 3845.8 平方米。定期、不定期举办现场招聘会，职业介绍实行有偿服务。

第四节 社会保障

1951 年，在全市选择 100 人以上，并具有支付保险费用能力的企业率先执行国务院劳动保险条例。1953 年，对全市企业职工劳动保险卡片的登记展开清理，对实行国务院劳动保险条例的 19 个企业劳动保险费用支付情况进行检查，企业根椐需要和可能，本着因陋就简原则，先后自办一些集体服务事业。是年，全市96%的企业办有职工食堂、医务室（所）、宿舍、浴室、图书阅览室、俱乐部等，条件较好的企业还开办幼儿园、婴儿室、职工病床疗养室等，并按规定执行职工探亲假制度，逐步解决职工后顾之忧。1958年，将原来分别制定的企业职工养老待遇和国家机关事业单位职员养老待遇予以合并，统一和完善退休管理办法。是年，开始对职工医疗保险中“公费医疗”、职工免费住房等不合理部分进行改革，对职业病处理、生育假、探亲假与福利待遇作系列修改，使之更符合实际，保障了职工合法权益。“文化大革命”时期，社会保障工作受到冲击，劳动保险金停止提取，福利费、企业奖金、医疗卫生费3项合并称职工福利基金，且医疗卫生费、福利费两项支出比例由企业自行调剂。中共十一届三中全会后，社会保障工作逐渐恢复正常。1986年，对劳动合同制工人养老保险等进行清理、登记核实。至1990年，全市积累合同制工人待业金4.33万元、养老基金300万元；对国营企业退休养老统筹进行清理，国有企业工人的养老基金积累为162.2万元。1994年起，实行职工失业保险，建立失业人员转业训练补助，对组织就业发失业救济金，对招用失业人员的单位给予工资性补贴等失业保险制度。1996年始，全市养老保险执行社会统筹与个人账户相结合新模式。1998年，执行中央“两个确保”政策（确保国有企业下岗职工基本生活得到保障、确保国有企业离退休养老金按时足额发放）。1999年，实施国务院《社会保险费征缴暂行条例》，社会保险费由各级社会保险机构征收。2005年，全市企事业单位有19.26万人参加养老保险；医疗保险覆盖全体职工；失业保险金实行社会化发放。

1987年，恢复劳动争议仲裁制度，劳动部门指导协助厂矿企业建立调解组织，制订厂规厂纪。1991年，成立市劳动争议仲裁委员会，展开劳动合同鉴证工作，保证职工（劳动者）与企业（用人单位）通过劳动合同签订确立劳动关系公正、公平。1995年，市、区县成立劳动监察机构，制发《泸州市违反劳动法律、法规处罚办法（试行）》。1998年，开展用人单位工资支付及民工流动就业情况大检查，纠正不合法规章制度110条；追发劳动工资待遇29.50万元。2003年，开展劳动力市场集中整治，查处违规行为，取缔非法机构；开展对用人单位与职工签订劳动合同专项检查，涉及用人单位822户、劳动者2.81万人。2004年，泸州率先全省实行被征地农民养老保险制度，参保人数1018人。2005年起，对全市新产生失地无业农民实行与城镇失业人员同等社会保障权利；开展农民工劳动保障权益保护专项检查活动，为民工追发工资200万元；全市建立劳动监察“110”。

第五节 社区建设

社区居委会一般都设有人民调解、综合治理、公共卫生、经济管理、民政及计生等专项管理小组，各小组工作由居委会成员兼管，并统一建立和完善规范化的各项登记、统计工作制度，财务管理制度和居民公约，以保证居委会工作的正常开展。1993—1994年，全市在社区建立老年活动中心74所，老年康复诊所18所，特教班5个以及老年婚姻介绍所、军民共建站和居民便民服务网点等。社区建设逐步完善，使一些问题解决在街、巷、楼、院之间，密切了政府与人民群众的关系。1996年后，全市广泛深入开展居委会自治示范活动。随着城镇建设规模扩大，原有的居民委员会管理体制难以适应群众需求。2001年，泸州开始社区建设试点工作。2002年12月，龙马潭区被四川省人民政府命名为“村（居）民自治示范区”。2003 年，按照“便于服务管理、便于开发利用社区资源、便于社区居民自治”的原则，充分考虑社区的地域性、认同感、资源配置等构成要素，根据不同情况，或者以街、路、巷为界、或者以自然形成的住宅小区为单位、或者以单位家属宿舍为主体，全市社区建设全面展开，社区总户数一般为 1000—3000 户，社区名称由“地名 + 社区 + 居委会”构成。到 2003 年年底，全市各区（县）全部完成所在乡镇居委会的规模调整，实行“社区居委会”管理体制。自 2003 年起，全市各区（县）普遍开展“四进社区”活动（公安进社区、文化进社区、卫生进社区、社保进社区）。至 2004 年 7 月，全市 206 个社区中，设立社区警务室 192 个，配备社区民警 226 名；建有文化活动场所 250 个，业余文娱骨干队伍 392 支，常年坚持开展健身、腰鼓、秧歌等文化活动；有卫生服务中心（站）71 个，建有业务用房配有专职人员。是年，全市企业退休人员 7. 61 万余人中，实行社会化管理服务 3. 4 万余人，占社会化管理服务的 49. 6%。全市有 132 个社区设立了劳动保障工作平台，为就业困难对象开发社区就业岗位、公益性岗位。2004 年 9 月，江阳区、龙马潭区被四川省人民政府授予“四川省社区建设示范区”。至 2005 年，全市社区居委会总数为 206 个。制定《模范社区五条标准》，在 3 个区的 12 个街道办事处和 4 个县政府驻地镇开展创建“模范社区”活动，有 10 个社区居委会被泸州市民政局命名为“模范社区”；农村开始社区建设试点示范。

第五章　城建环保

第一节　城乡建设

一、城区建设

北宋初年，泸城仅为竹篱寨。北宋皇佑二年（1050 年），废竹篱建木栅。元丰六年（1083 年），始展筑土城。南宋建炎四年（1130 年），改建为石城。绍定五年（1232 年）后，泸州城廓日臻完备。后因战乱不断，时毁时修，发展甚缓。到民国 38 年（1949 年），泸州城区仅 7 平方公里，人口 12.8 万，房屋建筑 100 万平方米，街道狭窄且多以碎石、条石筑成，城市公共设施简陋。1951 年起，市政府着手旧城改造。1958 年，市政府首次开展城市建设测量规划，制定以旧城为中心，向北在沱江建桥与小市、罗汉、大驿坝等自然片区连接，向南在长江筑桥联系茜草、兰田、邻玉等自然片区；旧城修建一条大街以解交通拥堵的发展规划。1960 年，沱江大桥（沱江一桥）建成通车，开始城市北向连接。1962 年起，部分城市居民开始以天然气为燃料。1964 年，修编城市规划。历经 15 年建设，完成对外交通性干道、商业街、忠山公园等建设项目，主要街道由三合土路面改为水泥板拼铺和柏油路面。但因治所隶属关系变革数次，城市建设依然缓慢。中共十一届三中全会后，加之省辖泸州市成立，旧城改造和新区建设步伐加快，泸州城市面貌始发生巨大变化。1982 年，泸州长江大桥建成通车，完成城市南向联系。1985 年，编制泸州市城市总体规划并实施。确定保持自然风貌特征，实施片区组团结构，以水陆交通为枢纽，建成既有大城市发达的经济，又保持中小城市良好生态环境，保护名胜古迹、优良果木，组成秀丽风光的新型城市。1988 年，完成主城区（中心半岛）的详细规划，经整治、扩建、新修，贯通自沱江大桥南桥头至市政府大楼的江阳路，全长 2.96 公里，为新的城市主干道。至 1990 年，泸州城建成区达 15 平方公里，以中心半岛为核心，与其余 6 个自然区域组团的城市格局显露端倪。1991 年始，陆续兴建沱江二桥、龙西大桥（沱江三桥）、云溪大桥、泰安长江大桥、灯杆山大桥、茜草长江大桥等公路桥。自然片区城市组团间交通更便捷，推动旧城改造和城北、城西、城南、纳溪等新区开发。是年始，经创建国家卫生城市、创建中国优秀旅游城市、创建国家园林城市和共建绿色家园等活动，城区基本形成骨架性林荫道路系统，树木葱翠，鲜花盛开；长江、沱江等水系沿岸通过滨江路建设基本实现绿化，成为泸州独具特色的山水园林景观；园林式居住小区绿化质量不断提高，成为城市公共绿地重要部分；城区 3000 余株樟树和其他古树名木完成抢救保护。1996 年，修编城市总体规划。城市性质为国家级历史文化名城，川、滇、黔、渝毗邻地域中心城市，四川省重要港口城市和工业城市。城市职能为市域政治、经济、文化中心，川南地区及川、滇、黔、渝毗邻地区交通枢纽及商贸中心，四川省及西南地区对外物资交流重要口岸，化学工业和机械工业基地，食品工业基地之一，四川省能源工业基地之一，川南城镇群中心城市之一，川南文化旅游、生态旅游的重要节点，全国著名酒城，全国内河主要港口城市。2001年起，历时2年完成对中心半岛主、次干道供电网下地改造。2003年，泸州市委托中国城市规划设计研究院对《泸州市城市总体规划（2004—2020）》进行修编。是年始，城市环境卫生实行“五无一净”标准，开展共建绿色家园活动。2004年，实施主干道“白加黑”工程和“百条街巷”改造工程。对中心半岛沱江大桥南起至市中级人民法院全长8.73公里主干道进行改造，拆除车行道绿化隔离带，改为6—8车道沥青混凝土路面；改造小街小巷115条。至2005年，泸州城区建成区面积为41平方公里，绿地总面积1733.4公顷，建成区绿化覆盖率31.37%，建成区绿地率27.6%，人均公共绿地面积9.14平方米。城市道路总面积546.90万平方米，人均道路面积9.98平方米，路网密度0.15公里/平方公里，城市道路硬化率达100%。完成12.02公里城区主次干道电网下地改造。城区公共汽车增为555辆，运行线路51条，公交线网覆盖率98%，公交车分担市民出行率35%以上。民用天然气用户23.35万户，用气人口70余万人，民用天然气普及率48.9%。污水处理能力达3.8万吨/日，处理污水量占排放量65%。

二、县城建设

泸县县城建设起步晚，1996年时泸州调整行政区划，泸县县城选址福集，结束多年无县城历史。在社会发展推动下，县城建设进展快、起步高。至2000年，建成主干道4条，全长8410米，其中长800米、宽86米花园路堪称“城市客厅”，为居民观光休闲重要场所；建成县城次干道8条和支线13条，与主干道构成网状街道结构；新建濑溪河大桥等4座桥梁，解溪河之阻，城区浑然一体，内外连接通畅；建有市场、商城、商业广场5个，14.68万平方米；配套县城绿化，构建龙腾石柱广场、百龙图石雕、花园干道龙脑石雕群等景观亮点，县城绿化率33%，人均公共绿地面积6.56平方米；新建的50余幢县级机关办公大楼与商贸大厦点缀县城，建筑物高低错落有序，美观靓丽。至2005年，一座现代气息的新县城崭露头角，县城建成区面积4平方公里，人口5万人。泸州市自来水管网延至县城，城市用水得到保障。民用天然气得到普及。

合江县城建在赤水河与长江交汇处。民国29年（1940年），遭日军飞机轰炸，毁房三分有二，县城面目全非。后，陆续恢复。1950年后，县政府以整修、新修街道为重点分期分批开展县城建设。1956年起，开始修筑沿江防洪堡坎减轻长江水患。1971年，横垮赤水河的合江大桥建成通车，为县城扩展打下基础。中共十一届三中全会以后，开始招商引资，多方筹资，县城建设步伐加快。1987年，完成县城总体规划，确立向旧县城西北开发，总规模6.22平方公里。1990年时县城建成区1.4平方公里，仅有一条主街道长约1.5公里。1991年后，启动川南招商城建设项目，新建滨江路等5条主、次干道，总长约10公里，逐步形成县城道路网框架。同时实施主干道绿化、美化、亮化，对偏街小巷逐步整治。配合城市开发、居民小区建设新建和完善县城给排水、供电、供气网络。新建休闲广场5个，占地近3万平方米，新建1个面积12公顷的公园。建成各类农贸市场、综合商场等面积4万平方米，逐步完善县城功能。至2005年，县城建成面积近6平方公里，居住人口近10万人。城区绿化覆盖率30%，人均绿地1.39平方米。

叙永县城建在永宁河之源，地势开阔，永宁河将县城分为东西两厢，为四川与云、贵相通之重镇。因区位原故，民国时期即有街巷60余条，但路面狭窄，且多为石板铺就，两旁建筑物多系明清所建。1950年后，县城街道几经翻修，路面逐步改石板、碎石路面为三合土，再改为六角混凝土预制板。1958 年，该县首次制订城市规划。1985 年完成县城 1985—2000 年总体规划，1987 年予以修编，明确向旧城西、北、南 3 个方向开发，总面积 6.54 平方公里。1992 年，新建长 2.62 公里、宽 34 米环城大道之后，其两侧陆续开发修建商贸、民居，高层建筑相继出现。随着改革开放不断深入，政府招商引资力度加大，县城建设速度加快。1999 年起，实施旧城改造与新区开发结合，启动滨河新区等多个新区开发，县城面貌焕然一新。2005 年时县城面积达 5 平方公里，常住人口 10 万。

古蔺县城依山傍水紧临古蔺河，为山区县城。因区位、社会等原因，民国时仅有一条大街 19 条小巷，且城小、道窄、多坡，故有“好个古蔺城，山高路不平”之说。1954 年起政府开始整修旧道，无奈穷于糊口，无力县城建设，改观甚微。1987 年，古蔺县始制订县城发展规划。然，主攻温饱，无力实施。1997 年，制定《古蔺县城总体规划》。进入 21 世纪，经招商引资，合力开发，以街道建设为载体，政府业主同心协力，开发商贸、居民小区，完善供排水、供电、供气网络，县城面貌逐渐改观。2002 年，为规范县城建设制订《古蔺县东区控制性详细规划和西区道路规划》，县城规划面积 10 平方公里，常住人口 10 万。至 2005 年，古蔺县城形成街巷纵横有序，功能布局合理格局。新建长 3.94 公里、宽 9 米环城公路横贯全城，路旁商铺高楼林立，旧城北的火星山下建成滨河路，早晚不少居民在此或操或舞或闲庭信步。县城面积达 3.5 平方公里，人口 5.50 万人。

三、集镇和农房建设

清代、民国时期，城镇多为排列式木瓦结构穿斗平房、楼房。间有砖瓦结构的简易西式楼房。官绅商贾住房多为小院住家，称花园或公馆。1983 年前，全市集镇基本为清末民初时面貌，变化很小。房屋矮小而陈旧，环境卫生条件很差，未明确区分生产、生活、商贸、绿化用地。随着经济发展，城镇砖混结构多层住宅楼逐渐增多，功能逐渐完善。1983 年始，对部分乡镇进行粗线条规划，到 1985 年全市 282 个集镇全部完成规划。1986 年起，按省政府统一布置，对集镇建设按功能分区并进行详细规划和实施。1988 年，市内主要集镇均通汽车。1995 年后，城镇机关企事业职工住房实行货币分房，拥有房屋产权后，住房装饰普遍兴起，档次风格各异。20 世纪末，实施省、市小城镇建设试点示范，集镇建设投入增加，步伐加快，功能逐渐完备，环境卫生显著改变，开始建设居民住宅新区，商贸市场，多层楼房。至 2002 年，建立国家重点镇 4 个，省级试点小城镇 46 个、市级试点小城镇 35 个、市级试点中心村 50 个。形成九支边贸型、玄滩商贸型、榕山工贸型、石洞园区开发型、况场产业带动型等小城镇发展模式。启动中心村建设 114 个，聚集人口 2 万余人。2005 年，农村四级路网基本形成，乡间小路逐步改成石板路或水泥路面，全市乡镇全部通车。

民国时集镇居民、农民住宅条件差，80% 农户住稻草茅屋，房屋多为绑扎或土木结构，仅地主士绅的住宅为砖木瓦房，楼房极少。农村草房一般有一门进出横列数间房，有正房加一侧厢或加两侧厢的三合头，有四合成房中留天井敞坝的四合头。赤贫农户多以稻草玉米秆高粱秆绑扎树条支撑的“窝棚”而居，甚至栖息岩洞。1950 年后，政府分给赤贫农户大小不等房屋，居洞穴几近绝迹，窝棚逐渐淘汰。但修房架屋者甚少，广大农村仍以土墙草房居多。20 世纪 50—70 年代，集镇居民、农民住宅无根本变化。特别是 20 世纪 50 年代末，因大办公共食堂和农业生产“放卫星”，将一些土墙房屋推倒墙泥作肥，导致农村住房紧缺。改革开放以后，随着农村经济发展，农民逐渐富裕，农村住房建设步伐加快。新建住房由土木结构向砖木、钢筋混凝土结构发展。砖瓦结构逐渐替代土墙草屋，进而砖混结构楼房比比皆是。1988 年通电农户 80% 以上，农村住房人均 25.9 平方米，户均 103.5 平方米。20 世纪 90 年代，农村掀起农房改建热潮，建房多异地选址，采用机制砖、预制件、水泥、河沙作建筑材料，砖混结构，以二层小楼为主，多“单家独院”式，逐渐流行室内外装饰装修。随着中心村建设的推进，农村住房建设开始向新居民点发展。2005 年，农村人均居住面积 32 平方米左右，100% 的农户通电。

第二节 环境保护

一、污染防治

1950 年前，市内工业甚少，农业为传统农业，环境污染甚微。1950 年后，泸州工业逐步发展，环境污染逐步显现。20 世纪 70 年代中期，市政府着手环境污染治理。1983 年以来，开展大气、水质、噪声、酸雨等污染源调查、监测。至 1988 年，基本摸清污染源，取得各类监测数据 25 万余个，分区分类制订治理措施。是年，52 家企业开展废水治理，治理项目 109 个，投入资金 4016. 64 万元；78 家企业开展废气治理，治理项目 96 个，投资 2439. 7 万元；治理噪声点源 31 个；治理废渣企业 10 家；治理烟尘企业 16 家；建成 3 个垃圾处理场处理垃圾 6. 02 万吨。1991 年始，实行严格控制新污染和积极治理老污染环境保护措施，至 1995 年审批建设项目 872 个，执行环评制度项目 598 个；应执行“三同时”（同时设计、同时施工、同时投入生产和管理）项目 147 个，实际执行 138 个。1996—2000 年，审批建设项目 867 个，执行环评制度项目 720 个；应执行“三同时”项目 258 个，实际执行 209 个，总投资 35. 2 亿元，环保投资 7207 万元，新增废水处理能力 0. 84 万吨/日、废气处理能力 41. 8 万标立方米/时。2001—2005 年，审批建设项目 2428 个，执行环评制度项目 2428 个；应执行“三同时”项目 1559 个，实际执行项目 1488 个。执行“三同时”项目总投资 41. 9 亿元。环保投资 2. 29 亿元，新增废水处理能力 6. 7 万吨/日，废气处理能力 40. 9 万标立方米/日。

二、综合治理

1991 年始，实行改造炉灶、推广普及型煤、控制机动车尾气、机动车使用压缩天然气，餐饮、居民使用天然气、液化气，提高气化率、用电率；改造市区和进出口道路，禁止脏车进城，严禁弃土乱堆乱倒，日常地面保洁控制地面扬尘等，建设烟尘控制区。1992 年以来，多渠道筹集资金实施环保基础设施建设，建成日处理污水 6000 吨污水处理厂；日处理垃圾 200 吨垃圾处理场；完成日处理 30 吨粪便无害化处理场二期工程。对 20 多条城市道路路面硬化改造，改造道路长 7432 米，面积 11. 07 万平方米，道路完好率 93% 以上。是年，水泥路面率 62%，有效降低大粉尘含量，完成江阳西路、滨江路 1500 米道路绿化。1998 年，泸州获“四川省园林绿化先进城市”称号。2000 年，投资 6000 万元，将污水处理场扩建为日处理 5 万吨；建成两个年处理能力分别为 1200 吨垃圾和 800 吨医疗废物集中处理场。是年，长江滨江路获联合国“（迪拜）国际改善居住环境良好范例”称号。2001 年，泸州获“中国人居环境范例奖”。2002 年，泸州获“四川省创建园林城市先进市”称号。2003—2005 年投资 200 万元，对城区 66 座公厕维修改造，其中按旅游公厕标准维修 12 座；对城区 70 多家洗车场进行清理整治，投资 1000 万元，新建隆泸、宜泸、叙泸公路 3 个入口洗车场，实行洗车场淤泥上门清运集中处理，避免二次污染。至 2005 年，城市建成区绿地总面积 1733. 4 公顷，建成区绿化覆盖率 31. 37%，绿地率 27. 6%，城市街道人行道绿化率 90% 以上。创建省级园林式小区 17

个，市级 84 个。城区建成烟尘控制区 9 个，覆盖率 100%。加强进城车辆、音响器材、歌舞厅、建筑施工等噪声源管理，城区主干道全线禁鸣喇叭，市区全面禁止燃放烟花爆竹，实行市区建筑施工噪声监督管理，基本控制城市环境噪声。

三、生态保护

1980 年开始，泸州对废水、废气、废渣（“三废”）排放实行严格控制，制定排污收费制度。以绿化环境为重点，综合治理和保护环境。1983 年，全市森林覆盖率 17.6%。1987 年 12 月，建立第一个市级自然保护区长江合江——雷波珍稀鱼类自然保护区。1989 年始，实施天然林资源保护工程和退耕还林等生态建设工程。1991 年以来，实施国家、省、市自然保护区建设项目。1995 年始，实施国家、省级生态建设重点示范县建设项目，推动泸州生态保护。1999 年叙永县和合江县列入全国长江上游生态建设重点县。2000 年，实施汽车燃料改油为压缩天然气（CNG）试点，改造车辆 800 台，以减轻汽车尾气污染。2001—2002 年，叙永县、泸县和江阳区列为国家级生态建设示范区；合江县、古蔺县和纳溪区、龙马潭区列入省级生态建设示范区。至 2005 年，完成工程营造林面积 8.1 万公顷，其中退耕还林 4 万公顷，配套荒山造林 3.87 万公顷，封山育林 2333 公顷。投入工程资金 5.68 亿元。是年，境内林业用地 50.62 万公顷，占全市幅员 41.3%，森林覆盖率为 37.4%。至 2006 年，建成各类自然保护区 8 个，其中国家级 2 个，省级 1 个，市级 5 个，面积 11.41 万公顷。改装压缩天然气汽车 6000 多辆，城区所有公交车和出租车改装成压缩天然气汽车。

四、环保产业

1996 年开始，泸州出现一批环保产品开发机构和生产厂家。三废处理范围由单一的生活、油气田开发、屠宰、酿酒等产生的污水处理向噪声、粉尘、煤和油烟、固体废弃物治理延伸。开发出“熊猫”扫地车、钻井废水处理装置等多种环保、节能产品。1997 年，从事环保产业 47 家，总产值 1.73 亿元，利润 1293.7 万元；从业人员 5908 人，其中工程技术人员 578 人。2000 年，全市环保产业发展到 59 家，产业由被动治理向煤渣、煤矸石、酒糟等综合开发利用，自然生态保护等领域延伸。是年，环保产业产值 2.6 亿元。2003 年，环保产业为 60 家，固定资产 2.47 亿元。2005 年，有较大规模环保产业 103 家，其中环保产品生产类 5 家，环保服务类 19 家，资源综合利用类 73 家，洁净产品生产类 6 家。有固定资产 3.40 亿元，从业人员 5844 人，年产值 3.28 亿元，上缴税金 1380 万元。

第六章　名胜古迹

第一节　古代遗址

一、老泸州遗址

位于合江县焦滩乡老泸村，系南宋末年四川军民为抗御蒙军南下而建。其时泸州州治迁设于此，故称老泸州。地处神臂岩，又称神臂城。南宋端平二年（1235 年），蒙古兴师攻宋，从陕西、甘肃进入四川，分兵沿岷江、嘉陵江而下，意合围重庆，夺取四川。四川安抚制置使余玠为抗击蒙军，制订整套防御计划，构筑合川钓鱼城及宜宾登高山城等 17 座山城御之，神臂城即其一。该城为泸州知州曹致大于南宋淳佑三年（1243 年）奉命修建，淳佑四年（1244 年）竣工。沿神臂岩顶边缘构筑城墙，依地势构筑而不相连，城垣总长度为 1125 米，高度 5. 12—6. 50 米之间，城寨东西约 2. 5 公里，南北 1 公里，城下岩石突兀，绝壁数丈，难以攀援。岩前北、西、南三面为长江环绕，成天然壕堑，险势天成，易守难攻。与合川钓鱼城分扼长江和嘉陵江水道，屏障重庆和川东一带达 34 年之久，故有“天生重庆，铁打泸州”之称。元至元二十四年（1287 年）泸州治所由此迁出后，该城逐年荒废。至 2005 年，尚存神臂岩周边城寨遗址，部分石雕、摩崖石刻，不时有专家学者前往考察，市民前往参观。

二、剑齿象动物群骨化石遗址

位于古蔺县石屏乡野猫洞。1990 年 10 月，古蔺县蔺阳中学高级生物教师李希国，带领学校古生物考察小组到野猫洞调查时发现古生物化石。1991 年年初，重庆自然博物馆实地调查和试掘，发掘无脊椎动物 1 种，脊椎动物 8 目 36 种，人类牙齿 9 枚和绳纹陶片 3 块，约 2000 件。动物群中少部分为绝灭种，大部分为现生种。从动物群性质分析，具有鲜明晚更新世色彩，同层中保存有现代人牙和绳纹陶片，断代为全新世。经孢粉分析和碳 14 测定，其绝对年代为 1. 38 万年前遗存，比浙江金华动物群年代更早、更为古老和原始。洞中古生物化石等物已移至泸州市博物馆。

三、泸县宋墓

2002 年，四川省政府公布为省级文物保护单位，是继四川华蓥南宋安丙墓之后考古又一重大发现，为该年全国重点考古发现之一。已发现墓群 45 处，500 座以上。全县 24 个镇中有 19 个镇发现宋代石室墓，总量 100 座以上。多数就地保护，部分抢救、征集石刻在县城福集石刻库房陈列展览。2004 年，由国家文物出版社出版《泸县宋墓》一书，评为全国文博考古图书十佳之首。

第二节　古代建筑

一、报恩塔

省级文物保护单位，市级爱国主义教育基地，为泸州标志性建筑之一。位于城区治平寺文化广场。建于公元南宋绍兴十八年（1148年）。民国《泸县志》载："泸州安抚使冯楫，幼年丧父离母，及长，官居于泸。诞日，在乞食群丐中寻得老母，遂建塔以报母恩，故名报恩塔。"塔坐西向东，砖石结构，双檐七级楼阁式，通高33.20米。塔顶有覆盆，塔刹为铜铸宝顶，塔身呈八边形，边长4.10米，底层高4.50米，檐下有砖砌仿木小拱形。底层面积81.20平方米，第二层与第三层檐下有负重鸟兽雕塑，保存完整。塔内阶梯螺旋式上升，每层佛龛4个，龛内原供奉小瓷佛像上千个，"文化大革命"中损毁。明弘治十四年（1501年）以来，经八次维修。1999年，建成2.1万平方米报恩塔文化广场，设有音乐喷泉，四周划出5400平方米永久建设控制地，为市民休闲场所之一。

二、龙脑桥

位于泸县龙脑桥镇龙华村境内九曲河上，距泸县县城约4公里，距泸隆公路1.5公里。始建于明初洪武年间，有600多年历史。全长54米，为石墩梁式平板桥，共14座桥墩，15跨。每座桥墩由4层岩石条灰砂砌就，每块石条长3.1米，宽0.8米，高1.25米，桥两端各有3个素面桥墩，中部8个桥墩，墩顶分别雕刻麒麟、青狮、龙、白象4类传说中吉祥兽物。每跨由两块石梁板并成，每块石梁板长3.6米，宽0.95米，高0.6米，共30块。桥墩首凿分水以利分流，雕刻兽物与桥体优美协调。桥墩上各置有石料雕刻的龙、狮、象、麒麟四兽，造型生动，既具雄浑、刚毅神态，又有矫健、生动气势，技术精湛，比例安排匀称，与赵州桥、卢沟桥并称中国三大名桥。1991年公布为省级文物保护单位，1996年国务院批准为全国重点文物保护单位。

三、春秋祠

清代建筑，又称陕西会馆，位于叙永县城陕西街，建筑整体坐南向北。清光绪年间（1875—1908年），陕西、山西两省盐商成立"西帮"，商议在关帝庙原址重修会馆，祀供关羽神像。因关羽喜读《春秋》，会馆始名春秋祠。光绪二十六年（1900年）始建，光绪三十二年（1906年）完工，耗银35万两。总体布局呈长方形，四周围墙，沿中轴线横列四座封火墙。有戏台、回廊、戏厅、正殿、三官殿、暖阁、说书台等主要建筑，遗迹2500平方米。祠后建有曲池，上跨曲桥，桥头叠石为山，古树为屏，自成风景。祠内以木雕艺术闻名，在殿宇枋额、斜衬、门楣、棂窗、花牙子和石础上，分别镂刻历史故事、戏剧场面、社会生活、山水画卷，及龙、凤、花、鸟、虫、鱼。其中以"百鸟窗"和"叙永八景"称奇。春秋祠前后布局组成三个有纵深、有层次、有起伏变化之宫庙院落群体，三座院落生态景致风格不同，自然协调，衬托照应。民国30年（1941年），西南联大曾在此办分校，一年后迁昆明。1990年，西南联大校友集资在祠后小园林处建纪念碑、亭各一座。2005年，国务院批准为国家级重点文物保护单位。

四、尧坝古镇

位于合江县城西南30公里。北宋皇祐年间（1049—1053年），设有军事要寨尧坝寨，明洪武中期始建场镇，时为泸县至赤水交通要道，合江著名粮食贸易集散地。尧坝有东岳庙及古街道民居群，总面积6.5万余平方米，由东岳庙“庆典戏楼”“魁星楼”“城隍殿”“东皇殿”“孔圣殿”和“古街道”“进士牌坊”“民居群”组成。东岳庙，坐西南向东北，位于尧坝场东北小山腰，为全场最高点，建于清乾隆六十年（1795年），由五重殿组成，歇山式木石结构，依地势建筑，逐级爬升，直至小山坡顶。总进深84米，总面阔29米，占地面积6500多平方米，保存较完整。进士牌坊坐落于古街道，距街口约30米，嘉庆十五年（1810年）建，牌坊坐西北向东南，仿木石结构，二重檐歇山式，气势雄伟，雕刻精美。古街道及民居群由西南向东北平坦曲折延伸，总长600米，为垂带式青石板铺成。街两侧全为木结构建筑商贸店铺，店后为众多四合院式民居群，沿街呈条带状分布，具有显著清末民初川南地方特色。为四川省保存较完整、地方特色异常鲜明古街道民居群之一，曾有数部影视剧在此取景拍摄。

五、福宝古镇

位于合江县城东42公里福宝原始森林风景区。明代始建，清康熙年间（1662—1722年）扩充。原名“佛保”，因“镇境状如一蛇盘三龟，为发福宝地”，故又名“福宝”。古镇主要由清源宫、天后宫、万寿宫和五祖庙、土地庙、张爷庙、禹王庙、火神庙、王爷庙、川主庙、观音庙等三宫八庙和大片古民居群落组成。三宫八庙内所供各类造像均毁，唯建筑结构保存基本完好，万寿宫尚存较完整一座戏楼。古民居群落有回龙街、福华街、双华街、西河街等。主要街道回龙街全长450米，最宽处8米，最窄处1.50米，由大青石铺成，依山势而建，逐级为街，极具特色。街道两旁民居建筑最早为明代，最晚为民国，清代建筑居多。房屋多为穿斗结构，少数砖木结构，盖小青瓦。临河为吊脚楼，临街为木板壁，木质双扇门，木榫格子窗，饰木雕图案或几何花纹。福宝有古桥回龙桥，为石拱桥，清乾隆四十七年（1782年）建。古渡口开通于乾隆五十三年（1788年），两岸有黄桷树标识，渡口有半月形踏道数级，保存完好。

六、泸州龙桥

明清古桥概称。泸州多为丘陵、低山地貌，其间溪河纵横，夏季多大暴雨，因地势地貌所致常暴发山洪，溪河水满为患致桥毁路断，故建桥时多刻龙为饰或以龙命名，期望镇住洪水。泸州龙桥散布全境，以泸县最多，代表性最强。20世纪80年代初调查，记录明清古桥79座。著名的就有以泸县龙脑桥和惠济桥、叙永流芳桥、古蔺宏济桥、合江大桥镇古桥等为代表的大型龙桥40余座。2005年普查后，境内明清古桥达140余座，泸县境内三里一桥，桥桥有龙影或以龙为名，形态各异，无一重复。泸州龙桥将静龙石刻艺术作活性处理，形成鲜明的民俗传统特色。

第三节　故居石刻

一、况场朱德旧居陈列馆

位于江阳区况场镇街村，原名陈家花园，始建于清道光七年（1827年）。坐南朝北，为典型南方水阁凉亭住宅建筑，面积1490平方米，砖木结构。民国7年（1918年）春，护国战争胜利后，朱德率部驻此，指挥清乡剿匪，当地民众颂扬朱德功绩，凿立“除暴安良”“救民水火”两块功德石碑，现藏馆内。整体建筑为楼台亭阁穿斗木结构，园内陈设有荷花池、水阁楼、过江亭、客厅、寝室等，门有落地罩和月洞式落地罩，窗为花鸟镂空雕刻。园内古树参天，水漪涟涟，回廊楼阁，环境清幽，别致静雅，浑然一体。1986 年朱德诞辰 100 周年，泸县政府将旧址辟为“朱德旧居陈列馆”，馆名由原国家主席杨尚昆题写。陈列内容包括序馆、讨袁护国、进驻泸州、诗社活动、剿匪安民、读书活动、探索真理、旧地重游等。20 世纪 90 年代后期，泸州市博物馆将朱家山“朱德在泸业绩陈列馆”有关朱德文物移至此处，充实该馆。

二、朱家山石园

又名东华诗社旧址，位于市区江阳路水井沟侧。建于清末民国初，原系泸州文人陶开永故宅。占地 4100 平方米，建筑面积 3500 平方米，由石园、外花园、朱德旧居三部分组成。民国 5—9 年（1916—1920 年），朱德驻节泸州，在此组织东华诗社，以文会友，以诗言志。石园 1 楼 1 底，砖石木结构，二进四合院建筑，典型川南民居风格。1986 年，朱家山曾辟为“朱德在泸业绩陈列馆”。2000 年，泸州市博物馆新馆建成后，原馆藏文物全部移至“况场朱德旧居陈列馆”陈列展出，旧址辟为泸州博物馆奇石馆。

三、傅钟故居

位于叙永县城布店街南侧，建于清代。故居为木结构，四合院建筑，坐南朝北，占地面积 300 平方米。傅钟（1900—1989）早年参加革命，与周恩来、赵世炎、邓小平等留学法国。曾任八路军总政治部主任等职。1950 年后，曾任解放军总政治部副主任兼宣传部长。1989 年病逝北京。故居为省级文物保护单位。

四、周祠

位于合江县九支镇安居村，系 20 世纪 20 年代国民革命军二十五军军长、贵州省主席周西成为母修建氏祠。建于民国 17 年（1928 年），保存完好，为极罕见大型宗庙性私家祠堂。祠为中西合璧庭院建筑，歇山式屋顶，分主体建筑和附属建筑，占地面积 1. 11 万平方米，建筑面积 1053 平方米，主体建筑为一楼一底。大门建筑沿用中国传统牌坊式结构，又结合西方哥特式风格，造型和装饰精美讲究，墙体砌砖工艺精巧。周祠建筑精巧别致，布局合理，既具鲜明中国庭院建筑风格，又有欧洲外墙建筑装饰韵味。

五、“救民水火”功德碑

民国 7 年（1918 年）护国讨袁胜利后，匪患严重，时朱德驻防泸州率兵平息泸县、纳溪匪患。民众不忘朱德剿匪功德，在丰乐乡喻登坪石滩上塑立“救民水火”石碑 1 座，碑方柱形，高 2 米，每边宽 42 厘米，碑南侧阴刻“救民水火”4 个大字，碑北侧阴刻序文：“仪陇朱旅长玉阶，勇于治匪。自奉令清乡，不阅月而匪息。回忆吾泸，自去夏至今春，受匪患最深，而忠、崇、宜之间，为匪集中地，故被害益烈。今者，士民安绪，无异畴昔。果谁之赐欤？其于旅长又焉能已于言也！因镌刻救民水火四字于石，以垂不朽，为旅长颂，且志吾痛焉。忠信合镇士民恭颂。中华民国七年九月中浣。”1985 年，四川省文化厅将原碑运省博物馆永久保存，并拨款照原样复制 4 块，于泸州、况场、丰乐、大州驿各竖一块。

六、“美酒河”摩崖石刻

工程始于1998年10月1日，1999年6月19日告成。是年，上海大世界吉尼斯总部将其列入“大世界吉尼斯之最”。石刻位于古蔺县二郎镇烂田湾赤水河悬崖壁上。因赤水河畔创出国酒茅台、中国名酒郎酒，誉为美酒河，故崖刻“美酒河”，并由原《人民日报》总编邵华泽以楷体书写。石刻东连马桑坪，南靠柏羊坝，西接天宝洞，北隔赤水河贵州蜈蚣岩。采用定位爆破作业方法完成，面积4800平方米。摩崖石刻“美”字高41.10米，宽33米；“酒”字高31.60米，宽30.40米；“河”字高34.50米，宽32.60米。字体深入岩石壁内1.80—2.20米，单笔最宽处为6.80米，字距13.50—16.50米，小字字径4—5.20米，字距8.50米，均为阴刻。河北岸有黑色大理石碑3通，嵌于山岩壁上，为“美酒河”石刻注解。

第四节　革命遗址

一、龙透关

泸州城古关隘。位于泸州城区西干道龙透关路四川警察学院内，南临长江，北濒沱江，其垣如巨龙穿透两江，故名。古龙透关全长3.5公里，为泸州古关之一。《广舆记》载，龙透关隘“世传诸葛武侯建”。明崇祯十一年（1638年）重建，称神臂关，后倾圮。清同治二年（1863年）再建，改称龙透关。现存古关门、“古龙透关”石碑和明城垣200余米。关门呈拱形，高3.35米，宽3.85米，进深3.15米。残墙左侧长97.40米，右侧长8.30米。关门及城墙用条石筑成。民国15年（1926年）12月1日，刘伯承任总指挥，领导泸州起义时为武装起义主要屏障，起义军以6000军民对决10万川军，奋战167天，弹尽粮绝，奉命从关隘撤退。1991年6月，再次修复龙透关。城墙加长300余米，加宽4米。建立泸州起义纪念碑，时任国防部长肖克题写碑名。碑高19.26米，底座12.1米，象征1926年12月1日泸州起义，碑体似两支直立相靠步枪，象征参加起义两支部队，增建当今名人碑刻11通。

二、护国之役棉花坡战场旧址及战壕

位于纳溪区城东2公里朱坪。北临长江，南靠朝阳观，东依倒流河，西傍永宁河，战壕长3500米，宽1.20米，深1.50米。有机枪火力点3个，步兵掩体100余个。民国4年（1915年）12月，袁世凯称帝，云南都督蔡锷率护国军讨伐，于民国5年（1916年）初入川。时朱德在蔡锷部任左支队长，奉命从叙永星夜驰援泸州，在棉花坡设防，阻击从泸州、蓝田方向进攻的北洋军张敬尧部时所建，保存完好。

三、红军“四渡赤水”战役渡口

民国24年（1935年），红军长征四渡赤水时两次经二郎滩、太平渡过赤水河，为著名“二郎滩背水战”“红军开仓分盐”等军事政治活动遗址。两渡口分别位于古蔺县二郎镇、太平镇。1993年6月10日，泸州市人民政府将太平渡红军驻地公布为市级文物保护单位。1994年，红军开仓分盐旧址“德谦裕盐号”列为市级文物保护单位，设太平渡中国工农红军长征陈列馆。2001年，中共中央宣

传部将该馆公布为“第二批百个全国爱国主义教育示范基地”。2002 年，古蔺县将二郎滩纳入“中国工农红军长征四渡赤水纪念地”建设规划进行维修保护。

四、鱼化红军村

位于古蔺县鱼化乡，面积约 1.6 平方公里，房屋 30 余栋。1935 年中央红军四渡赤水期间，往返经过鱼化 3 次，为红军经古蔺主要集结地。军委纵队，一、三、五、九军团和毛泽东、周恩来、朱德等相继经过该地并在此驻扎。此间，广为宣传党和红军政策，开展扩军和打富济贫的革命活动，家家户户门上、墙壁上写满红军标语，留下上百条标语、口号、歌谣。保存红军驻地旧址 20 处，红军标语 20 幅。1935 年 2 月 16 日，中央红军从扎西回师东进，毛泽东偕随行人员由白沙出发来到鱼化，住在街背后姜家岩半山腰姜清家里，红军在姜家板壁和石灰墙上写满标语。1950 年后，古蔺县政府将散于民间的苏维埃纸币、铜币、铜杯等珍贵文物和部分红军标语陆续收集移至中国工农红军四渡赤水太平渡陈列馆内展示。因民房改造，余存遗迹寥寥无几。

第七章 风土人情

第一节 宗 教

一、教种

佛教 东晋时传入合江县，唐代传入纳溪县、泸县，方山建云峰禅院。宋代，续建新云峰寺，占地1万余平方米，建筑面积3800余平方米，僧众180余人，方山时为蜀中24大丛林之一。宋元之际合江龙桂山建有法王寺，占地8000余平方米，建筑面积5324平方米，极盛时有僧众数百人。明洪武年间传入叙永县、古蔺县。泸州佛教属禅宗派，多数为方临济宗，次为曹洞宗、净土宗。明清时佛教活动趋盛。清末民初其活动减弱。民国中后期复盛。中华人民共和国成立初期，僧尼多还俗就业，民间信奉者大减。“文化大革命”期间宗教信仰被禁止。1986年，云峰寺举行盛大的世界和平祈法会。1990年，市内僧尼46人，信教群众6000余人。1993年11月17日，市佛教协会成立。1999年10月，四川省佛教协会在江阳区方山云峰寺举行临济正宗十八代方丈释兴礼大和尚升座法会，上万信众参加。至2005年，市内依法登记开放佛教寺院85处；备案佛教教职人员76人，其中比丘47人、比丘尼29人；佛教宗教房地产1.15万平方米；信教群众20余万人。

道教 五代时，合江县有居观修炼者。北宋时，在叙永红岩山紫霞峰建庙，道教传入。明代，古蔺、纳溪、泸县分别建有玉皇观、凌云观。清代，叙永城乡道观密布，香火兴旺。境内道教为全真派中随山、龙门两支，纳溪有少数真乙派。20世纪50年代初，全市有道士道姑370余人，后多改行从事生产劳动。20世纪80年代，乡村居家道士潜然再起，多为超渡亡人。1999年起，泸州陆续依法登记开放道教宫观。截至2005年，市内依法登记开放道教宫观5处，备案道教教职人员10人，其中坤道7人，乾道3人。落实道教宗教房地产2526平方米，道教信众数千人。

伊斯兰教 清康熙乾隆年间，有回族入叙永，始有伊斯兰教活动。1982年始，开放清真寺。1990年，成立泸州市伊斯兰教协会。是年，市内有阿訇3人，穆斯林1549人。截至2005年，依法登记开放伊斯兰教清真寺2处，备案伊斯兰教教职人员阿訇2人，落实宗教房地产1918平方米，土地0.23公顷，有伊斯兰教信众2000余人。

天主教 清康熙雍正年间传入，始多为根教（全家信守奉，子孙沿习）。1950年始，神甫、教友相约建立反帝爱国三自革新委员会，后改为天主教爱国会。1982年起，泸州依法登记开放天主教教堂和活动点。1985年，泸县有教友400人。1989年叙永有教友311人。至2005年，全市依法登记开放天主教教堂和活动点5处，备案天主教教职人员6人，其中神甫2人、修女4人。落实宗教房产1.1万平方米，有天主教信众5000余人。市天主教爱国会会址设于江阳区新马路天主堂。

基督教 清末民国初期，基督新教之内地会、四川大会、自立会、安息会差会友赴泸传教。20世纪50年代初，有教徒33人。各教派响应与帝国主义割断关系倡导，后建立中国基督教泸州市三自爱国委员会。1982年起，陆续依法开放基督教教堂。1990年，有信徒120余人，慕道友400余人。至2005年，全市依法登记开放基督教教堂和聚会点10处，备案基督教教职人员9人，其中牧师1人、副牧师1人、长老4人、传道员3人。落实宗教房产4551平方米、土地0.63公顷。

二、宗教保护

1982年起，泸州市落实党的宗教政策，陆续清退宗教界房产，解决近百宗宗教教产遗留问题，依法登记开放宗教场所，以满足信教群众宗教信仰及宗教团体发展自养事业，宗教界人士选为人民代表，安排政协委员，参政议政。是年，云峰寺开放为宗教活动场所，拨专款培修殿堂、重塑佛像、增备法器，成立云峰寺佛教管理委员会。1985年，基督教创办泸州市福音幼儿园。1986年，叙永县政府责令占用南城五显庙单位退出庙，开放为佛教活动场所。1989年，法王寺开放，朝山拜佛者日达四五百人。1990年，泸州城区天主教会60%房屋由木单结构改造为砖木结构。随着旅游事业发展，政府批准有条件的宗教活动场所开发其资源兴办食堂、餐旅馆等，促自养事业发展。至2005年，泸州宗教活动场所殿堂、房屋总面积12.25万平方米，其中佛教场所10.11万平方米，道教场所4299平方米，伊斯兰教场所3840平方米，基督教场所2520.7平方米，天主教场所1.07万平方米。宗教团体房屋总面积2.28万平方米，其中市佛教协会6804平方米，市基督教会1.09万平方米，市天主教会4739平方米，道教房产400平方米。宗教界自养事业健康发展。

第二节 民 俗

一、生产习俗

农耕习俗 农历正月初五，农村叫“起牙”。始备种、整田、下肥等春耕春播，有“立春晴一日，农夫不费力”农谚。“惊蛰”起，平坝、丘陵区开始撒播谷种、育大春秧（苗）。此期，防止“倒春寒”，有“惊蛰有雨早下秧，惊蛰无雨不要忙”之说。“清明”前后，开始在田边、地角下种豆类。“谷雨”后，开始插秧。插秧首日称“开秧门”，明清时期还要举行祭秧神活动。同时，开始收油菜籽和胡豆、豌豆。泸州有“麦子不吃‘立夏’水”之说，立夏左右始行收麦、“榨”（栽）红苕（苗）、种包谷（玉米）、栽高粱。到20世纪80年代，包谷改直播为育苗后，丘陵区最早者于“惊蛰”移栽。农历四月起，大春作物田间管理。薅秧子（水稻管理）时多人一起，一人领腔，众和唱薅秧歌，内容有传说、故事，也有男女爱情调。合江县福宝等地还编演“秧苗戏”，于“幺站”（中途休息）时在田边地头演唱，为泸州地区特有一种原生态戏曲，曾被专家称为古代戏曲“活化石”。水稻在泸州有“芒种忙忙栽、夏至谷怀胎（孕穗）”“秋前十天无谷打，秋后十天打不赢”物候农谚。包谷有“芒种出天花、夏至背娃娃、小暑花壳、大暑掰脱”物候农谚。农历八月，泸州农村开始犁板田，素有“八月犁田一碗油，九月犁田半碗油，十月犁田光骨头”说法。九月下旬种胡豆、豌豆，十月播种小麦、油菜籽。有“九胡、十麦、冬（月）菜（油菜）籽”农谚。油菜改育苗移栽后，农事提早。

工匠习俗 泸州地区有泥、木、石、铁等10余种工匠，各有劳作习俗。泥水匠（泥工）主要从事打土墙、砌砖墙、盖房子、糊壁头、砌灶头等，其中，不乏为仿古建筑扳鳌角，塑花、鸟、鱼、虫等装饰物者。中华人民共和国成立前，各种工匠都拜鲁班，供奉“鲁班菩萨”。每年按行业要办“鲁班会”。各种工匠大多数建有帮会，行内重大事项、活动或解决纠纷，均由帮会管领出面组织或调解。每种工匠均以老师为中心，论资排辈，徒弟绝对服从。工程需择吉日动工，杀鸡敬神，祈求保佑顺利、平安。1950 年后，陆续取消。20 世纪 80 年代后，年轻一代泥水匠多参加建筑施工队，到城乡修房造屋和从事室内装饰装修。木匠分“大墨”和“小墨”。“大墨”主要从事房屋修造，“小墨”主要制作家具。手艺精熟、可承揽工程者称“掌墨师”，雇主对一般木匠也尊称“掌墨师”。泸州石匠分粗活、细活，也有如木匠一样称“大墨”“小墨”者。粗活石匠主要从事开山打石、建桥修路等，需多人合作。细活石匠从事勒石碑刻、摩崖造像、景点雕塑、美化装饰等。20 世纪 70 年代前，民间生产、生活所用铁器绝大部分靠铁匠手工锻打，各乡场都有数个铁匠铺。20 世纪 90 年代后，机器制造铁件逐步取代手工锻打，至 21 世纪初，仅有少数乡村还有零星几家铁匠铺在打镰刀、菜刀、锄头等。造船工又叫“打船匠”，主要分布在沿江、沿河城镇，在江河岸边搭棚造船，其工种与木匠相近，而原材料选择、加工，上铁钉、打抓子，上桐油、打桐油石灰等方面又与普通木匠有别。20 世纪 90 年代后，木船被铁壳船、钢筋水泥船取代，大多数打船匠进造船厂工作，仅少数乡镇还有零星打船匠为农村乡镇、村社或个人造船。

集市习俗 明清以前，泸州已形成以农历定日期赶场（集市）制度。一般为每三天赶一次场，少数边远乡镇为每十天赶两场。间隔两天一场的叫“小场”，隔三天一场的叫“大场”。两个相邻场镇错期赶场。赶场时间大多为上午 9 时到下午 3 时左右。民国以前，妇女很少赶场。民国时期，妇女开始相约结伴赶场。男人们赶场至中午，有的还要进茶馆、饭馆，喝茶、喝酒、亲朋聚会。专门从事百货、日杂小商品经营商贩，则一天赶一处场，轮流赶三四个场镇，称为“赶溜溜儿场”。1950 年以前，泸县嘉祥寨、纳溪太山庙、和丰场为下午 2 点至天黑赶场，俗称赶“鬼场”，实为怕耽误农时，逃避国民政府苛捐杂税。场镇集市贸易中，粮食、大家畜、布匹交易，常有经纪人参与，俗称“牙子”。买卖两家交易讲价时，多为“牙子”出面同卖家在围腰布或长衫衣服袖筒内，以手指比划，而不让他人知道。交易做成，由买家或卖家付给“牙子”一定佣金。1950 年后，“牙子”逐步消失。20 世纪 90 年代，城乡集市更繁荣，“经纪人”重新出现，一些“经纪人”专门成立中介所或服务机构，为当地商品贸易服务。

船工号子 泸州既有大江，也有小河，水运较发达，船工号子也随之而生。有川江号子、沱江号子、永宁河号子及赤水河船工号子，格调和曲牌大同小异。船工因水势选号子，看滩口吼词牌，种类颇多。词牌以顺水、逆水、杂牌号子为代表，还有地点（滩口）号子，情歌号子，时政号子。号子遵循“音落桡峰脚定心，号语尾声是传音，抓号四肢创地吼，数板调情靠佳音”，以保顺水搬桡掌舵，逆水拉纤争滩时搬桡、拉纤合脚步，动作整齐，声音一致，即“口合身”。词牌的转换依号工的尾音。遇凶滩恶水，船工匍匐奋进，难合脚步时，亦必合身，爆发冲力。一般水势为数板号子，以提神醒脑，调节气力。水势不同，节奏有快慢，船工苦乐情绪，寓号子声腔，各种词牌也就应运而生。

二、生活习俗

饮酒 泸州人喜酒、善饮。亲友聚会，必以美酒款待，故而“无酒不成席”。20 世纪 80 年代前，农村一般喝高粱白酒，又叫“烧酒”。赶集时，三五个亲友聚会，在场上饭馆内喝“单碗”（即饮酒）拉家常、论事业，逢节庆时则开怀畅饮。1990年后，农民收入增多，逐渐饮瓶装曲酒、啤酒。城市居民多数喝泸州老窖、郎酒系列酒和其他优质酒，并由喝52度高度酒逐步变为中度、低度酒。泸州地区饮酒，喜划拳行令，以“一字清”“江湖拳”为多。还有划“单双”、划药名拳、地名拳、戏名拳的。2000年后，开始划“保保拳”，将本席饮酒人分为两派对划，输方每人饮一个令子酒；敲“棒打虎”，以口呼或虎、或鸡、或虫、或棒，按棒打虎、虎吃鸡、鸡啄虫、虫蛀棒规则论胜负，输者喝酒；翻牌，以扑克或大贰牌为工具，翻牌数数，数到谁谁喝；摇骰子，按摇出骰子点子数，数到谁该谁喝或以摇出的点子多少定输赢。泸州人除饮白酒外，农村常用醪糟酒勾兑“常酒”，桂花、玫瑰花泡制的“花酒”，21世纪后逐步淡出。枸杞、红枣、杜仲、桂圆肉等中药加冰糖泡制“枸杞酒”和酸梅泡制“梅子酒”开始盛行。

衣饰 民国以前，衣着多遵各朝古制。民国初年，士绅、男性中老年以长衫、马褂为主，青年喜着中山装，西装革履为时髦装束。女性因身份着装不同，有右侧襟短衫长裤、旗袍等。农村衣着与城里存在差异，男性着对襟短衫穿收腰或扎腰裤，年长者也有着长衫。女性多着短衫长裤。少数民族着各自民族服饰。民国中期，公务人员普遍着中山装。1950年后，长衫马褂旗袍逐渐淘汰，列宁服、斯大林服、军便装、茄克、长短棉大衣渐流行。青年妇女和女生夏季流行苏式连衣裙、背带裤、花布短裙。20世纪60年代，衣着朴素，男性多以大裤脚配白衬衫，女性多盘纽对襟短腰衫配大裤脚。“文化大革命时期，”男女以着军装而自豪。20世纪80年代以来，泸州人衣着式样色调逐步丰富，款式不断增多，城市里长衫马褂绝迹，中山装、军便服逐渐消失，男性西服、夹克、猎装、骑士服、休闲服、T恤、皮衣、牛仔裤兴起；女性紧身衣、健美裤、风衣、连衣裙、超短裙、牛仔裙、吊带裤风靡。冬天，男女多着羽绒服、太空服、羊皮服，农村年轻人衣着同城市人接近。境内少数民族除苗、彝同胞在节假日着民族服装外，其余与汉族着装日渐趋同。该期，泸州城乡男女老少戴手表逐步普及。此后，家境富裕男子开始戴金戒指，女人除戒指外，还时兴戴金耳环、金项链，别人造钻石胸花，头上别簪子、发夹、钗子等，虽为一般金属制造，但造型新颖，设计多样、美观。苗、彝族妇女喜佩戴银质首饰。

三、迎春接福及庆典

泸州叙永、古蔺两县交界苗汉乡亲居住村寨，传承有先辈留下的一年一度迎春、打春、送春仪式，祝风调雨顺，五谷丰登，称之为“迎春接福”。世代相传，天长地久成为独具风格和特色的农耕习俗传承至今。

泸州城乡庆典除婚寿大喜，凡开业、开张、开店、开学、开车、开市、开船、修房造屋动土的吉日之期，均要邀请本家亲朋、单位同事、同学、好友一聚庆祝，邀请文娱队伍出场唱歌、跳舞、扭秧歌、打玩友、放电影、唱大戏等，以示大吉大利，事事一帆风顺。长者还要为之挂彩、挂红以示万事如意，心想事成。若是开车、开船之日，讨个吉利；若是开业、开店，图个生意兴隆、财源滚滚之意。宗教活动恢复后，每年农历二月十九、六月十九、九月十九为观音会，四月初八为佛日节及蟠桃会、土地会、中元节，都有斋会举办。方山云峰寺、合江法王寺、泸县玉蟾山圆通寺庙会，成为城乡文化物资交流盛会。文化搭台、经济唱戏已成为泸州庙会一大特色。泸州地区举办的名酒节、江阳区张坝龙眼节、杨桥湖龙舟竞渡、纳溪区民歌节、泸县玉龙湖放生节、合江荔枝节、叙永苗家踩山节、赤水河音乐节、民族风情旅游节、大中专院校忠山之秋文化艺术节等，成为泸州经济文化盛会。

第八章 地方名人

泸州具有悠久的历史，在中华民族优良传统长期熏陶下，自古代起就涌现出不少历史人物。元末，有辅佐明玉珍建大夏国，推行轻徭役、薄赋敛，屯田养军，“纲纪法度，卓然有绪”的刘桢。明代，彝族女杰奢香，举汉学、教农耕、息兵事，开山辟路通九驿，为内地与边疆经济文化交流，维护民族团结，促进社会发展留下不可磨灭的一页，明朝赐封为顺德夫人。清末，泸州人高楠任职刑部巡视京城时，不畏权势，不徇私情，秉公办事，将袁世凯一为非作歹部属鞭打二十；清光绪二十八年（1902 年），俄国侵占奉天疆土 3000 里，高楠与王乃征合书《陈时势危急亟筹挽救疏》，冒死力谏，后清政府派员谈判，被侵占国土悉数收回，高楠闻名全国，与王乃征齐名，世称“高王”。

泸州具有光荣革命斗争传统。鸦片战争以来，泸州涌现出大批杰出人物，留下可歌可泣诗篇。辛亥革命时期，同盟会员佘英、黄方等在四川多处组织反清武装起义。清宣统元年（1909 年）佘英在与清军战斗中被捕，狱中仍痛斥清政府腐败无能，丧权辱国，后慷慨就义，孙中山追赠其为陆军中将；黄方人称“小孟尝”，曾与佘英发动永宁起义，民国元年（1912 年）率兵往合江受降后返泸途中，遇滇军袭击，壮烈牺牲，蜀军政府追赠为辛亥革命烈士；与宋教仁等筹建同盟会中部总会的余建光，参加、策划辛亥广州起义、武昌起义、“肇和舰”起义，曾出任湘西靖国军总指挥，屡建战功。新民主主义革命时期，受恽代英影响颇深的曾润百，参加刘伯承领导的泸州起义后，前往万县等地策划兵变，举行暴动，建立苏维埃政权，任川东苏维埃暴动部队政委；曾赴法勤工俭学的穆青，广州起义后奉命回川，组织武装斗争，领导万源固军坝、涪陵罗云坝武装起义，曾任中共四川省临时省委书记；陆更夫于广州起义后，前往海陆丰参加苏维埃根据地保卫战，并任过中共两广省委书记。抗日战争时期，八路军洛阳办事处兵站站长许邦宁，率队同当地军民保卫八路军前线总指挥部和中共北方局驻地，与日军浴血奋战 38 昼夜壮烈牺牲；随川军出川抗敌，在淞沪保卫战、南京会战、长沙会战中立下战功的二十军八 O 二团团长林相侯，二十三集团军一一四师副师长袁治，牺牲后国民政府追认为陆军中将。抗战胜利后，泸州儿女为争取和平民主，推翻国民党统治，前仆后继，英勇奋斗，谱写了可歌可泣的篇章。有在重庆渣滓洞被国民党政府杀害的红岩英烈中，负责重庆市委电台工作，为《挺进报》提供新华社电讯稿的成善谋；在渝创办《四川妇女》刊物，撰文揭露国民党破坏民主，发动内战阴谋的李青林；曾任中共沙磁区特支书记，被捕后慷慨就义的刘国志；主持铁窗诗会，化笔为枪，坚持斗争的刘振美等。

中华人民共和国成立后，一批泸州人在中央、地方担任要职，为祖国繁荣昌盛服务。如长期从事军队政治工作，先后撰写多个军队政治工作文件，为军队建设作出卓越贡献的中国人民解放军总政治部原副部长、一级红星功勋荣誉章获得者傅钟；早年参加革命，为川东南中共党组织建设、发展作出贡献，20 世纪 80 年代担任中共中央组织部部长的陈野苹；李大章在 20 世纪 30 年代初任刘少奇秘书兼中共北方局秘书长时，建立健全各级宣传教育机构，创办报刊，后协助邓小平开展太行抗日根椐地巩固和发展工作，抗战胜利后任牡丹江省委书记兼军区政委，20 世纪 50 年代任四川省省长，领导四川人民建设新四川；赵欲樵在大革命时期参加武装起义，组织革命武装转战川南黔北，抗日战争和解放战争时主持部队政治工作，1956 年后先后任贵州省副省长、四川农学院院长、四川省政协副主席等职。在社会主义建设时期，泸州儿女为保卫国家领土、国家和人民生命财产，涌现出如 1962 年中印边境自卫反击战以腿堵印军地堡枪眼，掩护战友争回失地的战斗英雄张映鑫；1966 年冲入石油钻井场失事火海，奋勇抢险而闻名全国的 32111 钻井队六烈士等。

泸州山川秀美，地灵人杰，孕育了大批文化界、科教界、实业界杰出人物。如清末，自成一派，颇有苏东坡、陈同父子文风的万裴成，从小喜诗好文，长于对联，有“万大对”之称。受康、梁改良派影响，文学上极力推行写实主义，反对桐城派复古文风。清末民初的李赦虎与康、梁等人共同讲学，后回乡从事教育，力主教育普及的宗旨。中华人民共和国电影奠基人之一的凌子风于民国 35 年（1946 年）筹建延安电影制片厂，培养大批民间艺人；民国 38 年（1949 年）起，他曾在东北、上海、北京等电影制片厂任导演，执导大量影片，《中华儿女》为新中国电影处女作；《红旗谱》为其代表作之一，《骆驼祥子》《边城》《春桃》《狂》等形成他对女性塑造的创作特色；他还将老舍、沈从文、许地山、李劼人等人的名篇改成电影。闻名中外的画家蒋兆和，抗战时以笔作枪创作数十幅宣传画，鼓舞军民抗日杀敌；他自辟蹊径，走上水墨人物画为民写真的艺术道路，以著名的《流民图》为代表的一系列反映沦陷区人民悲惨生活情景的画作。“画鱼国手”刘止庸师从王竹林（张大千亦事以师礼）、李苦禅等，力求中国画革新变法，创造了有别前人的“云溪皴”，精于山水，擅画游鱼，所画之鱼堪与齐白石虾作媲美。中国卓越的文艺理论家、美学家、雕塑家、艺术教育家，中国马克思列宁主义文艺理论和美学开拓者之一的王朝闻，他先后出版专著和论文集 40 余种，近千万字，其中《中国民间美术全集》（14 卷）于 1993 年获“五个一工程奖”“国家社会科学基金项目优秀成果奖”。著名历史学家、西方古典文学家、世界语著名学者卢剑波，通晓古希腊语、拉丁语，英语、意大利语等多种语言，从事翻译创作 70 余年。著名电子科学家、中国工程院院士张光义，曾负责研制中国第一部电扫描三坐标雷达、第一部大型相控阵预警雷达，担任载人航天工程大型精密跟踪雷达和相控阵雷达总设计师。著名柑橘专家张文湘，早年赴美研修柑橘育种、栽培，学成回国并带回美国柑橘良种并种植成功，长期从事果树栽培教学，在川内主持建设多个柑橘试验场，培养了大批果树技术人才和大量果树良种苗木，在川西、川南帮助建设柑橘生产基地县。中国“石油钻井泰斗”马兴峙，主持打成中国第一口水平井，中国第一口 7000 米超深钻井，主持研究一系列科研项目，总结、制定和完善了一整套钻井工艺和技术规程、制度、标准。曾留学德国，学成归国后从事实业救国，受卢作孚聘请投身民生实业公司，协助卢将该公司由一支小汽轮起家，发展到上百支大小轮船，办成兼营工矿业的联合企业。抗战时期负责完成复旦、南京大学和一批兵工厂内迁四川的转移任务，转运滞留群众和文化界知名人士，使之脱离险境。解放战争时期，参与营救和掩护共产党人和进步人士活动，制止国民党武汉守军破坏水运设施的阴谋，解决中国人民解放军用煤难和向西南进军等难题，并根椐周恩来指示动员卢作孚回国，将民生公司船只驶回人民手中。

第五篇　德阳市

德阳市于1983年8月18日经国务院批准设立，属四川省辖地级市，2005年辖旌阳、广汉、什邡、绵竹、中江、罗江6县（市、区），是中国西部具有浓郁地方文化特色的山水宜居生态城市。

毗邻中国西部综合交通枢纽成都，距亚洲最大的成都铁路集装箱中心、双流国际机场仅半小时车程，并有专门大件运输公路直达岷江航道通江达海；多条铁路、高速公路、快速通道及成绵城际客运专线贯穿境内，形成德阳到成都、市区到郊县30分钟城市经济协作圈。

德阳是当代中国农村经济体制改革发祥地之一。1980年6月，广汉县向阳公社（广汉市向阳镇）率全国之先摘掉“人民公社”牌子，正式挂出“向阳乡人民政府”吊牌。德阳地处都江堰灌区，农业生产条件好，是国家级苗畜苗禽基地、省级优质瘦肉型生猪出口基地和省级优质粮油生产基地。全市建成了蔬菜、生猪、家禽、食用菌、药材等十大优质农副产品基地，形成了川粮米业、旌晶食品、明阳种子等一批知名农业品牌和龙头企业。

德阳是四川重要的工业城市。拥有以发电设备为代表的世界级新能源装备制造业基地，是中国重大技术装备制造业基地，有中国第二重型机械集团公司、东方电机股份有限公司、东方汽轮机有限公司、川油宏华公司等一批国内一流、世界知名的重装制造企业；有以剑南春酒、蓝剑啤酒为代表的名优食品基地，有以精细磷化工、天然气化工为代表的高科技综合化工基地，是全国重要的磷化工基地和化肥生产基地，四川金路、宏达、龙蟒、美丰等化工企业荣列四川百强；以新金属冶金材料、高分子复合材料等为代表的国家新材料产业化基地等。

德阳是中国优秀旅游城市、省级园林城市，旌湖两岸生态环境获“中国人居环境范例奖”。境内龙门山国家地质公园因分布众多推覆构造（飞来峰）、“冰川漂砾”和典型地层剖面等地质遗迹，被誉为“地质科学迷宫”，并被纳入“岷山山系世界自然遗产保护地”和“卧龙—四姑娘山大熊猫生态走廊”的主体部分。德阳历史文化特色鲜明，拥有三星堆古蜀文化遗址、三国文化遗踪白马关庞统祠、中国三大孔庙之一的德阳文庙、中国四大年画之一的绵竹年画、曾荣获2004年“中国十大考古发现”的四川省绵竹城关剑南春酒坊遗址、周代“音乐活化石”仓山大乐、被誉为“东方艺术的瑰宝，人类智慧的结晶”的德阳石刻等。

德阳县域经济发展较好，城乡一体化水平较高，是四川省统筹城乡综合配套改革试点市。旌阳区、广汉市、什邡市、绵竹市多年名列四川省县域经济综合评价前“十强”。罗江县财政收入居全省丘陵县区前列。

1986—2005年，德阳人民坚持改革开放，以经济建设为中心，坚持科学发展观，与时俱进，在政治、经济、文化、社会等各方面取得了光辉的成就，经济实力不断增强。

第一章　地理状况

第一节　自然环境

德阳市位于成都平原东北边缘，市域5954平方公里，地理坐标北纬30°31′—31°42′、东经103°45′—105°15′。市境狭长，东西宽约65公里，南北长约162公里。东北与绵阳市涪城区交界；东面与绵阳市三台县交界；东南与遂宁市大英县、资阳乐至县交界；南与成都市金堂县、青白江区、新都区交界；西与成都市彭州市交界；西北与阿坝州茂县交界；北与绵阳市安县交界。

一、地质地貌

德阳市地跨两个Ⅰ级大地构造单元，除西北边缘少部分属松潘—甘孜地槽褶皱系外，其余大部分市域属扬子准地台。西北山区属松潘—甘孜地槽褶皱系的茂汶—丹巴地背斜（Ⅲ级）和扬子准地台龙门山—大巴山陷褶断束（Ⅱ级），地层出露较全，前震旦系至白垩系均有出露，晋宁期岩浆岩嵌布在大水闸背斜核部，与盖层呈沉积不整合或断层接触。中部属扬子准地台川西台陷（Ⅲ级）的一部分，地层为第四系。东南部属川北台陷、川西台陷、龙泉山穹褶束（Ⅳ级）的一部分，地层以白垩系、侏罗系为主，有少量的第四系。

德阳市地处龙门山脉和四川盆地过渡带，呈西北至东南向的蚕形，地势西北高、东南低。按地形分，有高山、中山、低山、丘陵、平原。市域地貌分为西北山区、中部平原、东南低山丘陵，其面积比为五丘三坝二分山。市域内的主要山脉有八个，从北至南有老鹰窝梁子、火焰山、九顶山、香炉山、蓥华山、白云山、土地岭、西眉山。境内最高峰狮子王峰海拔4989米，位于什邡市西北部九顶山与茂县东南部交界处。

二、气候

德阳市属中纬度亚热带湿润性季风气候，气候温和，四季分明，雨量充沛但分配严重不均；由于境内地形地貌复杂，气候差异大，形成不同的小区气候。西北部气候类型多样，有山地亚热带、暖温带、温带、寒温带、亚寒带等。中部和东南部的平原和丘陵，气候温暖湿润，四季分明，雨量充沛，大陆性季风气候明显。气象灾害种类多样，发灾率高，受灾面广，气候资源的季节变化和年际变化大，光、热、水资源匹配也不尽合理；与国内同纬度地区相比，光照时数偏少，由于四季雨量分配极为不均，形成冬干，春夏伏旱、夏洪、秋涝较为常见的气候特征。

全市多年平均气温为16.3—17.1℃，最冷月出现在1月，月平均气温为5.9—6.1℃，最热月出现在7—8月，月平均气温为25.7—26.8℃，年极端最高气温为36.2—38.9℃，年极端最低气温为

-4.4℃。多年年平均降水量709.5—982.6毫米；一日最大降水量281.2毫米，雨量主要集中在7—8月，月总降雨量分别为162毫米和210毫米左右，降雨量最少月份为12月，月总降雨量分别为4.9毫米左右，暴雨期普遍出现在5—9月，常年暴雨出现的始终期分别在6月底、7月初和8月下旬，常年大雨出现的始终期分别在5月底到6月初和9月中旬左右，12年中发生区域性暴雨25次，区域性洪涝6次。多年年平均总日照时数为868.4—1236.8小时。最多风向为静风，风向频率为34%；次多风向为东北风，风向频率为11%。稳定通过10度的初日在3月上、中旬，终日在11月中、下旬。年平均雾日为37天，秋冬季为雾日的高发期，11—12月的雾日最多。春旱出现频率为91%，出现严重春旱年份的频率为41%，一般春旱年份的频率为50%；夏旱出现频率为100%，出现严重夏旱年份的频率为41%，一般夏旱年份的频率为59%；伏旱出现频率为50%，出现严重伏旱年份的频率为8%，出现一般伏旱年份的频率为41%。多年平均雷暴日数为20—31天，初日一般出现在在4月上旬，终日在9月上、中旬。常年冰雹日数为0.0天。多年平均无霜期为283—292天；寒潮降温天气22次。

德阳市受同一大气环流因子影响，夏季盛行潮湿偏南气流，冬季盛行干冷西北气流，因此各地降雨总趋势基本一致。全市雨水充沛，但季节分布不均，冬干、春旱、夏季局部洪涝、秋霖明显，降水量的年际差异较大。全市多年平均降雨量696.2—960.8毫米。

三、河流

德阳市境内水系发育，江河纵横，流域面积在100平方公里以上的河流共有18条，总长度1129公里，在市境内长度达816公里，分属长江流域的沱江水系和涪江水系。主要河流有绵远河、石亭江、湔江、青白江和凯江，5条主要河流在市境内总长度达395公里，除绵远河属省管河道外，石亭江、青白江、湔江和凯江属市管河道，其他13条小的河流由所在县（市、区）管理。

市境内的径流主要由降雨形成，枯期由地下水和融雪水补给。径流的年内变化不均匀，水量主要集中在汛期，枯季径流小。5—9月为汛期，11月至翌年4月为枯季，5月至翌年4月为一水文年度。

四、自然资源

矿产资源　截至2005年，全市已发现35种矿产、300多个矿产地。能源矿产有煤、天然气、油页岩、泥炭；化工矿产有磷、硫铁矿、蛇纹岩、锶、碘、岩盐、卤水、含钾岩石、钾长石、绿豆岩、海缘石、石膏、石棉、脉石英、长石、石英砂岩；其他非金属矿产有膨润土、白云母；金属矿产有铝土矿、菱铁矿、磁铁矿、铅锌矿、铜钼矿、铜矿、铀钍矿等，查明资源储量、进行开发利用的矿产有磷、煤、天然气、矿泉水、石灰岩、白云岩、蛇纹岩、锶、碘、硫铁矿、建筑用砂、膨润土、花岗岩、大理岩、砂岩、硫铁矿、砖瓦页岩、矿泉水等。

市域内有3个气田，5个储气构造，已探明储量400多亿立方米。

德阳市煤矿赋存于二叠系上统龙潭组和三叠系上统须家河组。龙潭煤系煤层主要分布在绵竹市清平乡、天池乡境内，主产于天池、板厂沟复向斜，均属前龙门山复式褶皱带。全市累计查明资源储量为1.22亿吨，其中二叠系为2848.59万吨，占23.4%，三叠系9313.3万吨，占76.6%。全市保有资源储量2567.19万吨，其中二叠系922.62万吨，占35.9%，三叠系1644.57万吨，占64.1%。

德阳市境内磷矿属沉积型磷矿，有三个层位，即震旦系，寒武系和泥盆系。已开发利用的是泥盆系的磷块岩，其次是震旦系的磷块岩。全市累计查明资源储量为4.10亿吨，保有资源储量2.61亿吨（标矿1.67亿吨）。

德阳市石灰岩资源丰富，主要分布于西北山区，即绵竹市清平乡、天池乡、汉旺镇、金花镇和什邡市红白、蓥华、八角等乡镇。矿层主要赋存于地层中，前山矿层出露面积达63.04平方公里，占前山面积的21%，预测资源量52亿吨。市境内矿泉水资源丰富，饮用矿泉水允许开采量270.27万立方米/年，医疗矿泉设计开采量24.5万立方米/年，水温38.4℃。

水资源 全市水资源主要由境内地表水、地下水、都江堰引入水量组成。市境内降雨比较丰沛，是境内地表径流的主要来源。降雨和径流的时空分布及年际变化差异较大。年内分布大多集中在7—9月，约占全年总量的70%左右。山区年降水量在1100—1720毫米，丘陵区510—1450毫米，平原530—1380毫米，空间分布大体上由西北向东南递减。由于降水分布不均，加之其他自然条件的差异，常有旱涝交错发生。按行政区域划分，全市多年平均降雨量为970.6毫米，降水总量57.79亿立方米，当地地表径流总量31.62亿立方米。年径流变差系数Cv值在0.17—0.29之间，与降水基本一致。全市浅层地下水储量为35.40亿立方米，天然补给量14.46亿立方米，允许开采量13.05亿立方米。全市多年水资源总量为32.46亿立方米（不包括过境水和都江堰引水），人均水资源852立方米，仅为全省人均水资源2916立方米的29.22%。水资源贫乏是德阳市从都江堰经人民渠引水的主要原因，多年平均年引水量为13.25亿立方米，占全市农业灌溉用水的71.8%左右。德阳市各主要江河上游水质状况较好，均为Ⅰ、Ⅱ、ⅢI类水质，能满足各相应功能用水要求。但部分城区河段接纳大量未经处理的生活污水和部分工业废水，使个别江段水质降至Ⅲ类水质标准以下，属有机污染。

水能资源 全市水能资源总理论蕴藏量49.79万千瓦。每平方公里为83.6千瓦，仅为全省每平方公里265千瓦的三分之一，水能资源相对贫乏。全市水能资源的分布，从行政区划上来看绵竹、什邡两县境内集中了全市总蕴藏量的75%以上，可开发量为全市的90.6%，而旌阳区和中江县理论蕴藏量均不到10%。

生物资源 2005年，全市有野生动物437科2400多种。国家一级重点保护野生动物有大熊猫、川金丝猴、扭角羚、豹、云豹、金鹏、雉鹑、绿尾虹雉、斑尾榛鸡、东方白鹳、黑鹳等11种，国家二级重点保护和省重点野生动物有大鲵、虎纹蛙、猕猴、小天鹅等89种。

第二节 建置沿革

一、建置

德阳市是1983年8月建置的四川省属地级市。在夏、商、周时期属古蜀国腹心地带，20世纪30年代至90年代广汉三星堆遗址文物的发现，证明广汉为古蜀国初期都邑之地。秦治蜀100余年，德阳地域为蜀郡地，据《史记》载有“什方县”（什邡县）。西汉初至东汉末，德阳市域为广汉郡一部分，建置雒县、什邡、绵竹三县，罗江为涪县地，中江为郪县地。三国时，德阳为蜀汉领地，初有雒县、什邡县、绵竹县，又建阳泉县（孝泉）、五城县（中江），涪县辖罗江、郪县辖中江东南部分。三国时先后分属广汉郡、梓潼郡、东广汉郡所辖。两晋时，雒县、什邡、绵竹、阳泉、五城仍旧。东晋置晋熙县、苌阳县、万安县。南北朝时，辖县先后为广汉郡、新都郡、梓潼郡、晋熙郡、玄武郡、新城郡等管辖，变化频繁。隋代，德阳市域除继续存在雒县、绵竹、万安县外，改阳泉为孝水，合并什邡入雒县，改伍城县为玄武县，新建飞乌县。分别为蜀郡、凯州、金山郡、梓潼郡所辖。唐武德三年（620年），建德阳（是德阳县名之始）、铜山，改万安为罗江，；分别为益州、汉州（新置）、绵州、梓州所辖。宋代，雒县、什邡、绵竹、德阳四县属汉州，罗江属绵州，玄武（中江）、铜山、飞乌属梓州。元代，德阳、什邡、绵竹属汉州，并雒入汉州，铜山、飞乌并入中江县，中江、罗江属绵州潼川府。明代，省并雒县于直隶汉州。清代，汉州降为单州，中期短时省并罗江直隶绵州，汉州、什邡属成都府，德阳、绵竹属绵州，中江属潼州府。民国2年（1913年），汉州改名广汉县。民国前期，除中江县属川北道外，5县属川西道。民国24年（1935年）后，除中江县属四川省第十二行政督察区，5县属四川省第十三行政督察区。1950年1月，各县人民政权建立。德阳、罗江、什邡、广汉、绵竹上属川西行政公署绵阳专员公署，中江县属遂宁专员公署。1953年7月，广汉县、什邡县划归温江专员公署。1958年10月，中江县并入绵阳专区。1959年3月，罗江县撤并入德阳县。1960年1月，什邡县并入广汉，合称广汉县。1963年1月，广汉县与什邡分县建置，县名复原。1983年3月，温江专区撤销，广汉和什邡划归成都市。1983年8月18日，国务院批准新建置四川省辖地级德阳市，将成都市广汉县、什邡县和绵阳专区德阳县、绵竹县、中江县划归德阳市领属。市人民政府驻地在德阳市城长江西路1段37号。

二、行政区划

1983年9月1日，德阳市人民政府正式行使市辖县的管理职能。10月23日，中国人民解放军四川省德阳军分区正式成立。1988年4月29日，撤销广汉县，设立县级广汉市。1995年10月27日，撤销什邡县、设立什邡市（县级）。1996年9月2日，撤销德阳市市中区，设立旌阳区和罗江县。1996年10月8日，撤销绵竹县，设立绵竹市（县级）。至2005年年末，德阳市辖一区、三市、二县。

1986—2005年，德阳市基层行政区划变动较大。县级以下的行政区划的变动主要在区镇乡级。一是撤销县辖区，1984年德阳县8个区撤销；1996年7月，中江县12个区公所全部撤销，1997年和1998年又陆续改建仓山、龙台、凯江、南华4个片区工委。二是镇不断增加，乡不断减少。德阳市的镇由1983年的15个镇，至1994年发展为85个镇，至2005年为129个镇；德阳市的乡由1983年191个，至1994年减少为110个，至2005年年末减至32个。三是行政村和村民组基本稳定。1986年1950个，村民小组17773个；2005年1942个，村民小组17709个。四是增建街道办事处。建市初有旌阳和工农2个街道办事处；1988年，增建城北、旌东2个办事处；2001年8月，建城南街道办事处；1983年，居民委员会115个，居民小组1105个。随着城市的发展，居委会（2002年后有的称为社区居委会或简称社区）和居民小组成倍增加，到2005年，居委会增加到280个，居民小组增加到1908个。

第三节　人口　民族

一、人口

1986—2005年，德阳市人口发展正常平稳，自然增长率呈逐年下降势态，但人口总量逐年有所增加。2005 年年末，德阳市总人口 382.41 万人，比 1986 年 1 月 336.48 万人增长 13.65%。其中旌阳区 63.95 万人，广汉市 58.78 万人，什邡市 42.99 万人，绵竹市 51.25 万人，中江县 141.21 万人，罗江县 24.23 万人。1986—2005 年，德阳市人口发展特点有：

人口计划生育国策逐步实施收到成效。1985 年全市人口自然增长率为 5.12‰，至 2005 年自然增长率下降为 0.58‰。

男性多于女性。1985 年全市男性 175.63 万人，女性 163.41 万人；2005 年男性 197.23 万人，女性 185.18 万人；男性比女性常年多 12 万人以上。

老龄人口快速增长。1995 年，全市有 60 岁以上的老年人口 39.76 万人，占当年人口总数 10.46%，标志着德阳进入老龄化社会。至 2005 年年末，60 岁以上老人 53.96 万人，占当年总人口的 14.20%。百岁老人由 1985 年的 20 人增长至 2005 年的 122 人。

农业人口减少，非农业人口显著增加。1985 年人口总量中，农业人口 293.73 万人，非农业人口 45.31 万人，至 2005 年农业 300.66 万人，非农业 81.75 万人。1985 年非农业人口占总人口的 13.4%，2005 年占总人口的 21.4%，增长 39 万余人。中江县一直是全市境农业人口最多、非农业人口最少的县。

人口劳动力资源丰富，随着改革开放不断发展，劳动力由第一产业逐渐向第三产业转移，而且农民外出务工、以流动迁徙为特点的人口日益增多。2005 年劳动力资源 276.52 万人，从业人员 254.03 万人，第一产业 99.48 万人，第二产业 59.85 万人，第三产业 94.1 万人，比 1995 年第一产业减少 2.12 万人，第二产业减少 1.85 万人，第三产业增加 36.8 万人。

人口密度及分布由 1985 年每平千米密度 588 人，2005 年增加到 663 人。平原地区比丘陵地区密度高 3.1 倍，比高山地区高 7 倍。城镇比农村密度高，市级城市比县级城市密度大。即使是农村，人口多向水利条件较好与交通便利的地点聚集，公路、铁路附近人口密度相对要大一些。

人口机械性变动大，迁移变动多。由于改革开放，经济建设，德阳新建市，因此德阳城镇化速度加快，下属县区向市城迁移，一般地区向重点场镇或开发区迁移变动频繁。

家庭户口小型化。1985 年德阳市 91.86 万户、343.25 万人，户均 3.74 人；2005 年 126.95 万户、382.41 万人，户均 3.01 人。户型缩小 0.73 人，基本形成“夫、妻和独生子女”三口之家的户型。

二、民族

1982 年，德阳市有少数民族 21 个、2281 人，占当年总人口的 0.0007%；2005 年年末，少数民族 44 个，9075 人，少数民族人数占总人口的 0.0024%。德阳市少数民族人口最多的是回族，2836 人，主要住在旌阳区旌城北街牛肉巷、孝泉镇半边街和什邡市洛水镇及广汉市下大北街。其次是羌族，有 1455 人，分布在绵竹、罗江、旌阳、什邡、中江、广汉等地。有 25 个少数民族人口在 100—1000 人：藏、彝、满、土家、苗、壮、白、佤、蒙古、拉祜、布依、侗、傣、哈尼、土、瑶、纳西、维吾尔、高山、朝鲜、锡伯、傈僳、水、仡佬、畲。有 11 个族种人口在 100 人以内：黎、赫哲、仫佬、布朗、怒、毛南、柯尔克孜、哈萨克、东乡、景颇、达斡尔、阿昌、撒拉、独龙、德昂、门巴族。

第二章　经济状况

第一节　发展状况

1983 年，德阳市地区生产总值 16.65 亿元，人均生产总值 494 元。农业产值所占比重较大，个体私营经济所占比重较少。1986—2005 年，德阳市继续坚持工业强市战略，大力发展民营经济和县域经济，促进新的经济增长点；坚持深化经济体制改革，搞活企业，搞活流通，促进经济快速发展，保持了国民经济的持续稳定增长（分年数据见附表）。1986 年，德阳市地区生产总值 26.35 亿元，人均生产总值 772 元；2005 年地区生产总值 462.17 亿元，比 1986 年增长 16.5 倍；人均生产总值 12593 元，同比增长 15.3 倍。

工业　中共十一届三中全会以后，德阳从扩大企业自主权入手，在处理国家和企业经济关系方面进行利润分成，利润包干，以税代利等试点；在企业和职工的经济关系上进行企业责、权、利相结合的承包经营试验。从 1981 年起，大力推进企业横向联合，逐步实行股份制。1993 年 9 月，开始在市内部分国有大中型企业中试行建立现代企业制度，到 1994 年年底，全市企业领导体制、职工工资分配、劳动保险等制度，发生根本改变，实行厂长（经理）负责制，全员劳动合同制。1995 年，开始推行企业产权制度改革，搞活大的，放活小的，逐步建立起企业自主经营，自负盈亏，自我约束，自我发展的约束机制，使之成为社会主义市场经济的法人实体和市场竞争的主体。改制的主要形式有：股份合作制改造、公开出售、兼并联合、嫁接改造、委托经营、破产与解体等。对此，市委、市政府先后制定出台一系列配套政策措施，促进从整体上搞活国有企业，发展企业集团，招商引资，调整经济结构，发展非公有制经济成分。年内，市、县两级小型企业产权制度改革面达 45.7%。到 2003 年，404 家国有企业中，有 367 家实施改制，改制面达 90.84%。2002 年，德阳市委、市政府作出用高新技术改造提升传统装备制造业，把德阳建成国家重大技术装备制造业基地的战略决策，并成立领导小组和工作机构，制定《德阳重大技术装备制造业基地建设规划纲要》，着力打造提升发电、冶金、石化三大特色重大技术装备的成套能力，自主创新能力和竞争力，发展了一批重装基地配套的机械加工企业。1986—2005 年，德阳市工业产值由 26.24 亿元增加到 216.38 亿元。1986—2005 年工业主要产品产量年平均增长 8.4 倍，其中增长 10 倍以上者为：钢材 34 万吨、增长 16.6 倍，配混合饲料 97 万吨、增长 15.8 倍，电站汽轮机 1896 万千瓦、增长 13.6 倍，发电设备 2028 万千瓦、增长 11.3 倍，金属轧制产品 47337 吨、增长 10.9 倍。

农业　1986—2005 年，在继续稳定和完善土地家庭承包经营的基础上，结合农村经济体制改革的不断深化，德阳市高度重视“三农”（农业、农村、农民）工作，采取一系列政策措施，发展庭院经济、乡村旅游农家乐；扶持乡镇企业发展，壮大集体经济；建立健全合作经济组织，加强农业社会化服务体系建设和扶持龙头企业，带动农民发家致富，实现小康目标，促进农业现代化。1995年后，以农民增收为核心，增加投入，引导调整优化农业结构，发展优质、高产、高效农产品，实施市场导向，优质高效，精品名牌三大战略，重点主抓优质粮油等八大项主导产业，实现农业生产由增粮为主到增收为主，粮猪为主到多种经营为主，增量为主到增效为主，抓生产为主到开拓市场为主的根本性转变，推动农村经济的稳定发展。1986—2005年，德阳市农业产值由12.69亿元增加到151.23亿元，增长10.9倍。粮食总产量由160.19万吨增加到190.41万吨。肉类总产量由15.3万吨增加到52.31万吨。农民人均纯收入由473元增加到3585元。

商贸 1986—1990年，德阳按照国家调节市场，市场引导企业的原则，进一步放开商品购销价格，减少计划管理商品，推行转让、承包、租赁等经营改革措施，促进购销增长和扩大多渠道经营范围，国营、集体、个体商业同步发展，其社会消费品零售额的比重分别在55%、28%、17%左右。1991—1994年，德阳着力建设大市场，发展大流通，搞活大商贸，发展外向型经济。1987年，引进第一家中外合资企业——嘉德食品有限公司。1994年，德阳被列为全省流通体制改革试验市。1995年德阳市对国有商业、供销合作社商业（简称国合商业）实施产权制度改革。至2003年，国合商业企业改制基本结束，338户企业筹资11.33亿元，安置在职职工2.44万人，偿还各种债务6.41亿元。1986—2005年，德阳市全社会消费品零售总额由13.3亿元增加到143.3亿元。外贸进出口总额由9890万元人民币增加到5.93亿美元。批发和零售业实现地区生产总值由1.73亿元增加到27.62亿元。

财政金融 1986—2005年，德阳继续坚持发展经济，培植税源和统筹兼顾，综合平衡，保证重点的财政收支改革，财政收入稳步增长，支出结构逐步趋于合理。金融部门不断深化改革，坚持服务地方，支持经济社会发展。德阳市财政收入1986年3.54亿元，支出3.54亿元，收支平衡；2005年财政收入57.31亿元，支出39.94亿元，收、支分别增长15.2倍和10.3倍。金融机构年末各项存款余额，1986年41.79亿元，贷款余额41.79亿元，存、贷平衡；2005年年末存款余额480.69亿元，贷款余额211.48亿元，存、贷分别增长10.5倍和4.1倍。1986年，城乡居民年末储蓄余额4.7亿元，2005年年末余额282.52亿元，比1986年居民存款增长59倍。1986年德阳市仅有市、县级保险公司5家，2005年全市有各类保险公司14家，全年保费收入9.83亿元。

德阳市1986—2005年间国民经济结构变化很大，主要体现在产业结构、所有制结构和农业、工业内部结构等方面。1986年，德阳市地区生产总值26.35亿元。其中，第一产业11亿元，占41.75%；第二产业增加值10.28亿元，占39%；第三产业增加值5.07亿元，占19.25%。经过不断地调整与发展，产业结构发生巨大变化。至2005年，实现国内生产总值462.17亿元。其中，第一产业增加值94.10亿元，占20.36%，比1986年下降21.39个百分点；第二产业增加值236.50亿元，占51.17%，比1986年上升12.17个百分点；第三产业增加值131.57亿元，占28.47%，比1986年上升9.22个百分点。第一产业比重显著下降，第二产业与第三产业逐年明显上升。经济所有制结构，民营经济比重不断上升。1985年地区生产总值按所有制统计，全市22.3亿元中，公有经济18.88亿元，占84.66%；民营经济3.42亿元，占15.34%。2005年，全市462.17亿元中，公有经济243.28亿元，占52.64%；民营经济218.89亿元，占47.36%。20年来民营经济在国民经济中的比重上升31.99个百分点。1986年初期的民营经济主要是个体、私营经济，还没有外商经济和港、澳、台经济出现。至 2005 年年末，德阳市外商经济增加值 5.22 亿元，占民营经济总增加值的 2.4%；港、澳、台经济 5.96 亿元，占民营经济总增加值的 2.7%。

工农业内部结构产业变化增大，农林牧渔生产比重调整，种植业下降，养殖业上升。1986 年，全市实现农业总产值 12.69 亿元，其中，种植业 8.71 亿元，占 68.64%；林业 0.34 亿元，占 2.7%；牧业 3.54 亿元，占 27.93%；渔业 0.1 亿元，占 7.3%；2005 年，全市实现农业总产值 71.69 亿元，其中，种植业 31.01 亿元，占 43.26%；林业 0.83 亿元，占 0.12%；牧业 35.64 亿元，占 49.71%；渔业 2.06 亿元，占 2.9%；农业服务业产值 2.15 亿元，占 4.01%。农业（主要是种植业）下降 25.38 个百分点，林业下降 2.58 个百分点，渔业下降 4.4 个百分点，牧业（主要是养殖业）上升 21.78 个百分点。工业内部结构，重工业与轻工业生产的比重变化大。1986 年，德阳市工业企业实现生产总值 21.35 亿元。其中，重工业 11.07 亿元，占 51.85%；轻工业 10.28 亿元，占 48.15%。2005 年，全市工业企业实现增加值 174.25 亿元。其中，重工业产值 115.75 亿元，占 66.43%；轻工业产值 58.49 亿元，占 33.57%。20 年来，重工业比重增加，轻工业比重下降。特别是以机械、机电、石油、钢铁等工业的企业、产品、产量、产值的增长速度快。

1986—2005 年德阳市国民经济与社会发展情况表

表 5—1

年份	总人口（万人）	国内生产总值（亿元）	人均生产总值（元）	产业结构（亿元）			财政（亿元）		消费零售总额（亿元）	储蓄余额（亿元）	职工人均工资（元）	农民人均纯收入（元）
				一产业	二产业	三产业	收入	支出				
1986	343.14	26.35	772	11.00	10.28	5.07	3.04	1.71	11.18	4.70	1208	473
1987	347.49	30.88	894	12.26	12.56	6.06	3.80	2.03	12.90	6.63	1346	514
1988	351.01	39.04	1118	15.66	15.36	8.02	4.25	2.47	17.22	7.78	1709	608
1989	354.59	44.25	1254	18.49	15.96	9.81	5.40	3.33	18.16	11.11	1922	675
1990	357.59	53.15	1492	22.09	19.12	11.94	5.96	3.91	18.70	15.43	2174	738
1991	359.53	65.20	1818	23.69	27.75	13.73	6.63	4.25	21.53	20.29	2401	801
1992	361.62	76.48	2121	26.22	33.49	16.80	7.19	5.35	26.60	23.97	2724	855
1993	363.40	97.47	2689	31.17	46.15	20.15	9.43	7.30	33.11	26.56	3384	985
1994	365.17	126.72	3479	43.18	55.64	27.91	12.31	8.60	45.36	33.75	4633	1232
1995	368.12	153.74	4194	50.46	68.22	35.05	14.64	9.33	54.09	48.27	5381	1491
1996	370.30	178.56	4838	58.03	78.52	42.01	18.52	10.76	59.37	63.78	5986	1861
1997	372.07	194.16	5233	60.07	84.04	50.08	22.41	14.33	62.71	77.04	6472	2075
1998	373.72	280.92	5606	61.60	90.81	56.51	25.76	15.80	68.70	94.85	7331	2243
1999	375.75	220.99	5902	62.34	94.50	64.15	27.93	17.37	71.88	125.00	8052	2329
2000	379.30	237.32	6293	61.86	102.12	73.34	30.92	19.32	77.60	139.27	9255	2413
2001	379.25	261.32	6921	64.55	112.36	84.41	32.84	21.65	86.16	159.34	10967	2485

续表5—1

年份	总人口（万人）	国内生产总值（亿元）	人均生产总值（元）	产业结构（亿元）			财政（亿元）		消费零售总额（亿元）	储蓄余额（亿元）	职工人均工资（元）	农民人均纯收入（元）
				一产业	二产业	三产业	收入	支出				
2002	380.70	290.25	7733	68.87	127.20	94.18	36.11	25.13	96.79	179.82	12358	2630
2003	380.59	328.62	8806	72.95	150.43	105.24	41.43	28.82	108.91	208.67	14015	2790
2004	380.97	395.75	10660	87.47	188.41	119.81	47.21	34.77	125.02	239.98	16362	3257
2005	382.41	462.17	12593	94.10	236.50	131.57	57.31	39.94	143.31	282.52	19324	3585

说明：本表资料来源于《德阳统计年鉴》《德阳市志》《德阳年鉴》。产值为当年价

第二节　优势产业

一、重型机械

1958年，中共中央总书记邓小平同志在视察德阳工业区时明确指出："德阳的工业是国家的大工业。"20世纪60年代前后，中国第二重型机械厂（以下简称二重）、东方电机厂（以下简称东电）在德阳城郊兴建，1966年，东方汽轮机厂（以下简称东汽）在绵竹汉旺镇动工兴建。三大厂陆续建成投产后，德阳的重型机械生产实力雄厚。至20世纪80年代，德阳重型装备制造业规模不断扩大，整体实力显著提高，龙头企业与配套企业不断成长，技术合作能力不断加强。2002年，德阳市委、市政府作出用高新技术改造提升传统装备制造业，把德阳建设成为国家重大装备制造业基地的战略决策，成立以市委书记、市长为正、副组长的重装基地建设领导小组及相应的工作机构，制定《德阳重大技术装备制造业基地建设规划纪要》。同年4月，科技部正式将德阳列为"用高新技术改造提升传统装备制造业试点城市"。2003年，四川省政府正式批准《德阳重大技术装备制造业基地发展规划》，把德阳列为四川省重大技术装备制造业发展工程基地。2004年2月20日，科技部国际合作司组织驻外科技外交官考察团一行25人参观考察德阳重装基地，促进与国际机械行业的合作发展。5月25日，德阳在成都举办的"西博会"国际会展上展出重装企业概貌，举办"走向世界的德阳制造业推介会"，会上就签订招商协议2.76亿元，贸易合同额5600万元，现场销售30万元。9月16日，德阳市经贸代表团一行77人在北京举办重装基地德阳投资说明会，会上签约12项9.14亿元人民币。10月29日，德阳市重大技术装备制造业联合会正式成立，首批入会企业55家。12月28日，四川省重大装备领导小组扩大会议在德阳召开，研究重装基地建设并视察重装企业。2005年，德阳装备制造业主要经济指标比2004年增长40%以上。规模以上171家企业，资产总额372.05亿元，全年完成销售收入190.78亿元，实现工业增加值59.88亿元，利税总额29.02亿元。生产发电机组超过2000万千瓦，产量居世界第一位。

1983—2005年，德阳市累计生产发电机组占全国总产量的五分之二，电站汽轮机、汽轮发电机占全国的三分之一，大型轧钢设备占国内市场的45%—50%，大型电站铸锻件占国内市场的40%，大型船用铸锻件国内市场占有率为20%，大中型石油钻机占国内市场的30%。电站汽轮机产品产量由1986年的130万千瓦，上升至2005年的1896万千瓦，增长13.58倍。发电设备由少到多，由低

级到高级，由水力到火力、风力、太阳能、核电，其产品产量由1986年165万千瓦，2005年上升至2028万千瓦，增长11.3倍。以东电、东汽为龙头的发电设备制造业已形成火、风、核、水、燃气“多电并举”的制造能力。2000—2005年，东电公司完成重点科研开发98项，新产品设计35项，大型轴流、大型贯流、大型冲击式机组的设计制造均处于国内领先水平。东汽厂的主导产品是电站汽轮机，在发展过程中逐步形成火、核、风、燃气、太阳能发电的产品格局，产品技术质量接近和达到国际先进水平。重装机械产品大型轧机、水压机、铸锻件、反应器、重型高压容器及机械配件远销并驰名国内外。二重在自主研制的基础上，生产了许多具有现代国际水平的成套设备，完成一大批国家重大设备研制任务。2005年，产品创造“五个第一”：热连轧总承包、一天签约9.2亿元合同、冷轧机电液自制总包、超超临界机组内外筑缸阀全套铸件合同和第一次进入煤液化市场。

二、化学工业

20世纪70年代，德阳化肥、磷肥工业兴起，但当时化学工业产品单一，“五小”居多。1986—2005年，经过不断发展，化学工业已成为德阳市工业经济的三大支柱产业之一，基本形成磷矿石开采、磷复合肥生产、磷酸盐精细化工、氮肥生产、氯碱化工、高分子材料及天然气化工、化工建材、化工设备生产安装、皮化材料等门类比较齐全品种基本配套的生产体系。拥有什邡金河磷矿、绵竹清平磷矿两个中国西部的磷矿生产基地。

德阳市的化工企业，通过企业改组改制，形成产权多元化，至2005年，有规模以上化工生产企业85家。当年生产化肥总量达400万吨。其中，“中国名牌”2个，“中国免检产品”3个，省免检产品10个，四川省名牌产品7个。2005年，生产磷矿石462.44万吨，化肥54.60万吨，硫酸185.27万吨，树脂24万吨，合成氨60万吨，烧碱19万吨。全年实现销售收入110.47亿元，工业增加值34.95亿元，利润总额11.84亿元。

化学工业的发展主要依托企业改组改制，产权多元化、产品结构调整、重点项目建设、资源综合利用与节能降耗等实现。特别是根据市场需求，全市通过对化工产品进行结构性调整，淘汰耗资高、耗能高、污染严重的低质磷肥钙镁磷肥，大幅度削减和控制普通过磷酸钙和黄磷的生产，关停一批规模小、产品质量低劣的小型化工生产企业，培育和发展一批高效、高附加值、高浓度的化肥产品，硫基复合肥尿素、三聚氮胺等产品已显现优势。四川美丰化工股份有限公司，由原来生产碳酸氢铵为主转变为全部生产高附加值的尿素产品，并开发三聚氰胺生产工艺，使产品链向高附加值产品延伸。四川龙蟒集团对原有的磷化工产品的结构经过大幅调整，形成“湿法磷酸盐综合开发与利用”的磷化工产业，步入“磷化工、钛化工、生物化工”的发展道路，已形成100万吨的磷化工产业规模，主要产品“蟒”牌饲料级磷酸盐国内市场占有率达45%。并出口亚洲7个国家和地区；金红石型钛白粉远销西亚、欧美等10余个国家和地区。上述两家企业，2004年出口创汇即达3316.07万美元，实现利税总额4.19亿元。2005年龙蟒集团创汇达4.38亿元。其他代表企业有：四川宏达化工股份有限公司、金路集团、金河磷矿、德阳昊华清平磷矿、德阳天池集团等。

三、农牧业

德阳自然地理条件优越，土地肥沃，气候温和，农牧业发达，大部地区自流灌溉。盛产粮、油、棉、猪、蚕、烟。种植业中的水稻、小麦、油料、药材和养殖业中的猪、牛、羊、禽、蚕、鱼等门类优势突出。2005年，德阳全市生产粮食190万吨，比1986年增加30万吨；生产油料17.8万吨，比1986年增加3.2万吨；出栏肥猪486万头，是1986年的2.25倍；肉类总产量为525.1万吨，是1986年的34.32倍。什邡、绵竹、罗江和旌阳区多年跻身川省“十强县”，中江亦是全国农业百强县和产肉、产蚕、产棉大县。此外，中江的白芍、丹参和什邡的烟叶也是优势产业，驰名国内。

第三节 名优特产

剑南春酒 唐代，绵竹所酿酒名“剑南烧春”，清康熙酿酒名绵竹大曲，1958年定名“剑南春”。“剑南”指剑门关以南的地理位置，“春”是唐人对酒的雅称。主产地在绵竹市城西门外诸葛祠茶盘街一带，其前身始于清乾隆初期“天益老号”酒坊。剑南春酒多次荣获“中国名酒”称号，20世纪80年代被称为中国八大名酒之一。1985年，商务部注资1430万元扩建剑南春酒厂为国家名酒生产基地。至2005年，剑南春酒厂年产酒量逾8万吨。

什邡卷烟 什邡卷烟产品包括雪茄和纸卷烟（又称香烟）两种。其雪茄烟生产始于清光绪二十五年（1899年）。民国32年（1943年）什邡税务所资料记载，什邡卷烟业已接近70家，年产量约1600万支，各类牌号近百个。中华人民共和国成立后，什邡卷烟业逐渐兴旺。20世纪50年代卷烟厂从公私合营逐渐转变为国营企业，国营益川烟厂（后更名为什邡卷烟厂）被选定为中央一级首长专门制作雪茄特供烟，成立特级保密生产车间，直至“文化大革命”后期。1968年，什邡卷烟厂开始生产纸卷烟，当年生产出200箱（每箱5万支装），1969年扩产，当年生产2400箱，1978年，突破10万箱大关。1981年什邡光明烟厂成立。1998年，什邡光明烟厂和中江烟厂整体并入什邡卷烟厂，实行资产重组。通过不断技改革新，到1994年，什邡卷烟厂具备年生产30万箱纸卷烟，10万箱雪茄烟（每箱1万支装）生产能力，成为中国最大的雪茄烟生产基地。主要产品品牌雪茄烟有“长城”系列、“狮牌”系列、“颐年世纪”“绅士”“兴字”“红玫瑰”等；纸卷烟有“国宝”系列、“天下秀”系列、“佛兰”系列、“峨嵋山”系列等。2005年，生产纸卷烟44.81万箱，雪茄烟3万箱，实现税利12.52亿元。

中江花石 产于中江县城东溪和凯江河床河滩，因以龟纹、菊花纹为多，又称菊花石，清代称“文石”。属含腔肠动物化石，具有灰黑、深褐等各色花纹。隋唐以来，人们用中江花石雕磨成花瓶、手镯、戒指、墨盒、镇纸石、烟具和印章等，颇受人们喜爱。民国时期，中江县城有专门从事花石工艺品生产的90余户人家，一条沿凯江河街道因此得名“花石街”。中华人民共和国成立后，花石街上的作坊，从手工生产发展到半机械化操作，产品供不应求，花石雕曾远销台湾、香港、澳门及新加坡等地。1980年4月，经轻工业部工艺美术公司珠宝、玉石调查小组对中江花石进行鉴定，评定为四川五种珍贵石材中最好的一种。中江花石雕被轻工业部定为工艺美术品，先后荣获省计经委的“金牌奖”“金杯奖”“四川省旅游产品金奖”，数十件精品被中江县文化馆、德阳市艺术馆、四川省博物馆收藏。1984年4月，中江花石石雕工艺品赴美国费城展出，倍受收藏家珍爱。

德阳酱油 产地德阳市城区，始造于清光绪年间（1875—1908年）。所生产的“德阳牌”系列酱油，工艺独特，配料考究，色泽鲜艳，酱脂香气浓郁，滋味鲜美，营养丰富，久存不腐，是中国四川名优特产品。1975年全国酱油评比鉴定，名列第二位。1980年后，德阳酱油厂的峨嵋牌老抽酱油，远销日本、美国、法国、加拿大、南斯拉夫、瑞士、泰国等世界市场。

中江挂面 产地在中江县城附近，开创于南宋绍兴年间（1131—1162年），已有近千年历史。产品细而且白，口感柔嫩，回锅如新，俗称“银丝挂面”，是人们喜爱与馈赠亲友佳品。1984年3月，被评为四川省优秀旅游产品。1985年3月，获四川省金牌奖。

连山回锅肉 1986年，广汉连山供销社戴氏兄弟在传统四川省回锅肉基础上改革创新，在广汉物资交流会推出“连山回锅肉”佳肴，一炮打响并走红广汉市饮食行业。食品以猪五花肉为主材，故又称肥大块解馋菜。但肥而不腻，瘦而不绵，略带辣味，咸中有甜，色泽油黄，鲜嫩醇香，是色、香、味俱佳的可口名菜。在德阳市属县区饮食行业广泛推开，颇受食客青睐。

孝泉果汁牛肉 产地旌阳区孝泉镇，是孝泉地方名特回民食品，具有麻、辣、香、酥及带果味等特点，是佐酒、助餐、品茗、零食的美肴。以回族马昌恒果汁牛肉最佳。始创于民国10年（1921年）。20世纪80年代以来，常参加省市级展览并被评为地方优秀特色产品，载入《中国土特名产词典》和《中国名食指南》书中。产品远销北京、天津、上海、广州、深圳等地。

此外，什邡板鸭、什邡啤酒、什邡荞面、罗江天府花生、罗江豆鸡、广汉缠丝兔、旌阳区旌晶系列食品、黄许松花皮蛋、中江八宝油糕等亦是德阳著名的特色食品。

第三章 地方文化

第一节 发展状况

德阳地处古剑南蜀道要冲，为古蜀国通往中原必经之地，开发较早，留存有丰富的文化遗产。抗日战争时期，随着沦陷后高校内迁，市境内进步文化传播加快。抗日救亡宣传活动活跃，进步书店不断增加，传播新思想的报刊相继问世。但由于当时国弱民穷和种种条件限制，文化事业发展缓慢。中华人民共和国成立后，德阳地区文化事业有很大的发展。德阳建市后，文化基础设施建设驶入“快车道”，各类文艺团体陆续成立，文化活动增多。1995 年，什邡、绵竹两县被四川省人民政府命名为“文化先进县”什邡县被文化部命名为“文化先进地区”。20 世纪 90 年代中后期，以歌舞娱乐、营业性演出、音像制品经营为主体的各种文化产业得到快速发展。2004 年 12 月，罗江县被四川省政府命名为第五批文化先进县。2005 年年末，全市建成 28 个省级先进乡镇和 1 个文化先进社区。

一、文化机构和设施

清末民初，市境内设有劝学所，后更名为通俗教育馆，主要设图书阅览部、巡回文库、收音室、阅报室等。中华人民共和国成立后，境内各县建立了具有宣传、组织、辅导、研究服务职能的专业性群众文化机构——人民文化馆，并陆续建起图书馆、新华书店，乡镇普遍建有文化站。德阳建市后，在原德阳县的基础上建起市级群众艺术馆、图书馆、新华书店。1984 年，建立了德阳市博物馆。1997 年，建立了广汉三星堆博物馆、绵竹年画博物馆。到 1994 年，德阳市有文化馆（艺术馆）6 座、文化站 193 个、图书馆 5 座、文博馆（所）9 座、新华书店 5 个。此后，各类文化机构平衡发展，档案馆、电影院有了长足进步。2005 年年末，全市有文化馆 6 座，群众艺术馆 1 座，群众文化馆 4 座，文化站 153 个，文管所 6 个，博物馆 6 座，展览馆 4 座。公共图书馆 6 座，藏书 64. 8 万册，其中古籍 4. 9 万册，图书 45 万册，报刊 14. 9 万册，书架单层总长 11. 5 千米，全年书刊外借利用 38. 7 万人次。有剧场、影剧院 5 座，电影放映单位 19 个。市级电影院、杂剧团、歌舞团各 1 个。档案馆有很大发展。市、县、区政府级新修与扩建档案馆外，大中型企事业单位及县以下行政部门均建有档案馆或档案室，配有专职或兼职人员对档案进行管理与开发利用。

二、专业文艺团体

德阳市专业文艺团体主要有德阳市川剧团、中江县川剧团、绵竹县川剧团、德阳市杂技团、中江县杂技团和其他一些演出团体。除德阳市川剧团、德阳市杂技团外，其他演出团体大多成立于 20

世纪50年代。后来，因为市场萎缩、人才断档、经济活力不足等原因于20世纪80、90年代停止演出活动，或由政府撤销或自行解体。

德阳市川剧团前身是1951年成立的德阳县人民剧团。该团1971年撤销，1973年恢复。1981年到重庆演出，受到好评。德阳建市后，在德阳县川剧团基础上组建德阳市川剧团。市川剧团每年定期完成市文化局下达的演出任务。剧团多次参加省级演出获奖。1992年，德阳市川剧团赴俄罗斯弗拉基米尔州演出了川剧精品折子戏，开创了德阳市戏剧艺术团体出国先例。

德阳市杂技团于1993年10月成立，主要班底为资阳周昭文民间职业杂技团。1997年，市杂技团赴日本广岛演出，后在俄罗斯商演3个月。1998年，该团引进国外豪华大篷。2001年10月，该团参加中国首届杂技艺术节，《双重对口含花》等节目获金菊奖。2002年，在韩国济州岛演出引起轰动。

三、文艺创作

德阳历史悠久，人文荟萃，是巴蜀文化发源地之一，文学艺术创作活动源远流长。中江县永兴镇玉桂乡百安村天平梁子东汉崖墓内刻有吹箫人像，旌阳区文星乡双堰村出土有东汉说唱俑，什邡县马井、隐丰两地出土有汉代背鼓击磬、弹琴说唱画像砖。崖墓和画像砖上创作的许多人物、花卉、车马、神怪图像，雒城汉字砖和市中区黄许镇上庸长阙的文字记载等，都证明德阳地区早在汉代或汉代以前文学艺术创作活动十分活跃。唐宋及以后，德阳境内产生了苏易简、苏舜钦、苏舜元、吴泳、吴昌裔、李调元等文学大家。著名诗人王勃、卢照邻、杜甫、范成大、陆游等在德阳地区留下不朽诗章，唐代虞世南等大书法家曾在德阳境内的山崖、寺庙留下墨宝。流行于中江县的“仓山大乐”被称为“音乐活化石”。

清末及民国时期，绵竹县杨锐、广汉县覃子豪等忧国忧民，渴望社会改革，写下许多感人肺腑的诗文。抗日战争时期，各县相继建立各种抗日宣传组织，自编自演剧目，利用话剧、歌剧、文明戏、街头活报剧及音乐、美术、曲艺等各种文艺形式宣传抗日，产生了一大批抗日文艺作品，对于宣传抗日救国振奋民族精神起了重要作用。

中华人民共和国成立后，各县人民政府均设立文化馆，个体或集体的文艺创作活动得到了政府的支持和专业辅导干部的指导。随着人民群众物质文化生活的不断改善，群众性的文学艺术创作亦从普及走向提高。20世纪50年代，中国第二重型机器厂作家曲波写出著名长篇小说《林海雪原》。“文化大革命”时期，德阳各县的文艺创作处于低谷，只有中江县集体创作由绵阳川剧二团与中江县川剧团联合演出的大型现代川剧《黄继光》产生了一定影响。中共十一届三中全会后，德阳的文化艺术再度焕发光彩，文学、戏剧、曲艺、音乐、舞蹈、美术、书法及摄影创作都取得可喜成绩。

德阳建市后，各县（市、区）艺术馆、文化馆相继健全文学艺术创作辅导班子，德阳市亦陆续成立作家、戏剧家、曲艺家、音乐家、美术家、书法家、民间文艺家协会，并于1989年11月正式成立市文学艺术家联合会。“文联”各协会每年多次举办各类艺科的专门会议，组织作家艺术进修学习，深入生活创作作品，并通过改稿会、讲习会、大赛、调演、会演、展览和创作文艺刊物等方式激发艺术家及业余作者的创作热情。作家王星全发表于1989年的《血马》获文化部、中国作家协会多项大奖。另外，诗歌、散文、译作、报告文学亦不乏上乘之作。1988年，由德阳作家赵彬创作的电影剧本由北京电影制片厂拍摄的《OK大肚罗汉》在全国放映，是德阳电影剧本创作之始。

进入21世纪，德阳的文学创作进一步繁荣。2000年，向晓霞的短篇小说《金巴太太和她的猫》

获人民文学“贝塔斯曼”文学新秀一等奖。2005 年，秦世昌作品获中国国学学会“中国国学杰出贡献奖”。20 世纪 90 年代后，美术、书法、摄影创作在德阳发展迅速。不少作品被选送日本、美国、德国、法国等国家展出，部分作品被境外收藏。2000 年，余现跃的漫画《最后一次拍卖》获中国漫画大展金猴奖。高翔的漫画《无题》获文化部群众书画大赛铜奖。同年，根艺《求索》获中国第七届根艺美术作品展银奖。洪厚甜、王道义等人的书法作品曾数次获文化部“群星奖”。

四、文化活动

1949 年前，由政府主办的文化活动极少，仅于民国 21 年（1932 年）政府通令各地成立的民众教育馆，组织了阅报、讲演、展览、文体、收音、幻灯放映等活动，大量的文化活动都产生于民间。中华人民共和国成立后，人民政府设立文化管理机构，由政府主办的文化活动开始增多。

文化活动中的演出主要是戏剧，尤以川剧为甚。早在清代乾隆嘉庆时期，德阳地区一部分文人雅士、士绅贤达，在家养一批梨园子弟唱堂会川剧。后民间戏班大量兴起，并走向社会。当时寺庙都建有万年戏台，凡庙会必在万年台上演川剧酬神，有的大庙会两台川戏唱对台，分外热闹。民国 20 年（1931 年）左右，德阳地区始有专建的戏园和在茶园搭设的简易戏台，戏班才得登上专门的戏台演出。与此同时，各公口码头、会馆、街道川剧座唱活动也极为盛行。陕班汉剧演出活动清顺治年间便进入汉州（广汉）演出，但规模不大，次数不多。京剧与川剧同时流行，多系座唱，少数京班巡回而来，演后便走。话剧演出活动在抗日战争时期最为活跃，当时德阳地区各县均有“抗日游艺宣传队”或“抗日救亡宣传队”在活动。宣传队主要演话剧，以卖艺糊口的曲艺艺人走街串巷在茶楼酒肆进行专门的曲艺演唱活动。中华人民共和国成立后，人民政府对艺人进行登记，各县先后成立专业川剧团和曲艺改进会（后改曲艺队）。

电影放映活动最早始于民国 13 年（1924 年），广汉县民乐大戏院用手摇式单机放映无声电影《珍珠塔》《荒江女侠》等片。民国 18 年（1929 年）在德阳南街群乐剧院首次放映黑白无声片《血泪碑》。民国 22 年（1933 年），广汉驻军购回有声电影机始映有声黑白片电影。民国 37 年（1948 年），中江县有人在城隍庙设固定放映场放映五彩无声片电影。20 世纪 50 年代是流动电影队放映时期，60 年代有固定的电影院，70 年代只能放映新闻纪录片和几个“革命样板戏”戏曲片，80 年代高科技的镭射电影、立体电影、球形电影在德阳地区应时而生。

德阳地区的龙舟会、灯会、庙会、龙灯、狮灯、民间文学、民间工艺美术等传统文化活动在进入 20 世纪 90 年代后，多在各种节庆中出现，与经济的联系越来越密切，或作为文化产品出售交易，或以演出吸引人们参与其他经济商业活动。

五、文化产业

德阳建市前，社会上有书店、书摊、租书店、印刷厂、气枪打靶等社会文化经营项目，但未形成专门的社会文化市场。1983 年 8 月以后，市辖区内有以电视从事售票营业者，10 月始出现电视录像放映活动，后出现台球热，1987 年出现营业性舞厅项目，1990 年后始陆续产生电子游戏热、卡拉 OK 热、KTV 包间热、镭射热、各类形式的游乐热等，文化产业初具雏形。

1994—2002 年，德阳市在四川文化娱乐城连续举办德阳灯会，盛极一时，吸引了众多游客，成为德阳文化产业经营的标志性事件。到 2000 年，受多种因素影响，文化经营单位普遍效益不佳。市委、市政府采取多种措施推动文化产业发展。2002 年，三星堆遗址管委会、绵竹年画社、市杂技团等5家单位参加首届西部文化产业博洽会。全市2003年、2004年分别新增100家以上文化经营单位。2005年，德阳市文化局在网上启动文化产业招商。到2005年年底，全市文化旅游综合收入29.28万元。全市文化产业销售收入突破20亿元，就业总人数3万余人。

第二节　特色文化

一、古蜀文化

德阳地区是古代蜀国腹地。蚕丛、鱼凫是古蜀国建始君王，相传肇始于绵、雒。古蜀文化文物的代表广汉南兴镇三星堆为主的古蜀都邑遗址及其发掘出的三千年前的数千年珍贵文物，其精品陈列于三星堆博物馆。此外，还有多处商周文化遗址。据《辞海》记载：蚕丛氏崛起雒水与绵水间，始称蜀王，在什邡、绵竹与旌阳交界处有古代蚕丛墓。德阳在秦汉以前养蚕事业与文化很发达。什邡发掘出战国船棺墓葬群甚多，多属秦汉以前蜀国时期文物。1988年什邡发现城西船棺墓葬103座，出土文物985件，有3件于2000年赴日本东京展览。

二、德孝文化

旌阳区孝泉镇，是四川省人民政府1995年命名的历史文化名镇。中国古代“二十四孝”中“涌泉跃鲤”的主人公、东汉大孝子姜诗即出生在该镇。孝道思想在此地十分浓厚，施行孝道的故事深入人心。孝泉镇留存有许多以孝为主题的题、匾额、楹联、诗词文章。出土有东汉陶俑、宋代孝泉“孝街”图等文物。德阳孝文化主要涵义有“百善孝为先”“民族一家亲”“邻里和睦相处、团结友爱互助、尊老爱幼”等。20世纪90年代，孝泉镇建中国德孝城，占地约10公顷，重修三孝祠、维修姜公坟。德孝城姜公祠为省级文物保护单位。

三、非物质文化遗产

绵竹年画　又称绵竹木版镇，绵竹年画源于北宋兴于明代，盛于清末民初，与江苏桃花坞、天津杨柳青、山东潍坊并称为中国四大年画产地。年画以彩绘见长。内容广泛、品种繁多。以避邪迎祥、历史人物、戏剧故事、民风民俗、名人字画、花鸟虫鱼等为主。构图对称、完整、饱满、层次分明。色彩对比强烈、线条洗炼流畅具有红火、热烈的艺术效果。20世纪90年代初，恢复重建绵竹木版年画。1993年，绵竹被文化部授予“中国民间艺术（木版年画）之乡”称号。1996年正式成立年画馆，从事年画的专业与业余人员常年有300人。2000年后，年画在国内多处和美、英、法、日等国销售展览，被称“艺术一绝”。在元旦至春节的一个月内，在年画产地绵竹市城中心广场、主干道及文化馆、酒厂一带，举办绵竹年画节活动，产销两旺、商贾云集。

中江挂面制作工艺　中江面有严格的工艺规范。它以专制面粉为源，以豆粉、精盐、香油为辅料，通过合粉、开大小条、上辊、扑面、定条、干燥、切面、包装等八道主要工序，历时十六小时一气贯通精制而成。中江挂面品种有二，扁阔者如韭叶状称“韭叶面”，细圆者如银丝状称“银丝面”。二者横截面都有微孔，亦有“空心面”之称。

仓山大乐　被誉为“音乐活化石”。起源于周代，属于吹打乐的锣鼓类。乐器很大，盆鼓直径80厘米，大钹一副4—8公斤重。乐队分两部分，以马锣、盆鼓、大钹为主队，与之配合的则由铛铛、苏钹、铰子组成。另有舞队。乐队舞队人数不限，可多达千人。演奏时，队伍变换成各种形象。仓山大乐内目丰富、乐舞独特。流传的曲目共有七章。乐舞有团身旋转、互相抛掷等表演，大钹演奏时，有“观音捧掌”“大鹏展翅”等招式，极富地方特色。

安安送米的传说 东汉时期，孝泉有一户姜姓人家。儿子姜诗因其母陈氏所逼，休了妻子庞三春。其后，庞三春留住白衣庵清苦度日。庞三春的儿子姜安安宁愿自己挨饿，将每天带到塾馆做饭吃的“学米”抓一把，藏到土地庙。米存得不少时，安安去白衣庵将米送给妈妈。这个传说影响深远，是德孝文化的核心内容之一。

德阳潮扇 源于广东潮州，清末传入德阳。制扇原料采自大邑山区，扇框采用质地坚硬的斑竹，扇背竹丝用越冬慈竹，扇柄用羊胫骨、牛肋骨或象牙骨，普通级扇柄用鞭竹。扇边用锻条镶嵌，接扇柄处贴绸料花卉图案。扇面绷绢，要求绢质细薄匀称、平展，绢料下衬裱夹江宣纸，请名家在扇面题诗作画。扇面薄透，一面作画两面透，十分美观。

广汉保保节 起源于清康熙年间，由民间传统“游百病”和拉“保保”的习俗演变而成。指在每年正月十六男女老少出门游玩，并在文庙附近古柏树中折一柏椏，以期“百病不生”。同时，携幼婴在大柏树下拉保保（干爹）。20 世纪 80 年代起，每年正月十六，在广汉房湖公园及金雁湖公园举行保保节。用拉保保这种方式来乞求小孩能平安成长。是当地很有影响力的民间习俗，每到这天都要万人空巷地出门游玩，为孩子拜干爹，结干亲家，也就是“拉保保”。

剑南春传统酿造技艺 主要包括制曲（大曲前制作）、出窖（原酒酿造）、摘酒（蒸馏摘酒）、封窖、贮藏等环节。其独特性在于“黄泥老窖、纯粮固态、续糟混蒸发酵”。

第四章　社会事业

第一节　教育　科技

一、教育

德阳地处成都平原，自古以来经济富庶、人文厚重，民众素有尊师重教的传统。清代后期即出现官方性质的办学机构。1983年德阳建市后，教育事业发展很快，尤其是高等职业教育得到了长足进步。德阳地区历史上曾涌现了任安、苏易简、苏舜钦、李调元等知名教育家和学者。

民国16年（1927年），什邡县立女子小学始建幼稚班。“文化大革命”期间，市内幼儿园相继停办。1976年开始陆续复设，并得到较快增长。1982年，什邡禾丰乡黎昌贵开办全市第一所私人幼儿园。2001年，投资600万元的台湾安琪儿德阳双语幼儿园开始招生。2005年，全市有单设幼儿园392所（不含小学附设幼儿园133所）。其中教育部门办121所，其他部门办16所，集体办183所，个体办172所，有5所达到省级示范性幼儿园标准。3—6周岁幼儿在园人数70322人，入园率87.32%，接受学前一年幼儿教育比例98.56%。

清光绪二十七年（1901年），什邡和罗江创办小学堂。此后，中江县、广汉县、德阳县、绵竹县陆续创办高等小学堂和初等小学堂。民国元年（1912年）各县改学堂为学校。1950年，各县采取合班并校措施，并一律更名为“××小学”“××村小”。此后，全市小学学校数有增有减。1983年德阳建市后，全市小学统一规划调整，扩建新建了一批中心小学、村小。1984年11—12月，什邡、广汉、绵竹3县，普及小学初等教育并通过省、市验收，成为四川省率先普及初等教育的合格县。1990年，什邡成为全市第一个“实验教学普及县”。2000年，小学升初中升学考试取消，推行素质综合评价，小学生免试就近入学。2002年，绵竹、什邡、旌阳3个县（市、区）被省教育厅确定为“四川省基础教育课程改革实验区”。从秋季开始全面实验教育部制定的新课程体系。至2005年，全市小学教育健康均衡发展。

民国13年（1924年），广汉县立中学校更名为广汉县立初级中学。此后，德阳境内各县始有县立初级中学。1961年，境内农村中学网点大部分撤销。1963年开始恢复。1983年，德阳市扩建中学。1986年，德阳制订实施普及初中教育的规划。1992年，什邡县、广汉市“普九”验收合格。1996年，全市完成“普九”。至2005年，全市初中学校进一步深化教育改革，开展“农村中学”标准化建设，加强学校内部管理，初中教育步入稳步健康发展轨道。

民国32年（1943年），绵竹县成立县立中学，招收高中班。这是德阳境内高中办班之始。到1958年，境内各县均有办有高中班。1981年，德阳中学成为省级重点中学。次年，广汉县第一中学、绵竹中学被省教育厅列为首批办好的重点中学。1990 年，德阳首次实施高中招生加试语文、数学、外语三科。开始统一核发普通高中毕业证书。此后，全市着重抓了高中学校的教育质量、布局调整、硬件建设、标准化建设工作。高中学校规模持续扩大。到 2005 年，全市共建成国家级示范性普通高中 4 所，省级示范学校 8 所。是年，德阳市本科上线比例达到 35%，比四川省平均比例高出 13 个百分点。

1983 年，德阳建市前有 3 所四川省级部门举办的中等职业学校。此后，又陆续建立一批中职学校。2004 年开始，德阳市委、市政府作出《关于建设中国西部职业教育基地的决定》，职业教育投入大幅增加，办学条件开始改善，办学规模逐步扩大。到 2005 年，德阳市有中学职业学校 40 所，在校学生 48392 人。

于 1956 年在广汉创办的“中国民用航空飞行学院”是德阳第一所高等教育学校。1964 年，中国第二重型机器厂创办“第二重型机器厂职工大学”。1983 年后，通过新办、合并组建、联合办学、升格等举措，德阳高等教育得到迅速发展。到 2005 年，市境内有高等教育机构 7 个。其中，全日制普通高校 1 所，即中国民航飞行学院。全日制高等职业院校 8 所，即四川工程职业技术学校、四川建筑职业技术学院、四川司法警官职业学院、四川警安职业学院。有成人高等院校 2 所，即德阳教育学院、德阳广播电视大学。

二、科技

德阳市境内最早的科研机构是 1960 年第二重型机器厂举办的设计研究所。1975 年，东方汽轮机厂和第二重型机器厂分别建立研究所和大型铸锻件研究所。厂办科研机构主要根据各厂生产需要开展研究开发。

1983 年 9 月成立德阳市科学技术委员会。此后，全市科技工作，围绕经济建设，积极推动科技兴工、科技兴农、科技攻关和科技转化。1987 年 5 月，德阳二重基础件研究所成立，是德阳第一个民营科技机构。至 2005 年，全市科技机构数量增多。市级部门中，有市经委等 16 个单位建有科技科（处）。大部商业银行、保险机构都设立了名称各异的科技机构。企业办科技机构增至 20 个。

德阳是四川重要的工业城市，重型装备制造业是其支柱产业。科技在促进装备制造企业发展，开发新产品，工艺创新等方面发挥了重要作用。东方汽轮机有限公司、四川什化集团公司、四川剑南春股份有限公司、什邡卷烟厂等通过加大科技投入，推动科技成果转化等方式取得良好经济效益。1995—2006 年，德阳市实施“科技兴市”百亿工程。共开展国家、省、市、县科技计划项目 538 项。工程示范企业完成产值共计 117.58 亿元。2002 年，德阳市委、市政府启动利用高新技术改造传统装备制造业工作。至 2005 年，装备制造业的产业结构明显改善，东汽的燃气和风电设备、东电的大水电设备、二重的重容设备快速发展、东汽进军太阳能光伏产业。2003 年，德阳启动新材料产业化基地建设。到 2005 年，德阳在金属材料、高分子材料、精细化工材料、生物医药材料等领域形成具有比较优势的产业集群。

1986 年，德阳市开始实施星火技术集产业开发试点（以下简称“星火计划”）。1993 年，四川省科委在绵竹县进行县级星火技术密集产业开发试点。其后，省科委、德阳市委、市政府将绵竹县、什邡县、德阳市中区纳入“星火计划”。1996 年，“德阳星火科技产业带示范工程”成为国家级星火科技密集区。1995 年，该项工程实施各类科技重点项目 200 余项，初步形成食品饮料等 6 个支柱产业。次年，该工程通过省科技厅主持的验收。

1990—1994 年，德阳开展农村科技综合开发试点工作。广汉市连山镇、市中区孟家乡、什邡县皂角乡、绵竹市遵道镇、中江县集凤乡列入首批试点，由市科委、市财政局牵头对技术、资金、物资进行组装配套，综合开发。经过三年试点，落实综合技术开发项目 97 个，投资金 2918 万元，组织 63 个单位的 150 多位技术人员参与项目实施，促进了乡镇经济发展。5 个试点乡镇中，连山镇、遵道镇、皂角乡、孟家乡进入 3 亿元乡（镇）行列。1993 年 3 月，并选取其他乡镇继续开展试点。至 1994 年，试点乡镇在基础设施建设、精神文明建设等各方面都取得了明显进步。到 2005 年，科技示范镇试点共开展了 5 轮。示范镇的工业总产值、乡镇财政收入、人均粮食占有量、农民人均纯收入均高出全市同期增长水平。

第二节　卫生　体育

一、卫生

德阳境内各县医疗卫生在清代以前，均为传统中医，多在药店坐堂或在家应诊。清末，开始出现私营西医馆或诊所。民国初年，开始办有医院。中华人民共和国成立后，各县陆续建立县立卫生院、乡镇卫生院和村医疗站，一些工厂、学校设立了医务室。1983 年德阳建市后，医疗卫生事业得到较快发展，医疗机构与人员迅速增多。1986 年，德阳市有卫生机构 451 个，其中医院 200 所（县及县以上医院 26 所），门诊部、所 201 个，其他卫生机构 50 个。卫生机构人员总数 9630 人，其中卫生技术人员 7990 人，包括医生 3370 人（中医 1299 人、西医师 1111 人，西医士 960 人），护师、护士 1204 人；每 1000 人口有医生 0. 99 人。有医疗病床 6589 张，其中医院病床 5968 张，包括县及县以上医院病床 3310 张；每 1000 人口有病床 1. 75 张。此后，德阳市深化医疗卫生体制改革，增加经费投入、实施正规化、系统化培训，组织技术攻关，提升医疗水平，优化队伍结构。2005 年年末，全市注册各级各类医疗机构 2726 个。其中综合医院 36 所，中医医院 6 所，精神卫生中心 2 所，乡镇卫生院 158 所，专科医院 13 所，门诊部 48 个，个体诊所 742 个，疾控中心 7 个，卫生执法监督所 7 个，妇幼保健院 6 个，血吸虫病防治站所 5 个，采供血浆机构 5 个，医学培训机构 3 个，村卫生站 1523 个。卫生人员总数 11217 人，其中卫生技术人员 9417 人，每 1000 人拥有医生 1. 17 人。其中执业医师 3291 人，执业助理医师 1155 人，注册护士 2652 人。2005 年年末，全市有病床 10303 张，每 1000 人拥有病床 2. 71 张。年内总计诊疗 963 万人次，出院 22. 08 万人次，健康体检 49. 74 万人次。

德阳地区地方病主要是血吸虫病、碘缺乏病和地氟病、钩端螺旋体病、趴子病等。血吸虫病在清代即有文字记载。市辖区内 6 县（市、区）从 20 世纪 50 年代起相继开展大规模的群众性血防工作。至 2005 年，市内各县均达到血吸虫病传播控制标准。1993 年，德阳市被确定为碘缺乏病区。2001 年，全市各县（市、区）完成基本消除碘缺乏病目标。20 世纪 80 年代，什邡被确为地氟病中毒区，经过整治，防治成效明显。钩端螺旋体病于 1960 年在广汉首次发现，20 世纪 70、80 年代在德阳境内多次流行，通过“一灭两预防”（灭鼠、菌苗注射、预防服药）等措施，该病得到有效控制。2000 年后，无病例报告。1996 年，广汉市松林乡发现 18 例趴子病例。病区村民外迁，再无类似病报告。

2005 年，什邡市被确定为全省新型合作医疗试点县。德阳自此开始开展新型农村合作医疗试点，并逐步推广。

二、体育

德阳历来有开展体育活动的传统。民国初年，境内较为盛行的体育项目有武术、篮球、乒乓球、中国象棋等。中华人民共和国成立后，各类体育竞技比赛逐渐增多。1969 年，德阳县被评为开展群众体育运动先进县。1983 年，德阳市体育运动委员会成立，钓鱼、信鸽、桥牌、气功等体育协会在此后陆续成立，各类体育活动频繁开展，各类各层次的竞赛活动逐渐增多。到 2005 年，初步形成以基层政府为主导，以广大群众为主体。以体育社团、文体中心（文体站）、体育俱乐部为基础，以体育场地设施为依托的群众体育格局。

民国时期，德阳境内的体育设施数量很少，条件简陋。民国 14 年（1925 年）当地驻军将广汉县城南隅桑园辟为运动场。民国 25 年（1936 年），绵竹驻军二十六师在县城南郊建南河坝体育场，场内有射击、铁饼等设施和用具。1950 年，德阳县修整县城文庙前大操坝，作为开展体育运动场所。广汉县、罗江县同年也修整了体育场。绵竹县分别于 1972 年、1975 年建起两个水泥地面篮球场和灯光球场、游泳池。在建设体育场地的同时，都配置一定数量的体育用具。1983 年 9 月开始，德阳在原基础逐年进行改建、扩建和新建一批体育场馆。各县根据财力逐年购置了部分器材和设施。1992—2005 年，德阳市开工建成市体育馆、市体育场、市游泳场、市网球场等大型体育场馆。

德阳市业余训练经历了三个发展阶段。1983—1986 年是起步阶段，各县（市、区）、厂（矿）自行举办，市体委、体校进行分类指导；1984 年，德阳市体校成立，市体育场馆逐步完善，市体校的训练走上正轨，业余训练进入建设阶段；1990 年后，业余训练实现规范化制度化，进入发展提高阶段。在 1994 年举行的省第三届青少年运动会上，德阳体育代表团在全省排名由第二届的第 13 升至第 11，有 2 人 3 次在田径、射击比赛中打破省青少年纪录。德阳培养并向省和国家高水平运动队输送以女曲棍球世界冠军陈朝霞、“亚洲女飞人”李雪梅、中国男排主攻手张翔、亚运龙舟赛冠军刘佳为代表的一大批优秀体育运动人才。

第三节　劳动就业

一、劳动力资源

1986—2005 年，年平均劳动力约 250 万人，利用率 90% 以上。劳动力逐渐由第一产业向第二、第三产业转移。农村剩余劳动力由年均二三十万人增加到六七十万人。1986 年，全市有劳动力资源总数 215.78 万人，从业人数 198.19 万人。其中第一产业者 141.46 万人，第二产业 34.32 万人，第三产业 22.41 万人，劳动资源占总人口 62.85%，实际利用率 91.87%。2005 年，劳动力资源总数 276.51 万人，从业者 254.03 万人。其中第一产业 99.48 万人，第二产业 59.85 万人，第三产业 94.70 万人。劳动力资源占总人口 72.31%。劳动力实际利用率 91.87%。与 20 年前持平。2005 年输出劳动力 70 余万人次，劳务收入达 40 余亿元。中江县被四川省政府定为劳务输出基地县。

二、就业促进

1983 年后，德阳市劳动就业工作经历了贯彻执行计划、“三结合”就业和市场就业三个阶段。

1983—1985 年，劳动就业工作在国家计划经济政策的指导下，招工基本上按照上级行政部门下达的招工指标进行，对于招工困难企业和就业困难户给予适当的放宽和照顾。由于国民经济快速发展，就业需求较为旺盛，就业矛盾不十分突出。1985 年后，贯彻执行“三结合”（劳动部门介绍就业、组织起来就业、劳动者自谋职业相结合）的就业方针，劳动就业工作依据党和国家的劳动就业政策与法规，帮助广大待业青年及其家长转变就业观念。从 1987 年起，相继开放市、县（市、区）劳务市场，组织企业对国家下达的招工计划，按照“面向社会、公开招收、全面考核、择优录用”和“先培训后就业”的原则，进入劳务市场公开报名，组织考试考核，经用工单位政审，体检合格，录取人员名单面向社会公开。同时，对于招工困难企业和教师子女、特困户子女等特殊群体给予适当照顾。1993 年，在进行劳动制度综合配套改革，在市场就业方针的指导下，企业根据国家劳动政策和法规以及自身生产经营的需要，按照公开招收、择优录用和先培训后就业的原则，自主决定招（用）工的时间、条件、数量。在政府规定的最低工资线上，劳务价格随行就市。同时，在全市范围内率先打破劳动力地区、部门、单位和城乡、不同所有制及企业干部、工人流动界限，全方位开放劳动力市场，实行城乡统筹就业。至此，全市用工彻底放开。

1995 年后，国有企业改革、企业生产经营困难等原因，下岗职工大量增加。帮助下岗职工解困、再就业逐步纳入各级政府的议事日程。通过发放基本生活费、分流安置，建立再就业服务中心等措施促进就业。2002 年起，下岗失业人员按规定享受失业保险待遇。2004 年，德阳市将失地无业农民、城镇集体企业下岗失业人员、企业化管理的事业单位改制分流人员纳入再就业扶持范围，同时提高公益岗位补贴标准。

三、城乡统筹就业

2004 年，德阳市按照城乡统筹的要求，取消农村劳动力进城务工的限制性规定。全市劳动力市场全方位开放，实行暂住证一证就业。各级就业服务机构专门设立有农民工就业窗口，对进城农民工的基本情况、专业特长、就业意愿、就业去向登记建档、实行动态管理。

第四节　社会保障

1985 年 5 月 1 日开始，全市逐步对国有企业、集体企业和其他类型企业不同身份职工（不含外资人员）及个体劳动者实行养老、失业、医疗、工伤和女职工生育保险，费用实行社会统筹。初步建立起“广覆盖、四统一”的一体化社会保险制度。

一、养老保险

1985 年，城镇劳动合同制工人开始实施社会养老保险。1986 年 5 月 1 日起，全民所有制企业固定职工退休费实行社会统筹。1987 年，市政府决定集体企业职工的养老保险由保险公司负责，但没有成功。是年，什邡、广汉对集体企业进行社会统筹。1991 年 6 月 1 日，全市国有企业职工退休费实行市级统筹。1992 年，全民所有制企业固定职工退休费纳入省级统筹。1993 年 5 月 1 日，全市临时工养老保险费用实行社会统筹，参加保险单位 182 户，临时工 4552 人。1994 年，全部纳入社会保险，办法与国有企业职工相同。1994 年 4 月 1 日起，全市劳动合同制工人的社会保险纳入一体化社会保险范畴。1994 年 4 月 1 日起，全市实行统一社会养老保险制度。至 2005 年，德阳市参加养老保险人数 24.17 万人，征缴金额 6.23 亿元。

二、医疗保险

1991 年 7 月，德阳市在中江县进行大病医疗费用社会统筹，按系统、行业进行大病医疗费用统筹。1994 年，什邡、绵竹两县试行大病医疗费用采取分段计算，累计支付给参统单位。2000 年 11 月，德阳市颁发《德阳市城镇职工基本医疗保险暂行办法》。2001 年 1 月，城镇职工基本医疗保险启动。2002 年 6 月，全市建立基本医疗保险个人账户磁卡管理系统。

在实施基本医疗保险的同时，德阳市多层次的医疗保障体系逐步建立健全。2001 年，《德阳市困难企业职工参加基本医疗保险暂行办法》发布实施。同年 6 月，《德阳市城镇个体经济组织人员参加基本医疗保险暂行办法》出台。2003 年 12 月，《德阳市城镇灵活就业人员参加医疗保险的意见》发布执行。

三、失业保险

1998 年，德阳市人民政府出台《关于国有企业下岗职工基本生活保障有关问题的通知》。该年底，失业保险基金缴纳突破 900 万元。国有企业失业保险基金数缴率达到 95% 以上。非国有企业失业保险覆盖面和收缴率达到 55%。发放失业救济金 84 万元。此后，失业保险覆盖面逐步扩大，基金收缴率稳定提高。至 2005 年，全市失业保险参保人数 203800 人。全市共征收失业保险基金 4560 万元。支付失业保险待遇 2143.4 万元。

四、工伤保险

1994 年 5 月，《德阳市企业职工工伤社会保险暂行办法》制订实施。1997 年，工伤保险实行全市统筹，工伤保险基金全市统一核算、统一调剂、统一管理使用。2004 年 2 月，市政府确定工伤保险费率和一次性工亡补助标准。2005 年，全市工伤保险参保人数共 134820 人。

五、女职工生育保险

德阳市于 1994 年制定《企业女职工生育社会保险暂行办法》，规定从 1995 年开始由用人单位按全体职工工资总额的 0.5‰缴纳生育保险，个人不缴费。1995—2005 年，征收额逐步增长，2005 年突破 900 万元，达到 965 万元。参保人数在 14 万—17 万人之间。最高为 1999 年的 17.27 万人，最少为 2004 年的 13.11 万人，2005 年为 14.18 万人。

第五节　社区建设

2001 年，德阳市开始实施城市社区建设。首先建立社区党组织、社区成员代表大会、社区居委会。每个社区居委会由财政补贴办公经费全年 400 元。2002 年，全市城区建立 329 个社区居委会，市及县（市、区）成立社区建设领导小组，市级政府在旌阳区建立五个示范社区，各县设立两个示范社区，每个社区居委会由财政补助办公经费 1400 元。德阳市政府和旌阳区政府共投入 760 余万元，为市城区居委会改善办公室、活动室条件，配置电话、电脑、办公桌等设备。还拨专款 10 万元，在花园巷社区居委会修建就业一条街。至年末，全市建立社区服务设施2112个，建立各种自愿服务队，如社区党员服务队、民政福利服务队、青年服务队、调解服务队、医疗卫生服务队、文体娱乐服务队等25个，参加人数2608人。

2003年，德阳市社区居委会建设，围绕“富民、育民、乐民、便民、利民、安民”目的，开展“十进社区”（即法制建设、健康卫生、文体活动、科技知识、司法调解、计划生育、警备安全、扶贫济困、家政服务、文明新风进社区）的服务活动。至年末，全市建立社区服务设施2122个，服务网点1249个，服务中心（站）241个，老年人服务设施259个，优质服务设施68个，便民利民服务设施1366个，开展就业岗位1218个，成立各类自愿服务队377个。年内，社区共实现再就业人员12962个，安置“4050”就业人员1991名。并设立社区警务室110个。

2004年，进一步加强社区基础设施建设、班子建设和制度建设。财政投入资金760万元，为公安、劳动社保、卫生、文化“四进社区”工作提供服务条件与环境，为129个社区配备电脑、打印机等现代办公设备。年末全市有社区310个，其中城镇社区居委会130个，乡镇社区180个。创建社区建设示范街道3个。旌阳区被省政府命名为社区建设示范区。

2005年，德阳市、县城市社区居委会基础设施条件进一步改善，一般社区居委会基本实现有地点（办公室）、有人员（干部）、有经费。办公室由2001年平均48.5平方米增加到130平方米，活动服务场所由50平方米增加到200平方米以上。建立社区服务站138个，便民服务网552个，社区志愿者队伍255队，安置就业人员7000余名，落实“一区一警”制，建立社区警务室102个。德阳市城区旌湖社区被市政府授予社区卫生先进单位、第一次全国经济普查先进单位、四川省充分就业社区等称号。广汉市雒城镇金雁社区“科技、文化、法律、卫生”四进社区成绩突出，被中央文明办、文化部等九部委授予“全国文化先进社区”。

至2005年年末，德阳市共建立306个社区，其中旌阳区90个，广汉市42个，什邡市36个，绵竹市40个，中江县79个，罗江县19个。

1986—2005年德阳市社会事业概况表

表5—2

项目 年份	学校			医疗卫生			文化事业		劳动就业保险		社区建设
	初中高中（所）	职中中专（所）	高等学校（所）	医院机构（所）	医生护士（人）	病床（张）	文化馆站（个）	图书文博馆（座）	城镇在岗职工（万人）	参加基本养老保险职工（人）	社区居委会（个）
1986	185	26	4	451	9630	6589	201	7	24.99	—	144
1987	187	20	4	469	7899	7094	200	7	26.60	9200	144
1988	187	20	4	479	10092	7249	200	7	27.97	10297	160
1989	187	20	4	461	10371	7384	199	7	28.96	12455	162
1990	179	16	4	480	10753	7730	198	7	28.62	21455	115
1991	179	16	4	477	11106	7811	179	7	29.68	95198	214
1992	206	20	4	494	11408	7869	166	7	31.05	145506	223

续表5—2

项目 年份	学校			医疗卫生			文化事业		劳动就业保险		社区建设
	初中高中（所）	职中中专（所）	高等学校（所）	医院机构（所）	医生护士（人）	病床（张）	文化馆站（个）	图书文博馆（座）	城镇在岗职工（万人）	参加基本养老保险职工（人）	社区居委会（个）
1993	208	23	4	436	11540	8067	187	7	32.80	196399	275
1994	211	21	4	433	11543	8082	186	7	30.60	186368	283
1995	215	22	4	425	11791	8319	186	7	31.94	192341	304
1996	222	23	4	425	11507	8482	94	8	32.57	193909	306
1997	221	24	4	335	11349	8711	58	9	33.11	165847	307
1998	221	24	4	415	12191	8981	84	9	28.76	178973	316
1999	219	23	4	412	12234	8856	107	9	26.86	187836	313
2000	220	23	4	408	12035	8637	119	9	25.12	184776	305
2001	216	23	5	395	12062	9030	120	10	22.98	193705	339
2002	203	26	6	423	10839	9425	149	10	22.51	199042	328
2003	201	46	5	428	10771	9622	166	10	22.20	208138	284
2004	195	52	7	392	11021	9912	172	11	21.70	241738	284
2005	194	48	7	387	11217	10030	159	12	21.30	274907	280

说明：1. 本表数据来源于《德阳统计年鉴》及有关志书；

2. 医卫人员未包括个体诊所及民间医护人员

第五章　城建环保

第一节　城乡建设

一、总体规划

1958—1960年，由四川省城市规划设计研究院（以下简称省规划设计院）会同德阳工业区建委，编制了德阳工业区总体规划。根据中央在全国生产力配置的战略部署，结合德阳的具体条件，拟将德阳建设成为全国重点工业城市。总体规划分为两个部分：一是德阳地区（包括原德阳县、绵竹县和广汉县连山镇）总体规划，人口规模为100万人；二是中心城（德阳县城及附近区域）总体规划，人口规模为50万人，用地55.4平方公里。1964年，由省规划设计院对1960年规划进行修编，对城市规模、用地范围、道路等级、居住区用地指标等方面，均予以调整，降低了城市等级。由于国民经济调整等历史原因，以上两次城市总体规划均未报批。但规划的编制，指导了当时德阳工业区的建设。第二重型机器厂、耐火材料厂等工业企业和城南地区的道路骨架，基本上是按当时规划布局实施的。1981—1983年3月，德阳县编制和审定了德阳县城总体规划。1983年，德阳建市，该县城规划即停止报批和实施。1983年10月至1984年10月，德阳市城乡建设环境保护局在省规划设计院指导下，编制了《德阳市城市总体规划》。1985年12月批准实施。1988年9月，市政府决定，进一步完善城市建设总体规划，扩大城市规划控制范围。1992年9月经省政府批准实施。在规划实施期间，市规划编制部门依据总体规划和实际情况，分别编制了道路、住宅小区、园林、体育中心等方面的11项单项详细规划和旌湖经济技术开发区、天元经济开发区、八角工业园区等3项区域总体规划。1995年，德阳城市人口由建市初的8.5万人增加到20万人，建成区面积由7.55平方公里扩展到19平方公里。但是，随着四川省经济发展战略的调整和全省高速路网的逐渐形成，德阳市的城市建设，越来越难以适应产业结构调整和综合体制试点城市的要求。尤其是基础设施配套滞后和5个开发区自成体系、功能布局不尽合理等问题，制约城市发展。有鉴于此，德阳市政府分别于1997年和2001年对原有城市总体规划进行了两次修编。2001年，四川省委、省政府规划在全川建设9个大城市，德阳名列其中。给德阳城市建设带来加快发展的重大机遇，德阳及所辖各县（市）市区建设呈现出高速发展的态势。以改善环境、方便生活与生产、兼顾文物保护与城市特色为前提的旧城改造大体完成。以调整产业布局、优化投资环境、提升城市形象为目的的新区开发有条不紊地进行。到2005年，德阳市区建成区面积35平方公里，人口近40万。

二、市政建设

德阳市城原为德阳县城，习称“旌城”，位于广什绵中罗5个县城中间，平均车程约半小时。唐武德三年（620 年）析雒、绵置德阳县。明天顺、正德年间曾修筑过城垣，明末清初损毁。清乾隆三十二年（1767 年）重建城墙，历时四载，周长 3779 米，高 4. 32 米。城内面积约 0. 5 平方公里，政治、经济、文化活动均囿于城内。民国时期，县城虽由 4 座城门向外扩展，但到 1949 年，面积也仅 1 平方公里多，城市人口 1. 8 万余人。1956 年后，根据县城建设需要，逐步拆除城墙、城楼。1958 年起，随着德阳工业区的建设和地方工业的发展，县城规模日益扩大。建市时，城市建成区面积增至 7. 55 平方公里，非农业人口达到 89139 人。由于管理体制的制约，城市布局分散，以第二重型机器厂为核心的城南新区和以东方电机厂为核心的城西北新区与旧城区相互分割，各成体系。生产区与生活区之间缺乏相应的防护隔离带，有污染的工厂夹杂在建筑密集的旧城区或城市上风向。城市道路系统很不完整，街少路窄，人车混流，对外交通出入不畅。商业设施、公共绿地、文化娱乐场所及其他城市基础设施甚少，远远满足不了经济建设和人民生活的需要。

德阳市从 1984 年起依据城市总体规划，贯彻“高起点、一步到位”的方针，从修建城市道路入手，带动其他各项城市基础设施建设。到 1994 年年底，共投入 2. 4 亿元，城市建成区面积达到 19 平方公里，城市人口达到 20 万人。1995—2005 年，城市基础设施进一步完善。随着城市“五纵五横”10 条主干道和跨绵远河 7 座大桥的相继建成，以及 80 余条小街小巷的陆续整治完成，市区新旧两部分已融为一体，并形成方格加网络的道路结构，人均道路面积 10. 19 平方米，万人拥有公交车 6. 46 辆；外接成绵高速公路与 108 国道，加上宝成铁路的客、货车站，内外交通十分便利。改造了城市供排水管路系统，增建了自来水厂，2005 年，用水普及率达到 98% 以上；修建了污水处理厂，实现了雨、污分流排放，水质综合合格率达 100%；利用国家气源与本地气源共同供气的有利条件改造了天然气管路，保证了市民生活、公共建筑和工业的燃气供应，燃气普及率达 86%；新增 10 座变电站保证了电力的供给，人均负荷超过 1000 瓦，主次干道亮灯率达 98%；邮政、通信飞速发展，邮件处理和投递速度明显加快，移动通信实现了全市域覆盖；防洪、消防、人民防空工程按照规划要求逐一实施；新建大型垃圾处理场，城市垃圾无害化处理率达 100%。改建、扩建一批体育文化设施，至 2005 年，现代化图书馆落成，科技馆、群众文化艺术馆和会展中心的设计方案获通过，选址确定。

三、园林绿化

1983 年德阳建市时，绿化面积人均 0. 26 平方米，树木大部分分布在南街、北街、火车站、文庙公园一带和部分单位的庭院内。建市后，制订了绿化规划。市区以东湖山公园、石牛公园、城市主要干道、旌湖两岸和机关企事业单位庭院为重点，大力种植树木花草，1992 年基本实现绿化达标。1995 年年初，德阳市区园林绿地总面积为 457. 44 万平方米，城市绿化覆盖率 28. 14%，人均公共绿地 6. 4 平方米。到 2005 年，城市绿化覆盖率 38%，园林绿地总面积 1255 万平方米，人均 8. 6 平方米。市城区 20 年间新建石牛公园、东湖山公园、旌湖河滨公园、南郊公园、北郊公园、文化娱乐城，以及文庙广场、世纪广场、钟鼓楼广场等，彻底改变了旧城面貌。

四、乡镇建设

1986 年年初，市内县辖区（区公所）全改为镇，共有建制镇 17 个，乡 184 个，村 1950 个。至 2005 年年末，全市建制镇 129 个，乡 32 个，村 1941 个。20 年间村以下区划基本未动。1985 年规划建设的中心骨干场镇到 2005 年已基本建成中心集镇，在街道、市场、商店、房屋、交通、运输、供水、排水、供电、供气、园林、绿化、公厕、环卫等基础设施各个方面的建设，皆有又好又快又多的发展。镇区的面积与人口，一般扩大与增加 1 倍左右。

2000 年前，92 个镇先后列为省级试点集镇建设。2001—2005 年，有 9 个镇被列为省级以上重点镇，其中 6 个是国家级重点镇建设。五年间，开工基础设施和公共服务设施项目 142 个，实现投资约 7.5 亿元。

2001—2005 年，全市共有集镇 163 个，建成面积 6833 公顷，人口 40.93 万人。修筑集镇道路长 423 千米，面积 408.7 万平方米，投资 2.1 亿元。建集镇水厂 5 个，年供水 342 吨，投资 1230 万元，自来水普及率 100%。绿化面积 26 公顷，投资 192 万元。修筑排水沟 140 千米，投资 2100 万元。建变配电站 62 个，装机容量 1453 万千伏安，线路 1200 千米，投资 13 亿元，用电普及率 100%。集镇增加居住面积 234 万平方米，投资 4.8 亿元。新建和改、扩建中小学 32 所，建筑面积 34 万平方米，投资 8648 万元。新建和改、扩建医院 32 所，投资 2600 万元。兴建集贸市场 32 个，面积 16.4 万平方米，投资 5400 万元。

1986—2005 年，在农村重点新修与扩建公路、房屋、饮水、照明、沼气及农田水利工程等基础设施方面。2005 年农村公路里程比 1986 年增长 1000 多千米，实现 95% 以上的村通公路（含机耕道）。农村住房普遍进行了新修与扩建，数量增加，质量提高，人平住房面积由 19.3 平方米扩大到 34.2 平方米，增长 77.2%。

第二节　环境保护

德阳建市以后，经济结构由农业向工业化初期转移。尤其在 20 世纪 90 年代，乡镇企业迅速发展，能源结构的不合理以及第三产业燃煤无组织排放，使二氧化硫、总悬浮颗粒物在全省 22 个城市中属于超标的城市。城镇生活污水污染加剧，全市 80% 的地面水水域受到不同程度的污染，交通噪声和社会生活噪声也成为影响社会环境质量的主要因素。2000 年后，开展生态环境综合治理、省级环境优美乡镇试点和创建生态小区。至 2005 年，德阳市建设生态园区 18 个，生态示范区 3 个，生态村 2 个；德阳市级生态村 10 个，环境优美乡镇试点 10 个。另有国家级龙门山地质公园和云湖森林公园；通溪河、崴螺山、剑南春 3 个省级森林公园和鎣华山、九顶山省级风景名胜区。

一、环境状况

大气环境　德阳市环境监测站从 1985 年开始对市城区的大气环境质量进行监测，城区大气中的主要污染物为二氧化硫，日平均值年年超标。其次是降尘，历年超标率在 33.3%—100% 之间，再次是总悬浮微粒。1986 年空气中二氧化硫日平均值 0.30 毫克/日·标立方米，氮氧化物 0.02 毫克/日·标立方米；1987 年、1989 年出现过酸雨。2005 年实测，空气中二氧化硫日平均值 0.087 毫克/日·标立方米，超标率 2.5%；二氧化氮日平均值 0.026 毫克/日·标立方米，基本符合国家标准；总悬浮颗粒物 0.094 毫克/日·标立方米，基本符合标准；降尘日平均值 14.30 毫克/日·标立方米，略有超标。

声环境　随着城市的发展，机动车辆逐年增多，交通噪声污染日趋严重，已成为各城区噪声污染的主要污染源之一。德阳市城区，1992 年，平均车流量 367 辆/小时，等效声级为 72.1 分贝；1994 年有 4.8 公里路段超过 76 分贝。1996 年开始，城市功能区噪声均达到国家标准。但每年的噪声超标率有所不同，各功能区昼夜等效声级基本上也呈逐年下降趋势。1996 年，夜间超标率为 59.4%。2001 年，昼间超标率为 8.3%，夜间超标率为 30%。2002 年起，对擅自在夜间进行有噪声污染的建筑施工作业或未按《夜间噪声临时排污许可证》要求作业的予以处罚。2004 年，在高考期间专门开展噪声污染监督性管理严查环境违法行为行动，同时，将夜间临时施工许可证制度改为夜间临时施工证。2005 年，昼间平均超标率为 8.3%，夜间平均超标率为 25%；2005 年，高考禁噪期间，出动执法人员 930 人次，车辆 600 余台次，现场检查 268 人次，全市的禁噪工作连续几年获省先进单位称号。

水环境 德阳市地面水水域主要由河流、农灌渠、塘堰和水库等组成。由于江河在平、枯水期的流量逐年减少，废水、废渣的排放量逐年增大，因而水环境污染日趋严重，有近 80% 的地面水水体受到不同程度的污染。1984 年，全市废水排放总量为 2442 万吨，据 1989 年、1990 年调查，绵远河、石亭江流域工业废水和生活废水的排放量达 6346.3 万吨，经治理达到排放标准的有 1000.18 万吨，仅占 15.76%。2003 年，工业废水中化学需氧量（COD）排放量 7798 吨、城市生活废水中化学需氧量（COD）排放量 19822 吨、二氧化硫排放量 19944 吨、烟尘排放量 10676 吨、工业粉尘排放量 33631 吨，达到四川环保“十五”规划要求，每年削减 20%。2005 年，工业废水排放 5589 万吨，主要污染指标化学需氧量 5761 吨，氨氮 130 吨。

工业固体废物 1996—2000 年采取申报登记、直接堆放；2001 年后逐步采取综合利用、贮存处置等办法；至 2005 年排放与废弃数量降低在 1% 上下。危险废物，基本实现零排放。

二、监测监管

1986 年后，市县两级均有健全的环境管理机构，包括环保委员会、建设委员会、环保局及下属监理站、监测站、管理所及执法大队等，开展经常性环境保护的宣传教育、建项审批、监理监测、监察执法、目标考核、综合整治、治污收费等工作。由专职人员加强经常性的环境监测监管，主要是对大气、水体、噪声、污染源（包括烟尘、土壤）、建设项目施工及污染仲裁、收费等的监测管理。1990 年，建立德阳市环境监测资质考核领导小组。2000 年，建立环境质量责任制。2005 年，健全监测机构、网络、数据管理、质量保证、报告制度等规范化管理制度。监测内容不断增项：水质项目与占位增多，由 6 个断面、21 个项目增加到 16 个断面、25 个项目，共获数据 10492 个。饮用水源地表水监测点由 1 个点位、22 项，增加为 2 个点位、22 项，共获数据 2184 个。对空气与噪声监测，不仅增设点位，还提高报告频率与质量。

1986—2005 年间，执行环保法规，对新、扩、改建项目，建立环境影响报告书（表）评审制度和“三同时”（环境建设与经济建设同步规划、同步实施、同步发展）制度，至 1994 年共审批建设项目 685 个，年均 76 个。1995 年后，年审批建项增加到 100 个左右及以上。1998 年，国务院颁布《建设项目环境保护管理条例》，德阳加强建设项目审批监管。据《德阳年鉴》资料统计，1998—2005 年比此前年均审批增长 80% 以上。8 年共计审批 1402 个，年均 175 个。

三、污染治理

在污染治理中，重点治理“三废（废水、废气、废渣）”和整治污染事故。同时，标本兼治，严控污染源头，监控污染大户；收取生产企业的排污费与城市居民的污水处理费。1985 年，德阳市建立废水处理设施 40 个，投入治理资金 300 万元，当年工业废水排放 4925 万吨，处理 408 万吨，处理率8.4%。1990年，工业废水6003万吨，处理1460万吨，处理率24.3%。2000年，全市工业污染源企业339家（其中重点企业252家，按国家要求考核的4种污染物指标，全部实现达标排放（含关停的污染源企业）。2005年，全市污染源企业278家调查统计：废水排放总量5762万吨，其中化学需氧量8502吨、氨氮937吨；废气排放总量为230.81亿立方米，其中二氧化硫17988吨，烟尘10036吨，粉尘39012吨；工业固体废物产生量455.87万吨。达标排放量逐年提高。同时，加强饮用水源和地下水源保护力度。1996年后，陆续建立11平方公里5个水漂二级保护区。2005年，在50平方公里范围内建立36个二级保护区。

1986—2005年，按照国家规定实行征收超标排污费为主、非超标排污费为辅的政策与制度。1991—1994年全市共收排污费2223.64万元，用于补助交纳排污费企业治理污染1345.55万元。1996—2005年，全市共计征收9795万元，年平980万元。按规定约有70%收款返回补助排污单位用于治理污染，30%收费用于当地环保部门及上交市、省级财政。2005年，按照“环保开票、银行代收、财政统管”及“收支两条线，专款专用”的原则，对缴纳、征收、管理、减免等环节，实行公开，做到透明。

此外，废水、废气对附近居民和生产有严重损害的化工企业，历年实行了赔偿或补助的经济政策，由双方根据实际情况协商解决。对重大污染事故，由政府领导及环保部门组织有关方面处理。如1989年，什邡、绵竹化工厂污染两江四县用水安全，由市政府组织有关部门解决。2005年，旌阳区德新五郎祥松制革厂严重污染环境，由市委、政府带领环保、卫生部门，组织整改、限制扩产，治理烟尘，以保护近厂居民群众享有清新宁静的环境。

第六章 名胜古迹

第一节 国家级名胜

一、古蜀三星堆遗址

古蜀遗址三星堆位于德阳市广汉南兴镇三星村、真武村月亮湾一带，时代在4000年以前的商周时期，遗址面积约12平方公里，其中古城墙范围3平方公里，距离广汉市城区5公里。自民国18年（1929年）起，曾经多次发掘，1986年后始证实为古蜀国都邑城址。1986年7—9月，因当地砖厂取土烧砖，挖出两个大型商代祭祀器具坑，出土金、铜、玉、石器等珍贵文物1000余件，其中各类青铜人像、面具、神树、动物、器具500余件，其余为金器、陶器、石器等，特别引人注目的是头像、神树、金杖、金面罩。1986年文物的出土，震惊全国，轰动世界，引来国内外考古学家的实地考察与观光。1988年1月，国务院确定为全国重点文物保护单位，其保护地区为广汉市南兴镇三星村、真武村、回龙村及三星乡的仁胜村台地面。1991年，开始筹建国家级三星堆博物馆，地址在遗址东北角、广汉市城西郊。1992年4月1—4日，广汉举行纪念三星堆考古发现60周年暨巴蜀文化与历史国际学术讨论会，有国内外180余名专家学者参加，认定其遗址的地位与文物的重要性。1997年8月博物馆建成并对外开放。该馆区占地20公顷，主馆面积7000平方米，展厅面积4000平方米。至2005年，累计开馆接纳国内外游客300余万人次。部分特殊珍贵文物，相继在日本、美国和欧洲多国及中国台港地区展出。

二、九顶山地质公园

九顶山地区位于德阳市西北部什邡和绵竹龙门山区，面积约106平方千米。因境内海拔高，山川奇秀，森林密茂，野生珍贵动植物多。矿藏丰富，地质奇特，有世界第二的珊瑚礁带与众多的海洋生物化石，经楼山洞又发现人类起源化石。因此，1998年省政府批准九顶山区6.37万公顷林区范围内为野生珍贵动、植物保护区，绵竹清平乡云湖森林公园（面积约800公顷，海拔1000—2240米）为省级风景名胜区，什邡蓥华山区包括蓥华镇、红白镇与洛水镇，为省级风景名胜区。该景区是夏季避暑、冬季赏雪旅游胜地。蓥华山区，是九顶山、龙门山组成部分，最高海拔将近5000米，风景怪、奇、神、丽，有云海、雾海、林海、花海和观日出、云瀑、佛光、圣灯、花山，简称“四海”“五绝”。2001年4月，什邡、绵竹九顶山区被批准列为国家地质公园，开始规划建设与保护工作。

三、德阳文庙与广场

德阳文庙是全国重点文物保护单位。地址在市城长江西路与华山路、泰山路之间，建筑面积约2万平方米。文庙始建于南宋，历代维修。清代以后仍保护完好。1991年4月16日，省政府将其定为省级文物保护单位。6月25日，国家文物局评定为全国重点文物保护单位。2003年8月，在文庙南面建成一个占地约5.4公顷的城市广场。至2005年，在文庙东侧建成一条长约300米的步行商业街。

四、罗江庞统祠墓

地址在罗江县白马关镇鹿头山。始建于三国蜀汉。明末毁于兵燹。清康熙四十六年（1707年）重修庞统墓，雍正年间修靖侯祠，乾隆后又多次维修改扩。祠墓东侧有驿道、关楼、柏林。祠墓占地1万余平方米，千年古柏近千株。有落凤坡、点将台等三国古战场遗迹。祠墓周围，风景优美，名胜甚多。1980年确定为省级文物保护单位。2005年为第六批全国重点文物保护单位。

五、绵竹剑南春酒坊遗址

位于绵竹市城茶盘街，为2004年度全国十大考古新发现之一，2005年确定为第六批全国重点文物保护单位。原名“天益老号”酒坊，始建于乾隆初期，发掘面积6.2万平方米，有古井1口、酒窖7组26口、炉灶5座、晾堂2座，并有明代陶瓷器物200余件。

六、中江东汉崖墓

主要分布郪江流域，中江县广福镇以北10公里内、郪江上源崇山峻岭中有汉代崖墓多处。2000年有3处被定为省级文物保护单位。2002年9月25日，省市县组成考古队发掘中江民主乡塔梁子汉墓群。其中3号墓彩绘壁画精美绝伦。2003年1月22日，四川省政府定为省级文物保护。后经国家文物局复查，2005年被确定为第六批全国重点文物保护单位。

第二节　省级名城镇

一、广汉市

广汉是四川省政府第二批（1992年）公布的德阳市第一座省级历史文化名城。三四千年前为古蜀国都邑治地，有商周时期三星堆、烟堆子、白鱼河等古蜀文化遗址。秦、汉至元、明1700余年间为雒县治所，故称“雒城”。同时为广汉郡、汉州等治所，距离省会成都最近，是政治、经济、文化中心。有省级文物保护单位“雒城遗址”、广汉文庙、房湖等，20世纪80年代中期至90年代，又修建金雁湖，扩建房琯湖及白鹤林公园。

二、什邡市

什邡是四川省政府第三批（1995年）公布的省级历史文化名城。三千年前为少数民族部落方国治地。秦灭蜀国建蜀郡，什邡为县级政区，楚汉灭秦时，汉高帝六年（公元前221年）刘邦封雍齿为什方侯，建王城，历四代共89年，故史称雍城。王城遗址在市城区。1986—2005年，新修与扩建留春苑人民公园、竹溪公园、罗汉寺、慧剑寺、卫元嵩墓及马祖故居，洛水镇有李冰陵园及后城治、公墓治等，佛道文化较为盛行。

三、绵竹市

绵竹是四川省政府第三批（1995 年）公布的省级历史文化名城。商周时期为古蜀山氏地，蚕丛国附庸。秦属蜀郡，汉为绵竹县地，隋改孝水县为绵竹县，始治剑南镇，历时 1700 年未变，1996 年改县为市。绵竹古代士农工商兴盛，有“小成都”之称。酒业发达，有“酒乡”之谓，酒产量约占德阳市总量一半。1986 年产饮料酒 2.53 万吨，占德阳市总产酒 5.04 万吨的 50.2%。剑南春酒是全国八大名酒之一，由 1986 年产 5872 吨至 2005 年增长到 8.1 万吨，增长 12.8 倍。

四、罗江县

罗江是四川省政府第三批（1995 年）公布的省级历史文化名城。汉时为涪县孱亭，东晋置万安县，唐改罗江。1959 年撤并入德阳，1996 年复置，改罗江镇为县治。罗江位于川西与川北交界处、龙泉山脉北部，为川北山区至成都平原出入门户，地理形势险要，历为军政重地。名胜有玉京山景乐宫、李调元纪念馆及庞统祠墓、万佛寺、余家庵，尤以诗歌文化与三国战争文化著称全国。

五、旌阳区孝泉镇

旌阳区孝泉镇是四川省政府第三批（1995 年）公布的省级历史文化名城（镇），属旌阳区。西汉属雒县氾乡，魏晋至隋代历时 400 余年为阳泉、孝水县治所。东汉建雒县塔，为益州三塔之一。德孝文化深厚绵远，东汉姜氏一门三孝子备载国史地志，驰名古今中外。建有“中国德孝城”面积约 10 公顷，为四川省级文物保护单位。2000 年后，孝泉镇每年开展孝文化节暨评选表彰孝子孝妇活动。

第三节 其他名胜古迹

一、德阳市城名胜景点

德阳市城，又名旌城。唐代始为德阳县治，为德阳市和旌阳区政治、军事、经济、文化、商贸、交通中心。1983 年建市后，扩建德阳文庙及广场，至 2005 年前已建成的景点有：石牛公园及德阳石刻艺术墙、旌湖及湖滨公园、东湖山公园及维修道教玉皇观、新建四川文化娱乐城及玄珠湖、新建崇果寺及龙井公墓、重建新修德阳钟鼓楼与广场，新建南郊公园与南春园，还有宽敞的北郊公园、南滨公园、世纪广场（后改名为旌湖开发区广场）及高新科技园区广场。

二、中江县城名胜景点

中江县城，始于三国蜀汉五城，有近 1800 年历史，南北朝毁于兵燹，遗址在县城玄武路。北周建玄武郡、县。刘宋改县名伍城，隋置凯州，县改名玄武，北宋改名中江。故中江又称伍城、凯城。1986—2005 年间，新建与修复的省市级名胜景点有特级英雄黄继光纪念馆、佛教北塔寺和寿宁寺、道教玄武观，以及宋代文庙、北塔和明代南塔。原伍城人民公园被其他建筑挤占仅存广场小片，

2000年后，陆续新建河滨公园、魁山公园、西山公园及玄武公园。由于古城位于两山对峙、两塔对峙与二水夹流之间，故人们休闲旅游多在河滨、山林与寺庙、塔楼之中。

古铜山文化名胜位于中江县广福镇，遗址在广福中学、丝厂附近。该地置铜监署与铜山县约690年，其中县治604年。20世纪80年代以来普查，有县级以上保护文物与重要名胜古迹60多处。唐代有铜官，主管采铜矿铸铜钱，县城有“八景”及城墙、北塔、江亭。宋代有文学家“三苏”（苏易简、苏舜钦、苏舜元）及状元故里。明代有“三王”（王锡、王惟贤、王师泉）及王家翰林院、墓群、松林。清代有“三林”（林愈蕃、林有仁、林有伦）及林家衙园与宝峰、文林书院。历代有玉江（郪江广福段）石刻数十处及东汉崖墓数十座。现代名人有林梅坡、黄继光等。

飞乌县古迹位于中江县仓山镇区飞乌村。隋初改镇为县，历经唐宋，毁于宋末元初兵燹，公元1278年并入铜山县。1283年又合并中江县。古飞乌县历时700年。仓山镇面积约4平方千米、居住5万余人，是德阳市东南最远的重镇，有成达铁路与成渝公路过境。镇区从西向东有小郪江环流，镇中有古刹禹王宫、帝主庙、朝龙寺等风景名胜景点。

三、绵竹城遗址

位于旌阳区黄许镇北绵远河西侧。据《史记》《汉书》记载：楚项羽灭秦、汉刘邦灭楚时，在高帝六年（公元前201年）即建置为绵竹县治。上溯秦国治蜀100余年，黄许是秦建绵竹县。20世纪80年代文物普查时，发掘两平方千米范围内，有大量秦砖汉瓦灰烬文化沉淀物质，证明古城、关隘及将台等皆毁于南北朝兵燹。“故上庸长司马孟台神道石碑及砖亭”，1956年与1980年两次公布为省级文物保护单位。

第七章 风土民情

第一节 宗 教

一、佛教

蜀汉章武年间（221—222 年）佛教传入德阳。据绵竹《侯村寺碑记》所载：绵竹县土门的侯村寺始建于蜀汉章武年间。

盛唐时期，德阳市境各地普遍兴建寺庙，规模宏大。绵竹祥符寺，什邡罗汉寺、慧剑寺，广汉市的安乐院、龙居寺，市中区的万佛寺等丛林寺庙均始建于这一时期。著名唐代高僧禅宗八代祖师马祖道一禅师（什邡两路口人）作为南宗七祖怀让的传法弟子回到什邡，在罗汉寺筑台为信众说法，弘扬禅宗教义。唐武宗会昌元年（841 年）灭佛，德阳市境大多数佛教寺庙被毁，僧人被逐。以后，德阳市境内的佛教历代相传，有兴有衰。明清时期，德阳市境内的佛教复兴而盛，各地庙宇众多，高僧辈出。高僧明觉、中江的月现、心一，绵竹的觉慧、明宣、离照等不仅精通佛法，且擅长诗文、吟咏，品性高洁，远近闻名。民国时期，著名高僧能海法师（绵竹人），精研佛学，深明佛教经义。民国 17 年（1938 年）任绵竹祥符寺的住持、法主，阐扬密宗经义，翻译佛教经典，著有《律海心要》《定道资粮》《菩提道显密修行次第科颂》《文殊五字真言念诵法》《大威德十三尊仪轨》等十余部佛典著作。同时，能海法师从日本请进了日本大正年间出版的原版《大藏经》一部（珍藏在祥符寺藏经楼），办讲经法会，盛况空前，在国内外声名卓著。民国 38 年（1949 年），德阳境内保存的佛教寺庙有 1721 处，僧尼 2363 人。

中华人民共和国成立后，能海法师代表中国佛教界于 1952 年出席了“维也纳世界和平会议”，1965 年赴印度新德里出席亚洲国家会议，向全球佛教界展示了中国佛教的新气象。佛教的管理和组织也发生了变化，废除了寺庙的封建特权和封建管理制度，包括管家制度、等级制度、打罚制度和寺庙间的隶属关系等，建立了与社会相适应的各项管理规章制度。广大僧尼和信众充分享受了宗教信仰自由的权利，逐步走上了自食其力的自我发展道路。到 1958 年，德阳市境内有佛教寺庙 504 处，僧尼 821 人。

1957—1964 年，德阳市境内佛教界广泛开展了“社会主义、爱国主义、国际主义”的“三个主义”教育运动。在“文化大革命”前和“文化大革命”中，有部分僧尼被错划为“右派”或“地主”，并取消了宗教职务，由群众监督改造，受到了不公正的待遇。“文化大革命”中，德阳市境内的佛教寺庙大多被关闭、捣毁或改作他用。多数僧尼还俗，宗教活动中断。

1982 年，中共中央制定了《关于我国社会主义时期宗教问题的基本观点和基本政策》，实现了宗教工作指导思想上的拨乱反正。1983 年 8 月，德阳建市后，全面贯彻落实党的宗教政策，平反佛教界冤假错案。清退了查抄、没收的房屋、财产。在此基础上，经县以上人民政府批准开放了佛教活动场所并交给僧人自主管理。全市佛教寺庙建立了自己的民主管理组织，因地因寺制宜，积极开办了宗教第三产业，办起了素餐馆、小卖部、加工厂、奶牛场、法物流通处、果园、农副业生产等 30 多个“自养”项目，各寺庙基本做到了“自养”有余，并对寺庙进行了维修、扩建和改建。全市佛教界为各地修桥补路、希望工程、残疾人福利事业、灾区人民以及现代化建设等方面捐资数十万元。

20 世纪 80 年代，德阳市陆续修复寺庙，开放佛教活动。开放最早的是 1985 年什邡佛光寺。1986 年开放绵竹三溪寺、广汉龙居寺。1987 年开放罗江万佛寺、绵竹祥符寺、什邡海会堂、什邡蓥华寺。1988 年开放中江寿宁寺和朝龙寺。1989 年开放罗江宝峰寺。1993 开放中江白塔寺。1994 年开放绵竹吉祥寺、云悟寺、上泉寺和什邡钟鼎寺。1995 年开放广汉万福寺、观音寺、霍家庵。1996 年开放广汉丙灵寺和金轮寺、什邡玉佛寺和泰和寺，中江五角寺。1997 年开放什邡大鹏寺、广汉白马寺、罗江南塔寺、中江白马寺。1998 年开放什邡罗汉寺和中江黄鹿寺、铜山寺、普勋寺。1999 年开放旌阳崇果寺和老果寺。2000 年开放旌阳玉佛寺、广汉石鼓寺、什邡圣观音寺。2001 年开放绵竹普圣寺。2002 年开放旌阳延祚寺、普渡寺和中江玉佛寺、天台寺。2003 年开放罗江金莲寺。2005 年全市开放佛教活动场所 43 处，其中大僧 32 处，二僧 11 处。出家僧尼 500 余人、宗教职员 260 余人。德阳信教公民 30 余万人。德阳市佛教协会成立于 1989 年 11 月，驻地先后在万佛寺、崇果寺。

二、道教

德阳市境是中国早期道教的发祥地之一。秦始皇派徐福出海求仙的同时，派韩终为其采炼丹药于广汉、绵竹之间。绵竹市城北 10 公里处的崇庆寺，德阳市旌阳区北 10 公里处的韩终砖洞（后改建为秦中观），传说为韩终炼丹之处。西汉著名学者严君平，对道家哲学深有研究，据《前汉书》记载：“君平年九十余，遂以其业终，蜀人敬爱，至今称焉。”绵竹县武都镇严仙观二殿即为君平殿。汉顺帝汉安元年（142 年），张陵（张道陵）在四川大邑县鹤鸣山（又名鹄鸣山）创立正一盟威天师道，张陵自封天师，又名天师道，张天师著作道书二十四篇，创立了早期道教。早期道教在全国建立了 24 个传教点，称为二十四治，大部分在四川境内，德阳市境内就有八治。二十四治中的第二治鹿堂治，位于绵竹遵道乡的鹿堂山上，当地称为遵道观，原名又叫登道观，至今山上尚存登仙台遗址。第六治为庚除治，为绵竹市绵远乡的庚除山，当地有无极观，山上有炼丹亭、养生台、鸳鸯池等古迹。第七治为秦中治，即绵竹市九龙乡的秦中山。第八治为真多治，又名浮山治，地属安县（原绵竹县境内）。第十治为隶上治，位于德阳市旌阳区北 20 公里处的灵源观（又名涌泉观）。第十二治为昌利山，治设在雒县。第十九治为后城治，位于什邡市洛水镇太坪境内，后城治尚有“古后城治”四字的古庙门。第二十治为公墓治，什邡洛水境内。隋唐到明代中期，是道教的兴盛和发展时期，并演变分化为正一派和全真派。全真龙门派是四川道教的主要宗派，在这一时期，德阳市境内出现了许多著名的道观和道士。唐乾元二年（759 年），中江县城东的玄武山始建乾昌寺，后改建成大雄观，后改称玄武观，观内有真武祖师道碑，杜甫的《题玄武禅师屋壁诗》即指此处。广德年间（763—764 年），在中江县城西栖妙山建集虚观（寿宁寺），道士田大神自南阳假息于此，宋嘉泰年间（1201—1204 年），被封为妙济真人。绵竹县的著名道士刘珍，至唐高宗时，为之建延真观，御笔亲书匾额。王玄览（绵竹县人），武则天神功元年（697 年）召之入京，卒于途中，著有《玄珠灵》《遁甲四合图》《老经口诀》《真人菩萨观门》等书。宋代道士杨世昌，住绵竹县武都山，能书善画，知音律，晓星历，通黄白之术，善画山水，能鼓琴，与苏东坡十分友善，曾与苏东坡同游赤壁，《赤壁赋》中“客有吹洞箫者”即指杨世昌。此外德阳市旌阳区（原德阳县）的马昌龄、王道亨、许尚廉等均是这一时期较为有名的道士。明中叶以后，道教在德阳市境内逐步走向衰落。到民国34年（1945年），德阳市境内共有道观175处，道士、道姑1657人。1949年，德阳市的道观仅存35处，道士、道姑220人。1966年“文化大革命”开始以后，所有的道观被迫停止了宗教活动，殿堂房屋被占用，神像、法器、文物多数被毁或流失，只有绵竹严仙观一处道观尚存，寄居的道士、道姑7人。1978年后，宗教政策得到落实，开始修复开放道教活动场所。1993年9月，首先开放什邡洛水镇大王庙。1994年6月，开放绵竹武都严仙观。1997年6月，开放广汉和兴镇老君观。1999年1月，开放德阳市城东湖山玉皇观。2001年6月，开放绵竹汉旺镇慈航观。2002年12月，开放中江积金镇重石山庙。2004年6月，开放什邡师古镇药王庙。德阳市道教协会成立于2003年11月，驻地德阳东湖山公园内玉皇观。至2005年，全市开放道教活动场所7处，有道士道姑30余人，信教公民5万余人。

三、伊斯兰教

德阳市境内信仰伊斯兰教的大都是回族。回民迁入德阳市境的时期即为伊斯兰教传入德阳的时期。据《绵竹县志·社会风土》记载：明末清初，南方各省移民四川，回族邓姓首先来绵竹定居，随后有马、摆、伍、刘、张、丁、保、李、沙等姓的回民迁入，定居于德阳城关、孝泉和什邡洛水镇等地。清嘉庆年间（1796—1820年），孝泉回民在半边街建起了孝泉清真寺，德阳城关回民于道光年间（1821—1850年）在堰塘坝建立清真寺，后陕、甘回民来德阳经商者不断增多，原清真寺已难以容纳众多的回民从事宗教活动，就在城北临街再建了一个清真寺，从成都请来阿訇传诵经典教义。民国33年（1944年），什邡县回民在洛水镇建立了洛水清真寺。民国期间，四川战乱频繁，交通闭塞，陕、甘等地回民来德阳经商者中断，城北临街清真寺改为“太牢春”清真饮食店及清真茶馆，孝泉半边街清真寺改办了一所回民小学。1950年，党和政府拨出专款培修了各处清真寺，并为回民安排了工作，赵辉武阿訇被选为德阳县政协委员，黄仲琪阿訇被选为什邡县人民代表，广大穆斯林过上了正常的宗教生活。“文化大革命”期间，清真寺的房屋不同程度地被破坏，宗教活动再度中断。1978年以后，人民政府再次拨款对3处清真寺进行了修复，面积3000余平方米。1981年10月，开放什邡洛水镇清真寺。1982年4月，开放旌阳（原德阳县）城区北街和孝泉镇清真寺。1992年12月，成立市伊斯兰教协会，驻地旌阳清真寺。2005年8月4日，召开第三届会员代表大会。全市有穆斯林2497人，其中旌阳区1635人，什邡市389人，广汉市179人，绵竹市162人，中江县68人，罗江县64人。

四、天主教

天主教于明朝时传入德阳市境内。据第一部新编《绵竹县志》记载，明崇祯十四年（1641年），绵竹人刘宇亮在京任职吏部天官、东阁大学士，请意大利天主教教士利类思·安文思等在天官府（刘宇亮在绵竹的府第）讲经布道，当时受洗者30多人，邻近县亦有人参加。又据《四川近代史》载：其时，有司铎利类思·布格洛·安文思等，将天主教传入什邡，什邡有人到绵竹刘宅所设经堂受洗。这是较早传入德阳市的天主教。清同治时，法国人童德旺来绵竹，在县城北郊王爷庙侧刘家院子传教。继后有苏司铎（名不详）、高若翰到绵竹主持教务，并在小北街设立天主教堂。同治九年（1870 年），天主教由绵竹传入孝泉，先在绵竹姚家拐李家院设堂传教。光绪时，天主教传入汉州（广汉市），先在外城和三水清净寺设教堂传教。光绪二十八年（1902 年），清净寺教堂和三水文姓、廖姓、黄姓等 10 多家教徒的房屋，为廖观音的起义军烧毁。次年，天主教会向清政府索赔巨款后，在外城买地建天主堂 1 所。光绪二十九年（1903 年），天主教由法国神父传入中江县，在县城南街设立教堂，受成都天主教会管辖，先后由张素清、余质彬任会长。翌年，另一支天主教传入中江县良安乡（已划归乐至县），稍后传至积金乡和元兴乡，张希伯任会长。宣统二年（1910 年），成都教区法国传教士谷波兰从彭县到什邡传教，先在什邡县城北门外老君堂修教堂，后修东门礼拜堂（圣修堂）及附属房舍，到民国初年完工，堂内结构精美，并从四川大邑聘请雕工进行装饰。教堂内园林遍植法国葡萄，用以酿酒，谷在什邡除传教外，亦参与社会活动，布施医药；设有“圣修男子小学”及“圣婴院女校”，民国 19 年（1930 年）病故，归葬成都，继任有王希造、杨国栋、陈治安等。民国 2 年（1913 年），法国人天主教司铎赖维贤来德阳城关，在堰塘坝修建天主教堂传教，后又在县城近郊集镇宣讲教义，发展教徒。民国年间，天主教除由教徒串联扩大影响外，尚有布道团每逢场镇集期，前往宣讲教义。抗日战争初期，成都平安桥“圣修院”曾迁到绵竹，借住天主堂，有学生 44 人，抗战结束后迁回成都。天主教在德阳市境各县都设有天主教会，教会属成都天主教区管辖。到民国末期，有神职人员 10 人，有教徒 3922 人。20 世纪 50 年代初，德阳市境在天主教内开展了“三自（自治、自传、自养）”爱国革新运动，得到了政府的支持，对神职人员政治上和生活上给予适当安排照顾，定期组织他们学习时事、政策。有 2 名司铎被安排为县级政协委员、人民代表。据不完全统计，德阳市境有教徒 3500 余人。“文化大革命”中，教堂改作他用，教务活动全部中断。中共十一届三中全会以后，宗教信仰自由政策得到全面落实，经县级人民政府批准开放天主教宗教活动场所。

1981 年 10 月，开放什邡方亭镇圣修堂。1982 年 12 月，开放罗江略坪镇天主堂。1986 年 12 月，开放旌阳天元镇天主堂和绵竹剑南镇天主堂。至 2005 年年末，有天主教活动场所 4 处，面积 9200 平方米；有神父 3 人，修道士 5 人，教徒约 5000 余人。

五、基督教

清同治七年（1868 年）基督教传入四川。光绪十五年（1889 年），英国圣公会由传教士吉祯祥与胡天申在孝泉唐文光茶馆设堂传教，这是基督教在德阳市境最早的传教活动。光绪二十年（1894 年）英国传教士何诗白将基督教传入绵竹县，在城关镇川主巷 30 号设立教堂。光绪二十七年（1901 年）英籍女教士毕明德、聂洪恩在绵竹遵道乡设立福音堂，公开传教。接着又有英籍传教士毕丽生在绵竹县城外南街曹正宫院内传教。光绪二十八年（1902 年）英人施德华牧师在绵竹县城北街设立福音堂。同年，吉祯祥来德阳县在城关北街修建福音堂传教。同期，又有一英籍传教士安如磬来广汉城西街租铺面 1 间，宣传基督教义。光绪二十九年（1903 年），中华圣公总会川西教区派英籍牧师戴长乐来中江传教，租县城大东街罗家祠为教堂，开堂布道传教，这个时期教会在川西的传教范围已扩展到 9 个县。光绪三十五年（1909 年）基督教安立甘圣公会传入什邡县，在县城北门外设立教堂 1 处，经官厅核准，立约为英国牧师马克绪（译音），被派来什的系英人戈元税牧师。基督教广汉、德阳、绵竹、中江四个教区均属川西教区管辖，并在各县城修建教堂，布道传教。设立教堂或点共 19 处，有牧师 4 人，有男传道员 5 人，女传道员 4 人，教徒 1000 余人。1949 年，外国传教士相继离境；各县基督教教区都成立了基督教“三自（自治、自传、自养）”爱国革新运动委员会，团结、教育基督教徒，热爱祖国，遵守国家法令，参加社会主义建设。在“文化大革命”中教会房屋被占，宗教活动停止。1978 年以后，经县一级人民政府批准开放基督教宗教活动场所 2 处。1987 年 9 月，开放广汉雒城镇天恩堂。1988 年 12 月，开放德阳市城蒲江街福音堂。1996 年 8 月，开放绵竹剑南镇福音堂。1996 年 12 月，开放中江凯江镇基督教堂。1997 年 3 月，开放罗江万安镇基督教聚会点。2000 年 4 月，德阳市基督教“三自（自治、自传、自养）”爱国会成立，驻地在德阳市城蒲江街 138 号。2005 年，全市有活动场所 6 处，牧师 3 人，男传道员 7 人，女传道员 4 人。有教徒约 2000 余人，信教公民 1 万余人。

第二节 民 俗

一、生产习俗

德阳地区的生产习惯，在农业合作化（20 世纪 50 年代中期）以前，主要有：薅草薅秧地，唱歌相娱，多以山歌形成即兴而唱。如“薅了一排又一排，一对秧鸡飞过来，秧鸡跟着秧鸡走，情哥盼着幺妹来……”中间停顿之处，加上“啊、哟、啥”等衬词，歌声悠扬宛转，既抒发情感，又驱除疲劳。在打石、撬石、抬石中，要喊声劳动号子，由领头石匠即兴发挥，诙谐活泼，多属男女嬉戏调情之内容，其余的在其所唱吼的句尾，跟以“嗨、哟、嗬”等相合，为的是消除疲劳、协调动作。在筑坝（埂）夯土劳动中，打夯者要唱打夯歌，多为即兴唱合，以求动作协调一致。如“大家一齐来呀（领唱）！哎嗨哟嗬（合唱）！把土夯牢实呀，哎嗨哟嗬……”栽秧打谷时，请人帮忙或换工，主人要办“栽秧酒”和“打谷酒”，20 世纪 80 年代初实行包产到户后，此俗尤存。栽秧时，由栽得又快又好的人第一个下田“开蔚口”“拉线”，栽在最前面，然后其他人相继下田，跟在其后面栽。栽到太阳正顶时，主人要备办酒菜送到田头，请大家吃“幺台”，吃后再下田继续栽秧。收打新谷后，要煮新米干饭吃，俗称“尝新”。开饭前，先盛米饭敬祖宗、谷神及土地。若有狗的人家还要先盛一碗喂狗。传说水稻种子是狗从海那边泅水带过来的，故尝新要先喂狗。久旱无雨时，将龙王和主风、雨、雷的菩萨抬着巡游，让其查看旱情，以祈求天降甘霖。若仍无雨，则将神像暴晒于烈日之下，让其领受骄阳滋味。中江等一些地方，在旱季还盛行在夜晚烧龙背，即在山顶上燃上一大堆火，谓之烧旱龙王之背，以求天下雨。骟匠敲当当（一种形如自行车铃铛的碗状金属物），货郎摇拨浪鼓，卖糖的敲铁板，发出“叮叮当”的声音，为的是吸引人们注意，招揽生意。在田间地头树稻草人，为的是赶吓麻雀等。建房时，要找阴阳先生看地、择期，动工时，要备办祭品，敬奉鲁班，方可开工。其中，上梁最为讲究，要选黄道吉日，举行隆重仪式，要逮雄鸡登梁，挂红鸣炮，焚香敬祝天地，唱上梁歌，撒硬币糖果，宴请亲朋好友和工匠。20 世纪 60 年代以后，随着社会经济的发展，耕作方式的改变，机械科技的应用推广，以上习俗大多有所改变，只有采石喊号子打夯唱山歌偶尔可见。进入 21 世纪，农村建房时，又时兴看风水和择日上梁。在城镇悄然兴起，流行于走街串巷卖丁丁糖（又称麻糖）的敲铁板声和“收废品”“收旧家具、旧家电”“修水管、换水龙头、修燃气灶”等叫喊声时有耳闻。在休闲场所，在茶馆等在摇铁夹还将有招徕掏耳朵和“擦皮鞋”的叫喊声也随时都有。

二、生活习俗

（一）民居

农村民居由于地形和用料的差异，在平坝、丘陵、高山各具特色，多为分散居住。至民国时期仍沿袭。平坝常见的有“一”字形、磨把手（┓ ┏型）、三合头（⊓型）、四合院、大庄院和联院群居点。“一字形”和磨把手，一般是穿斗房屋，草房居多，三至五间不等。三合头、四合院，多为土夯墙或土砖墙，比前述房舍间数多，宽大些，有部分砖木结构的瓦房，一般有龙门，有的还以土砖或土夯围墙环护，多为较富裕人家居住。联院群居点，有的是几个院子墙垣相对相接，有的是几户十多户房屋相联、院坝相通，砖木结构的瓦房居多，具有宗族、亲缘为主结伙群居的历史渊源。大庄院，建筑设计与用料相当考究，多系官绅富豪所建。一般三进三厅，多的五进十余院。其建筑照壁粉墙，斗拱鳌脊，浮花雕窗，雕梁画栋石础石阶，大院套小院，庭堂相连，十分气派。土改时，大庄院被没收作公房或分配给农民，经过不断改建，多已不存。其他类型民居，多数沿袭至20世纪70年代。20世纪80年代起，新造大量小楼或平房，多为砖混或砖瓦结构。新式小楼一般为“一”字形、“角尺形”或三合形，二层居多，水泥梁柱楼板，阳台玻窗齐全，底窗贯铁钎防盗，平房一般是一顺三五间，也有角尺形的，房（楼）前有小坝，有宽走廊供做家务事与休闲之用，后搭偏棚安放禽畜圈棚等。用电普及后，住户钢管打井，手压提水，有的用电力提上塔，形成自来水入厨。

丘陵 既有坝区模式，也有自身特色。“一”字形制式普遍，其次是三合院，也有少数大庄院。一般屋基占地小于平坝，夯土较高，高阶高础，以防山洪。结构以穿斗居多，“人”字框架，小瓦盖顶，篾编抹灰为壁，垒石为墙。20世纪80年代以来，建新的多为砖木结构平房，石礤磴木柱竹楼、木楼和砖混结构均有，楼房以两层居多。一般随谷口依山呈带状修建。

山区 “一”字形、三合院、四合院兼有，用木石为主要建材，用粗大杂木逗排扇作骨架，木柱立在石础上，有的是石柱、石阶、石墙。用松树皮盖顶居多，也有用石板、小瓦、山草作盖的。部分房舍有木楼，主房木楼板，侧房用白夹竹铺竹笆，拐角处为“吊脚楼”。饮水多采取破竹为槽，以三角架支撑，竹槽联结引水至住地蓄水缸（池），涧槽可达数里，水虽点滴却终日不断。20世纪80年代，修筑现代住房亦多，结构与坝区大同小异。建材除楼房用水泥制件外，以石垒墙较多，用料比坝区、丘区粗壮，讲求结实。

城镇铺店及居宅 相沿至民国年间，境内县城街房，多为瓦房，木质结构，房高八尺或丈余，部分铺面有木楼，无阳台，有的建有高于屋顶的风火墙相隔。铺房以地势走向组成“十字”“丁字”“井字”等形。临街铺面多为商家营业用房，单块木板开关，后房为居宅或作坊。居宅的规模结构，差异甚大。富绅、巨商、官吏有豪华别墅、花园“洋楼”、高大四合院，多者上百间，少则十数间。雕梁画栋，朱柱白壁，花圃亭榭，曲径通幽。更多的居民住宅是平房小院、多户联院、一院独居等，属一般小业主、小资产商人、平民居住。大场镇街房虽较县城逊色，但建筑结构亦相近。小的乡镇有的一两条短街，瓦房草房混建，大小场镇上建筑较好的房屋除土豪、地主居宅外，多为庙宇、会馆与祠堂。20世纪80年代以来，城镇居民生活提高较快，机关、学校、企事业单位均修建了业务用房与职工住宅楼。商业铺面铝合金卷帘门代替了单块木板，排列式、点式楼房取代了四合院等原有宅院。至80年代后期，各县、市、区始建居民小区，公寓式的点式结构，一般六层，水电气齐全。20世纪90年代末开始出现电梯公寓。

民国年间，一般居民堂屋兼客厅，设神龛供家神、土地，有的还供坛神。解放后，多数堂屋拆去神龛、香炉，20 世纪 80 年代以来，设神龛供家神者，农村日益增多。但一般仍是堂屋客厅兼用。

（二）服饰

衣裳　随着社会经济的发展变化，人们的服饰不断改变变化。衣服在民国前期，无论男女老少，受清代宽腰长摆影响，成年男人长袍大袖，右斜襟（大襟）多套对门襟马褂，女人着大袖齐膝镶花边偏襟短衣。民国 24 年（1935 年）“新生活运动”后，城镇男青年穿中山服渐多，少数穿西装，妇女时兴穿旗袍套短披或有色三角巾。农村男女，劳动时多着粗布短衣（夏秋为单衣、男短裤）。男子赶场、走亲戚、礼节性活动穿长衫，女人仍穿短衣，但镶边者渐少，以黑、蓝、灰三色为主。夏天，城里男人穿白布汗衫、背心者普遍，女人穿短袖单衣；知识界穿白衬衣。至 20 世纪 40 年代，男女穿细布的渐多。女衣镶边与长袖宽腰已少见，而多穿紧身取巧样式。城镇妇女出现突露胸、腰、臀部和腿衩高、齐胳肢窝的短坎肩旗袍。男子穿中山服与西装的多起来。初中、小学生穿童军服，高中男生穿麻制服，女生着蓝色旗袍。20 世纪 50 年代起，男子穿中山服、妇女穿列宁服，以灰、蓝两色为主，风行城乡。西装消失，旗袍少见，着长衫的日渐减少，仅农村妇女仍有穿大襟短衣的。无论城乡，男子冬天穿长、短大衣和棉制服较普遍。“文化大革命”中，城乡男女青年着绿色军衣，曾流行一时。

下装俗称“裤子”。民国前期，城乡无论男女，一般为大裆大腰，冬穿夹、棉裤，有的老人穿“套裤”。其后，城镇青年及公教人员穿西裤，冬天内穿紧腿棉裤或毛线裤。民国中期，妇女穿裙子者渐多，有西裙、筒裙、百褶裙。穿长旗袍内穿短裤、着乔其纱长统腿袜露腿于衩下为时髦。初中、小学男生下装为黄色长短裤，女生穿黑裙，高中学生穿麻长裤，女生着短下装。解放后，大裆宽腰裤逐渐淘汰，妇女穿短裤露腿的绝迹，穿短裙亦少见，男女穿皮带束腰西裤的逐渐普及。

20 世纪 80 年代以来，西服迅速普及，夹克衫、T 恤衫等休闲服装广受人们喜爱，中山装已很少人穿。款式追逐港、台、沪、洋，式样不断翻新：风衣、长大衣、中长式；高领、直领、翻领……特别是中青年女性追求新奇入时，体现形体美，服装花色款式更多，季季有新款，年年出新潮，袒胸露背，不蔽腰腿的穿着时见于大街小巷。改革开放初期，化纤衣料仍时兴，此后人们又逐渐喜穿天然的棉、毛、绒、麻类服装。

帽子　民国年间，城镇男子普遍戴平顶或尖顶瓜皮帽。尖顶有结，用玛瑙、青铜、珊瑚、象牙及红、黑布纽等做结。平顶帽前载玉。部分中老年戴毡窝帽，中老年妇女戴勒子，部分老年男女还喜戴风帽，俗称“披披帽”，20 世纪 30 年代起，城镇知识青年和农村富家子弟逐渐流行戴呢博士帽。夏天，男女均有戴凉帽的，俗称“台草帽”，样式如博士帽，用棕丝、席草丝、篾丝等制作。

农村中男女用布包头，俗称“包帕子”，用料有布、纱、绉等，以布为主，色为黑、白、蓝，五至八尺长不一，包缠有封顶与不封顶两式，不封顶的山区丘陵地区普遍。

童帽样式多，最常见是狗头帽、猪头帽、亮顶帽（天热戴）、宽边盘盘帽、和尚帽等。多由家庭妇女自做，在帽上做花，有的于帽额镶嵌金、银、玉等饰物，俗称“介饰”。

20 世纪 50—70 年代，瓜皮帽、毡窝帽、博士帽、凉帽、勒子先后消失，披披帽为毛线编织的防寒帽取代，包帕子的农村仍有人沿用。城乡男女老少戴解放帽（又称工农帽，女的戴者较少）、八角帽和护耳的棉帽、海虎绒帽、鸭舌帽、毛线帽为常见。80 年代以来，新颖的毛线帽、土耳基帽与博士帽流行，但工农帽仍有一些中老年男人戴用。帽的用料有呢、皮、绒毛、纤维制品等，花色亦多样。夏天戴凉帽的时有所见，且以女性为多。童帽则以小圆帽、运动帽和毛线编织的各式帽或为主。

鞋袜 在民国前期，鞋袜多是布做，仅有少数牛皮底鞋。常见男鞋为方头或圆头双鼻梁朝元鞋与厚底深筒靴。袜为半统或高统白布袜。女人缠小脚包裹脚布的穿弓鞋，俗称“尖尖鞋”。20 世纪 30 年代后，深筒布靴基本绝迹，布袜也少见。妇女多不再缠脚，改穿布料或缎面绣花圆口薄底鞋、提兜鞋。男子多穿大小圆口朝元鞋、单梁鞋，穿操鞋的也日渐增多（城镇多些）。城镇中，官吏、绅、商与知识界，男女穿皮鞋的逐渐增加。胶鞋亦于同期出现。城乡男女，多穿棉纱长、短袜。民国年间，无论城乡，男子穿草鞋的较普遍。此外还有棕鞋与拖鞋。50 年代初，时兴“解放鞋”，穿者甚多。50 年代中期，草绿色平底胶鞋逐渐流行，穿皮鞋的也日渐增多。60—70 年代，盛行穿塑料凉鞋，穿草鞋者大大减少。棉纱线袜逐渐被化纤制品取代，袜子上底做“绺跟”之习渐废。长袜短袜、乔其纱腿袜等式样花色增多。80 年代以来，城乡男女穿皮鞋已极普遍，质地、式样均不断翻新。农村夏天穿拖鞋出门较多，少有打赤脚的。进入 21 世纪，男女皮鞋式样很多，少部分有穿布鞋、休闲运动鞋的，女士穿长统马靴配裤袜、短裤的更为时尚。

佩饰 在民国年间，妇女戴戒指、耳环、手镯、手绢；男子戴裹肚（儿）、戒指，持“斯文扇”。至民国后期，除上述佩戴外，城镇中男性以佩金怀表、戴手表、打领带、着西裤背带为荣，妇女以戴金手表及披挂围巾、披肩、胸花和挎坤包为时髦。此外，常见的佩饰物还有别钢（金）笔、拄文明棍（老年助行用手杖不属佩饰）、戴牛皮烟盒、挎提包等。解放初，男女佩饰物多自动取消。“文化大革命”中，以红布包装《毛主席语录》挂在肩头，胸别毛主席像章、戴红袖套为时尚。20 世纪 80 年代以来，各种佩饰物制作精美，花样繁多，华丽珍贵。女性佩戴耳环、耳坠、项链、手镯、手链、发簪、发花、胸花、戒指等饰物，搽脂粉、涂口红、染头发、夹睫毛、纹眉毛、染指甲者渐多。90 年代以来，洗面嫩肤、去皱除斑等美容服务生意日益兴隆，初期接受服务的为女性，后来也扩展到部分男性。男性的饰物为领带、领结等。男性的发型样式增多，染发、留长发者已不罕见。特别是女士外出携带坤包为习，或背或提，大小不一，式样繁多。

（三）饮食

民国时期，坝区普遍是以大米和小麦为主食，兼用少量薯类与其他杂粮。丘陵与山区，多以小麦、玉米、红苕等为主食。

20 世纪 50 年代后，城镇中早餐吃馒头稀饭的增多，农村仍以当地产啥吃啥为主，民间饭食质量差别缩小。城乡一般平民，早餐多用家常小菜佐食，常用的有泡菜（俗称酸菜）、豆腐乳、豆豉、豆瓣酱以及盐菜（俗称“倒罐菜”）、榨菜、酱菜、辣椒酱、甜酱等。中午煎炒或炖煮鲜菜。晚上除家常菜外或加煎蛋、盐蛋，或炒豌豆、胡豆等。豪绅巨富菜肴多样，尤以午餐丰富，鸡鸭鱼肉，炖炒烧蒸，时常变换。穷家则难以吃上荤菜，甚至无菜蘸盐佐饭。其中 20 世纪 50—70 年代，档次差别缩小。

20 世纪 80 年代以来，城里人早餐不少的改豆奶点心、面包稀饭之类。午餐及晚餐米饭面食，菜肴相对丰富，节假日则更加丰盛。同时，主食精粮有所减少，豆类、薯类、杂粮有所增加，以利身体健康。随着生活水平提高，人们的副食消费量比主食更大，对优质无害食品的要求更迫切。农村的主、副食品，一般以自产自食为主。

民国年间，传统饮料主要是酒和茶。绅商富户多饮曲酒，一般民众以烧酒为主，间饮醪色。民间用糯米蒸醪糟，亦称甜酒，每至重阳，家家都蒸，已成传统习俗。民间一般家庭喜饮红白茶，少数饮苦丁茶，俗称“便茶”。各县城、乡场茶馆很多，县城四五十家，乡场数家十余家不等。香片、花茶、素茶等，随客沏泡。

20 世纪 50—70 年代，各地茶馆锐减，几至消失。20 世纪 80 年代起，逐步恢复并不断增多，档次、价格有高有低，已成为人们休闲聚会一大场所。既有“盖碗茶”，也有用茶盅泡的，茶叶品种亦大大增加，都兼放电视或录像。民间饮啤酒已普及，酒类已是白、啤、果三酒“鼎立”。城镇人饮水中的矿泉水比例逐渐增加。农村人饮用自来水基本普及，并开始饮矿泉水。各种非酒类的饮料中，茶仍占主要地位，其次为豆奶、果汁、可乐等。

民国年间，各地小食很多，具有特色的有帽儿头、牙牙饭、担担面、快餐米粉，以及叮叮糖、梆梆糕、烤红苕、汤圆、合脂粉、锅魁、热鸡蛋、豆花、藕粉、羊肉汤、涮羊肉、油糕等数十种。上述小食，20 世纪 50 年代初对私改造中多数停业，少数间断延续。20 世纪 80 年代以来，除帽儿头、牙牙饭已经消失外，其余先后恢复，其中且新增不少品类，以麻辣烫（俗称“小火锅”）、快餐米粉摊店最为普及，城镇乡村，男女老幼多喜光顾。其他如烤羊肉串、面包、面点、甜食等，摊店亦多。什邡老西街长不足百米即有小食摊店近百家，群众谐称为“好吃街”。

（四）出行方式

民国时，无论出远门或走短途，多数以步行为主，多为男子。出远门，一般要选择标有“宜出行”或“凡事吉”的日子，有的还请八字先生择定吉日。不选单日出行，还有“七不出，八不归”的禁忌，说是逢七出门、逢八归家要犯“七出八败（‘七出’是休妻之律，‘八败’是败国、败家、败父母、败妻室儿女、败兄弟姐妹、败财)”。出门之日忌说“霉”“死”等不吉利语言。家有高龄父母，多遵“父母在、莫远游”之礼规，一般不出远门。一般平民、商贩出远门则带（戴）上雨伞或草帽，肩挎褡裢或包袱，足穿草鞋日行百里左右。官绅富商或老弱病残行路困难者，有备鸡公车、黄包车、滑竿、轿子、山背子、木船等代步工具。黄包车用于马路与街巷，木船用于通航河道，山背子限于山区丘陵用，鸡公车多行平坝道路。滑竿虽不择路，但雇价高，多为富有者雇乘。

1950 年后，妇女出远门渐多，出门择吉等封建迷信习俗渐少。代步工具中的轿子、滑竿、黄包车迅速消失，鸡公车亦逐渐淘汰，木船则因公路、铁路建设或河水渠灌而锐减。一般出远门都以火车、汽车代步。至 20 世纪 70 年代，自行车增多，男女外出多骑自行车。20 世纪 80 年代以来，交通四通八达，出门多数坐汽车、火车，少数坐飞机、轮船，短途骑自行车、摩托车，坐脚踏三轮、机动三轮和汽车者已极普遍。徒步行长途的人很少见。

（五）婚嫁

婚俗 民国年间，今德阳市境内，男婚女嫁沿“父母之命，媒妁之言”旧俗，择偶讲究门当户对，近亲通婚亦较多。同时，存在歧视与虐待妇女和一夫多妻的现象。“五四”运动后，城镇中有少数男女青年反对包办婚姻，主张自由恋爱，但真正自主成婚者很少。

1950 年，《中华人民共和国婚姻法》（以下简称《婚姻法》）颁布后，旧有习俗迅速改变，自由恋爱，男到女家，夫住妻家，妻不随夫姓和寡妇再嫁，日渐增多，近亲联姻不断减少。随着社会变革，择偶条件也逐步衍变。20 世纪 50—70 年代，着重择选家庭出身和本人政治历史；“文化大革命”中，女青年竞选军官；80 年代起，侧重选对方文化程度、地位、经济条件、身高外貌，城镇还择住房和工作单位；90 年代后，男择女以外貌为主，女择男以经济条件为主，富翁配少妇已在城乡出现。

婚仪 民国年间，民间多沿旧俗，主要有合婚、定亲、报期、过礼、哭嫁、贺郎、迎亲、拜堂、回门等，与古婚制“六礼”相近。民国中后期，有些城镇男女青年结婚，不坐花轿，不拜堂，破除繁琐婚仪，时称“文明结婚”，但人数极少。中华人民共和国成立后，青年男女自找对象，自由恋爱，或经人介绍认识交往（称“耍朋友”），建立感情后确定婚姻关系。到达结婚年龄，双方同意即可登记结婚。旧俗中的合八字、看人、报期、哭嫁、坐花轿、拜堂等相继废弃，择婚期则选逢双日或劳动节、国庆节、元旦节以及传统的中秋、春节等，由双方协定，一般不送彩礼、下聘和定亲，双方或一方馈赠礼物多属自愿。也有办酒席宴请亲友公开婚姻关系或照定婚像的。婚仪从简，尤以机关、单位为甚，称“新事新办”。接亲，步行为主。20 世纪 60—70 年代衍变为用自行车或拖拉机搭载。举行结婚典礼行鞠躬礼取代拜堂跪拜礼。闹新房虽长期沿袭，但以热闹为主，不含封建迷信意识。80 年代以来，算命者出现，合八字、择期等迷信活动渐多。女方向男方索要彩礼也日趋普遍，且要求越来越高。从普通衣料到手表、自行车、缝纫机、收音机等（称“三转一响”），进一步提高到索要“四大件（电视机、收录机、电风扇、电冰箱）”“36 条腿（组合家具）”、组合音响、高级毛料、金戒指、金项链、金耳环等。访人户改为双方父或母到对方家中“看家”。看人改在媒人提婚后双方约时、约地进行。报期、过礼逐渐恢复，一般用拖拉机或汽车运载过礼衣物。办婚宴亦日益讲究。用汽车迎亲由城镇扩展到农村，以数辆小轿车组成迎亲队伍的已常见。回门则从步行、骑自行车到坐汽车。部分“旅行结婚”者多不回门。

20 世纪 90 年代以来，结婚庆典仪式日趋隆重。城镇的迎亲时，新娘往往在“伴娘”的簇拥下，由新郎抱上迎亲彩车（装饰的轿车或婚庆公司的专用车），迎亲客和送亲客随后分乘一长串轿车前往庆典处，车越多越高档似乎越有面子。迎亲车辆均披红挂彩，车头车尾贴吉祥金字，沿途吹奏喜乐。农村的普通人家迎亲，男方迎亲客和女方送亲客人数一般相当，每方至少 8 人。近的以自行车、摩托车迎亲，远的以小轿车、客运公交汽车迎亲，车上披红挂彩贴金色双喜，沿途敲锣打鼓，奏乐鸣炮，喜气洋洋。

城市人的结婚典礼和喜宴，一般都在宾馆酒店的大餐厅举行。典礼多由职业主持人主持，语言以幽默煽情为特色。新娘新郎服饰通常为“婚纱”或旗袍、西服。程序一般为：新娘新郎在喜乐礼炮声中由伴娘伴郎或“金童”“玉女”陪伴入场，有的新娘由其父陪送入场；主持人介绍“新人”简况、恋爱经历；新郎新娘互相表达爱情和娶嫁意愿，并互赠戒指，饮交杯酒；请出双方父母，“新人”拜谢父母及亲友来宾；主婚人、证婚人、“新人”父母代表、来宾代表讲话，等等。婚宴以午餐为正宴，新郎和新娘及双方父母逐桌给宾客们敬酒。下午，一般安排棋牌麻将等娱乐活动。晚宴较简便一些。夜晚“闹洞房”基本上是青年人参加，嬉笑打闹，雅俗共赏，有的近乎恶作剧。

农村婚礼一般请当地较有文化的人当“押礼先生”即司仪，新郎新娘拜天地、拜父母、拜宾客、夫妻对拜，等等。新郎家给新娘家的“送亲客”发“红包”，一般几元至几十元，成双数，并赠送红纸包封“喜碗”一个或“喜巾”一张。农村婚宴多在院坝举行。先是接来新娘后，在新郎家安“早席”，新娘即请新郎和“接亲客”一起回新娘家“吃回门酒”坐“午席”，然后同返新郎家。若路较远，则先在女家吃早宴，后到男家吃午宴。男到女家做“上门女婿”的，往返两家的次序与上述相反。有些人家办喜酒要热闹两三天。近些年来，农村人也有婚礼婚宴在宾馆餐厅举行的。还有少数不举行婚礼婚宴，而旅游结婚。

新人结婚，亲友宾客送礼品者居多；20 世纪 80 年代起逐渐转为送礼金者居多，城市里一般少则 200 元，多则五六百上千元，农村一般相对少些。礼金多少、礼品轻重依与新人关系亲疏而定。

（六）丧葬

民国时期，对父母（或祖父母）之丧葬，民间沿袭古礼，葬礼程序繁琐。虽有因家境贫富差异而规模不等，但礼俗大同小异。20 世纪 50—70 年代，从厚备葬之俗不存，做寄库道场、烧寄库钱绝迹，择葬地、造生基等迷信习俗除丘陵山区部分农村外已极少见。一般只备普通棺材衣物。20 世纪 80 年代以来，火葬渐已成俗，原备有寿枋者，多析料作他用。

老人病危时，儿女及孙辈不论远近，只要得知消息，都要到其身边守侍诀别，俗称“送终”，外出的儿子，如赶回时老人已断气，要在大门前横放一条板凳，让奔丧子跨凳进门，俗称“翻墙入室”。老人死后，亲人痛哭举哀、烧倒头纸、放落气炮、用温水净尸、整容、换衣等，俗称小殓。尸体抬放堂屋仰卧，白布（纸）覆面，脚下点“脚灯”，脚下捆“绊脚索”，“晾尸”1—3 天不等。尸体入棺后，口中放入少许碎银或金玉饰品，寻常人家放陈艾、茶叶等物俗称“含殓”。丧家布置灵堂，请僧道“开路”，设灵位牌，挂遗像，贴白纸孝联，插引魂幡等。开路又称“开灵”，是丧期所做的第一场法事。掌坛师（道师中的领头）根据丧家意愿，商定法事规模、时间、备用物和报酬等，约集同坛（不足另找）道师届时前来。报丧又称“下报书”，即将老人亡故消息，祭葬时间等通知族人亲友。成服又称“成孝”，即亡者亲人包孝帕、穿孝衣孝鞋。闭殓俗称“封棺”“大殓”。即告别遗体，多在亲人到齐后举行，合家举哀，封闭好棺盖。亲友吊唁所送赠仪祭品，一般按亲疏、往来关系，多少不一。大多有香、蜡、纸钱、鞭炮。有的则有挽联、纸扎陪灵童、金银山、丝棉被等。

中华人民共和国成立后，上述丧俗一般沿袭，但仪节从简。如成服不穿孝衣、孝鞋，不戴麻冠等。至 20 世纪 60 年代，烧倒头纸、放落气炮、出煞、贴孝联、开灵等迷信旧俗等多停，少数农村虽有，但悄悄进行。机关单位职工死亡，发讣告报丧，城乡居民亦有仿效者，但仍以口头报丧居多。丧家及吊丧亲友包孝帕多改为臂戴黑纱（称“手孝”）或胸别白花。亲友送挽联、陪灵童等物渐少，一般送现金、花圈、布料（称“祭幛”）等。20 世纪 70 年代后，推行火葬地区不再举行闭殓，告别遗体多在尸体送火化前看遗容与哭拜。20 世纪 80 年代以来，多数旧俗在农村普遍恢复，城镇次之，机关单位则较少。有的即使病死于医院，遗体送殡仪馆火化，也要烧倒头纸、放落气炮、出煞、贴孝联、开灵、包孝帕等。亲友所送赙仪，档次普遍增高，如毛毯、被单、毛料和送百元以上礼金者已不为稀罕。

超度死者的迷信活动有做道场与念经两种。前者花费钱财多，为中产以上人家采用；后者花费少，属贫困之家所取。道场俗称“上山道场”，规模大小不等。一般请五六个道师做三天，有的做五、七天（天数成单）。豪门巨富借办丧事挥霍浪费，请数十人做 49 天道场的各地均有，称“水陆道场”。这种道场规模大，要将儒、释、道三教请齐，儒生赞礼、释道分别设坛或轮流做法事。如德阳何恩沛为母做水陆道场，仅请的和尚就达 24 人。法事内容主要是以乐器伴奏念经、拜忏、破五方（男）、破血盆（女）、请水、游十殿等以消罪免愆。超度期间，每日三餐给灵位献食，孝子随坛跪拜，女眷早晚哭灵。贫困之家超度亡灵则请两三个道师念一天或三天经，俗称“敲铛铛”，或“念梆梆经”。

20 世纪 50 年代初，经过反封建宣传教育，道师等迷信职业者停业。偏僻农村虽有念经超度的，但为数极少且暗中进行。做道场则几乎绝迹。至 20 世纪 80 年代中期，丧家请道士念经超度者逐渐增多，农村尤甚。请水、破五方、破血盆等迷信活动公开恢复。即使火葬，亦以骨灰盒设灵堂请道师超度。

祭礼俗称祭奠，分家祭与客祭两种。家祭于超度结束后举行，是死者子女、家中孝眷的祭奠活动。一般有礼生指导行“三献”礼。灵前设受食位、读祝位、奏楼台、告牌亭、拜跪位等。由礼生导孝子至受食灵位前献香、献帛、献酒（称“爵”）、献馔，其余孝眷除随孝子磕头外俯伏长跪至礼毕。“三献”初献读祝即读祭文，是述颂死者一生经历与辛苦劳绩，多用短句韵文，琅琅上口；亚献讲书，是礼生或请专人选讲《四书》《礼记》有关孝道章节，也有讲二十四孝故事的，但多联系实际宣扬行孝，贬斥忤逆；终献歌诗即唱挽歌，内容甚多，唱时音调悲切，如哭如诉。其中，《诗经·小雅》蓼莪诗一、二、三和卒章是必须唱诵的。除“三献”礼外，还有举行侑食礼和闭歇礼的。

客祭于家祭后或次日上午举行，是专为外姓亲友举行的吊祭礼。在礼生指导下，依次向亡者灵位烧香、焚帛、奠酒和拜祭，礼生展读吊者“诔文”（内容较短的挽歌），孝子在旁跪拜答礼。客祭中，祭者都要包孝帕，忌“黑头致祭”。

1950年后，丧祭从简。行三献礼、侑食礼、闭歇礼和客祭之俗迅速消失。机关单位死了人开追悼会缅怀死者。亲友或单位领导人致悼词，其内容虽亦简述死者生平，赞颂其生前好的品德作风，但不用旧时祭文套式。有的有默哀、举哀程序，但无长跪叩头等古礼。家属对吊唁者致谢词后就结束。20世纪80年代中期起，各地逐渐恢复三献礼祭俗。农村中有兼业做三献礼代写哀章者，与道师、吹鼓手、纸货匠互相结伙承揽一方丧事，根据丧家要求，按办丧等级收费，一次数百至数千元不等。但城镇机关从俭办丧祭者亦多，还有生前立遗嘱不开追悼会的。

民间历来有“死者入土为安”之说。十余日以至一年以上者属少数。出殡俗称“出丧”，一般在人死后3—10日内进行。由阴阳或道师按死者生卒时间推定不得提前或推后。到时，孝子披麻戴孝跪在灵前，道师作法事并用雄鸡滴血于棺材周围后，将鸡缚系棺盖。孝子捧灵执戳丧棒引魂幡，执事者抬棺出门，鼓乐鞭炮齐鸣，俗称“发矧”。棺材扎于“龙杠”（又称“丧杠”）上，灵堂中燃柏枝除秽，并将垫棺砖土抛出院外。一般出殡队伍前导有打旗锣幡伞的，有放鞭炮、撒买路钱、吹唢呐的，孝子捧灵与棺材居中，后为孝眷亲友执事人等。路遇庙宇桥梁则烧香焚帛敬拜，并放鞭炮，边走边撒“买路钱”。富豪之家排场大，棺材覆丧罩，灵牌、遗像扎亭行，亲友扶灵拉纤，路上放黄烟，送殡队伍达数百人者各地都有。至墓地，在阴阳指拨下挖穴（俗称“开金井”）、烧柏枝暖穴、掩土（称“夏土”）、垒坟、撒呼龙米。送葬者回家至大门前从燃着的柏枝上跨越，吃点酒菜，梳头照镜各三下再进大门。当天下午或傍晚时烧灵房及一应纸扎冥器，俗称“倒火场”。葬后，一般还有“复山”“烧七”“回煞”、烧百期、守孝、除灵等礼俗。富有者葬前有“点主”，葬后有安神谢土、做百期道场或除服道场等。有的为选“风水”好的葬地多次迁葬（俗称“撵龙”，年久者用坛拣骨称“拣筋”）。

20世纪50年代后，点主、撵龙、守孝、除服等俗迅速消失。一般葬事从俭。请道师发矧、撒呼龙米、安神谢土、做百期道场以及撒买路钱、烧七、回煞等迷信旧俗日渐淡化至废弃。20世纪80年代中期以来，发矧、撒呼龙米、撒买路钱、烧灵房、烧七、回煞、复山等旧俗在农村普遍恢复，遗体虽经火化，也要买个形式棺材的特制骨灰盒进行安葬。送殡讲排场者城乡皆有，常见大小汽车车队满载花圈祭幛和送丧者游行于街市与公路上。

三、地方节日

广汉保保节　由民间传统的“游百病”拉保保（干爹）演变而成，已流行200余年。时间在每年农历正月十六日，地点在今广汉雒城文庙侧旁房湖公园内有“十二生相”的古柏地段。1950年后，游百病者逐年减少，拉保保改为秘密进行。20 世纪 70 年代末，拉保保逐渐公开，公众认定正月十六为保保节，游百病观念随之淡漠。1985 年复兴以后一直盛况空前。房湖公园内人山人海，相当拥挤，几无隙地。为孩子拉保保以保关煞已演变为关心下一代成长，地点也不限于十二株古柏地段，也不焚香叩头，选择保保也不管年龄、性别，以其外观气质为主。拉的方式由孩子父母邀请几人帮忙，一旦相中某人，一人先把小孩帽子给其戴上，一人将孩子塞抱其手中，其余人相拥而上，围拉扯劝。被拉者遭此突袭，大多措手不及，围观者兴高采烈。拉保保的人伙将被拉者簇拥出人群，于僻静处作自我介绍，说明心愿。如同意即让孩子当面拜认，双方及帮拉之人到餐馆由孩子父母设宴庆贺，互通姓名及联系方式。保保则给干儿（女）取名并打发红包喜钱。

三星堆国际文化旅游节 地点在广汉市城及三星堆博物馆。2005 年 6 月 15 日，由省政府首届举办，副省长王怀臣主持节日开幕式，有世界 73 个国家及地区的国际旅游小姐登临主席台、1 万余名游客参与节日庆典。

什邡马祖文化节 地点在什邡两路口镇，唐代佛教禅宗第八代祖师马道一故乡。2005 年 8 月 25 日，由省政府首届举办，省长王恒丰、省老领导聂荣贵主持开幕典礼，开展为时一月的“人文、祥和、发展”与商贸、文娱活动。

广汉松林桃花节 地点广汉市松林镇。因地处龙泉山西麓，盛产水蜜桃，民国时期即以“十里桃花盛景”驰名，阳春三月盛行桃花旅游，已有近百年历史。改革开放以来，常年在阳春三四月桃花盛开时节开展赏花旅游及商贸活动，称之为“桃花节”。

通江李花节 地点在旌阳区通江镇，因李子果树甚多，开花时节，遍山雪白。20 世纪 90 年代开始，每年 3 月举办，历时半月，至 2005 年已举办近 10 次。

绵竹梨花节 地点在绵竹市遵道、广济、土门、汉旺 4 镇相互接壤的沿山地带，因广栽金花梨，花期时，白花如海，前望难于尽头，十分壮观，驱车在沿山的公路上，就犹如在花海中行驶，是人们赏花游春的极佳去处。绵竹市自 1998 年起，历年于 3 月举办梨花节，以旅游兼商贸为主要内容，至 2005 年已连续举办 8 届。

什邡梨花节 地点主要在龙居镇沿山 32 户休闲农庄，以赏春旅游为主，历时半月左右。有 330 多公顷梨树，于 2001 年起举办，已连续 5 届。

罗江梨花节 罗江县种植有 4333 公顷金花梨，该县自 2000 年起，每年 3 月中旬在蟠龙镇等地举办“梨花节”，开展旅游及商贸活动。

第八章 地方名人

德阳历史悠久，物产丰富，素有“天府粮仓”之美誉。同时，又因其历史文化名人层出不穷，被誉为“大将真儒地，忠孝文明乡”。

德阳自古以来人才辈出，名士云集，远古时即有“蚕丛鱼凫遗雒绵”的传说。时至战国，秦国蜀守李冰修都江堰，治“江潜雒绵”水患，创天府之国，泽被千秋万代，驰名古今，殉职住所后，葬于什邡蓥华山。秦末汉初，沛县豪强雍齿响应刘邦号召，起兵反秦，后被封侯于什邡，世袭4代共89年。西汉末年，籍贯什邡的名儒杨宣学识渊博，多才多艺，历官四朝，名声大噪，直言敢谏，为巩固西汉王朝中央集权做出了贡献。

东汉时期，姜诗与其妻庞三春、其子姜石泉被世人誉为“姜氏一门三孝子”，其“千里送母”“临江汲水”“太白赠鞭”“安安送米”“孝德化泉”等事迹更是流芳百世，为后人树立了最好的孝德榜样。广汉人李尤不仅担任朝廷重臣六十余载，在文学、史学、辞赋方面亦有重要成果，撰有国史《东观汉记》《蜀记》《兰台集》等，时人赞其文风直追司马相如和扬雄。蜀中名医郭玉人太医丞30年，用针灸治病，常有“一针即差”之效，堪称国医神手，深受汉和帝、汉顺帝信任，在民间亦声名远播。名士任安深研博取、居今行古、仁义直道、流名四远，后辞官改教、归隐绵竹，修黄老术，授徒三千、高才百余，其中多人成为蜀汉名士。

三国时期，绵竹人秦宓少有才学、聪明睿智、能言善辩、文藻壮美，官至蜀汉大司农，病逝后葬于德阳城北“三适亭”。

唐代中后期，什邡人马道一师从禅宗七祖怀让，号大寂禅师，云游四海，宣讲佛法，后回什邡罗汉寺筑台说法、弘扬禅宗道义，被奉为中国佛教禅宗第八代大师。

宋代，铜山（中江）苏氏一门祖孙三人苏易简、苏舜元和苏舜钦皆中进士，名动天下。其中苏易简更是宋代四川地区第一位状元，官至“参知政事”，时人赞其“风度奇秀、才思敏捷”，著有《续翰林志》《文房四谱》《文集》等。苏舜元和苏舜钦则分别在草书和古文运动方面颇有建树。绵竹人张浚是南宋著名的抗战派首领，少年时即行直视端，不说诳语，于徽宗政和八年中进士，官至宰相。他先平定范傅、刘正彦叛乱，后又与金军在关陕、江淮等地展开大战，战功卓著，封魏国公，著有《紫岩易传》《孟子说》《南轩文集》等。张栻为张浚之子，是南宋著名的理学家、教育家，也是湖湘学派集大成者，先后任右文殿修撰，与朱熹、吕祖谦齐名，史称“东南三贤”，著有《南轩易说》《孟子说》《南轩文集》等。此外，文学家吴泳和著有《蜀鉴》的进士吴昌裔亦是德阳名人。

明代天顺七年（1463年），德阳人赵铎被诬通盗，受尽官吏迫害后，于孝泉乡发动农民起义，在以川北为主，南到内江，东至荆襄一带进行流动作战，严惩土豪劣绅和贪官污吏，影响甚大，次年在江油被捕牺牲。

清朝时，罗江李氏“一门四进士，兄弟三翰林”成为美谈，其中最著名的当属李调元。他既是著名的文学家、史学家，又是戏曲理论家和诗人，一生著作甚多。主要作品有《童山诗集》《童山文集》和《雨村》系列，而学术总构式的大型丛书《函海》更是其竭尽毕生精力完成的一部巨著，对巴蜀文化学术的继承和发展有重要意义。以“中江三雷”（雷国棠、雷正绾、雷正芳）为首的“雷家将”战功赫赫、声名远扬。其中雷正绾更是凭借治军严谨、屡立战功而青云直上，官至提督，享受正一品的最高武官待遇，成为德阳近代史上官爵最高的人物。戊戌变法“六君子”之一的杨锐生于绵竹，幼时即有“以天下为己任、莫将青史让前贤”之抱负。“公车上书”发生后，他积极宣传变法图强，变法失败后又引颈受戮、坦然就义，血殉国难。四川保路运动中，广汉哥老会首领张天宝成立汉州保路同志会和同志军，攻入绵阳，有力地支持了孙中山讨伐袁世凯的二次革命。此外，撰写《三农纪》的农学家张宗法，治理台湾的孟邵等皆是清代的德阳名人。

进入20世纪之后，德阳人才辈出，在各个领域大放光彩。旌阳区天元人萧朴生，是中国早期共产党员，革命先烈，留法勤工俭学，旅欧中国少年共产党创建人之一，也是邓小平的入党介绍人，一生为党勤奋工作，积极从事革命活动，积劳成疾，于民国15年（1926年）病逝于上海。中江人黄继光，在抗美援朝战争中奋不顾身堵枪眼，英勇牺牲，被中国人民志愿军领导机关追记特等功，并授予“特级英雄”称号，也被朝鲜民主主义人民共和国最高人民会议常任委员会授予“朝鲜民主主义人民共和国英雄”称号和金星奖章、一级国旗勋章。广汉人覃子豪，是著名的爱国诗人，创办《太平洋日报》《南风文艺社》，主编《新诗周刊》，在台湾出版有《海洋诗抄》《向日葵》《论现代诗》等，是台湾诗坛三老之一。广汉人曾甦元，曾任国民党第十六兵团副团长兼四十一军军长、国大代表起义将领，中华人民共和国成立后担任江苏省林业厅厅长，省政协常委。此外，较为著名的人物还有为人民解放事业而献身的共产党人孟本斋、安晋彦、戴资杰、王干青、王本鉴等；光学家彭明经；经济学家陈豹隐；农学家莫定森；爱国高僧能海；武林高手朱智涵；潮扇艺人李成祥；木版年画师张学源等。

建市以后，德阳人民积极投身改革开放，为德阳的经济建设和社会发展作出了巨大的贡献。绵竹市什地乡治安联防队员范加林为追捕3名持械罪犯而牺牲，省政府批准为革命烈士。长期从事教育事业的任乾元，先后任广汉县副县长、德阳市副市长、德阳市人大常委会副主任等职，是省七届、八届人大代表，市民盟主任委员、省民盟常委，民盟五届、七届全国代表大会代表。什邡县洛水镇洛城村调解委员会主任郑少清，从犯罪边缘挽救回来的失足青年有10余人，被司法部授予“全国模范调解员”称号。米斌，先后担任德阳县县长、市中区区委书记、中共德阳市委常委、副书记，德阳市市长。在德阳改革开放初期。推行承包责任制，三年内将德阳市农机二厂扭亏为盈。任德阳县长时锐意创新，突出战略重点，建立考核责任制度，促进区域经济8年内上升6.8倍。后因骨瘤病重，英年早逝。金山派出所所长的刘武，在治安环境复杂，黑恶势力团伙活动频繁的金山镇，长期驻扎乡村，打击和防范各类刑事、治安案件，同时处理、调解纠纷1000余件。后任罗江县公安局治安科科长，染上肝病，仍然超负荷工作。患病9年，没住过一次院，休过一次公休假，于2001年3月11日因病去世。中共德阳市委追授其“德阳市十大杰出青年”称号，公安部追授其“全国公安系统及英雄模范”称号。

第六篇　绵阳市

绵阳市位于四川省盆地西北部，是川西北政治、经济、文化中心和交通枢纽，具有重要的战略地位。绵阳市是四川省第二大中心城市，中心城区以中国科技城、四川省历史文化名城享誉国内外。2005 年，绵阳市辖涪城、游仙区和三台县、盐亭县、梓潼县、安县、平武县、北川羌族自治县 6 县，代管江油市和省人民政府科学城办事处，共计 9 个县（市、区）和 1 个县级办事处，此外还辖国家级绵阳高新技术产业开发区，绵阳科技城科教创业园区、绵阳科技城现代农业示范区。

绵阳历史悠久，人杰地灵。传说上古人物黄帝元妃、先蚕始祖嫘祖和治水英雄大禹分别出生于市境盐亭县和北川县；蜀汉刘备入蜀继而三分天下就始于绵；唐太宗第八子越王李贞刺绵州，修建天下四大名楼之一“越王楼”；闻名世界的诗仙李白出生于江油青莲；宋代融诗书画三才于一身的盐亭人文同为世代称颂；唐宋八大家之一的北宋政治家、文学家欧阳修出生于绵州。另有当代历史学家蒙文通，文学家沙汀，中华名医蒲辅周、萧龙友，“两弹元勋”邓稼先，小麦专家冯达仕等众多杰出人物。

2005 年，全市总人口为 5307103 人，总户数为 1709459 户，户均 3.12 人。其中男性 2757259 人，女性 2549844 人。男女性别比例为 108∶100。总人口中，非农业人口 1263039 人，农业人口 4044064

人。全市有羌族自治县1个（北川县），享受民族县待遇1个（平武县），少数民族乡11个，少数民族37个，少数民族16.8万人，其中以羌族最多，近8万人，藏族和回族次之，其余少数民族人数较少。

绵阳城区坐落在安昌河与芙蓉溪汇入涪江汇口两岸冲积平原及两侧丘陵地带。绵阳城因地处绵山之南，依“山南为阳”的古义，故名绵阳。

2005年，绵阳市区总面积（含涪城、游仙二区）为1570.7平方公里，常住人口1144978人。其中城区建成区面积为60平方公里，人口60万人。绵阳城中心地理坐标为北纬31°28′，东经104°45′。境内有成（都）绵（阳）广（元）高速公路和宝成铁路贯穿南北，上达北京下到省会成都，南郊机场航线可抵全国各地，国道、省道、县道公路蛛网密布，交通十分发达。2005年，市区已建成以东西向的临园干道和南北向的长虹干道为十字骨架的10多条大道，市区有横跨涪江、安昌河、芙蓉溪的大小桥梁33座，将3江6岸近百条街巷连接成一座布局严谨的整体。

绵阳市自1985年撤销绵阳地区建立绵阳市以来，工业、科技、教育、城市建设、交通、通信、文化、旅游及市政管理均取得巨大成就，先后被国家列为“科技兴市试点市”“军转民试点市”“全国技术创新区域试点城市”“中国绵阳科技城”；荣获“全国创建文明城市工作先进城市”“全国造林绿化十佳城市”“全国城市卫生检查评比先进城市”“全国园林绿化先进城市”“联合国改善居住环境最佳范例奖”等荣誉。

第一章　地理状况

第一节　自然环境

一、自然概况

绵阳市地处四川盆地西北部，涪江中、上游地域。地理坐标为：北纬30°42′—33°26′，东经103°45′—105°43′。东北连广元市，东界南充市，南接遂宁市，西南邻德阳市，西靠阿坝藏族羌族自治州，北抵甘肃文县。全市呈西北东南向条带状，东西宽约144公里，南北长约296公里，面积20249.45平方公里。

绵阳市地跨四川盆地大区和盆周山地大区两个不同的综合自然区。全市按地貌主要类型分：山区占61%，主要分布在西北部；丘陵区占20.4%，主要分布在东南部；平坝区占18.6%。市境以安县睢水镇、安昌镇与江油市武都镇、马角镇一线为界，西北部以山地为主，各种自然要素基本上呈垂直变化，并构成西北山地森林草地景观。东南部地势低缓，丘陵、平坝相间分布，且有一些低山，亚热带地带性特点突出，加上开发较早，形成东南丘陵平坝农田景观。

市境内的自然灾害主要是大面积干旱，几乎年年发生；其次为区域或局部洪涝；其他如低温冷害、霜冻、大风和冰雹等局部灾害性天气亦时有发生。市境西北部山地属地震多发带，破坏性地震偶有发生，崩塌、滑坡、泥石流等地质灾害亦有局部发生。

二、自然条件

市境地势西北部高、东南部低，地形起伏很大。西北部面对四川盆地的首列山脉为东北西南向的龙门山脉，海拔约1000—3000米；西面岷山山脉与北面摩天岭山脉，海拔在3000米以上。全市最高点为平武与松潘两县交界处平武县虎牙藏族乡的岷山山脉第二高峰（系松潘县境雪宝顶之东南侧峰，未定名），海拔5440米；全市最低点在三台县南端建中乡郪江河谷短沟口，海拔307.2米。市境南北约300公里距离内，最低点与最高点高差达5132.8米。

市境大地构造处于三大构造域的结合部位。以平武县南坝镇、北川县曲山镇、安县高川乡一线为界，东南部属扬子准地台，西北部属松潘—甘孜地槽褶皱系和秦岭地槽褶皱系。再以此线东南面的江油市雁门坝至安县安昌镇一线为界，此两条线之间的地域，为扬子准地台边缘拗陷。江油市雁门坝至安县安昌镇一线东南面则属扬子准地台四川台拗之川西、川北两台陷及川中台拱的一部分。又以平武县南坝镇、北川县曲山镇、安县高川乡一线北面的平武县古城镇、平武县茶坊一线为界，其东南面属松潘—甘孜地槽褶皱系巴颜喀喇冒地槽带之丹巴—茂汶地背斜，其西北面属秦岭地槽褶皱系南秦岭冒地槽褶皱带西段南缘之摩天岭地背斜。

市境主要山脉有岷山山脉、摩天岭山脉、龙门山脉；著名山丘有九龙山（北川境）、千佛山（北川与安县境）、罗浮山（安县境）、观雾山，窦圌山（江油境）、富乐山（游仙区境）等。

市境地带性气候属中、北亚热带湿润季风气候类型。西北部山地以北亚热带湿润季风气候为基带的山地立体气候十分明显，随着海拔的升高，依次出现暖温带、温带、寒温带、亚寒带和寒带气候类型。主要特点是冬无严寒，夏无酷暑，年气温变化小，仅在19.7°C—21°C；春天气温回升快，秋天气温下降快，但均为不稳定；降水分布不均，空间分布以安县、北川两县为中心向两侧递减，时间分配以7—9月最多，冬、春两季和初夏均少；秋季常是细雨绵绵；常年云雾多，日照少。

市境西北部山地多属于龙门山和鹿头山两个暴雨区，年均降水量多在1000毫米以上。加之气温低，陆面蒸发量小，故年平均径流深都在800毫米以上，最高可达1600毫米。同时，江河径流还可以得到占径流总量25%以上的地下水补给。故径流丰沛稳定。东南丘陵平坝地区相反，枯水期甚至会出现江河断流。绵阳市汛期出现在7—10月，最大水月出现在7—8月，最小水月出现在2—3月。

市境共有大小河流、溪沟3000多条，几乎全部属于涪江水系。全市河网密度平均每平方公里1.48公里。市境涪江流域面积19171平方公里，占全市面积的97.2%；市境其余地域分别属白龙江水系和西河水系。境内涪江主要支流有虎牙河、夺补河、平通河、通口河、芙蓉溪、安昌河、凯江、梓江、魏城河、弥江。

三、自然资源

动植物资源。市境内有国家重点保护珍稀野生动物38种，其中，哺乳动物24种、鸟类13种、两栖动物1种。一级保护动物有大熊猫、金丝猴、牛羚、豹虎、白唇鹿、白鹤等。二级保护动物有小熊猫、水獭、麝、猕猴、短尾猴、马熊、大鲵等16种。三级保护动物有黑熊、大灵猫、小灵猫、岩羊等7种。

市境内有国家重点保护珍稀植物39种，一级有珙桐、水杉、银杉、秃杉4种，二级有连香树、岷江柏、光叶珙桐、杜仲、银杏等13种，三级有银叶桂、红豆木、平武水青冈、厚朴、大王杜鹃等22种。药用植物有21001种，种植面积大、产量多的有附子、麦冬、桔梗、枣皮、当归、大黄、木香等。特种经济植物有核桃、乌桕、油桐等约200种。

土地资源。至2005年，绵阳市面积20267.46平方公里，共有农用地180.8万公顷，建设用地11.84万公顷，未利用地10.1万公顷。其中林地113.7万公顷，耕地面积40.85万公顷。其余分布情况是：居民点及工矿用地10万公顷，牧草地4.7万公顷，园地5.26万公顷，交通用地0.92万公顷，水利用地0.79万公顷。

矿产资源。市境东南部以外生矿为主，西北部以内生矿为主。内生矿主要集中在平武、江油、北川。矿产近300种，达到一定储量可供工业开采的优势矿种主要有铁、锰、铅、锌、金沙、硫铁矿、白云石、铝土矿、煤、天然气、石油等26种。矿产分布特点是大矿少小矿多，富矿少贫矿多，单矿少共生伴生矿多。

第二节 建置沿革

绵阳市境政区建置历史悠久。最早出现的郡级政区建置为汉高祖六年（公元前201年）分巴、蜀二郡北部地区设置的广汉郡，治地在绵阳市梓潼县乘乡（又名绳乡、蛇乡，梓潼县北七曲山南麓连枝坝）。因汉初分巴、蜀二郡建置，且地域广袤，故郡名“广汉”。广汉郡领有13县，其中涪县（治绵阳市区）、梓潼县（治梓潼县城）、郪县（治三台县郪江镇）、刚氐道（治平武县古城镇）4县在绵阳市境。东汉安帝永初五年（111年），市境内的氐、羌少数民族起义，安帝元初二年（115年），益州刺史率巴、蜀、广汉各郡太守驻守涪县，进兵征讨，涪县首次成为州、郡、县三级政区治地。同年，广汉郡治由梓潼县迁至涪县（绵阳市市区）。三年后，起义被镇压，各郡太守退兵，益州刺史迁回成都，广汉郡治迁驻雒县（广汉市）。东汉末，刘备据蜀，汉献帝建安二十二年（217年），刘备分广汉郡北部地设置梓潼郡，治今梓潼县城，后迁涪县。

两晋和南北朝的300多年间（265—589年），绵阳市境先后经历西晋、成汉、东晋、前秦、刘宋、南齐、梁、北魏、西魏、北周等10个朝代和诸侯国的统治。此间，政区设置常因改朝换代而兴废无常，分合不定。市境先后设置过潼州（又称西潼州）、新州、龙州等3州；梓潼、巴西、巴西梓潼、潼川（又称潼州、东川）、北阴平、阴平、新巴、江油、新城（后改昌城）、始平（先名始平僚，后改涪城、安城）、西宕渠、北宕渠、高渠（后改盐亭）等13郡，以及40余县。其中潼州、梓潼郡、巴西郡、巴西梓潼郡皆治涪县（绵阳城区）。

隋统一全国，政区建置渐次稳定，其后唐、宋、元、明、清各代变化不大。隋朝，以绵阳城区为治地先后建潼州、绵州、金山郡，均领7县。唐初，绵州（巴西郡）领9县，玄宗开元二年（714年）领8县，直至五代结束。北宋前期，绵州巴西郡领8县：巴西（治绵阳市区）、彰明（治江油市彰明镇）、魏城（治绵阳市游仙区魏城镇）、罗江（治德阳市罗江县）、盐亭（治绵阳市游仙区玉河镇）、石泉（治北川禹里乡）、神泉（台安县塔水镇）、龙安（治安县永安镇）。北宋末至南宋末，仅领巴西、彰明、魏城、罗江、盐泉5县。元、明两朝，因巴西、魏城、盐泉3县归入绵州本州，绵州仅领彰明、罗江2县。清雍正五年（1727年），绵州升为直隶州（与府同级），领4县。雍正九年（1731年）后，除绵州本州外，领安县、绵竹、德阳、梓潼、罗江5县。

绵阳市境自隋代开始，逐渐形成中部以绵阳市区为治地的绵州（金山郡），东南部以三台县城为治地的梓州（潼川府）、西北部以平武、江油两县为中心的龙州（龙安府）等3个政权建制中心。绵阳市区由于处于“控山川形势之胜，为省门之藩蔽”的重要地位，州郡建置时间最长。自西晋怀帝永嘉元年（307年）梓潼郡迁治涪县起，至民国2年（1913年）绵州裁撤，共历时1600多年。绵州一名，因绵水（绵远河）得名。

民国2年（1913年），袁世凯政府撤州、府建置，绵州本州（原涪县，后改巴西县，元至元二十年即公元1283年后归入绵州本州）改建绵阳县，实行省县二级制（次年改为省道县三级制，民国13年，道废，各县仍隶省辖）。自民国7年（1918年），市境各县为川军各驻防部队所辖，实行防区制。民国24年（1935年），四川省国民政府在川建立18个行政督察区，绵阳县城成为四川省第十三区行政督察专员公署驻地，领有绵阳、罗江、安县、梓潼、德阳、绵竹、广汉、金堂、什邡9县。

民国37年（1948年），彰明县划入第十三区，共辖10县。

1949年12月21日，绵阳城解放。1950年1月20日，中国人民解放军川西北临时军政委员会发布101号命令，成立绵阳行政督察专员公署，同年10月7日，绵阳行政督察专员公署改称川西区人民行政公署绵阳区专员公署。1952年9月1日，川西行署区撤销，恢复四川省建置，实行省、专区、县三级行政领导体制。绵阳专区属四川省领导。1953年，撤销广元专区，其所辖8县划入绵阳专区，同时又将广汉、金堂、什邡3县划出，改隶温江专区。绵阳专区领辖15县：绵阳、罗江、德阳、绵竹、安县、彰明、梓潼、北川、剑阁、江油、平武、青川、昭化、广元、旺苍。1958年，原遂宁专区7县并入绵阳专区，原绵阳专区有6县合并为3县。绵阳专区领辖19县：绵阳、德阳、绵竹、安县、北川、梓潼、剑阁、江油、平武、青川、广元、旺苍、遂宁、蓬溪、潼南、中江、三台、射洪、盐亭。1968年7月，绵阳专区改为绵阳地区。1977年，潼南县划出。1983年8月18日，经国务院批准，建立省辖德阳市，原属绵阳地区的德阳、绵竹、中江3县改划德阳市领辖。1985年2月8日，经国务院批准，撤销绵阳地区，分别成立绵阳、广元、遂宁3个省辖市，实行市管县体制，原县级绵阳市改置绵阳市市中区。绵阳市辖市中区和江油、安县、三台、梓潼、盐亭、平武、北川7县。是年5月31日，绵阳市人民政府正式成立。

1988年2月24日，经国务院批准，撤销江油县，设立县级江油市，由省直辖，四川省人民政府委托绵阳市代管。同年12月，经中共四川省委和省政府批准，在中国工程物理研究院设立四川省人民政府科学城办事处（县级）。办事处为省政府派出机构，由绵阳市代管。1992年11月4日，经国务院批准，撤销绵阳市市中区，设立绵阳市涪城区、游仙区。自此，绵阳市下辖2区6县，代管江油市和省政府科学城办事处。

截至2005年，绵阳市辖1市2区6县，总面积为20249.45平方公里，其中涪城区597.3平方公里（含国家级高新技术产业开发区）；游仙区973平方公里（含科学城）；江油市2719.30平方公里；三台县2660.58平方公里；安县1398.60平方公里；梓潼县1438.64平方公里；平武县5947.83平方公里；盐亭县1647.59平方公里；北川县2866.61平方公里。市境中部为涪城、游仙二区，北部为江油市、平武县，西北为北川县，西部为安县，南部为三台县，东南部为盐亭县，东部为梓潼县。

第三节　人口　民族

一、人口

从20世纪70年代中期起，人口出生率和自然增长率开始逐年下降。市境人口，1977年年末4566903人，1984年年末4681603人，年出生人口由103429人下降到48892人，出生率由22.76‰降至10.45‰；自然增长率由13.5‰降至3.05‰。

1986年全市总人口为4759700人，人口密度为235人/平方公里。按绵阳市“七五”规划要求，1990年控制在493万人，年末实际为4918102人。人口出生率为13.67‰，自然增长率为6.55‰，人口生产逐渐呈现低出生、低死亡、低自然增长的再生产模式。

2000年11月1日零时第五次人口普查结果：绵阳市总人口为519.45万人，比1990年第四次人口普查时增加了26.96万人，年均增长5.47‰。人口密度有所增大，为256人/平方公里，比第四次人口普查增加14人。人口性别比趋于正常，比第四次人口普查下降1.42，为107.78。每10万人中，具有大学（含专科）程度的由第四次人口普查时的883人上升为2707人；具有高中（含中专）程度的由5112人上升为8612人；初中程度的由21736人上升为32432人；小学程度的由43186人下降为40476人；文盲人口29.96万人，同第四次人口普查相比，文盲率由18.32%下降为5.77%，下降12.55个百分点。人口分布变化不大，区域人口相对稳定。

2005年全市总人口为5307103人，总户数1709459户，平均每户3.12人。其中男性人口2757259人，女性人口2549844人，男女性别比为108:100。出生人口35362人，死亡28384人。

1985—2005年绵阳市人口统计表

表6—1

项目 数目 年份	总户数（户）	总人口（人）	男（人）	女（人）	平均户规模（人）
1985	1141947	4711416	2447094	2264322	4.13
1986	1200000	4759700	2471900	2287700	3.96
1987	1251967	4807074	2501142	2305932	3.48
1988	1308349	4850493	2526426	2324067	3.70
1989	1358888	4881820	2544714	2337106	3.59
1990	1374619	4918102	2565625	2352477	3.58
1991	1393878	4940580	2578225	2362355	3.55
1992	1434217	4964589	2591146	2373443	3.46
1993	1438932	4992413	2609548	2382865	3.47
1994	1480759	5031376	2625787	2405589	3.40
1995	1537649	5066501	2647777	2418724	3.36
1996	1531906	5096280	2657600	2438700	3.33
1997	1548188	119942	2668400	2451500	3.30
1998	1573756	5172700	2693100	2479600	3.28
1999	1589500	5202088	2707800	2494300	3.27
2000	1595300	5183629	2691769	2491860	3.25
2001	1627638	5201570	2701843	2499727	3.20
2002	1643251	5217539	2707474	2510065	3.18
2003	1649800	5275199	2742835	2532364	3.14
2004	1682227	5290713	2756673	2534040	3.15
2005	1709459	5307103	2757259	2549844	3.12

说明：总人口数为年末人口数

年龄构成。1982 年 7 月第三次人口普查，总人口为 4650293 人，其中 0—14 岁人口 1584953 人，占总人口的 34.08%；65 岁以上人口为 414119 人，占总人口的 8.91%；劳动适龄人口 2651207 人，占总人口的 57.01%。由于实行计划生育，人口再生产转变为低出生、低死亡、低自然增长的模式，人口年龄类型由年轻型向成年型过渡。1990 年 7 月第四次人口普查，总人口为 4924916 人，其中 0—14 岁人口为 1095541 人，占总人口的 22%；65 岁以上人口为 521710 人，占总人口的 11%；劳动适龄人口 3307665 人，占总人口的 67%。2000 年 11 月 1 日零时，第五次人口普查绵阳市在登记人口中，0—14 岁人口为 1047112 人，占登记人口的 20.16%；15—65 岁人口为 3765410 人，占登记人口的 72.49%；65 岁以上人口为 381988 人，占登记人口的 7.35%，老少比为 36.48%。

1982—2000 年部分年份绵阳市人口文化构成统计表

表 6—2　　单位:%

项目 / 占总人口比例 / 年份	大学（含大专）	高中（含中专）	初中	小学	其他
1982	0.39	3.42	14.72	40.17	41.29
1990	0.89	5.21	21.71	43.19	29.00
2000	2.71	8.61	32.43	40.57	15.68

职业构成。1982 年第三次人口普查，在业人口 2610272 人，占 15 岁以上人口的 83.84%，其中各类专业技术人员 96558 人，占在业人数的 3.70%；国家机关、党群组织负责人 22972 人，占 0.88%；商业工作人员 24839 人，占 0.95%；服务性工作人员 31864 人，占 1.2%；农、林、牧、副、渔劳动者 2219630 人，占 85.03%；生产、运输工人和有关人员 190992 人，占 7.32%；其他劳动者 1548 人，占 0.06%。1990 年第四次人口普查，绵阳市在业人口 3234057 人，占 15 岁以上人口的 84.45%，其职业构成：各类专业技术人员占 3.77%；国家机关、党群组织负责人占 0.84%；办事人员及有关人员占 1.09%；商业工作人员占 1.94%；服务性工作人员占 1.72%；农、林、牧、副、渔劳动者占 82.80%；生产、运输工人和有关人员占 7.77%；其他劳动者 0.06%。2000 年，全市有在业人员 3048300 人，其中，第一产业（农、林、牧、渔业）166.68 万人，占 54.7%，第二产业（采掘、制造、电力、建筑业等）59.91 万人，占 19.7%，第三产业（地质勘察、交通运输、金融、保险、房地产、卫生、体育、文化教育、社会服务等）78.24 万人，占在 25.6%。

二、民族

绵阳市是一个多民族杂散居住的地区。绵阳市总人口中，汉族人口最多，少数民族集中分布在平武、北川两县高寒高山地区，其余各县（市、区）也有少量分布。1964 年第二次人口普查，绵阳市境 9 个县（市、区）统计，共有 20 个民族，总人口为 3254841 人，其中汉族 3244748 人，占总人口的 99.7%，少数民族 19 个，共计人口 10093 人，占总人口的 0.3%。1982 年人口普查，绵阳市境内有 26 个民族，总人口 4650293 人，其中少数民族 25 个，共 16193 人，占总人口的 0.35%。1990 年第四次人口普查，全市有 37 个民族，总人口 4924949 人，其中汉族 4844581 人，占总人口的 98.37%，少数民族 36 个，共 80368 人，占总人口的 1.63%。人口超过 10000 人的民族有汉族、羌族；人口在 1000 和 10000 人之间的民族有回族和藏族；人口在 100 和 1000 人之间的民族有蒙古族、苗族、彝族、满族、土家族；其余 28 个民族人口均不足 100 人。至 2000 年年底，全市共有 40 个民族，其中汉族人口居多，少数民族人口为 158700 人，占全市总人口的 3.1%。人口较多的少数民族有羌、藏、回三个民族，其中：羌族 135321 人，主要分布在北川县、平武县；藏族 10057 人，主要分布在平武县、北川县、涪城区；回族 10008 人，散居在盐亭县、平武县、涪城区、游仙区、江油市。2003 年 7 月，国务院批准设立北川羌族自治县，这是全国唯一一个羌族自治县。2005 年，全市少数民族人口 16.8 万余人，有羌族自治县 1 个，享受民族县待遇 1 个，少数民族乡 11 个，少数民族 37 个。人口超过 10000 人的民族有汉族、羌族、藏族、回族。人口在 100 人至 1000 人之间的民族有蒙古族、苗族、彝族、壮族、满族、布依族、土家族。其余 29 个少数民族的人口均不足 100 人。

1953 年，北川县仅有羌族人口 151 人。1982 年，羌族人口 2001 人。1990 年第四次全国人口普查时，按照尊重原来族属的民族政策，在经过恢复、改正族别后统计，全县共有羌族人口 58098 人。2000 年，全县有羌族人口 91218 人，其他少数民族 3739 人，少数民族人口占全县总人口的 59.2%。2005 年年末，北川县人口 159964 人，其中少数民族人口 9.5 万人，占 59.4%。

1953 年，平武县仅有藏族人口 1659 人。2000 年，全县藏族人口为 5301 人，占全县总人口的 0.38%。全县少数民族人口为 43068 人，占全县总人口的 43.42%。2005 年，全县人口 186847 人，有藏、羌、回等 11 个少数民族，共计 4.3 万人。

第二章　经济状况

第一节　发展状况

1985年，绵阳撤地建市之初，地区生产总值39.77亿元，工业总值36.93亿元，全社会固定资产投资总额为7.29亿元，年末城乡居民存款余额达到42798万元，农村居民存款余额15451万元。1989年，绵阳市委决定实施“科技兴绵”战略，依靠科学技术振兴绵阳经济。同年2月，市委、市政府发出《关于大力扶持推进军转民科技兴市的决定》，全力支持军工科研单位搞好“军转民”工作。1991年，国家科委、国防科工委、国务院三线建设办公室联合下文，将绵阳列为全国唯一的“军转民科技兴市”试点城市。1992年，绵阳高新技术产业开发区建立并经国务院批准列为国家级高新技术产业开发区，成为“军转民科技兴市”战略载体和高新技术成果转化基地。1995年，工业总产值达250.08亿元，电子工业成为绵阳的主导产业，冶金、机械、建材、食品、纺织等成为骨干支柱产业。同年，启动“3115科技工程”（应用30项以上具有优势的高新技术，改造和支撑100个以上具有推动力的项目，逐步形成10大类规模化经营的产品及相应的企业集团，到2000年累计实现新增销售收入500亿元），加大科技兴市和军转民工作力度。当年，科技进步份额在工业经济增长因素中占据45%，在农业中占43%，新产品比重提高到31.3%；工农业总产值比重为82.7∶17.3，绵阳加快从农业型社会向工业型社会迅速转变。1996年，实施“3115”项目75个，完成投资13.5亿元，新增销售收入58.6亿元。同年，长虹完成工业总产值165.6亿元，实现利税25.4亿元，成为中国振兴民族工业的典范。到2000年，实施“3115”项目110个，累计实现销售收入超过646.6亿元。

1996—2000年，绵阳市围绕“经济体制由计划经济向市场经济转变，经济增长由粗放型向集约型转变”（“两个转变”），加大改革力度，大力发展社会主义市场经济。1996年，绵阳被列为“优化资本结构”试点城市，全国“基本医疗保障制度改革”试点市和全国“综合配套改革”试点市。1998年10月，国家科技部将绵阳列为“全国技术创新区域试点城市”。国有企业资产大重组、结构大调整，机制大转换迅速全面深入进行。至1998年年底，全市共327家企业进入破产兼并资产重组行列。

2000年9月4日，中共中央政治局常委、国务院副总理李岚清来绵视察，作出建设绵阳科技城的重要指示。随即，科技部、国家计委、国防科工委、财政部联合发文，成立由11个部委组成的科技城建设部际协调小组，绵阳市开始全力以赴开展建设绵阳科技城工作。

2001—2005年，绵阳市围绕科技城建设，优化投资环境，完善城市功能，加速经济发展，制订了《关于加快绵阳科技城建设的若干政策规定》《绵阳科技城发展纲要》《绵阳科技城2005—2010年发展规划》等一系列政策规划。2001年，绵阳被列为“全国技术创新试点城市”“国家信息化试点城市”“国家电子商务试点城市”，同时成立了绵阳市技术创新中心和绵阳市行政服务中心，加速了经济发展步伐。

1994—2005年绵阳市主要经济指标统计表

表6—3

年份	GDP（亿元）	全社会固定投资（亿元）	农民人均纯收入（元）	城市居民人均可支配收入（元）	科技城规划区内国内生产总值（亿元）	地方财政收入（亿元）	地方财政支出（亿元）
1994	159.00	—	951.00	3088	—	7.30	—
1995	210.00	35.20	1227.00	3736	—	9.19	—
1996	238.10	40.00	1544.00	4001	—	11.40	15.97
1997	275.00	53.50	1824.00	4329	—	13.00	18.00
1998	309.00	72.95	1977.00	4740	—	15.90	23.40
1999	311.00	78.00	2082.00	4934	—	16.58	22.64
2000	317.88	87.20	2187.00	6223	—	25.67	25.66
2001	329.86	83.10	2257.00	6543	—	26.61	29.42
2002	370.00	88.50	2400.00	7042	190.2	27.04	34.13
2003	396.60	103.40	2551.00	7179	201.0	30.75	40.04
2004	454.90	124.20	2901.90	8383	212.9	34.34	48.08
2005	482.50	150.30	3179.13	8913	300.3	36.18	55.77

在工业经济发展的同时，农村经济发展活跃。1988年，武都引水工程被列为国家重点建设项目开工建设，同时实施了川中丘区农业综合开发、中低产田改造、长江上游水土保持三大工程，实行山、水、田、林、路综合治理。将发展乡镇企业作为振兴农村经济、促进农村脱贫致富的重要战略。1991年6月，市委、市政府做出《关于大力发展乡镇企业的决定》，给全市31个乡镇企业安排发展基金300万元。1995年，乡镇企业总产值达324.49亿元，实现利税4.12亿元，解决农村富余劳动力就业64.28万人。至2005年，全市农民承担的农业税全部免征，实现零赋税，农村劳动力承担的“两工”任务已转为“一事一议”，全市农业总产值179.5亿元，农民人均纯收入3179元；农村劳动力转移和输出106.5万人，劳务收入43.2亿元。

1978年后，在发展全民所有制和集体所有制经济的同时，劳动者个体所有制经济迅速发展，改变了所有制形式与经营方式单一的局面。1985年，建市以来绵阳市经济结构发生了极大变化。在所有制结构上，1990年，在社会总产值中，全民所有制经济占67.96%，集体所有制占17.60%，个体所有制占6.95%，其他各种形式的联营占7.49%。1995年，国有经济占40.86%，集体经济占28.57%，个体经济占19.89%，其他经济类型占10.68%。2005年，企业法人单位共5388个，其中国有、集体企业占35%，私营企业占45.5%。

农业方面，到1982年春，绵阳基本普及家庭联产承包责任制，农村经济由单一结构向多元化多样化转变，出现了一批专业户承包种养植业，1985 年年底，全市有乡镇企业 54736 家，从业人员 177811 人，2000 年年末，乡镇企业达到 95303 个，从业人员 318162 人。工业方面，1978 年中共十一届三中全会后，承认城乡劳动者的个体经济作为社会主义公有制经济的有益补充，年末工业企业 1806 家，其中国有企业 277 家，占 15.34%，集体 1529 家，占 84.66%。但在工业总产值上，国企占 82.8%。1988 年，乡镇集体工业、私营个体工业、合营工业企业增加，达到 1728 家。1990 年，非国有工业比重大幅度上升，国有工业企业 327 家，集体 6229 家，城乡个体 33616 家。商业方面，1985 年，国有商业零售总额在社会商品零售总额中占比重为 31.87%，集体占 53.88%，个体占 14.25%，到 2000 年，外商投资和股份制商业经济增加，在社会商品零售总额中，国有占 10.7%，私营个体占 38.32%，外商及港澳台占 1.3%。

在社会总产值结构上，农业所占比重下降。1985 年，农业总产值占社会总产值的比重为 30.25%，工业占 51.63%，建筑业占 9.66%，运输邮电业占 2.27%，商业、饮食业占 6.24%。2000 年，在国内生产总值中，农业占 22.4%，工业占 33.8%，建筑业占 7.5%，运输邮电业占 4.9%，商业占 9.1%，其他占 22.3%。2005 年，国内生产总值中产业比例为：第一产业占 22.89%，第二产业占 40.82%，第三产业占 36.29%。

第二节　电子工业

绵阳是中国西部重要的新兴工业科技城，电子工业尤为突出，享有“科学电子城”的美誉。

绵阳市电子工业起步于 1956 年，第二机械工业部在编制电子工业“一五”规划时，将绵阳纳入全国电子工业建设基地之一。1956—1963 年，建立了“四厂”“两校”“一院”即国营华丰无线电器材厂（华丰集团公司）、国营长虹机器厂（长虹集团）、国营涪江机器厂（九洲集团）、涪江有线电厂（灵通电气公司）；绵阳二九五和二九六两所无线电工人技术学校以及绵阳职工医院（四〇四医院）。20 世纪 60 年代中期开始的“三线”建设时期，建立了电子工业部第十一设计研究院（1966 年）、电子工业部第九研究所（1967 年）、西南电子工程研究所与西南应用电子学研究所（1969 年）、长虹电源有线公司（1982 年迁绵阳）、江陵电缆厂（1997 年迁绵阳）、兵器工业部西南自动化研究所（1983 年）、西南计算中心（1980 年）。20 世纪 80 年代后，进入军转民阶段。随着军工任务减少，迫使企业调整产品生产方向和结构，保军转民，以民为主，强化市场意识、经营意识。这一阶段军转民取得成功的企业代表有长虹电子集团公司、九洲电器集团公司。

绵阳市电子工业的生产门类有投资类、消费类及基础元器件类。主要品种有雷达设备、通信设备、广播电视设备、医用电子仪器、传感器等，品种多达千余种，数以万计的型号、规格，著名的企业有长虹集团、九洲集团等。1995 年，长虹技术中心被认证为国家级企业技术中心，公司彩电产量突破 1000 万台。1995—1997 年，荣获“中国电子工业百强”，中国国产畅销产品“金桥奖”“中国彩电大王”“中国最大彩电生产基地”“远东明星企业”等荣誉称号。至 2000 年，绵阳电子工业系统完成的工业总产值分别占全省电子工业产值的 72.4%，占绵阳市电子工业产值的 77.9%，实现利税居全省电子工业首位和全国中心城市前列，在全国电子工业中占有重要地位。当年年末，全行业固定资产原值为 43 亿元，固定资产净值为 33 亿元，资本金 12 亿元；全行业有各类企事业单位

496个，其中科研院所10个，生产型企业368个，服务型企业118个，职工54703人，占地面积380万余平方米。

2001年，由于长虹公司经过多年高速发展后进入调整期等因素，绵阳电子工业第一次出现行业亏损。针对此状况，全市投入3亿余元技术改造资金，提升电子工业企业竞争实力。长虹建立中国最大背投彩电生产基地和最大DVD生产基地，并积极开拓海外市场，实现“彩电直通美国”。同年，国防民品工业产值达306亿元，新产品成果丰硕。2002年，绵阳电子工业走出低谷，九洲集团完成总产值10.17亿元，首破10亿元大关；长虹集团完成工业总产值455.6亿元，出口交货值62亿元；军转民企业实现民品产值9亿元。2003年，电子行业完成工业总产值567.1亿元，长虹、九洲分别位列全国电子信息百强企业的第10、第97位。2004年，长虹为应对出口美国受挫、经济效益大幅下滑的局面，积极开拓东南亚、俄罗斯等市场；同年，九洲实现总产值突破20亿元大关。2005年，全市电子企业29家，从业人员44627人，固定资产原值70.08亿元，净值36.63亿元，资产总计203.55亿元。传统产品如彩电、背投销售下降，其他产品如空调、电池等销售增长。

第三节 名优特产

清末至民国时期，绵阳工业极少，主要以棉纺、制酒等手工作坊为主。1949年后，这些传统特色产业留存下来并继续发展勃兴的有制酒业、制酱业、中药炮制等，新增添的特色产业有绿色食品生产、电子产品制造等。

一、丰谷酒

清朝康熙年间，陕西户县酿酒师王秉政入绵州丰谷镇，开设酒肆，自酿白酒。其子王发天创立“丰谷天佑烧坊”，烤制香曲，畅销绵州。解放后，“丰谷天佑烧坊”更名为国营绵阳市酒厂。2001年，企业改制更名为四川省绵阳市丰谷酒业有限责任公司，固定资产达5亿，综合效益指标排在全国白酒行业第十六位、四川省第七位。主要产品有丰谷酒皇、丰谷酒王、丰谷特曲、丰谷老窖等20多个品种200余个产品规格的浓香型白酒。丰谷酒“窖香幽雅、醇厚绵甜、尾味爽净”，被誉为“川酒第七朵金花”，多年蝉联“四川名牌产品”称号，并先后获得“中国白酒典型金杯奖”“中国白酒典型银杯奖”“跨世纪著名白酒品牌”和“中国白酒新秀著名品牌”“中国驰名商标”等众多殊荣。“中国白酒界泰斗”周恒刚认为，“丰谷酒王”浓郁协调、甘冽爽净、典型性强、浓而不烈，达到了国家精品水准；并对“丰谷特曲”给予了“窖香浓郁，甘甜悠长，酒体丰满”的高度评价。2005年，丰谷公司荣获“AA级质量信誉企业”，产品荣获“全国酒类产品质量安全诚信推荐品牌”。

二、圣迪乐鸡蛋

四川圣迪乐村集团成立于2001年7月。圣迪乐村集团在绵阳梓潼、四川省内外均建有大规模生产养殖基地，拥有蛋鸡规模275万只，是西部最大的高品蛋生产基地。其产品系列包含：有机蛋、宝贝蛋、聪明蛋、生命活力蛋、亮蛋、绿色蛋、无公害蛋、洁净蛋等。在北京、天津、上海、广州、深圳等二十多个大中城市建有营销机构，建立了近百家圣迪乐村鸡蛋专卖店，产品覆盖800家KA卖场、2000家便民店、3500家农贸网点，年销蛋品7亿多枚。2005年获得“四川省名牌产品”，“四川省著名商标”称号，同年9月，农业部农产品加工领导小组将圣迪乐蛋品列为2008北京奥运会推荐使用产品，全国仅此一家蛋品企业获此殊荣。圣迪乐蛋品还通过了国际安全食品控制体系HACCP认证，企业为全国安全蛋品百佳企业。

三、中坝酱油

产地为江油市中坝镇。中坝镇自古为酿酱之乡，其品味最佳者为北门清香园所产酱油，明末清初就已成为闻名遐迩的特产。

相传道光初年，清香园园主之子韩铣中举，道光七年（1827年）官居道台，韩铣赴京谢恩之际，携家酿酱油极品为贡。御厨用清香园酱油烹饪御膳，道光皇帝品之不由叫绝，挥毫赐名“中坝酱油”，中坝酱油由此得名。其后，用口蘑为配料精心酿制的酱油汁稠色艳，咸甜适度，天然鲜香，营养丰富，取名为“中坝口蘑酱油”。

1962年，中坝酱油被四川省商业厅评为“四川省传统名特调味品”，由四川省蔬菜公司统购，销往国内各大城市。1978年，中坝酱油远销加拿大、东南亚，还随川菜进入欧美市场。1985年经中国食品杂志社审定，载入《中国名食百科》；同年，经四川省经委推荐，国家计经委批准，选入《中国土特名产辞典》。1989年获部、省双优桂冠。1997年被中国食品工业协会授予“中国食品名牌产品”称号。2005年12月30日，国家质量检验检疫总局向四川清香园调味品股份有限公司颁发了“国家原产地理标记注册认证”证书，标志这一地方名特优产品获得了国际普遍认可的贸易保护。该产品不仅是绵阳首家通过原产地证标记保护审核的产品，也是全国酱油行业首家通过审核的产品，具有突破性的意义。

四、潼川豆豉

三台县特产。为川菜大师们必备的调味品之一。康熙九年（1670年），江西人邱正顺的前五辈祖先迁入潼川府（三台），在南门外做水豆豉卖，取名“潼川豆豉”。后在东街开设“正顺酱园”，年产豆豉10余万公斤。至民国时期，三台县有30多家酱园生产豆豉。1978年后，三台县酿造厂年产潼川豆豉130多万公斤。其系列产品有油酥本味豆豉、油酥麻辣豆豉、油酥芝麻豆豉、油酥南北豆豉、豌豆豉、水豆豉。1982年、1987年，潼川豆豉被评为四川省优质产品。1985年开始，远销加拿大、美国等22个国家和地区。

五、涪城麦冬

涪城麦冬（原名绵阳麦冬）已有600多年的种植历史，其主要产区是三台县的花园、永明、芦溪、刘营、灵兴、里程、老马、争胜、新德9个乡镇。常年种植规模3万亩，平均亩产320—400公斤，占全省总产量的95%，全国总产量的60%以上，其中90%销往东南亚地区以及日本、韩国。涪城麦冬严格按照无公害麦冬生产技术规程以及无公害农产品标准进行生产。

六、江油附子

江油附子已有1900多年的种植历史，主要产于江油市的中坝、三合、彰明等乡镇，尤以彰明镇的附子最优。清乾隆年间，彰明附子被定为朝廷贡品。20世纪60年代，江油附子种植技术人员曾应邀到全国各地和越南、老挝等国传授附子栽培技术。江油附子产销量占全国附子总量的85%以上，是中国出口创汇的重要药材。

江油附子种植面积每年均在1万亩左右，全部按照无公害农产品标准进行生产（GAP种植SOP生产）。2002年经四川省科技厅、国家中医药管理局验收，达到国家无公害中药材标准。年产优质中药材附子1000吨。利用新工艺加工的附片、仲景炮附子是国家唯一列入“973项目”的地道中药材。2005年3月，江油市向国家质检总局申报江油附子地理标志产品保护。

七、长虹彩电

四川长虹电子集团公司，创建于1958年，前身为四川无线电厂。1978年，成功组装5000台松下彩电，正式走上彩电制造之路。1980年，引进国内第一条彩电生产线。20世纪90年代，与三洋、东芝等国外公司联合开发。1995年，长虹技术中心被认证为国家级企业技术中心，公司彩电产量突破1000万台。1995—1997年，荣获“中国电子工业百强”，中国国产畅销产品“金桥奖”“中国彩电大王”、中国最大彩电生产基地”“远东明星企业”等荣誉称号。1997年，被国家经贸委列为第一批全国技术创新试点企业。1998年，在绵阳高新区建立长虹技术中心和全国博士后流动工作站，成为其技术创新的策源地。2000年年末，基本形成电视、空调、电池、网络、小家电等多元化生产格局。1986—2000年上缴利税已累计突破80亿元。2005年，实现利税6亿元。

八、九洲军民用产品

四川九洲电器集团有限责任公司，始建于1958年，前身为国营涪江机器厂，是国家“一五”期间156项重点工程之一。公司研制开发的军民用产品，主要有二次雷达系统、空中交通管制系统、有线电视宽带综合业务信息网络系统、数字视频等产品。“九洲”牌有线电视系统是同行业中唯一的“中国名牌产品”。生产九洲牌全频道共用天线系列产品，国内市场占有率30%以上。2000年，公司完成工业产值5.01亿元，实现销售收入3.32亿元，利税3972万元，属国家512家重点企业之一，四川省36家重要骨干企业。2005年，实现工业总产值28.39亿元，其中民品产值13.81亿元。

第三章　地方文化

第一节　发展状况

清代至民国，绵阳民间文化一大亮点是曲艺繁荣，年节庙会婚丧嫁娶都要演出曲艺。中华人民共和国成立后，政府着手建立文化事业机构，组建专业文艺队伍，并结合当时的政治运动开展文化演出。1985 年绵阳建市后，绵阳文化进入一个新的繁荣期。主要表现为：群众文化繁荣、文化基础设施加强、新闻广电发展迅速、文化资源丰富。

群众文化繁荣。配合传统节日、商品交易会、国际赛事等，举办群众文化艺术节、白马藏族山寨歌会、羌历年庆祝活动、大型群众文化表演、广场文艺周、文艺巡展等，繁荣群众文化生活。进入 20 世纪 90 年代，文化市场和娱乐方式逐渐多元化，但川剧在绵阳民间仍受到一定程度欢迎。1993 年，市川剧团女演员喻海燕获中国戏剧“梅花奖”。1996 年，市川剧团自创自演的大型川剧《大禹魂》获四川省“五个一工程”奖。1997 年，市川剧团演员蒋淑梅凭借《衣冠梦》等三剧获得中国戏剧“梅花奖”。

文化基础设施加强。1991 年，全国第一家大禹纪念馆——北川大禹纪念馆落成。1992 年，修建市图书馆。1998 年，建成新华书店大楼。2003 年 10 月，绵阳市政府投资 1.1 亿元的绵阳市博物馆落成，建筑面积达 19925 平方米。2005 年，全市有 10 个文化馆，从业人员 94 人，举办展览 54 个，文艺活动 168 次，公用房屋面积 15284 平方米。

新闻广电发展迅速。1986 年，绵阳电视台建立。1990 年，绵阳人民广播电台开播，同年，开办有线电视台。1992 年，建成广播电视发射塔。2005 年，政府投资 1217 万元完成 410 个自然村“村村通”有线电视工程建设。同年，绵阳有 3 家公开发行的报纸《绵阳日报》《绵阳晚报》《绵阳广播电视报》，内部出版刊物每年约 500 种，50 万册，有印刷企业 208 家，出版物发行单位 620 家，电影放映单位 12 家，网吧 812 家。

文化资源丰富。形成以大禹文化、嫘祖文化、三国文化、李白文化、文昌文化、多彩民族文化为特色的地域文化。市境内有全国重点文物保护单位 8 处，省级文物保护单位 30 处，市（县）级文物保护单位 228 处，馆藏文物 44787 件。非物质文化遗产保护成效显著，其中 4 项列入国家名录，12 项列入省级保护名录，63 项列入市级保护名录，154 项列入县级保护名录。

第二节 特色文化

一、三国蜀汉文化

绵阳素有“剑门锁钥”“蜀道咽喉”之称，特殊的地理位置使得蜀汉遗迹遍布市境，成为三国蜀汉文化的勃兴之地。三国蜀汉文化对地名命名的影响仍存。汉献帝建安十六年（211 年），刘备入蜀，溯涪江而上，在三台境内驻扎，至今此地仍名“刘营”；到涪县城驻军，至今有“御营坝”之称。刘备刘璋涪城相会，欢宴时因刘备有“富哉，今日之乐乎”之感叹，富乐山因此得名。蜀汉大司马蒋琬病逝后厝葬于凤凰山（西山公园内），至 2005 年仍留存有蒋恭候墓和蒋琬祠。而在金牛道、龙台古道和紫云道上，张飞柏翠云廊、瓦口关、趟脚石、御马岗、点将台、诸葛寨、卧龙山、三义宫等三国蜀汉遗迹多达百余处。

蜀汉人物的历史故事世代相传。蜀汉兴亡给绵阳人留下了极深刻的印象，蜀汉传奇故事广为流传，如涪城会、马邈降邓艾等，有的因写入《三国演义》而为人熟知，有的在绵阳民间流传至今，如“蒋琬四入涪县城”“张飞种植柏树”“邓艾马刨泉水”等。此外，清代四川著名才子李调元带领自家戏班“家乐班”在绵州太平乡天池寺灵宫戏楼演出了《赤壁鏖战》等三国戏，这是绵阳历史上第一次有明确记载的三国戏演出。1983 年，文化部和省文化厅组织力量，在绵阳搜集整理了 154 本传统三国戏，并新编了《蒋琬》《涪城会》《富乐山》等三国剧本。

以三国文化为主题的建筑、雕塑、壁画等历代均有留存。20 世纪 80 年代，占地 2000 余亩的富乐山风景区建成，公园建有豫州园，纪念刘备曾为豫州牧；修建富乐阁，又名昭烈阁，阁内陈列 120 组按照《三国演义》120 回雕塑的三国故事。富乐阁侧的峭壁上刻有一组长达 26 米的大型浮雕《涪城会》。此外塑有“五虎上将”和“桃园三结义”的青铜群雕。

1988 年，绵阳市召开绵阳市辖区蜀汉史迹研讨会；1990 年，承办全国《三国演义》学会第六届年会。1991 年，绵阳市成立绵阳《三国演义》学会和梓潼县《三国演义》学会。这两个学会都组织过多次活动，编辑《蜀汉史迹论考集》《三国文化与绵阳》《三国文化研究》《三国文化与梓潼》等论文集。

二、李白文化

唐代著名大诗仙李白诞生于今江油市青莲镇，故号称“青莲居士”。李白对故乡青莲的影响力仍然十分巨大。为了表达对李白的崇敬之情，每年正月十六（传说中李白的诞辰日），青莲百姓都要在太白祠中举行隆重的祭祀活动。每年腊月十六开始筹备祭祀，将文昌宫的太白架和木雕文昌像请到火神庙接受朝拜。正月初一，青莲人赶往李白故居陇西院拜李白，参加陇西院的庙会（被当地民众称为迎春会）。正月十六，太白长寿会正式开始，它是青莲一年中最热闹的一天。此时，其他地方的年已过完，彩龙、狮子已倒灯，绵阳龙门、青义、石马，安县花荄、黄土，江油中坝、彰明、香水等地的龙灯、狮灯都要到青莲场，朝贺长寿会和青莲场开场，所有店铺开门迎客。上午 10 时许，焚香鸣炮，锣鼓喧天，抬着高约 17 米的木雕太白架和文昌、观音、财神等纸像的庞大队伍开始游行祭祀李白。当天晚上，游行活动除了祭拜外，还有舞狮子和火龙。大约晚 10 时，人们将太白架供于配殿，长寿会结束。

1982 年，江油李白纪念馆开馆，举行了纪念李白逝世 1220 周年暨李白纪念馆开馆大会。1984 年，李白学会在李白纪念馆举行成立大会。1988 年，太白灯会在李白纪念馆和太白公园举行，吸引 23 万人（次）前往参观。2001 年是李白诞辰 1300 周年，绵阳市组织创作 75 万字长篇小说《李白》，由长征出版社出版发行；9 月 23—26 日，四川省政府、中国文联、中国作协共同主办“纪念李白诞辰 1300 周年暨李白文化节”，开幕式上，举行了“太白碑林”（规划占地 300 亩、约 1500 座碑）揭幕仪式，此园成为中国规模最大的集当代书画大师与园林艺术结合的李白碑库。文化节期间，相继举行李白文化研讨会、《同一首歌》和《太白乡情》专场文艺晚会、李白诗歌演唱会、四川省国标舞比赛、“李白故里旅游周”等活动。2002 年 2 月 4 日，中国对外艺术展览中心、四川省江油市人民政府共同举办的《纪念李白诞辰 1300 周年国际艺术展暨四川江油李白故里馆精品展》在北京中华世纪坛艺术馆隆重开幕。2002 年，江油举办“李白故里桃花节”系列群众文化活动暨绵阳市桃花仙子选拔大赛，吸引了 10 余万人观光旅游；同年 12 月，江油李白纪念馆被国家旅游局评为 2002 年第 2 批国家 AA 级旅游区（点）。2004 年 9 月 10—12 日，江油市举办李白文化旅游节，开展李白文化与旅游学术研讨会、甲申年李白公祭等活动。

三、文昌文化

梓潼七曲山大庙旧称“文昌宫”，是“文昌帝君”张亚子的专庙，历来称“文昌帝乡”，为中华文昌祖庭，全国重点文物保护单位，同时也是文昌文化的发祥之地。由于梓潼人对文昌帝君极为崇敬，形成了文昌祭祀等许多独具特色的民俗文化活动。

文昌扫荡。每到春节期间，梓潼人都要抬上文昌帝君及其圣父、瘟祖木雕神像到县城和各区乡村社，挨家挨户进行镇妖降魔、扫除晦气的活动，是为“文昌扫荡”，以求年丰岁稔，五谷丰登，人畜平安。这是梓潼长期以来形成的浓厚的文昌崇拜的独特的民风民俗。

文昌迎神会。又称“梓潼迎神会”“文昌出巡”“迎梓潼”“接神”等。每年正月十二日，把文昌帝君、圣父、圣母及瘟祖从大庙山接到梓潼县城过年，在文昌行宫供奉 7 天，看大戏、受瞻拜、与民同乐，至正月十八日过完年，送神归山。在这 7 天内，梓潼县城内外热闹非凡。

文昌祭祀。分为春祭和秋祭，每年二月初三和八月初一在七曲山大庙举行。由地方最高行政官员（县令）担任主祭官，四乡十里学子、绅士及百姓代表数千人参与。二月初三为正祭之日，五更时分祭典开始，全体焚香三叩九拜文昌帝君。乐队奏《丕平之章》，舞生表演六佾舞，歌童唱颂词。行初献礼、亚献礼和终献礼。清代，朝廷将其纳入国家礼部祭典，使文昌祭祀进入鼎盛时期，在文昌帝乡梓潼，既有官方祭祀、道教祭祀、民间祭祀，还有官民合祭的迎神会、烧拜香等活动，并由此产生了长盛不衰的春秋庙会。

文昌庙会。每年有春秋两次，即农历二月初一至二月十五，八月初一至八月十五。这两次庙会是梓潼民间规模最大、时间最长、参与人数最多的大型民俗活动，旧时曾影响到川西北地区数县。春季人们祭神许愿，秋季则来庙还愿，庙会香火不绝。庙会以祭神为主，任何人进庙必先拜文昌。有上供、上香、送匾额、烧拜香、读祭文、献经书、献大蜡等参拜形式。其中，献大蜡和烧拜香最引人注目。献大蜡多为地方头面人物将数十斤重的大蜡大香抬进庙去参拜，以示地位和身份；烧拜香是由一家或者几家人共同组成拜香队，由端公引香，一人领唱众人和，以歌咏的形式娱神。

文昌古籍。以文昌帝君名义降笔劝善教化人们的典籍。在文昌古籍中，《阴骘文》被喻为中国三大善书之一，被译为英、日、朝鲜文字，广为流传。据统计，文昌古籍有百余部，200余万字，内容为劝善惩恶、济危扶贫、积德修身，涉及宗教、医学、文学、道德、民俗等诸多方面，多数保存于四川省图书馆、川大图书馆、北京国家图书馆，还有一些古籍孤本流传海外。文昌帝乡梓潼县图书馆存有清代乾隆年间木刻版《文昌大洞仙经》等木刻版本书籍数部，还有50余片木刻板残片。

文昌雕版木刻画。起源于南宋。宋元时期刻印的《太上无极总真文昌大洞仙经》《文昌大洞真经》《文昌阴骘像注》《文昌阴骘文图解》等文昌经诰中，保存有大量以文昌为题材的木刻画作品。文昌木刻画构图新颖，工艺精细，富有神韵。

文昌年画。是禄神崇拜的象征。明清及民国初期，梓潼民间年画艺人很多。据考证，当时从事年画生产的作坊有20余个。现今仍有门画（年画的一个种类）及年画作品保留。

文昌壁画。盛于明清时期，笔墨流畅，具有极高的艺术价值，现较多的留存于七曲山大庙。

文昌家宴。源于晋朝“张氏家宴”菜系。相传每逢节日，张亚子都要亲自下厨，孝敬长辈和老人。家宴均取材于民间时令山珍野味，依蜀人喜食麻辣以除湿之口味，添加一些滋补中草药材，逐渐形成一道道独特的“张氏家宴”菜品。后来，凡中状元者，都要举办“状元宴”以示庆贺。巴蜀“状元宴”多以“张氏家宴”菜品为主，因此不少地方又把“状元宴”称为“文昌家宴”。明清时，梓潼民间流行“文昌家宴”菜系。

洞经音乐。即谈演道教《太上无极总真文昌大洞仙经》的音乐。它以音乐艺术的形式宣扬文昌经诰的宗旨，是梓潼文昌文化的一项重要内容。洞经音乐形成于南宋，其内容主要讲述文昌帝君神奇经历和崇高的德行，以劝善戒恶、济生度死、消灾祛邪、延年益寿为意旨。1996年，梓潼县成立七曲山洞经音乐团，对濒临失传的洞经古乐进行艰苦细致的考察、搜集、发掘和整理工作。2003年，该团应邀到北京演出，亮相中央电视台，引起有关专家的高度重视。

四、羌族文化

北川羌族自治县是全国唯一一个羌族自治县，也是大禹故乡，羌族世代居住，形成了内容丰富的羌族文化。

宗教信仰。北川羌民因其特殊的历史和生活变迁，逐渐形成了自然崇拜和祖先崇拜，羌民信奉“万物有灵”。所信仰的神共有30余种，大致有自然界诸神、家神、劳动工艺神、地方神。在一些山寨还有自己的寨神，如狗神、羊神。诸神中，太阳神和天神的地位最为崇高，每日早晨和黄昏羌民要烧香和烧柏枝祭拜。每年都要举行隆重的山神祭祀典礼。羌民对树神更是严加保护，按期祭祀。青片、小坝等地的神树至今挺拔苍郁，深受羌民敬仰。并在这种崇拜基础上出现了“释比文化”。

民族服饰。传统服饰的基本色调为白色（本色）、蔚蓝色、青色（黑色）。男子上身穿过膝本色麻布长衫，或蓝色、青色棉布长衫，外套一件老羊皮袄或棉夹褂，下身穿大脚裤，小腿裹着羊毛织成的毪子，或麻布棉布做的绑腿，腰上束着麻、棉或羊毛的腰带，随身带着吊刀、火镰、绣花裹肚。女子服饰绚丽多彩，一般着蔚蓝色或者水红色或深红色的长过膝盖的上衣，衣领、襟、袖等处绣有花边，衣领上镶有一排小颗的梅花形银饰，腰系围裙，围裙上钉银扣，腰部两边各有一条宽寸许的精致挑花长带，脚穿钩尖绣花的云云鞋。男女老幼头上常年包白布或黑布封顶头帕。女子蓄长发，已婚妇女挽发髻。

居住文化。羌民一般十几户至二三十户聚居，依山垒石为居，形成“山寨”。寨房平顶方形，用石头块、石头板混合泥浆砌成。通常为三层，以木楼梯连接。下层圈养牲口，中层住人，上层储物。

在房顶后墙正中处，砌有高约二尺的石塔，羌语称为“如机格”，上供三五块白石，还有个插旗幡的小孔。一般寨子都建有高达十余丈的碉楼，俗称“羌碉”，用于抵御外族和土匪的侵扰。羌民住宅中均有一个火塘（有的地方称锅庄）。

节日习俗。旧时羌历年在农历的冬至日，是羌族最隆重的节日，一度中断。1987 年农历十月初一，四川省民委在成都举行了庆祝羌历年大会，自此，羌族地区即以十月初一为羌历年，开展庆祝活动。羌历年时，各家各户杀猪宰羊，蒸瓦达（一种用荞面包肉和豆腐做的三角形大蒸饺），在墙壁上画上“卐”字格，祭祀祖先和天神。男女老幼带上祭品、咂酒和食品出门，到野外参加庆祝活动，青年男子在腰带上插上一支两尺多长的油竹管，内装三根锦鸡长翎。先由德高望重的老者主持宰杀牛羊祭祀天神，然后由四名壮汉抬着象征天神的白石，众人一起游遍全寨，最后全寨男女老幼在草坪上围圈跳起沙朗舞，饮酒享用美食，狂欢直到深夜尽兴而散。此外，重大节日还有羌族祭山会。又名塔子会，是一种祈求丰年的活动。北川羌族祭山会一般在农历四月初八、十二祭山许愿，秋收后还愿。四月初八，所有男子和未婚女子，带上刀头（一块约三斤重的熟肉）、馍馍、咂酒等在野外草坪举行祭山会。他们用石块垒成高两米的塔形小山，点燃柏枝、香烛，供上刀头、酒、馍，由祭师一边敲响羊皮鼓一边唱《开坛解秽词》，引导众人塔前祭神。四月十二，则宰羊祭山。祭山前，由祭师念唱《长寿永生词》，将羊毛线系在众人的头发或纽扣上，表示生命已经由神系住，将会长命百岁。当场将祭祀的羊煮熟分食。最后，祭师唱诵《结束词》，众人载歌载舞，由祭师领头绕塔左右各转三圈，祭祀活动结束。秋收后还要举行祭山还愿活动，程式与此大体相同。

羌族歌舞。著名的有马马灯、许家湾花灯等。沙朗，又叫锅庄，由一善歌者领头，男女各列一行或者手拉手围成圈，边舞边唱。歌曲多为口头传承下来的羌语古老的民歌，每逢节日、丧葬、祭典、聚会，男女老幼均要围聚表演自娱。马马灯，流行于青片、白什等地。四人参舞，装扮为三男一女，腰下缚一篾扎纸糊的马头马尾，模仿马的样子和动作，沿“8”字形或双“8”字形舞蹈前进。许家湾花灯，起源并流行于墩上羌族乡许家湾一带。由 9 到 12 人参舞，其中女性不得少于 7 人，手持彩灯，表演时配以小调或山歌曲子。每年农历正月初一至二月初，各家争相邀请去家中表演。在羌民心目中，花灯是神的象征，能驱邪除恶，保佑平安。此外，著名的羌族舞蹈还有盔甲舞、丧舞和羊皮鼓舞。

五、白马文化

平武县西北部的白马、木座、木皮、黄羊 4 个藏族乡境内，聚居着一支古老的民族，当地称为白马藏族或白马人。独特的自然环境，特殊的历史背景，催生了独特的白马文化。

独特的服饰文化。白马人无论男女头上均戴一顶盘形、圆顶、荷叶边的羊毛白毡帽，帽侧插白色雄鸡尾羽，俗称沙尕帽。旧时男女均辫发，妇女喜欢胸前挂鱼骨牌抹胸，腰间以古铜钱币为装饰，辫小辫子再总成一大辫，饰以海螺等物。无论男女都穿中间开缝的白色麻布长袍长裤，脚蹬皮靴，腰缠腰带。

独特的命名方式。白马人一般有三套姓名，第一套为贱名、小名，如“狗娃子”，第二套为白马语名，第三套为汉族姓名，尤其以杨姓居多。这套命名习俗自东汉三国时期流传至今。

依赖口述的文化传承。白马人没有文字，其语言与藏语相近却不相同。白马人的神话传说、民间故事，全靠口述而代代相传。

独特的生产生活方式。以农业为主。除自家房屋外，柴山、草场、荒山、磨坊、晒场等生产资料几乎都归公有。生产劳动实行共同劳动。每年耕地季节集中全寨劳动力和耕牛，从坝底到山坡，依次把全寨的土地耕种，不分贫富，不记工找补。放羊则是每家轮流出一人，将全寨的羊赶到草地，轮流放牧。劳动成果实行平均分配，境内解放后，乡办企业的收入由全乡男女老少平均分配，一人一份，至今未变革。居住在杉板房内，房屋成 L 型，正房一律面向河流上游方向。上盖青瓦，分为三层，下层圈养牛、羊等，中层住人，上层堆放粮食和作祭祀场所。白马人有尊狗的习俗，绝对不吃狗肉。

原始的宗教信仰。白马人保留着远古的自然崇拜和图腾崇拜，视一切自然物都有神灵，崇拜山神、水神、树神等。其中，最为崇拜的是白马乡的神山白马老爷，白马语称之为“叶西那蒙”，每年有 3 次小型祭祀，每 3 年一次大型祭祀。

跳曹盖。即面具舞。每年农历正月初六举行。杀牛祭祖后，白马人戴上巨大的木制面具，手持大刀、锯子等舞具，围绕火堆，跳面具舞驱鬼。跳舞的队伍围着寨子，挨家挨户地去跳，将鬼怪赶出寨子。

第四章 社会事业

第一节 教育 科技

一、教育

清代，绵阳教育分书院、义学、私塾三种。书院、义学在同治光绪年间十分兴盛。由于清政府和民国政府教育投入不足，私塾发展较快。到1951年，人民政府提倡改造私塾，发展公办小学，境内私塾结束。清末至民国时期，政府提倡新式教育，清光绪三十年（1904年）绵州小学师范学堂成立，光绪三十二年（1906年）三台潼川府官立中学堂成立，是市境内第一所官办小学校，民国11年（1922年）境内出现了以梓潼通儒小学幼稚班为代表的新式的幼儿园。抗战爆发后，随着民国27年（1938年）东北大学内迁三台县，绵阳有了高等教育，到民国33年（1944年），创办了境内第一所本地开办的大专院校——三台尊经国学专科学校。

1949年10月之后，人民政府接管教育，学校、教师和学生的数量与质量大幅提升。“文化大革命”时期，教育受到影响，发展滞后，一些学校甚至停办。“文化大革命”结束后，教育事业全面复苏。

1984年，绵阳提出普及九年制义务教育要求。1985年绵阳建市之初，全市有幼儿园248所，1385个班、4.08万人；小学3932所、68.80万人。1988年，全市普及小学教育，成为四川省首批普及小学教育的地级市。中学进行结构调整，控制普高招生，发展职高教育。1989年，有普通中学296所，其中初中240所，高中56所，学生18.97万人，其中初中16.34万人，高中2.63万人；有大专院校4所，在校学生5323人。20世纪90年代，随着“科教兴绵”战略实施，绵阳教育加速发展。1994年，平武、北川达到“基本扫除青壮年文盲标准”，标志绵阳完成扫盲这一历史任务。1999年，北川县实现“普九”，自此，绵阳市完成普及九年义务教育的历史任务。教育经费投入明显增加，据统计，1995年为41760.8万元，2000年激增至70552.5万元。加大教育基础设施投入，加强教师业务培训，发展远程教育和教育信息化，形成包含基础教育、高等教育、成人教育、职业教育、特殊教育、自学考试在内的较为完备、合理的教育体系。

在确保教育质量整体稳步提升的情况下，加强重点学校建设。截至2000年，绵阳市共有南山中学、绵阳中学、科学城一中3所国家级示范性普通中学，江油中学等8所省级校风示范学校，绵阳实验幼儿园等18所省级示范幼儿园。同年年底，全市有小学2937所，1.38万个班，45.78万人；特殊教育学校2所，581人；普通中学350所，其中高中47所，初中303所，共5090个班，学生25.81万人；中等专业技术学校8所，学生1.56万人；职业高中23所，学生1.08万。基础教育质量稳步攀升，带动高考上线率的历史突破。2000 年，全市高考上线人数 4811 人，较 1999 年增加 1928 人，增幅达 66.9%，全省平均增幅为 32.3%，绵阳位居全省第一。2001 年，全市高考上线率 65%，录取率 77.6%，居全省第一。2002 年，本科上线率 46.96%，万人上线率 12.61%，位居全省第一。至 2005 年，绵阳市高考上线率连续 5 年，万人比连续 4 年稳居全省第一。

2000 年 8 月，随着绵阳科技城建设拉开序幕，在国务院、国家各部委和省、市的支持下，以西南工学院、绵阳农业专科学校为基础，组建西南科技大学。至 2005 年年底，全市有西南科技大学、绵阳师院、西南财大电子商务学院、四川音乐学院绵阳艺术学院、民航飞行学院绵阳分院 5 所普通高校，中物院职工工学院、绵阳职业技术学院、绵阳广播电视大学、涪江机器厂职工大学共 4 所成人高校。

2005 年，全市有幼儿园 700 所，就读幼儿 104418 人；小学 1419 所，小学生 380853 人；普通中学 296 所，学生 316926 人；中等职业学校 49 所，学生 67933 人；特殊教育学校 4 所，学生 267 人。全市具有高等学历教育招生资格的高等院校 9 所，硕士点 34 个，在校大学生 55885 人，函授生 5521 人，在校硕士生 728 人。

二、科技

中华人民共和国成立前，绵阳科技发展极为缓慢，既无独立的科研机构，也无像样的设备仪器和专业人员。1950 年，相继建立了一批机械研制修理厂，开始机械产品的研制。

1957—1966 年，是绵阳科技事业奠定基础的时期。绵阳地区积极支持和配合国家经济建设和国防建设，成立了“三线”建设支重办公室，“三线”建设全面启动，国家在绵阳地区相继建成了一批电子、冶金、机械等军工企业，对绵阳的科技事业发展起到了先导作用。同时，一批国防、电子、机械、航天航空、工程设计等方面的科学研究机构亦在此期间陆续迁入绵阳地区。1969 年，建立中草药研究组，20 世纪 70 年代中后期还建立了地震测报网。1978 年全国科技大会之后，绵阳科研迎来了一次大飞跃，当年国家在绵阳设立了代表国家水平的西南计算中心，1983 年起投入使用。20 世纪 80 年代起，绵阳又建立了一大批科研单位，1983 年，国务院和中央军委决定在绵阳建设中国工程物理研究院新型科研基地，由国防部长张爱萍命名为“科学城”。

绵阳自 1985 年撤地建市以来，坚持实施“科技兴绵”和“军转民科技兴市”战略，积极推进工业化和城市化进程，经济、科技、社会事业持续快速健康发展，地区生产总值（GDP）以年均 10.8% 的速度增长，工业增加值以年均 14.9% 的速度增长，科技进步对经济增长的贡献率达到 45% 以上。为推进和深化绵阳科技体制改革，中共绵阳市委、绵阳市人民政府陆续制定并出台了《关于贯彻落实中共中央〈关于科学技术体制改革的决定〉的实施意见》《关于进一步深化人事制度改革，放活科技管理人员的试行办法》《关于鼓励科研机构、高等院校、军工单位积极参加地方经济建设的暂行规定》《关于对外开放若干优惠政策的决定》等推进科技体制改革的配套性文件，把科技成果转化和解决科技与经济“两张皮”的问题纳入到各级党委和政府的重要工作议程。1985 年，“绵阳 11 号”小麦荣获国家发明一等奖；6 月“科学城”正式破土动工；10 月，市政府举办“军转民经济技术交流交易会”，市内各科研院所和军工企业加快“军转民”步伐。

1988 年 6 月，中共绵阳市委提出“科技兴绵”发展战略。同时，决定建立高新技术产业开发区。1989 年 3 月，市人大一届五次会议批准《绵阳市 2000 年经济、科技、社会发展战略规划纲要》，进一步明确把“科技兴绵”作为绵阳市经济、科技、社会发展的主体战略。1991 年 10 月，国家科委、国防科工委、国务院三线办联合将绵阳列为全国“军转民科技兴市”试点城市。1992年“科学城”基本建成，当年3月，经市二届人大三次会议审议，决定从1992年起，每年10月16日为“绵阳市科学技术节”。当年10月16至18日，绵阳市首届科技节隆重举行。1992年12月，绵阳高新区经国务院批准，成为国家级高新技术产业开发区。1995年7月20日，市委、市政府作出《关于实施“3115科技工程”的决定》。1998年3月，国家科技部将绵阳列为“全国技术创新区域试点城市”。

绵阳市实施“科技兴绵”和“军转民科技兴市”战略，取得一系列丰硕成果。科技兴农方面，共育成小麦、水稻、棉花等新品种20余个，组织兴农科技项目2680余项，引进适用新技术550余项，主要农业新技术推广面在80%以上。科技兴工方面，1986—1995年，全市共安排工业科技项目440项，先后开展对绵阳经济发展有重大影响的电子、冶金等8个行业、142个重大项目的重点科技攻关，形成一批层次较高的经济增长点。拥有长虹彩电、湖山音响、华西B超、九洲共用天线等一批名牌拳头产品。发展高新技术产业方面，1989年以后10年间，绵阳市争取到各类国家级科技项目73项。1998年，绵阳高新技术产业开发区进区项目总数达到431个实现技工贸收入132亿元，财政收入6123万元，在全国52个高新技术产业开发区中位居第三。2000年，绵阳高新技术产业化开发区已完成13平方公里的综合开发，创业服务中心被科技部正式认定为“国家级企业服务中心”。2005年，高新区全年引进项目218个，协议内资到位10.3亿元，协议外资到位1917万美元，其中1亿元以上项目8个。科技事业方面，1988—2000年12年间发展迅速，有各类科技机构500多家，其中包括中国工程物理研究院等大型独立科研机构36家，长虹公司设计室、长虹博士后流动站等非独立研究机构96家，民营科技机构近400家，科技人员总数达到15万人。全市每年从事技术开发人员1.2万人，进行400余个技术项目开发，技术投入开发经费25亿元左右，年实现新产品销售收入约110亿元。

2000年9月4日，中共中央政治局常委、国务院副总理李岚清在绵阳召开建设“绵阳科技城”座谈会。自此，建设绵阳科技城的战略实施正式拉开序幕。2001年7月3日，《国务院关于建设绵阳科技城有关问题的批复》正式下达。同时，绵阳市在国务院部际协调小组和四川省绵阳科技城领导小组领导下，制订了《绵阳科技城发展纲要》。2005年，绵阳科技城建成面积60平方公里，全年实现国内生产总值300亿元，规模以上企业达到388家，完成工业增加值105.93亿元，国防科研院所军民结合企业销售收入15亿元，高新技术产业总产值156亿元。完成固定资产投资113.46亿元，实现社会消费品零售总额75.93亿元。有各类专业技术人员7.82万人，共组织申报国家级、省级科技项目250项，申报项目数在全省各市州中名列第一。

第二节　卫生　体育

一、卫生

清末至民国，绵阳医疗卫生机构有民国政府设立的公路卫生站、教会医院和私人中医馆，能诊治常见病，设有内科、外科、妇科、儿科、骨科等，门类齐全。民国时期，政府设有专门机构对环境、饮水等公共卫生进行消毒与监督，并由县卫生院监督学校卫生。1949年后，人民政府接管医疗卫生机构。20世纪50年代初，政府开展了对服务行业的卫生监测管理。“文化大革命”期间，卫生监测监督工作受到影响，“文化大革命”结束后，逐渐恢复。

1982 年，绵阳开展“五讲四美三热爱”为主题的爱国卫生活动。1989 年，绵阳市成为省级“基本无鼠害城市”。1990 年，绵阳市成立健康教育所，开展健康教育试点工作。1991—1994 年，在全市中小学开设健康教育课，并结合“文明礼貌月”“爱国卫生月”“世界无烟日”等活动，治理“脏、乱、差”，从市到县全面开展全民爱国卫生运动。1999 年，绵阳市成为“全国卫生先进城市”；2003 年，北川县通过省级卫生县城考核，成为全省第一个通过省级卫生县城考核的少数民族自治县。2005 年，三台县通过省级卫生县城复查验收。

截至 2005 年，市辖 277 个建制乡镇卫生院全部落实由政府举办，人、财、物由县级卫生行政部门统一的管理体制。乡镇卫生院院长、传染病医师、村卫生员共 3000 余人接受系统培训。全市有农村卫生院 369 所，村卫生站 2635 个，乡村医生和卫生员 3577 人。新型农村合作医疗制度试点工作进展顺利，盐亭县为全国试点县，盐亭县“参合”村民 42.488 万人，“参合”率 81.27%。当年，全市有各级各类卫生机构 1349 个，专业卫生人员 16657 人，卫生技术员 14463 人，注册执业医师 4793 人，每千人卫生技术人员 2.75 人，每千人拥有医生 1.23 人，每千人拥有护士 0.73 人。全市有病床 14386 张，每千人拥有 2.73 张。全市有二级以上医院 28 所，其中三级甲等综合医院、专科医院、中医院各 1 所。疾病预防控制机构 12 个，妇幼保健机构 9 个。县级以上医疗机构全年门诊 516 万人（次），开展手术 6 万余人（次），病床使用率 68%。

二、体育

绵阳体育事业素来发达，项目丰富，武术、垂钓、舞灯、射箭、风筝、象棋参与者众多。早在清光绪年间（1875—1908 年），各学校就开展了体操课。民国时期，民间也有自行开办的体育社团。1949 年中华人民共和国成立后，民间体育活动兴盛，农村自发组织篮球、足球比赛。“文化大革命”期间，体育事业受到影响，“文化大革命”之后，逐渐恢复，体育事业机构重新建立，各行各业自发组织业余运动队，农村出现了自筹经费、自带干粮的自办运动会。市境内少数民族体育项目也丰富多彩，北川羌族有荡秋千、盔甲舞、马马灯、举石等项目，平武白马藏族有卡惹则（摔跤）、搭底板（踢毽）、跳曹盖（面具舞）、猫猫舞等民族体育项目。

1985 年建市后，体育事业发展迅速，每 5 年即举行一次全市运动会，截至 2000 年，已举办三届全市运动会，培养、选拔一批优秀运动员，促进了乒乓球、足球、游泳、武术等项目的发展。1989 年，绵阳市被国家体委命名为“全国乒乓球重点城市”，三台县被四川省体委命名为“四川省足球之乡”。1996 年，江油市被国家体委授予“全国武术之乡”称号。2000 年，绵阳市体校赛艇班被国家体育总局水上运动管理中心确定为“中国赛艇协会绵阳后备人才基地”。2005 年，绵阳中学、南山中学被省体育局、省教育局确定为“四川省水上运动高水平后备人才基地”。

1990—2000 年，全市培养等级裁判员 978 人，等级运动员 3717 人，向四川省输送人才 500 余人，其中包括举重选手刘寿斌（1987 年世界举重锦标赛获 56 公斤级抓举金牌）、国际象棋大师娄红宇等。2005 年，培养等级运动员 133 人，裁判员 92 人。

参与及承办重大体育赛事。1992 年 10 月承办四川省第七届运动会。1993 年 6 月承办国际女排“长城杯”精英赛。1997 年，绵阳参加四川省第十届少数民族运动会，取得 2 金 3 银 4 铜的成绩，跳曹盖、猫猫舞获得表演项目一等奖。2000 年 10 月承办第四届全国农民运动会。2002 年 8 月，四川省第九届运动会上，绵阳市代表团（青少年组）夺得单项金牌 32 枚，奖牌总数 113 枚，8 人入选国家青年柔道队，备战2008年北京奥运会。同年10月，在四川省第五届残疾人运动会上，夺得2金3银5铜，8项打破省纪录。2003年10月，参加全国城市运动会，夺1金2银2铜。2004年2月，参加香港特区政府主办的第六届功夫群英会，三台武校教练段启林代表四川省参赛，以“峨嵋板凳拳”获得金奖。6月，举办国际职业舞蹈公开赛；10月举办第六届亚洲龙舟锦标赛，11月举办绵阳市第四届运动会，3184人，35个代表团参赛，其规模为历届市运会之最。2005年，举办第十三届世界拳击锦标赛，86个国家及地区1530人参加此次大赛，邹市明夺得48公斤级冠军，实现中国拳击运动金牌“零”的突破。

1998—2000年，全市财政投入体育场地建设资金达6570万元。截至2004年，全市有体育场地3508个，其中标准场地1650个，体育总会5个，市级单项体育协会21个。2005年，大型体育场馆有九洲体育馆、长虹馆、南河体育中心等10余处。

第三节　劳动就业

一、就业情况

中华人民共和国成立前，绵阳劳动力资源及其从事的行业主要集中在农村和农业，且劳动力素质低下，多为文盲。1949年之后，劳动力资源依然多来源于农村，但素质逐渐提高。1963—1966年，绵阳被列为“三线”建设重点地区，随着大批科研单位迁入、兴建，绵阳劳动力数量和质量均有提高。改革开放后，劳动力就业逐渐呈现：从事农业生产的减少，从事第三产业的增多，农村剩余劳动力大量外出就业，公共就业服务体系逐步健全。

城镇就业。1981年，绵阳首次对城镇待业人员进行登记、建卡工作。1985年，全市国营企业、事业单位和国家机关、人民团体及中央、省在绵单位，新增劳动指标招用常年性工作岗位上的新工人时，开始实行劳动合同制。1985年12月，市劳动服务公司成立，其主要职责为推动劳动就业，组织、指导各单位加强对城镇待业人员的管理、教育，推行劳动合同制等。当年，全市计划安置城镇待业人员1.03万人，实际安置1.17万人。1990年，绵阳市就业服务管理局成立。1992年，建立市级就业基金。至2000年，城镇就业者87.98万人，其中单位职工36.58万人，安置待业1.21万人。2005年，新增就业35667人，登记城镇失业率为3.87%。

农村就业。改革开放后，绵阳农村出现大量富余劳动力。1988年5月14日，成立市社会劳动力统筹协调领导小组，负责城镇劳动就业及农村剩余劳动力转移的统筹、协调、指导和服务工作。同年，全市农村劳动力转移累计51.43万人。2000年，完成农村劳动力外出就业31.64万人，其中跨省16.94万人，培训1.47万人；全市219个乡镇建立劳动服务站。2004年，培训外出务工人员19万余人（次），直接组织劳务输出10012人。2005年，进一步加强农民工培训，开展职业技术培训32.4万人（次），着力打造“川妹子”“川厨师”等品牌，就地转移和输出农村劳动力106.5万人，其中向北京输送“川妹子”品牌家政服务员450余人。

二、职业介绍

1987年10月起至1995年，利用一年一次的秋季商品交易会开办绵阳市劳务市场。1987年，市社会劳动力管理局设置劳务市场管理科，指导各县（市、区）劳务市场工作。1992 年，绵阳市及下辖各县（市、区）成立职业介绍所。1995 年，绵阳市确立各类职业介绍结构由各级就业服务管理机构审批和管理的原则。当年，20 余家符合条件民办职业介绍所获得认证，登记求职人员 2.47 万人，交流成功 1.35 万人。年末，各类职介机构增至 145 个。1996 年 10 月，市劳动力市场在科技大楼开业。1999 年，市劳动力市场综合楼服务大厅投入使用。至 2000 年年底，共接待个人求职登记 3300 人，其中下岗职工 2790 人，求职登记 8500 人，提供就业岗位 1.8 万余个，入场人数 5 万余人（次）。2001 年年底，全市基本形成以城市劳动力市场为中枢，以劳动保障部门办职业介绍机构为主体，非劳动保障部门办职业介绍机构为补充，乡镇（街道）劳动服务站（所）为依托的市场服务网络和以市场为导向的就业机制。2005 年，全市举办人才集市 199 场，入场单位 4583 家（次）。开办“科技城人才网”积极拓展网上代理招聘和代理求职服务，定期公示年检合格的职业介绍机构名单及各行业工资指导价位。

三、再就业工程及扶持生产资金

再就业工程。1994 年，绵阳市被确定为全省“再就业工程”试点城市，在市本级、涪城区、游仙区、高新区开展“再就业工程”试点工作；同年，实现 1536 人再就业。1998 年，全市有 27 个行业成立再就业服务中心；同年 9 月，绵阳市国有企业下岗职工开始实行“下岗证”管理制度，下岗职工凭“下岗证”领取基本生活费，免费参加劳动、工会、教育部门组织的再就业培训。至 2000 年，全市有失业职工 3.71 万人，实现再就业 3.26 万人。2005 年，全年新增就业、再就业 35667 人，年末城镇登记失业人数 33362 人。

扶持生产资金。1979 年年底，设立扶持生产资金，通过扶持发展本地经济实体，安置城镇待业人员就业。1980—1988 年，共借出 470.79 万元，扶持企业 329 个。1989 年，该项资金由市劳动局统一管理。1992—1997 年，共投放 221 万元。1997 年，改由市财政局直接管理，就业服务部门协助配合。1998 年，全市对 1996 年年底前尚未收回的扶持生产资金进行清理。2000 年，全市将回收的扶持生产资金 33.54 万元转为劳动力市场建设费。

第四节　社会保障

中华人民共成立前，绵阳没有专门管理社会保障的政府机构。1951 年，绵阳专员公署下设民政科，负责实施劳动保险工作，此后，社会保障工作机构逐渐完善，涉及内容日渐庞大。1986 年 7 月，绵阳市职工社会保险事业管理处成立。1996 年 6 月 12 日，组建绵阳市社会保障局，将公费医疗、养老保险、住房公积金、工伤、失业、生育保险等全部纳入社会保障统一管理。

养老保险。1987 年 10 月 1 日起，凡在绵阳市中区境内的部属、省属、市属、区属全民所有制企业和供销合作社，一律参加职工退休费用社会统筹。至 1988 年，全市基本实现以市、县（市、区）为单位入社会统筹。至 1992 年年底，全市已有 781 家全民企业，354 家集体企业实行退休费用全省统筹；36 家企业为 5500 余名职工建立近 6 万元的补充养老保险基金，14 余万名全民企业职工和 3 万多名劳动合同制职工均实行个人缴费制度，征缴个人交纳养老保险费 300 多万元，为 17 万余名在职职工建立“养老保险登记卡”，至此，全市合同制职工养老保险投保率达 100%，全民所有制企业职工退休费用社会统筹率达99.36%。1998年12月，企业职工基本养老保险覆盖面扩大，各类企业及全部职工、城镇个体工商户及其从业人员，自由职业者等非工薪收入者，都可以参加基本养老保险。2000年年底，全市参保27.3万人。2005年年底，全市参保28.35万人，新增29800人，征缴基本养老保险金7.87亿元，按时足额发放8.86亿元。

失业保险及医疗保险。1986年10月1日，绵阳正式建立失业保险制度。1988年，全市有217名失业职工到各地失业机构办理登记，并对61名符合条件者发放失业保险金和门诊医疗补助费。1995年，绵阳建立失业保险个人申领制度，并初步建立失业保险工作信息网络。当年，接收失业登记2243名，发放失业保险金和门诊医疗补助费141.95万元。至2000年年底，发放失业保险金387.28万元，失业人员登记23250人（次）。1996年，绵阳被确定为全国第二批医疗保障制度改革国家级试点城市之一，在全省率先进行职工医疗保障制度改革。至2000年5月12日，绵阳市将个体劳动者也纳入市本级基本医疗保险范围，标志着绵阳的基本医疗保险已覆盖了城镇所有劳动者。当年年底，全市应参保职工40.05万人，已参保22.1万人，参保率55.2%。2005年年末，全市参加失业保险人数20.22万人，领取失业保险金人数3718人，发放失业保险金1408万元，划拨下岗职工基本生活保障金671.4万元。全市参加基本医疗保险人数36.04万人。

第五节　社区建设

2000年，涪城区朝阳街道办事处开展社区建设试点工作。同时，全市各地加大对社区服务网点的规划建设力度，至当年年底，各类社区服务设施已达3638个。2001年，涪城、游仙两区的居委会全部更名为社区居委会，当年年底，各类社区服务设施达4231个。

2002年，市委、市政府下发《关于社区建设领导小组成员职责划分的通知》，将社区建设涉及到的文化、教育、卫生、体育、环境等方面的内容按照职责划分落实到相关部门予以协调、落实、帮助，从而形成了“党委、政府领导，民政部门牵头，相关部门配合，社会共同参与”的社区建设新格局。同时确立四大班子中46名市级领导，92个市级部门定点联系绵阳城区12个街道办事处的46个社区居委会。同年，将再就业工程同社区发展有机结合起来，至年底，有社区再就业服务机构46个，从业人员9500余人，解决就业和再就业人员8000人。设置27个信息接收终端、15个社区触摸屏，标志社区服务设施基本实现网络化、信息化。

2003年，全市撤销380个居委会，建立369个社区居委会，成立社区服务中心9个，社区服务站138个，便民服务网点510个。建成老年福利服务“星光计划”项目41个，投资120万元，解决5100多人次就业和再就业。围绕“创示范社区，建美好家园”主题，开展“文明社区”，“绿色社区”，“安全社区”，“青年文明社区”等新型社区创建活动。同年，涪城区被民政部命名为首批“全国社区建设示范区”，游仙区通过四川省创建省级社区建设示范区检查验收。涪城区朝阳、城厢两个街道办事处被民政部授予“全国青年文明社区”，金菊街社区被中央文明办和民政部命名为“全国文明示范社区”，涪城区城北街道办事处志愿者协会获得“全国社区志愿者先进单位”称号。涪城区易德顺、游仙区陈邦荣获“全国优秀社区工作者”称号，涪城区民政局张琼林获“全国社区志愿者先进个人”称号。

2004年，新建立社区服务中心10个，服务站150个，各类服务网点500个，老年活动中心350个，敬老院161所，福利院15个，老年公寓4个，社区信息终端35个，社区电脑触摸屏15个。建立社区志愿者组织480个，志愿者人数达11300人，为优抚对象、残疾人等特困群体提供帮助和服务25700余人（次）。援建社区图书室163个，图书60种42380册。积极开展“公安、文化、卫生、社保进社区”活动，修建全民健身路径36条，社区文化体育活动场所390个，成立420个老年文艺表演队伍。建立社区卫生服务中心9个，计生服务站105个，便民药店120个。按照“一区一警”要求，建成社区警务室302个，落实社区民警523人。

2005年，“社区老年福利服务星光计划”（以下简称“星光计划”）项目建成91个；社区志愿者服务组织960个，志愿者注册登记5万余人，社区中心15个，服务站198个，服务网点800个。同年，创建示范社区52个，涪城区和游仙区各有1个社区成为“全国社区建设示范区”，4个社区荣获全国青年文明社区、全国文明示范社区。

2000—2005年绵阳市社会事业基本情况统计表

表6—4

项目＼年份	2000	2001	2002	2003	2004	2005
高等学校在校生（人）	24590	26578	45547	48305	40861	56788
普通中学在校生（人）	258063	274897	293935	305311	361777	385135
小学在校生（人）	457801	439842	424053	408607	394999	38. 853
幼儿园数（所）	824	708	585	675	626	700
电视覆盖率（%）	91	91. 5	92. 5	92. 5	93. 9	94. 9
广播覆盖率（%）	92	92	92. 1	92. 1	93. 9	94. 8
卫生机构数（个）	673	651	3833	1436	1288	1349
卫生机构人员（人）	18906	18073	16317	16233	15538	13980
城镇在岗职工数（万人）	33. 46	32. 3	31. 24	30. 63	29. 80	30. 62
参加基本养老保险职工数（人）	205142	—	321028	364611	404074	435419

第五章 城建环保

第一节 城乡建设

绵阳建城已有2200多年的历史。从汉高祖六年（公元前201年）置涪县起，至南北朝结束，绵阳一直是一座水陆四通，交通网络发达的城市。汉代时，城市规模小，仅有东西二门，至唐代城市规模扩大，气势恢宏，唐太宗第八子越王李贞建越王楼，使城市规模有所扩展。宋代，建土城，此后历代就在此基础上不断培修和扩展。民国时期，城市进一步扩建至成绵路以西及开元场一带。至1949年年底，绵阳城面积达2平方公里，有街道28条，巷33条。中华人民共和国成立后，城市规划及时调整，城市由涪江西岸向东岸及周边扩展。此外，绵阳还有7座县（市）城，其中，梓潼县文昌镇建城历史悠久，可上溯至东汉时期，城址千年基本未变。

一、城市规划

1985年2月，国务院批准建立绵阳市。是年7月6日，市委召开常委会，决定调整和编制城市总体规划。1986年10月，完成第四次城市总体规划图和文件。1992年2月，中共四川省委、省政府作出战略决策，把绵阳建成四川省一个开放型、多功能、综合型的现代化大城市，定位为四川省二级中心城市。1995年11月，成立绵阳市城市规划委员会，主持修编城市规划工作。1998年9月，经省人民政府审批实施。2000年，由于国务院提出建设中国绵阳科技城的要求，中国城市规划院等专家组成员单位对绵阳城市总体规划再次进行调整，确定“一心四区”的城市格局，即到2010年，城市规划为80平方公里、人口80万人；“一心”为中心城区，面积23.8平方公里；“四区”为游仙片区、青义片区、高新技术开发区、塘汛片区，总面积56.2平方公里。绵阳城市性质是国家科技城、百万人口大城市、四川省副中心和省级历史文化名城。城市特点为各片区之间，利用自然山水环境和城市有机分隔，形成山、水园林城市特色；保护和恢复历史文化遗产，达到现代科技文明与传统历史文化的统一。

二、规划实施与建设

绵阳城市规划的实施，总体按照“建设新区，改造旧城”的方针进行。从1986年起，开始第四次总体规划实施方案的建设；从2000年起，开始第五次总体规划实施方案的建设。至2005年，绵阳城区建成区面积60平方公里，城市道路总长度289.5公里，面积780万平方米，人均道路面积13平方米；城市桥梁33座，城市路灯11万盏，排水管道总长度414.2公里；建成区园林绿地面积2063.4万平方米，城市绿地率34.7%，绿化覆盖率37.8%，人均住房面积27.22平方米，人居环境得到极大改善。

城区位于涪江、安昌河、芙蓉溪汇合处，故一直构筑河堤以保城市安全。至2005年，共建沿江河堤101.82公里，主要有涪江防洪河堤、安昌河防洪河堤、芙蓉溪河堤、平政河堤、科学城防洪堤。市区有街道265条，巷20条。主要街道有：临园干道、长虹大道、一环路、绵兴路、科学城大道、东津大道、迎宾大道、绵州大道等。市区有江河大桥、立交桥、人行天桥等78座，最著名的有东方红大桥、安昌河大桥、花园公路铁路立交桥、长虹大道立交桥、饮马大桥、三江闸桥等。市区有各类广场供市民休闲娱乐。主要有：火车站广场、文化广场、铁牛广场、滨江广场、五一广场、青年广场等。另外，城区还建有富乐山公园、子云亭公园、人民公园、南山公园、南湖公园等公园，既丰富了市民生活，又美化、绿化了城市。著名民用建筑有九洲体育馆、南河体育中心、火炬大厦、新益大厦、绵阳博物馆、科创园孵化大楼等。科研建筑有科学城——中国工程物理研究院建筑群、中国空气动力研究与发展中心等。工业建筑有长虹电器股份有限公司、九洲集团有限责任公司等。

2005年，绵阳城区有城市公共汽车733标台，公交线路总长度462公里，线路69条，全年公交客运量1700万人（次），营业收入13580万元；城市公厕206座，移动公厕6个，分类回收式果皮箱（分类回收可回收、不可回收的垃圾）360个。年末，自来水综合生产能力日产57.5万吨；供水管网总长度436公里，年供水总量6264万吨；燃气主干管道总长度460公里，燃气用户20.1万户，城区气化普及率98%。

三、住宅与环境建设

随着经济的发展，住房制度改革，住宅建设加快，房地产业成为城市经济发展的一大支柱产业。绵阳城区房屋总量由1949年的46.3万平方米，到2000年增至2100多万平方米；全市城镇房屋总量达4300多万平方米。2005年，全市城镇房屋建筑面积达5689.09万平方米，其中居住用房建筑面积3558.26平方米，城镇居民人均住宅建筑面积28.24平方米，户均成套住宅数1.02套。截至2005年末，全市缴存住房公积金职工人数为18.7万人，累计归集总额为116576万元。

在住宅建设中，坚持“以人为本”和“环境优先”两大原则，着力改善市民居住环境，城区自来水普及率达100%，气化率达96%以上。城市防洪能力强，生态环境良好，大气、水、噪音等城市环境及污水处理均符合国家规定标准。空气污染指数（API）长年保持在28%以下；城区96%的工厂改造成为整洁、清爽的花园式工厂；生活垃圾无害化处理率达100%。森林覆盖率45.7%，公共绿地总面积605.5万平方米，建成区绿化覆盖面积2488.4万平方米。

四、交通通信

绵阳地理位置十分特殊，是川西北门户和交通重镇。清末，市境有较完备的古道金牛道、阴平道、松龙道；有涪江、通口河、凯江、梓江和安昌河等航道；有绵阳、三台、中坝、平武等较大港口。交通运输主要靠人力、畜力和内河运输。民国时交通有所发展。修筑了潼赵（三台至赵镇）、潼保（三台至阆中）、潼射（三台至射洪）、德绵（德阳至绵阳）、绵江（绵阳至江油）、绵潼（绵阳至三台）、绵安（绵阳至安县）等市境第一批公路。民国24年（1935年）川政统一后，修筑了川陕、川甘、成巴公路。

1982年始，公路建设的重点转向提高公路等级和建设高等级公路。1990年年底，全市公路通车里程4999公里，其中高等级公路1338公里；社会民用汽车13297辆，年客运量3986.9万人次，年货运量747.4万吨；绵阳火车站旅客发送量137万人次，货运发送量41.97万吨。1993年，宝成铁路复线工程开工，1999年12月，市境内123公里正式通车。1997年10月，绵阳南郊机场动工兴建，2001年4月正式投入营运，航线可达国内各省市。1998年8月，绵阳签约修建绵（阳）广（元）高速公路。同年12月，全长97公里的成绵（成都至绵阳）高速公路全线竣工，是四川省第一条以招商引资形式修建的高速公路。1999年11月，绵阳北站（货站）完成复线改造，通过能力增加130%。

绵阳水路运输的主航道涪江航道，因径流减少、河床提升，于20世纪80年代中后期断航。

至2000年，全市基本构成以绵阳市区为中心，以铁路与国、省道公路及机场为骨干，纵横交错的交通运输网络。同年交通基础设施建设投入9.17亿元。绵盐（绵阳至盐亭）路、芦溪大桥、绵中（绵阳至中江）公路竣工通车。迎宾大道、永安路（永兴至安县）、安北路（安县至北川）、三射路（三台至射洪）、三盐路（三台至盐亭）动工兴建。公路旅客运送量5612.1万人次，货运量2057.7万吨。全市公路通车里程5265公里，有国道2条，省道4条，县道61条，乡道212条，公路交通网络基本形成。2005年，全市公路通车总里程6183.816公里，其中高速公路112.132公里。完成地方公路建设投资7.68亿元。

通信事业。1975年，绵阳市话用户1756户。1978年，市境邮电行业由单一的通信服务向生产经营型转变，以通信为本，多种经营，各项业务持续发展。1978年12月，市内电话实现自动化。1990年，全市城乡邮电通信拥有固定资产总值3336万元，是改革开放前30年总和的4.5倍；全市邮电业务总量完成1212.93万元；市内电话容量6000门；全市建有邮政通信服务网点321处；全市市话用户8726户；有无线寻呼用户132户。此外，网络与信息技术从1984年开始由政府主持在市境开展。由绵阳地区行署相继成立经济预测中心和绵阳地区行署电子计算机站。此后市境陆续开展了网络和信息业务。1996年7月13日起，全市电话号码升为7位，宣告绵阳本地电话网建成投入使用。1996年8月，全市首期数字移动电话工程完成并开通。1997年，绵阳两个光纤环形传输网建成；中国计算机互联网绵阳节点正式开通，标志着绵阳通信发展迈上了一个新的台阶。1997年7月，联通绵阳分公司成立。1998年，邮电分营。1999年7月，移动绵阳分公司成立，并与市电信局独立运行。2000年，完成绵阳市电信公司的组建工作。当年，全市拥有自办邮政局（所）106处，代办网点353处；拥有二、三级邮路169条，单程总长1709公里；全市电信业务交换机容量46万门；移动绵阳分公司全年累计用户162310户；联通绵阳分公司全年累计用户95000户。2005年，全市行政村移动通信覆盖率达98%，同时，移动3G通信枢组中心在科创区正式落成。年末，邮政营业网点达到497处，通邮行政村3166个，邮政业务总量完成1.26亿元。同年9月，在北京召开的第四届中国电子政务技术与应用大会上，绵阳政务网荣获“2005年中国优秀政府门户网站”称号。市级各部门单位上网率达到50%。全市手机（含小灵通）普及。

第二节　环境保护

1976年，绵阳环保工作起步，开始注重环保教育宣传。1987—1988年，由市环保部门分别组织市、县（区）经济、工业主管部门领导和大中型企业负责人、镇长、乡长参加“环保法规和知识考试”2次。1998年3月，组织市建委、市环保局、市林业局、学校等举办环保万人签名活动；5月组织电视台、报社、广播台举办“环保千里行”活动，制作4集专题片《来自“两江”的报道》在电视台播出。2000年，开展环保知识进机关、进学校、进社区活动，创建绿色学校，全市中小学环境教育普及率达85%，创国家级绿色学校1所，省级7所，市级50所，区市县级100所。

重视污染治理力度。1985年，市政府提出各县（市）所在城镇抓好三件事：一是将扰民环境噪声和交通噪声在现有基础上降低3—5分贝；二是使半吨以上的锅炉烟尘经过治理基本达到排放标准；三是在床位100张以上的医院废水经过处理达标排放。同年，完成治理项目50个，治理投资总额为205.36万元。1988年，市环保办要求各污染源单位于每年元月15日前向主管部门和环保部门报送当年污染源治理规划，从此形成制度。1992年，在全省城市环境综合整治和环保目标责任制检查评比中，绵阳名列全省19个城市的第六名，并获三等奖。2004年，出台《绵阳市各县（市、区）党政“一把手”环境保护工作实绩考核办法》，将“一把手”对环保工作重视程度、各辖区环境质量等纳入目标考核，层层落实责任。同年，开通12369环保举报电话，全年处理信访、投诉1691件。

环保项目投资不断增加。1994年，完成治理项目26个，总投资377.28万元，并获全省19城市综合整治考核第一名。1996年，项目总投资9.378亿元，其中环保治理投资0.421亿元。开展“两江”（涪江、安昌江）水污染整治。1997年，全市关停涪江、安昌江流域严重污染水体的32家“十五小”企业，并划拨1000万元专项资金用于两江污染治理。江油、安县等5个县（市、区）与市政府签订责任书，完成29个治理项目。1999年，两江水环境质量有一定改善，完成18家水污染企业限期治理。2000年，继续投入1000万元治理资金，年底，“两江”整治的29家排污单位，全部完成治理任务。至2005年，涪江、安昌江、潼江、通口河11个检测断片地表水环境质量监测结果均为达标。

创建国家级环保模范城市。1999年提出创建国家级环保模范城市，围绕“天蓝、地绿、水清、人和”的目标，将“创模”工作与经济建设、城市建设等工作全面结合。2001年，通过召开全市电视动员大会、印发实施方案等方式，将10项专项目标、责任落实到各部门。2002年，获省政府城市环境综合整治定量考核评比第一名。2003年，顺利通过创建国家级环保模范城市工作的考核。

环保产业发展。2003年，全市有环保产业科研生产单位9家，专业技术人员542人，资金4862万元。环保产业是绵阳科技城建设六大支柱重点产业之一。同年，中物院建立国家烟气脱硫工程技术研究中心；中国空气动力研究中心开展废旧电池回收处理；中科成公司的污水处理核心工艺技术LIER－POOLK应用于塔子坝污水处理厂二期工程中。2004年，绵阳市环保协会成立。年末有环保企业14家，从业人员736人，固定资产4150.17万元。长虹电器股份有限公司80余个型号的彩电、电池等产品通过环保产品认证。2005年，四川平武茶业有限公司和四川自然天堂有限公司通过有机食品生产和销售基地认证。

第六章　名胜古迹

第一节　风景名胜区

一、富乐山风景名胜区

位于绵阳市区东北部，是以富乐山公园为主体，包括周围的汉平阳府君阙、富乐堂、李杜祠、宋哲元墓、渔父村、芙蓉溪、白云洞等景点所组成的市区面积最大、景点最多的风景区。

富乐山公园规划占地面积 2.1 平方公里，1987 年开始陆续新建。园内主要有豫州园、昭烈园、富乐园、凝漪园、绵州碑林、富乐阁等景点。富乐堂是纪念刘备与刘璋涪城相会（公元 121 年）的殿堂，庭院与园林相结合。李杜祠乃纪念唐代著名诗人李白、杜甫的祠庙，清光绪二十六年（1900 年）修建，为四川省文物保护单位。20 世纪 50 年代后逐渐衰败倾圮。1994 年按原样修复，享殿内新塑李白和杜甫的塑像，庭院里建了碑廊。宋哲元墓于 1986 年被列为绵阳市文物保护单位。1978 年按原样重修宋哲元墓，次年竣工。

二、子云亭风景名胜区

位于绵阳市区西北部凤凰山（又名西山）。风景区面积约 0.3 平方公里，主要景点有子云亭、玉女泉、蒋琬墓、仙云观、玉女湖。子云亭为 1987 年纪念西汉文学家、哲学家、语言学家扬雄重建的仿古建筑（原亭为清代建筑）。玉女泉位于子云读书台后。泉边崖壁保存有隋唐时期的道教摩崖浮雕神像 24 龛 50 多尊。主龛镌刻老君坐莲台像。1956 年，被列为四川省文物保护单位。玉女湖位于玉女泉下洼地，由人工筑成，面积 9800 平方米。湖中亭立着玉女的汉白玉雕像。蒋琬墓，为清道光二十九年（1849 年）绵州知州李象昺主持重修，坐落在凤凰山。1986 年蒋琬墓被列为绵阳市文物保护单位。蒋琬祠，原祠在清道光二十九年（1849 年）重修蒋琬墓时修建，民国 8 年（1919 年）改建为蒋欧祠（合祀蒋琬和宋代文学家欧阳修之父欧阳观），后被毁。蒋琬墓左侧蒋恭侯祠为 1986 年后新修。仙云观俗称西山观。坐落在凤凰山（即西山）左麓。相传为“蜀中八仙”之一的唐代道士尔朱洞修炼之处。相传建于崇道灭佛的唐武宗会昌年间（841—845 年）。历经多次毁坏和重修。现存仙云观为清道光十五年（1835 年）重修，并修成了佛道合一的寺庙。1986 年，被列为绵阳市文物保护单位。

三、七曲山风景名胜区

梓潼县城北面 10 公里处。唐玄宗幸蜀过此山时，侍臣有“细雨霏微七曲旋，郎当有声哀玉环”的诗句，因而得名“七曲山”，俗称“大庙山”。七曲山大庙是文昌帝君的发祥地和祭祀文昌帝君的祖庭，始建于晋代，体现元、明、清和民国时期的建筑风格的建筑群和近万株古柏树远近闻名。

四、窦圌山—佛爷洞风景名胜区

窦圌山位于江油市武都场镇东北 11 公里，面积 4.7 平方公里。山顶海拔 1140 米，高差 540 米。窦圌山顶由三座相距很近却不连属的三座砾岩柱状孤峰组成。三峰之间，均由独具特色的铁索相连接，铁索由上下两条铁链组成，上下最宽处相距约 1 米，上链较细便于手执，下链粗扁便于脚踏。1985 年后，当地民间艺人在铁索中段悬于空中作各种精彩表演，被誉为“飞人”。“圌岭飞桥”是江油八景之一。佛爷洞位于江油市大康镇郊，洞有上、中、下三层，可以互通，共有三厅一河和无数小洞，洞高 5 米、宽 10 米、深（长）约 5000 米。前厅宽敞开阔，长 60 余米、宽 20 余米、高约 10 米，正中立有一尊 3 米多高的圆雕如来佛石像，像前“龙王井”承接着洞顶钟乳石滴下的水珠；中厅较小，石幕、石幔、石床、石帐鳞次栉比；后厅略呈椭圆形，宽约 20 米、高 30 余米、长约 40 米。后厅下行，即达可以行船的暗河直通洞外。

五、李白故里风景名胜区

李白故里风景名胜区位于江油市青莲镇。1961 年，李白故居（包括陇西院、粉竹楼、太白祠）被列为四川省文物保护单位。

陇西院位于青莲场东南约 0.5 公里的天宝山麓。宋代修建的陇西院明末毁于兵燹。清乾隆五十三年（1788 年）重修，光绪二十二年（1896 年）增修为苍颉、太白、文昌、地母四殿。1982 年对陇西院进行全面维修。粉竹楼位于青莲场北约 0.5 公里太华山麓，相传为李白胞妹李月圆故居。原建筑早毁，清道光十七年（1837 年）重建粉竹楼为一四合院。太白祠位于青莲场东南约 1.5 公里的盘江（即通口河）河畔。太白祠初建于宋代，以后历毁历修。现存太白祠为清乾隆四十二年（1777 年）重修。小匡山位于江油市含增镇境。大匡山位于江油市大康镇境让水西面。

六、罗浮山—白水湖风景名胜区

位于安县县城西北桑枣镇。山体总面积约 4 平方公里，为石灰质砾岩构成。罗浮山从东到西交错排列着太乙、凌霄等 12 峰。浮山顶部为一明代城堡。在山顶北部低洼处尚留有两端连接 12 峰悬崖的一段城墙，城墙全部由条石垒砌。山腰为飞鸣禅院。相传寺庙建于唐武宗会昌年间（841—846 年）。“文化大革命”中遭到严重破坏。1991 年，飞鸣禅院被列为四川省文物保护单位。白水湖位于天台山麓，距安县县城北 30 公里，面积约 264 平方公里，海绵生物礁带位于白水湖西面黄帽山至天台山一带海拔 800—1500 米的中生界晚三叠系地层中。礁带自南至北绵延 10 余公里、沿雎水河谷向西纵深 7 公里，共发现 9 个礁群，均属深水礁，并系硅质海绵造礁，极具科学研究价值。

七、乾元山风景名胜区

乾元山位于江油市区西面约 20 公里的含增镇。乾元山全系出露石灰岩，喀斯特洞穴发育，山中有金光洞、银光洞、白龙宫、干龙洞、朝阳洞、风洞、水洞以及其他许多无名洞穴，构成“乾元山溶洞群”。乾元山和金光洞相传是古典神话小说《封神演义》哪吒故事的发祥地。金光洞传说是太乙真人修炼的洞府。乾元山中尚有哪吒出生的城塘关。

八、云台观风景名胜区

云台观位于三台县城南 40 公里的安居镇。始建于南宋宁宗开禧二年（1206 年）。明成祖永乐十一年（1413 年）奉皇帝诏令重修寺庙，到明神宗万历十九年（1591 年）的 178 年间，陆续修建殿堂 13 重。清代继续进行扩建，使之成为四川省道教著名寺庙。1996 年，被列为四川省文物保护单位。寺庙现存主体建筑由坐北向南的三重四合院相连组成。在四周数千古柏的环绕中，殿堂和亭、廊等建筑绵延长达 1 公里。其中，明代建筑有玉带桥、石华表、三合门、青龙白虎殿和玄天宫等。

九、千佛山风景名胜区

千佛山系安县和北川、茂县的界山，自西南向东北绵延约 32 公里，主峰佛祖庙在安县茶坪乡与北川县坝底羌族乡交界处，海拔 2942 米。佛祖庙始建于唐代。民国 24 年（1935 年）5 月至 7 月，红四方面军在以千佛山为中心的北川与安县界山守卫 73 天，进行了著名的千佛山战役。千佛山顶还有红军练兵场遗址和战壕。现存的佛祖庙大雄宝殿残垣，面阔 20 米，建筑面积 258 平方米。

第二节　文物保护单位

一、汉平阳府君阙

汉平阳府君阙坐落于富乐山下，是全国现存 20 多处汉阙中保存较为完好的一处，1961 年被列为全国重点文物保护单位。汉平阳府君阙为双阙。两阙坐落一南一北，相距 26.2 米。北阙为子阙，通高 5.29 米；南阙为母阙，通高 5.45 米。两阙均分为阙座、阙身、阙盖三大部分。阙座上雕刻有柱、有斗。阙身亦雕刻有柱、枋、栏额、斗拱等仿木结构。阙身及阙盖之斗拱壁上等处或刻有浅浮石雕，或刻有中浮石雕，或刻有高浮石雕图多幅，以动物、人物为主。汉平阳府君阙为墓阙。

二、七曲山大庙

七曲山大庙始建于晋代。它是文昌帝君的发祥地、祭祀文昌帝君的祖庭。经多次扩建，形成了一组结构宏伟、体系完整的古建筑群，比较完整地展现了元、明、清三代和民国时期的建筑风格。有百尺楼、文昌殿、桂香殿、瘟相殿、白特殿、风洞楼、时雨亭、家庆堂、天尊殿、关帝庙、盘陀石殿等。大庙内有各种塑像 200 余尊。文昌正殿的铁铸文昌神像，通高 4.6 米，重约 5 吨。庙中还陈列着铁鼎、铁香炉、铁花瓶和铁花，以及三乘清代制作的文昌帝君出行花轿与一副锡头木柄銮等珍贵文物。风洞楼上塑有张献忠像。1996 年，七曲山大庙被列为全国重点文物保护单位。

三、云岩寺

云岩寺是窦圌山中的主要寺庙，唐乾符年间（874—879 年）敕建。有山门、文武殿、天王殿、大雄殿和飞天藏殿、东禅堂、南岳殿等。大雄殿是云岩寺主体建筑，建于清雍正十三年（1735 年）。飞天藏殿坐落在大雄殿前西侧，为宋淳熙八年（1181 年）建。南岳殿坐落在大雄殿后两侧，清康熙五十三年（1714 年）修建。铁桅杆位于云岩寺山门前两侧，清乾隆十一年（1746 年）建造竖立。两根桅杆各长 11 米，直径 29 厘米，生铁铸造。1988 年，云岩寺被列为全国重点文物保护单位。

四、报恩寺

坐落在平武县龙安镇，为明代镇守龙安的土官佥事王玺兴建，正统五年（1440 年）开工，至天顺四年（1460 年）工程告竣，前后共 20 年。报恩寺规模宏大，布局对称，有外院、前院和后院 3 重院落，山门前有广场，占地面积共计27888平方米。建筑群以山门、天王殿、大雄殿、万佛阁为中轴线，山门与天王殿之间用3座石拱桥连接，两边分列碑亭、华严殿、大悲殿、龙神祖师堂、回廊、僧舍、斋房、库房等建筑物，建筑面积3518平方米。华严藏殿中的楠木转轮经藏、大悲殿中的楠木千手观音圆雕造像以及寺庙中众多各式各样龙的造型被誉为报恩寺的“三绝”。1956年、1996年，先后被列为省和全国重点文物保护单位。

五、郪江崖墓群

坐落在三台县郪江镇境内，有泉水坝、金钟山、鼓楼山、天台山、罗汉山、大英山几处。崖墓为多室结构，室内有仿木结构建筑斗拱、石柱、天花和人物、动物浮雕；有说唱人、舞蹈人和狗咬耗子、猴子吃桃等浮雕；有灶、床、斗拱、柱等浮雕。1996年，被列为全国重点文物保护单位。

除以上五处国家级文物保护单位外，绵阳市还有李业阙、碧水寺、永平堡、琴泉寺、三台县古城墙及东、南城门、王玺公衙、北岳殿、开禧寺大雄宝殿、江油红军胜利纪念碑等省级文物保护单位13处；文同墓、鱼泉寺等市级文物保护单位21处。

还有几个古遗址和古窖藏。边堆山新石器时期遗址。坐落在涪城区石塘镇古泉村边堆山半坡二级台地，据专家推断，此遗址为大约距今5000年前的新石器时期原始人进入农业定居，兼以渔猎生活时期的文化遗存，是四川盆地迄今发现最早的人类文化遗存。古盐井皮袋井。在涪城区丰谷镇团结村五社罗汉寺旧址山下肖家湾近涪江岸边，为绵阳井盐生产历史悠久之有力佐证。越王楼遗址。原坐落在绵阳涪江东岸龟山之巅，唐显庆年间（636—661年），唐太宗第八子李贞任绵州刺史时所建，后屡经兴废。圣水寺古瓷窑遗址。原在涪城区城郊乡圣水山下，今无存。红星街明青花瓷窖藏。原埋在绵阳市区红星街，1985年拓宽红星街施工时发现，出土青花瓷器等364件。青莲古瓷窑。分两个窑区，分别位于青莲场南约5公里的江油市九岭乡和10公里的江油市方水乡境。青莲古瓷窑出土的黑釉桥型系标本，将四川省生产黑釉的历史大大提前。还填补了四川自南北朝至隋、唐瓷窑的空白。

第三节 自然保护区

2005年，全市有森林和野生动物及湿地类型自然保护区11个，其中，国家级自然保护区2个，省级自然保护区6个，县级自然保护区3个，总面积3441.3平方公里，占全市面积的17%。

一、王朗自然保护区

王朗自然保护区是中国最早的大熊猫保护区之一，也是中国唯一获得国际生态旅游资格认证的生态旅游景区和国家级自然保护区。位于平武县西北角。1965年9月四川省人民委员会批准建立，随即成立管理所。1980年后，国际生物基金会和大批国内外专家学者，先后到保护区进行有关大熊猫的实地考察研究。1984年前后，因箭竹大面积开花枯死，大熊猫生存环境急剧恶化，开展了国际性抢救大熊猫活动，国内外专家学者云集王朗，研究和进行抢救，取得了良好成绩。保护区面积322平方公里。最高点海拔4233米，最低点海拔2267米，平均海拔3250米。保护区气候属东亚季风气候区。

二、雪宝顶自然保护区

雪宝顶自然保护区位于平武县虎牙藏族乡、泗耳藏族乡。主要保护对象为大熊猫等及生态系统。

保护区面积636平方公里，1993年建立。为国家级自然保护区。

三、小寨子沟自然保护区

小寨子沟自然保护区位于北川羌族自治县青片羌族藏族乡西北面，1979年建立。面积443平方公里，是以保护大熊猫等及生态系统为主的省级自然保护区。保护区以鹰嘴峰为界，分为东西两条大沟。东南部小寨子沟沟口蔡家坪海拔最低为1600米，西部三角架大梁海拔最高4073米。

四、翠云廊古柏保护区

以剑州古城（今剑阁县城）为中心，沿川陕古驿道北到昭化县城（广元市元坝区昭化镇），南到梓潼，和沿着保（宁）剑（州）官道东南至保宁府城（阆中市区），这三条道路两侧历代栽植数万株柏树，形成翠云廊。保护区2002年建立，面积100平方公里，主要保护古柏及其生态系统，为省级自然保护区。梓潼县境古柏保存最完好的水观音以北一段。相传古柏最早栽植于秦代，最后一次在驿道和官道两旁大规模植树是在明代。1958年四川省林业部门对翠云廊枯死柏进行年龄测定，树龄最长的有1700多年，一般的也在140年以上。

五、观雾山自然保护区

观雾山位于江油市武都场镇北约9公里，海拔1600余米。该保护区于2003年建立，292平方公里，为主要保护生物多样性及生态系统的省级自然保护区。构成观雾山山体的白垩白云岩富藏化石，中国首次发现的最古老的节甲类鱼化石“宋氏鱼化石”就是在此。所产“雾山石”是黑色大理石的一种，是制作名贵石砚和其他工艺品的优质石料。“雾山石砚”是远近闻名的工艺精品。

六、千佛山自然保护区

千佛山自然保护区自西南向东北绵延约32公里，主峰佛祖庙在安县茶坪乡与北川县坝底羌族乡交界处，海拔2942米。保护区1993年建立，面积103平方公里，是以保护大熊猫等及生态系统为主的省级自然保护区。

七、小河沟自然保护区

小河沟自然保护区位于平武县木座藏族乡、木皮藏族乡、阔达乡之间。主要保护对象为大熊猫等及生态系统。保护区面积282平方公里，1993年建立。为省级自然保护区。

八、片口自然保护区

片口自然保护区位于北川羌族自治县片口羌族乡。主要保护对象为大熊猫等及生态系统。保护区面积91平方公里，1993年建立。为省级自然保护区。

另外，还有3个以保护水禽和湿地为主的县级自然保护区：游仙水禽湿地自然保护区、三台鲁湖白鹭自然保护区、盐亭白鹭自然保护区。

第七章 风土民情

第一节 宗 教

一、佛教

佛教传入绵阳境内的具体时间不详。绵阳市境最早的佛教寺庙是建于南朝刘宋顺帝升明元年（477 年）的天宁万寿禅院（即天宁寺），原址在今平武县古城乡阳南村。梁武帝天监元年（502 年），益州（治成都市）和尚在梓州（三台县）筹建佛寺，梁武帝赐名为“永福寺”。

至唐代，佛教在绵阳兴盛。三台县境内建有康兴寺、甘露寺、香积寺、尊胜寺、安昌寺等寺庙。唐贞观元年（627 年），法云禅师在江油匡山“开创经堂，道行远播”，后被唐僖宗赐名为“中和寺”，逐渐发展成为江油乃至川北的佛教活动中心。唐贞观八年（634 年），梓潼县卧龙山千佛崖建造大量佛教造像，现存大小佛像 300 余躯。安县于唐代也建起梓梁寺、飞鸣禅院等较大的寺院，其中飞鸣禅院曾多次重建。

宋徽宗崇宁元年（1102 年），盐亭建有佛寺“普明院”。此佛寺寺名为皇帝钦赐，在当时颇有声誉和影响。藏传佛教从元朝开始在北川羌族地区传播并兴盛起来，喇嘛庙几乎遍布羌族地区的村寨。

明清及民国时期，佛教活动在绵阳市境内普遍开展，各县均建有大小佛寺，多者达数百所，并设有僧会司、佛学社、佛教分会等机构作为佛教事务的组织管理机构。明正统九年（1444 年），绵阳城南塘汛场建有规模宏大的佛寺报恩寺，占地三千余亩，有 99 重殿宇，明末毁于战火。清末，三台县有佛寺 70 余处，僧众 600 余人；安县则有佛寺 268 处，皈依弟子 200 余人。民国 38 年（1949 年），三台全县有佛教徒 657 人，盐亭县有较大的寺庙 50 多处。经过 1951 年的土地改革，僧尼大多蓄发还俗，相当一部分寺院改作农居或学校等。“文化大革命”时期，佛教活动受到冲击而被迫中断。

中共十一届三中全会后，绵阳市境内逐步恢复正常的佛教活动。1985 年起，绵阳市相继开放极乐寺、飞鸣禅院、大佛寺、圣水寺、凤灵寺等寺庙。1995 年 5 月 28 日，涪城区罗汉堂落成典礼及佛像开光仪式，来自 12 省、市开放寺庙的僧尼、居士 3000 多人参加大会。同年 8 月 16 日，三台县大佛寺释寂明主持召开“纪念抗日战争胜利五十周年和世界反法西斯战争胜利五十周年祈祷和平法会”，旨在向为维护世界和平与正义牺牲的烈士们表达佛教界的敬意。法会历时 7 天。1995 年 12 月 4 日，绵阳市佛教协会成立。2000 年，涪城圣水寺、三台大佛寺、安县飞鸣禅院、江油极乐堂分别举办居士菩萨戒法会，600 多名居士参加并受到教规教义教育。2005 年年底，全市共开放寺院 46 座，教职人员 402 人，信教群众约 59. 45 万人。

二、道教

绵阳市境内现存反映道教活动的最早遗迹，是市区西山玉女泉崖壁上刻于隋大业六年（610年）的道教摩崖造像，这也是四川省发现的最早的道教造像。唐代，道教在绵阳市境已传播较广。唐高宗龙朔元年（661年），昌隆县（江油市境）主簿窦子明迷于道教，弃官隐居江油圌山修炼。后人为纪念他，将圌山改名为窦圌山，并在山上修建了纪念性建筑窦真人殿和飞仙亭。唐开元初年（713年），道教传入盐亭县境，道士陈大有在两岔河乡境建清霞观。

北宋徽宗宣和年间（1119—1125年），道士杨嗣、柴卿在安县桑枣镇浮山太乙洞修炼，始建道教祥符观。南宋高宗绍兴初年（1131年），道教传入平武县境，南坝牛心山建玉虚观。绍兴二十五年（1155年），宋高宗钦赐玉虚观御书《黄庭经》十轴及汉唐书帖，道士黄若阙在观内建“御书楼”崇奉之。南宋开禧二年（1206年），飞乌县（中江县境）人赵肖庵（赵法应）在三台县云台山修茅屋悟道修行，嘉定三年（1210年）建成云台观。赵肖庵死后，被宋光宗钦封为“妙济真人”，从此云台观香火不绝，观宇逐渐增修。

明万历元年（1573年），北川县境内始建道教宫观。万历三十二年，三台云台观失火，朝廷发库金修复，并颁赐《老子道德真经》326卷和《南华经》等经卷30多种1000多卷。清道光十五年（1835年），始建于唐宋时期的仙云观（市区西山观）经重建后恢复道教活动。至清末，三台县有道观13处，道士30余人；安县有道观287处，道徒317名；江油市境有道观35处。三台、盐亭、安县等地设有道会司，管理道教活动。民国初废道会司，成立道教分会。民国36年（1947年）11月，四川省道教会三台县分会成立，该会共有在册道教徒450人。中华人民共和国成立后，道教活动基本停止。

1986年4月，三台县云台观经市、县人民政府批准，重新开辟为道教活动场所。此后，各县相继开放道教活动场所，恢复道教活动。1988年11月，三台县云台观道教协会成立。1992年改为三台县云台观道教管理委员会。至2005年年底，全市共开放道观8处，教职人员87人，信教群众约16.06万人。

三、伊斯兰教

明太祖洪武四年（1371年），明大将傅友德奉命平蜀，率军由陇南（甘肃文县境）进入平武县境。时有明军中的陕西籍回族官兵，退役后部分定居在平武县，伊斯兰教由此传入绵阳市境内。明成化元年（1465年）后，山东省蓬莱县回民迁入盐亭县定居，伊斯兰教亦随之传入该县。明朝中期，江南的穆斯林商人将其产品或工艺带入绵阳市境内从事贸易或生产活动，一部分人定居绵州（涪城区和游仙区），从而使伊斯兰教在绵阳市境内进一步传播。

清朝初期的“湖广填四川”移民潮，使伊斯兰教随迁入绵阳市境的回族穆斯林传到三台、安县、梓潼等地。清乾隆初年（1736年），伊斯兰教传入北川，回族穆斯林在擂鼓、曲山、陈家坝修建了三座清真寺。嘉庆十七年（1812年），盐亭县冯河乡达家坪清真寺建成，这是该县的最早的清真寺。江油市境内的伊斯兰教是在清代随西北商人的贸易活动传入。咸丰年间（1851—1862年），马姓回民富商在江油中坝建清真寺。清末民初，聚居在安县花荄、塔水的回族穆斯林在当地分别建起清真寺。民国19年（1930年），三台县城内有穆斯林30余户144人。抗日战争时期，梓潼县老南街清真寺维修扩建。民国38年（1949年），盐亭县共有清真寺10座，阿訇40人。

“文化大革命”开始后，受极左路线的影响，伊斯兰教活动被迫中断，中共十一届三中全会后恢复。十一届三中全会以后，市内各清真寺通过自力更生，均实现宗教自养。梓潼县清真寺从 1985 年开始组建清真食店，实现自养有余后，又开办了清真食品厂。1986 年起，盐亭县北街清真寺充分利用原有物资及房产，开办清真寺招待所、回民食店和清真茶馆等，取得较好的经济效益和社会效益。1989 年 9 月，盐亭县伊斯兰教协会针对部分清真寺缺乏阿訇、杂散居地区的回民无人宰牲和无法料理宗教事务的情况，开设了学制为两年的经学班，招收学员 17 人。1992 年涪城区清真寺在石塘镇浸水村建清真食品厂，1995 年该厂实现产值 50 万元，利税 6 万元。1985 年 12 月 26 日，盐亭县伊斯兰教协会正式成立，这是绵阳市建立的第一个伊斯兰教协会。1995 年 12 月 27 日，绵阳市伊斯兰教协会正式成立。至 2005 年年底，全市有清真寺 24 座，教职人员 28 人，信教群众约 1. 54 万人。

四、天主教

清乾隆四十二年（1777 年），法国天主教传教士徐德新奉命主持川西北 11 县教务，往来于绵阳、安县、北川等地。清道光元年（1821 年），徐德新到今游仙区柏林镇洛水村附近传教，这是绵阳天主教活动的发端。此后，徐德新派栗姓神甫来柏林王家湾任本堂，修建了中式四合院教堂。民国 2 年（1913 年），法国传教士柏立山接任本堂后，修建柏林天主教堂。此后，又相继在绵阳魏城、石板及县城翠花街等地购置产业，继续发展天主教。至 1949 年，绵阳县境内有 2000 余信众。

清道光二十年（1840 年），一华籍罗姓神甫到江油西屏长江坝和河西真武观等地传教，天主教由此传入江油。民国 2 年（1913 年），修建河西天主教堂。民国 6 年（1917 年），中坝天主教堂建成。中华人民共和国成立初期，江油共有教徒 630 多人。

清同治元年（1862 年），北川有三人领洗入教，成为该县第一批天主教徒。同治六年后，片口、治城、擂鼓、小坝等地修建了天主教堂及支堂。清同治六年，法国传教士鲁姓神甫到三台县城传教，在后井街高水井购房改建为天主教堂。光绪二十八年（1902 年），该天主教堂被义和团捣毁，清政府镇压义和团后又重建。

清光绪十五年（1889 年），法国神甫劳能佐到平武传教，在县城内建立教堂。民国 24 年（1935 年）前后，天主教活动在平武达到鼎盛时期，信众达 2000 余人。清光绪三十一年（1905 年），三台天主教堂派人到盐亭玉龙镇传教，后在玉龙正街建立天主教堂 1 座，发展教友 100 余人。至中华人民共和国成立时，盐亭仅有 10 户、30 余人参加天主教活动。清宣统元年（1909 年），两名法国籍神甫到安县传教，在秀水镇陕西街修建天主教堂。宣统三年，法国神甫鲁司铎在秀水镇槐荫街建立天主堂，后在塔水镇复兴街、浮坪埝、河清镇罗马街等地设立分堂。民国 5 年（1916 年），安县共有天主教友 2430 名。

中华人民共和国成立后，全市各天主教会开展了自立革新运动，建立起自治、自养、自传的新教会。1951 年江油成立“天主教三自革新委员会”。“文化大革命”期间，天主教会被取缔，但仍有教友秘密组织活动。中共十一届三中全会以后，天主教会的宗教活动恢复。1989 年 5 月 14 日，安县秀水天主堂隆重举行复堂圣典，成都市、绵阳市、江油市、德阳市和绵竹、什邡、北川、三台、平武以及安县的天主教代表、修生、修女、教友 1800 人参加复堂弥撒。1982—1989 年，绵阳市中区、江油市、三台县、安县相继成立天主教爱国会。1994 年 5 月，绵阳市天主教爱国会筹备委员会正式成立。至 2005 年年底，全市有天主教堂 16 处，信教群众约 3. 35 万人。

五、基督教

清同治七年（1868 年）五月，英国公谊会伦敦总会传教士陶维新到潼川府（三台县）租民房传教，这是英国公谊会在中国创办的第一个基督教会。清光绪十一年（1885 年），英国牧师裴成章、惠爱珍等人到绵阳传教，建福音堂（在涪城区解放街）。光绪十八年，英国圣公会传教士何诗伯到绵阳传教，购房扩建涪城区福音堂。清光绪二十五年（1899 年），英国传教士梅益盛在三台租民房开办学校，后设教堂开展传教活动。次年，三台基督教公谊会成立月会，受四川基督教公谊会年会领导。月会建立后，随即向所属教区的三台、射洪、盐亭三县发展。至民国 33 年（1944 年），三台全县共有基督教徒 278 人。

清光绪二十五年（1899 年），英国传教士孙德福到安县传教，在安昌镇设立教堂，发展教徒，并兴办学校，开设西药房。此后陆续在花荄、秀水、桑枣、永安、擂鼓等场镇设立分堂，安县成为四川教区下辖的一个牧区。

清光绪二十八年（1902 年），英国传教士郝牧师到北川治城传教。清宣统元年（1909 年），郝牧师等人主持在治城北街修建了福音堂。民国 24 年（1935 年）教堂被毁。

民国元年（1912 年），中华圣公会川东教区派南部县教区助士余锦江赴盐亭富驿传教。民国 3 年（1914 年），余锦江及当地教徒建立教会。民国 38 年（1949 年），已在盐亭、南部、剑阁等县境内发展教徒 1500 余人，设立 19 个支会区。民国 12 年（1923 年），英国牧师魏本初到平武传教，在龙安镇修建基督教堂一座。民国 17 年，英国人易德理在梓潼县城关镇正北街建基督教堂，从事传教活动。

绵阳县是基督教川西教区领导机构所在地，下辖新都、广汉、什邡、绵竹、安县、江油、梓潼、北川、茂县、松潘、平武、德阳等县基督教组织。教区会议肇创于民国 5 年（1916 年），初为每年一次，后改为三年一次，休会期间由常务委员会处理会务。民国 24 年（1935 年）起，由绵阳籍教士郑铁侠担任会长，直到绵阳解放。

中华人民共和国成立后，绵阳市境内的基督教会走上独立自主、自办教会的道路。1951 年 1 月，绵阳专区基督教会实行“三自”革新，成立“三自”爱国会组织，开展宗教自养活动。同年，安县、江油、绵阳丰谷、三台、盐亭富驿相继成立基督教“三自革新运动委员会”。1956 年春，绵阳专区、丰谷镇、江油、安县、三台、盐亭富驿区分别建立了三自爱国运动委员会。1958 年 5 月，绵阳专区举办基督教社会主义学习班，参加学习的基督教代表通过了《绵阳专区基督教爱国公约》。“文化大革命”开始后，教会受到冲击而被迫关闭，宗教活动亦中断。1981 年，绵阳地区恢复基督教等宗教活动。1986—1995 年，三台、盐亭、江油、安县等县（市）相继成立基督教三自爱国运动委员会。1994 年 5 月，绵阳市基督教三自爱国会筹备组成立。至 2005 年年底，全市有基督教堂 8 座，教职人员 18 人，信教群众约 4.56 万人。

第二节 民　俗

市境内生活习俗、生产习俗、岁时节令与四川其他地区大同小异，较有特色的民俗主要体现在各种庙会及平武白马藏族、北川青片羌族等少数民族风情中。

一、庙会

旧时境内庙会颇多，会期长短、规模大小各异，为民间商贸、社交、娱乐、祭祀的方式之一，多于神佛祭祀日在寺庙或附近举行。

上九会。正月初九。绵阳西山观的上九会很有名。逢会日绵阳城内男女老幼均要到西山观赶庙会，烧香祈福，定婚男女亦在此日到西山观见面。中华人民共和国成立后消失。

花会。正月十五日在彰明镇、正月十六日在青莲场举办。以八抬大轿自庙里抬出“文昌”及以竹篾、麦草、各色彩纸扎成的“八仙”，并用人扮成川剧角色踩高跷，其后是采莲船、龙灯、舞狮子等，笙歌悦耳，鼓乐喧天。

文昌庙会。清乾隆四十四年（1775 年），梓潼县就有春（二月初一至十五日）、秋（八月初一至十五日）两季文昌庙会。庙会第一天由县知事领衔各官绅、行业首事到大庙文昌正殿敬天帝、敬文昌，再唱赞词、读疏文、烧表章、读祭文，行礼如仪。第三天，由县内外举人秀才结队前导，以 8 人抬文昌神像于鼓乐声中巡视庙宇周围，俗称“举子祭游”。各地戏班亦于大庙及周围寺庙的万年台上唱戏。同时，梓潼商帮及绵州、汉州、剑州、顺庆府、保宁府、陕西客商都在城内摆摊设点，其商品交易税甚至超过一年的农商税收。旅店爆满，与会者多在茶馆酒店、庙前庙后坐待天明。中华人民共和国成立后，庙会被禁止。1978 年后，庙会恢复，每季庙会达 10 万人以上。

梓潼会。旧时每年农历二月初一至十五的春季文昌庙会，又是川西北传统的物资交流会，俗称梓潼会。从二月初二起，先后在绵阳魏城、刘家河、白家坝、新桥、石马坝、青义等场镇举行。十三日在绵阳城举行。十四日休会一天、次日复会。青海、甘肃、陕西及省内客商以人背马驮，贩运各地名特产品到绵阳展销。川戏班、皮灯影、木偶戏也到绵阳唱会戏。民间说唱艺人亦来献艺。会期绵阳城日聚众 10 余万人。20 世纪 50 年代末梓潼会停办。20 世纪 80 年代由全市性的秋季商品交易会取代。

浮山庙会。安县桑枣镇浮山庙会，早在清代就有相当规模。民国时期，每年农历正月初九的上九会，二月十九、六月十九、九月十九（传说为观音菩萨出生、得道、升天之日）的观音会，三月二十八的东岳会，六月二十四的雷神会均在罗浮山举行。中华人民共和国成立后庙会停止。

观音会。市境各地寺庙要举办法事纪念，善男信女云集，烧香祈福。绵阳（绵州）碧水寺因有一尊唐代观音菩萨石雕像，故碧水寺的观音会最负盛名，农历六月十九云集的善男信女达数万人。

春社日踩桥。春社日，立春后的第五个戊日。安县睢水太平桥自清嘉庆四年（1799 年）建成后，“春社”踩桥活动经久不衰。踩桥者少则五六万人，多则上十万人，大致有三类：青年男女结伴前往春游；部分中老年农民前往祈求土谷神保佑风调雨顺，祛病免灾；有小孩的年轻父母，给孩子寄拜干爹干妈。此习俗沿袭至今。

娘娘会。农历三月初三在安县、北川、江油等地举行，以安县黄土镇最负盛名。婚后无子的夫妇，前往八角庙送子殿求神许愿。生了孩子，要向送子娘娘还愿，演皮影戏或木偶戏 3 本，捐灯油几十斤。此习俗中华人民共和国成立后消失。

牛王会。祈求耕牛健康，确保来年生产顺利的活动。会期多在农历三月十八日于盐亭县的石牛庙、安佛、金孔等地举行，也有三月十日、十月一日分别在盐亭县的冯河及北川县等地举行。盐亭县的石牛庙牛王会在会期前一个月左右，就有梓潼、剑阁等地乡民来到庙内牛王神像前杀鸡还愿。

药王会。祈求身体平安的活动。农历四月二十八日在安县、北川等地举行。其中安县秀水镇的药王会在三王庙举行，会期3天，前往赶会的除本县民众外，还有罗江、德阳、绵竹、什邡等地的善男信女，日集千人以上。每天演大戏或皮影戏，办斋饭百余桌供朝拜者午餐。中华人民共和国成立后后药王会停办。

单刀会。祭祀关公的活动。农历五月十三日在安县、北川、平武等地举行。安县塔水镇的单刀会同时举办骡马会。会前的农历五月初八，河南、甘肃、康藏和省内各地骡马客商陆续到达。五月十三日正会，十八日赛马，对参赛夺得名次者挂红放炮，游街庆贺。大会期间，镇上南华宫、湖广会馆、火神庙都有戏班演出，街道上搭过街布棚，张灯结彩，同时进行骡马交易。1954年改为骡马耕牛交易会。20世纪60年代终止活动。

城隍会。农历五月二十八日在平武、北川（治城）、江油（彰明镇）等地举行。平武城隍会由城内四街会首主办，地点在城隍庙。会前六七天，川剧班子在山门口戏楼做会戏，庙内外广场摆设货摊以行商贸，每日赶会、看戏、会亲者不下两千人。农历五月二十八日，城乡官绅、庶民着新服参加祭祀礼。会首分别在神案前陈设古玩、花卉、寿桃、糕点等数百种，敬神之红烛昼夜不熄，城隍前祭猪十几头。梓潼县文昌镇、安县安昌镇、盐亭县城及绵州分别于农历三月十五日、五月十日、五月十八日、七月十五日举行城隍庙会。中华人民共和国成立后全部停办。

禹王会。农历六月初六，北川禹里禹王庙逢会，以祈求风调雨顺。水旱灾年，庙会祭祀活动尤盛。同时绵阳（绵州）、盐亭两河、安县睢水等地亦举办王爷会祭祀镇江王爷。中华人民共和国成立后，王爷会停办。20世纪80年代后，禹王会又逐渐兴起。

此外市境还有数地举办的东岳会、川主会、雷祖会等，中华人民共和国成立后停办。

二、少数民族风情

（一）白马藏族风情

平武县的白马藏族乡的藏族有着独特的文化。不同一般藏族，他们头戴一顶圆盘白毡帽，侧插白羽，身穿中间开缝的白色麻布长袍长裤。生产资料几乎都归公有，实行共同劳动，平均分配劳动成果。有自然神灵崇拜，最为崇拜白马乡的神山白马老爷。独特的民族风情活动有跳曹盖（面具舞）。

（二）虎牙和泗耳藏族风情

平武县西部与阿坝藏族羌族自治州松潘县相邻的虎牙藏族乡和泗耳藏族乡均系藏族聚居地。这里居住的藏族，服饰、住房、习俗与阿坝藏族羌族自治州的藏族基本相同。男子头戴藏式狐皮帽，身穿红色或黑色的藏式长袍和长裤，打绑腿，脚蹬藏式马靴，腰系藏式腰带；妇女头戴女式蝉皮帽，身着短便衣和皮褂，腰系果果裙，穿长裤，打绑腿，脚蹬藏式马靴。传统住房多为石条砌垒成的寨房，平顶上盖石板，寨房为二层、三层两种，二层寨房底层住人上层为经堂和粮仓，三层寨房底层则圈养牲畜。这里居住的藏族讲藏语、使用藏文，信奉藏传佛教。虽无喇嘛寺但许多寨子背后的山上均有喇嘛堆，亦有喇嘛主持祭祀活动。虎牙藏族、泗耳藏族同样能歌善舞，具有浓郁的民族风情。

（三）青片羌族独特风情

北川羌族自治县在历史上是羌族聚居地域，为羌、汉族两族杂居。因各民族的生活习俗相互影响，特别是受到汉文化影响，羌族生活习俗与汉族无异。但在县境西北部与阿坝藏族羌族自治州茂县仅一山之隔的青片羌族藏族乡聚居的羌族，还保留着较为浓郁的羌族风情。男子穿长袍和羊皮褂，大脚裤，打腰带，打毛麻织绑腿，脚蹬“云纹鞋”；妇女头裹青布帕或白布帕，身着窄袖短长衣，衣领、衣襟、袖口等处均绣织花寨房和石寨房。木寨房，屋顶呈现“人”字形，上盖青瓦，房屋四周为木板墙，共分三层，底层圈养牲畜，中层住人，上层为粮仓；石寨房为石条垒砌，外观呈方形，平顶上盖石板，在靠后墙中处砌一石塔，上供三至五个白石头并插旗幡，房屋一般为三层，下层圈养牲畜，中层住人，上层为粮仓。羌族无文字，语言为羌语；信仰藏传佛教，亦信奉白石神。羌族亦是能歌善舞的民族，每逢节日、祀礼、婚丧庆典，均有歌舞助兴。

第八章　地方名人

绵阳是一座建城2200多年的历史文化名城，人杰地灵。据考证，早在两万年前，绵阳属辖的平通河两岸，就有了古人类活动的踪迹。相传中国第一个王朝——夏王朝缔造者、“三过家门而不入”的治水英雄大禹和黄帝元妃、栽桑养蚕缫丝织绸发明者嫘祖王凤就生活在这方土地之上，留下了很多征服大自然、造福百姓的动人而美丽的传说。

从两汉到明清，绵阳逐渐发展为川西北重镇，涌现出了许多著名人物。涪翁，西汉针灸鼻祖、我国第一部针灸专著《针经》的作者，他把医术传给弟子程高，程高又传给郭玉。张亚子，广为行善，屡若神异，被称梓潼神，唐天宝年间，玄宗“幸蜀”路过梓潼，遇张亚子“点化”，即封张为左丞相。宋代道家把文昌星神与梓潼神合一，说玉帝命张亚子“掌文昌府事及人间禄籍”，封张为“文昌帝君”，曾有“北有孔子，南有文昌”之说。赵蕤，唐代思想家，其主要著作《长短经》，以治国谋略为经，以历史事实为纬，在总结历史经验教训的基础上，提出自己的思想理论和安邦治国的主张。被李白拜为老师。李白，被推崇为“诗仙”，在中国文学史上占有十分重要的地位，其诗歌一直流传的有千首，是中华文化宝库中最瑰丽的珍宝之一，被翻译成几十种文字，在100多个国家流传，他的诗歌风格主要是浪漫主义，“铁杵磨针”就是根据他的故事而来。欧阳修，自称“六一居士”，北宋诗文改革的领袖，“唐宋八大家”之一，著有中国文学史上第一部诗话《六一诗话》，他的文学成就以散文最高，他在中国文学史上有重要的地位，他倡导的诗文革新运动，改变了唐末到宋初的文风和诗风。苏易简，官至参知政事，绵阳唯一的状元，著有中国第一部系统记载纸笔墨砚生产及制作工艺的专著《文房四谱》，对“文房四宝”的生产具有指导意义，对我国文化的繁荣产生了积极的影响。文同，不仅是清官，也是著名的画家、诗人、书法家，苏轼评价文同有“诗一、楚辞二、草书三、画四”“四绝”，“胸有成竹”就根据他的画竹理论而来，开创湖州画派，对绘画艺术产生了重大影响。李调元，清代蜀中才子，编著大型丛书《函海》，收集了两晋至元明四川文人罕见的文本，包罗文学、历史、地理等方面的研究成果，为研究古代巴蜀文化提供了非常珍贵的资料，他还是川剧剧作家、戏曲理论家。孙桐生，被者百姓称为“神君”和“包青天”，晚年主讲治经书院10余年，“左绵学风为之丕变”，刊刻《绣像石头记红楼梦》的中国早期红学家之一，对《红楼梦》的流传和研究作出重大贡献。另外，司马相如、扬雄、刘备、诸葛亮、庞统、蒋琬、姜维、李意期、李贞、杜甫、李商隐、陆游、张献忠等都曾在这里留下了诗文或精彩的故事。

在近现代，绵阳更是人才辈出。王右木，被称为四川马克思主义运动先驱，创办《人声》报，组织马克思读书会，领导四川教育经费独立运动，组织成立四川第一个以马克思主义为思想指导的成都工人阶级群众组织——成都劳工联合会，创建四川最早的共产党党组织——中共成都独立小组，建立社会主义青年团成都地方委员会，牺牲时年仅38岁。张秀熟，四川早期共产党领导人，领导成都学生爱国运动，在江油中坝建立第一个共产党党组织——中共成都特支省二中支部，促成山防总队起义，使川北和平解放，中华人民共和国成立后主持四川省修志工作，提出了“资料可靠，科学性强，指导思想明确”的修志要求。袁诗荛，革命先驱，宣传鼓动家，编印向农民宣传革命道理的《新三字经》，组织成立四川省学生联合会，筹建潼属联立高中。还有谭德政、邹风平等许多革命志士。沙汀，安县人，文学大师，早期加入中国左翼作家联盟，创作《淘金记》《困兽记》《还乡记》《木鱼记》《红石滩》《睢水十年》等长篇小说和《在其香居茶馆里》《乡约》等短篇小说，曾任中国作家协会副主席。蒙文通，盐亭人，历史学家，著有《古史甄微》《儒学五论》和标志中国古代史研究达到新的水平的《越史从考》，曾出任在三台的尊经国学专科学校校长。萧龙友，三台人，被誉为“京城四大名医之冠”“医中圣手”，创办北平国医学院，曾准确为孙中山诊断病情，他对中医有许多独到的见解，医德高尚，曾作《医范十条》。蒲辅周，梓潼人，精于中医，在成都开办“同济施医药社”，1955 年起在卫生部中医研究院工作，1958 年起负责周恩来等中央领导人和国际友人医疗保健工作，出版《蒲辅周医案》《蒲辅周医疗经验》等著作。陈开沚，四川近代蚕丝业的奠基人之一，实业家。陈宛溪，开办四川第一家机械化缫丝厂——裨农丝厂，标志绵阳近代工业的诞生，“金双鹿”牌丝在民国 5 年（1916 年）获巴拿马博览会金奖。创办嘉乐纸厂，为抗战中打破日军封锁，保障大方后纸张供应，起了作用。李有行，梓潼人，被誉为“东方色彩大师”、水粉画大师、工艺美术教育家。谢趣生，以漫画为武器反映社会现实，发表了大量以抗日救亡为题材的漫画，创设民间抗日美术团体“四川漫画社”，创作《鬼趣图》《招魂图》，在当时社会引起了强烈的反响。还有起义投诚的谭尚修、蹇幼樵，银行家康心如，音乐家许可经等著名人物。客籍人物著名的有抗日名将宋哲元、“厚黑教主”李宗吾、文史哲专家谢无量、军阀田颂尧、曾任绵阳地委书记的刘文珍等。

中华人民共和国成立后，开始建设社会主义的新历程，涌现出参加中越自卫反击战而牺牲的战斗英雄吴勇、参加抗美援朝的“特等功臣”陈开茂、参加抗美援朝的一等功臣二级战斗英雄蔡朝兴、为救战友而牺牲的烈士唐成模、在珍宝岛自卫反击战中为掩护战友而牺牲的一等功臣王庆容等战斗英雄。还有许多在各条战线上建功立业的代表人物。邓稼先，研制原子弹和氢弹的两弹元勋、核科学家，主持制订中国第一颗原子弹的理论设计方案，是中国核武器理论研究的奠基者和开拓者之一，是研制和发展核武器技术的主要组织领导者之一。海灯，以二指禅、梅花精拳、童子功等少林绝技闻名的武林奇人，筹划江油观雾山极乐堂的重建工作，开办江油海灯武馆，曾任全国政协委员、中国佛教协会理事。冯达仕，小麦育种家，获全国“五一”劳动奖章和“国家有突出贡献的科技专家”“绵阳市功勋科学家”，先后培育出绵阳 4 号、8 号等系列小麦优良品种，推广种植面积 3 亿多亩，创经济效益 50 亿元，为中国粮食产量跃上新台阶作出巨大贡献。宋鹭冰，三台人，擅采众家之长，将中西医结合，以善治瘟病闻名，还善治内科杂病，著有《瘟病学概论》。席应忠，北川县人，在口腔医学的教学、科研及临床医学方面颇有建树，尤长口腔正畸学，专著有《错颌的预防矫正》《口腔外科》等。安居泊，自幼苦练书法，晚年形成奔放、潇洒的独特风格。还长于国画，作品被广为收藏。释本光，对佛学经、律、论三藏皆精通，著述有《唯识学大要》《周易禅观顿悟指要》等。蔡竹虚，书法家，其书法功力深厚，笔墨酣畅，书体多变，有《蔡竹虚楷书字帖》出版。刘怀正，扮演朱德的特型演员，在话剧《南昌起义》中，成功饰演朱德，从此成为饰演朱德的首席特型演员，先后在《大渡河》《南昌起义》等 10 多部影视剧中饰演朱德。

第七篇　广 元 市

广元市位于四川省东北部，北与陕西省的宁强县、南郑县和甘肃省的文县、武都区交界；南与南充市的阆中市、南部县为邻；东与巴中市的南江县、巴州区接壤；西与绵阳市的平武县、江油市、梓潼县毗连。面积1.63万平方公里，辖市中区、元坝、朝天3区和旺苍、青川、剑阁、苍溪4县及广元市经济开发区。2005年，全市总人口304.2万人。广元古称利州，自古为兵家必争之地，史书曾有“得利州而得全川”的记述，是联结中国西南、西北的交通枢纽。广元历史悠久，人杰地灵。中国历史上唯一的女皇帝、封建时代杰出的女政治家武则天就出生在广元（则天坝）。著名史学家司马光少年时代随父到广元读书，“读书台”犹存。三国时，蜀汉军师孔明在“筹笔驿”谋划北伐。在第二次国内革命战争时期，广元是川陕革命根据地的重要组成部分，有4.7万广元优秀儿女参加了中国工农红军，涌现了罗青长、李开湘、吴忠等5位中央委员和伍国仲、任荣、李开湘等10位共和国将军。

广元是全国卫生城市、全国双拥模范城、全国优秀旅游城市、省级历史文化名城、省级园林城市，2003年，被国家建设部授予“中国人居环境范例奖”。

广元地处山区，农业生产条件较差。建市以来，农业基础条件不断改善，农村经济不断巩固发展，“米仓山”茶业、青川山珍实业、苍溪“猕猴桃”等重点企业不断发展壮大，现代综合农业不断形成，逐渐形成了粮食、畜牧、蔬菜、茶叶、烟叶、中药材六大农业产业。广元工业发展基础较好，081基地的电子工业，广兴铝业的冶金工业，以及建材工业、制药工业等产业集群特色鲜明、发展势头迅猛。2005年，全市地区生产总值（当年价）145.1亿元，地方财政一般预算收入3.92亿元，全社会固定资产投资67.67亿元，全市社会消费品零售总额63.36亿元，城市居民人均可支配收入6115元，农民人均纯收入2000元。精神文明、物质文明进一步加强，教育、卫生、文化、体育等各项社会事业全面发展。

第一章 地理状况

第一节 自然环境

广元市地处四川盆地东北边沿、嘉陵江上游，嘉陵江、白龙江纵贯全境。境域地理位置介于北纬31°31′—32°56′，东经104°36′—106°45′之间。地处米仓山、龙门山和盆周低山三大地貌单元的交汇地带，是较典型的地台与地槽间的地质过渡区，地貌呈北高南低、北陡南缓，由复杂到简单的变化过程。西北部摩天岭地段青川县境内大草坪最高海拔3837米，南部嘉陵江河谷苍溪县的涧溪口最低海拔352米。市境区域差异明显，北部、西北部为山地环绕的险谷，低中山广泛分布，间有中山，海拔2000—3000米。南侧则多为起伏连绵的低山深丘，海拔600—900米。地貌类型有20多种，主要形态为冲积平坝、丘陵、低山、中山等，以低山、中山广泛分布为主，占全市总面积的87.33%。

广元属亚热带湿润季风气候，四季分明，冬暖夏热、雨热同季、立体气候明显，年平均气温16.4℃，平均降水量890.2毫米。市境内干旱、暴雨洪涝、大风冰雹、地震等自然灾害发生频率高。

全市共有耕地538.66万亩，其中灌溉水田185.73万亩、望天田43.13万亩、旱地309.02万亩、菜地0.78万亩；林地有1382.79万亩，占全市土地总面积的56.51%；牧草地有23.59万亩；全市还有257.85万土地亩尚未利用。

市境内动植物资源种类繁多，有珙桐、楠木、银杏等国家一、二级保护植物20种；有大熊猫、金丝猴、扭角羚等国家一、二级保护动物61种。白龙湖30万亩油橄榄被誉为中国“软黄金”生产基地。广元是全国中药材生产区之一，有药用植物300余种，药用动物90余种，其中属于“上三级标准”的大宗品种357个，自然蕴藏量达1.1万吨，常用药材有剑柴胡、杜仲、天麻、火麻仁、冬花等。全市中药材面积达75万亩，其中杜仲种植面积达50万亩。

境内江河纵横，集雨面积在50平方公里以上的大小河流有80条，分为嘉陵江水系、渠江水系、涪江水系，均属长江水系。有嘉陵江、白龙江、东河、清江河、西河、羊木河、盐井河等集雨面积在1000平方公里以上的河流7条。

广元市境内矿产资源丰富，已发现95种，地质储量约18亿吨。黑金属矿有磁铁矿、赤铁矿、铁锰矿、钡、钛等9种；有色金属矿有铜、锌、铝、钼等8种，产地35处；贵金属矿有金、银两种，黄金资源丰富，以砂金居多；能源矿有煤、天然气；非金属矿有碳岩、黏土矿、大理石、花岗石、钾长石、重晶石等。

第二节　建置沿革

据中国社科院考古研究所在广元市的朝天中子营盘梁，广元城郊的邓家坪、张家坡等地考古发掘的文物鉴定，系细石器时代文化、旧石器时代文化、中石器时代文化及新石器时代文化。证明六七千年以前，广元这块土地上就有先民在此栖息生活。

春秋战国时，为蜀王领地。开明氏蜀王第五世尚“封其弟于汉中，号曰苴侯”，命其邑曰葭萌。即在昭化镇土基坝，建立侯国都邑，又名吐费城。

周慎靓王五年（公元前316年），因苴、蜀相攻，秦惠文王趁机伐蜀并苴。秦昭襄王二十二年（公元前285年）“（蜀侯）馆被诛，国除，改蜀郡，以张若为守，是为蜀立郡、县之始”，约于此时在苴侯都邑置葭萌县，属蜀郡。这是广元境内最早置县。

汉献帝建安二十二年（217年），刘备分广汉郡葭萌、梓潼、白水、涪县置梓潼郡，改葭萌县为汉寿县。

西晋武帝太康元年（280年），改汉寿县为晋寿县，属梁州梓潼郡。孝武帝太元十五年（390年），于县城置晋寿郡，又于东境置兴安县（治广元老城区），亦属晋寿郡。

萧齐齐明帝永泰（498年）时，分兴安以东为晋寿郡（治广元老城区），益昌以西为西晋寿郡（治元坝区昭化镇）。

北魏宣武帝正始二年（505年），侨置益州，亦曰西益州（治广元老城区）。南梁大同元年（535年），改西益州为黎州。西魏废帝三年（554年）改西益州为利州。并置总管府，领东晋寿、新巴、宋熙、东洛四郡。

隋文帝开皇三年（583年），罢利州所领晋寿、宋熙、新巴等郡和沙州所领平兴郡仍置利州，并置总管府。隋炀帝大业三年（607年），废总管府，罢利州，置义城郡。

唐高祖武德元年（618年），罢义城群复置利州，武德二年，又置总管府，领利、龙、隆、始、蓬、静六州。武德七年，改利州总管府为利州都督府，督利、龙、隆、始、沙、静、南安、南平八州。

北宋真宗咸平四年（1001年），分为利州路（治陕西省汉中市）等川峡四路。初仍置利州益川郡（治广元老城区），昭武军节度。北宋仁宗景祐四年（1037年），改为利州都督府益川郡，宁武军节度。领绵谷、葭萌、嘉川、昭化、平蜀县。

元宪宗三年（1253年），立利州治，置都元帅府。元至元十四年（1277年），升利州为广元（寓“广配乾坤，元归宗主”之意）府。同时罢利州、都元帅府，升为广元路。广元路辖绵谷、昭化二县，保宁一府，剑、龙、巴、沔四州。

明太祖洪武四年（1371年），改广元路为广元府。洪武九年，降广元府为广元州，以绵谷县省入（十三年复置），洪武十年，省昭化县入广元州（十三年复置）。洪武二十二年，降广元州为广元县（废绵谷县名），属保宁府。洪武三十一年，置利州指挥卫，隶于四川都指挥使司。

清沿用明制。

民国元年（1912年），广、昭两县仍属保宁府。民国3年，两县同属嘉陵道。至民国22年，川北地区实为二十九军军长田颂尧防区。

广元是第二次国内革命战争时期中国共产党领导的川陕革命根据地的重要组成部分。中国工农红军第四方面军从1933年1月进入广元地区，到1935年4月底全部撤离开始长征，历时两年零四个月，共建立（筹建）县苏维埃10个，分别是广元县苏维埃（治东河镇旺苍坝）、英安县苏维埃（治英萃镇）、嘉陵县苏维埃（治元坝区元坝老场）、红坪县苏维埃（治朝天区青林乡境）、赤化县苏维埃（治赤化镇）、苍溪县苏维埃（治文昌镇等地）、普安县苏维埃（治普安镇）、金仙县苏维埃（治金仙镇）、赤化县苏维埃（治鹤龄镇）、赤水县苏维埃（筹建，治青溪镇）。

1949年12月14日，中国人民解放军六十军一八〇师五四〇团解放广元城，12月15日成立广元县人民政府，同日，解放昭化城，成立昭化县人民政府。

1950年3月19日，成立剑阁专员公署，治广元老城区。辖广元、昭化、剑阁、阆中、苍溪、旺苍、江油、青川、平武、北川10县，属川北行政公署。1952年12月20日，改剑阁专员公署为广元专区。同年春，昭化县治由昭化镇徙宝轮镇。1953年3月10日，撤销广元专区，广元、昭化改属绵阳专区。

1959年3月22日，国务院批准撤销昭化县，并入广元县。

1985年2月8日，国务院批准撤销广元县，设立广元市（地级），广元市设立市中区，将原绵阳地区的旺苍、青川、剑阁3县划归广元市管辖；同年9月9日，民政部批准将南充地区的苍溪县划归广元市管辖。1989年8月15日，民政部批准缩小广元市市中区，设立元坝、朝天两个郊区（县级）。

1985年，广元市辖5个县级行政区、49个区公所、28个镇、269个乡、3个街道办事处。经过1989年缩小市中区，增设元坝、朝天两个郊区以及1992年撤区并乡建镇后，到2005年年底，全市7县区共设91个镇、139个乡、3个街道办事处、1个经济开发区。

第三节　人口　民族

一、人口

1985年，广元市总人口为273.08万人，其中农业人口240.42万人，人口出生率为13.8‰，自然增长率为7.1‰；2005年，广元市总人口为304.26万人，其中农业人口243.84万人，人口出生率为6.48‰，自然增长率为0.8‰，城镇化率达到27.3%。20年间全市总人口增加了31.18万人。

1985—2005年，全市人口出生率、自然增长率最高的年份是1986年，分别为19.9‰、13.6‰。人口自然增长率在6‰以上的年份有12年，即1985—1996年。1994年以后，人口自然增长率逐年下降，2004年降至0.49‰。

1985年，全市人口密度为每平方公里167人，最高为苍溪县每平方公里315人，最低为青川县每平方公里62人。1990年，全市人口密度为每平方公里177人，最高仍为苍溪县，每平方公里328人，最低仍为青川县，每平方公里64人。2005年全市人口密度每平方公里188人，其中市中区每平方公里323人、元坝区每平方公里170人、朝天区每平方公里130人、剑阁县每平方公里209人、旺苍县每平方公里153人、青川县每平方公里78人、苍溪县每平方公里327人。

二、民族

1982 年第三次全国人口普查时，广元市内 5 个县共有回、满、藏等 21 个少数民族。

1990 年全市共有 25 个少数民族，分别是回族、蒙古族、藏族、苗族、彝族、壮族、布依族、朝鲜族、满族、侗族、瑶族、白族、土家族、哈尼族、傣族、黎族、东乡族、纳西族、土族、羌族、撒拉族、仡佬族、锡伯族、塔吉克族、俄罗斯族。全市有少数民族 8655 人，占总人口的 0.3%，其中回族 8029 人，占总人口的 0.28%；其他少数民族共 581 人，占总人口的 0.02%。

2000 年，全市有 32 个少数民族，在 1990 年 25 个少数民族成分的基础上减少了撒拉族，增加了维吾尔族、傈僳族、佤族、拉祜族、毛南族、独龙族、赫哲族、基诺族。少数民族人口共有 1.05 万人，占全市总人口的 0.34%。其中在 50 人以上的分别是回族 8261 人、蒙古族 672 人、彝族 257 人、壮族 216 人、藏族 208 人、苗族 183 人、满族 160 人、土家族 145 人、朝鲜族 87 人、羌族 87 人、布依族 53 人。

2005 年，全市 32 个少数民族共 1.2 万人，其中回族、满族、藏族、苗族居多。全市设置有 12 个回族聚居村，主要分布在青川县、市中区和朝天区，在青川县设置有大院、蒿溪两个回族自治乡。

第二章 经济状况

第一节 发展状况

广元，在历史上是以粮食生产为主的农业经济，工业底子薄。1978 年中共十一届三中全会以后，贯彻执行“对内搞活经济，对外实行开放”的方针，农村进一步推行家庭联产承包责任制，全面发展商品生产，建立多行业、多种形式的承包责任制，经济得到持续、稳定、协调发展。特别是广元 1985 年设立地级市后，城市建设日新月异，工农业生产迅速发展，各行各业都取得了显著成绩。

一、发展历程

1985 年广元市地区生产总值（当年价。下同）为 13.51 亿元，其中第一产业增加值（当年价。下同）6.41 亿元、第二产业增加值 3.92 亿元，第三产业增加值 3.18 亿元，三次产业的结构为 47.5 :28.9:23.6。

1985—1990 年，广元市经济社会进入了快速发展时期，城乡全面发展，综合实力得到明显增强。1990 年全市国内生产总值达到 26.59 亿元，比 1985 年增长（按可比价计算。下同）27.7%，年均增长 5%，其中第一产业增加值 12.74 亿元，第二产业增加值 6.47 亿元，第三产业增加值 7.38 亿元，比 1985 年分别增长 22.7%、24.2%、41.9%；三次产业年均增长分别为 4.2%、4.4%、7.3%。三次产业结构为 47.9:24.3:27.8。

1991—1995 年，全市经济得到突破性、超常规发展。1995 年生产总值达到 70.66 亿元，其中第一产业增加值 28.79 亿元、第二产业增加值 20.34 亿元、第三产业增加值 21.53 亿元，分别比 1990 年增长 152.94%、214.58%、191.68%，年均增长分别为 5.6%、15%、113.1%，三次产业的结构为 40.7:28.8:30.5。

1996—2000 年，坚持以经济建设为中心，稳中求快，进一步强化农业基础，突出“科教兴市”“工业强市”，继续深化改革，扩大对外开放，较好地解决了转轨时期经济、社会生活中出现的各种矛盾，经济持续稳定地发展。2000 年，全市生产总值达到 86.29 亿元，其中第一产业增加值 33.64 亿元、第二产业增加值 20.37 亿元、第三产业增加值 32.28 亿元；分别比 1995 年增长 20.3%、4.8%、45.5%，年均增长分别为 3.8%、0.9%、7.8%，三次产业结构比例为 39:23.6:37.4。

2001—2005 年，全市以经济建设为中心，以实现追赶型、跨越式发展为主题，以结构调整为主线，以改革开放和科技进步为动力，以提高人民生活水平为根本出发点，全面实施西部大开发战略，狠抓基础设施和生态环境建设，大力调整经济结构，经济社会稳定协调发展。2005 年全市生产总值达到147.78亿元。其中第一产业增加值45.97亿元、第二产业增加值41.41亿元、第三产业增加值60.4亿元；分别比2000年增长16.3%、97.3%、58.4%，年均增长分别为3.1%、14.6%、9.6%，三次产业结构比例为31.1∶28∶40.9。

1985—2005年广元市地区生产总值及构成情况表

表7—1

年度	地区生产总值（万元）				构成（%）		
	合计	第一产业	第二产业	第三产业	第一产业	第二产业	第三产业
1985	135100	64123	39153	31824	47.5	28.9	23.6
1986	133879	61593	38071	34215	46.0	28.4	25.6
1987	150376	64600	46913	38863	43.0	31.2	25.8
1988	198301	95209	49597	53495	48.0	25.0	27.0
1989	220900	104427	55161	61312	47.3	24.9	27.8
1990	265900	127433	64652	73815	47.9	24.3	27.8
1991	298800	123002	85698	90100	41.2	28.7	30.1
1992	344200	142045	95331	106824	41.3	27.7	31.0
1993	469455	206824	124912	137719	44.1	26.6	29.3
1994	631400	255731	194551	181118	40.5	30.8	28.7
1995	706568	287882	203385	215301	40.7	28.8	30.5
1996	778292	305844	222699	249749	39.3	28.6	32.1
1997	840450	329938	226458	284054	39.3	26.9	33.8
1998	881521	346156	236601	298764	39.3	26.8	33.9
1999	883291	335328	231639	316324	38.0	26.2	35.8
2000	862872	336386	203661	322825	39.0	23.6	37.4
2001	878912	285276	219450	374186	32.4	25.0	42.6
2002	940993	323525	220927	396541	34.4	23.5	42.1
2003	1050004	347562	267985	434457	33.1	25.5	41.4
2004	1276900	430080	350600	496220	33.7	27.4	38.9
2005	1477800	459700	414100	604000	31.1	28.0	40.9

二、发展水平及速度

广元1985年建市以后，认真贯彻“决不放松粮食生产，积极发展多种经营，大力发展乡镇企业”的方针，加强对农业和农村工作的领导，强化农业基础，稳定和完善农村政策，依靠科技，增加投入，大力调整农业产业结构，农村经济保持了持续发展，农民的生活摆脱了贫困，由温饱向小康转变。

从1988年开始，广元农业连续6年丰收。1992年，全市粮油产量登上历史最高峰，粮食总产量达128.4万吨，油料总产量达6.7万吨。1995—1997年，广元市连续三年遭受大旱灾害，但农业总产值仍连年上升，分别实现30.1亿元、32.46亿元、32.73亿元，分别比上年增长13.03%、7.8%、0.85%。通过稳定农村联产承包责任制，不断深化农村改革，着力推进农业产业化经营，大力开展农村劳务输出，加快生态小康村建设，促进了农村经济又快又好地发展。到2005年，全市第一产业实现增加值49.3亿元，粮食产量达到133.34万吨，油料产量达到14.79万吨，肉类总产量达到30.63万吨，水果产量19.56万吨。麻类、烟叶、食用菌、蔬菜、茶叶等其他大宗农产品的产量与效益也有较大幅度增长。

按照"突出质量抓效益、立足基础抓长远，以转换企业经营机制为重点，强力推进技术进步，把企业推向国际国内两个市场"的工作思路，广元市工业经济取得长足发展，逐步进入较快增长的新阶段。有色金属、能源、电子、建材、纺织、食品饮料、药业等七大支柱产业基本形成。到1994年，全市工业总产值由建市初的10.48亿元增加到57.05亿元，全市工业销售产值完成35.11亿元，实现产销率89%。1990年以后，集体所有制工业中的乡镇工业明显快于全民工业和集体工业。能源、原材料工业保持较好增长，1994年完成原煤624万吨，发电量完成35.89兆千瓦小时。在主要原材料产品中，有色金属增长较快，电解铝和电解铅的产量形成2万吨的年生产能力。轻纺产品，1994年纱产量达1.1万吨、布5000万米，白厂丝800余吨、绸450万米。食品工业生产能力到1994年达到120万吨。截至1997年年底，广元市已改制企业占到应改制企业的91.3%，国家出让国有资产2598万元。已改制企业首期增量股本金到位率在90%以上，共募集现金股2.54亿元，盘活存量资产10.31亿元。2005年，广元市实现全部工业总产值95.66亿元，原煤579.5万吨，发电量24.3亿千瓦小时。在主要工业行业中，电解铝达到11.5万吨，铝材达到1.25万吨；水泥生产能力118.2万吨；食品饮料16.1万吨。在投资持续快速增长的带动下，建筑业得到快速发展。2005年建筑业实现增加值16.4亿元，占当年第二产业比例由建市初的9.4%提升到34.69%。各类建筑施工企业达到172家，从业人员3.07万人。建筑业的持续快速增长主要得益于全社会固定资产投资的强力拉动。2005年，全社会固定资产投资达到67.67亿元，其中基建投资28.45亿元，更新改造投资12.33亿元。

在"以商兴市"发展战略的推动下，广元市充分发挥口岸好、辐射强、商业设施配套、交通方便的优势，吸引了川、陕、甘结合部和全国各地400多家工商企业前来经商办企业，先后与全国600多家厂家和商家建立了贸易关系。到1994年年初，广元市对外贸易公司、苍溪罐头厂、广元市丝绸总公司等三家工商企业经国家外贸部批准，取得了出口经营权。截至1994年年底，全市社会消费品零售总额达到17.14亿元，其中个体私营经济商品销售及营业额达到1.56亿元，上缴税金4226万元。全市外贸出口调供为2.62亿元。1994年全市出口创汇415万美元。1998年，实现社会消费品零售总额27.64亿元，占计划的95.1%，同比增长5.8%；城乡集贸市场成交总额达21.12亿元，占计划的121%，同比增长24.1%；外贸调供总值达1.6亿元，占计划的107%，同比增长15.5%。2005年，全市第三产业增加值为55.37亿元，对经济增长的贡献率为34.28%。社会消费品零售总额达63.36亿元。全市多种经济成分得到共同发展，各种类型商业网点达到10.5万个，第三产业及商贸流通从业人员达到41.5万人。2005年全市出口创汇8756万美元。出口商品由建设初的粮油、畜产、土产3大类发展到6大类。除电解铝产品仍然保持龙头地位外，机电、纺织、服装、肠衣、丝绸、农副土特产品等出口量均大幅提升。招商引资蓬勃发展，国际技术合作和劳务输出持续加强，先后与独联体、澳大利亚、日本、中东等许多国家和香港等地区建立了友好合作和劳务输出关系。

广元市拥有剑门蜀道国家级风景名胜区，唐家河国家级自然保护区，皇泽寺、千佛崖等全国重点文物保护单位，剑门关、天台山等国家级森林公园。省级文物保护单位十多处、省级历史文化名城（镇）五处。广元是川陕苏区革命根据地，也是三国遗址最多、最完整的地区之一。旅游商品丰富，白花石刻、剑门手杖、青川竹根雕等享誉海内外，琥珀桃仁、剑门火腿、剑门豆腐、核桃薄饼等地方特色食品远近驰名。1993年，白龙湖旅游风景区和旺苍七里峡被省政府批准为省级旅游风景区。2004年，广元市召开了首届旅游发展大会，成立了川、陕、甘、宁四省区十六方旅游分会组成的中国西部旅游联合体。旅游接待能力大幅度提高，促进了全市旅游经济的快速增长。2005年，全市旅游人数实现262.6万人次，旅游收入14.12亿元，旅游业已成为推动全市国民经济增长的新因素。

以打开城市进出口道路建设为先导，以加快公路建设为重点，通过民办工助等有效形式，切实加大交通基础设施投入力度，一批重大交通基础设施项目相继建成投入使用。宝成复线、广元机场、绵广高速公路也先后建成。从2000年实施“一小时到县”工程以来到2005年，全市公路总里程达到2万公里（含乡村公路），是1985年的4.9倍，其中国、省、县、乡公路共4672公里，村道公路1.54万公里。全市256个乡镇通油路或水泥路。2005年全市公路货运量1670万吨，货运周转量9.68亿吨公里，分别是1985年的7.5倍和55.74倍；公路客运量2544万人，客运周转量14.18亿人公里，分别是1985年的3.2倍和3.9倍。2005年全市拥有各类汽车客运站68个，其中，一级汽车客运站1个，二级汽车客运站6个，三级汽车客运站4个，四级汽车客运站21个。

邮电通信业迅猛发展，1990年全市市话交换机实现了交换自动化，2005年，全市建成C3网和连接市、县区、乡镇的光缆传输网，程控电话交换机总量突破了48.2万门，数字移动电话覆盖全市四县三区。移动电话用户到1994年全市才0.3万户，2005年达到59.3万户。到2005年，建起了三级邮件处理中心和各县邮件处理中心，邮政服务项目由单一的信函发展到邮政储蓄、专运、广告等多项服务，全市拥有邮政局所、服务网点232处。

财政收入大幅增长，1985年全市财政总收入5563万元，到2005年全市财政总收入增加到9.54亿元，其中地方财政收入3.92亿元，财政支出27.91亿元。财政自给率逐年上升，1995年以后随着中央财政转移支付力度的加大以及税收结构调整，财政对经济建设、社会发展的支撑和带动力明显增强。2005年全市各类金融机构及网点共656个，各类存款余额达到164.46亿元，比1985年的3.61亿元增长了44.56倍；各类贷款余额达到134.5亿元，比1985年的7.74亿元增长了16.38倍。

第二节　优势产业

一、机械电子工业

广元电子工业是国家在20世纪60年代中期按“三线”建设规划建设，共有雷达整机、电源、器件、计算机等生产门类的军工企业13个和学校1所、医院1家。从20世纪80年代中期开始，有

5 家企业陆续迁至重庆、成都、绵阳等地，剩余的企业组建了 081 系统。从 1965 年建厂到 20 世纪 70 年代末期，主要从事军工单一产品的生产。20 世纪 80—90 年代，贯彻“保军转民、军民结合”的方针，军品研制生产有五大类装备及配套产品；民品主要有收录机、物料传输设备、摩托车制动器、车厢等 20 多个门类 100 多项产品。1990 年以前，主要按计划完成军品生产任务，但生产任务不足。民品生产由于信息闭塞、新产品开发不力、产品附加值低等原因，经济效益较差。20 世纪 90 年代后，081 系统逐渐适应市场经济，建设战略平台，加大科研开发和改革调整力度。到 2004 年，总厂和各专业化厂均属独立法人，实行独立核算。军品科研开发、生产管理由总厂统一组织安排，民品生产由各专业化厂自行负责。

081 系统在中国军工行业中占有重要地位。2001 年总厂被四川省科技厅批准为高新技术企业，下辖 7 个专业化厂（公司），拥有国际先进技术水平的项目 9 个，国内先进水平的项目 78 个。其民品销售总值快速增长。在自动物料传输设备、工业自动化专机、广播电视、医疗设备、数字通信等方面，在微波元器件、特种高性能电源、电磁器件、民用特种车辆及方舱、建筑设备等方面已开发出一批技术含量高、附加值高的产品。081 系统还是四川特种车辆开发制造中心和特种电源、电子电磁器件的科研开发制造中心。2005 年实现工业总产值 7. 18 亿元，工业增加值 1. 88 亿元，利润 6200 万元。

081 总厂是一个综合性电子科研生产基地，具有专业化电子系统工程设计和规模生产能力。产品包括军用电子设备、民用机械电子产品。其生产的 20 多个品种 10 多个型号的武器、数百台整机装备分布在全国 29 个省、市、自治区。先后取得科研成果 100 多项，其中获国家科技进步奖 62 项、省部级奖励 37 项。

二、能源工业

广元境内能源资源丰富，主要是水力、煤、天然气等，仅煤碳及水力资源就约为 249. 5 万千瓦，天然气储量在 4000 亿立方米以上。20 世纪 90 年代以前，除煤碳工业外，广元能源建设滞后，电力长期紧缺。1995 年以前，除地方小水电站、厂矿小火电厂以外，广元电力主要靠省网和甘肃碧口电厂供给，拉闸限电频繁，电源质量难以保证。1996 年宝珠寺电站蓄水发电后，广元电力紧张和电力质量差的状况得到了根本改变。

宝珠寺水力发电厂所辖宝珠寺水电站，是白龙江干流第二个梯级电站，位于广元市市中区三堆镇境内，为国家重点工程项目。电站以发电为主，兼有防洪、灌溉、养殖和旅游等综合效益。大坝高 132 米，总库容 25. 5 亿立方米，调节库容 13. 4 亿立方米。库区水域面积 70 余平方公里，跨越川、陕、甘三省边界。4 台机组装机总容量 70 万千瓦，年发电量 22. 78 亿千瓦时，工程总投资 63. 02 亿元，于 1991 年 11 月截流成功，1998 年最后一台机组并网发电。2005 年建成的紫兰坝电站装机容量 10 万千瓦，是宝珠寺电厂的梯级电站。在建的亭子口水利枢纽工程，位于苍溪县浙水乡，是嘉陵江流域的一项具有防洪、灌溉、发电、航运、养殖等综合效益的龙头工程，总装机容量 110 万千瓦，年发电量 31 亿千瓦时。

广元煤碳探明储量 4. 76 亿吨，7 个县区除苍溪县外都产煤，产煤区有 30 多处。因煤碳主产区在原广元县及旺苍县，故名“广旺煤田”。广元是全省的第二大产煤市，供应成都、绵阳、遂宁、内江、宜宾等 20 多个市（州）、县（区），是成都和江油两座大型电厂燃料的主要供应地。煤矿开采是广元的传统产业。唐宋时期便有小规模的开采，供应本地烧瓷、炼铁、铸币。明代广元煤碳远销阆中、南部煮盐、缫丝。清末明初，形成小煤窑群。1941年组建的广元煤矿，是川北第一座较正规的矿井，月产煤900吨左右。中华人民共和国成立后，1952—1954年四川省公安厅先后在旺苍、广元新建了甘溪沟、小松岩和荣山煤矿，地方政府也陆续新建了7个矿井。1962年成立广旺矿务局，辖6个矿井，年设计能力102万吨。1985年以后，乡镇煤矿异军突起，到1995年，全市乡镇煤矿达到374家，年产原煤331万吨，占全市煤碳总产量的83%。1986—2005年，广元市年均产煤465万吨，最高年产煤624万吨。1999年，政府实行“关井压产”，一些中小煤矿被关停。2000年广旺矿务局于整体改制成为四川广旺能源发展（集团）有限责任公司，简称广旺集团，2003年除组建电力、机电制造、水泥、旅游等分公司外，还组建了煤业公司，年产销煤碳120万吨左右。2005年，全市共保留各类煤矿180家，其中国有大型煤矿14家，乡镇煤矿166家。

广元市境内天然气资源丰富，主要分布于苍溪县、旺苍县、剑阁县和元坝区、利州区，2005年以前没有开采。

三、冶金工业

辖区内黑色金属矿产主要有磁铁矿、铁、锰、钒、钛等9种，旺苍县铁矿石总储量约为1亿吨；有色金属矿区有8个，产地达35处；岩金、砂金分布也较广泛。广元冶铁历史悠久。南宋时置利州铸钱监，冶铁铸钱。南宋淳熙十五年（1188年），利州之昭化县、嘉川县有炉，产铁15万公斤。明清时期，旺苍民间的“对吹炉”和“弯吹炉”，冶铁日产量已在1吨以上。1952年12月，省公安厅所属旺苍煤铁厂开始进行炼铁实验，1955年建成26立方米的现代炼铁高炉。1953年，国营旺苍金溪铁厂建成投产。1958年“大跃进”时期，绵阳、南充、遂宁等专区组织了20个县30余万民工在广元挖煤炼铁，上马了几百座小高炉，生产的产品只能制作简单的农具。1985年建市时，广元较大的钢铁企业有旺苍金溪铁厂、旺苍煤铁厂、青川铁合金厂、广元东城冶炼厂。2003年旺苍煤铁厂改制更名为建海钢铁公司。到2005年，建海钢铁公司生铁产量达3.6万吨，实现产值4300万元。

广元黄金储量约占全省的三分之一，尤以青川为盛。青川采金，始于汉代，唐代进入全盛时期。清道光、同治年间，黄坪乡酒家垭一度形成矿区，有采金工2000余人，年产黄金31公斤。民国29年（1940年），板桥乡农民赵篾匠夫妇曾挖得一块3.9公斤重的大金块。民国37年，青溪、沙州、骑马等乡年产黄金300余公斤。从1959年起，解放军6053部队、冶金部604地质队、四川省西北地质大队、211地质队等，先后对青川黄金储藏量进行勘测并提交了勘测报告。1978年，青川县又掀起淘金热，个体、联户、集体一齐上。1980年共采黄金12.34公斤，名列全省第三。1985年，除沙州外，政府禁止民间自由采售黄金。

1978年，国家在白龙江下游修建宝珠寺水电站，地处“金三角”的沙州乡即将被淹没。1982年，冶金部筹建白水金矿，1985年建成，当年产金40公斤。随后，地方相继组建了马房窝金矿、青川金矿、广元金矿、姚渡金矿。1996年，全市黄金产量达365.6公斤，广元市被列为全省黄金工业基地。到2004年，已发展成为拥有6个矿区，近1000名固定职工，1.2亿元固定资产的新兴产业。

1992年，821厂与中国国际信托投资公司合作，组建广兴铝业公司，在广元市袁家坝开发区新建电解铝厂和铝用炭素厂。2000年6月中国华能集团与广兴铝业合作成立了四川广元启明星铝业有限责任公司，使广元铝业上了一个新台阶。2005年，龙头企业“启明星”铝业积极开拓国际市场，实现销售收入11.6亿元，出口创汇6547万美元，盈利1.27亿元，缴纳各种税费9628万元。其主要产品有铝锭10.23万吨、铝材2.1万吨、铝合金9064吨。

铁合金、电解锰、工业硅等产品，广元也有一定的生产量。

四、制药业

建市初，广元仅有 1 家制药企业和 6 家中药饮片加工厂。1990 年，中外合资的四川广福制药有限公司成立，成为广元第一家以现代医药技术为核心，集原料药、中成药、化学药品的开发、生产、经营为一体的中型医药生产企业，1998 年改组成中方制药有限公司。1994 年以后，四川金山禅心制药公司、四川豪运药业公司、四川青春宝九龙制药公司等 5 家企业先后投产。到 2005 年，全市共有医药工业企业 13 家，其中中西药品制剂生产企业 6 家，中药饮片生产企业 5 家，医用氧生产企业 1 家，医疗器械生产企业 3 家。有 7 家药品生产企业通过 GMP 认证，能生产 12 个剂型、124 个品种。已取得国家药品批准文号 170 个，其中国家新药 4 个、国家中药保护品种 5 个。2005 年，制药业实现工业产值 2 亿元。已初步形成以中成药生产为主，化学制剂、中药饮片、医疗器械生产为辅的制药工业体系。

五、农产品加工

广元传统农业以种养殖业为主，农产品加工过去以打米、磨面、榨油等粮油粗加工为主。建市后，广元大力发展农产品加工龙头企业，壮大农业经济组织，发展以订单为抓手的基地农业。从 1985 年起到 2005 年，30 多个农业基地相继建立，全市农业生产逐步实现了由分散、粗放生产经营向规模化、集约型、无公害方向发展。2003 年，以饮料、肉类加工、粮油加工、制茶、山珍食品为支柱的农产品加工工业体系初步形成。到 2005 年，全市农产品加工企业达到 101 家，销售收入超过 500 万元的企业有 49 家。川珍实业有限公司依托野生资源和技术进步，开发出各种档次的食用菌、山野菜、蕨根粉等山珍系列产品。娃哈哈、雨润集团、高金集团等国内知名企业落户广元，使广元的饮料和肉食品加工技术、规模上了一个新台阶。四川米仓山茶叶集团和四川白龙茶叶有限公司将传统制茶工艺与现代科技相结合，先后推出了一批名优绿茶，多个品牌在全国名优茶评比中荣获大奖。一批农产品加工企业成为省级农业产业化龙头企业，精心打造出一批拿得起、叫得响、有特色的优质品牌农产品。苍溪红阳猕猴桃、川明参、梨王牌雪梨，朝天曾家山牌蔬菜，旺苍米仓山牌茶叶，青川七佛贡茶等成广元农产品的知名品牌。到 2005 年，共培育农产品商标 65 个，累计认证国家级无公害农产品 47 个，其中蔬菜 11 个、水果 7 个、茶叶 13 个、粮油 13 个、食用菌 3 个。认证绿色食品 5 个、有机食品 3 个。各类农产品加工企业实现产值 12. 3 亿元、销售收入 10. 6 亿元。

第三节　名优特产

一、名小吃

蒸凉面　又称米凉面，相传起源于唐朝，只产于广元市及周边相邻的几个县区，其口感味道随离市中区（利州区）的远近而递减，超出广元市再无产地。经测试是由于水质等原因，其他地方做不出来。蒸凉面外形和陕西凉皮近似，但原材料为大米而不是面粉。蒸凉面用大米（为其口感更好，可加入少许糯米）浸泡一天，加入约十分之一的大米干饭，推磨成浆，然后在笼屉里铺上一层纱布，在纱布的一角留下气孔，将米浆均匀倒入其中，蒸至五到八分钟，取出晾冷，刷上清油，切成条状，加上豆油、醋、红油、花椒面、蒜水等调味料拌匀，即成即食，冷热均可。蒸凉面口感绵软柔润，老少皆宜，是广元人早餐的首选。

核桃饼 广元市盛产核桃，很早以前，人们就将核桃用来制作烤饼。核桃饼色泽金黄、松脆酥香，是广元市历史悠久的名小吃。其制作方法是，用核桃仁加上适量芝麻研磨成粉状，再同椒盐一起涂抹在发酵面粉上，揉制成约碗口大小的圆饼，再在饼的两面上粘上核桃碎颗粒，放入炉中烤熟即成。若擀成薄片烘烤，则称为“薄脆子”。

酸菜豆花面 是用酸菜豆花作臊子和手工擀面做成。酸菜经过淘洗，切细，加菜油、椒面、生姜、干辣子煎炒，再加上酸水和豆花。点豆花不用卤水，而是用酸菜的酸水。手工擀面以杂面（小麦加豌豆等杂粮磨成的面粉）为佳。吃时，还要放蒜泥、红油等佐料。酸菜豆花面味酸可口，有助于消食开胃，四季皆宜。

剑门豆腐 是剑门蜀道风景名胜区剑门关镇生产的别具一格的豆腐。俗话说“不吃剑门豆腐，枉游天下雄关”。剑门豆腐是剑门关镇的一绝。剑门关做豆腐，都是用石磨推、拐磨拐，这样磨出的豆浆渣少，点出的豆腐不仅量多，而且柔润水嫩。在剑门关镇街上吃饭，随便走进一家食店，菜单上全是豆腐菜品，品种二百来个。剑门豆腐是以剑门山区砾岩油沙土出产的黄豆为原料，使用剑泉水，经浸豆、磨浆、滤渣、煮浆、点浆、脱水等工序制成。其颜色雪白、细嫩鲜美、口感不涩、韧性较强，且有淡淡清香。可采用炒、炸、熘、烧、炖、蒸、凉拌等烹调方法。

二、名优产品

广元石刻 又名白花石刻，是广元民间艺人采用大巴山中一种罕见的赤（绿）白相间的白花石，利用其自然纹理，采用浮雕、镂空等雕刻手法，制作成有龙凤、花鸟、虫鱼等装饰图案的文房用品及物件。广元白花石刻始终坚持纯手工制作，其雕刻难度大，出品周期长，有很强的实用性和观赏价值，因而成为海内外藏家竞相追逐的珍贵藏品。广元白花石刻以浓厚的地方特色及精湛的雕刻工艺形成一绝，与浙江青田石刻、福建寿山石刻、湖南菊花石刻并称为中国四大石刻。其创始人是魏礼先（1889—1966年），他于清光绪三十一年（1905年），从四川省巴中县逃荒来到广元，用青石刻制砚台谋生。因得其叔父魏宗清的辅导，刻技日精，于民国元年（1912年）在广元北街开设石刻铺。常赴大巴山中采回一种黑、灰、白、紫、墨绿花纹相间的白花石、黎渊石，运用深雕、浅雕、镂空等技法，雕刻出砚、屏、鱼缸、花瓶、花盆、糖果盒等文化、生活用品出售，逐渐知名。中华人民共和国成立后，魏参加广元石刻社，其作品曾获1956年四川省工艺美术二等奖，并远销东南亚及东欧诸国。1985年，广元市成立广元工艺美术公司，负责生产经营白花石刻。2004年12月，广元工艺美术公司破产后，广元白花石刻协会负责组织白花石刻的生产经营。著名老艺人还有张礼荣、刘玉琼（女）等。

麻柳刺绣 广元市朝天区的麻柳乡，被人们称为“刺绣之乡”。麻柳刺绣属羌文化遗风，是祖先一代一代地传下来的手工艺。“谁家女儿巧、要看针线好”，麻柳女子多从5岁开始拿针学习简单绣法，12岁就可绣出各种花样，到17岁便能绣出多种图案。1995年8月，在四川旅游产品展销会上，麻柳刺绣获得创新奖，麻柳乡也因此被命名为“四川省特色文化乡”。麻柳刺绣就地取材，所用材料仅用简单的针、线、布，通过黑、白、红、蓝等土布和彩色棉线，绣成不同明暗的冷暖色块，针线详密，色彩鲜艳，组合巧妙，具有浓郁的羌绣特色、乡土气息和典型的川北风情。麻柳刺绣多为各类日常生活用品，如帐帘、枕套、围腰、手巾、鞋垫等，构图方法主要是连贯式和分段式两种，两种构图方法既可以单独使用，也可以相互交替使用。麻柳刺绣题材丰富，通过对人物、山水、动物、花卉的夸张、概括、变形以表达人们追求美好生活的愿望，如“国泰民安”“清官出巡”“老鼠嫁女”等作品。并常用龙、凤、狮、虎、荷花、牡丹等图案以象征吉祥、福寿、平安，其中最有趣的是把狮、虎等猛兽化为惩恶扬善的可爱形象，浓眉大眼，虎虎生威，线条简洁明快，造型生动别致。这种艺术的夸张和变形，既不失生活的真实，又使刺绣作品极富有装饰意味和艺术美感。

剑阁手杖 原称“孔明杖”，相传起源于三国蜀汉时代。民国25年（1936年）川陕公路通车后，途经剑阁的行旅增多，山区农民采伐藤条，燎制成杖，上市出售。剑阁县城吴德荣开设手杖生产作坊，买来生长奇特的藤茎，利用其自然形态，加工成杖，销路甚好。民国29年，剑阁师范学校美术教师聂岚远，制成各种形态的手杖100根，配以布质绣花杖套，先后在剑阁县城、成都、重庆等地展销，深受欢迎。从此，剑阁手杖日渐知名。1954年，剑阁县城组建手杖生产小组，入组17人，到1955年增至80人，年产手杖3万根。从1963—1965年，剑阁手杖先后送往来比锡、巴黎参加国际博览会。1982年，由手杖生产合作社改建为手杖工艺品厂，实现手杖生产半机械化。到1985年，该厂拥有固定资产23.6万元，年产值达25.74万元。2000年以后，剑阁县普安镇一带，靠手杖业，每年给每个农户带来3000元左右的收入。剑阁手杖根据材料不同，杖形一般分为自然杖、仿自然杖、雕刻仗、杂木自然杖。剑阁手杖每根都有不同的形状和风韵，其中龙头、仙鹤等特色手杖受到许多人的青睐。剑阁手杖大量销往港澳台地区和东南亚及西方国家，也成为增进海内外文化艺术交流的艺术珍品。

青川黑木耳 青川县特产，“广元七绝”之一。青川黑木耳具有朵大质厚、色泽深邃、细质柔滑、味道清香、无污染等特点，已作为国家制定黑木耳质量标准的样本。青川黑木耳大量出口日本、东南亚诸国。青川县气候温和湿润，适宜多种食用菌生长，是黑木耳的发源地，被国家列为四川省黑木耳生产发展基地县，已于2004年12月获得黑木耳原产地域保护。青川生产黑木耳，有史可查的可以追溯到唐朝，已有1000年以上的历史。青川黑木耳生产发展主要经历了三个时期：第一个时期为自然生长时期（野生时期），20世纪初期，主要靠砍伐青㭎树和其他无油质树种，自然腐朽滋生。第二个时期为中华人民共和国成立以后，通过采集野生黑木耳标本进行分离，生产菌种，再进行人工栽培。1974年，开始人工点菌种耳，每100公斤耳棒可产（干）木耳0.9公斤。1985年全县木耳产量最高，达到217.5吨。第三个时期是进入21世纪以后，段木密植、袋料栽培等新工艺的推广运用，使木耳产量大幅提高。全县耳林主要集中在桥楼乡、三锅乡、茶坝乡、板桥乡、营盘乡、木鱼镇等乡镇。其中黑木耳年产量在5吨以上的村有三锅乡的黄水村、茶坝乡的兴隆村。2003年，青川县三锅乡成立黑木耳协会，带动1300余人从事黑木耳生产、经营。2004年，该协会会员仅黑木耳收入一项，人均增收300元。

朝天核桃 朝天区特产，“广元七绝”之一。朝天核桃个大、壳薄、果仁饱满、食香味正，是核桃中的上品，具有丰富的营养价值。朝天核桃主要生长在山腰的缓坡地带，全区普遍种植，主要品种有苹果核桃、大白壳核桃、串核桃等。核桃产品畅销到山东、天津、上海等省市。1990年，朝天区生产的“琥珀桃仁”获四川省优质产品奖。1997年，朝天区林果科学研究所选育出“硕星”“夏早”“沙河”3个核桃新品种在全区推广。2001年，朝天核桃被四川省推荐为“全国林特产品展销会”参展产品。2002年，经国家农业部检测，朝天核桃各项指标达到国家规定的无公害指标要求。至2004年，朝天区种植核桃树超过30万株，其中高产树110万株，核桃产量达4068吨，创林业产值4000万元。2005年，朝天核桃产品获“第二届西部国际博览会”金奖。

苍溪雪梨 又称施家梨、苍溪梨。系唐代一施姓农民从九龙山砂梨群落中发现的独特品种，经世代栽培、繁育而成的性状稳定的良种。苍溪雪梨大者可达一（市）斤，其果肉细密，白如雪、洁如玉，味甘美，食之无渣，品质远在他梨之上。苍溪县也因此被称为“中国雪梨之乡”。清光绪二十九年（1903年），苍溪县令姜秉善将施家梨奉为贡品，清廷始作为贡品而推崇。至民国23年（1934年），苍溪雪梨栽培面积已达620亩，年产量4250公斤，产值1652元。1954年，苍溪县利用宜垦荒山、隙地、低产地建梨园154个，植梨树6万多株。20世纪80年代，苍溪雪梨已成为当地农民脱贫致富的“摇钱树”。如柏杨乡的卢履清，家种69株雪梨结果树，1984年产果5吨，收入8000多元，成为远近闻名的“雪梨大王”。至1990年，全县农村庭院梨园发展到4.97万个，定植梨树325.81万株，年产量达8520吨，年产值达1107.6万元。2000—2005年，苍溪雪梨全县平均年产7万吨。1989年，苍溪雪梨被评为“国优水果”，2001年，苍溪雪梨通过国家“绿色认证”，2003年，苍溪县获得“无公害基地认证”。

三、名贵中药材

广元市是秦巴地区天然的药材宝库，素有“川北无闲草，巴山多仙药”之美誉。广元市药用植物品种繁多，其中名贵品种有杜仲、厚朴、黄柏、天麻、沙参、柴胡、当归、党参等。在常用的500多种配方品种中，广元出产327种。资源面积大的品种有57个，种植的大宗常用品种有38个，能形成规模的中药材品种有167个。到1999年，全市已建成中药材基地57个，以中药材种植为支柱的乡镇达46个。

“三木”药材指杜仲、厚朴、黄柏，均为乔木，其枝、皮皆可入药。1986年以后，广元市相继建立起以杜仲为龙头的“三木”药材生产基地。1994年，旺苍县成为“中国杜仲综合开发协会”的成员单位，国务院开发办和国家科委批准投资600万元，在旺苍县实施杜仲产品综合开发项目。到1999年，广元市杜仲种植面积占到全国的16.7%。2004年，旺苍县被命名为全国杜仲生产基地县。2005年，全市“三木”药材生产基地达到135.5万亩。

野生天麻多产于高山地区，且产量有限，1980年，青川县推广固定菌床栽培天麻成功，获绵阳地区科技成果二等奖。此后，人工种植天麻技术广泛推广，各县区相继建立了一批生产基地，产量大增。1982年，青川县的乐安乡就收天麻10吨。2005年，全市年产天麻达到1121.5吨。

川明参，又名沙参，具有润肺化痰、和胃、生津、解毒等功效。截至2005年，苍溪县规模种植川明参已有200多年的历史，以龙山镇为最，被冠以“川明参之乡”。2005年，全市年产川明参7804.9吨，约占全国货源的50%，其中苍溪县5748.8吨。

剑阁县种植的柴胡，品质位于全国同类品种之首。元坝区种植的瓜蒌、天花粉在2005年第二届中国西部（四川）国际农业博览会上被评为优质产品。

第三章 地方文化

第一节 发展状况

一、文化活动

广元历史上，群众自发组织的各种民间文化活动十分丰富。1950 年 3 月，广元、昭化两县政府先后组织文工团、文宣队，运用多种文化活动宣传共产党和人民政府的政策，配合清匪、反霸、土改、破除封建迷信等中心工作。建市后，党和政府十分重视群众文化活动的开展，多次举办大型综艺文化活动，广泛开展戏曲、诗歌、演唱、书画、美术、摄影展览活动及各种文艺表演。1988 年春节，市文化馆在利州广场举办由 7 县（区）120 人参加的民间灯舞演出比赛。此后，每年春节，各县（区）都要组织民间灯舞进城在广场、街头进行表演；每逢“五一”“十一”和 9 月 1 日“广元女儿节”，都有专场的文艺演出，并有女歌手大奖赛、百名女童百米画卷表演、女子方队街头表演、女子时装模特表演、女子赛诗会以及麻柳刺绣表演。

从 1988 年起，每年 9 月 1 日，围绕“女儿节”开展系列群众文化活动，如团体操表演、妇女游河湾、广场文艺表演等。1999 年，经国家体育总局批准，将妇女游河湾活动改为广元国际凤舟邀请赛。同年十二届女儿节、十一届西交会时举办了明星演唱会，邀请了当红明星宋祖英、刘欢等人，观众达 2.2 万人，市人民政府还授予宋祖英“广元市荣誉公民”称号。2002 年 9 月 2—4 日，举办了“永隆杯”舞蹈大赛，各县（区）及市级部门普遍参加。2003 年 9 月 1 日，广元民间会演在市豫剧场举行，舞蹈《金龙狂舞》《绣女出阁》和曲艺组合《剑门风情》获得一等奖，歌舞《川北唢呐》、民歌《妹在对门山上走》等分获二、三等奖。2004 年 6 月，广元举办了全国第二届少年儿童艺术风采展示大赛广元选拔赛，同年 9 月，广元选手到北京参赛，领回银奖 1 枚、铜奖 2 枚。到 2005 年，全市已形成了市、县（区）、乡（镇）、村社级文化网络。苍溪县创建为全国文化先进地区，旺苍县、剑阁县创建为国家文化先进县，青川县创建为省级文化先进县，苍溪县唤马乡、朝天区麻柳乡成为全国民间艺术之乡。

二、文艺创作

建市前，广元没有影响较大的作品问世。建市后，市文联、市文化局、市作协多次举办研讨、学习活动，一批批诗歌、小说、散文、戏曲、戏剧作品不断问世。

1990 年，陈洋的中篇小说《折戟沉沙》在《青年作家》发表，并获“建国四十年四川省优秀群众文学作品奖”。1994 年，马平的中篇小说《遥远的房子》，在 3 月号《四川文学》发表，并成为该刊第二名月奖获得者。同年，何华安的新作《钟声》参加中国作协《诗刊》社与中国人民保险公司联合举办的“人民保险杯”全国诗歌大赛，获得三等奖。1999 年，肖永乐诗作《秋收的老人》被编入《高职语文》教材。2000 年 9 月，宝轮镇乔英波的诗歌《水微》获《星星》诗刊举办的“娇子杯”全国大奖赛最高奖，同年，陈洋的散文《流云随风》获文化部全国征文二等奖。2004 年，何先鸿的《月牙是鸟》获第三届蒲公英奖三等奖、四川省第十二届群星奖优秀奖。同年，马平的《草房山》获第五届四川文学奖。2005 年，童臣贤的散文《怀念微笑》获四川文学奖。

1985—2005 年，广元市作者共出版（含内部出版）文学作品 87 部（集）。

三、文物保护

2005 年，广元市文管所及各县（区）文管所等 8 个文物管理单位，共收藏从新石器时代到现代不同年代的各类文物 9100 余件。市文管所共有等级文物 672 件，其中国家一级文物 14 件（1958 年出土的双流鸡首壶，1972 年出土的战国铜壶，1996 年出土的油滴玳瑁瓷盘、双鱼小瓷碗等），国家二级文物 62 件，国家三级文物 596 件。青川文化馆存《华严经》帛本两卷，长 7.02 米，宽 1.34 米，其中一卷完好无损，另卷部分蛀蚀。帛本书法道劲工整，1954 年经鉴定为敦煌窟藏珍品，时评值黄金 20 两。苍溪县文化馆存有张献忠大西政权颁发的“蓬州之印”“蓬州儒学记”铜质官印，川陕苏区 200 文红军铜元，汉、唐、宋代铜钱，明代木刻版医书 2 套 16 本。旺苍县文化馆存有汉代三角缘纹神兽铜镜。剑阁县文化馆存有国家珍贵文物 2 件。

2000 年 6 月，广元市投入资金 3000 万元对皇泽寺进行维修加固，2003 年，国家又下拨专项经费对千佛崖进行维修加固。到 2005 年，广元市共有国家级文物保护单位 3 处、省级 14 处、市级 27 处、县级 134 处。

第二节　特色文化

一、射箭提阳戏

射箭提阳戏，相传始于唐代，清乾隆四十六年（1782 年）传入广元射箭乡，已有十二代传人。提阳戏属端公（巫师）庆坛戏类，由艺人化装表演和提线木偶交叉进行，人们习惯称为“提阳戏”。其种类繁多，剧目丰富，是由酬神、娱人的傩祭、傩舞发展而成的宗教和艺术相结合的民间戏剧形式。分天戏和地戏。天戏即神仙戏，共有三十二戏四十二像，有赶马童子、小鬼、大鬼等，全用提线木偶表演，由艺人在幕后操作，以救世驱邪为主要内容。地戏也有三十二戏，分折子戏、大幕戏，由艺人化装戴面具表演。人物也有生、旦、净、末、丑之分。射箭提阳戏大愿（许愿、还愿，下同）唱三天，小愿唱一通宵。演出时一般都有脚本，大多是有影响的民间传说和神话故事，为了迎合主人，演出时还可即兴串词，演出场地一般都在农村主人家的堂屋或院坝里，不搭台子，观众围观。射箭提阳戏代代相传，传男不传女，传内不传外，方法是口传心授，每代坛主都有法号。其演员均为男性，剧中女性角色均为男性反串。

二、青川薅草锣鼓

青川当地农民叫它“撵草歌”“锣鼓草歌”。是农民们世代相传、难以改变的一种艺术型的农事习俗。一般在薅二道苞谷草或锄黄豆草时进行，一人击鼓，一人敲锣，敲锣者为歌郎，在数十人的薅草队伍中起指挥作用。薅草者则排成横排或斜排阵势，随着锣鼓歌声的指挥，手疾神往，奋力向前。如有落伍者，歌郎便尾追于后，锣鼓猛敲，歌声急催。如发现因图快而忽视薅草质量者，歌郎即以歌词指点。从早晨下地到傍晚收工，整日的薅草劳动，都处在紧张欢乐的状态中。工效、质量的高低，系于歌郎一人，主人家待他为上宾。歌郎已成为当地一个专门的职业，一个乡仅有好的歌郎三五人，每到薅草季节，八方来请，忙得不可开交。薅草锣鼓的内容大致包括：起歌头、说吉利、扎盖子、唱正歌、唱耍歌、煞尾子等部分。演唱的都是成套的大篇叙事诗，哪些唱段需要打什么曲牌的锣鼓，用什么曲调演唱，都有比较明确的规矩，只是比戏曲简单灵活。“青川薅草锣鼓”已被列为四川省非物质文化遗产名录。

三、三堆唢呐

唢呐大约在元朝中后期传入广元。山区百姓婚丧嫁娶、红白喜事等大凡小事都喜欢请个唢呐班助兴。唢呐班一般分为“五人组合”和“六人组合”两大类。“五人组合”即二人吹唢呐，一人击堂鼓，一人击苏钗，一人击马锣；“六人组合”则多一人击大锣。在长期的演奏实践中，广元民间唢呐班的演奏内容逐渐形成了“婚嫁类曲牌”和“白事类曲牌”两个主要类别。此外，“情趣小品曲牌”还用唢呐的自身特点去表现多彩多姿的生活细节，赏心悦耳、百听不厌。1985 年 9 月 19 日，广元市三堆镇七里乡举办了“百人唢呐赛”。该乡 70% 的农民，上至七旬老人、下至八九岁儿童都能吹奏唢呐。1993 年 9 月 1 日，三堆镇（七里乡撤归三堆镇）组织唢呐队参加广元“女儿节”文艺表演。2005 年，三堆镇被广元市命名为“唢呐特色文化之乡”。广元人民对唢呐有着特殊爱好，唢呐班遍布城乡，唢呐吹奏人才济济。2005 年，据文化部门统计，全市共有各类营业性唢呐演奏班 1254 个，有唢呐吹奏艺人 3081 人。

第四章　社会事业

第一节　教育　科技

一、教育事业

广元市域教育源远流长，早在汉代典籍中就有记述。宋仁宗庆历年间在剑州署西设学宫。明代至清代中期，剑阁的兼山书院、昭化的龙门书院、苍溪的鹤山书院三足鼎立，形成相互竞争之势。民国时期，教育经费短缺，政局不稳，教育事业萎缩。民国22年（1933年）6月，红四方面军先后进驻旺苍县、苍溪县，各级苏维埃都设立了教育文化专门机构及专（兼）职人员，负责本辖区内的文化教育工作。先后办起了列宁小学、列宁学校、妇女学校、团校，在灵溪寺还办有一所红军大学。中华人民共和国成立后，特别是改革开放后，随着国民经济的发展，广元的基础教育、职业教育、成人教育和高等教育有了空前发展。1986—1995年，教育投入逐年增加，广元教育完成了三项历史性的任务：普及了初等教育；基本排除了中小学危房，新增校舍61.7万平方米；完成了高标准扫除青壮年文盲的任务，青壮年文盲率降到了1.7%。到1994年，全市已有幼儿园79所，小学校（点）2788所（个），学龄儿童入学率达98.3%；有初中152所、高中27所、中等职业技术学校32所（其中中师3所、中专3所、中技校14所、职业高中12所）；地方办大学（广元大学）及成人学历教育等在校生共计有4000余人。1996—2004年，广元教育进入了一个新的历史发展时期，教育的重心转移到巩固“普九”（普及九年义务教育）成果，提高“九义”（九年义务）教育质量上，有计划地发展高中教育，大面积提高高中教育教学质量。2002年苍溪中学、广元中学、剑阁中学先后创办为全国示范高中。2003年4月，苍溪县获教育部“全国幼儿教育先进县”荣誉称号。2005年，全市有普通高等学校1所、成人学校2所、中等职业教育学校23所，在校学生4.32万人；有普通中学210所，在校生18.45万人；有小学校（点）1523所（个），小学学龄儿童入学率达到98.94%。

二、科技工作

1985年，广元市有专业技术人员2.13万人，2004年增加到4.76万人，增加了1.2倍。截至2005年，全市共评选出省级优秀专家10人、特级教师66人、学术和技术带头人1人。1985—2005年，广元市先后实施国家级重点星火科技项目11项，推广应用科技成果623项，获得国家及部委科技进步（成果）奖12项、省级30项，申请专利378件，共授权261项。

1991年，广元市委、市人民政府作出了《关于实施科技兴市战略若干问题的决定》，确定了依靠科技加快经济社会发展的战略。2000年7月，建立了广元市科技试验示范园，并被省科技厅批准为全省 14 个省级农业示范园之一。到 2003 年，全市已建成 8 个特色分园、8 个规范化业主开发示范点和 800 户科技示范户组成的园区。在农业科技方面，主要研究推广了核桃优良品种选育，高寒山区反季节无公害蔬菜栽培技术，猕猴桃保鲜技术研究，红美猕猴桃选育等科技项目，且都获成功。在工业科技方面，在机械、电子、轻工、纺织、化工等行业，实施了节能电机、微波通讯、超微晶 R 铁芯、铝纤焊机等一批火炬项目。2004 年，广元市还新设立了樱桃软件开发中心等 5 家科技类民办非企业科研机构，围绕机械电子、生物制药、有色金属、新型材料等新兴企业，组织实施了一批科技攻关项目。截至 2005 年，由广旺集团研发的“金属硅”“微碳猛铁”被国家认定为出口高新技术产品。081 总厂研发的“LM－316 初段测量雷达”“22351 水拓宽系统”“YWZ－07 型亚低温治疗仪”填补了国内技术和产品空白。

第二节　卫生　体育

一、卫生

1950 年春，广元成立了卫生防疫委员会，1953 年改名为爱国卫生运动委员会。1955—1964 年开展了除“四害”（臭虫、老鼠、蚊子、苍蝇）的爱国卫生运动，控制疾病的传播；在农村广泛开展“两管”（管粪、管水）、“五改”（改水、改灶、改厕所、改人畜粪便混坑和改造环境）为重点的卫生运动。1985 年后，全市县（区）、乡、村三级医疗卫生网络逐步形成，疾病预防控制体系、卫生执法监督体系、医疗救治体系基本形成。1995 年 9 月，广元市在全国第三次城市卫生检查工作中取得全省第一的好成绩，被评为全国卫生城市。到 1997 年，全市 7 县（区）提前 3 年实现农村初级卫生保健工作达到国家合格标准。市人民医院、市中医医院、市卫生防疫站、市妇幼保健院、市精神卫生中心、410 医院等医院形成了市城区庞大的医疗体系，心血管、胸外等专科享有盛誉。2000 年，全市基本消灭脊髓灰质炎，碘缺乏病、地氟病、大骨节病、克山病、疟疾防治工作实现了基本控制或基本消灭的目标。2003 年，抗击“非典”（非典型性肺炎）取得阶段性重大胜利，6 例临床确诊病人全部治愈出院，8 例疑似病人全部排除。卫 V、麻风病防治、艾滋病防治、计划免疫等项目全面实施。妇女儿童健康水平大幅度提高，全市建成爱婴医院、爱婴卫生院 75 所。中医事业蓬勃发展，市、各县（区）均有中医机构，建成全国农村中医工作先进县 1 个（剑阁县），列入创建全国农村中医工作先进县 2 个（苍溪县、旺苍县），建成国家“二甲”中医机构 2 所，国家“二乙”中医机构 3 所。2005 年，全市乡及乡以上卫生机构 1296 个，其中，医院 38 所，卫生院 283 所，妇幼保健院 7 所，专科预防控制中心 8 个，卫生执法监督所 8 个，医学在职培训机构 1 个，诊所、卫生所、医务室 937 个；实有病床 7989 张，每千人口拥有病床 2. 63 张；卫生技术人员 9344 人，其中医师 3529 人，乡村医生 2908 人。

二、体育

中华人民共和国成立前，广元民间武术气功（杨氏太极拳、王氏北派长拳）在城区较活跃，职工体育主要有球类、棋类、田径等活动。1942 年 5 月，主办了“广元县青年节体育运动会”，首次有军队、机关、社会团体派队参加。中华人民共和国成立后，体育活动逐渐在中小学、师范校开展，职工体育也得到了较快发展。1971年，拣银岩煤矿曾获得全国职工体育先进单位称号。广元建市后，体育事业发展迅速。广元市南河体育中心于1997年12月建成投入使用。广元市业余体校自1985年创办后至2005年，在田径、排球、武术等项目共培养青少年运动员1500余人，向国家队输送人才4人，向省队输送专业运动员22人。1999年9月1日，全国（后改为“国际”）首届凤舟邀请赛在广元举行，来自香港、澳门、广东、四川新津和广元各县（区）、各大系统的19支女子队参加了比赛，比赛现场，拉拉队员达2万余人，各地游客和观众达10万余人。凤舟赛在此后的每年“女儿节”期间都要举办赛事。群众健康体育蓬勃开展，在南山形成一条“健民路”，每天早上登山的人流要持续到上午10点左右，广元常年参加体育锻炼的人数达到总人口的39%。农村体育活动形式多样，项目繁多。从1990年起，青川县木鱼镇等5个乡镇，每年举办一届农民运动会；1996年，旺苍县举办农民篮球运动会，有14个乡（镇）组队参加；从1999年起，市中区以农家乐为基地，每年都要开展一次农民体育活动。2002年，苍溪籍女子赛艇运动员李勤在韩国釜山第十四届亚运会上获得一枚金牌，实现了广元籍运动员在全国、州际大赛中金牌“零”的突破。青川籍运动员左曼2004年入选国家沙滩排球队。1985—2005年，广元市运动员参加省级各类比赛共获金牌49枚、银牌76枚、铜牌98枚，在国家级各类比赛中获金牌6枚、银牌6枚、铜牌13枚。

第三节　劳动就业

中华人民共和国成立前，城乡劳动者都是自谋职业，或经人介绍当佣人，或拜师学艺为徒，均属雇佣或师徒关系。学徒期为3年，无劳动报酬，师傅只供食宿。

1950年，各县人民政府对失业人员采取“包下来安置”的办法解决。1958年，各县“大办工业”，城镇劳动力紧缺。1961年，开始调整国民经济，停止招工。1964年，国民经济好转，在城镇推行合同工制度。“文化大革命”期间，由于学制缩短，学生提前步入社会，待业人员激增，大部分城镇待业青年被动员到农业安家落产。从1978年开始，下乡“知青”陆续被招收回城。1985年，各县执行“在国家统筹规划和指导下，劳动部门介绍就业，自愿组织起来就业和自谋职业相结合”的方针，扩大多种就业渠道，安置了一大批社会待业人员。

从1985年开始，市属企业实行职工工资总额同企业经济效益挂钩，企业与国家机关、事业单位的工资改革和工资调整脱钩。企业职工工资的增长依靠企业经济效益的提高。1986年7月，广元市开始建立现代企业劳动用工制度和实行劳动合同制度。到2005年，全市5993户企业共有10.58万人签订了劳动合同，签订率为95%，其中签订集体合同356份，涉及职工2.6万人。城镇失业人员共实现就业16万人，占失业总数的70%以上。1995年以后，全市每年指导城镇失业人员就业8000余人，培训失业、下岗职工9000余人，多渠道指导、帮助下岗职工、失业人员实现再就业2.2万人，输出城乡劳动人员在35万人左右，城镇登记失业率控制在4%左右，再就业率保持在50%以上。1991年和2000年，对企业职工工资进行了两次调整，1995年开始实行最低工资标准，规定市内用工单位不得以最低工资标准以下制定和支付劳动者的工资报酬，否则以违法处理。广元向来把“劳务输出”作为解决劳动力就业的重要措施，制定了相关的制度并大力发展劳动输出机构，到2005年，全市共有31个民办职业中介机构。先后在新疆、东莞等地建立了9个劳务基地，广元出川民工达400万人次。苍溪县与北京、河南等地建立了劳务合作关系，其务工人员遍及全国18个省、市以及日本、尼日利亚、阿联酋等国家，常年在外务工人员达12万以上。

1985—1988年为就业平稳期，全市共安置2.5万人；1989—1995年为就业高峰期，共安置5万人；1996—2005年为就业困难期，仍安置8.5万人。此间，国家重点建设征地所形成的农转非劳动力共5万人，已安置4万人。

第四节 社会保障

1989年，广元市社会保险事业管理局建立，专门负责全市的社保工作。1995年7月1日，全市城镇企业职工养老保险纳入一体管理，实行统一的养老金征收标准，统一的退休条件，统一的养老金计发办法。1998年1月1日起全国统一的养老保险制度在全市施行。截至2005年年底，全市企业养老参保人数10.5万人，征缴基金2.01亿元。

广元市机关及事业单位社会保险起步于1995年，当年参保的单位16个，统筹资金20余万元。1996年加大了征缴力度，当年参保单位达258个，参保职工9961人，征收保险基金570多万元。从2003年1月1日起，市直机关事业单位参保职工按照本人工资基数的3%缴纳养老保险个人部分，并入个人账户。2005年，机关事业单位参保人数达8.06万人，征缴基金2.14亿元。

从1986年起，开始建立失业保险制度，1986—1994年，就业局按参保单位标准工资总额的1%征缴，由单位支付，1999年后，参保范围扩大到城镇所有企业、事业、民办非企业单位、社会团体及其在职人员。单位按工资总额的2%缴纳，个人按本人工资总额1%缴纳，失业保险基金由财政设专户管理。凡失业的参保人员均可领取失业救济金。2005年，失业参保人数12万人，征缴基金2320万元。

城镇职工医疗保险从1993年12月1日起实行大病统筹（其基金由职工所在企业和个人共同负担）和基本医疗保险制度（由用人单位和职工共同缴纳）。到2005年，市级基本医疗保险定点医疗机构达56家，参保人数17.6万人，征缴基金1.29亿元。

从1992年起，开始实行工伤保险，并由用人单位缴纳，到2005年，参加工伤保险的有8万余人，征缴基金1450万元。

2005年，全市已全面建立了养老、失业、医疗、工伤、女子生育五大社会保险制度，已初步形成了覆盖城镇各类人员，基金来源等渠道、征集比例和标准待遇统一，社会统筹和个人账户相结合的“一体化”社会保障体系。

第五节 社区建设

1978年，广元各县共有5个镇、12个居民委员会。到1985年，镇及办事处增加到30个，其中办事处3个，居民委员会增加到21个。2002年年初，中共广元市委、市人民政府成立社区建设领导小组，将社会建设纳入2003年专项目标管理，市人民政府出台了《关于推进城市社区建设的意见》，对全市社区规模建设、组织建设、基础设施建设和社区干部生活补贴，办公经费等方面工作进行了部署。同年5月，在市中区石马坝社区、天津路社区进行社区建设试点，建立社区党支部、居委会、居民代表会议和居民协商议事会等；建立规章制度，包括居民自治章程、居规民约、居务公开和财务管理等20多项规定和制度；实行社区服务项目和收费公开；建立社区警务室；并组织居民开展健康的文体活动。同年7月，市政府召开社区建设现场经验交流会向全市推广。2005年，全市共建立健全各类社区组织538个。社区居委会干部普遍实行竞争、选举上岗，全市90%以上的居委会都将居委会政务、财务、服务内容公开，接受群众监督。市城区13个居委会建立了老年活动场所。到2005年年底，全市共有社区居委会271个，其中城区居委会91个（含各县区政府驻地镇），街道办事处3个。

第五章 城建环保

第一节 城乡建设

一、城市规划

1985—2005 年，广元市共完成三次城市总体规划。

1985 年 11 月，广元市编修出《广元市城区总体规划初步设想》，1988 年年初，总体规划编制工作全面展开，年底完成。1989 年 12 月，经省政府批准实施。第一次城市总体规划确定城市性质为：川北门户，以能源、金属冶炼、电子工业为主导，为交通、商贸、旅游业比较发达的中等城市。城市规模近期（1986—1990 年）城市人口 20 万人，用地面积 18.12 平方公里。布局结构与功能分区：规划方案采用沿河、沿路串珠式发展，以中心城和宝轮的连线为基轴，采用多中心组团式的结构形式。城市总的发展方向是以中心城为轴心，沿江、沿路向心发展，整个城市形成中心城、宝轮、三堆和荣山 4 个功能片区。

第二轮总体规划《广元市总体规划 1994—2010》（以下简称《规划》），于 1994 年编制完成。1995 年 1 月，省政府批准了广元市总体规划方案。规划范围包括市中区所辖的嘉陵、东坝、河西 3 个街道办事处以及所辖的 22 个村；工农、大石、荣山、宝轮、三堆、盘龙 6 镇驻地及其 7 个村。城市规划区面积 296.59 平方公里。人口规模为近期（1993—2000 年）25 万—30 万人，其中，中心城 20 万人、宝轮 5 万人、三堆 2.5 万人、荣山 2.5 万人。确定广元城市性质为：川北门户、历史文化名城，以发展能源、建材、商贸、旅游为主的区域性中心城市。《规划》采用片区组团式结构，以嘉陵江为发展主轴，依托交通线多向发展，形成中心城、宝轮、三堆、荣山 4 片区的格局。建设山水园林城市是第二轮《规划》的重点。总布局以凤凰山为“绿心”，以嘉陵江、南河为“绿轴”，以南山、天台山和黑石坡森林公园为“绿屏”，将城市融入青山绿水之中。

第三轮城市总体规划方案于 2004 年完成，省人民政府于 2010 年批准实施。《规划》确定广元城市性质为：西南与西北结合部地区的中心城市、交通枢纽和物流中心，历史文化名城，重点发展工业、商贸、旅游业的生态园林城市。城市人口规模：近期期末（2010 年）为 42 万人，用地规模为 39.1 平方公里。规划范围为广元市的中心城区和昭化、宝轮、盘龙、三堆、荣山、元坝、大石等 7 镇，以及嘉陵江、南河和白龙江沿岸的生态环保带、天台山森林公园、清风峡、明月峡等风景名胜区，总面积约 3000 平方公里。设置袁家坝、宝（轮）昭（化）、元（坝）荣（山）3 个工业区。

2002 年 5 月《广元市市域城镇体系规划》编制完成。市域城镇空间结构规划以广元城为核心，形成放射加环状的城镇体系空间格局，通过“以点带线，以线促片”的方式，走先极化后均衡的发展之路。形成以广元城市为中心，剑阁新县城和旺苍新县城为副中心的中部河谷走廊城镇群，以青川县城和朝天区城为中心的中心城镇群，以苍溪县城为中心和剑阁旧县城为副中心的南部低山城镇群。

二、城市建设

1985年广元建市，给城市发展带来了机遇。新区开发和旧城改造并举，高起点、高标准地建设了一批以路、水、堤为重点的市政基础设施。相继开发了东坝、南河、上西、袁家坝4个新区，与老城区共同组成了功能各异又相互补充，分片布局又紧密连接的城市组团。1995年，全面启动了旧城改造，投入资金15亿元，拆迁建筑面积42.92万平方米，新建建筑面积79万平方米。2001年7月，市委作出实施西城开发的决策，将市中区河西街道办事处所辖范围划入利州开发区，前期重点开发范围6平方公里。到2005年，市城区建成区面积达25.94平方公里，常住人口达25.5万人。广元已于1995年建成全国卫生城市，2002年建成省级园林城市，2003年，获中国人居环境范例奖。

三、乡镇建设

1995年，广元市在剑阁县武连镇召开小城镇建设试点现场经验交流会，积极推进“广厦工程”建设。到1996年，广元市共有25个乡镇列入小城镇试点乡镇，其中宝轮、沙州、元坝（苍溪县）、东溪、歧坪、剑门关、下寺、武连、嘉川9个镇为部、省级试点镇；青溪、白水、太公、羊木、元山、五龙等16个镇为市级试点镇。1997年，开展了小城镇试点工作大检查，全市共完成村镇建筑面积272.5万平方米，其中住宅面积232.2万平方米；总投资6.1亿元，其中住宅投资4.1亿元。并新建、扩建自来水厂7座。1998年，广元市人民政府出台了《关于加快小城镇建设的决定》。同年全市完成了小城镇规划编制11个、中心村编制21个。2000年，又将木门镇、昭化镇、曾家镇纳入市级小城镇建设试点范围。2005年，全市完成了15个小城镇和乡集镇规范方案修编、8个中心村规划编制；共完成村镇各类房屋建筑面积235万平方米，完成村镇建设投资10.76亿元。

第二节　环境保护

一、环境监测

1980年10月，广元县建立环境监测站，1985年升格为广元市环境监测站，配备监测人员11人。至1990年，除市环境监测站能开展例行监测工作外，只有旺苍县站开展了部分项目监测。1995年苍溪县建站，至2005年，市、县共建3个环境监测站，有各类监测人员77人（其中两县站各15人）。在环境监测工程技术人员中，中高级职称人数由1995年的5名（市站）增加到2005年的22名（其中两县站各4名）。市站专业技术人员占在岗人数的72.2%。

1980年，广元县环境监测站开始进行水、气、声、降水等方面的监测工作。1985年，广元市环境监测站在昭化桔柏渡、城区塔山湾、南河马家坝、嘉陵江新店子水文站等处共设4个段面，在枯、平、丰3个水期，上、下半年各采集1次地面水样，对pH值、悬浮物、化学需氧量等13个项目进行监测分析。1987年，市环境监测站完成了放射性水平调查、粮食及土壤农药残留量调查、中小河流水质调查等工作。1989年，市环境监测站在广元城按照功能区布点4个，昼夜24小时监测交通干线噪声，结果在71分贝以上，均超标。1992年，市环境监测站完成了大气、水域、噪声的优化布点工作和污染源监测，获得数据2337个。至2005年，环境监测部门先后对全市1255个企（事）业单位实施环境监测，共获数据14.49万个。其中例行监测数据8.05万个，指令性监测数据1.55万个，排污申报数据1.73万个，环评监测服务数据3.1万个，放射性水平调查数据659个。市环境监测站共编写年度《环境质量报告书》20本，编写工业污染源调查报告、酸雨普查资料报告200套，编写环境影响报告书611套。

1985年、1995年、2005年广元市城区环境质量情况表

表7—2

项目 \ 年份	1985	1995	2005
COD（化学需氧量）（mg/L）	28.6	8.5	<5
总悬浮物（mg/L）	1160	320	规定停测
SO_2（二氧化硫）日均值（mg/m^3）	0.38	0.26	0.026
NOX（氮氧化物）日均值（mg/m^3）	0.026	0.02	0.019
总悬浮颗粒物日均值（mg/m^3）	0.36	0.3	0.117
酸雨频率（%）	70	3.6	减弱
区域环境噪声平均值（Db（A））	62	60	52.7
交通干线噪声平均值（Db（A））	80	72	68.7

二、“三废”治理

环境污染主要来自废气、废水、废渣（以下简称“三废”）。污染源主要是化工企业、民用烟煤炉灶、企业及城市排污、工业及生活废渣等。

大气污染治理 广元市大气污染源主要是锅炉、炉窑、土法炼焦、水泥机立窑粉尘、煤坪煤渣粉尘、矸石砖粉尘以及民用烟煤炉灶等，还有过境公路、铁路穿越城区所引起的扬尘，汽车尾气等。1985—1988年，市城区1吨以上的锅炉共107台，有93台进行了改造，使城区的烟尘排放基本符合国家标准。1989年以后加大了废气治理的力度，在全市范围内淘汰了一批能耗高、污染重的工业锅炉和窑炉。1990年，环保部门对广元纸厂、国营081总厂等6个单位的烟尘污染下达了限期治理通知书，对逾期未完成治理任务的单位和企业给予罚款处理。至1992年，市内各水泥厂一律将普窑改为机立窑，收尘方式改为旋风加布袋二级收尘。先后实施了8个废气治理项目，年减少废气排放56万标立方米。1993年，民用锅炉、茶炉由烧散煤改为烧型煤，型煤推广面达80%。1994—1996年，广旺矿务局电厂投入10万元安装了旋风除尘器，东河热电厂投资25万元进行了消烟除尘治理，代池坝煤矿电厂安装了水磨除尘器。1997年年底，市政府提出实施“一线”（广旺公路沿线）、“两区”（烟控区、噪声达标区）、“三河”（嘉陵江、东河、清水河）污染防治工程后，旺苍县先后建成机焦厂8座、规范改良焦厂6座，关停公路、铁路沿线不具备环保条件的土焦窑和石灰窑75家。广元煤

矿发电厂粉煤灰堆放场、事故处理池相继建成投入使用，使回龙河片区环境质量明显好转。1999年，在全市实施排污许可证制度，关停230口小煤窑，压产111.7万吨，当年发证面达到90%。2000年，为迎接全省环保达标“零点行动”的统一验收，采取领导挂牌，市委、市政府督查督办，各相关部门和单位分片包干的办法，加大对各工业污染源的整改力度。宝轮镇20万吨旋窑水泥生产线先后投入480万元治理粉尘；广旺矿务局发电厂、东河热电厂分别投入100万元和300万元治理烟尘污染和安装高压静电除尘装置；嘉川水泥厂把回笼资金用于治理粉尘。全市共筹集资金3152万元，治理项目达125个，使大气环境质量进一步改善。至2003年，公交、出租汽车完成油改气200辆，气化率达到80%以上。2005年，对市城区23台窑炉和500多口生活茶炉进行了治理，32家餐饮业新安装了吸油烟设备16套；运行天然气公交车增至353辆，尾气排放达标率80.4%；工业烟尘排放达标率45.12%，工业二氧化硫排放达标率52.48%。到2005年年末，全市总计投入1.31亿元，对629家企业的烟（粉）尘设备进行了治理，关停企业404家。大气环境质量达到二级标准，全年二级以上天数达272天。

废水污染治理 到1986年，广元市实现了医疗、电镀、油污废水达标排放。1987—1991年，有39个废水项目治理项目竣工。1993年，投资41.6万元用于10个项目的治理，其中废水治理项目4个。嘉陵冶炼厂、广元棉纺织厂、081总厂等废水治理项目按时竣工。从1994年起，有95个工业污染源纳入核定之中。1997年，城市雨污管网分流，城区江河防洪堤主体工程完工，使城市污水集中排放到嘉陵江稀释。到1999年，全市共投入治理资金9034万元，对电子、煤炭、纺织、冶金、化工、食品等行业的724个污染项目进行治理，建成治污设施348台（套），市区主要工业废水都做到了达标排放。2001年，全市投入1200多万元对28个项目进行治理。金山制药厂、剑阁食品厂、昭化造纸厂、川北肉联厂、剑阁肉联厂等企业相继完成治理任务。2004年，市政府决定对广旺能源发展（集团）电力公司广元发电厂等46家污染较重的企（事）业单位实施限期治理。到2005年年末，全市共筹措环境污染治理资金29亿元，治理废水项目1078个，建污染治理设施429套，建成城市生活污水处理厂1座，关停废水污染企业147家。

废渣污染治理 从1988年起，广旺矿务局所属唐家河煤矿、坑口电站将固废弃物运送到附近的嘉川镇槐树村，成片填平低洼山地后交农民耕种。1991—1994年，为解决污染问题，李家河铁矿建起尾矿拦截坝；金溪铁厂回收废渣生产水泥；广元煤矿建起煤灰渣堆放场地；广元市川北贸易公司新型复合建材厂每年消化城市垃圾5000多吨生产新型复合建筑材料；新建了农膜和塑料包装袋生产线，每年消化“白色污染物”2000吨。1998年，荣山煤矿电厂年产生灰渣3.5万吨，提供给水泥厂掺合1.8万吨，为大石镇安乐村改土提供1.7万吨，粉煤灰综合利用率由1985年的14.54%提高到100%。1999年，市环保局支持宏旺材料厂利用锅炉渣加黄沙及少量水泥生产发泡材料砖块，变废为宝。同年，9家市属地方煤矿均建立了尾矿库，废渣基本实现“零排放”。2000年，全市工业废渣处置量231.08万吨，处置率93.31%。2005年，固废生产总量为278.66万吨，处置总量达31.97万吨，综合利用总量达202.90万吨，工业固废处置利用率达到84.28%。

三、生态环境治理

1990年，全市投资7880万元，综合治理水土流失面积1214平方公里。市政府于1995年5月提出《广元市生态农业建设总体规划》和建设“山水园林城市”的整体方案。旺苍县以小流域为单位，集中连片综合整治，共投入1350万元用于造林、种草、建排灌区等。至1999年，全市治理水土流失面积达到2480平方公里，森林覆盖率接近40%。2003年，广元市人民政府批准白龙湖（宝珠寺水电站库区）为“生态功能保护区”，苍溪县九龙山为市级自然保护区。同年，青川县东阳沟、毛寨和朝天的水磨沟被批准为省级自然保护区。苍溪县陵江镇、云峰镇、青川县青溪镇被批准为国家级环境优美乡镇。旺苍、青川、元坝3个县（区）被批准为国家级生态示范区。剑阁县、市中区、朝天区、苍溪县等县（区）被批准为省级生态示范区。2004年，市环保局启动“农村小康环保行动计划”，新建文明生态村200个、市级文明村18个、省级生态农业园区6个；建成省级生态“绿色学校”3所、市级“绿色学校”14所、县级“绿色学校”13所。同年，广元市开展“环境优美乡镇”“生态示范区”“生态小区”“绿色社区”“绿色单位”等创建活动，严格对水源地、矿山、森林、草地旅游资源开发的生态环境进行保护，依法取缔了非法采矿（金）点247个，查封和拆除了采砂（金）船70只。2005年，全面启动生态河道、生态水源、城周绿化、绿色通道等工程建设，完成投资1000多万元，绿化通道98公里，造林2.6万亩；通过实施退耕还林以及“德援项目”“天保工程”等造林工程，完成退耕还林、还草62.1万亩，荒山造林54.5万亩，森林覆盖率达到45.2%。到2005年，广元市已建成唐家河、米仓山两个国家级自然保护区，翠云廊、水磨沟、毛寨、东阳沟4个省级自然保护区以及天台山国家级森林公园。有效地保护了大熊猫、金丝猴、兰科植物等野生动植物及其生存环境。

从1990年起，广元市种植粮食作物禁用“666”“DDT”等农药。2000年，全市查禁“666”等18种剧毒、高毒或高残留农药，限制使用甲胺磷等20种农药。2002年，在全市实施无公害农作物种植项目，大力发展生态农业、有机农业。到2005年，全市所有生产的粮食、水果、茶叶等农产品的农药残留量均在国家规定的标准范围内。

第六章　名胜古迹

第一节　风景名胜

一、剑门蜀道风景名胜区

剑门蜀道风景名胜区是指以金牛道为主线的带状风景名胜区，以剑门关为中心，北连陕西，南至成都，沿途山峦起伏，沟壑纵横，数百公里，处处险峻，李白诗中所称“蜀道难，难于上青天”就是指这一段。《华阳国志》记载：“周武王伐纣，实得巴、蜀之师。”可见远在3000多年前的周朝，蜀道业已开通。据《水经注》载：“秦惠王欲伐蜀，而不知道，做五石牛，以金置尾下，言能粪金。蜀王令五丁引之成道。”公元前316年春，蜀道开通，秦派大将司马错、张仪领兵顺道而入灭蜀，这条路遂命名为石牛道（又叫金牛道）。《史记》中所载“栈道千里，通于蜀汉”就是指这条道路。风景区内分布着剑门关关楼、翠云廊等众多的名胜古迹。1982年11月剑门蜀道被列入国务院公布的第一批国家重点风景名胜区。1992年9月，剑门关被林业部公布为国家森林公园。2010年9月，被列为国家AAAA级风景区。

二、白龙湖风景名胜区

白龙湖位于广元城西60公里处的三堆镇，是国家重点建设工程宝珠寺水电站在白龙江上截流而形成的巨大人工湖。白龙湖景区总面积482平方公里，其中水域面积75平方公里。景区范围东起金山寺，西至骑马乡，北接姚渡镇，南至宝珠寺电站。景区以阴岛为中心，分为沙洲、刘家峡、龙洞峡、洛阳河、青草坪、景谷峡和宝珠寺等7个各具特色的景区，有“沙洲日出”“碧水丹秋”“双峡环流”“黄峡探奇”“栈桥夜月”“西港飞虹”等十大景观和多处溶洞景观，另有历史文化遗址如景谷道、马鸣阁道、白水关、“木牛流马山”等。1993年被四川省人民政府审定公布为省级风景名胜区，2004年1月被国务院命名为国家重点风景名胜区。

三、唐家河自然保护区

唐家河自然保护区位于广元市青川县西北80公里处岷山山系龙门山脉西北侧，摩天岭南麓，北与甘肃文县境内的白水江国家级自然保护区相连，东接青川东阳沟省级自然保护区，西与绵阳市的平武县毗邻。于1978年建立省级自然保护区，1986年晋升为国家级，是以大熊猫及其栖息地为主要保护对象的森林和野生动物类型的自然保护区，面积4万公顷。保护区是岷山山系大熊猫主要栖息地之一，被誉为“天然基因库”“生命家园”和岷山山系的“绿色明珠”。被世界自然基金会划定为A级自然保护。唐家河自然保护区还拥有阴平古道、摩天岭、大草坪、毛香坝等人文、自然景观。

2011 年 11 月，被列为国家 AAAA 级风景区。

四、米仓山自然保护区

四川米仓山自然保护区位于广元市旺苍县东北部，距县城 64 公里，在米仓山至大巴山山脉西段南坡，为嘉陵江支流东河的源头地带。总面积 2.34 万公顷，由鼓城山、七里峡、白龙宫三大景区组成，原名鼓城山自然保护区。1999 年四川省人民政府批准鼓城山自然保护区为省级自然保护区。2002 年四川省人民政府将四川鼓城山自然保护区更名为四川米仓山自然保护区。保护区有丰富的动植物资源，其中有国家一级重点保护的野生动物 5 种，属国家二级重点保护动物 39 种；国家一级重点保护野生植物 4 种，属国家二级重点保护的野生植物 10 种。还蕴藏有十分丰富的中药材资源。保护区旅游资源丰富，以奇山、秀水、异石、怪洞等地质景观以及恐龙化石、珍稀动植物的独特自然景观群落而著称。主要景观有东西天鼓、汉王山、七里峡、琅琅石、龙首岩、靴儿岩、天花板、神仙碑、白龙宫、仙女洞、石人沟、黑龙潭瀑布、端公潭瀑布、木门道等。

五、天台山森林公园

天台山森林公园位于广元城西北 15 公里处，地处龙门山与米仓山的交接地带，景区总面积 1334.3 公顷，海拔 1100—1602.4 米，常年平均气温 11.1℃，属典型山地气候，夏无酷暑、冬无严寒。因其顶部有一平台，常在云雾之中，故名天台山。最高峰名艮台山，山顶建有广元电视转播台。2003 年 12 月经国家林业局批准，由省级森林公园晋升为国家级森林公园。公园内有大小景点百余处，如天台、读书台、蟠桃石、状元塔、神仙桥、天池湖、睡佛、听涛石、藏经洞等。园内自然景观独特、人文景观丰富、历史文化底蕴深厚。有梵天寺、西禅寺、佛光寺等佛教圣地。

第二节 文化古迹与纪念地

一、古遗迹

古瓷窑遗址 在广元城北 6 公里处，位于嘉陵江东岸的台地上，距江面约 20 米，民国 25 年（1936 年）修川陕公路时，遗址被掩埋。1953 年再次施工时，又被发现。遗址长 250 米，有的窑址堆积广到 20 亩，高到 20 米。尔后四川省陶瓷史编写组、重庆市博物馆、四川省博物馆等考古单位多次来此发掘考察，认为此窑址创于唐代或更早。1984 年，原广元县人民政府公布为县级文物保护单位。瓷窑最初以烧制碗、壶、缸、罐等黑釉粗质瓷器为主，中唐发展到兼制弇口玉璧绛、绿、黄、褐釉的画花、印花碗、瓶、香炉等细瓷产品。五代、北宋时期又发展到专门生产以黑褐绛黄绿合成的金星、银星、兔毫等多种色彩的细瓷产品。约至宋末停业，再未复兴。

船棺墓葬群遗址 位于广元城西 25 公里宝轮镇西北角的船山坡三级台地上。1954 年 6 月，宝成铁路筑基工程穿过此坡时，发现墓葬群，出露船棺墓（独木舟式）、木椁墓 20 余座。对路基正中的 9 座船棺墓，由西南博物院、省文管会进行发掘，对南北两边出露的船棺墓仍加修保坎掩埋。其中清理完整船棺墓 4 座，发掘出文物 100 余件。这批文物出土后，全由西南博物院收藏。船棺系用整段楠木凿成，上面削去一小半为棺盖，再将中部凿空，两端由底部向上斜削，两头翘起呈船型，长 5 米，宽约 1 米。经西南博物院鉴定为战国之秦巴蜀人的墓葬，为全国首次发现。

中子营盘梁遗址 位于朝天区以北24公里中子镇营盘梁。1990年，中国社会科学院考古研究所四川工作队在此进行了大规模的发掘，发现了7000年前古人类的“细叶石器”加工场，采集到遗存物2万余件，其中细石器标本1万余件，可供考察的标本有500余件。是已知四川省境内最早的新石器时代文化遗址。

古栈道 是古代由中原入蜀交通主道。自关中至汉中一段称北栈或秦栈，自陕西勉县，经宁强、广元、剑阁，抵达成都一段称南栈或蜀栈。又称蜀道、金牛道、石牛道、五丁道。南栈是由陕西宁强进入广元境后，经七盘关、神宣驿（宣和）、龙门阁、朝天关、飞仙关、石柜阁（千佛崖）至广元城，往西南渡桔柏津，过葭萌关，从剑溪口（三江村），入剑阁县。特别是由勉县经广元到剑阁武连驿一段，“钩山袋河，绵亘六百余里”。临江凿崖开孔，架木作栈以通行路。其中位于嘉陵江边的朝天峡，是蜀道中最险的一程，有古栈道遗址500余米，分布着上千个孔眼，孔宽43—45厘米，深39—95厘米，孔距180—210厘米，上下孔间距200—350厘米。孔呈三排，上排孔为搭雨棚之用；中排孔“架木作栈”供人马通行；下排孔为加固支撑孔。

筹笔驿 在广元城北45公里的筹笔乡东岸，嘉陵江边，地势险要。三国时，蜀汉丞相诸葛亮率师北伐曹魏，曾于此运筹帷幄，相传《后出师表》也写自于此，因而得名“筹笔驿”。驿所在地，唐宋时有诸葛祠，驿西有军师庙，驿周围有饮马池、擂鼓山、校场坝、旗杆梁等。唐至清各代著名诗人过此皆有题咏。

二、祠墓

费祎墓 在昭化城西门外，四围原有护墙及亭楼覆盖墓上，墓前碑书：“汉尚书令费公敬侯之墓。”费祎，字文伟，江夏鄳县（河南信阳东北）人，历任蜀汉侍中、参军、尚书令、大将，封成侯。蜀汉延熙十六年（253年）岁首大会，费欢饮沉醉，被魏国降人郭循杀害，后谥敬侯，葬于汉寿（昭化）。

姜维墓 位于剑门关以南1公里处的钵盂寺旁。姜维墓系一土冢，墓长2.8米，宽2米，高1.5米。墓前有一亭堂，堂正中有墓碑，上刻“汉大将军姜维之墓”。亭堂两侧有对联一副，文曰：“志在中原费尽平生胆智；神栖剑阁永昭千代英灵。”

鲍三娘墓 在昭化古城北5公里的曲回坝，冢高4米，东西宽19米，南北长21米，为穹庐型土冢。清初，墓前有碑，上部剥落，唯存“……关夫人鲍三娘”几字。民国3年（1914年），鲍三娘墓被法国人色伽兰发掘，盗走额骨及汉代画像砖，如车马、富贵砖等。同年，乡人复为立碑，上书“汉将军索妻关夫人之墓”。

邓艾墓 位于剑阁县北10公里处的北庙乡孤玉山南麓。墓为土冢，周围砌石，高大雄壮。墓前立有石碑，上刻“魏征西将军邓艾墓”。墓门墓道皆以青石建造，石椁两棺各长3米、高1.8米、宽1.4米。双穴并列，间距2米，为邓艾及其子邓忠安葬之处。

三、寺庙

皇泽寺 唐代女皇帝武则天祀庙，位于广元城西嘉陵江岸，唐末名皇泽寺。自唐代建庙以来，历代皆有改修维修。五代重修则天皇后新庙时，其右建有梁公祠。宋名金轮皇帝庙，南宋改为顺圣皇后庙，后复名皇泽寺。宋代自乌龙山顶至嘉陵江岸有三层寺院，明代在江边新增川主庙，清乾隆时，皇泽寺至江岸增建为三重院落，并建有戏台。1961年4月国务院公布皇泽寺为全国第一批重点文物保护单位。2004 年 2 月广元市人民政府决定扩建皇泽寺，恢复其清代原貌。

觉苑寺 位于剑阁县武连镇西，始建于唐贞观年间，名弘济寺。宋元丰时赐名觉苑寺。元末部分殿宇被毁。明代天顺初年重建，绘制《佛经》故事于大雄宝殿四壁，更名普济寺。清康熙初年，殿宇经维修后，复名觉苑寺。寺庙坐北向南，大雄宝殿为单檐歇山式屋顶，屋盖筒瓦，瑞兽伏脊。现存三重殿及两侧配殿，以大雄宝殿为主体，天王殿在前，观音殿居后，级级递进，都建在同一条轴线上，东西配殿对称排列，总建筑面积 1957 平方米。2001 年 7 月被国务院公布为全国重点文物保护单位。

雪峰寺 位于广元城东的雪峰山麓，旧传峰上石穴“六月飞雪”故名。始建于唐，宋代及明、清几度重修。庙宇坐北向南，有三进院落，前院是天王殿，中院是大雄宝殿，后院则是观音殿，均为木质穿斗结构。摩崖题刻中有宋人于淳熙五年（1179 年）十月十二日游岩壑观寺诗“万瓦鳞鳞绕雪峰，巍然亭观倚虚空”句，盛赞这座古寺当时的宏伟。

四、石刻、雕塑

千佛崖摩崖造像 千佛崖位于广元城北 4 公里的嘉陵江东岸，川陕公路依崖而过。摩崖造像始于北魏，经西魏、北周及以后历代不断开凿和妆銮，至清代“全崖造像数为一万七千有奇”（清咸丰四年碑记）。全崖造像区长 388. 8 米，最高处距地面 45. 5 米。龛窟作多层排列，多达 13 层，存 54 窟，819 龛，大小造像 7900 余躯，其中，唐代造像，约占总数的 80%，是四川境内最为宏伟的石窟群。1961 年 3 月，被国务院公布为全国重点文物保护单位。

观音岩摩崖造像 观音岩位于广元城南 15 公里的嘉陵江东岸，造像全长约 500 米，高 20 米，原有造像 132 龛窟，存 108 龛窟 442 躯。观音岩摩崖造像均为唐代所凿。造像分为三段，北段较分散，大小龛排列不齐，中段共有 13 龛，大都为观音像，南段又分在上、中、下三层开龛造像，其中最大一窟采用镂空圆雕手法刻释迦证道像 7 尊。1956 年，被四川省人民政府公布为省级文物保护单位。

寻乐书岩石刻 位于苍溪县西 15 公里处的东青镇境内。清嘉庆五年（1800 年）乡人寇继顺等依山凿石室两间以避兵乱。其后，地方名儒贾儒珍新凿石室 5 间，加上原石室共 7 间连接相通，总面积达到 355 平方米。贾儒珍在石室外办“竹桥斋”，一时文人学士往观不绝，凡题咏善书者均留有佳作刻于室壁。共有行、楷、篆各体石刻 152 幅 1. 9 万多字，人称“清代书法展厅”。石室内还有孔子、文昌帝、蚕丝公、蚕丝婆等雕塑 5 处和壁画 9 幅。贾儒珍常住其间，以文会友，以乐其志，故名“寻乐书岩”。1996 年 6 月，四川省人民政府将其公布为省级重点文物保护单位。

五、古建筑

昭化古城 位于嘉陵江与白龙江交汇处。1992 年 9 月，四川省人民政府将其公布为省级历史文化名镇。春秋战国时，昭化城北土基坝为蜀王弟苴侯都邑。自秦置葭萌县（昭化镇）后，历代为郡、县治地。1952 年以前为昭化县治地。1966 年以前，古城城墙、衙门、庙宇、庭院等建筑物保存基本完好。“文化大革命”中城墙及古建筑部分被毁，明代的三座城门及墙垣段落、石板街道及部分清代庭院保留下来。

剑阁古城 始建于南北朝刘宋时期，唐代已具规模，明代曾三次整修，保存下来的古建筑物大都为明代建筑。1991 年 2 月，剑阁古城被四川省人民政府公布为历史文化名城。保存下来的南门及左右两侧城墙 457 米。南门上建有箭楼，高 7. 5 米，两檐二层，面积 58 平方米。箭楼下为古城门环状石拱，高3.5米，宽3.4米，门洞深4.5米。古城门为双扇木门外护铁皮，乳钉突凸，仍可起闭。进南门不远为古城中心，建有钟鼓楼，楼四周安装雕花镂空带格门窗。钟鼓楼东有二贤祠，祠内正殿及两边厢房保存完整。紧靠二贤祠有明清建造的兼山书院，已被列为县级文物保护单位。

木门古镇 位于旺苍县东南，距县城38公里。古镇老街多为清代建筑，保存完好。木门场街道中部有始建于清道光二十七年（1848年）的周姓孝节石牌坊。石牌坊为重檐歇山顶，四柱三洞门，高8.18米、宽5.19米，底厚2米。川陕苏区时，红军在石牌坊上刻有16条标语，又称“红军标语牌坊”。清江河穿镇而过，其南有青龙山，山腰有木门寺。木门寺原名老鹳寺，始建于隋，后几度兴废，唐贞观元年（627年）重修后，更名为木门寺。寺前有石碉“佛爷石”“晒经石”，寺中正殿壁画有一幅“观音坐兰草”图，全国仅有。1933年6月底，红四方面军在这里召开了重要军事会议。木门镇还有延战街、射部坪、得胜山等三国遗迹和禹王宫、文昌宫、关帝庙等古建筑。1992年9月8日，被四川省人民政府公布为省级历史文化名镇。

来雁塔 位于广元城西南，嘉陵江南岸的印台山上，为砖石结构的楼阁式塔。始建于清同治十一年（1872年），完成于清光绪六年（1880年）。因上顶之日，适有双雁飞鸣，定其名曰“来雁塔”。塔身为8面13层，通高36米，1至9层全用石条垒砌，10层以上用青砖砌成，唯底层北面辟门，门两边刻有“镇水纵横三百里，培风上下五千年”的对联。其余各层均卷拱形假窗，假窗题额由下而上分别是“文运天开”“如涌出”“风云会”“突兀”“摩碧”“大观”“问天”等。顶部有刹，由底层拾级而上，盘旋可至塔顶。1988年广元市人民政府将来雁塔公布为首批市级文物保护单位。

六、纪念地

红军文化园 位于广元市区南山森林公园内，是以搬迁原皇泽寺内的省级文物保护单位“红军石刻标语碑林”为主体，配以红军战斗和生活中的实物用品、图片、文字等，反映红四方面军在广元两年多的革命斗争历史的人文景观。2004年建成对外开放，总占地面积138亩。徐向前题写了“红军石刻标语碑林”匾额，原中央军委副主席张万年题写了“广元红军文化园”园名。

红军渡 位于苍溪县城2公里处的塔山湾，原名塔山湾渡，是中国工农红军红四方面军配合中央红军北上，1935年3月强渡嘉陵江向西进军的重要战斗遗址。境内解放后，为纪念红军渡江胜利，将渡口取名为“红军渡”，并勒石以志，1980年7月被四川省人民政府公布为省级文物保护单位。1984年，徐向前元帅题写“红军渡”三字。1987年，建成红军渡江冷锻铜塑群像及纪念馆。2001年，被中宣部命名为全国爱国主义教育基地。

木门会议会址 位于旺苍县东南38公里的木门镇。1933年6月，红四方面军在木门寺召开了重要军事会议，史称“木门会议”。1983年，旺苍县人民政府在此建立了木门会议陈列馆，1988年5月对外开放。同年10月，徐向前题写了“木门会议陈列馆”匾额。1991年4月，四川省人民政府将木门会议会址公布为省级重点文物保护单位。

第七章 风土民情

第一节 宗 教

广元是一个宗教传入较早的地区，各教派都有一些历史悠久的寺庙。建市后，随着宗教政策的贯彻落实，应广大信教群众的需求，大部分宗教场所得到了恢复，基本满足了信教群众的需要。到2005年，全市共有佛教、道教、伊斯兰教、天主教、基督教等宗教活动场所78处，其中佛教47处，道教9处，伊斯兰教8处，天主教8处，基督教6处，共有教职人员120人。市中区有16处、44人，朝天区有5处、8人，元坝区有7处、10人，苍溪县有9处、10人，旺苍县有9处、11人，青川县有13处、15人，剑阁县有17处、32人。

一、佛教

佛教在北魏以前即传入广元。在唐、宋、明、清都有相当发展，陆续建起觉苑寺、皇泽禅院、观音寺、华严寺等许多著名寺庙。随着民间信仰群众的不断增加，寺庙也不断增加，到2005年，市内共有佛教开放场所47处、教职人员80余人。规模较大的有元坝区的平乐寺，天台山的梵天寺、佛光寺、西禅寺，旺苍县的南峰寺，苍溪县的临江寺、烟丛寺，剑阁县的志公寺、梁山寺等。1995年成立广元市佛教协会，净天法师任会长，2003年换届，智海和尚任会长，彻利、彻良、广乘为副会长。

二、道教

在北宋神宗年间，广元道教已很盛行。在广元境内有许多道教遗产，如剑阁鹤鸣山，苍溪云台山、西武当山，市中区的天台山。《四川总志》中有“汉张道陵初入蜀阆中，居鹤鸣山，炼丹修道，感老君授以秘果，遂领弟子赵升王长，来云台山炼大丹服之”。《中国道教史》《天师道史略》《后汉书·刘焉传》等都有张道陵在鹤鸣山、云台山活动的记载。苍溪云台山是张道陵于东汉汉安二年（143年）设立的二十四治之一，又是全国28座炼丹名山之一。在鹤鸣山有道教造像23龛，88尊，龛内右石壁上刻有“长生保命天尊像赞并序”，序后落款是“圣唐大中十一年丁丑岁五月毕”，即此龛刻于唐懿宗大中十年（857年）。2004年成立广元市道教协会，倪理兴任会长。市内道教分为全真道和正一道两大派别，正一道以苍溪和市中区为主。到2005年，市内共有道教开放场所9处，其中全真道3处、正一道6处。

三、伊斯兰教

元世祖至元年间蒙古族统一中国，回民随战争进入广元，伊斯兰教同时传入。清康熙十三年

（1674 年）建广元县上河街清真寺。随着回民的增多，陆续建起了广元县九井湾清真寺和青川县蒿溪清真寺、大院清真寺、红光清真寺、前进古城清真寺、青溪清真寺、桥楼清真寺。1993 年成立广元市伊斯兰教协会，马万全为会长。1999 年广元老城改造，按照市政府的总体规划，上河街清真寺拆除后，在原址重建，2004 年竣工，建筑面积 3000 余平方米。到 2005 年，全市共有阿訇 4 人。2005 年广元市共有“拱北”（阿拉伯文译音，意为圆顶建筑，系伊斯兰教得道高人的陵园和纪念堂）6 处，其中市中区 2 处、朝天区 1 处、青川县 3 处。

四、天主教

清康熙三十八年（1699 年）法国传教士徐德新、博方齐将天主教传入广元县，先后在和平乡大院子、广元城内南街、小寺山、大滩横梁子等地建教堂。1948 年 10 月，中国神甫王良佐在大院子任神甫，后分别到南街天主堂、小寺山、横梁子任传教神职，当时有信教群众 600 余人。

20 世纪 50 年代初，西方敌对势力反华排华，利用宗教干预中国内政，国内潜藏的敌特分子、反动会道门与境外反华势力遥相呼应。在这种背景下，1950 年 11 月，时任小寺山神甫的王良佐与教友王复初、孙克强等 500 余人一道提出了“广元天主教自立革新宣言”，发起了震惊中外的“三自”反帝革新运动，在全国 300 万天主教教友中引起了极大反响。《人民日报》于 1951 年 1 月 21 日发表了宣言全文，并配发了社论《欢迎广元天主教的爱国运动》。中共十一届三中全会以后，随着宗教政策的落实，信教群众不断增加，南街天主堂、小寺山、大院子、横梁子重新开放。根据广大信众的需求，1985 年以后广元市开放了苍溪新店子、圣堂坪，青川青溪、房石、板桥等天主教堂。1993 年成立了广元市天主教爱国会。到 2005 年，信教群众达 3 万余人。

五、基督教

清光绪十四年（1888 年），英国圣公会传教士张悟道从汉中来广元，初到时在街头布道传教，后租东街石氏祠堂为传教所。约清光绪三十年至三十五年，英国中华圣公会继派传教士车桂贞（译音）来广元传教。车从英国募款，请来英国工程师改建了原东街石氏祠堂，即东街福音堂。1949 年 10 月，廖运掌由川东教区调广元任助士，雷世熙、钟华荣为堂董。1951 年年初广元县成立“广元基督教三自爱国运动委员会”，钟华荣为主任委员，廖运掌为副主任委员。“文化大革命”期间，基督教活动停止。

“文化大革命”结束后，基督教活动得到恢复，1992 年，广元市恢复成立“广元基督教三自爱国运动委员会”，廖运掌为主席。为满足信教群众的需要，广元市恢复开放了基督教市中区三堆福音堂、剑阁县基督教堂、剑阁县基督教龙源福音堂、剑阁县基督教白龙感恩堂、剑阁县基督教开封蒙恩堂等基督教活动场所和 15 个活动点。到 2005 年，全市共有牧师 1 人、信教群众 3 万余人。

第二节　民　俗

一、婚俗

古时，广元民间婚嫁礼仪谨遵“六礼”旧制。民间婚姻遵“父母之命，媒妁之言”，开亲要“门当户对”，择偶要“郎才女貌”，女以“三从四德”为美德，男女极不平等，全社会基本上是包办婚姻，由父母定终身。旧习，在广元农村从定亲到结婚先后要经过介绍人提亲、许话、看门户、开年庚、为定、过礼、扎期、领结婚证、接亲、过酒席、回门等过程。“过礼”和“接亲”，男方要根据女方的要求，送刀菜（切成条块状的猪肉）、酒、白面大馍及礼金若干。婚期，男女两家各办酒席，亲朋好友前往祝贺，谓之“吃酒”，并送贺礼。男方送介绍人财物，谓之“谢媒”。接亲队伍到达女方门前，男方鸣炮并奏鼓乐知晓，女方鸣炮并奏鼓乐欢迎。女方娘家备齐嫁妆，一般有箱、柜等木制家具，铺笼罩被及日常生活用品。在女方吃过酒席后，接亲队伍抬上嫁妆和送亲队伍一路鼓乐，将新娘送到男家。婚礼由知客主持，行三鞠躬礼，拜天地、拜父母、夫妻对拜。婚礼后入席。婚后第三天，新郎、新娘回女方娘家，谓之“回门”。

广元地区农村婚嫁中，有许多习俗独特有趣。如婚前禁食：新娘出嫁前，母亲要强迫女儿禁食，一般是婚前倒数第三天只准女儿吃两顿饭，倒数第二天只吃一顿饭，婚前第一天整天不准吃饭。上轿“利事”：利事相当于如今的小费，当迎亲的花轿抬上新娘准备起程的时候，新娘的母亲，一定要将几个事先准备好的装有少许银钱的纸包分发给轿夫，称为给上轿“利事”。花轿撞亲：旧时农村婚嫁，多半集中在下半年冬腊月间的双日，特别是初八、十八、二十八，往往不止一家在结婚。迎亲的队伍最怕两乘花轿迎面相会于桥头。如果遇到这种情况，双方务必拼命相撞，抢先过桥，他们认为撞的是福气，抢的是财喜。随着社会的进步，撞亲也由冲撞变成了谦让，自觉遵守“小让大，晚辈让长辈，路近让路远”的规矩。

中华人民共和国成立后，提倡新事新办，许多繁礼缛节逐渐消失。自20世纪90年代起，许多农村青年在外地打工相识相爱。成就婚姻后，一起返回家乡，置办酒席待客周知乡邻即可，许多礼仪从简。

城镇青年男女婚嫁多为自由恋爱。经过“耍朋友”，确定婚姻关系后，双方父母见面约定结婚事宜。男方一般要准备婚房并装饰一新。男方父母给准新娘买戒指、项链等首饰，给女家送礼金以及烟、酒等礼物。结婚前，向众亲友发送请柬和喜烟喜糖。婚礼当天，男女两家一般共同在酒店举行婚礼并款待亲友。新郎着西装，新娘着婚纱在酒店门前恭迎客人。婚礼一般委托婚庆公司主持，婚礼繁琐，有的也引入一些西方礼仪方式。婚礼完毕后，婚宴开始，新娘换便装与新郎一起逐席向来宾敬酒。双方父母亦敬酒致谢。当晚，青年男女在新房打闹嬉戏至深夜，谓之“闹洞房”。

广元回族婚俗礼仪保留了一些伊斯兰特色。婚前一日要请阿訇讲经、炸油香待客。正日迎亲，不请乐班吹打。婚礼由阿訇主持，并由阿訇作证婚人。在阿訇的主持下，男女双方交换“口唤”——用阿拉伯文写的结婚证书，由阿訇领一对新人读“伊扎布”——证婚词。婚宴丰盛，但从不以烟酒待客。

二、待客礼节

历来敦厚纯朴的广元百姓素以好客著称。农家客人分内客与外客，三亲六戚为内客，朋友、老师、医生、公事人、匠人及过往客商等为外客。不管内客外客，只要到农家一律视为贵客。久而久之，形成了一套固定的习俗。吆狗迎客：山区农家一般养有看家狗。客人一到院门口，狗会不停地大叫，主人家便将狗唤到身边，热情地请客人进院。客人进院后，狗就不会再叫了。看座：主人搭凳子尽快请客人坐下，称为“看座”，热天一般请客人在堂屋或宽敞的街沿落座，冬天则要请客人到火塘边。行烟：主人家和同院居住的各家主妇，每人手拿一些土烟叶向客人敬献，称为“行烟”。奉汤：行烟过后，主妇马上要送上开水，或煮一碗醪糟或泡一壶茶，无论是开水、茶或醪糟都称为

"汤"。奉吃喝：奉汤完毕，主妇要将家中珍藏的花生、核桃、柿饼等一类土特产，选其一样放在桌上，请客人吃。这时当家人（家中男人）便陪着客人一边吃一边谈正事。待客：吃饭的时候到了，主人家先请客人在上席入座。农家院一般坐北面南，因此，北方为上席，南方为下席，陪客分坐左右和下席。农家待客饭菜，以饭为主，以菜为辅，饮酒只是点缀而已。如果吃干饭，客人的碗底会埋有几片大腊肉，如果吃面条，面条下会有几个荷包蛋。

三、丧葬礼俗

广元旧俗，老人正常死亡，装棺土葬；少亡，以薄木板做成"火匣子"土葬；儿童夭折，墨面而后土葬或火烧。老人临终时儿孙守候在床榻前为"送终"。停呼吸即烧"倒头纸"。接着给死者净身、剃头、穿寿衣。后停尸于堂屋，设香案，停尸板下点"水灯"，来瞻仰的亲人化纸、叩头。亲人守灵三日后，给死者整容告别，遗体入殓。子女披麻带孝按选择入葬日期时辰入葬。也有将灵柩停放一年或三年入葬的。请僧侣念经、超度亡魂称做道场。书香门第或官宦人家，请有名望的绅士，撰写祭文，举行唐祭、"点主"。儿孙在灵柩前捧"灵牌"、举"引魂幡"、丢"买路钱"、奏哀乐送殡称出丧。然后下井掩土、砌坟堆。从埋葬之日起，烧三晚"夜火"，守墓悼念。每七天要上坟烧一次纸，称头七、二七……到七七为止，满一百天还要烧"百期纸"。儿子百日不剃头，谓之"留百期"，满期后将剃下来的头发烧于坟前。满百期、一周年、三周年均要办席请客。尤其是三周年要大办，并刻石立碑以显示儿女孝心。中共十一届三中全会以后，殡葬制度逐步改革，政府推行火葬，提倡厚养薄葬。

回民的葬礼庄重简朴，不为死者设灵堂、不挂遗像、不奏哀乐、不烧纸钱、不送花圈、不用任何陪葬品。葬期一般不超过3天，出殡之日，首先为亡人沐浴净身，包以白布，然后移至经盒内，在阿訇的主持下，众亲友为亡人作殡礼，再送至墓地简易土葬。死者家属不收礼、不设宴，只给送葬人群每人发1个"油香"（油炸面食）以便途中食用。

四、地方节庆

广元女儿节 广元有"正月二十三，妇女游河湾"的说法。相传，唐朝女皇帝武则天的母亲在广元游河湾时遇黑龙感孕，于农历正月二十三日生下武则天。故旧时民间以此日为武则天会期。这天，妇女们穿戴一新，相互邀约到皇泽寺、则天坝和嘉陵江畔游玩，以讨吉祥。中华人民共和国成立后，此活动曾一度中断。1988年6月14日，广元市人民代表大会作出恢复"广元女儿节"的决定，并将庆祝活动改在每年的9月1日，与"广元市秋季商品交易会"开幕式同时举行。到2005年，已举办了18届。每年9月1日，广元市人民政府都要举行盛大的庆祝活动，邀请全国各地商家、企业、新闻单位、友好地区的单位和领导参加。从9月1日起至5日，还要举行大型团体操表演、妇女游河湾、广场文艺表演等文体活动。1999年以后，将游河湾活动改为"国际凤舟邀请赛"。

青川熊猫山珍节 10月6日为青川熊猫山珍节。青川县盛产黑木耳、竹荪、蕨菜等山珍，唐家河自然保护区内有大熊猫、扭角羚等珍稀野生动物，当地政府利用这一资源优势，按照"熊猫请客、文化搭台、山珍唱戏、经贸发财"的指导思想，开展旅游，发展经济。1994年10月6日，青川县举办了首届青川熊猫山珍节，至2005年，共举办了12届。

市中区桃花会 3月18日为市中区桃花会，会期一周。1999年3月18日，市中区举办了首届桃花会，到2005年，已经举办了7届。通过举办桃花会，以促进旅游农业、生态农业、观光农业的发展。

中国·苍溪梨花节 3月18日为“中国·苍溪梨花节”。苍溪雪梨种植历史悠久，被誉为“中国雪梨之乡”。每年3月，“千树万树梨花开”，美不胜收。苍溪县人民政府依托丰厚的梨文化底蕴和得天独厚的生态环境资源，推进资源转化战略，打破了过去只卖果不卖花的传统农业禁锢，提出举办“以花为媒，以节促经，以节提神，以节扬名”为主题的“中国·苍溪梨花节”。2003年3月18日，首届“中国·苍溪梨花节”隆重开幕，到2005年连续举办了3届。梨花节民俗文化演唱会、生态家园游、赏花游、招商引资洽谈会、农产品展示会等活动深受青睐。

中国·剑门关豆腐文化旅游节 9月28日为“中国·剑门关豆腐文化旅游节”。2003年9月28日，剑阁县在剑门关镇举办了首届“中国·剑门关豆腐文化旅游节”。在首届剑门关豆腐文化旅游节上，剑门关镇制作的“豆腐王”长2米、宽1.2米、高0.9米，重量达3.12吨，2004年获准入选吉尼斯世界纪录。

元坝桂花节 9月21日为元坝桂花节。元坝区人民政府为实现“文化搭台，经贸唱戏”的目的，决定举办桂花节。2004年9月21日，元坝区举办了首届元坝桂花节。在首届桂花节上，举行了有1700人参加的“桂香元坝”大型广场文艺表演。同时，还举行了“桂香月园”征文大奖赛、民间民俗文艺展以及“丹桂之夜”文艺晚会等。

游百病 又名“走百病”，相传这一习俗始于东汉初，是因太医马防为百姓施药治病而延续下来的。夏历正月十六日这一天，苍溪、旺苍县城及郊区的群众无论男女老少，也不分士农工商，凡是有步行能力的人，都要走出家门，翻山越岭去四处游玩，直至日落而归。人们把这种郊外远足活动称之为“游百病”。人们相信，正月十六日这天在郊外行走游玩，能将人身上的各种病痛丢在野外，可保全年身体健康，不生疾病。

农村便节 广元农村把办红白喜事称为过便节。有满月酒、红白酒、做生等等。满月酒：孩子满月的当天，办酒席宴请亲戚朋友，感谢在月子期间来看望祝福，未提前送礼祝福的来客，要送礼物。这天的酒宴称“满月酒”。红白酒：按旧习，嫁女儿娶媳妇，要举办婚宴，叫吃喜酒，又称吃“红酒”，亲朋好友要送礼祝贺。老人去世安葬及头周年、三周年要办宴席，亲朋好友要送礼慰问，叫吃“白酒”。民间统称吃“红白酒”。做生：传统习惯要给六旬以上的老人设宴祝寿，是孝敬长辈的一种传统礼俗。儿孙祝贺长辈健康长寿，以表示子孙孝心，年愈高，祝寿愈隆重。子女多者，轮流操办。有年老长辈在，晚辈儿孙一般不做生，但富有者也有不分老少，借生日请大家吃吃耍耍。

第八章　地方名人

考古发现，早在新石器时代，就有先民在广元这块土地上栖息生活。在各个时期，广元都曾涌现出众多杰出人物，他们在政治、经济、军事、文化等方面都作出了重要贡献。中国历史上唯一的女皇帝武则天就出生在广元，“政启开元治宏贞观，芳流剑阁光被利州”是郭沫若对她的评价。

宋朝的剑阁人黄裳，官居礼部尚书，一生潜心研究天文，其业绩被收入李约瑟的《中国科技史》，成为世界天文学界公认的古代著名天文学家。明朝的赵炳然，在任浙江巡抚时，为戚继光的抗倭最后胜利作出了重大贡献。清朝时剑阁人李榕是当时“蜀中三李”之一，他为剑门山区的文化教育事业作出了重要贡献。在明清还涌现了何易于、曾逢吉、李璧这些优秀县令，“易于拉纤”的故事广为流传。曾逢吉大力提倡种桑养蚕，他亲手绘制的“蚕桑十二事图”仍存于皇泽寺内。李璧除轻徭薄赋、注重农桑外，还在剑阁县创建兼山书院，修葺儒林二坊，并利用旧祠庙办社学。

辛亥革命中涌现出了陶泽琨、庄逸侠、罗文全三勇士。陶泽琨亲手处决了刽子手四川总督赵尔丰，其英名被载入四川忠烈祠。

五四运动后，马克思主义传入中国。1926 年 10 月，李蕴璞加入了中国共产党，成为广元最早的地下共产党员。广元最早的旅欧共青团员舒辉章，1920 年 11 月与邓小平等赴法学习。在第二次国内革命战争时期，红四方面军在川东北巴中、广元等地建立了全国第二大革命根据地——川陕苏区，李先念、徐向前等在这里留下战斗的足迹。广元人民以极大的革命热情，支援红军，全市有 4.7 万人参加了红军，苍溪县、旺苍县多达 4.2 万人。其中涌现出了伍国仲、任荣、杜海林、杨大易、李明、李开湘、吴忠、陈宗坤、赵承丰、樊学文、罗青长、苏毅然等共和国 10 位将军和 5 位中央委员。

中华人民共和国成立后，广元人民在社会主义建设大潮中，涌现出了一大批英雄模范人物，如人民的好领导荀登寿，百花石刻的创始人魏礼先，济世除恶的赵万善，著名中医官信伦、徐济川、黎龙才，医学家王献楫，书法家何正荣，美术大家聂岚远，舍己救人的烈士耿明全，扎根广元搞水利的水电站长吴映汉，“热血洒志书，献身金融中”的李勤之，公安劳模马生贵，金融卫士徐灵英，宗教爱国人士净天法师，抢险救灾英雄任健操，优秀共产党员王雪平，优秀教师杨德林，勇救落水儿童的李忠碧等等。魏礼先善于运用深雕、浅刻、镂空等技法，在白花石上雕刻出砚、屏、鱼缸、花瓶、花盆、糖果盒等文化生活用品。其作品远销东南亚及东欧许多国家，曾获 1956 年四川省工艺美术二等奖。侯正荣的“侯体”书法，浑厚圆润，端庄雄健。其《隆中对》《蜀道难》书法抄本，被国家图书馆善本特藏部收藏，侯体一笔“虎”字进入美国白宫和联合国大厦。他多次应邀访问中国台湾地区，分别在台北、花莲、苗粟、金门等地举办个人书画展。王献楫 1963 年所著的《婴儿营养性大细胞贫血》一书中提出的“婴儿营养性大细胞贫血，此病伴有精神症状，该症状的发生与缺乏叶酸有关”理论比美国等发达国家早 7 年；所著的《广元地区 1000 例儿童营养摄入量分析》报告，获 1999 年加拿大温哥华国际医药学术研讨暨成就颁奖大会金奖，同年获世界华人医学家优秀论文奖。

第八篇　遂宁市

1985 年 2 月，经国务院批准建立遂宁市。遂宁市位于四川盆地中部，涪江中游，地理坐标北纬 30°10′50″—31°10′50″、东经 105°03′26″—105°59′49″之间。是成渝两大经济圈的战略枢纽、商贸物流中心和农副产品重要供应地，具有突出的区位优势。2005 年，遂宁市辖船山、安居两区和蓬溪、射洪、大英 3 县，另辖省级遂宁经济技术开发区和市级遂宁市河东新区、遂宁市创新工业园区，幅员面积 5325 平方公里，总人口 381.23 万人，常住人口 356.20 万人。全市实有耕地面积 15.14 万公顷，森林覆盖率达 33.5%，是全省第一个绿化达标市。

遂宁人杰地灵。唐代诗人陈子昂开盛唐“一代诗风”震撼千古；清代名相张鹏翮“天下廉吏无出其右”之名清史流芳；杜甫、林则徐为遂宁留下珍贵墨宝。近现代，红军将领旷继勋丰碑永存。当代在世的空军政委、中将邓昌友为中国空军的建设功勋卓著。中国皇家禅林广德寺尊为“西来第一禅林”蜚声海内外；卓筒井被《中国科学技术史》冠以“中国第五大发明”成为千年遗迹；上亿年盐卤海水打造的“中国死海”漂浮健康乐园闻名遐迩；窖藏宋瓷青釉荷叶盖罐为现世孤品，堪称国之瑰宝。

建市后，历届市委、市政府认真贯彻落实中共四川省委、省人民政府赋予遂宁“积极探索川中丘陵地区经济发展、人民致富路子”的任务，至2005年，已取得阶段性成果。农业保持良好发展势头，农业产业化经营取得突破进展，畜产品加工、粮油加工成长为龙头企业，颐康鸡成为全省第一个具有自主知识产权的地方土鸡。农民专业合作组织覆盖面达到60%，农业标准化生产基地基本覆盖全市大宗农副产品，促进农民稳定增收。工业经济保持高位运行态势，食品、化工、纺织等重点龙头企业加速发展、优势突出，经济效益显著提高，食品、机械、医药第一批重点民营企业迅速发展壮大，全市已基本建成以食品、纺织工业为支柱，化工、机械、医药、电子、建材、饲料等门类比较齐全的工业体系。全市地区生产总值达206.59亿元，比1985年增长15倍；地方财政收入完成5.82亿元，比1985年增长7.2倍；城镇居民人均可支配收入6667元，比1985年增长5.59倍；农村居民人均纯收入2828元，比1985年增长8.82倍。

2005年，全市长江防护林一期工程建设任务圆满完成，天然林保护工程加紧实施，退耕还林成果进一步巩固；铁路通车里程78公里，公路主通道形成“大字型”格局；市城区紧连“两山三水”之间彰显出独特的城市特点，中心城区已形成“六纵十横”道路网络体系，其中一条主干道贯穿南北，南门遂州宾馆欧式建筑和北门康年酒店高层建筑风貌各异，特色突出，成为标志性建筑；教育事业稳步发展，“普九”人口继续保持全覆盖，职业教育基地、园区建设扎实推进，民办教育特点鲜明；科技兴农、兴工战略进一步实施，农业科技示范工程、园区、基地建设带动农民增收致富，工业科技为企业更新改造和技术创新带来生机活力，工业企业总产值、销售收入、利润额大幅增长；医疗技术水平不断提高，基础设施设备改善，成功创建国家三级、二级甲等医院各一所，中医特色专科建设特点突出；文化事业蓬勃发展，船山、蓬溪、射洪等被文化部分别授予各具地方文化特色的荣誉称号，观音民俗文化影响广泛，成为遂宁旅游文化的亮点；社会保障体系健全，养老保险参保范围继续延伸，保费支付率达100%，就业再就业工程全面实施，新增城镇就业人数2.83万人；遂宁市成功创建为“省卫生城市”。

第一章　地理状况

第一节　自然环境

遂宁市全境地质特征简单，形态单一，以宽阔平缓的褶皱为主，无大的断裂构造，裂隙构造不发育。地貌类型单一，地势四周高中间低、东北高东南低，由东北向东南呈波状缓倾。市境最高点是东北部的射洪县金华镇武东天宝寨，海拔高度674.4米，最低点是东南部的安居区老池乡三新陆家湾与重庆市潼南县永安乡陈家湾的涪江水面交界处，海拔高度249米，境域内最大相对高差达425.4米。低山、丘陵、河谷阶地是其主要形态特征，其中，低丘宽谷占22.7%，中丘中宽谷占30%，高丘中窄谷占16.8%，河谷阶地占25.6%，低山占4.9%。山系源于境外北部的龙泉、龙门山系和东北部的剑门山系余脉。境内江河、溪沟众多，纵横交错，遍布全市，共有大小江河和溪沟700余条，其中：大小江、河、溪河共326条，河道长度2432公里。境内干流涪江，由北向南纵贯市境中部，与其众多呈树枝状分布的支流构成涪江水系，是水能集中的主要河段，已建6座中小型水电站。市境属四川盆地亚热带湿润季风气候区。气候温和，雨量充沛，四季分明，季风气候显著，具有冬暖春早、夏热秋凉、云雾多、日照少、无霜期长等特点。最冷的1月平均气温为6℃—6.5℃，最热的8月平均气温达26.6℃—27.2℃。平均无霜期达283—300天。年平均降水量887.3—927.6毫米，最多年为1389.2毫米，最少年为521.5毫米。市境属亚热带常绿阔叶林区。境内植物资源丰富，主要有183科517属721种1476个品种（含变种、品系）。境内动物种类繁多，脊椎动物有72科237种（含亚种）；饲养动物以畜禽动物为主，共有11科42种。市境土壤类型分为4个土类6个亚类18个土属58个土种，其中紫色土面积最大，占耕地面积的62%。生物资源有1500多个品种或品系，农作物栽培品种367个。船山区因盛产菊花芯白芷而成为全国有名的“白芷之乡”。大英县河边镇所产的“白柠檬”，品质优良，为国内独有之物。市境金属矿藏匮乏，仅有石油、天然气、盐卤、砂金、页岩、砂石等。石油、天然气开发有蓬莱油田、桂花油田、金华油田和遂南气田。已探明天然气地质储量为350多亿立方米，可年产天然气6亿立方米；盐卤地质储量为42亿多吨。市境属川中老旱区，干旱是遂宁历史上最严重的一种自然灾害。洪涝灾害多系涪江洪灾，据统计，从1950—2005年涪江发生特大洪水1次，大洪水2次。市境属地震相对稳定区，历史上无大地震发生，仅有受其他地区地震波及的震动。

第二节 建置沿革

东晋永和三年（347 年），桓温平蜀后，罢德阳郡，并于德阳县东南境（遂宁市城区）析置遂宁郡，取“息乱安宁”之意，“遂宁”之名自此始。郡治所初设德阳县，后迁徙巴兴县（治今大英县回马镇长江坝），领辖广汉、德阳、晋兴、巴兴四县。刘宋泰始五年（469 年），改遂宁郡名东遂宁郡，郡治仍巴兴县，领辖巴兴、德阳、晋兴、小汉（广汉改名）四县。萧梁时期（502—557 年），东遂宁郡治所迁徙小溪县（德阳更名）。西魏恭帝二年（555 年），分东遂宁郡郡治方义县（小溪更名），领辖方义县。北周闵帝元年（557 年），改东遂宁郡为石山郡，并于郡地置遂州以统之，州、郡治方义县，遂州领辖石山、怀化两郡。武帝建德四年（575 年），增置安居郡，郡治柔刚县（今安居区安居镇）。此时，市境设一州四郡治地，即遂州及石山、怀化、涌泉（治今射洪县洋溪镇）、安居郡。隋开皇三年（583 年），遂州设置总管府。隋开皇十八年（598 年），遂州领辖方义、长江、青石（晋兴改始兴更名）三县。隋大业三年（607 年），遂州改为遂宁郡，郡治所未变。唐武德元年（618 年），罢郡复置州。唐天宝元年（742 年），撤州置郡，以郡辖县。唐乾元元年（758 年），复撤郡置州，领辖遂宁、方义、长江、青石、蓬溪五县。北宋政和五年（1115 年），升遂州为遂宁府，领辖遂宁、小溪（方义改名）、长江、青石、蓬溪五县。南宋宝祐六年（1258 年），改遂宁府为遂宁都督府。元世祖至元十九年（1282 年），改遂宁都督府为遂宁州，治地未变。明洪武九年（1376 年），遂宁州降为遂宁县。民国 24 年（1935 年），国民政府建立四川省政府。3 月，四川省第十二行政督察区专员公署驻遂宁县城区，辖遂宁、安岳、中江、三台、射洪、盐亭、蓬溪、潼南、乐至九县。1949 年 12 月 8 日，中国人民解放军第二野战军三十三师解放遂宁县城。1950 年 1 月 12 日，遂宁军事管制委员会发布命令，成立遂宁分区，隶属川北区行署，辖区仍旧。1952 年 9 月 1 日，恢复四川省建置，改遂宁分区为专区，隶属四川省，仍辖上述九县。1958 年 10 月 18 日，撤销遂宁专区，所辖遂宁、蓬溪、中江、三台、射洪、盐亭、潼南 7 县划归绵阳专区，安岳、乐至两县划归内江专区。1985 年 2 月 8 日，经国务院批准，撤销遂宁县，设立遂宁市（地级市）。以原遂宁县的行政区域为遂宁市的行政区域，遂宁市设立市中区，并将原绵阳地区的蓬溪、射洪两县划为遂宁市管辖。1997 年 12 月 1 日，经国务院批准，调整蓬溪县行政区划，设立大英县。2003 年 12 月 18 日，经国务院批准，撤销遂宁市中区，以原市中区的行政区划设立遂宁市船山区和安居区。2005 年，遂宁市行政区辖船山、安居两区和蓬溪、射洪、大英三县。全市有建制镇 65 个，乡 40 个，街道办事处 13 个，社区居委会 187 个，居民小组 1393 个，村委会 2074 个，村民小组 19356 个。

第三节 人口 民族

一、人口

遂宁市境内根据考古学家对“射洪人顶骨”化石初测，属于距今四万至一万年前旧石器时代晚期的“新人”类型。据有关历史资料测算，在西汉元始二年（公元 2 年），市境当时总人口约 8. 67

万人。此后，历朝历代因各种因素人口有增减。至清末，市境人口达90.40万人。1936年，市境人口为203.14万人，1949年，市境人口达217.38万人。1953年市境各县进行了第一次人口普查，遂宁、蓬溪、射洪三县总人口为228.17万人，其中，男性115.42万人，女性112.75万人，城镇人口7.50万人，占总人口的3.20%；而人口出生最多为1950年，出生率达30‰以上。1964年第二次人口普查，市境总户数为57.45万户，总人口241.58万人，其中，男性121.62万人，女性119.96万人，非农业人口13.84万人，占总人口的5.73%；大学文化程度0.19万人、高中1.71万人、初中6.76万人、小学71.06万人，分别占总人口的0.08%、0.72%、2.81%、29.44%；而人口出生最多为1963年，出生率高达42.49‰。1982年第三次人口普查，市境总户数为73.47万户，总人口313.43万人，户均4.2人，其中男性160.77万人，女性152.66万人，城镇人口18.82万人，占总人口的6.01%；大学文化程度0.34万人、高中7.48万人、初中46.66万人、小学132.3万人，分别占总人口的0.11%、2.39%、14.89%、42.21%。1985年，遂宁市总户数78.01万户，总人口321.11万人，户均4.11人，其中男性164.80万人，女性156.31万人，非农业人口27.17万人，占总人口的8.46%，人口自然增长率7%。1990年第四次人口普查，全市总户数91.64万户，总人口340.09万人，户均3.7人，其中男性174.24万人，女性165.85万人，非农业人口28.84万人，占总人口的8.48%；大学文化程度1.14万人、高中11.78万人、初中72.62万人、小学154.02万人，分别占总人口的0.34%、3.47%、21.35%、45.29%；各年龄段占总人口的比重为：10岁以下占18.55%，20岁以下占19.22%，20—40岁以下占33.95%，40—60岁以下占18.45%，60岁以上占9.35%。2000年第五次人口普查，全市总户数为98.26万户，总人口351.95万人，户均3.6人。其中男性180.81万人，女性171.14万人，非农业人口58.64万人，占总人口的15.81%；大学文化程度4.11万人、高中18.84万人、初中105.79万人、小学161.45万人，分别占总人口的1.18%、5.42%、30.42%、46.43%；各年龄段占总人口的比重为：10岁以下占13.95%，20岁以下占18.15%，20—40以下占32.88%，40—60岁以下占23.3%，60岁以上占11.76%。遂宁市第五次人口普查数据显示：全市总人口数增加，男女性比在106:100左右，非农业人口不断增加，文化程度上升，人口年龄构成总的趋势是婴幼儿人口比重下降，老年人口比重上升，人口寿命延长。2005年，全市人口总户数为113.20万户，户均3.36人，非农业人口72.10万人，占总人口的18.9%，城镇化率31.73%，人口出生率6.42‰，人口自然增长率1.31‰。全市劳动力为265.05万人，全社会从业人员（含外出务工人员）251.33万人，其中市境内从业人员为169.98万人，分布在第一产业73.04万人，第二产业37.41万人，第三产业59.53万人。

二、民族

市境历来是以汉族为主的地区。经历代演变，构成多民族结构。据1990年第四次人口普查：1990年全市有42个少数民族。其中藏族696人，彝族1165人，其他少数民族人口共3199人，少数民族占全市总人口的0.15%。2000年第五次人口普查结果显示，全市少数民族为44个，人口超过千人的有蒙古族，500人—1000人有藏族、彝族、佤族，其余均在500人以下。2000年与1990年相比，少数民族人口总数增加了960人，增长15.95%，年均增长1.6%，比同期汉族人口的年均增长幅度0.22%高出近7倍。2005年，全市少数民族44个，人口近1.3万人。

第二章　经济状况

第一节　发展状况

清末，市境经济主要为封建土地所有制下的农村自然经济。民国初期，依然保持着旧的生产关系，地方经济仍以农业、手工业为主体，粮、棉、盐、丝占有重要地位。民国末期，国民党政府发动内战，并为筹集军费加重赋税，各地物价飞涨，经济处于崩溃边缘，人民食不裹腹。中华人民共和国成立后，遂宁迅速恢复国民经济，经过“一化三改造”，1957 年的经济创造了中华人民共和国成立以来最好水平。但 1958 年开始的“大跃进”等“左”的错误和连续三年严重自然灾害，经济形势严峻。1960 年冬，遂宁贯彻中央对国民经济实行“调整、巩固、充实、提高”的方针，经济转入调整阶段。到 1965 年，国民经济基本恢复到 1957 年水平，但随着 1966—1976 年“文化大革命”运动的冲击，国民经济发展十分缓慢。1978 年中共十一届三中全会后，市境贯彻执行党的“改革、开放、搞活”方针，1979 年，蓬溪县群利公社八大队的 8 个生产队农民悄悄将旱地包产到户、水田包产到组，并实行超短产全奖全赔责任制，当年粮食产量大幅增产，人均增收、社员口粮、农业投资、公共积累都分别增长一定比例。此举为全省农村体制改革拉开了帷幕，为农村经济发展、农民尽快脱贫致富开启了新的时代。1984 年后，全市全面推进城市企业改革、计划（投资）体制与价格改革。金融体制改革、流通体制改革、劳动用工与社会保障制度改革、医疗保险制度改革、医药卫生体制改革和城镇住房制度改革等，经济社会开始呈现出蓬勃发展的局面。

1985 年，全市生产总值 12.92 亿元，人均 GDP 403 元，工业增加值 2.05 亿元，农业增加值 8.25 亿元，全社会消费品零售总额 5.65 亿元，农村居民人均纯收入 288 元，城镇居民人均可支配收入 629 元。市委、市政府为认真贯彻落实省委、省政府在遂宁建市时赋予的“积极探索川中丘陵地区经济发展、人民致富”路子的任务，先后确立了“农奠基、工立柱，拓商贸、兴科技、城乡结合、协调发展”的思路和“中通战略”及“工业强市、工业兴市、工业富市”，实施“三化两基础一先导”等发展战略思路，综合经济实力显著增强，经济结构不断优化，经济总量持续增长。

工业经济　加大对工业的投资力度，新建、扩建、改建了一批重点工业企业和骨干工业企业，先后引进了一些先进设备和技术，改进生产工艺和流程，加大产品结构调整力度，增加花色品种和适销对路产品，发展壮大拳头产品、传统产品、名优产品、出口创汇产品，开发新产品，巩固老产品，改革企业管理体制和深化内部改革，促进了工业的大发展。到 1998 年，全市共有工业企业 15518 家，比 1985 年增加 3638 家。2000 年，“沱牌曲酒”“明星电力”“华润锦华”“四川美丰”相继在沪深证券交易所挂牌交易。2001 年 9 月，华纺银华成功借壳上市。2001—2005 年，市委、市政府进一步强化“科技兴工”“工业强市”战略，通过积极推进企业技术进步和工业结构调整，下大力气帮扶民营企业发展壮大，优化工业经济发展环境，全力推进工业化进程，推动工业企业向高新技术现代新型企业发展，基本建成了以纺织、食品工业为支柱，化工、机械、医药、电子、建材、饲料等门类齐全的工业体系，遂宁工业经济实现了持续、稳步、健康发展。至2005年年底，全市工业企业10190户，总产值189.91亿元，其中规模以上企业171户，总产值120.97亿元，增加值41.70亿元，利润总额6.43亿元，利税总额11.46亿元。

农村经济 实行经营体制变革，进行农村产业结构调整，农业生产和农村经济快速发展。1993年，全市猪牛羊肉总产量达16.72万吨，蓬溪县、市中区、射洪县同步跨入1994年国家统计局公布的全国猪牛羊肉总产量百强县行列，分别列居全国第30、42、85位。1999年，全市粮食总产量169.99万吨，为历史最高水平。2000年后，全市确定依托农业办工业，办好工业带农业，用“三化”（工业化、城市化、产业化）破解“三农”难题统筹城乡发展思路，大力发展农业产业化龙头企业和农村专业合作组织，公司加农户、协会加农户、支部加协会的生产经营模式逐渐增多，产业化龙头企业规模日渐壮大，带动了农民共同发展，共同富裕。2005年，全市农业总产值105.4亿元，粮食总产量156.67万吨，肉类总产量43.21万吨，农业产业结构进一步优化，农林牧渔业结构调整为40.8 ∶ 2.4 ∶ 52.7 ∶ 3.4；农田基本建设成效明显，农村生产生活条件改善。此外，20世纪90年代乡镇企业的异军突起，为农村经济快速发展增添了活力。1988—1990年，全市乡镇企业连续三年快速增长，增幅居全省前列。1995年，乡镇企业总产值（当年价）达97.1亿元，其中乡镇工业发展到24726家，实现产值（当年价）41.55亿元。营业收入达90.02亿元，税金19.6亿元，利润2.61亿元，职工工资达85031万元，职工人数达404720人。全市有160家乡镇企业产值过百万元，有35家企业产值过千万元。形成纺织、食品、建材、造纸、机械、化工6大工业门类，产品上千种。当年，市委、市政府贯彻国家“对污染较重小纸厂、小化肥厂、小炼油厂、小炼钢厂、小煤窑‘五小’企业实行关闭”的政策和根据一些技术落后、高消耗、高投入、低产出企业亏损严重的现状，开始对全市乡镇企业进行改革。1997年，市委、市政府按照“产权明晰，责任明确、政企分开、管理科学”的基本思路，采取股份合作制及兼并、拍卖、租赁等改革形式，改组改造乡镇企业，使企业成为自主经营、自负盈亏、自我约束、自我发展的企业法人实体和市场竞争主体。到2000年，全市乡镇企业所有制结构调整基本结束，改制面达95%以上。资源配置优化，存量资产盘活，企业活力增强，乡镇企业由此成为以私营、个体、股份制企业为主体的格局。2005年，全市乡镇企业营业收入264.55亿元（其中工业157.80亿元），增加值29.56亿元，净利润总额10.09亿元（其中工业5.36亿元），税金2.80亿元，职工工资总额13.86亿元。

市境内交通道路 古代有古道、驿道、大道、小道等，民国时期始建公路，至民国末年，市境仅有一条省道公路，其余均为县内、乡内公路，其路况比较差；境内的涪江航道在抗日战争时期作为重庆大后方运载物资的通道，长期航务繁忙，被称为“黄金水道”。中华人民共和国成立后，境内交通道路有所改善。1985年后，对道路的投资逐步增长，路面状况开始改善，道路数量有所增加，特别是1992年遂宁实施“中通”战略以来，交通事业开始大发展。境内公路主通道形成“大字型”格局，市、区县、乡镇已建成公路客货运输网络，高速公路发展迅速，城市过境交通方便快捷，水上运输恢复发展，铁路运输渐成网络。至2005年，境内公路总里程达2474公里，其中等级公路222公里，高速公路98公里，公路客运周转量为167384万人公里，公路货运周转量102810万吨公里，铁路营运里程78公里，火车站3个。建市后，全市加大基础设施建设投资力度，极大地改善了城市容貌，至2005年，市城区建成区面积49.20平方公里，人口43.28万人，供水量达44.94万立方米/日，用水普及率达97.41%，天然气3370万立方米，普及率达80.64%，道路长度256公里，面积507.6万平方米，绿化覆盖率达21.22%。2000年以来，全市旅游业坚持改善旅游环境，丰富文化内涵，提高服务质量，开拓客源市场，以中国死海、观音道场灵泉寺、广德寺为品牌的旅游景区带动了全市旅游业快速发展。2005年，全市共接待游客449.3万人，增长23.6%；旅游总收入16.34亿元，增长32.6%。商品流通继续发展，北京华联、摩尔百盛、银丰国际、优玛特、肯德基等国内、国际知名品牌入驻遂宁，新的商业业态格局开始形成，规模不断壮大。遂宁市的经济已经步入健康、快速、可持续发展的良性轨道。

1985—2005年遂宁市主要经济指标表

表8—1

指标 / 年份	国内生产总值（亿元）	全社会固定资产投资（亿元）	全社会消费品零售总额（亿元）	地方财政收入（亿元）	地方财政支出（亿元）	金融机构各项存款余额（亿元）	金融机构各项贷款余额（亿元）	城镇居民人均可支配收入（元）	农民人均纯收入（元）
1985	12.91	2.37	5.66	0.17	1.16	3.36	6.66	629	288
1986	15.06	2.15	6.86	0.89	1.26	4.62	8.28	747	322
1987	16.30	3.37	7.99	1.10	1.28	5.45	9.94	777	350
1988	20.25	4.35	10.04	1.40	1.54	6.03	10.63	1024	446
1989	22.54	3.45	10.78	1.69	1.84	7.92	12.41	1171	471
1990	28.43	3.43	10.81	1.74	2.12	11.65	16.22	1140	520
1991	33.01	3.94	12.09	2.08	2.53	14.82	20.34	1302	542
1992	36.77	5.56	14.40	1.94	2.71	16.68	23.14	1411	574
1993	43.54	8.95	16.70	2.81	3.64	19.04	25.97	1774	643
1994	60.81	12.07	18.75	2.15	4.01	35.13	30.05	2288	842
1995	82.35	14.99	26.82	2.65	4.36	43.84	40.15	2858	1069
1996	94.96	16.30	32.44	3.64	5.33	55.89	53.70	3152	1393
1997	104.53	21.03	37.06	5.52	7.67	65.46	63.83	3308	1673
1998	109.54	29.63	40.12	5.81	8.14	77.95	68.76	3764	1782
1999	110.77	33.21	43.16	6.11	9.12	92.02	78.52	4085	1867
2000	118.02	35.09	45.96	4.78	9.70	111.13	79.60	4385	1895
2001	128.23	38.81	51.47	4.63	12.46	123.14	84.92	4791	1944
2002	140.62	48.46	57.91	4.10	14.59	138.14	89.86	5115	2057
2003	159.19	29.25	66.34	4.76	16.59	165.10	104.68	5404	2187
2004	193.53	66.09	76.78	5.09	19.75	188.76	112.98	5920	2519
2005	206.59	82.25	89.22	5.82	24.01	214.72	113.46	6667	2828

所有制结构 市境在清代及民国时期，私人所有制占绝对优势。中华人民共和国成立初，国营经济、集体所有制经济、公私合营国家资本主义经济、私营资本主义经济、个体经济等多种经济成分并存。1953 年，社会经济成分发生了重大变化，社会主义公有制经济占主导地位。1957 年，集体所有制经济在农业中有很大的比重，在城镇手工业、商业服务业、运输业、建筑业等行业中也居主要地位，个体经济在各业中仍有一定比重。1958 年，全民所有制经济在城市经济一切部门中占绝对优势，集体经济（除农业外）、公私合营和个体经济比重很小。1966 年，以国营、集体经济为主体，个体经济在社会总产值中仅占 1% 左右。1978 年后，所有制形式和经营方式单一的局面开始改变。1985 年，在全部社会总产值中，国有经济占 56. 30%，集体经济占 39. 67%，个体经济占 2. 79%，其他经济占 1. 24%。1990 年，在全部社会总产值中，国有经济占 56. 64%，集体所有制经济占 33. 11%，个体所有制经济占 9%，其他经济占 1. 25%。1995 年，国有经济占 36. 47%，集体经济占 42. 88%，私营经济占 1. 86%，个体经济占 10. 89%，其他类经济占 6. 57%。1996 年以后，随着“抓大放小”和产权制度的改革，国有工商企业破产或转体为民营企业，股份制和民营企业激增，民营经济快速发展，在社会总产值中的比重迅速提高。2005 年，全市个体工商户 54541 户，私营企业 2959 家，民营经济增加值 100. 56 亿元，占全市经济比重 48. 7%，对经济增长贡献率达 64. 2%。

产业结构 建市后，全市产业结构发生了明显变化，1985 年，第一产业占 70. 3%，第二产业占 17%，第三产业占 12. 7%。到 2000 年，第一产业占 37%，第二产业占 29. 1%，第三产业占 33. 9%，第一产业下降近 50%。2005 年，第一产业占 31. 9%，第二产业占 36. 1%，第三产业占 32%。遂宁的产业结构已由一个农业大市转变为一、二、三产业协调发展的区域经济中心。

固定资产投资结构 1985 年，全市全社会固定资产投资总额仅 23638 万元。1986 年后，全市固定资产投资大幅增长，不断调整和优化投资结构，推动产业升级和技术进步，加强以交通、农林水利、城市设施、住房等为重点的大规模基础设施建设，成为全市经济增长重要推动力。至 2001 年，全市全社会固定资产投资额达 38. 81 亿元。2005 年，全社会固定资产投资额 82. 25 亿元，其中基建投资 39. 24 亿元，更新改造投资 13. 40 亿元，房地产开发投资 11. 55 亿元，其他投资 18. 06 亿元。

人民生活 1985 年，农村居民人均纯收入 288 元，人均生活消费支出 250 元，占当年总收入的 56. 56%，其家庭耐用消费品主要为“三转一响”（自行车、缝纫机、手表、录音机），人均住房面积为 15 平方米；城镇居民人均可支配收入 629 元，人均生活消费支出 582 元，占总收入的 92. 52%，人均住房面积仅 5. 4 平方米。1988 年，城镇居民人均可支配收入 1024 元，首次突破千元大关。1995 年，农村居民纯收入 1069 元，跨入千元以上行列。2005 年，农村居民人均纯收入 2828 元，人均消费支出 2095 元，占总收入的 74. 08%，其消费结构变化较大，虽然用于“吃”的方面占极大比重，但在教育、文化娱乐、交通、家庭耐用消费品购置等方面提高较大，特别是人均居住面积达到 32. 32 平方米，比 1985 年的 15 平方米增加了 17. 32 平方米，其中钢筋混凝土结构面积由人均 9. 38 平方米增加到 14. 25 平方米，房屋的配套设施普遍改善；人均可支配收入 6667 元，人均消费支出 5523 元，占总收入的 82. 84%，汽车、住房等消费热点逐步形成，消费结构进一步改善。人均居住面积达到 24. 97 平方米，比 1985 年的 5. 4 平方米增加 19. 57 平方米，住房的功能区分、采光、通风、布局、结构等方面得到不断改进优化。医药保健费用支出和文教书报支出成倍增长。

1985—2005 年遂宁市城镇居民收支情况表

表 8—2 单位：元、平方米

年份＼指标	人均总收入	人均可支配收入		人均总支出	人均消费支出				人均住房使用面积
		总计	其中：工薪收入		总计	其中：食品支出	交通和通信支出	教育文化娱乐服务支出	
1985	629	629	566	623	582	308	288		
1986	747	747	714	750	696	381	4	77	
1987	777	777	673	836	771	433	6	85	
1988	1024	1024	834	1033	938	524	7	97	6. 53
1989	1171	1171	961	1233	1065	583	8	146	6. 53
1990	1268	1140	1057	1209	1072	607	12	98	6. 61
1991	1455	1302	1188	1421	1264	695	10	164	7. 61
1992	1563	1411	1272	2118	1291	795	14	129	8. 92
1993	1945	1774	1520	1849	1633	963	12	129	9. 32
1994	2481	2288	2002	2313	2007	1269	27	157	8. 76
1995	3094	2858	2532	2748	2403	1494	24	169	8. 90
1996	3475	3152	2692	3566	2757	1679	60	250	9. 63
1997	3693	3308	2829	3340	2869	1685	71	314	9. 76
1998	3786	3764	2879	3489	2900	1595	103	291	10. 03
1999	4106	4085	3051	3764	3230	1562	136	376	11. 30
2000	4400	4385	3064	4182	3387	1689	173	363	12. 41
2001	4811	4791	3331	5001	3902	1684	236	430	13. 15
2002	5346	5115	3628	5137	4049	1819	302	579	18. 50
2003	5718	5404	3854	5893	4367	1832	357	384	18. 97
2004	6249	5920	3870	5906	4793	2175	392	522	23. 06
2005	6975	6667	4400	6417	5523	2676	433	696	24. 97

1985—2005 年遂宁市农村居民收支情况表

表 8—3 单位：元

年份＼指标	人均总收入	工资性收入	家庭经营收入	人均纯收入	人均总支出	家庭经营费用支出	生活消费支出	#食品
1985	442	10	398	288	405	125	250	157
1986	491	14	441	322	455	142	288	181
1987	556	10	501	350	566	173	354	213
1988	714	10	651	446	699	232	426	239
1989	746	15	680	471	737	230	462	274
1990	817	16	750	520	746	246	453	280

续表8—3

年份＼指标	人均总收入	工资性收入	家庭经营收入	人均纯收入	人均总支出	家庭经营费用支出	生活消费支出	#食品
1991	883	19	812	542	873	282	517	306
1992	930	20	843	574	878	285	521	310
1993	1083	76	919	643	1002	365	576	351
1994	1460	85	1268	842	1376	504	764	465
1995	1737	88	1517	1069	1636	559	952	508
1996	2068	250	1692	1393	1907	579	1164	781
1997	2476	397	1916	1673	2122	657	1277	788
1998	2566	481	1969	1782	2060	626	1248	791
1999	2595	595	1880	1867	2043	575	1298	706
2000	2726	667	1930	1895	2191	582	1312	691
2001	2766	694	1956	1944	2326	611	1444	831
2002	2962	725	2059	2057	2461	690	1523	769
2003	3064	846	2073	2187	2591	727	1656	890
2004	3506	907	2424	2519	3064	838	1950	1120
2005	3913	1156	2565	2828	3328	960	2095	1104

第二节 优势产业

食品 食品工业是遂宁的传统工业。早在唐代，射洪春酒、蓬溪酒、遂宁糖霜（冰糖）十分有名。食品制造业历史久远，种类繁多，风味名品世代相传。烧盐、榨菜、酿造、粮食加工、畜禽加工等作坊式生产遍布城乡。遂宁“五味和”白菜豆腐乳、“小磨芝麻油”“豆腐干”，蓬溪“熨斗糕”，射洪“五果香牛肉”“川北凉粉”等一大批传统名优食品、小吃，至今传承于世。到1958年，食品工业进入工厂化生产的新阶段。

20世纪60—80年代初，遂宁罐头厂、肉联厂、酒厂、糖厂、啤酒厂，射洪、蓬溪县罐头厂、肉类加工厂、粮食加工厂、酒厂、酿造厂的建立，特别是射洪沱牌曲酒厂的迅速崛起，构成了遂宁食品工业的雏形。

建市后，市委、市政府确立了以农业为基础，食品工业为支柱的经济发展战略，采取了扩权、让利、减债政策和技改、扩建、建立和完善地方工业体系等一系列措施，促进了遂宁食品产业的大发展。食品工业的粮食加工、酿酒、制盐、榨油、制糖、屠宰、制罐、糖果、糕点、酿造等发展较快，形成了遂宁食品工业的基本体系。米面油加工、生猪屠宰、罐头制造、饮料酒生产、制盐等行业形成了规模生产。1985年，市中区、射洪县、蓬溪县的食品工业产值均超过亿元，被四川省人民政府授予“食品工业县”称号。1990年，遂宁食品行业实现工业总产值12.31亿元（1990年不变价），比1985年增长102.47%，占当年全部工业总产值的48.09%，成为地方经济支柱产业，当年实现税利1822万元，占财政收入的10.5%，为全市社会经济的持续发展奠定了重要基础。1991年以后，积极推进企业转变机制，加大技改投入，大力调整结构，提高科技含量，高金食品、毅武食品、港发饼业等先后落户遂宁。沱牌公司购置设备建成15万吨自动灌装中心和与外资合作新建8万吨轻质高强玻瓶项目，以及开发出“舍得酒”系列高档酒投放市场，提高了企业自动化生产水平和产品档次，并按照国家绿色食品生产要求，初步建成沱牌酿酒工业生态园，公司以制造销售沱牌曲酒及系列产品为主导产业，产品远销西欧、东南亚和中国香港、澳门地区。2005年，公司已发展成为占地4.5平方公里，拥有子、分公司10个，员工3694人，沱牌系列酒生产能力20万吨的国家大型白酒上市公司，总资产达到20.55亿元，净资产达到16.47亿元。美宁食品、高金食品、射洪榨菜、玉牌酿造等企业，通过购置先进设备，引进新技术，提高产品科技含量和档次，产量大幅度增加。高金公司1999年组建以来，已建成以冷链屠宰、冷链运输、冷链销售为标准的冷鲜肉、高低温西式肉制品生产线和对日出口的蒸煮肉、熏烤肉生产线以及生物科技配套产品开发为一体的具有特色的高金食品科技园。2004年，公司被四川省人民政府授予“2003年猪肉出口先进企业”，2005年公司食品产销量达21万吨，销售收入25亿元，利税1.3亿元，出口创汇1500万美元。由市罐头厂承债式转制的民营企业美宁食品公司，已发展成为西部最大的出口罐头加工企业，全国第三大罐头生产基地，拥有国家专利19项，公司有5个产品通过市、省绿色食品委员会认可，报国家绿色食品委员会审批；清真罐头食品获得中国伊斯兰教协会监制证书；美宁商标2004年被评为四川省著名商标和四川省首届现代农业知名商标。2005年，公司罐头食品产销量达2万吨，销售收入2.65亿元，利税1863余万元，出口创汇2290万美元。沱牌公司、通发食品公司、射洪榨菜厂、玉牌酿造公司等企业，以“公司加农户”的方式，实现了“农、工、贸”一体化。遂宁食品工业建成了以沱牌集团、高金食品、美宁食品为龙头，形成了白酒、肉类、罐头、食盐、啤酒、粮油加工、糖果、糕点、酿造等多门类的食品工业体系。到2005年，全市规模以上食品企业实现工业总产值41.98亿元（当年价），实现销售产值40.88亿元，实现工业增加值13.70亿元，实现利润1.18亿元，实现利税总额3.17亿元。

化工　遂宁天然气资源丰富。20世纪70年代，遂宁、蓬溪、射洪三县相继建成利用天然气生产合成氨的氮肥厂，为氮肥工业的发展奠定了基础。20世纪80年代，氮肥企业经过不断的技术改造，发展较快。到1990年，全市化肥生产企业发展到11家，合成氨生产能力达到5万多吨，其他化学肥料生产能力达到4万吨。20世纪90年代后，化肥企业经过改革、扩张，得到快速发展。全市龙头化肥企业美丰化工股份有限公司，于1997年在深交所上市，总资产13亿元，净资产近9亿元，拥有年产合成氨44万吨、尿素70万吨、三聚氰胺6000吨、塑料包装袋6000吨、PVC及PPK塑胶制品3000吨的生产规模，是全国大型尿素生产企业。2005年，全市合成氨、农用化学肥料、氮肥、尿素、磷肥达到165.88万吨。与此同时，盐化工、精细化工、石油化工以及塑胶等化学工业也得到极大的发展。

纺织　遂宁自古以来就是棉、麻、桑等宜作物的传统种植地。1958年，遂宁棉纺厂的建立、缫丝厂的上马，标志着遂宁现代纺织工业的起步。20世纪60至80年代初，遂宁棉纺织厂、丝绢厂、印染厂、针织厂、棉织厂的多次技改扩张和服装厂、化纤厂、羽绒厂以及射洪、蓬溪县属棉纺织厂、丝绢厂、麻纺厂、服装厂的建立，农村乡（镇）一大批纺织企业的涌现，构成了遂宁现代纺织工业的基本体系。

建市后，市委、市政府把纺织工业作为经济发展支柱产业，采取扩权、减债、让利政策及技改、扩建等一系列措施，促进了遂宁纺织工业的极大发展。到1990年，遂宁纺织工业进入全面发展阶段。纺纱、织布、印染、成衣生产一条龙基本形成，构成了棉纺织、丝纺织、化纤纺织、印染、针织、复制、服装、丝毯、纺织机械等门类齐全的工业体系。棉纺、棉织、针织、缝纫、羽绒、丝毯、无纺布、制帽、梳花、扎花、制线、刺绣、制鞋、经编、印染、缫丝、织绸、毛纺、麻纺等以棉、丝、麻、化纤为原料的加工业形成了较大规模。当年，全市纺织工业实现工业总产值71246万元(1990年不变价)，比1985年增长72.76%，占当年全部工业总产值的27.83%，实现税利5493万元，占财政收入的31.6%，成为遂宁市国民经济的支柱产业。1991—1995年，纺织工业实施总量控制，调整结构，着力技术改造。先后投资1.9亿元，完成了各类技改项目28个，实施压锭技改3.5万锭。引进了全自动络筒机、清钢联、精梳机、针织大圆机、自动横机、电脑锈花机、圆网印花机、剑杆织机、喷气织机、双针筒袜机、化纤抽丝机、印花设计CAD系统、针刺土工布等一系列先进设备，产品档次提高，市场竞争力增强，建成了以华润锦华、华纺银华、新绿洲印染公司等企业为龙头的印染、成衣、针织、棉织、毛巾、床单、麻纺、羽绒、丝毯、无纺布等地方纺织工业体系，巩固和加强了纺织工业在遂宁国民经济中的支柱产业地位。1995年，全市拥有18万纱锭、4500万米印染、3000吨针棉织生产能力，分别比1985年增长164.71%、125%和150%。成衣服装生产能力达到120万件；拥有缫丝能力5.4万绪，比1985年增加2.5万绪；绢丝能力2484绽，细丝能力1200绽，新增绸缎精炼能力700万米，服装加工能力100万件。1996年以来，纺织行业深化改革，调整结构，加大技术创新力度，纺织工业出现了新局面。以产权制度改革为重中之重，坚持“因厂制宜、一厂一策”，采取兼并、减持国有股、租、卖、破等多种形式，深化产权制度改革。全市有7家国有、集体纺织企业改制为民营企业，3家企业被兼并，10家企业被依法破产或解散。投资11亿多元进行技术改造，使80%的纱机具有国内先进水平，无梭织机占织机总数的3.6%（全省3.4%）。锦华、银华3000台44″布机全部改造成56″和75″型号。2003年香港华润入主锦华后，投资1.37亿元引进德国自动络筒机和国产喷气织机等，对该公司设备和生产工艺进行全面技改，新建替代进口弹性织物高档服装面料生产线，着力将锦华建成华润轻纺集团旗舰，全国一流的纺织企业，2005年，公司有总资产7.3亿元，拥有纱锭10万锭、气流纺2680头、各型织机1300台（无梭织机268台）、络筒机336台（全自动15台）。具有年产纱、线1.5万吨（其中高档精梳纱6000吨）、棉布3000万米的生产能力。华纺银华公司大小提花高档面料的试制成功，新绿洲印染电脑测色配色系统的引进、180弹性高档服装面料染色的技改实施，标志着遂宁纺织工业已进入一个全新发展阶段，由传统产业向高新技术产业发展。棉纺织业有棉纺织、棉维纺织、涤棉纺织及麻纺织四大类，数百个产品。丝纺织有缫丝、织绸、棉球、绸缎、刺绣等数十个产品。涪江牌精梳纱，书台牌纱、布，群康印染布，大、小提花高档面料等产品获部、省“优质产品”称号。华润锦华公司开发的弹力竹节纱、龙凤竹节纱，新绿洲印染公司开发的涤粘棉、棉锦印染布，达到国内先进水平，填补了省内空白。华纺银华公司开发的大、小提花高档面料，达到世界先进水平。棉纱、棉布、生丝、绸缎、床单、毛巾、针丝制品畅销全国各地，远销东南亚、东欧、西欧、日本、美国、加拿大等国家和地区。2005年，全市规模以上纺织企业实现工业总产值16.44亿元，增加值4.96亿元，销售收入16.08亿元，利润总额5579万元，利税总额1.14亿元。

第三节　名优特产

沱牌曲酒　民国35年（1946年），射洪县柳树镇泰安酢坊老板李吉安，聘请成都酒师郭炳林到坊经反复试制成功，命名“沱牌”曲酒。沱牌曲酒以优质高粱、糯米为原料，以优质小麦制成大曲为糖化发酵剂，老窖作发酵池，采用高、中温曲，续糟混蒸混烧，储存勾兑等工艺酿制而成。具有窖香浓郁、清洌干爽、绵软醇厚、尾净余长，尤以甜净著称的独特风格，属浓香型大曲酒。酒度为38度、54度。沱牌系列酒获国内国际多项大奖，1981—1985年先后3次评为部优产品，1988年荣获“中国名酒”称号；荣获四川省第一至第六届“名牌产品”称号。畅销全国，并出口国外。

飞虹牌轴瓦　遂宁轴瓦厂生产。1979年生产的主导产品S195柴油机曲轴瓦、连杆瓦评为省优产品，1982年获部优产品称号，1985年生产的EQ140、BJ212汽车轴瓦双获省优质产品称号。1985年开始按国际标准（ISO）进行生产。1998年率先通过GB/T19002－ISO 9002质量体系认证，2005年率先通过ISO/TS16949 ：2002国际质量体系认证。飞虹牌轴瓦荣获四川省第四、五、六届名牌产品称号。其产品具有多品种、多材质、多规格轴瓦、衬套及止推片，与全国30多家主机厂配套供货，生产的雪佛莱、福特、克莱斯勒等发动机衬套及195轴瓦远销巴基斯坦、美国、越南等地。

遂宁白芷　遂宁白芷种植历史悠久。有600多年的栽培历史，主要产于原遂宁县境内（船山区、安居区）。遂宁白芷品种独特，质地优良，头方身圆，顶端有凹陷，个大质坚，外青黄白色，内呈粉红色，药性独特。在红涪、梓潼、永盛、新桥、河东、南强、仁里等乡油沙地出产的白芷，断面有明显圆环状纹注，密布棕色油点，形似菊花，香味浓，粉质多，俗称“川白”。因遂宁白芷历来亩产、总产皆居全国之冠，品质好，故遂宁有“白芷之乡”盛誉。

五香豆腐干　系遂宁人陈勉斋于20世纪20年代创制，以手工少量生产。中华人民共和国成立后，遂宁城关豆腐合作店纳入批量生产。1984年，城区粮站建立了半机械化的五香豆腐干制造车间，日产千斤左右，使这一地方特产的生产有了较大发展。五香豆腐干以大豆为主要原料，用五香、花椒、麻油等辅料，经卤煮、刷油、拌制等10道工序而成。产品内含蛋白质、脂肪、碳水化合物及维B1、B2等，营养丰富。该产品经特技加工而成，风味独特。其色泽金黄，表面纹理细致，薄如皮影，嗅之清香扑鼻，嚼之味香质软，其味无穷，忆之尤欲再食，素为下酒、佐食的佳品，外地人到遂宁亦争相品尝。至2005年，已形成徐老三、肖老三、胡老七五香豆腐干系列产品。

小磨麻油　用芝麻经特技加工制成的“小磨麻油”，是遂宁著名土特产之一。中华人民共和国成立前，遂宁城内油房街私营作坊开始少量生产。1949年后，这一传统产品有了新的发展。该产品以其色鲜、味香、质优、营养丰富著称，素有遂州麻油“一滴香”之誉。1978年，县粮食局在城关和玉峰粮站建立了大型半机械化的小磨麻油生产车间，采用“水提”法分油代替了压榨生产方式，油质纯净，稳定了油脂香度。1985年荣获省“优秀产品”称号，当年正式以“涪江牌”小磨麻油注册。

“五味和”白菜豆腐乳　源自浦江县。1942年，遂宁人汪云程请浦江董鸣凤（女）传授豆腐乳生产技术。汪在生产中不断创新，又在成都五香烧腊“五味”的启发下，摸索出一套独特的豆腐乳生产经验后取名为“五味和豆腐乳”。其品质细嫩无渣，绵柔干香，面呈棕红，甜而微辣，松软浓香；挑之粑筷，食之粘嘴，有白菜的清香，熟油的辣香，豆瓣的淳香，疏松爽口，余味无穷，具有独特的风味。1980年荣获省“优质产品”称号；1983年被商业部评为“优质名特产品”。

第三章 地方文化

第一节 发展状况

遂宁历史悠久，文化底蕴深厚。民国时期，遂宁、蓬溪、射洪三县均建有图书馆、书店、电影放映点，建立的川剧班团、科社有50多个，其中射洪县建立的“桂华科社”前后共办11科、800余人，有400余人终生从事川剧事业，因而在省内有“无桂不成班”的说法。中华人民共和国成立后，各县分别建立了文艺、文化团体，定期为城乡人民开展宣传演出。建市后，全市文化事业进一步繁荣，文化娱乐、电影、广播电视、音像、文物、演出、书报刊（电子）出版物等文化体系逐步建立，美术、文化艺术培训等市场活跃。至2005年，全市有文物保护管理机构3个、藏品9582件，博物馆1个、藏品1.14万件，艺术表演团体2个、演出场次172场，公共图书馆4座、总藏量29.25万册（件），群众艺术馆、文化馆4座，文化站103个，杂技团2个，剧场、影剧院5座。另有文艺音像发行单位、音像制品出租点、录像放映点、歌舞厅、卡拉OK厅、综合娱乐场所、台球电子游戏机室等。全市有广播电台2个、节目4套，电视台2个、节目5套，广播综合人口覆盖率100%，无线广播覆盖率100%；电视综合人口覆盖率99.9%，无线电视综合覆盖率78.9%，通有线广播电视行政村2098个，有线广播电视用户52.85万户，有线电视入户率45.08%。2000年，船山区被文化部授予“中国龙舞之乡”称号，蓬溪县被文化部授予“中国民间特色艺术之乡（书法）”称号。2001年，射洪县被文化部授予“全国文化先进县”称号。

1985年建市前，各县均建有川剧团、文工团。1986年部分专业川剧团、文工团因文化市场结构调整撤销。1986年9月，射洪县川剧团演出的《戏仪》《跳伞》参加了全省川剧中青年演员比赛，4人分获各项奖励；1986—1990年，射洪县川剧团创作演出的《富裕之后》和《夜奔》由四川广播电视台分别播放3次，并发表了评论。1989年在四川省中青年演员“金鹰杯”电视大奖赛中，市川剧团龙怡策获优秀演员最佳金鹰奖；1990年由任衡道编剧、市川剧团演出的《马嵬轶事》在四川省第六届振兴川剧调演中获编剧、导演、舞美、演出、演员等6项大奖。1995年市川剧团的《郎当驿》赴省参加1995年四川新剧目展览演出暨第七届振兴川剧会演获二等奖。1997年，遂宁市创作排练的大型现代川剧《琼江作证》经“97四川省新剧展演暨第八届振兴川剧会演”专家评审组审看获一等奖，并获得四川省2000年度“五个一工程”奖。此外，王本杰的戏剧小品《贿图惊梦》获全国“群星杯戏剧小品比赛”银奖，现代小品《梦》、戏剧小品《流行综合症》、川剧小品《曝光》、方言小品《瞧，当初这家子》、话剧《回家》等参加全省演出比赛均获二等以上奖励。

20世纪60—70年代，市境内即有杂技表演，但规模较小，演技水平较低，称为杂技队。1978

年后，遂宁的杂技演出技艺和规模都有较大发展。其中影响最大的当属遂宁市杂技团和遂宁市春苗杂技团。遂宁市杂技团系原遂宁县农民童家军于1974年组班的民间杂技班，1989年被市文化局命名为“遂宁市杂技团”。1990年起，足迹遍布全国各大城市、农村以及香港、澳门地区并参加了1997年香港、1999年澳门回归庆典演出，在北京玉渊公园北京啤酒节开幕式演出中，受到中央领导及文化部领导接见。在应邀赴香港演出中，香港翡翠电视台作了现场直播。市杂技团《双人技巧》和《顶碗》等节目参加全国青少年杂技大赛，分别获得银奖和铜奖。此外，市杂技团在赴日本、美国、法国、泰国、朝鲜、马来西亚等国演出中，受到了各级官员和观众的高度赞誉。遂宁市春苗杂技团前身为射洪县童射镇农民文化专业户李明柏、李仕奉、李仕龙父子等在1985年创办的射洪县“农家杂技团”、1991年被市文化局命名为“遂宁市春苗杂技团”。20世纪90年代以来，两度应上海大千世界娱乐中心邀请在沪为国内外观众献艺，多次赴北京、苏州等近200个城市巡回演出，其事迹先后在《人民日报》《四川日报》等市以上近20家报刊电台宣传报道。同时，还先后出访了日本、美国等10多个国家演出，特别是在出访美国的7个多月时间里，在20多个州演出700场，观众达70万人次。2001年6月1日在北京工人文化宫演出时，演员们受到了国家主席胡锦涛的亲切接见。

20世纪50—60年代遂宁市境内美术、书法作品发展缓慢，参展作品仅300余件，20世纪70至80年代开始发展，年参展作品上升到500多件。至1984年，在省、国家级刊物上发表的作品有6000余件。1985年后，全市的音乐、舞蹈、美术、书法、摄影等创作活跃。彭忠的歌曲集《中华——我用歌声拥抱你》获“全国最佳图书”优秀奖；卢国珍创作演出的四川清音《妈妈的孩子回来了》获省音乐设计一等奖；陈晓玲、谢明建创作的歌曲《三峡美》、王朝华创作的歌曲《让歌声飞向白云》入选中国音协国际文化出版公司《新世纪之歌》专辑；侯盛奇编导的舞蹈《涪江潮》获省创作一等奖、演出二等奖。杨志翠创作的国画《夏日·谧》在中国美协举办的全国第二届花鸟画展中获优秀奖；杨斌创作的摄影作品《土地的困惑》在中国记者协会和农业部举办的“国土”影展中获特等奖。全市有一批实力雄厚的文学创作群体，创作的文学作品在国、省级报刊被发表并获奖。其中，唐杰孝的报告文学《你是谁》获文化部“金狮杯”征文大赛一等奖；胡永康创作的《为人作嫁终不悔》获1990年文化部“文明使者”征文三等奖。2001年，遂宁选送的书法作品参加全国“中华魂”大型书法展，共展出作品138件，入选省展23件，入选全国展6件，并获省、国家奖6件。2005年，全市共出版小说和散文集14部，新创作剧目23个，有专业艺术表演团体3个，对外对内演出569场次，获国际、中、省各类奖项5个，新增文化基础设施6066平方米。

第二节　特色文化

窖藏宋瓷　1991年，遂宁市中区南强乡金鱼村发掘、出土近千件宋瓷，百余件铜器，两件石器。其出土的瓷器经鉴定分别为宋后期龙泉窑、景德镇窑青瓷、四川彭州窑精品。出土的龙泉窑青瓷，胎体厚实、造型典雅，粉青、梅子青釉色如冰似玉，青翠欲滴。其中荷叶盖罐高达31.3厘米、宽23.8厘米、最大腹围接近1米，内外满釉，晶亮莹澈，丰厚柔和，碧绿翡翠，温润如美玉，是南宋龙泉青瓷中最大的一件瓷器，也是宋瓷当中唯一一件荷叶形盖罐，全球仅此一件，被称为中国瓷器三大国宝之一。1994年10月至11月10日，遂宁窖藏宋瓷首次出国赴新加坡展出，引起轰动。接待各国观众41983人次，新加坡《联合早报》《联合晚报》《光明日报》《海峡日报》及新加坡电视台先后追踪报道了展出盛况。其梅子青釉荷叶盖罐，为备受观众瞩目的三件展品之一。

观音文化 观音民俗文化是遂宁旅游文化的灵魂，是遂宁旅游资源的核心。观音是众多民间传说中的重要角色，遂宁观音文化源远流长，群众根基深厚。自古以来，与遂宁相关的民间传说很多，最广为流传的是观音三姐妹都出生在遂宁，是妙庄王的三个女儿。其中，有“妙善公主遂宁出生，出家修行成为观音。”这样的传说。

宋、明以来，遂宁每年都有三次由信众自发组织的观音朝山香会活动，每年妙善的出生日（2月19日）、出家日（6月19日）、涅磐日（9月19日），遂宁和周边六七十个县及省外信众，甚至有些东南亚国家和地区的信众也慕名前来朝山进香，游人如织，盛况空前。遂宁的观音菩萨已经大众化、人格化，远远超过了佛教本身所包涵的单纯内容，她与地方性歌谣、传说、民间谚语、地方戏曲等融合，形成了具有地方特色的民俗文化和民俗风情，遂宁的观音香会节已不单是朝山拜佛的庙会节，它形成了民俗文艺节目演出和商贸交易、地方名特小吃、寺庙特色素食展示的经济文化交流盛会。千百年的历史文化积淀，使遂宁的观音民俗文化成为国内外有着广泛影响的一种民俗文化现象。

卓筒井 北宋庆历年间（1041—1048年），大英卓筒井镇人发明了开凿小口径（直径大约10厘米）盐井的方法，并把这种口径只有“碗口大小”的小口井称“卓筒井”，比西方早800多年。卓筒井的主要方法和特点是：以粗大的竹筒直入地下，隔绝淡水，再用吸卤竹筒通过大竹筒深入地下，提取卤水的盐井。盐井口径小，井深达130米左右，采卤量大。20世纪80年代初，在加拿大温哥华召开的世界石油钻井技术研讨会上，中国代表以丰富的历史资料宣告钻井技术最早由中国人发明，已有近千年历史。英国科学家李约瑟在其《中国科学技术史》一书中证实了这一事实。他写到：“今天在钻探石油、气田时所用的这种钻探深井或凿井技术，最早是中国人的发明。”《中国钻探技术史》《中国科学技术史》将卓筒井钻井技术称为“近代石油钻井之父”“开创了机械钻井的先河”。中国井盐钻井专家林之雄在《中国井盐科技史》一书中写到：“钻井技术是中国古代第五大发明。”1998年6月，卓筒井被列为省级重点文物保护单位。

蓬溪书法 蓬溪县民间书法艺术传承历史悠久，历代均有不少书法爱好者。20世纪80年代至21世纪初涌现一批极具实力的蓬溪籍中青年书法群体，形成了名噪全国书坛的“蓬溪书法现象”。20世纪90年代，“蓬溪书法群体”的作品频频在国内各级书法刊物刊载或在艺术殿堂展出并获奖励。2000年5月，国家文化部授予蓬溪县“中国民间特色艺术之乡（书法）”称号。据2005年年末统计，蓬溪有中国书法家协会会员13名，省书协会员20余名，市、县书协会员100余名，民间书法爱好者多达3000余名。十年间，在全国获各种奖项190多项，在国内外的报刊杂志发表作品600余件。县内少年儿童参加全国书画展赛200余次，160余人次获奖。建有书法教学培训基地3个。

蓬莱大乐 属于传统宫廷乐的一种，源于周朝，兴盛于唐朝，明末清初移民将其传入蓬溪县蓬莱镇地区，经与当地民间打击乐融合并逐步衍化为别具一格的、具有鲜明的巴蜀文化特征和浓郁四川风情的民间传统打击音乐。其乐器主要由中心鼓、大鼓、脚盆鼓、川堂鼓、南堂鼓、大钹、川大钹、苏钹、川铰、马锣、铛铛等组成，乐员少则数十人，多则上百人，常用曲牌有《云顶翻》《凤点头》《扑灯蛾》《牵藤藤》等10余种。表演时可搭扎乐棚，配以耍龙灯、舞狮子等民间艺术，多为大型庆典等活动所用。1993年，蓬溪县文化部门通过挖掘整理，编创出新的大乐曲牌《五洲庆瑞》，并将“蓬莱大乐”更名为“川中大乐”，在乐器组合、队形编排、舞美设计、表演形式等方面进行了合理的继承和拓展，其表演效果更显场面壮阔，气势雄厚激越，节奏昂扬明快。2002 年 11 月，中央电视台文艺部专程到蓬溪录制“川中大乐”，并被列为 2003 年春节联欢晚会候选节目。中央电视台、香港凤凰台、四川电视台、《四川日报》等数十家新闻媒体对“川中大乐”作过报道。

象山花锣鼓 大英象山特有的乐种。又称“花花锣”，创始于清 1875—1880 年间，由象山乡民间鼓乐手组成“公堂”（即击乐队）开始在民间流传。其乐队系由大锣、大鼓、大钵、四个马锣组成。由于较一般鼓乐班多了几个马罗，演奏中灵活，花饰、色彩新颖，故花锣鼓曲牌独具特色，如异军突起，深受群众喜爱。花锣鼓常与唢呐、胡琴、笛子等乐器配合演奏，红白喜事、庙会、节日均能大显身手。象山花锣鼓是四川川剧锣鼓乐的变异，是人们在生产和生活中根据不同的生活阅历、生活态度、社会关系等形成独自的风格，在演奏时演奏的心情不同也可随意加花。加花时侧重的乐器不同，故形成不同的情感色彩，成为不同的曲牌。象山花锣鼓常用曲牌八支，也叫八种打法。花锣鼓乐班，因一般系家传或同族组队，故流传地域不广，地域特色十分突出。

第四章　社会事业

第一节　教育　科技

一、教育

遂宁教育起步于唐代，其学习场所为学宫，宋代创办书院、塾馆，历经唐、宋、元、明、清千载不衰。至清末，市境有学宫3处，书院55所，私塾数百馆。民国时期大部分改为小学堂。中华人民共和国成立后，市境各县政府接管各公、私立学校，并按照国家“整顿巩固、重点发展、提高质量、稳步前进”的方针，制定新的教学计划，设置新的教学内容，加强师资队伍建设，增加教育投入，教育事业稳步发展。1966—1976年“文化大革命”时期，学校教学质量严重下降，教学设施（设备）严重被毁，教育事业遭受严重破坏。1978年后，各县拨乱反正，落实党的教育方针、政策，教学秩序逐步恢复正常。到1985年，全市幼儿、小学、中学、职业、成人等教育形成有机结合、梯度发展格局，有幼儿园1069所、小学2368所、中学133所、中等职业学校17所。1986年，全市实施九年制义务教育，改善办学条件，大力发展职业技术教育、成人教育。至1990年，全市幼儿园855所，在园幼儿61623人；小学2308所，学生324375人，小学入学率98.9%，巩固率98.4%，毕业率99.4%，普及率97.7%，学生流失率下降到1.1%，实现基本普及初等教育。新、改、扩建乡初中85所，初中毕业生升学率由35%上升到56%；向大专院校输送合格新生400人；中等职业学校18所，在校生达8715人；城镇成人参加各类培训65487人，为农村培训“短、平、快”实用技术人员81.8万人次；特殊教育开始起步，开办聋哑学校1所。1991年后，全市加大中等教育结构改革力度，实行“三教”（普教、职教、成教）统筹协调发展。至1995年，全市办有各类幼儿园1504所，入园幼儿74768人，有4所幼儿园达到“省级示范园”标准；小学2232所，小学生383732人，学龄儿童入学率98.7%；普通高中20所，在校学生12607人，向大专院校输送合格新生1355人；中等职业技术学校22所，在校生11950人；城镇成人参加各类培训17143人次，农村开办农民文化技术学校481所。全市完成扫盲任务，青壮年中非文盲率96%；完成基本消除中小学危房任务。

1996年，全市大力实施“科教兴市”和“人才强市”战略，人均受教育年限由1995年的6年提高到6.9年。1990—1997年，全市高考升学率持续8年居全省第一。1998年，市中区、射洪县分别实现“两基”（基本普及九年义务教育、基本扫除青壮年文盲）目标，射洪县被确定为四川省素质教育试验县，1999年，蓬溪县、大英县胜利通过“两基”验收，至此，全市360多万人全部实现“普九”，人口覆盖率达100%，青壮年人口中非文盲率达到98.5%，幼儿入园率达60%，小学学龄人口入学率99.7%，初中学龄人口入学率92%，初中毕业生升学率48.5%，高等教育毛入学率

9.18%，“三线”儿童入学率达80%以上。2000年，全市有各级各类学校2305所，在校生62.87万人；在籍自学考试人数达到17320人，并有3396人先后通过自学考试获得专科以上学历证书；全市有遂宁中学、射洪中学、蓬溪中学3所省级重点高中，射洪县中等职业技术学校为国家级重点职业中学，遂宁市职业中学为省级重点职业中学，省级“示范性幼儿园”4所、省级“校风示范校”22所、省级“体育项目传统学校”15所、省级“艺术教育示范学校”6所、国家级“示范农校”1所（四川省农机校）、省基点农民文化技术学校4所。2001年，射洪县、大英县、蓬溪县分别通过四川省“两基”督导评估，大英县被教育部评为全国先进县。2001年后，全市全力打造西部农村职业教育基地，加快发展职业教育，对全市职业中专校点布局进行结构调整和资源优化组合，在河东新区规划建设10平方公里西部职业教育基地核心区，在射洪、大英、蓬溪、安居分别建设西部农村职业教育培训基地特色园区，其中川北教育学院2002年与四川省农机学校合并，定名为四川职业技术学院，占地面积15.7万平方米。2005年，全市各级各类学校1450所，其中，高等院校有四川职业技术学院和1995年由四川广播电视大学遂宁分校更名为遂宁广播电视大学各1所、中等职业学校29所、普通中学175所、小学1057所、幼儿园184所、特殊教育学校3所，在校生59.19万人；教职工3.12万人，专任教师2.77万人；“普九”人口覆盖率继续保持在100%，小学学龄人口儿童净入学率达99.29%，小学毕业生升学率达101.11%，初中阶段毛入学率达108.54%，毛升学率81.27%，“三线”儿童入学率达92%，青壮年非文盲率达99.6%。已建成遂宁中学、射洪中学国家级示范高中两所，四川省示范性高中11所，向大专院校输送合格新生14357人。民办教育学校382所，在校学生5.8万人。高等教育、职业教育等稳步发展。全市建立起以九年义务教育为基础，以中等、高等、职业教育为骨干，各级各类成人教育为网络的多层次、多门类、多种办学形式的完善教育体系。

二、科技

中华人民共和国成立前，市境科技人员主要是中小学校、托儿所、医院、农场、农业推广所的中小学教师、幼师、医生护士、农技人员。中华人民共和国成立后，随着国民经济的发展，全民和集体单位初步拥有工业、农业、医药卫生、教育等技术人才，1985年，全市有各类科技人员19109人，占全市总人口的0.6%。1985年后，为加快遂宁经济社会快速、持续、协调发展，充分调动全市广大科技人员的积极性、创造性，市委、市政府相继制定了《关于认真落实知识分子政策，稳定科技干部队伍，充分调动科技人员积极性的若干规定》《关于鼓励科技人员合理流动的实施意见》等一系列文件，至1995年年底，全市有各类科技人员56270人，比1985年净增37161人，增长1.94倍，有享受国务院特殊津贴的科技拔尖人才15名，享受省级有突出贡献待遇的优秀专家4人，享受市级有突出贡献人员27名。2002年后，市委、市政府相继出台了一系列培养科技人才、发挥人才作用的政策。全市人才开发环境进一步优化，人才管理机制不断创新，人才资源加快向人才资本转化。2005年，全市有各类专业技术人员23.54万人，享受国务院特殊津贴的专家23人，省级突出贡献专家15人，省学术技术带头人1人，后备3人；科技经费筹集额达9.43亿元；推广重大科技成果19次，申请专利106件，组织专利实施70件；获得国家和省级计划项目16项，安排科技计划项目11项；获得国家科技进步二等奖1项，省科技进步奖1项，全年科技进步贡献率达38.6%。

科技兴农 建市初，市委、市政府提出“科技兴农”战略，树立“引进新技术，推广新品种，调整农业产业结构，促进农业生产和农村经济发展”的农业科技发展战略。水稻、玉米、小麦、红苕、棉花、油菜、柑橘、蔬菜等主要粮经作物大面积推广应用良种、良制，建设商品粮、优质棉生产基地和“菜篮子工程”，形成一批高产栽培模式，提高粮、棉、油、果、菜的单位面积产量；建立瘦肉型猪商品基地为主，大力推广二元杂交、三元杂交新品种和科学饲养技术，林、牧、副、渔业得到迅速发展。1990—1995 年，全市开展“农业科技革命行动计划”，围绕发展农村经济，开展科研试验示范、技改和产品开发农业项目达 28 项。建立农村技术市场 4 个，市场库存可销技术商品 5524 项，建立技术经营机构 53 个，农村技术市场网络基本形成，农业技术服务体系日臻完善。1996 年，全市组织实施“种子工程”“科技增粮工程”“农业产业化示范工程”及“农业科技示范工程”，使全市农作物优良品种推广面达 95% 以上，新技术推广面达 80% 以上，全市推广旱育秧技术累计面积达 14 万公顷，共增产稻谷 1.05 亿公斤，全市农业和农村技术、经济水平有较大提高。1996—1998 年，农村技术市场联系科技人员实施“星火计划”“丰收计划”“绿色工程”共 85 项次，传播适用技术 250 项，促进农业增收达 3.5 亿元。2001 年后，全市组织实施“优质稻产业化示范工程”“优质小麦产业化示范工程”“绿色蔬菜精深加工工程”“种草养畜产业化示范工程”和“颐康鸡品种选育及产业化示范工程”等农业产业化示范项目，并同时抓好遂宁川白芷 GAP 科技示范园、四川颐康科技示范园、射洪金华生态农业科技示范园、安居区农业科技示范园等 4 个农业科技示范园区建设。2005 年，全市实施星火农业科技示范工程，落实科技示范基地 5 个，科技示范乡镇 17 个，科技示范村 50 个，科技示范户 1063 户，实施星火科技计划项目 90 项，列入国家省级重点星火计划项目 16 项，14 个产品获国家绿色食品认证证书，63 个产品获“无公害食品认证”证书。先后引进培育、筛选农业优良新品种 120 余个，农业新技术 12 项，推动了农业品种与产品结构的更新换代。

科技兴工 1985 年建市初，市委、市政府提出了“工业强市”的战略。把“科技兴工”作为科技发展的首要任务，先后对工业项目开展科研试验、示范、技改和产品开发，进一步改造遂宁传统产业，推进工业企业科技进步，构建新的工业企业门类。至 1994 年，工业系统已有纺织、丝绸、机械、食品、轻工、化工、电力、煤炭、建材九大门类，形成省优产品 103 个，市优产品 323 个。科技对经济增长的贡献率由 1985 年的 17.2% 提高到 1994 年的 32.5%。1995 年，市委、市政府结合实施“科教兴市”战略，抓住全省实施“千亿工程”的契机，全面启动、上下联动、左右互动、精心实施，至 1998 年，全市指导、帮助企业引进和采用新技术 784 项、新材料 87 种、重大新工艺 10 项，开发新产品 350 多个。1999—2000 年，全市选择沱牌、美丰、锦华、飞虹等 20 个大中型企业为技术创新试点企业。2005 年，全市大中型企业科技活动支出总额达 5.39 亿元，其中新产品开发经费支出达 1.17 亿元，参与科技活动 3382 人，开发新产品 23 项，专利申请数达 15 个，实现工业总产值 14.59 亿元，产品销售收入 13.37 亿元，实现利润总额 9492 万元。

第二节 卫生 体育

一、医疗卫生

1949 年，市境卫生机构 921 个，床位 91 张，卫生技术人员 4453 人。1985 年，全市卫生机构 425 个（不含诊所、卫生所、医务室，下同），医院 10 所，卫生院 252 所，病床 6487 张，卫生技术人员 5578 人（医生 1911 人、护士 839 人）。2005 年，全市卫生医疗机构 750 个，病床位 5634 张，卫生技术人员6684人。国家“三级甲等医院”1所，国家“二级甲等医院”1所，“四川省精品中医院”1所。

中医技术 民国时期，遂宁、蓬溪、射洪三县县城及乡（镇）皆有中医医生行医。中华人民共和国成立后，遂宁中医以痔瘘、骨伤见长。建市后，1986年起，市内三家中医院按中医特色办院，突出专科。1989年，初步形成以市、县中医院为中心的中医教研基地。中医专科已由大内科发展到外、妇、儿、针灸、按摩、骨伤、皮肤等10多个科室。至1995年，全市有重点中医专科医院7所，开设病床170张，门诊中医治疗率95%以上，危重病人抢救成功率90%以上。市中医院获“省二级甲等医院”称号。1996年，市中医院颈椎病专科被确定为省级重点中医专科。2003年，射洪县中医院骨伤科通过省中医医疗机构评审委员会验收，蓬溪县中医院骨伤科列为市级重点专科建设单位，市中医院肾病、肝胆病，蓬溪县中医院骨伤科列为市级重点专科（专病）建设单位，射洪县中医院被确定为“四川中医发展三级中心建设”的县级中心建设单位。2005年，市中医院市级重点中医专科眼科、骨科顺利通过市卫生局组织的3年周期建议复评，并扩建“糖尿病专科”“感染科”和“消化、肝病”等学科。

传染病防治 民国时期，市境内霍乱、天花、伤寒、麻疹等疫病流行猖獗。20世纪50年代，鼠疫、霍乱、天花在市境绝迹。20世纪60年代，白喉、伤寒、副伤寒、疟疾、猩红热、钩体病得到控制，流脑、乙脑、麻疹等发病率明显下降。1985年后，全市按照“预防为主、防治结合、分类管理”的方针，制定传染病防治管理措施，落实监督员和专业管理人员。1996年，全市共发生乙、丙类传染病21种，7408例，死亡6例。1999年，在市境内绝迹40多年的霍乱传入市中区和蓬溪县，分别发病20例、12例，涉及5个乡镇，市、区县、乡镇全力以赴扑灭疫情，未死1人，未发生二代病人。2003年，全市为防止“非典型肺炎”传入境内，建立全社会广泛参与的“非典”防治网络，组建5家“非典”病人和疑似病人集中收治医院，设置病床190张，建立专家快速诊断机制，派出医务人员5489人次，共登记、排查、医学跟踪外出返乡人员65622人，开展卫生检疫、消毒工作，经过全市上下严防死守，把关堵口，未发现1例“非典”病人。2005年，全市加强乙肝、结核病、艾滋病等重点传染病防治工作。全市共发生甲、乙、丙三类传染病24例，无一例死亡。接诊可疑肺结核患者6556人，发现初治涂阳结核病人1269例，新发涂阳病人395例，复治涂阳病人304例，全部实施免费检查治疗和管理，实现结核病防治覆盖率达100%，治愈率达95%。全年开展艾滋病监测252人，检出HIV感染者80例。全市无重大传染病爆发流行。

地方病防治 20世纪50年代，遂宁、蓬溪两县开始麻风病防治工作。1972年，遂宁建立麻风病医院。1995年，全市大力开展碘缺乏病防治普查及监测工作，2000年，全市碘缺乏病接近基本消失标准。2005年，全市钩虫病、钩端螺旋体病、疟疾经过防治、菌苗接种和开展“除四害、讲卫生”等措施，已基本消灭；麻风病得到较好的防治和治疗，患病者甚少。此外，狂犬病防治工作取得成效，1994—2005年，已连续12年无狂犬病死亡病例。

疫情报告制度 中华人民共和国成立后，各县逐渐建立了乡（乡卫生院兼职）、区（专职防疫员）传染病报告网，并且建立了一整套疫情报告、处理制度。1958年，《四川省传染病管理细则》实施后，各县规定农村生产队——联合诊所5日报表制，城镇居民小组——联合诊所卡片日报制。如果确认系甲类传染病，农村报告时间仍不超过24小时。遇局部流行传染病的紧急情况则不分农村、城镇可电话报告。1989年，《中华人民共和国传染病防治法》及《实施办法》实施后，全市坚持每年春夏季、秋冬季两次传染病预测预报制度。1995 年，全市重点强化了疫情预测预报和传染病报告制度，疫情报告率逐年上升。2003 年，全市对非典型性肺炎疫情实行零报告和日报告制度。2005 年，全面建设公共卫生信息系统，加强乡镇疫情报告系统的网络建设，为全市 105 所乡镇（中心）卫生院配备疫情报告专用电脑，实现疫情网络直报，基本形成“快速、准确、全面、可靠”的乡、区县、市、省四级疾病预防信息报告网络。

爱国卫生 20 世纪 50 年代，市境各县开展以除“四害”（老鼠、蚊虫、苍蝇、蟑螂）为中心的爱国卫生运动，至 20 世纪 70 年代，城市基本消灭臭虫、跳蚤，20 世纪 80 年代，蚊蝇数量大幅减少。1986—1989 年，全市大力开展灭鼠活动和农村改水活动。1990 年，遂宁市被省政府命名为“基本无鼠害城市”，全市完成农村“七五”改水任务，170.21 万人饮用水质量得到改善，遂宁市被省政府命名为“四川省农村改水先进地区”，蓬溪县荣获“全国农村改水工作先进县”称号。1990—2003 年，遂宁市广泛开展创建卫生城市活动，在除害防病、健康教育、市容市貌、环境保护、城区交通、食品卫生、农村改厕等方面加强综合治理，加大投入。2005 年，遂宁市成功创建为省级文明卫生城市，射洪县建成省级卫生县城并通过了国家级“亿万农民健康促进行动示范县”评估验收，大英县、蓬溪县分别建成市级卫生县城，射洪县柳树镇成功创建成遂宁市第一个省级卫生场镇。

二、体育

全民健身体育运动 民国初期，市境各学校设有体育课，内容涉及足球、乒乓球、羽毛球等活动。1937 年，遂宁专署召开了首次运动会，比赛项目为篮球、乒乓球，主要参赛对象为学生。同时，在县城和大的集镇开始出现有组织的体育活动。中华人民共和国成立后，全民健身体育活动蓬勃发展。1951—1958 年，遂宁专区举办了首届职工篮球赛和两届专区运动会以及职工篮球、排球赛，排球选拔赛、乒乓球选拔赛和羽毛球锦标赛等运动。20 世纪 70 至 80 年代，全民健身活动活跃，机关、厂矿开展体育活动频繁，形成多层次的体育运动竞赛网络，特别是在周末和节日期间各类球赛盛行，遂宁、蓬溪、射洪三县的灯光球场在晚上举行的篮球赛，成为体育爱好者和城市居民业余生活的重要内容。建市后，全民健身体育运动快速发展，体育设施日渐完善。1985—2005 年，遂宁市共举办全市运动会 3 届，举办全市残疾人运动会 2 届，各类单项体育比赛开展频繁；遂宁市城区举办元旦环城赛已连续开展 21 届，参赛者累计达 10 万人以上，为全民开展健身运动起到了引导作用；承办全国、全省各类比赛、表演赛、邀请赛 50 余次；全市的群众性体育组织发展很快，有各种体育协会 12 个，开展各类体育培训、举行表演、参加省和市的各种单项体育活动成绩优异；全市有各种标准体育场地 1039 个，非标准体育场地 1132 个，体育器材 1 万余件，建设全民健身路径 17 条，各大公园、广场及多数居民小区相继配备了全民健身设施，为全市全民健身活动的开展提供了良好的条件和广阔的活动空间。

竞技体育 建市后，全市体育竞技运动发展极快。1986 年遂宁中学被国家体委确定为全国传统项目先进学校。1989 年，遂宁垒球项目被省设为垒球集训点，原遂宁市少年垒球队员米仁容，在第 28 届雅典奥运会垒球比赛中，荣获团体赛第四名。1985—2005 年，遂宁市参加全国比赛 69 次，获前 8 名奖牌 85 枚，其中金牌 28 枚、银牌 15 枚，铜牌 15 枚；参加省比赛获金牌 138 枚，其中参加省第一届至第五届青少年运动会获金牌 30 枚，破、平、创省青少年（中学生）田径纪录 13 人次；向国家和省专业运动队输送优秀运动员 31 名，向省专项运动会学校输送集训运动员 150 人，向大专以上体育院校输送体育人才 8000 余人，有国家级健将 5 名，国家一级运动员 23 人。

第三节　劳动就业

一、就业保障

20世纪80年代初，遂宁、蓬溪、射洪三县按照中央提出的招工、自己组织和自谋职业“三结合”的就业方针，实行各级企事业单位分口、分系统包干的办法安置待业人员。1986年，遂宁市全面贯彻国务院《关于劳动制度改革的四个暂行规定》，实行招收简章、招工指标、招工报名、录取办法、考试成绩、录取名单“六公开”面向社会公开招收的办法，当年共安置城镇待业人员6435人。1987年，全市相继开放市、区县劳动力市场，将国家下达的招工计划，实行“面向社会、公开招收、全面考核、择优录用”的就业方针安置城镇待业人员。1990年，全市开始改革固定工制度，实行全员劳动合同制，至1993年年底，全市劳动合同制职工达5万余人，当年，全市改革劳动计划管理办法，实行企业用工自主权。1994年，全市合同制职工达11.4万人，占职工总数的91%，初步确立了企业自主用人和劳动者自主择业的新型用人制度；全市开始实行最低工资保障制度，确定的最低工资标准为100元月/人。1996年，由于企业“减员增效”“下岗分流”和“企业改制”的全民、集体所有制职工失业，遂宁市全面启动再就业工程。市委、市政府成立了再就业工程协调小组，市就业服务管理局建立职工失业保险机构，负责失业人员管理与组织再就业。并按照“三结合”就业方针，对下岗再就业人员实行税费减免、社保补贴、小额贷款、免费服务，引导下岗人员自主择业、自主创业，制定优惠政策鼓励国有企业、股份制企业、民营企业吸纳安置更多下岗人员。同时，市、区县劳动部门通过就业训练中心、职业介绍所等培训机构，大力开展下岗职工再就业培训，提高职业技能素质，当年培训1.2万余人，安置率90%以上。2000年，全市培训失业职工25288人，安置率44.99%。2003年，免费培训下岗、失业人员11556人，并开发公益性岗位帮助困难群体再就业。2005年，全市为下岗失业人员免费职介18135人，再就业免费技能培训11849人，创业培训2908人，为2453名下岗职工免费办理职业资格证书；全市新增城镇就业2.8万余人，其中，实现再就业18450人，“4050”（下岗失业人员女40岁以上，男50岁以上）人员等救助对象就业3721人，“零就业”家庭就业2594人，为1708户实现就业解困；培训失地农民16978人，失地无业农民通过多种渠道就业达19742人。

二、劳务输出

遂宁劳动力资源丰富，农民外出打工较普遍。民国时期，遂宁各县已出现民间劳动力市场，多由揽头和行会所把持。中华人民共和国成立后，政府除组织就业外，也通过劳务活动，引导农村城镇人员自谋业务。20世纪50年代，遂宁劳务输出主要介绍出县做季节性临时工，从事个体服务性行业，多属自发性行为。1978年后，各县劳动部门把劳务输出作为地方发展经济和增加农民收入的一项重要措施，开始有组织地进行劳务输出，到1985年，各县向12个省、市、自治区输出劳力5万余人，占各县总劳动力的6%左右，年总收入达7000万元。1985—1987年，市、区县陆续成立劳动服务公司和建立劳务市场，直接经营劳动力开发和输出业务，全市劳务输出业务由国内拓展至海外。1987年，全市劳动力转移17.7万人，劳务输出7.7万人。1989年，遂宁市被国家建设部、农业部、国务院贫困地区经济开发领导小组确定为国家劳务输出基地市。1995 年，直接组织劳务输出 10.8 万人，并实施“南北开通，四面出击，借地生财，八方挣钱”战略，向美国、日本、新加坡、毛里求斯、西班牙、利比亚等 10 余个国家及地区输出劳力工 1015 人。1996 年，向国内 20 多个省、市、自治区的 130 多个大中型企业输出各类劳务工 5.2 万人次；向中国香港地区以及日本、美国、意大利、德国、新西兰、新加坡等 27 个国家和地区输出厨师、缝纫工、水产研修工、建筑工和远洋渔船渔工 3100 多人，年劳务总收入达 1.04 亿元人民币。2001 年，市委、市政府成立“劳务输出领导小组”，当年全市实现劳务输出 52 万人次，其中，全市农村劳动力转移人数为 49.5 万人次，比 1999 年增加 4.25 万人次，劳务收入达 19.9 亿元，全市农业人口人均劳务收入 625 元；境外输出 1890 人，合同额 1172.6 万美元。2003 年 1 月成立“遂宁市人民政府劳务输出办公室”，负责全市劳务开发工作。2005 年，全市输出各类劳务人员 81.35 万人，劳务收入 42.68 亿元。

三、职业介绍所

1984 年，遂宁、蓬溪、射洪三县劳动部门在劳动力资源丰富的 11 个乡镇建立了就业服务管理站（所）。1985 年，市、区县劳动部门直接建立了职业介绍所，至 1988 年，已建立 30 余所。1993 年，开始发展民办职业介绍所和“社区就业服务中心”，至 2005 年，全市已建立起辐射城乡的职业介绍所和劳务中介机构服务网络，实现了市、区县开发利用劳动力资源信息系统微机管理，基本形成了城乡统筹、协调发展的就业服务体系。

1985—2005 年部分年份遂宁市从业人员三次产业分布情况表

表 8—4　　单位:%

年份＼指标	第一产业	第二产业	第三产业
1985	83.13	7.12	9.75
1990	78.79	9.48	11.73
1995	53.81	24.39	21.79
2000	58.11	18.36	23.52
2005	42.97	22.00	35.02

第四节　社会保障

养老保险　1985 年，遂宁在全民企业劳动合同制工人中推行社会养老保险。1986 年，按照国务院《关于发布改革劳动制度四个规定》的通知精神，在全市国有企业职工中实行社会养老保险。1992 年，在全民企业职工中实行了个人缴纳养老保险费制度。1993 年，遂宁全市参加统筹的国有企业达 363 家，参加统筹人数 83087 人，统筹退休费用 2668 万元。1994 年，市政府决定集体企业职工的养老保险，纳入社会保险机构统一管理，保险办法与国有企业职工的保险办法相同。1995 年，遂宁将临时工、私营企业职工、个体劳动者纳入养老保险范围，至年底，遂宁全市参加省级统筹的国有企业400家、职工总人数86153人；集体企业职工参加保险的企业252家、职工38241人。2001年，遂宁全面规范养老金社会化发放工作，参加社会保险企业离退休人员养老金，由社会保险经办机构委托银行、邮政局发放，其社会化发放率达100%。2005年，全市社会养老保险参加保险人数达98722人，征收养老保险费2.1亿元；机关事业参加保险单位1323个，参保率100%，征集养老保险费9978万元，支付7754名离退休人员养老保险费共计8040万元，支付率达100%。

工伤保险 1993年，市人民政府颁布实施《遂宁市企业职工工伤保险暂行办法》，国有企业、城镇集体企业、股份制企业和企业化管理的事业单位的全体职工以及外商投资企业的中方职工实行工伤保险，至年末，遂宁全市参加工伤保险企业436户，职工为81432人，全年兑现工伤保险费314万元。1998年，实行企业职工工伤保险以市统筹，全市参加统筹企业职工达到90%。2004年，市人民政府印发了《关于贯彻实施〈工伤保险条例〉的通知》，全面推动了全市工伤保险制度的建立。2005年，全市工伤保险参加统筹企业412户，全年征缴工伤保险费442万元，同时为684名各类享受工伤待遇人员拨付工伤费367万元。

生育保险 1993年，遂宁开始推行企业女职工生育保险。1995年，参加女职工生育保险企业325家、63766人，共征生育保险费105.9万元，支付生育保险费9.9万元。1998年，市劳动行政部门对女职工生育保险实行市级统筹，参加统筹职工达到90%。2005年，全市征集生育保险费390万元。

基本医疗保险 2000年12月，全市启动基本医疗保险，当年，全市党政群机关、事业单位及驻遂单位共579个、61326人参加了基本医疗保险。2001年，全市参加基本医疗保险的单位达922个，职工131056人，累计征收基金2256万元，征缴率83%。全市设置了45家定点医疗机构，36家定点零售药店，全部实行协议管理。2005年，全市基本医疗保险参加保险人数达151819人，共征收医保费8400万元。

失业保险 1986年10月1日，遂宁国有企业启动失业保险的统筹工作。1992年10月、1999年1月分别将集体企业、事业单位的失业保险纳入统筹。至2005年，全市参加统筹单位达6000余家，参加统筹职工达11万余人，享受失业保险待遇达64万人次，支付失业保险基金上亿元。

第五节 社区建设

2001年，遂宁市贯彻《中共中央办公厅、国务院办公厅转发〈民政部关于在全国推进城市社区建设的意见〉的通知》，在市城区开展社区建设试点。通过调查研究，分析论证，调整市城区社区地域，撤销船山乡及四街建制，新建6个街道办事处，45个社区居委会，并在各街道办事处落实社区建设试点单位。镇江寺街道办事处朝阳社区因社区内居委会阵地建设规范，基础设施齐全，社区服务网络覆盖面广，被评为示范单位。通过总结经验，推广典型，带动市城区社区建设工作，市城区一大批以养老托老、托幼、家政、医疗、卫生、保洁为主的综合性的便民利民社区组织网点建立和发展起来，以产业化、社会化为方向，集社会救助、社会福利服务、便民利民服务、社会保障社会化服务为一体的服务网络逐步形成并得以完善。各类社区服务设施较上年增加2.5%，社区居民自治组织建设进一步完善，通过民主选举和公开招聘，竞争上岗，造就了一支专业化、素质高的社区工作队伍，社区服务体系建设初具规模。市城区有专兼职社区服务工作者3000人，社区服务志愿者2.5万人。年底，第五届居民委员会换届选举顺利完成。2003年，遂宁市社区建设按照“全面展开，重点突破，力争创新”的工作思路，市城区健全完善市级领导和市级部门联系社区制度，切实为社区办实事。全市完成社区规模调整，建立社区146个。以示范社区创建为载体，推动社区建设不断取得新成果。全市全年创建示范社区30个，示范街道1个。社区建设的内容不断完善，社区工作人员补助和办公经费落实，办公和活动场地均在100平方米以上。开展援建社区图书室活动，全市援建社区图书室50个。

2005年，全市开展市级领导干部和市级部门定点联系帮扶社区工作，当年到社区召开联系会议50余次，开展向社区送慰问金、物资，资助贫困学生，向社区赠送微机、电视机、VCD、音响、文件柜、办公桌、全民健身路径器材，出资为社区绿化栽树，帮助社区安装电话等，折资达100余万元。协助3个社区解决会址用地。完善社区建设配套政策。全年投入社区建设资金1285.44万元，改善全市社区建设的办公阵地（经费）、社区服务阵地和设施，全市191个社区的办公活动阵地平均达95平方米，建成社区服务站190个，设便民服务点481个，社区安置就业人员4051人。抓示范单位的创建，至年底，全市共有示范社区73个、街道6个、镇3个、省级示范区1个。

第五章 城建环保

第一节 城乡规划

1985年，市政府参照原遂宁县城总体规划，制定《关于城市建设暂行规定》，对市城区范围和街道进行轮廓性规划。1987年，形成《遂宁市城市总体规划》，后经修改完善，1990年经省政府批准实施。规划城市性质为：遂宁市城区为川中中心城市，全市的经济、政治、文化、信息中心，以发展纺织、食品、化工为主的轻工业中等城市。以2010年为近期实现规划的期限，以2050年为远期城市轮廓性规划期限。1997年四川、重庆政区分置以及遂宁市政区调整后，市委、市政府决定对1987年的总规进行修编，2000年形成新的《遂宁市城市总体规划》，其总体规划的城市性质为：四川省第二大交通枢纽、盆中商贸中心、区域性中心城市和生态园林城市；城市特色："两面临山水，中间一座城"的自然优势，突出生态园林特色现代化城市；城市风貌：充分利用山水环境和名胜古迹，结合城市的布局特点，发挥优势，突出特色，重塑昔日"东川巨邑"、今日"盆中中心"的风貌特色。同时对城市道路、交通、给排水、污水处理、燃气、供电、邮政、电信、广播电视、消防、防洪、环境、卫生、绿地进行了规划。蓬溪县1983年编制完成《蓬溪县城总体规划》（1983—2000年），1986年经省政府批准实施。其城市性质为：全县的政治、经济、文化中心，以发展农业生产和人民生活服务的农副产品加工工业为主的县级城市。2000年对原总规划进行修编，并形成《蓬溪县城总体规划》（2000—2020年），2001年经省政府批准实施。其城市性质为：县域的政治、经济、文化中心，以发展农副产品加工、商贸和旅游服务为主的园林城市。射洪县1983年编制完成《射洪县旧区和新区、近期和远期总体规划》，1986年经省政府批准实施。其城市性质为全县的政治、经济、文化中心，以丝绸、棉纺为主的农副产品精细加工城市。1992年对原总规划进行修订，1993年完成《射洪县太和镇总体规划》，并于1995年经省政府批准实施。其城市性质为：全县政治、经济、文化中心，发展食品、轻纺、化工、电力工业为主的综合性现代化城市。大英县于1997年经国务院批准建立，1998年完成《大英县城总体规划》，同年经省政府批准实施。其城市性质为：全县的政治、经济、文化中心，以盐化、食品、轻工和商贸为主导的中心城市。安居区于2003年经国务院批准建立，2004年形成规划，同年经市人民政府批准实施。其城市性质为：遂宁城市的副中心、职业教育基地，以城市休闲旅游及生态居住区建设为特色的现代化生态园林城市。

全市乡镇规划坚持"有利生产、方便生活、布局合理、用地节约"的原则，从本地自然条件、经济优势、历史情况出发，确定场镇的发展规模、性质、街道布局、功能分区。全市建制镇发展为18个，1991年开始对全市集镇建设进行较细的总体规划。1992年撤区并乡建镇后，建制镇大幅增加，达64个，独立乡37个。2003年《遂宁市城市总体规划》对建制镇及乡作了部分调整，至2005年，全市建制镇65个，独立乡40个。

第二节 城市建设

道路 清末，遂宁县城共有街道49条，但街道狭窄，多为石板铺面，部分为泥路。1926年，四川边防军总司令李家钰驻防遂宁后，对城市街道进行改造和增建。1949年，县城共有街道84条，面积13万平方米，主要街道为三合土路面，大部分街道仍为石板铺面，少数街道为泥路面。1949年后，通过对县城街道改建和新建，至1984年，县城区共有街道105条，总长14.7公里，道路面积18万平方米，道路路面干道为沥青三合土路面，一般街道为石板、三合土和土路。建市后，市委、市政府按照遂宁市城市总体规划，对市城区以改扩建和新建主次干道为中心，推进整个城市道路网络建设。至2005年，已形成“六纵（遂州路、凯旋路、渠河路、滨江路、东平大道、天宫路）十横（嘉禾路、介福路、和平路、德胜路、育才路、公园路、明月路、开善东路、南环路、北固街）”主次干道骨架的井字形道路网络。共有街道76条，总长98公里，面积435.3万平方米，人均道路面积12.64平方米，道路路面除极少数小街小巷仍为三合土路面或水泥方块铺面外，其余道路已全部混凝土化，主次干道的人行道已全部彩砖化。

园林绿化 1985年，市委、市政府把市城区建设成为生态园林城市摆在突出的位置，每年均投入巨额资金进行园林绿化建设，至2005年，市城区共有园林11处，其中船山绿化广场、裕丰园、犀牛绿化广场、街市花园广场特色突出；市城区已形成纵横交错的街道道路绿化带和各具特色的广场绿地，公共绿地达223.99公顷，人均6.8平方米，绿化覆盖面积1214.48公顷，绿化覆盖率达32.3%。

公共供水 1977年，遂宁县城建成第一座自来水厂，日产水5000吨，开始了城市自来水供水。1983年，对该厂进行配套改造，日产水达7000立方米，1986年再次扩建，完善设施，日产水达1.2万立方米，2002—2003年，对一水厂进行改扩建后，日产水达5万立方米。遂宁市第二水厂一期工程于1988年动工修建，1989年竣工，日供水2万立方米，1993年动工扩建二期工程，当年竣工，日供水达4万立方米，1997年开始三期扩建工程，当年8月竣工，至此，二水厂的日产水达6万立方米。遂宁市第三水厂一期工程于1996年动工，1997年竣工，日产水达2万立方米。至2005年，市城区三个自来水厂合计生产能力达13万立方米/日，制水生产过程全部实现了自动化，出厂水水质优于国家生活饮用水卫生标准。已铺设主供水道长189.1公里（未包括分枝用户供水管），能充分满足城区40万人口的生产和生活用水。

排水管网 1949年前，遂宁县城按水的自然流向，修建西城河，城西街道流水经西城河流入涪江，东部街道流水横向散流流入涪江，因街道排水沟（亦称阴、阳沟）既窄且浅，高低不平，堵塞严重，大雨天则污水横流。1949年，全城有排水沟115条。1951—1983年，县城扩建和新修东、西排水干道12条，1984年对60条街道排水道进行改造，新增街道排水道11条。1985—1994年，主要修建市城区城南排水道、城西排水道、遂州路主下水道等。1995年，市城区下水管道总长度达79.23公里，排水管网密度达每平方公里7.3公里。1996年，对部分下水道进行了整治和改造，1997

年，市城区 15 条排水干道与 122 条街道（路）下水道联成网络，排水管道总长度达到 114.69 公里。至 2005 年，市城区排水（排污）管道（暗渠）总长度已达 122.9 公里，排水管网密度为 2.8 公里/平方公里，基本形成了排水（排污）管道网络，保障大街、小巷雨天无积水、无污水。

路灯 1939 年，“华宇电厂”建成，遂宁县城始有电灯，主要街道开始安路灯。至 1978 年，城市路灯保持 300 盏左右，1984 年达到 870 盏。1985 年后，市城区道路建设发展快，路灯大量增加，至 1995 年，市城区路灯达 2179 盏，1997 年达 2513 盏，为 1984 年的 2.89 倍。2000 年后，通过对街道和路灯的逐步改造，市城区的路灯成倍增加，灯型美观，灯饰多姿多彩，亮度增强，使用寿命延长。2005 年，市城区路灯共有 5300 基 13470 盏，城市道路照明亮灯率达 98% 以上，部分道路已达 100%。

交通工具 遂宁城区人力客三轮始于 20 世纪 60 年代，1985 年发展到 2000 余辆，1995 年达到 4750 辆。1996 年，实行车辆总量控制，到 2005 年仍保有 1313 辆。1991 年开始开通 1 路公共汽车，1992 年，先后开通市城区 2—7 路公共汽车，从事营运车辆达 56 辆。至 1997 年，营运车辆达 81 辆，营运线路长度 34 公里，年客运总量达到 965 万人次。至 2005 年，市城区营运的公共汽车已达 202 辆，营运路线 15 条，运营线路时程达 168 公里，年客运总量达 4000 万人次。1993 年开始出现出租汽车时仅 6 辆，1995 年，城区出租汽车猛增至 500 辆，出租汽车公司 15 个，至 1997 年，市城区有出租汽车公司 9 个，出租汽车总数 354 辆，均为联营。其后，出租汽车公司通过 2002 年和 2003 年的联营合并，至 2005 年年末仅有新欣、协和、开元、万里、兰宝石 5 个公司，共有出租汽车 434 辆。

环卫设施 公共厕所。清代至民国时期，遂宁城区公共厕所均为茅厕和露天粪缸（坑）。20 世纪 50 至 80 年代初，县城关镇相继修建公共厕所，但多为旱式公厕。1985—1990 年，市环卫处（所）于主要街道分批分期修建成水冲式沼气化粪池公共厕所。至 1997 年，市城区有公共厕所 91 座，其中旱式公厕 40 座，水冲式公厕 51 座。2000 年改革公厕管理形式，将市城区 17 座公厕以 5 年经营权成功地进行拍卖，改直管为民营，同时整治公厕 50 个。至 2005 年年底，市城区共有公厕 51 座。

1985—1997 年，市城区有现代化的环卫车辆 12 台。1999 年后，随城市规模不断扩张，城市居住质量不断提升，城市卫生质量要求日益标准化，至 2005 年，市城区拥有各型现代化的环卫机械 57 台。

20 世纪 90 年代初，市环卫处增设公共痰盂 100 个，果皮箱（筒）360 个。1998 年，市城区各主次干道和街道果皮箱（筒）已有 636 个。2005 年，市城区又添置了玻璃式果皮箱 225 个，至年底城区共有果皮箱 1100 个。

城市保洁 建市后始有专门机构主管清扫保洁。至 2005 年年底，共有清洁工 397 人，并在 76 万平方米的主次干道上严格实行了双班作业制，保证街道常年清洁。1988 年开始实行环境卫生有偿服务，1992 年，在市城区建成两座垃圾转运站。1995 年，市城区生活垃圾清运点达到 138 处，垃圾清运线路 8 条，年清运生活垃圾量达 6 万余吨。2003 年年底起，实行生活垃圾袋装化，袋装化率达 80% 以上。2005 年，日清运垃圾约 180—200 吨，全年达 7.5—8 万吨。1988 年 11 月征地 2.97 公顷作垃圾填埋场，日处理能力为 150 吨，可堆放或处理城市生活垃圾 10—15 年。1992 年，整治该垃圾填埋场，实施垃圾无害化处理工程，无害化处理总量达 75 万吨。2002—2004 年，总投资 2920 万元，在原垃圾填埋场侧新建日处理垃圾 400 吨、占地 9.3 公顷的垃圾处理厂。1998 年建立遂宁市城南污水处理厂项目，总投资 8050 万元，2001 年 6 月主体工程竣工验收，同年 9 月 1 日投入试运行。同时设计了污水处理厂的延续工程——中水回用工程。2001 年被列为国家西部债券投资建设项目，工程总投资 4000 万元，建设规模为日供 2 万吨回用水及中水供水管网 22.7 公里。2005 年，射洪、蓬溪、大英三县分别采取 BOT（基础设施投资、建设和经营）方式融资 9000 万元，建设县城污水处理厂，日处理城市生活污水 10 万吨。

第三节 环境保护

遂宁境内水系纵横，水蓄量十分丰富，主要有涪江、梓江、郪江、琼江和纵贯市区的南北堰，以及麻子滩、跑马滩、赤城湖三大水库，既是全市人民的生命之源，又是灌溉和发电的黄金水源。20 世纪 50 年代，全市没有较大工业污染，河水清澈见底。此后，随着工业企业增多和农村养殖业的发展，江河水和塘库水域的水质污染呈上升趋势。20 世纪 80 年代起，市境各级政府通过采取废水治理、城市污水处理、自然净化、节约用水和重复用水等多种措施，制定出了一系列经济技术可行的方案。1985—1995 年，对污染大、能耗高、效益差的企业实行转产和搬迁。市城区中心繁华地段的军属造纸厂和第二造纸厂、织造印染厂、针织二厂等被强制搬出城区。1996—2005 年，共关停、搬迁、取缔污染大的企业 60 家，人饮自来水水质指标符合国家生活饮用水标准，合格率达 98% 以上。

遂宁大气环境在 20 世纪 80 年代中期前主要是用煤量大而产生的有毒气体，20 世纪 80 年代后期主要为工业废气中的二氧化硫、氮氧化物、一氧化碳、烟尘等四种污染物，排放量占总排放量的 72%。1986 年，遂宁开始有组织有计划地对市城区的大气污染状况进行监测，在市城区边缘的石溪壕、工业区、居民区、环保局大楼 4 个点进行定期监测。1988 年，遂宁市城区创建“烟尘控制区”，对工矿企业、经营户提倡用型煤或蜂窝煤；对煤的含硫成分进行技术处理；推广使用天然气或液化气，至当年底，市城区共改造、拆除各型号污染大的锅炉、炉窑 429 台（灶），总容量达 220 蒸吨，建成 5 个“烟尘控制区”，面积达 4.5 平方公里；治理率达 95.8%。经市环境科研监测所现场监测，市城区降尘量由 1985 年的 32.6 吨/（平方公里·月），下降到 28.3 吨/（平方公里·月），二氧化硫由 1985 年的 0.049 毫克/立方米，下降到 0.04 毫克/立方米。1990 年，禁止城市环境污染严重的柴油车在市区内行驶。1995 年，城区内的出租汽车、公交车使用压缩天然气，其他机动车安装净化器。1996 年，全市对餐饮业下达限期整改通知，支持鼓励餐饮业使用天然气。2005 年，遂宁城区大气环境质量保持在国家大气环境质量二级标准，其中二氧化硫、二氧化氮达到国家大气环境质量一级标准，可吸入颗粒物全年有 62.8% 的天数达到国家大气环境质量二级标准；地表水环境质量达国家地表水 III 类水质标准；声环境质量城市年平均昼夜为 59.5 分贝，声环境噪声全面达到国家规定标准。

第六章　名胜古迹

第一节　旅游景区

广德风景区　国家AAAA级风景区，位于遂宁市城西两公里处的卧龙山麓。西来第一禅林广德寺，始建于唐代，原名“石佛寺”，唐大历二年（767年）更名“保唐寺”，唐大历十三年（778年）敕赐寺名为“禅林寺”，唐建中三年（782年）又敕赐寺名为“善济寺”，唐会昌五年（845年）全国灭佛毁寺，善济寺成为焦土，唐天复三年（903年）皇帝敕赐“再兴禅林寺”，复修寺庙，新建“圣观音”殿，复修克幽禅师灵塔。北宋大中祥符四年（1011年）敕赐该寺名为“广利禅寺”，又敕赐观音珠宝玉印一枚。明正德八年（1513年）该寺敕赐为“广德寺”。广德寺自唐永泰元年（765年）克幽禅师住持开山阐道以来，香火兴旺，高僧辈出，规模宏伟，闻名遐迩，被唐、宋、明朝帝王十一次敕封，曾主领川、滇、黔三百余山，被尊为“西来第一禅林”。成为远近向往的川中名胜及闻名西南的佛教圣地，每年二月、六月、九月观音菩萨生日期间，香客、游人如云，年久不衰。全寺占地55527平方米，建筑面积27727平方米，园林面积约22公顷。主要建筑有哼哈殿、圣旨坊、天王殿、大雄宝殿、佛顶阁等。

灵泉风景区　国家AAAA级风景区，位于涪江东岸。因绝顶有泉，绀碧甘美，不溢不涸，故名灵泉。灵泉山因清幽雅静，被誉为灵泉胜境，山上有佛家寺庙名灵泉寺，是观音朝觐圣地。灵泉寺始建于隋开皇年间（581—600年），远在1000多年前就已成为佛教圣地。民谣“观音菩萨三姐妹，同锅吃饭各修行，大姐修在灵泉寺，二姐修在广德寺，只有三妹修得远，修在海南普陀山”印证着灵泉寺作为观音道场的久远。灵泉寺观音殿内有一泉，被称做“观音圣水”，虽处绝顶，但千百年来不溢不涸，色碧味甘。民间认为此水可祛病延年，慕名前来饮取者络绎不绝。苏东坡曾为它赋诗一首：“泉泉泉泉泉泉泉，古往今来不记年。玉斧劈开天地髓，金钩钓出老龙涎。”林则徐曾赠“香林德水”匾额悬于观音殿，留芳于世。

中国死海旅游度假区　国家AAAA级旅游区，位于四川省遂宁市大英县新城区，成南高速公路旁。“中国死海”是1.5亿年前地球的两次造山运动形成的地下古盐湖盆地，其海水（盐卤水）已探明的储量高达10亿吨，海水含盐量超过了22%，以氧化盐为主，类似中东“死海”，人在水中可以轻松漂浮而不沉没。海水中富含钠、钾、钙、溴、碘等40多种矿物质和微量元素。“中国死海”旅游度假区依山傍水而建，规划控地5000亩，占地2000亩。以“死海漂浮”为主，结合现代水上运动、休闲、疗养、保健等要素建设形成的集新颖性、时尚性、趣味性为一体的旅游度假胜地。

世界侏罗纪公园　位于遂宁市射洪县明星镇境内，其地貌景观独特，有溶蚀洞穴、阶梯瀑布、沉积波痕等奇妙景观，有分布集中、保存完好的硅化木和恐龙化石遗迹，是迄今为止国内发现数量最多、保存最完好的一亿五千万年前的原生硅化木森林，具有极其重要的科学研究、科普教育和旅游观光价值。2005 年 5 月被中国古生物学会授予“全国科普教育基地”，当年 8 月被国土资源部命名为“四川射洪硅化木国家地质公园”，占地面积 12 平方公里。

金华山 金华山位于射洪县城北 20 公里的金华镇，因其山贵重华美而得名。金华前山有观音堂、药王殿、二贤祠，三教文化共处一山。金华道观，又名玉京观，始建于南朝梁武帝天监元年（502 年）。唐代重建时更名为“大华观”，宋英宗治平二年（1065 年）赐名“玉京观”。道观坐北面南，依山取景，层叠而上，有六殿、五楼、三洞、二院、二门，结构谨严，布局合理。山门石刻“蔚蓝洞天”四个字为宋代黄庭坚手书。玉虚阁石碑刻《蔚蓝取景》回文诗一首，字形龙蛇飞舞，顺念倒念皆成诗句。石龙全长 180 米，堪称世界上最长的明代石龙。其风景名胜、文物古迹，千年来虽遭风雨剥蚀，仍然古貌犹存，声名愈显。

第二节 文物古迹与纪念地

遂宁宋瓷博物馆 国家 AAA 级旅游区，系全国唯一专业宋瓷博物馆，占地 12 亩，建筑面积 5000 平方米，馆内馆藏文物丰富，种类繁多，有藏品 11454 件，尤以书画和宋瓷为大宗藏品。1991 年 9 月，遂宁市中区（今船山区）南强镇金龟村村民王世贵在自家菜地里挖土坑时，发现一批瓷器，经过文物部门抢救发掘，出土了 985 件宋代瓷器、18 件宋代铜器。这是一宗数量巨大、器物精致的宋代瓷器窖藏，也是 2005 年为止国内外出土宋瓷数量最多的一次。遂宁窖藏宋瓷造型精美，胎骨敦厚，釉色明丽，一级文物达 30 余件，其中出土的荷叶盖罐被尊为三大国宝之一，全球仅此一件。

宝梵壁画 古老的东方仙画——宝梵壁画，存于遂宁市蓬溪县宝梵寺内，共 87 幅、近 200 平方米。壁画均以佛教故事为题材，所绘法像 103 人，各具情态、栩栩如生，天上人间融为一体，具有浓郁的生活气息和超凡的艺术魅力。《中国绘画史》《中国名胜词典》等 10 余种辞书对宝梵壁画均有文字记载，称其可与敦煌壁画媲美。宗教界尊此画为禅宗秀迹，绘画界赞美其有画圣吴道子笔意，文博界誉为蜀中明代壁画代表作，民众敬之为仙画。

天上宫 坐落于遂宁城区天上街，建于清咸丰元年（1851 年）。2003 年，按修旧如旧的原则迁建于西山北路。整个建筑四合院布局，占地面积 4320 平方米。天上宫富丽堂皇，以雕刻精美著称。以木雕为主，并兼有石雕、砖雕。山门前的 25 幅戏剧故事，造型优美，人物栩栩如生；山门后檐枋上雕思龙两凤图，刻技精妙，匠心独运。正殿的两边稍间石壁上，也有戏文故事浮雕。正殿稍间正梁上题“大清咸丰元年辛亥年二月二十六日闽省建立”。从题记看，天上宫是福建人来遂宁后修建的会馆类建筑。

三新石牌坊 位于船山区老池乡（原三新乡）花园村涪江西岸，建造于同治十三年（1874 年），称节孝牌坊。牌坊坐西向东，为四柱二门，重檐牌式仿木结构石质建筑，山峡石（青石）垒砌而成，通高 10 米，宽 7.25 米，石柱方形边长 0.57 米，占地面积 80 平方米。整座石坊形体巨大，垒砌牢固。造型壮观，雄伟庄重。刻有近百幅浮雕图案，有楷书、行书、隶书、雕刻 18 处，聚绘画、书法，雕刻艺术为一体，是精美的艺术佳品，也是研究清末民俗文化的实物。

旷继勋纪念馆　旷继勋纪念馆坐落在蓬溪县赤城湖旅游风景区的青幽岛上，于1993年2月竣工并对游客开放。纪念馆为仿古建筑，建筑面积189.2平方米，两侧建有长30米、宽3米的长廊。“旷继勋纪念馆”牌匾为徐向前元帅所题，馆内陈列有旷继勋生平简介、“牛角沟起义”的相关资料及历史文物。纪念馆正前方广场上塑有旷继勋“中国红”花岗石雕像，“红色”寓旷继勋在四川建立了第一个县级“红色”苏维埃政权。固传像基墩高1.29米，基座高0.629米，固传像高3.8米。1996年被遂宁市委、市人民政府命名为“遂宁市爱国主义教育基地”。

第七章　风土民情

第一节　宗　教

中华人民共和国成立前，市境就有佛教、道教、天主教、基督教和伊斯兰教。1951 年，各县支持天主教、基督教开展“自治、自养、自传”的革新运动，摆脱了国外教会的控制，走上“独立自主、自办教会”的道路；支持佛教、道教、伊斯兰教开展民主改革，废除封建宗法制度，实行民主管理。“文化大革命”时期，宗教场所遭到严重破坏，宗教活动停止。1978 年后，落实党的宗教信仰自由政策，宗教活动逐步恢复。1985 年，市委、市政府进一步贯彻中共中央《关于印发〈关于我国社会主义时期宗教问题的基本观点和基本政策〉的通知》，市、区县均成立了落实政策领导小组，先后复查落实宗教界人士政策 13 人（件），清退宗教团体房产总面积 23661 平方米，历年房租款、房屋折价款 21995 元，清退“文化大革命”期间查抄财物及私房问题的 5 户，清退文物 4 件、图书 416 本，实物折价 4134. 35 元。市、区县政府按政策相继批准开放宗教活动场所，满足信教群众的需要。至 2005 年，全市共开放宗教活动场所 87 处，其中佛教 71 处、道教 10 处、天主教 3 处、伊斯兰教 2 处、基督教 1 处。成立爱国宗教团体 6 个，佛学院 1 所，宗教学研究会 1 个。有宗教教职人员 351 人，教徒 100 余万人，其中佛教、道教人数众多，天主教、基督教次之，伊斯兰教较少。2005 年，宗教界代表人士中有市人大代表 11 人、区县人大代表 5 人，市政协委员 6 人、区县政协委员 6 人。

一、佛教

汉代传入遂宁，唐代传入蓬溪和射洪。佛教在遂宁、蓬溪、射洪三县盛行。唐永泰元年（765 年）克幽禅师到遂宁住持广德寺开山阐教后，高僧辈出，曾主领川、滇、黔 300 余山，获历代帝王 11 次敕封，誉为“西来第一禅林”。清末明初，遂宁县广德寺清福和尚、成元和尚海外求经，弘扬佛法，驰誉中外。民国时期，遂宁、蓬溪、射洪三县均成立有佛教分会。1953 年，遂宁县有寺庙 94 处，有僧尼主持 39 处，僧尼 151 人，居士 162 人。1958 年，射洪县有寺庙 58 处，僧 15 人，尼 35 人。“文化大革命”时期，寺庙佛像被毁，房屋被占用。建市后，落实宗教政策，经县以上人民政府批准相继开放了一批佛教活动场所。据统计，至 2005 年，全市共开放佛教寺庙 71 处，其中位于市城区 3 处、船山区 10 处、安居区 9 处、射洪县 15 处、蓬溪县 17 处、大英县 17 处。僧尼由 1985 年的 50 余人增加至 296 人。

二、道教

东晋时传入射洪县，元代传入蓬溪县，1943 年，遂宁县成立道教协会，有道士 209 人。1948 年，射洪县有道士 147 人。中华人民共和国成立后，绝大多数道士转事他业。“文化大革命”时期，道教活动停止。1978 年后，道教活动逐步恢复。建市后，经县以上人民政府批准陆续开放的道教宫观共 10 处，位于市城区有长乐观，安居区有老君宫，射洪县有金华山观、楞严阁，蓬溪县有高峰山观、卧龙观。

三、伊斯兰教

清光绪年间（1875—1908 年），伊斯兰教传入射洪县。1927 年，伊斯兰教传入遂宁县。1947 年，遂宁县有回民 35 人。1949 年，射洪县有回民 45 人。1964 年，射洪县共有伊斯兰教徒 57 人，遂宁县有回民 22 人。1982 年，遂宁县有回民 32 人，射洪县有回民 112 人。1992 年，射洪县在太和镇城南保河村修建清真寺，建筑面积 900 平方米，经县人民政府批准于 1993 年开放为伊斯兰教活动场所。2000 年，遂宁市清真寺自养营业房建成。2004 年 9 月，遂宁市清真寺管理委员会成立。2005 年，全市经县以上人民政府批准开放的伊斯兰教活动场所 2 处。

四、天主教

明末天主教传入遂宁县，清咸丰年间（1851—1861 年），射洪县成立第一个天主教堂，有教徒 60 人。清光绪十六年（1890 年），天主教传入蓬溪，发展教徒 200 多人。1913 年，射洪全县教徒发展到 1500 余人。1946 年，遂宁县天主教堂接办由湖南迁来的仁爱中学，共设 6 个初中班，由神甫黄海若任校长。1947 年，遂宁县有教徒 2235 人，神甫 4 人。中华人民共和国成立初，遂宁县城仅存北门外教堂，有教徒 500 余人，神甫 1 人，修女 4 人，参加宗教活动的约 150 多人。“文化大革命”时期，各县教堂被占用，宗教活动停止。1985 年后，市天主教堂开始维修和新建，建筑面积达 2600 平方米。至 2005 年年底，全市有天主教活动场所 3 处。

五、基督教

传入市境各县的基督教教派有卫理公会、公谊会和复临安息日会。卫理公会。清光绪二年（1876 年），美国牧师谷良真来遂宁，在县城北辰街买街房建住宅，并在对街建礼拜堂（又称福音堂）。同年，基督教传入蓬溪县城。1913 年，美国传教士岳太太到遂宁，在北门外（今裕丰街）建立华美教堂。1923 年，城区有教徒 100 余人。公谊会。清光绪十八年（1892 年），英国伦敦西差会派教士梅益盛等两人在射洪县发展教徒，建立公谊会。清光绪三十年（1904 年），教士梅益盛到遂宁县传教，清宣统元年（1909 年）在县城南门外购地 12 亩（0.8 公顷），建礼拜堂初创教会，名遂宁公谊月会，传教区域达遂宁、蓬溪两县。1915 年，遂宁县城区有教徒 120 余人。复临安息日会。1949 年秋，由传教士宋茂华成立于遂宁县城北辰街，当时有教徒 5 人（男 1 人，女 4 人），学友 8 人（男 1 人，女 7 人）。蓬溪县安息日会教务活动由遂宁教会分管。中华人民共和国成立初，蓬溪尚有教徒 72 人。1953 年，遂宁、蓬溪、射洪有卫理公会教徒 33 人，公谊会教徒 29 人，安息日会教徒 13 人。“文化大革命”时期，基督教活动基本停止。1978 年，落实党的宗教信仰自由政策，基督教活动逐步恢复。1985 年，市中区有教徒 87 人，蓬溪县有教徒 6 人，射洪县有教徒 100 余人。至 2005 年年底，全市有基督教活动场所 1 处。

第二节 民 俗

一、生产

秧酒 遂宁在民国时期，农户传承祭祀秧母田，请吃栽秧酒之习俗。第一天栽秧叫开秧门，要先敬秧苗田（又称秧母田），备丰盛酒食招待秧师（栽秧者）。1950 年后，祭祀秧母田，请吃栽秧酒之习已停。20 世纪 80 年代后，薄膜育秧、浅水栽秧、抛苗栽秧、机械栽插等技术开始推广。

雇工 遂宁在中华人民共和国成立前，农村雇工分长年、月工、短工（又称“点工”）和放牛娃几种。其中，帮长年为按年计酬，雇主耕种田土多，雇工在 2 人以上的人家，确定一个有管理能力且忠实的长年代为管理生产，称“当家长年”。通常在每年正月十六日上工，腊月十六日后结算工钱回家。

工匠 遂宁民间有“从小不学艺，担断籮篼系（绳索）”之民谚。故民间有石匠、木匠、泥水匠、铁匠、银匠、铜锡匠、补锅匠、弹花匠、剃头匠、掏耳匠、骟匠、纸火匠等十几个行业的工匠，且各有劳作习俗和技艺。

二、生活

服饰 遂宁境内服饰（穿着、打扮）受时代潮流影响，因性别、年龄、职业、地位、经济和兴趣喜好不同而多样化，各显特色。清代，男性裤子一般为扎腰接头长裤，妇女一般上衣长及膝盖，满襟大袖口，裤子为大脚长裤，出门拜客外系裙子。民国时期，男性穿中山服、西装，女性穿旗袍逐渐增多。中华人民共和国成立后，男子穿中山服、妇女穿列宁服，以灰、蓝两色为主，风行城乡，农村妇女仍有穿大襟短衣者。城乡男子冬天穿长、短大衣和棉制服较为普遍。大裆宽长腰裤逐渐淘汰，男女穿皮带束腰西裤的逐渐普及。20 世纪 80 年代以来，服装款式不断翻新，色彩绚丽。男服在西装、夹克、T 恤、休闲的大结构上，长、短、宽、紧式样变换繁多。女装以体现性感美为目标，追求花色、款式、新奇、入时。下装样式不断翻新，特别是女式，变换不迭，如绣花高腰裤、紧腰裤、喇叭裤、背带裤、中长裤、牛仔裤等，裙有紧腰大摆裙、褶裙、套裙，最短的“迷你”裙等，裤裙也有十数种，花色繁多。

饮食 遂宁在民国时期，城镇一年四季以大米和麦面食为主，乡间秋冬以大米、红苕为主，春夏以大米、豌豆、杂粮为主，一日三餐。1949 年后，城乡人民生活得到很大改善，饮食习俗亦有所变化。20 世纪 80 年代主食虽仍以大米为主，但讲究早吃饱、午吃好、晚吃少，按营养搭配三餐。城镇早餐有稀饭、馒头、花卷、汤圆、方便小吃以及鸡蛋、牛奶（粉）等滋补品；午餐一般吃干饭，菜肴比较丰富；晚餐一般吃面条，但暑热天多数时候吃稀饭。农村三餐逐渐改变以自产自食为主，讲究营养搭配和烹饪。

居住 市境民居民宅建造各具特色，一般以家族建造成大院落或联院群居点。至民国时期，大家庭分家立户增多。中华人民共和国成立后，民宅仍为私有，政府倡导改草房为瓦房。20 世纪 70 年代，农村私人建房逐日增多，多为砖（石）木架式结构。20 世纪 80 年代以后，始有建钢筋混凝土二、三层楼房，造型也日益改观。20 世纪 90 年代城乡建筑私房极盛，乡村已出现小院式装修房群，市县城区已有私建别墅。且仍沿旧习俗，如择吉、挂红、贴对联、放鞭炮、亲友祝贺等，只不过程序从简而已。

行旅　遂宁境内在民国时期，无论出远门或走短途，多数以步行为主，少数出远门所乘交通工具以轿子、滑竿为主。20 世纪 40 年代，城内始有黄包车和脚踏车。1949 年后，轿子、滑竿和黄包车逐渐消失，而以脚踏车代步日增，20 世纪 70 年代城乡公路的联网贯通，脚踏车、人力三轮车开始遍布城乡，成为人们日常往来的主要交通工具。20 世纪 90 年代后出租车、摩托车和私人购买小型汽车代步开始显现。

三、岁时节日

春节　俗称“过年”。原指农历正月初五，但民间从腊月二十三日至正月初五日，都叫“过年”。遂宁民间历来特别重视“过年”，不论贫富，家家户户都各尽其力准备过年。小康之家都要宰杀禽畜，灌香肠制腌腊，备办年货。还要赶制全家人穿戴的新衣鞋帽等。腊月二十三日送灶、祀灶神，家家户户开始进行大扫除，挂檐灯，贴春联和门神、吃团年饭、放鞭炮、祭祖先，尊长发给晚辈“压岁钱”，全家聚首谈天至深夜。正月初一子时，焚香烛，放鞭炮，敬天地。天明后，熟人相见以“拜年”！“拜年”！互相道贺。中华人民共和国成立后，人民政府规定春节放假三天。节日前夕，党政机关、厂矿、商店、学校等张灯结彩，贴对联，慰问人民解放军、军烈属、荣誉军人、离退休老人及“五保”老人，或举行团拜、座谈会等，已相沿成习。

元宵节　农历正月十五日为上元，其夜称元宵，又叫灯节，俗称“过大年”。遂宁在民国时期，元宵节户户门前挂彩灯，焚香烛，祀天地、祖先，全家吃汤圆，上街看龙灯游耍。中华人民共和国成立后，元宵节的活动已停止，但有的人家仍要团聚一起“过大年”。20 世纪 80 年代以后，又沿袭旧俗。

清明节　遂宁民间习俗踏青扫墓，全家携香烛、酒、肉、祭品到祖茔，祭祀、扫墓，表示怀念，称为“上坟”。1949 年后，有的习俗仍旧，但有群众则凭吊革命烈士陵墓，各小学少先队员祭扫革命烈士陵园，缅怀革命先烈英雄业迹。

端午节　农历五月初五日端午节这天，家家户户要在门上悬挂艾、蒿、菖蒲，中午吃粽子、包子、皮蛋、盐蛋，饮雄黄酒。民国时期，遂宁、蓬溪、射洪城区船民扎龙船，于江上举行龙舟竞渡。1949 年后，仍吃粽子、包子、皮蛋、盐蛋，有的人家仍挂艾蒿、菖蒲。龙舟竞渡则偶尔举行，有时改为游泳比赛。20 世纪 80 年代后期，在涪江、梓江、郪江、赤城湖、螺丝池湖、卧龙公园均举办有龙舟会。

中元节　俗称“月半节”（农历七月十五），从农历七月十一日至十四日。遂宁民间家家迎请祖先亡魂，顿顿摆酒食供品奉献，如宴活人；还用白纸封钱纸成包，封面上写亡人和奉祀者的称谓、名字于十四日夜烧化，以供死者“冥中使用”。十五日晚，到城外烧化纸钱，泼水饭，叫做“施孤”（施舍孤魂野鬼）。1949 年后，此俗流行，但形式简化，至 20 世纪 80 年代中后期流行较广，城乡几乎家家户户摆设供品，烧纸祭祖。

中秋节　农历八月十五，遂宁民间历来特重此日全家团圆。是日，家家备糍粑、月饼、糖果、糕点、水果等。晚间燃橙香拜月后，赏月、吃月饼。1949 年后，其习俗仍然如是。

元旦节　亘古称农历正月初一为旦日，相沿至清。民国时始将公历 1 月 1 日定为元旦日，机关、法团、学校放假一天。中华人民共和国成立后，公历 1 月 1 日法定为元旦节，国家机关、单位、学校放假一天。有的要挂彩旗、贴对联或挂横幅，举办文艺活动，开新年茶话会，以志辞旧迎新。

四、礼仪

婚仪习俗 遂宁在清代一般有合婚、定亲、报期、过礼、哭嫁、贺郎、迎亲、拜堂、回门等。民国时期，有的人家结婚不坐花轿，不拜堂，举行“新式结婚”，又称“文明结婚”，但绝大部分人家仍沿袭旧习。1949 年后，婚仪极为简朴，城镇一般以烟、茶、糖果招待贺喜者，农村虽也承“过礼”“做酒”之俗，但程序从简。20 世纪 70 年代以后，逐渐趋于奢侈。城市除聘金外，全套家具、四季衣服、婚礼宴席均由男方承担，女方只备铺笼帐被及室内摆设等物；农村除见面、订婚时，男方要给女方衣物钱财外，迎亲礼金高达数百至千元。20 世纪 80 年代以来，又承袭算命、合八字、择婚期过礼、迎亲、做酒宴等习俗，排场十分铺张，迎亲队伍由数辆汽车组成，结婚费用高达数万元以上。

求子 遂宁民间有“养儿防老，积谷防饥”“男儿是个宝、女儿不如草”等重男轻女的传统观念，且根深蒂固。求子传统风俗有求菩萨送子，多要去娘娘庙或寺庙的娘娘殿拜求送子娘娘施恩赐子。每年农历三月初三日（传为送子娘娘之生日）及其前后，各地娘娘庙（殿）的香火更盛。1949 年后，上述习俗逐渐消失，但重男轻女思想仍有流传，20 世纪 80 年代以来，拜神求子现象又有所出现。

贺寿 遂宁境内贺寿俗称“做生”。寿龄逢十做大生，较隆重，贺仪多尚古礼，寿日前夜，设小宴集家人、至亲密友吃寿面、喝寿酒，贺寿形式多样，寿宴较为丰盛，1949 年后，民间寿事从简，几近消失，一般做生多系子女晚辈与近亲好友备常礼致贺。20 世纪 80 年代后，祝寿从厚之风逐日盛行，虽革除旧有仪式，但寿宴比以前更为讲究。有的为独生子女做生，操办得更为隆重。

礼节 遂宁民间交往历来有“有礼不灭，无礼不兴”“礼尚往来”“来而不往非礼也”的口语流传。清代，男子相见拱手“作揖”，妇女则行“万福”，至民国以脱帽、鞠躬、点头、握手为礼等礼节。1949 年后，一般使用常用的“你好”“对不起”等问候语。

五、崇信

祀祖 遂宁境内历来有祀祖之俗，沿至民国仍无变更，除有宗族祠堂会聚族人祀祖外，每家还在堂屋正面神龛设神榜供奉祖先。每天由家中男子作“晨昏三叩首、早晚一炉香”的祭拜。每逢年节、中元、清明、冬至和婚姻、庆寿等重大家事以及初二、十六打牙祭等，都要燃香点烛，焚烧纸钱并以酒、肉（俗称“刀头”）供献祖宗。中华人民共和国成立后，此俗基本消失。

算命 故又称为“算八字”，遂宁民间流行。男女婚配请算命者“合八字”，居宅修建、乔迁也都先请算命者择期，而平常求卜问吉凶、探祸福的更多。1949 年后，这些迷信活动，除看相、算命还有一些人相信外，其余已基本上消失了。20 世纪 80 年代后，迷信活动又有所抬头。

拜佛 遂宁民间拜佛习俗源远流长，崇信神佛者亦极多。传说遂宁灵泉寺、广德寺是观世音三姐妹中的两姐妹坐禅圣地。从隋唐以来，四方来朝，香火延续千余年。中华人民共和国成立后，寺庙庙产分给农民或收归公用，神像拆除，僧道还俗，求神拜佛活动消失。20 世纪 80 年代后，敬神信佛者又逐日增多，尤其盛行敬奉观音与财神，不少城镇乡场供奉财神或天官。香会节及民俗节来灵泉寺、广德寺进香拜佛者，一天达数万之众，周边县城及成渝等地善男信女成群结队或乘坐汽车、火车或徒步来许愿、还愿。

观音会 民间相传农历二月十九日为观音诞辰，六月十九日为观音出家，九月十九日为观音成佛，故每年要办会三次。以二月十九日最为隆重。会期数日至十日不等。广德寺、灵泉寺终日鼓乐不断、香烟缭绕。远近善男信女抬着匾额、大香、大蜡及供品，络绎不绝到寺庙朝拜。至晚，虔诚的信徒挤满佛堂，席地而坐，通宵念佛。

第八章　地方名人

遂宁地处四川盆地中部，历史悠久，曾 14 次成为郡、州、府、专区治所，自古以来气候温和、人杰地灵。在遂宁历史上的各个时期都涌现出了许多英雄模范、专家学者、能工巧匠、文艺精英，他们在政治、军事、经济、工业、农业、文化、教育、科技等方面铸造了遂宁历史上的辉煌。唐代，著名诗人陈子昂高举诗歌改革大旗，提倡继承《诗经》“风”“雅”优良传统，开创“一代诗风”，其“前不见古人，后不见来者”的古体诗句成千古绝唱；克幽禅师才识渊博，佛学精深，在广德寺开山释教后，弟子云集，信徒众多，名满天下，成为一代高僧；僧人邹和尚首创窖制糖霜（冰糖）技术，所产糖霜光洁晶莹，鲜美沁心，列为朝廷贡品，使遂宁在宋代即成为全国五大产糖中心之冠；武信军节度使夏鲁齐将遂宁“规方为城”，且雄伟壮观，奠定了遂宁城市的基础，其“有城如斗，有壁如金”，遂宁又称为“斗城”。明代，黄娥能文工诗，更擅词曲，被称颂为“闺门素穆”“才艺冠女班”，为全国著名女诗人；汉学家、语言学家李实，为《四书略解》作注释，其《蜀语》为语言学重要著作，受到学术界珍视，在国内外汉学界、语言学界享有盛名。清代，名臣张鹏翮在康熙、雍正时期分别任刑部、户部、吏部尚书，刚正不阿、清正廉洁，在巡视边界，捍卫边疆领土中展现寸土不让的决心和胆识，为清王朝与俄罗斯签订《尼布楚条约》作出巨大贡献；在治理黄河、淮河水患、运河阻塞工程中，提出“开海口、塞元坝”和“借黄河济运、借淮以刷黄”的主张和设想，采取“筑堤束水，借水攻河”的做法，使黄淮大治，漕运通达，庄稼连年大熟，人民安居乐业。上述人物在他们身处的时代均为当时杰出精英。

鸦片战争（1840 年）后的近现代时期，世界大变革和大革命浪潮风起云涌，英勇无畏的遂宁人民与全国、全省人民一道，共同铸造了又一次历史辉煌。在土地革命、抗日战争和解放战争时期，无数遂宁籍先烈为了中国革命事业抛头颅、洒热血而壮烈牺牲。其代表人物有世界著名的弹道学专家周均时，在蓬溪县建立四川省第一个苏维埃政权的红四军军长旷继勋，在万县惨案中敢于与英国军舰激战捍卫中华民族尊严的爱国英雄于渊以及蔡梦慰、苟祥珂、吴尔笃、段显明、刘骏达等数十名烈士。此外还有负责川北地区地下党工作的王叙五和领导遂、蓬、南、岳、广、渠县党的地下工作的王子度等人。同时，在抗日战争时期，还出现过抗日名将税梯青、李家钰等国民党人。

中华人民共和国成立后，有被授予中国人民解放军中将军衔的贺诚、少将军衔的吴肃、李汎山等，有在抗美援朝中英勇牺牲的伍先华烈士，为保护小学生而英勇献身的吕祥璧烈士，勇斗歹徒壮烈牺牲的周林志烈士等以及在遂宁建市后为全市政治、经济、文化、社会建设作出过卓越贡献的李浩生、孟德才、李兴元、邹国光、黄伦坤、王家诚等人。

从文化科技教育方面看，遂宁也有众多风流人物。有最早将鲁迅作品《阿 Q 正传》译成法文介绍给国外的翻译家敬隐渔，川剧四大名丑之一、艺名“当头棒”的刘成基，川剧四大名丑之一、被誉为川剧界艺术表演家、德艺双馨的教育家陈全波，为全国四大名旦之一梅诏华更名为梅兰芳的女教育家纪大经，以及全国十大著名数学家之一的尹文霖，著名化学家蒋明谦，发明棉花方格育苗技术的沈远清等。医卫方面，遂宁是中医之乡。有一代医学泰斗唐德府，为光绪帝、慈禧太后治病的御医陈寿庵，为毛泽东治病的彭履祥，发明“东方神药笔”并获世界金奖的刘少林等中医大师；西医有小儿科专家杜顺德，全国医学界著名的妇产科专家刘云波。

遂宁观音文化源远流长。自从佛教从西汉传入遂宁境内后，高僧辈出。遂宁广德寺清福和尚先后到东南亚等国取经并请回舍利、贝叶经、玉佛分赠全国数十家寺庙供奉，有被世界公认的一代高僧广德寺僧人成元法师，以及道教著名学者易心莹，天主教遂宁城区本堂神甫、主教黄渥泽等一代宗师。

以上所述，在遂宁历史上灿若群星的人物中仅仅是一小部分。这些人物对人民、对社会都作出过重大贡献，其人生轨迹、奋斗历程、成功业绩，在某个侧面都或多或少有值得后代敬慕和学习的地方。

第九篇 内江市

内江市地处四川省东南部，沱江下游中段，东连重庆，西接成都，南靠自贡、宜宾、泸州，西北连眉山市，北与资阳、遂宁相通，幅员面积5386平方公里。市境辖市中区、东兴区、威远县、资中县、隆昌县。2005年，全市总人口420.33万人。

内江历史悠久，是开发较早的巴蜀腹心城市，东汉建县，曾称汉安、中江，隋文帝时改称内江，已有2000多年历史。1950年设内江专区，1968年设内江地区，1985年，改建省辖内江市。1998年，经国务院批准，内江行政区划进行再次调整。由于历史上盛产蔗糖，制糖业发达，素有“甜城”之称。

内江区位优势突出，地理位置优越，处于成渝两大城市之间，是川东南乃至西南各省交通的重要交通汇点，有“川中枢纽”“川南咽喉”之称，是川东重镇、四川省规划建设的8个大城市之一。2005年，区域内有（四）川渝（重庆）、隆（昌）泸（州）、内（江）昆（明）铁路和成（都）渝（重庆）、内（江）宜（宾）、隆（昌）纳（溪）高速公路，公路、铁路通车里程分别达3149公里和184.3公里，路网密度高于全国、全省。

内江农业基础扎实，属浅丘地区，气候温和（平均气温17.9℃）、雨量充沛（平均降雨量734.9

毫米）、土地肥沃、物产丰富，盛产粮、油、猪、蔗、麻、丝和多种农副产品，是四川粮食和经济作物的主要产区。内江既是国家商品粮生产基地市和四川省水产产业化试点市，也是中国优良地方猪种“内江猪”的生产地。所辖隆昌县是国家级水禽基地县。市中区、东兴区的蔬菜、隆昌县的水禽、夏布，资中县的枇杷、威远县的柠檬等一批农业生产化基地建设方兴未艾。2005 年，全市实现农林牧渔总产值 95. 88 亿元。

内江是老工业城市，工业门类齐全，体系完备，已形成以食品饮料、冶金建材、机械制造、医药化工和电力能源等支柱产业。有实力较强、知名度较高的川威钢铁、威远建业、白塔集团等企业集团，还有巨安置业、内江华润蓝剑、内江正大、内江发电总厂、四川松林丝厂、重龙股份等一批辐射力强、发展潜力大的骨干企业，有一批拳头产品，如钢铁、柴油机、玻璃球、水泥建材产品、稀土制品、高支高密棉纱棉布、医药、丝绸等，不仅在国内市场占有较高份额，而且远销国外。2005 年，全市实现工业总产值 97. 34 亿元，占地区生产总值总量的 38. 2%，贡献率 63. 1%。规模工业总产值 259. 57 亿元，增长 27%，增加值 76. 16 亿元，增长 26. 7%，比全省水平高 3. 7 个百分点。全市地域内江财政收入 21. 1 亿元，一般预算收入 7. 57 亿元；全社会固定资产投资 254. 83 亿元。全市经济快速发展，社会政治保持稳定，各项带来全面进步，人民生活显著改善。2005 年，在岗职工人均工资 12431 元，农民人均纯收入 2987 元。城乡居民储蓄余额 208. 60 亿元。企业单位参加养老保险 24. 64 万人，保险费收入 3. 46 亿元；农村参加养老保险 3. 61 万人，保险费收入 230 万元；参加失业保险 13 万人。城镇职工基本医疗保险参保人数 22. 95 万人，其中参加生育保险职工 9. 10 万人。

内江城市设施完善，尤其内江电力优势明显，每年可转供 40 亿千瓦时，是川南电力基地和四川两大电力输出网之一。全市供水供气系统先进，2004 年引进国外技术和设备，日供水 10 万立方米的第二水厂建成通水，供水质量明显改善，供水能力大幅提升；城市天然气储气能力达 6 万立方米。城市路网完善，实有道路长 331 公里，面积 530 万平方米，城市防洪堤长度达 31 公里，拥有 3. 32 公里、宽 40 米城市Ⅱ级干道和占地 210 亩的城市广场——大洲广场。城市公交便利，营运线路网度长达 252 公里，客运总量超过 10798 万人次。特别是省级内江经济开发区建设的快速推进，为城市建设注入新的活力。2005 年年底，城市建成区面积达 27 平方公里。

内江商贸市场发达，自古就是商贾云集之地，是四川重要商埠之一。特别是改革开发以来，内江的市场基础设施建设得到进一步发展，市场种类齐全，布局合理，现代物流全面引入，流通规模不断扩大，流通领域日益拓展，形成城乡并重，内外并举的商贸流通格局。2005 年，全市实现社会消费品零售总额 84. 91 亿元。全市新签引资项目 361 个，实际到位域外资金 28. 22 亿元。

内江旅游资源丰富，全市旅游风景区及旅游景点 400 余个，其中资中县的重龙山、白云峡、隆昌县的古宇湖为省级风景名胜区，资中县为成渝线唯一的省级历史文化名城，资中县的铁佛镇、罗泉镇为省级历史文化名镇。佛教圣地西林古刹、“中川第一禅林”圣水寺、资中文庙、武庙、隆昌牌坊群、东兴区的三元塔、张大千纪念馆、喻培伦大将军纪念馆等名胜古迹和长江森林公园、清代一条街、云顶寨及威远县的船石湖、白牛寨等风景区均盛名远扬、驰誉中外。

内江文化底蕴深厚，素有“大千故里”“文化内江”的美誉，是川中文化发达地区之一。自古以来，人文荟萃、才俊辈出，孔子之师苌弘、西汉辞赋家王褒、东汉教育家董均、宋代理学家陈抟、清末四川唯一的状元骆成骧、国画大师张大千、著名书画家张善子、新闻巨子范长江、被孙中山授予四大将军之一的喻培伦等都是内江彪炳史册的杰出代表。2005 年，全市有各级各类学校 1492 所，其中高等院校3所、中专3所、普通高中48所、职中35所、小学644所，全市义务教育、高考上线率一直名列全省前茅。市内科研机构3所，各类高中级专业人员2万余人，从事技术开发人员4000人。全市艺术表演团体4个，艺术表演场所5个，群众艺术馆、文化馆6个，文化站121个，公共图书馆4个，图书总藏量4.12万册（件）。全市广播电台4座，乡镇广播站111个，广播覆盖率94.4%。电视台1座，电视覆盖率96.8%。全市卫生机构185个，床位6710张，卫生技术人员8205人；疫病预防控制中心6个，卫生技术人员263人；妇幼保健机构6个，卫生技术人员224人；农村卫生院114个，卫生技术人员2448人。全市537名运动员参加省级青少年组比赛，获金牌17枚，银牌20枚，铜牌37枚；11名运动员参加全国十届运动会，获得银牌2枚，铜牌1枚。举办高级比赛32次，承办国家、省级以上竞赛5次。

第一章　地理状况

第一节　自然环境

内江市位于四川盆地东南部，处于四川盆地中部丘陵区，岷江与涪江之间的沱江流域。境域地理位置界于北纬29°11′—30°2′，东经104°15′—105°26′之间，东西长121.5公里，南北宽94.7公里。地形地貌以丘陵为主，东南、西南面有低山环绕，海拔350—450米间，丘陵约占90%，多呈浑圆状和垄岗状浅丘；丘间沟谷狭长平直，从丘顶到沟谷多为梯形缓坡，构成层层台阶的粮田。市境属亚热带湿润季风气候，具有气候温和、降雨量丰富、光热充足、无霜期长的特点。平均温度15℃—28℃，一月均温6℃—8℃，七月均温26℃—28℃，最高气温可达41℃，最低气温－5.4℃，年平均降水量1000毫米上下，多分布在夏季，约占全年雨量的60%，高温期与多雨季节基本一致，春季约占17%，冬季仅占4%。灾害性天气以旱为主，旱洪交错出现；春夏秋冬，低温、风、暴雨时有发生，绵雨显著。全年气温有明显的冬干春旱现象，同时，夏旱伏旱的现象也时有发生。

树种资源有60多个科目，110多个属、190多个种。动物资源主要有各种家畜、家禽及部分野生动物。家养动物包括兽类、鸟类、昆虫类、鱼类及家养野生动物。兽类中有猪、牛、羊、兔以及少量的马、骡、驴等；禽鸟类主要有鸡、鹅、鸭、鹌鹑和鸽，其中以鸡、鹅、鸭饲养最多；昆虫类有蜜蜂、蚕；鱼类有本地种的鲤、鲫和先后引进的草、青、鲢、鳙等30余个品种；家养野生动物有水獭、鸬鹚、梅花鹿、黑熊等。全市仅有野生动物240多种，主要有麻雀、斑鸠、乌梢蛇、青蛙、野鸡、野猫、野兔等。

沱江是市域内主要河流，流经资中、东兴及市中区，是市内水路运输要道，自古有“万斛之舟行若风”的描写。沱江水流缓急交替，滩沱相间，蜿蜒曲折，常年平均流量375立方米/秒，自然落差135.5米，平均比降0.45%，水能蕴藏量14.5万千瓦供开发。较大支流有资中的球溪河、内江的大清河等。

全市能源矿产主要有煤、天然气、油页岩；非金属与建材矿产有石灰岩、石砂岩、页岩、耐火黏土、铝土矿、大理石、河沙、砾石与陶瓷黏土等；金属矿产与稀散元素有铁、钾、金等以及盐矿、钾矿、煤层中共生的铝、镓、铷及锂等分散元素；化工矿产有盐矿和含钾水云母黏土矿等。已探明天然气储量600多亿立方米。砂金则产于沱江河床沿线的资中、市中区和东兴区。先后发现分布有燃料、黑色金属、有色金属、冶金辅助、化工原料、建材非金属、水汽矿产领域矿产22种，炼焦煤的保有资源储量7509.8万吨、水泥用石灰岩的资源储量10821万吨、玻璃用石英砂岩的资源量7576.46万吨，已开发利用的矿产有煤、天然气、天然卤水、耐火黏土、砖瓦用页岩、水泥用石灰岩、玻璃用石英砂岩、建筑用砂岩和砂砾石、砖瓦用黏土、陶瓷土、矿泉水等12种，拥有各类小型矿山开采企业448家。

第二节　建置沿革

殷商以前，内江是蜀族部落活动地区，故有资阳、资中地区为尧时资国封地之说。在夏、商时为梁州之地，周为雍州之地，春秋时分属巴国、蜀国管辖，秦代为巴郡、蜀郡辖地。西魏废帝二年（553年）于东益州境（简阳市西南）始置资州。北周武成二年（560年）又迁资中郡（资阳市城关镇）。隋开皇业三年（583年）又迁盘石县（资中县重龙镇），隋大业二年（606年）改州名资阳郡。唐武德元年（618年）又改资阳郡为资州；天宝元年（742年）再改资阳郡；乾元元年（758年）又恢复为资州。南宋淳祐三年（1234年）因抗元战乱荒废。元至正二十二年（1362年）明玉珍据蜀建大夏政权，复置资州。明洪武四年（1371年）建制撤销，新设资县。清雍正五年（1727年）改资县为资州，治地为资中县重龙镇。辖资阳、内江、仁寿、井研4县。

民国2年（1913年）废除资州，境内只存县制。民国24年（1935年）川政统一。6月1日，在原资州治地设四川省第二行政督察区专员公署，辖资中、资阳、简阳、内江、威远、荣县、仁寿、井研8县。

1949年12月26日，第二行政督察区专员公署改名资中专区，属川南行署区，专署设在资中重龙镇，辖资中、资阳、内江、荣县、仁寿、简阳、威远、井研8县。1950年2月1日，川南行政公署决定井研县划归乐山专区管辖，将内江、资中、资阳、简阳、仁寿、威远、荣县划入内江专区，将“资中行政督察专员公署”更名为“川南行政公署内江区行政督察专员公署”。9月29日更名为“川南人民行政公署内江区专员公署”，1951年1月24日迁至内江县城（市中区），以专署驻地名命为内江专区，1951年7月17日，中央人民政府内务部批准设置内江市，以内江县城区及东兴镇为其行政区域。此时内江专员公署辖内江市、内江、资中、资阳、荣县、仁寿、简阳、威远7县1市；1952年8月7日，中共中央和中央人民政府决定撤销川东、川南、川西、川北行署，恢复四川省，9月1日，四川省人民政府成立，内江专署隶属四川省人民政府领导，更名为四川省人民政府内江区专员公署。1952年8月15日，内江专署作出关于各县（市）区划调整的决定。经过调整，内江共设101个区、2个县辖镇、2个市辖镇。1955年5月1日，四川省人民政府内江专区专员公署更名为四川省内江专员公署。1958年10月18日，经国务院批准，遂宁专区撤销，将安岳、乐至两县由遂宁专区划入内江专区，内江专区的仁寿县划归乐山专区。内江专区辖内江市、内江、资中、资阳、简阳、荣县、威远、安岳、乐至8县1市。1967年3月4日，内江专区无产阶级革命委员会成立，取代内江专员公署。1968年7月1日，内江地区革命委员会成立。下设办事组、政工组、生产指挥组、人民保卫组。1978年4月，隆昌县由宜宾地区划入内江地区，荣县划归自贡市。1978年6月，撤销内江地区革命委员会，建立内江地区行政公署。1985年2月，经国务院批准撤内江地区，建立省辖内江市，原县级内江市改为内江市市中区，实行市带县管理体制。内江市辖市中区及内江、资中、资阳、简阳、威远、隆昌、安岳、乐至8县（区），共72个区，37个镇，540个乡。1989年11月，撤内江县设为内江市东兴区。在1985—1990年期间，各区、县撤乡建（扩）镇68个，撤去23个乡并入21个镇。至此，全市建制镇由1984年19个镇增设为87个，管村镇由2个增至81个。1993年1月撤资阳县，设立县级资阳市。1994年4月，撤简阳县，设简阳市，两市由内江市代管。1998年2

月，国务院将内江市管辖的安岳、乐至两县和代管的资阳、简阳两市划归资阳地区管辖，在原内江市行政区划内设立资阳地区。内江市辖市中区、东兴区、资中、隆昌、威远2区3县，30个乡，81个镇，9个街道办事处，2078个行政村、252个居民委员会。1999—2005年，全市区划未作调整。

第三节　人口　民族

一、人口

清宣统三年（1911年），内江地区人口317.55万人，到民国38年（1949年）已发展到538.23万人。中华人民共和国成立后，内江人口经历了4个发展时期，即人口增长高峰期、低谷期、生育失控期和计划生育期。至1985年，内江总人口809.08万人，其中农业人口720.87万人，占总人口89.10%；非农业人口88.21万人，占总人口10.9%；自然增长率为7.60‰。1990年，全市总人口867.32万人，其中农业人口779.97万人，占总人口89.93%；非农业人口83.30万人，占总人口9.60%；自然增长率7.96‰。1997年，全市总人口902.48万人，其中农业人口784.94万人，占总人口86.9%；非农业人口117.54万人，占总人口13.02%；自然增长率4.81‰。1998年2月，内江市区划调整后，全市总人口缩小为416.55万人，其中，农业人口346.15万人，占总人口83.1%；非农业人口70.41万人，占总人口16.9%；自然增长率5.15‰。2005年，全市总人口420.33万人，其中农业人口340.29万人，占总人口80.96%；非农业人口80.03万人，占总人口19.04%；自然增长率4.25‰。从1986年到2005年间，非农业人口中的比重逐步上升，人口自然增长率逐年下降。1997年净增人口42612人，2004年下降到38349人，人口压力有所缓解。随着人民生活的不断改善，卫生保健事业的发展，内江人口老龄化进程明显加快。1990年，老年人口数（男60岁、女55岁）95.09万人，占总人口10.96%，2000年，65岁及以上人口达33.45万人，老少比为36.3%。65岁以上人口比重比全省高0.6个百分点，比全国高1.1个百分点。2005年，全市有百岁老人163名，最高年龄110岁。

二、民族

1964年，内江地区少数民族19个，总人口2343人。除回族人口达到2073人外，其余少数民族人口均在100人以下。1982年，人口普查统计，全地区少数民族34个，人数为4313人，占总人口0.05%，增长84.08%。境内少数民族人口最多的民族是回族，总人口3216人，主要分布于隆昌县（2046人）、市中区和内江县（892人）。1990年，人口普查统计，全市少数民族44个，人口11343人，占总人口0.13%；全市少数民族人口最多的是回族，总人口3761人，占少数民族人口33.16%，主要分布于隆昌县（2334人）、市中区和东兴区（986人）。2000年，人口普查统计，全市少数民族46个，人口6949人，占总人口0.17%；全市少数民族人口最多的是回族，总人口2969人，占少数民族人口50.23%，主要分布于隆昌县（1858人）、市中区和东兴区（976人）。2005年，全市少数民族48个，人口11102人，占总人口0.26%；人口100人以上少数民族14个，少数民族人口最多的是回族，有4969人，占少数民族人口44.76%。少数民族较集中的是东兴区顺河镇骑龙回族村和隆昌县迎祥镇三会回族村。属典型散杂居少数民族地区。全市少数民族人员85%左右散居农村，15%左右散居城镇。少数民族中科级以上干部17名，市人大代表1名，市政协委员5名。

第二章 经济状况

第一节 发展状况

1978年中共十一届三中全会后，内江首先对农村经济体制进行一系列改革。1979年，全地区建立农业生产责任制，主要以作业组为单位包工到组和包产到组责任制。1981年推行包产到户和包干到户，至1983年，全地区51750个生产队中，实行家庭联产承包责任制生产队51741个，专业户17.098万户，其中从种植、养殖业扩展到工副业、运输和服务业专业户11.89万户。1984年，推行延长土地承包期，实行10—20年承包期，承包荒山、荒地等开发性项目为30年以上承包期，县人民政府发给承包户土地使用证和林权证，各类专业户22.39万户；新经济联合体2147个，参加联合体农民13955户，从业人员29156人，固定资本和流动资金1134.8万元，纯收入2182.9万元，人均分配收入656元。从1985年起，农村改革重点是调整农村产业结构，取消30多年来对农副产品实行统购和派购，采取合同收购和市场收购，将农业税由实物税改为现金税，提高农产品收购价格。1985年全市农业生产总产值23.9亿元，粮食34.15亿公斤；农民人均纯收入308元，基本形成农、林、牧、副、渔、工、商、建、运、服务业全面发展的经济格局，改变过去单一抓粮食的不合理结构。1987—1988年，全市统一开展完善农村双层经营合作经济组织工作，把生产队更名为农业合作社，订立农业合作社章程，民主选举社干部、制定各项规章制度。1990年，全市对农村承包地进行一次“小调整”，采用“一次抽补调平”法和“依法递补”法，调整社占地96.6%，解决45.69万人承包耕地问题。1991—1994年，省市政府专门安排财政、信贷资金，扶持村社集体经济，到1994年年底，全市新发展村社集体经济项目8732个，其中村级项目2713个，省、市、县三级财政共投入扶持资金2559万元，村社自筹资金29063万元，三个渠道共投入资金4亿元，四年累计总收入59860万元。1994年，村社集体经济净收入10874万元，村社集体总积累41884万元。1994年，全市推行“明确所有权、稳定承包权、放活经营权和增人不增地、减人不减地”等土地承包办法。1999年，全市111个乡镇、2078个村、22168个社开展土地延包，至2001年，103万户取得《土地经营权证书》。

1998年区划调整后，全市采取依靠科技，突出特色，推行“一县一特”“一村一品”，建立多形式新型农业生产基地。至2001年年末，全市农业耕地185600公顷，农业总产值578091万元。威远、隆昌、东兴区先后成为国家级瘦肉型猪商品生产基地，隆昌成为四川省瘦肉型猪商品生产基地县，国家级水禽基地县，东兴区、资中成为省级水禽基地县。威远七星椒、资中冬尖，销路广，驰名省内外。2005年，全市农业增加值59.1亿元，农林牧副渔现价总产值95.88亿元。粮食产量155.68

万吨，油料7.94万吨，蔬菜总产量117.81万吨，水果总产量192.19万吨，生猪出栏359.57万头，水产品总产量6.78万吨。全市乡镇企业由于创办时间早，至2000年已形成建筑、建材、轻纺、化工、冶金、机械、能源开采、食品加工、服务业等10多个行业，61912家企业，总产值183.3亿元，部分产品打入国际市场。全市建立专业市场600余个，商业网点4400余个，粮食市场、水产品市场、汽车市场、建材市场、禽苗市场等初具规模并形成区域辐射能力。

城市经济体制改革，主要在企业，包括社会保险体制、住房、市场机制改革等。1981—1982年，在全面整顿中，全市重点将厂长"终身制"改为任期制，推行经济核算和质量管理，逐步建立全厂、全员、全生产过程的经济核算体系和制度。1983—1984年，第一批整顿企业有内江棉纺织厂、内江酵母厂、高桥纸厂等10家地、县企业。其后全面铺开整顿。1983年试行利改税政策，首先在内江棉纺织厂等50家全民企业试点，试行利润留成和微利包干，超收归企业，亏损不补，超利润分成。普遍实行上交财政40%，企业留60%。1984年试行第二步利改税新税制，小企业按新八级超额累计税率，一般留利在40%以上。大中企业改为轻税代利，税后利润全归企业使用。1985年，改革新价格体系，改过去单一的固定价格为国家牌价（固定价）、国家指导价（浮动价）和市场调剂价（自由价）。工资制度打破平均主义、"大锅饭"，在国家机关和事业单位改等级工资制为职务工资制；企业改变八级工资制，职工工资按新工资类别和级别套改。1985年年末，工业企业（不包括村及村以下工业企业）2241家，其中全民所有制324家，集体所有制1912家，其他5家；固定资产净值12497.8万元，净产值比重24.30%，工业利税总额（包括部、省属工业企业税收）34345.9万元。1987年起企业普遍推行百分计奖、浮动工资、定额工资、计件工资等多种分配形式。

此外，在计划、财政、税收、金融、商业、外贸、物资等方面进行单项改革。国家指令性计划管理的工业产品品种由1979年120种减少到1990年60种左右，国家统配物资由256种减少到27种；商业部门计划管理商品由188种减少到24种，取消工农产品统一调拨、统购统销制度，引入市场机制。生产建设投资由单纯国家投资转变为国家、地方、企业、个人等多元化投资主体，资金来源由财政拨款转变为银行货款以及集资股份和引进外来资金等多样化筹资方式，改变过去统负盈亏财政体制，实行多种形式财政包干制，将单一税制改变为复合税制。全市8个中小城市在不同类型的经济区内发挥核心作用，并与593个县、乡、镇结成城乡一体化经济网络。1992年，全市10余家企业改制股份制。1993年银山化工集团被国家体改委确认向社会公开发行股票。至1994年全市股份制企业总数341家，总股本932374万股。1995年，个人股权证柜台交易，四川内燃机厂和威远玻璃厂成交27.99万股。1996年，四川银山化工集团股份公司在深圳证券交易所挂牌上市。1997年，四川峨眉柴油机股份有限公司股票在深圳证券交易所挂牌上市。

1993年，全市相继建立9个经济开发区。其中省级经济开发区4个、市级开发区5个。9个开发区均处于成渝高速公路和干道公路进出口，靠近老城区，交通区位优势明显。全市各经济开发区规划面积82.2平方公里，起步面积17.1平方公里。至1996年各开发区出让、划拨土地7690亩，外引内联，内迁项目641个，其中工业项目149个，商业及市场项目42个，内资项目599个，累计投入资金26.3亿元，完成建筑面积190万平方米，建成道路122平方米，3.5立方米和8万立方米水厂各1座，自来水管道30.5公里，10万立方米天然气储气站1座，110千伏安和35千伏安变电站各1座，输电线路30多公里。1996年内江市批准成立外商投资企业128家。

1994年，全市先后集中资金43.3亿元，重点扶持四川峨柴油机股份有限公司、四川银山化工股份有限公司、内江棉纺织厂、内江电厂等23户企业，培育新的经济增长点。1995年，全市国内生产总值194.51亿元，工农业总产值268.01亿元，粮食总产量3.91万吨，乡镇企业总产值288.31亿元，社会消费品零售总额51.92亿元，全社会固定资产投资额34.18亿元，地方财政收入6.8亿元，城乡居民储蓄存款余额76.58亿元。工业形成以机械、食品、电力为主导，兼有纺织、轻化工、医药等多门类工业体系。全市零售贸易餐饮网点8.4个，从业人员12.7万人，社会消费品零售总额51.92亿元，集市贸易成交额43.2亿元。区划调整后，一大批骨干企业划归资阳地区，内江工业企业数量减少，但工业比重增强，农业比重有所下降，第一、二、三产业比重由调整前36.8∶34.4∶28.8变为28.3∶36.6∶35.1，形成“二、三、一”格局；工农业比重由58.7∶41.3变为68.3∶31.7，工业比重比调整前提高9.6个百分点。至2000年，全市工业逐步形成冶金建材、机械、化工医药、食品饲料四大支柱产业的工业格局。主要产品有钢铁、玻璃球、建筑陶瓷、原煤、化肥、水泥、医疗机械、医药、柴油、生丝、酒等200多个品种。规模企业161家，实现工业总产值62.1亿元。全面实施“工业强调市”“把内江建成工业化城市”，做大做强电子信息、冶金建材两大支柱产业；巩固壮大食品工业，发展医药化工业，改造提升机械工业；发展培育川威、方向、建业、白塔、石牛、巨安、山山等22家重点工业企业。至2005年，全市工业增加值97.34亿元，同比增长20.7%，经济增长贡献率63.1%，带动经济增长7.6个百分点。全市369家规模工业实现总产值259.57亿元，同比增长27%；实现增加值76.16亿元。全市30家骨干企业完成工业总产值（现价）166.43亿元，实现工业增加值44.54亿元。

1978—2005年内江市国民经济和社会发展指标统计表

表9—1

指标 年份	年末人口（万人）	耕地面积（万公顷）	国内生产总值（万元）	其中			
				第一产业（万元）	第二产业（万元）	第三产业（万元）	人均GDP（元）
1978	776.40	54.62	325991	193355	79735	52940	233
1980	783.20	54.14	389050	236931	89473	62646	281
1985	809.10	52.93	600292	363432	131968	104892	497
1986	819.90	52.77	633301	360113	150513	122675	—
1987	833.50	52.69	648237	354915	156579	136743	—
1988	847.30	52.61	661412	348599	191323	131490	—
1989	864.20	52.53	652604	359012	171812	121780	—
1990	880.70	52.45	683072	376329	181847	124896	839
1991	887.60	52.32	744329	393329	208702	142271	934
1992	889.00	52.14	819845	407043	249766	163036	1075
1993	889.90	52.27	916556	386630	340311	189515	1390
1994	892.90	51.97	1084665	366766	468525	249374	1782
1995	896.10	51.84	1169077	402783	475999	290295	2121

续表9—1

指标 年份	年末人口（万人）	耕地面积（万公顷）	国内生产总值（万元）	其中			
				第一产业（万元）	第二产业（万元）	第三产业（万元）	人均GDP（元）
1996	900.50	51.71	1288541	424061	525280	339200	2465
1997	902.50	50.98	1432116	449872	597826	384418	2753
1998	416.55	19.23	1259093	332859	486430	439804	2846
1999	418.60	19.15	1331242	338064	511976	481203	2971
2000	419.92	18.79	1448017	340167	593593	514257	3159
2001	420.06	18.56	1604309	355973	669168	579167	3488
2002	420.25	17.38	1782200	378400	769100	643700	3954
2003	421.25	16.45	2003189	408778	906686	687725	4572
2004	420.68	16.34	2212200	543600	909600	759000	5592
2005	420.33	16.31	2548300	591400	1119000	837900	6432

说明：1. 表中数据1997年前为1990年不变价；

2. 1998年后为当年价；

3. 人均GDP以主要年份地区生产总值统计表

1978—2005年内江市工农业总产值统计表

表9—2

指标 年份	工农业总产值（万元）	农林牧渔业总产值（万元）	其中		工业总产值（万元）	其中	
			农业（万元）	牧业（万元）		轻工业（万元）	重工业（万元）
1978	500019	303809	228839	60474	196210	124275	71935
1980	585755	352463	245576	90043	233293	155056	73236
1985	914572	522594	332535	159992	319178	237299	154679
1986	1004078	553994	344576	182146	450084	266538	183546
1987	1059587	550715	338705	190709	508872	286898	221974
1988	1149545	550909	323218	206287	598636	338365	260271
1989	1202477	581196	352967	206060	621281	332706	299575
1990	1265485	606202	364349	219441	659283	377187	282096
1991	1416127	642577	378923	240705	773550	429870	343680
1992	1591934	666737	391560	249506	925197	531193	394004
1993	1777093	623668	346927	249421	1153425	602160	551265
1994	2222399	632295	344707	256257	1590104	878537	711567
1995	2301619	692804	391379	262742	1608815	864784	744031
1996	2193803	703894	395885	268591	1489909	725406	764503

续表9—2

年份＼指标	工农业总产值（万元）	农林牧渔业总产值（万元）	其中		工业总产值（万元）	其中	
			农业（万元）	牧业（万元）		轻工业（万元）	重工业（万元）
1997	2467468	740322	412383	283536	1727146	196461	930685
1998	1303894	280281	150764	103395	1023208	506777	516431
1999	1361843	289329	157168	108184	1072514	483512	589002
2000	840806	303521	163762	119859	537285	176327	360958
2001	1037027	318752	161626	135869	718275	250330	467945
2002	1311018	345320	169538	151562	965698	329308	636390
2003	1843161	370964	163362	168933	1472197	407130	1065067
2004	2917643	878028	397031	410303	2039615	580071	1459544
2005	3554550	958813	422975	453050	2595737	855493	1740244

说明：表中数据为1990年不变价。2003年工业总产值为当年价。2004年、2005年数据为当年价

第二节 优势产业

一、内江糖业

内江蔗糖生产起源于唐代，宋代时开始大面积种植，而发展时期是在近代。清宣统三年（1911年），内江县甘蔗种植面积22.2万亩，总产量59.9万公斤，甘蔗种植面积占内江县总土面积50%左右；资中、简阳、资阳沱江两岸15公里以内地区，甘蔗种植面积70%—80%。内江县糖房和漏棚总数3000余家。民国8年（1919年）四川产糖9万吨，占全国糖产量69.2%，而四川糖产量的70%又集中在内江，当时内江糖产量占全国48.4%。民国26年（1937年），抗日战争全面爆发后，由于广东、福建等产糖区相继沦陷，仅余四川产糖区。随着四川蔗糖业地位上升，居全省产糖中心的内江、资中、资阳一带蔗糖生产得到发展。民国29年（1940年），内江甘蔗种植面积45.8万亩，总产量154.4万吨，糖产量15.2万吨（其中白糖7.65万吨）。糖业的复兴，伴随而来的银行、钱庄林立，货栈密布，商贸兴隆。内江地区经济呈现以糖业为中心的繁荣景象。抗战胜利后，台湾糖、美洲糖大量向内地倾销，川糖市场缩小，至1949年甘蔗种植面积仅为24.54万亩，糖产量4万吨。

中华人民共和国成立后，四川省政府根据内江地区蔗糖量占全省总产量三分之二的地位，决定把恢复生产重点放在内江地区，成立专管机构，没收官僚资本，贷款、贷种、扶持农民恢复甘蔗生产，对土糖房进行技术改造。1951—1952年，内江地区向蔗农发放甘蔗生产贷款51.89万元，1953—1957年又发放肥料、种子贷款923万元，使内江地区甘蔗生产恢复最快。1954年种蔗面积35.03万亩，产蔗102.23万吨，产糖5.51万吨，1957年种蔗面积37.47万亩，产蔗100.32万吨，产糖7.54万吨，占全省总产糖量73%，上交糖税2457万元，占当年全地区财政收入19.55%。1958年，内江地区已建成内江、银山、球溪河、简阳、资阳、茂市等6家大中型机械化糖厂，其日榨能力2840吨。同时各县还陆续建立一些小机榨糖厂。1960—1978年，内江地区种蔗面积在12.96万—

27.73万亩间波动徘徊，年均种植面积22.62万亩；甘蔗产量在14.2万—65.97万吨间，产糖0.66万—5.69万吨间。1979—1985年，内江地区对各项经济政策进行合理调整，加之农村生产责任制逐渐落实，蔗糖生产得到较快发展。这一时期种蔗面积在21.15万—25.68万亩间，甘蔗产量在56.98万—83.76万吨间，产糖在5.39万—7.12万吨间。至1985年，全市糖厂43个中大型企业4家，中型企业2家，小型企业37家，职工1.25万人，全部糖厂日榨能力7000吨，日产白砂糖700多吨。1985年，种蔗面积25.28万亩，甘蔗产量73.02万吨，糖产量5.39万吨，糖税1756.87万元，财政收入32419万元，占财政总收入5.41%。同时，糖业的纸、酒精、纤维板等延伸产品也得到较快发展。1990年，全市制糖工业全民所有制企业9家，日压榨能力8500吨，工业总产值1.5亿元（1980年不变价）。产品销售收入2.52亿元。1990年后，由于长期以来受气候、自然灾害和各个时期政策诸多因素影响，特别是人多地少，粮蔗争地矛盾突出，加之甘蔗与经济作物比价不合理，运蔗难，内江糖业逐渐衰落，出现严重亏损局面。到2000年，内江市政府不得不考虑实施对制糖企业进行破产。2003年，内江制糖业企业全部完成改制破产。自此，曾为内江工业支柱行业，并为内江经济发展作出过重大贡献，延续三百多年的内江糖业从此退出历史舞台。

二、冶金工业

1950年年初，川南行政公署派军事联络员进驻渝鑫钢铁厂威远分厂，9月，更名为“川南工业局威远钢铁厂”，后更名“威远钢铁厂”（以下简称威钢）。1951—1952年，威钢工业总产值实现199万元，积累资金42万元，基本建设投资6万元，固定资产60万元，产铁9552吨，产铁矿石16969吨，生产耐火砖198吨，铸铁件96吨，发电量10万千瓦时。1968年，内江投资400万元在资中县兴建熊桥铁厂，1970年12月投产。1972年6月，威远县在原沓水铁厂旧址兴建威远县铁厂投产。威远钢铁厂1978年75立方米高炉破土动工。至1990年年底，全市冶金企业3家，威远钢铁厂、威远县铁厂、资中县熊桥铁厂（全民2家、集体1家），年末固定资产净值8547万元。年产生铁25万吨、钢20万吨、钢材25万吨、发电量5000万千瓦时。工业总产值8625万元居四川省地方冶金行业第二位。1998年，全市冶金工业主要企业威钢铁厂通过改制，组建四川省川威钢铁有限公司。同年，全市冶金工业实现工业总产值32273万元。年产生铁23.3万吨，产钢23.06万吨，钢材20.62万吨，实现利润600万元，利税3533万元。1999年，川威集团开始实施产权制度改革，将单一国有制结构公司，改组为员工、社会法人、社会自然人、国家共同持有股份的混合所有制结构的有限责任公司或股份有限公司。2003年，形成年产钢220万吨，生铁220万吨，钢材210万吨，机焦110万吨的综合生产能力，实现销售收入45亿元以上，成为中国企业500强，四川省工业企业6强之一。2005年全市产铁181.49万吨，产钢222.57万吨，产钢材189.87万吨，棒材1.61万吨，钢筋69.94万吨，中厚宽钢带65.44万吨，机焦122.21万吨。实现工业总产值974510万元。

三、建材业

1985年，全地区水泥企业35家，年产水泥517400吨。砖瓦企业36家，年产机砖91240万块。玻璃企业23家，年产玻璃17500吨。耐火材料厂58家，年产耐火材料5万多吨。水泥制品企业60家，生产水泥电杆4.54万根，水泥制品1.67万吨，水泥压力管40.4公里，钢丝水泥船254艘。全年全区建材工业总产值13143.9万元。1990年，全市建材工业全民企业16家，年产水泥81.27万吨，机砖11.06亿块，机瓦3.06亿块，水泥电杆2.51万根，水泥压力管39.08公里，生产建材机械

34台，实现工业总产值2.82亿元，占全市工业总产值8.08%。1991年，威远天府墙地砖厂引进一条墙地砖生产线。是年，隆昌县建筑陶瓷厂新建一条年产80万平方米墙地砖生产线。威远白塔（集团）公司从1990—1995年间，连上三个台阶，形成内外墙砖地砖于一体的配套生产体系，年产量由70万平方米上升至405万平方米，跃居为国家大型二级企业，中国500家最大建材工业企业。1991—1993年，全市16家全民建材企业扩建和技改总投入1亿元。1996年，资中重龙水泥公司兼并内江市第一水泥厂，扩建为四川重龙集团有限责任公司。至1997年，全市建材工业国有企业、股份制企业43家，其中水泥企业17家，建陶企业3家，墙材企业22家，玻璃企业1家。全行业生产水泥121.7万吨，产砖1.95亿块，平墙砖891万平方米，累计完成工业总产值10.58亿元，实现销售收入9.15亿元，实现利税9054万元。1998年内江市区划调整后，全市建材归口管理企业45家，其中水泥工业企业14家，墙材工业企业26家，建材机械企业1家，玻陶工业企业3家，水泥制品企业1家。至2005年，全市建材工业实现总产值97.45亿元，实现销售收入105.45亿元，实现利润1.82亿元，上缴利税6.32亿元。其中“重龙山牌”水泥、“威玻牌”玻璃球、“白塔牌”内外墙地砖等四川名牌产品，当年生产水泥314.37万吨，墙地砖2200万块，玻璃纤维0.18万吨。

四、煤炭工业

内江地区原煤开采历史悠久，早在2000多年前，威远就有人采“黑石”（指煤）作燃料，直到中华人民共和国成立后的20世纪50年代，由于技术落后，采掘方式原始，生产能力低下，1950年，全专区原煤产量22.96万吨。1958年，全专区原煤产量126.23万吨。从1963年起，全区原煤产量降至100万吨左右，至1971年才开始回升，全区原煤产量160.19万吨，1975年上升到167.20万吨，1977年达188.22万吨。1980年原煤产量172.20万吨，1985年239.56万吨，煤炭采选业实现产值5522.5万元。1993年1月，内江煤炭工业根据自身的基础和力量，实行两手抓：一手抓现有的生产布局，一手抓多种经营，改变传统单一出原煤和少量焦炭的经营方式，形成有原煤、块煤、末煤、精煤、优质煤、劣质煤、焦炭、焦油、泥煤、蜂窝煤、焦渣、机电等多种产品。全年，全行业多种经营产值3322万元，生产焦炭9.4万吨，焦油2079万吨，矸石砖7190万块，发电量4096千瓦，琉璃马赛克30.7万平方米，石英砂2.27吨。1996年，内江市加强对煤炭行业进行政策扶持，2001年，全市保留煤炭生产矿115个井122口，其中国有和国有控股煤矿8个15口井，乡镇煤矿107个，开采煤层均属晚三叠系须家河组。至2005年，全市煤矿102个、井107口。国有和改制煤矿8个、矿井14个，乡镇和私营股份煤矿93个矿，93口井，全市煤炭工业实现（现价）总产值156378.81万元，生产原煤454.99万吨。

五、电力工业

民国18年（1929年）后，境内各县城陆续出现电灯公司，加上威远钢铁厂和黄荆沟煤矿，共有发电装机659.5千瓦。至民国38年（1949年）年底，内江小型汽油机、柴油机、蒸气机等电力设备13台，装机容量326.5千瓦，供10个城镇的军政机关和部分商店照明用电。

中华人民共和国成立后，以煤为燃料的火力发电，以水为动力的小水电站发电均得到较快发展。1950年年初，各县将解放前夕停电的小火电厂恢复。1954年12月，四川省工业厅批准建设一座2000千瓦火力的内江电厂。1962年2月，白马电厂第一期工程1.2万千瓦机组建成。1967年1月全部建成投入运行，并网发电，成为川南电力系统之首。1983年，白马电厂再次扩建，总装机容量2

×20 万千瓦，1993 年建成。至 1995 年，内江市境内两个（白马、高坝）电厂装机容量达 60.5 万千瓦，其中高坝电厂 10 万千瓦机组工程系国家“八五”重点环保科技攻关项目，工程主体采用芬兰奥斯龙公司的 410 吨/时的循环流化床锅炉，是当时亚洲同类型容量最大的锅炉。2002 年 12 月，内江发电总厂划归中国华电集团公司管辖名为中国华电集团内江发电总厂，装机总容量 70 万千瓦。2003 年，全市发电总量 44.55 亿千瓦时，其中，内江发电总厂发电 40.85 亿千瓦时、地方火力发电厂 1.03 亿千瓦时、企业自备电厂发电量 2.67 亿千瓦时；地方水电站发电量 1.34 亿千瓦时。全年总销售电量 20.72 亿千瓦时。

内江水能资源主要蕴藏于沱江干流及其主要支流，理论蕴藏量约 30 万千瓦。1956 年，在资中县喻家乡试建奉安水电站。1957 年，内江县在郭北、凌家两个乡镇自筹资金，建成两座小水电站。1967—1980 年，简阳、资阳、资中、安岳、乐至、内江县等在各支流上兴建小型水力发电站 46 座。至 1985 年，全地区共建小水电站 89 座，装机 165 台，容量 3.91 万千瓦，其中 500 千瓦以上 10 座，装机 27 台，容量 24680 千瓦。全年小水电站发电量 1.32 亿千瓦时。1986—1990 年，全市小水电站 99 座，装机 189 台，容量 59660 千瓦。至 1998 年，全市小水电站 57 座，装机 118 台，装机 36935 千瓦，年实际发电量 1.39 亿千瓦时。1999—2005 年，由于区划调整，全市小水电站有所减少。至 2005 年，全市小水电站 57 座，总装机容量 3.9 万千瓦，年实际发电量 0.85 千瓦时。

1985 年，全市厂矿利用余热发电 8 处。其中威远煤矿为劣质煤燃烧的小火电机组，内江、银山、球溪等糖厂为利用抽气或凝气式发电机组，威远钢铁厂和银山磷肥厂为高炉煤气和硫矿燃烧加热锅炉带动气轮发电机组。1990 年，全市各类余热发电厂（站）20 处，装机 34 台，总容量 5.68 万千瓦，年发电量 2.76 亿千瓦时。1998 年，全市各类余热发电厂（站）18 处，装机 28 台，装机容量 7.19 万千瓦，年实际发电量 3.63 亿千瓦时。1999—2005 年，由于区划调整，全市余热发电企业有所减少。至 2005 年，全市各类余热发电厂（站）15 处，总装机容量 9.75 万千瓦，年发电量 5.03 亿千瓦时。

1978 年，内江供电局成立，隶属自贡电业局（后更名川南电业局），管辖 13 个变电站。同年，新建投入 220 千伏自纂线。至 1981 年，全地区共有 110 千伏变电站 6 座，线路 3 条，长约 160.80 公里，内江 110 千伏网络初步形成。1983 年，西南电力设计院设计、西南送变电建设公司施工的全国“六五”期间重点项目之一的孙家坝 220 千伏变电站建成并一次启动成功，投入运行，使川西、川南电力负荷的大量交换得以实现。1990 年，内江电网 35—220 千伏变电站 20 座，主变 33 台，总容量 56.04 万千伏安；35—220 千伏高压输电线路 50 条，总长 1048.77 公里；内江电网除担负内江市（威远县除外）的供电外，还承担自贡、荣昌、富顺、遂宁部分地区供电任务。1996—2001 年，全市变电站 60 座，其中 220 千伏变电站 4 座，110 千伏变电站 14 座，35 千伏变电站 42 座。35 千伏至 500 千伏输电线路 2000 公里。至 2005 年，全市 35 千伏及以上变电站 66 座，其中 220 千伏变电站 6 座、110 千伏变电站 16 座，35 千伏变电站 44 座。27.64 万千伏安。35 至 500 千伏输电线路 1700 公里，固定资产 28.57 亿元。全年销售电量 29 亿千瓦时，其中居民生活用电 6.3 亿千瓦时，非居民用电 0.6 亿千瓦时，商业用量 1.1 亿千瓦时，非普工业用电 1.9 亿千瓦时，大工业用电 16.5 亿千瓦时，农排用电 0.7 亿千瓦时，趸售用电 1.9 亿千瓦时。

六、机械工业

内江机械工业兴起始于 20 世纪 20 年代。20 世纪 50 年代，在内江铁工厂的基础上投资扩建内江机床厂，在西南农具厂的基础上投资扩建四川农机厂，逐步奠定内江机械工业基础。1964—1970年，国家进行大规模“三线”建设，在内江新建和迁驻数十家机械工业企业，使内江机械工业获得空前发展，形成实力较雄厚的工业体系。1980—1985年，全地区机械工业创部、省优质产品42个，占全市工业产品获部、省优质产品值的45.75%。门类发展到工业设备、农业机械、石化机械、电工设备、机床工具、医药设备、交通运输、通用基础件等10余个。到1985年，全地区机械工业企业353家，实现总产值（1980年不变价）3.5亿元。1994年，全市机械工业企业71家，总产值13.44亿元，年利税1.05亿元，人平利税2344元。1998年，区划调整后，机械工业企业减少，但企业通过改革、改制，经济效益不断提高，到2005年，全市机械行业规模企业69家，企业平均资产约0.22亿元；完成工业总产值21.17亿元；销售收入18.58亿元，利润总额3830万元，利税总额9035万元。形成金属制造业、机械制品业、医疗设备、轻纺设备、交通运输及电器制造业，主要产品：各型锻压机械、柴油机、汽摩配件、医疗设备、建材机械、机床电器和纺织、冶金、石化、矿山行业专用设备、环保产品等。部分产品远销国外，有较好品牌知名度，市场占有率高。

第三节　名优特产

一、内江蜜饯

内江蜜饯，又名“煮货”，40余个品种，80多个花色。它素以“色泽透明，饱糖饱水，滋润化渣，味美香甜”的独特风格，深受人们的喜爱。民国32年（1943年），内江县城“铨源老号”产蜜枣、桔红蜜饯，参加四川物价竞赛，评为特代产品，“二五五号桔红”得到奖状。1981年获中商部优质产品奖。1983年获外经贸部《出口产品质量优良》荣誉证书。1988年获中国首届食品博览会银牌奖。其中向澳门“百花魁”出口的红桔蜜饯被澳商誉为“色质俱佳”的产品，且出口红桔蜜饯数量逐步扩大，1999年达104吨。内江蜜饯不仅畅销全国，而且常年远销东南亚及欧洲一些国家。

二、干辣椒

内江市是海椒传统产区，各区县均有出产。其中以威远县新店镇所产七星椒，又名朝天椒最为著名。1995年在全国第二届农业食品博览会上荣获全国优质农产品称号，是全国唯一荣获全国优质农产品称号的辣椒食品奖，并取得GB认证。2001年，新店七星椒的种植及加工被列为四川省星火计划项目，同年7月成立“威远新店七星椒业有限公司”，专门致力于新店七星椒的生产、开发、加工、销售，是市、县农业产业化龙头重点企业。8月，成为中国吉尼斯吃辣椒比赛唯一指定用椒。到2002年，椒业公司已开发出干椒条、干椒丝、泡仔椒、泡成椒、酸菜鱼泡椒、辣椒牛肉酱、糍粑椒等7大系列，二十多个品种。年产鲜椒343吨，干椒1.6吨，产值504万元，利税总额73万元。

三、镇西酱萝卜

威远县镇西镇以盛产个圆白嫩、爽口化渣的大白萝卜远近闻名，酱制的麻辣萝卜干历史悠久，曾与涪陵榨菜、叙府芽菜、资中冬尖和南充冬菜合称为四川“四大腌菜”，其制作工艺复杂，味鲜而美。1986年前已畅销省内外，年均产量18吨，利润0.5万元。1999年11月，内江威宝食品有限公司在镇西镇成立后，把从西南农业大学食品科学院、四川食品发酵研究院等科研单位引进的现代配方技术与镇西腌制酱菜的传统生产工艺相结合，研制出集麻、辣、香、甜、脆于一体，色泽美观、风味独特的“威宝牌周萝卜”。“威宝”牌酱萝卜被评为“99 中国国际农博会四川名牌产品”，2000 年产品被推荐为四川省群众喜爱商品，2002 年“威宝牌周萝卜”系列产品被国家绿色食品中心认定为“绿色食品”，2003 年“威宝”商标获得“四川省著名商标”称号，2004 年 12 月产品荣获“中国绿色食品’2004 上海博览会畅销产品奖”。其年产量已达 486 吨，产值 475 万元，利税 45.6 万元。

四、资中冬尖

资中冬尖为全国四大腌菜之一。清道光年间，资中民间就开始酿造冬菜，每年均上万坛运销全国各地。资中冬尖制作精细，以枇杷叶青菜为原料，经过精选、凉晒、拌盐、慜沙、放置、揉搓、装坛、暴晒、堆放、追坛、再堆放等工序酿成。以堆放时间长者为佳，名为“陈年冬尖”。1957 年在全国干腌菜会议上资中冬尖被评为第二名；1958 年由广州进出口公司出口 50 吨，销往香港和东南亚各国；1983 年获四川省商业厅、省经委联合颁发优质产品奖；1988 年获中国首届食品博览会铜奖；1990 年获天府食品博览会银奖；1992 年获首届巴蜀食品节金奖；1994 年获四川省旅游商品定点产品；1997 年获中国食品行业优秀产品奖；2001 年 11 月被《中国质量报》权威发布为红榜产品；2002 年 12 月获四川省无公害农产品证书；2004 年 6 月获国家农业部无公害农产品证书；2005 年获四川省名优工业产品奖。

五、塔罗科血橙

内江在 20 世纪 80 年代末期引进塔罗科血橙种植。1992 年，资中县从中国柑桔研究所引进塔罗科血橙 1 号、2 号、3 号。种植塔罗科血橙 10.3 万余亩，年产果 3 万余吨，形成以“资中塔罗科血橙”为主，各种特色血橙推广试验为辅的塔罗科血橙品牌，成为全国生产规模最大的塔罗科血橙基地，其种植面积占全国种植面积 80%，占四川种植面积 90%，产量占全国 80% 以上。2004 年 3 月，资中县被中国经济林协会命名为“中国塔罗科血橙之乡”。2004 年资中县塔罗科血橙进入北京中南海，获得中央领导和中直机关领导好评。至 2005 年，资中县塔罗科血橙产量 3 万余吨，远销北京、新疆、上海等全国 10 多个省（市），销售鲜果 850 万公斤，实现销售收入 4250 万元。

六、夏布

隆昌夏布又称麻布，布细而平，莹洁润泽，防暑去病，坚韧耐用，宜作夏衣蚊帐。1915 年 2 月，隆昌 1800 头（眼份）细夏布送美国旧金山太平洋万国博展会参加展出，评定“品质优良”，获工艺品名誉奖。民国 5 年（1916 年），国民政府注册夏布“织女”牌为外销出口商标，与广东潮州、江西万载、湖南浏阳的夏布齐名，成为全国四大著名夏布品牌之一，远销朝鲜、日本、美国、英国、法国等 30 多个国家。

中华人民共和国成立后，对麻织品逐步改产换代，生产适销对路的新产品。1976 年试制成棉麻交织布。其后，陆续制成丝麻交织布、棉麻混纺纱、棉麻宽斜纺布、落麻、麻纱等。棉麻交织布 1983 年获经贸部荣誉证书。1995 年，隆昌夏布出口达 48 万匹，出口率占总产量的 80%。1999 年 1 月 29 日，温家宝参观被誉为传统手工技艺的“活化石”隆昌夏布全部织造流程。年产夏布 100 多万匹，产值 2 亿美元，常年绩麻农妇 16 万人以上，编织夏布者上万人；数以千计的人从事苎麻、麻线、夏布的贩运和对外营销活动。

第三章 地方文化

第一节 发展状况

一、文化活动

内江群众文化活动历史久远，具有十分突出的地方特色。抗日战争爆发后，内江各界爱国人士和学校师生纷纷组织文艺团体，运用歌咏、舞蹈、小话剧、小歌剧、活报剧、曲艺等形式，走上街头，深入农村，向广大群众进行抗日宣传，引起强烈反响。内江“孩子剧团”还北上成都，南下壁山，并沿途宣传，影响极大。冯玉祥称赞他们是“教老百姓的小先生”。

中华人民共和国成立后，党和政府把文化工作列为意识形态领域的一个重要内容，非常重视对文化工作的领导。1950 年各县（市）建立文化馆，1979 年建立地区群众艺术馆，1984 年全地区实现乡乡建立文化站和区（镇）文化中心，建立 600 余个区、乡文化站，形成遍及城乡的群众文化活动组织、辅导体系，组织参加文艺演出、调演等活动。1986 年，由市群众艺术馆最初发起举办的群众性歌舞大赛，迅速扩大到各县（区）文化馆以及区、乡、企业层层纷起仿效。举办单位 98 个，9472 人参赛，演出 414 场，观众 53.95 万人次。1991 年 9 月 20 日，首届“内江大千文化经贸节”，在市体育场开幕。省市领导、中外来宾和群众 15 万人观看开幕式。艺术作品展览中以《张大千、张善子书画原作展》最引人注目，15 天中接待观众 4 万人次。另外还有《当代内江书画名人作品展》等 11 个展览，展出书画作品 710 件、摄影作品 52 件、根雕盆景作品 150 件、工艺美术作品 320 件、古钱币 3180 枚。1993 年 12 月，在纪念毛泽东诞辰 100 周年系列文艺活动中，16 个群众歌咏队 2000 人参加歌咏比赛；200 余人参加“甜城歌手卡拉 OK 大赛”；展出以歌颂毛泽东和毛泽东诗词为内容书法、篆刻作品 200 余件；书市展销 1500 余种上万册图书供读者浏览、选购；“电影汇映月”放映《秋收起义》等 16 部影片，全市放映 500 余场，观众 30 万人次。1999 年 4 月 30 日，纪念张大千诞辰 100 周年文艺晚会《大千神韵》在沱江剧院公演，场场暴满。《大千先生原作暨大风堂弟子作品展》在张大千纪念馆开幕，展出原作 60 幅、弟子作品 40 幅。展期 10 天，观众 3 万余人。在此期间，举办“内江中青年优秀书画作品展”“内江民间收藏品展销会”“内江文物艺术品拍卖会”“四川盖碗茶——茶道、茶礼表演”“甜城春讯——大型风车、脸谱艺术展”“大型艺术灯会”等活动，接待观众万余人。2005 年 6 月 12 日，在大洲广场举办内江市建市 20 周年群众文艺表演活动中，10 支社区健身队、市老年大学艺术团和 3 支特色文化队伍演出腰鼓、扇舞、二胡齐奏、健身操、拉丁舞、秧歌等节目，观众 4000 余人。全年，全市放映农村电影 5639 场，观众 110 万人次。

二、文艺创作

中华人民共和国成立后，内江开展群众性文艺创作活动，大量文艺作品在省级以上发表、出版、展览、演出。1966—1976年期间，受"文化大革命"的影响，文艺创作比较萧条。改革开放后，各类文艺作品开始涌现，先后有两万余件作品在省级以上发表、出版、展览、演出。周克芹的长篇小说《许茂和他的女儿们》，首先被地区文学季刊《沱江文艺》推出，1982年获首届茅盾文学奖。黄济人的长篇报告文学《将军决战岂止在战场》，获全国首届军事文学奖、郭沫若文学奖、全国优秀畅销书奖。杨继仁的长篇传记文学《张大千传》，在香港展览中心举行的"中国书展"上，居文学书籍销量首位。1986年获"全国优秀畅销书奖"，1988年获第二届四川文学奖。1981—1988年两届"四川省文学奖"中，内江获奖的作品有小说《添薪之后》《心理学教授与他的儿子》、散文《绿珍珠》、传记文学《张大千》。1980—2005年，全市正式出版的文学作品和评论专著有《燃烧的生命》《刺客黄复生》《野码头》《20世纪内江文学通论》《太平公主》等70余部；正式出版的作品选集有《内江地区三十年文学作品选》《新时期内江文学作品选》《二十年如歌》《沱风激扬——内江作家文学作品选》等50余部。辅导创作节目《抗战——内江战胜猪链球菌纪实》在中央农业广播电视学校举办的"农广情怀"比赛中获三等奖，吴承蔚的散文《雪野》《小清雪・树挂儿》在中国作家世纪论坛2005年会交流评比获一等奖。

1950—1970年，《湖光山色》《农村文化站》等9幅作品入选全国性美展；《保护青蛙》《蜜蜂的语言》1980年在全国科普美展中获一、二等奖；1984年全国第六届美展，组画《我们的元帅》获集体金牌；1989年第七届全国美展中，《我爱共和国卫士》等4幅作品入选；同年10月，邱笑秋赴北京为天安门城楼作画，其大型山水画《山海千秋》被天安门城楼收藏陈列。《孟英声、王世贵安岳石窟写生画展》于1987—1991年先后在成都、深圳、香港等地展出。油画《强音》1989年9月在北京举办的第11届亚运会展出，1991年被奥运总部收藏。1994年第八届全国美展中，组画《敬爱的小平同志》晋京展出。科普画《玉米病虫害》被国际教科文组织评为金奖。

1984年，李果青等13幅作品参加中日友好书法交流展览，多件作品入选入选省级以上参展或与别省联展。李文馥篆刻作品多次在省展和全国展中获奖。1993年，在纪念毛泽东诞辰100周年时，姜公醉创作的《毛泽东诗词碑铭》，被魏传统赞誉为"开现代题材碑铭长卷之先河"。1985—2005年，全市300多件书法作品参加全国性和省级展览，有的被收入《当代中国书法艺术大成》《当代中国书法集》《当代海内外著名书画家国际大展》。并与广西、广东、新疆、浙江、海南等省（自治区）举办书法、美术作品展览或与当地联展。

1980—2005年，全市摄影作品在省级以上参展、发表3000余幅。其中戴山高的《娴静》获全国摄影比赛二等奖；吴久灵的《天问》获全国人像摄影比赛金奖；李绍毅的《过客》获国际摄影联合会金奖。

1950—2005年，内江词曲作者创作歌曲有20余首获省以上奖励，或在中央电台、电视台播放。《在一起》《月琴为什么会唱歌》等获全国少儿歌曲二等奖，被电影《从奴隶到将军》《奴隶的女儿》用作插曲。《快乐的踢踏》1987年获全国少数民族文艺会演二等奖。1996年，《雄鹰颂》获全国乡镇企业歌曲二等奖。《鲜花盛开的时代》1997年入选第五届中国艺术节节歌并获二等奖。《呵，口弦》获2001年四川省第八届"五个一工程"奖。《日月潭放歌》获2004年四川省第九届"五个一工程"奖。

1954年后，内江地区参加历次川剧调演、会演的获奖剧目有《斩忠闹殿》《商鞅》《紫竹观音》等9个作品。现代川剧《张大千》1988年4月晋京演出。现代川剧《杏花二月天》1992年参加四川省第六届“振兴川剧”调演，1993年获“四川省‘五个一’工程奖”。其后，川剧小品《土地搬家》、方言话剧《大款与小偷》等5个作品先后在省上获奖。儿童歌舞剧《3+2×5=?》获1982年全国少儿剧调演创作奖、演出奖。资中木偶戏团演出的神话木偶戏《斗妖记》，1992年获文化部颁发的“金猴奖”；1997年获四川首届民族民间工艺博览会银奖。

1950—1978年，《巾帼英雄》《棉田丰收》等舞蹈参加省会演。1979—1985年，在参加全省性调演、会演、比赛中，有《领奖归来》《中国心》《火热的心》先后获一等奖；《沱江春晓》《蔗乡甜》《凤凰涅槃》获二等奖，《蔗乡甜》获文化部“丰收奖”；获三等奖的有《永生的战士》《快乐的缫丝姑娘》《攻城泪》等8个节目。1990—2002年，《长城泪》《玻璃心》《雪域情》《山石山花》等舞蹈节目先后获四川省编导、表演优秀奖。

三、文物馆藏

内江有丰富的文物古迹，分布于市境内。1987年，全市开展文物普查，全市有各类重点文物保护点1200余处，馆藏文物2000余件。至2005年，全市县（区）级文物保护单位101处。按文物性质分：古墓葬19处，古建筑32处，石窟寺及石刻28处、近现代史迹19处、古遗址2处，其他1处。馆藏文物2612件，其中，一级文物8件，二级文物31件，三级文物633件。

内江有多处摩崖石刻造像，其中内江翔龙山摩崖造像和资中重龙山摩崖造像为省级文物保护单位。古代建筑有资中文庙、武庙和隆昌牌坊群为国家重点文物保护单位。近现代重要史迹，有资中四川保路运动罗泉井会址，为省级文物保护单位。此外，内江有喻培伦大将军纪念馆、张大千纪念馆，威远有罗世文纪念馆、胡驭垓烈士墓塔及纪念碑。张大千纪念馆馆藏文物300余件。

第二节 特色文化

一、隆昌美术陶器

隆昌美术陶器，其陶器胎质主要是细陶，即素烧的称“泥精货”，不上釉，红泥胎质居多；或以红泥胎质施白泥、化妆土，采用刻花、剔花工艺雕刻后烧成，产品朴实自然。上釉的称“釉子货”，均为黑、红和白细腻质地，“隆昌美陶”黑釉最著名，釉质莹润，施釉采用浸釉、刷釉、点花、画花等工艺。其造型设计将古代、民间、现代艺术合而为一，制成的坯体将艺术性与实用性融为一体；其装饰手法有色泥点花、淳雕爬花、剪纸贴花、铁签刻画、剔花等；装饰图案有人物、动物、花鸟、虫鱼、山水等。观之有晶莹剔透之形，叩之能发清脆悦耳之声，装饰大方朴质而富于变化，具有浓郁的民族风格和地方特色。产品多为工艺陶和日用陶，如泡菜坛、酒瓶、花瓶、罐、茶壶、文房用品等。1984年，隆昌美术陶厂生产的《三彩花瓶》《蒜头花瓶》《朱砂双环花瓶》等11件产品在全国同行业评比中获“釉陶类”质量第一名，同时获“中国工艺美术品第四届百花奖”银杯奖及省优称号。1987年获得“出口商品认可登记证”。其各种产品内销全国15个省、市以及港澳地区，外销东南亚、美国、法国等国家和地区。

二、沱江船工号子

是昔日船工在劳动中的口头创作，流传于沱江流域的简阳、资阳、资中、内江县（东兴区）等地区。“沱江船工号子”的主要演唱方式是一领众和，主要唱段往往由领唱者一人担任，其他人只在下声部以较为固定的“嗨、左”等衬词作呼应。不同的航运生产程序便有不同的号子。当船准备起航时，要唱《出档号子》；起航之初，要唱《交架号子》（又名小斑鸠号子）；船进入航线时，要唱《大斑鸠号子》；平水行船时，船工唱的是节奏轻慢的《划船号子》；船即将下滩时，要唱《沱水参口号子》，以沱江各滩名为内容。除此之外，还有闯滩号子、上水出纤号子、上滩投水号子、上水激流号子、背船上棚号子、抛河号子、上水行船号子等等。“沱江船工号子”的歌词大都是根据各种旋律即兴唱出沿江所见、所闻、所想事物，内容丰富。“沱江船工号子”的旋律优美、节奏明快、语言诙谐，是民歌、山歌、川剧高腔的音乐元素综合体。“沱江船工号子”1955 年曾被四川省歌舞团搬上舞台，2005 年，内江庆祝建市 20 周年文艺晚会，也把它改编成歌舞搬上舞台。

三、资中县中型杖头木偶

资中木偶起源于清朝末年。1953 年成立资中县木偶剧团，属国家二级甲等剧团。其演员阵容齐全、艺术功底深厚，常年活跃在国内外演出市场，形成川南地区以中型杖头木偶为主、布袋木偶为辅的新型表演艺术团体。呈现出神形兼备、造型逼真、变化多端、操纵灵活的艺术特色。1992 年参加全国木偶皮影戏汇演，获文化部综合表演奖，6 名演员获优秀表演奖；1995 年赴哈萨克斯坦进行艺术交流演出，获该国颁发的表演艺术最高荣誉奖，7 名演员获最佳功勋演员奖；1997 年在第五届中国艺术博览会展演中获银牌奖；2001 年加入国际艺术联合会，5 名人员被批准为国际木偶艺术联合会会员；2005 年参加西影厂 40 集木偶剧《妖马伍》拍摄。中央电视台、中央人民广播电台、四川电视台、凤凰卫视台等新闻媒体对该团的精湛演出曾多次宣传、广泛报道。

四、资中叶脉画

资中叶脉画传承于传统菩提叶画，历史悠久，东汉时期出现贝叶佛像画，已有两千多年历史。20 世纪 80 年代初，资中县进行民间艺术普查工作中，老画家孙文光发现贝叶画这一传统艺术以后，开始挖掘、整理贝叶画继承和创新工作。经过三十多年的潜心研究，创研了独特的叶脉画技巧，采用中国传统工笔手法，用优质的石色绘画颜料、泥金、金铂粘贴等，创作出栩栩如生的佛像、观音、罗汉、道教三老图、儒教孔子像、古典人物、仕女、古诗配画等精品百余幅；用油画、水彩的方法表现立体人物造型的“天主耶稣”组画、现代人物领袖《邓小平》组画、孙中山画像、宋庆龄画像等。著名作品有《百钟馗图》《百观音图》《百叶脉图》《紫竹观音》等。1991 年。他的叶脉画《紫竹观音》作为“东方艺术精品”收藏于英国伦敦大英博物馆。

五、威远煤矿“小火车”

1958 年修建的通往威远煤矿的小火车铁路——“垉黄铁路”（垉河—黄荆沟），全长 7.8 公里，轨距宽度 762 毫米。建成后 40 多年里，该铁路共运载煤炭 1000 多万吨，运载人员 60 多万人次。进入 21 世纪，垉黄铁路使用过的 762 型蒸汽机车在国外已绝迹，国内亦稀有，威远煤矿将已超期服役近 20 年的两辆 762 型蒸汽机车重新修复，恢复其原貌，保存运人车厢 2 节，运煤车厢 4 节，站内铁路线 500 米。美国、英国、德国、法国、日本、加拿大、韩国等 20 多个国家、地区的人士专程前来观看。四川电视台、内江电视台等制作专题片，在中央二台和省、市、县多家电视台播放，多名记者写出文章在《四川日报》《内江日报》上登载。2005 年，内江电视台派出采访小组，制作专题片《深山里的老古董》，参加香港举办的世界非物质文化遗产评比展览。

六、资中盘破门武术

峨眉盘破门源出资中县罗泉镇，清朝乾隆年间，资中县罗泉井人刘赣，此人性情刚烈，幼年开始习武，痴迷武术，家中富有，年轻时就常年在巴蜀大地遍访名师，以武会友，学习众家之长，将本土武术和峨眉派武术融会贯通，独创“齐步云脚高桩盘破”打法，成为峨眉盘破门的开山祖师爷。峨眉盘破门到现在已有九代，其间名师辈出，在参加全国各地各种擂台赛中，多次获金章。各代弟子在丰富发展峨眉盘破门武术过程中，融会贯通，取长补短，形成具有传统的、优秀的、完整的、独特风格的盘破门武术。

七、隆昌牌坊文化

在隆昌县境内，留存的清代时期石刻牌坊群堪称中国石牌坊之冠，有石牌坊 17 座、石碑 4 座。这些牌坊多建造于清道光十八年（1838 年）至清光绪十三年（1887 年）49 年间，历经道光、咸丰、同治、光绪四个朝代。隆昌石牌坊十分雄伟壮观，其建筑格式大多为四柱三门三重檐、五滴水、三开间牌楼式清三仿木结构建筑，榫头含接，柱板槽扣，实在完整紧密。石牌坊雕刻精美，各坊根据彰表内容不一，取材于戏剧故事或民间传说，分别用浅体浮雕、深体浮雕和镂空凿刻等技法，雕刻出一幅幅生动画面，辅之以幅幅对仗工稳、书法笔力遒劲的楹联和诗文，以及各具神韵的装饰花纹图案，使牌坊充满深刻文化内涵和巧夺天工的艺术魅力。隆昌石牌坊种类繁多，有德政坊、节孝坊、功德坊、贞节坊、百岁坊、山坊等。建坊方式也多种多样，不仅有“官建”“官准民建”，还有“士民公建”“民建公助”“民建”等。隆昌石牌坊还有一个与其他地方牌坊不同的是“多人存坊”，一般牌坊是一人一坊，而隆昌牌坊中，孝子总坊旌表 5 人，节孝总坊旌表 300 多人。隆昌石牌坊，各种碑刻、石塔、石刻等沿驿道延伸排列，连同清代民居，保留和构成一种历尽沧桑岁月的古文化环境，被誉为一站“立体史书”。隆昌石牌坊是集中国传统建筑工艺和哲学、历史、数学、文学、力学、建筑学以及文化艺术精粹为一体的明清建筑代表作之一，具有很高的历史、艺术、文物科学和考古学价值。2005 年 3 月，隆昌县被中国乡土艺术协会命名为“中国石牌坊之乡”。

八、张大千文化

内江是国画大师张大千的故乡，素有“大千故里，书画之乡”之美誉。张大千的画张作达“包众体之长，兼南北二宗之富丽”，集文人画、作家画、宫廷画和民间艺术为一体。绘画、书法、篆刻、诗词、美食等领域均有建材。大千文化是内江的一张城市名片，也是重要的文化资源。20 世纪 90 年代以后，内江开始打造大千文化品牌。1992 年 9 月，张大千纪念馆在内江市东兴区东桐路圆顶山正式开馆，主要陈列张大千及其胞兄张善孖书画珍品和各时期的珍贵文物。内江师范学院张大千美术学院以张大千命名，积极培养书画人才。内江书画文化产业得到长足发展，各类书画展览异彩纷呈，书画人才队伍日益壮大。20 世纪 90 年代后，内江美术界涌现出一批中青年画家。围绕传承大千艺术，内江市相继举办了纪念张大千系列文化活动，开展了书画艺术作品展、“大千艺术周”“传承大千艺术”、大千经贸节等特色活动，吸引了一大批大千弟子、门人、学者专家以及热爱大千艺术的海内外各界知名人士，数十万市民踊跃参观。“大千品牌”效应不断扩大，以大千文化为龙头，内江“书画之乡”的特色魅力日益彰显，城市品位日渐提升。

第四章　社会事业

第一节　教育　科技

一、教育事业

内江的教育发展史可追溯到隋唐，至清末各县共办有书院120余所。至民国38年（1949年），内江公私立小学2823所，公私立中学63所，幼儿园32所（班），省立男女师范学校各1所，县立师范学校6所，属高等教育性质学校2所，均为私立。工农群众中文盲占80%，城镇人口文盲占30%。

中华人民共和国成立后，内江教育得到较快发展。到1965年，全专区小学校9901所（民办7198所），在校生870375人，学龄儿童入学率70.1%；中学327所（民办、农中230所），在校生65933人；中专6所，技工校3所。改革开放后，内江落实知识分子政策，调整教育布局，集资办学，改善办学条件，改革管理体制，成人教育、职业技术教育齐头并进，内江师专、内江教育学院、内江广播电视大学三所高等院校相继建立，对师资采取函授、进修、电大学习，促进了全地区教育事业快速发展。1985年，内江市在全省较早地实行“分级办学，分级管理”的领导体制改革，把基础教育责任交给地方，调动各级党政和各部门办学管学校的积极性。同年，市中区、简阳、威远、乐至、资中等县（区）学校实现“一无两有”（校无危房，班班有教室，学生人人有木质课桌），1986年，安岳、资阳、隆昌和内江县取得普及初等教育合格证书，提前一年完成普及初等教育任务。同年，内江市对职业中学毕业生实行就业优惠政策，促进了职业教育的迅速发展。全市中等职业学校59所，在校生18156人。1987年起，全市集中开展义务教育宣传活动。1988年，内江市教育委员会成立教育督导室，建立和实施督导评估制度。先后在内江一中、资中二中、资中东路小学和简阳县红塔区教办、区初中等学校，以及区和部分乡（镇）进行督导评估。1988—1990年共动员8.52万名小学生返回学校，小学生巩固率由95%增长到1990年的98%。1994年，全市已有160个乡镇普及六年义务教育，占总乡镇数的70%，普及人口579万人，人口覆盖率65%。有小学4626所，在校生79.4万人，7—12岁儿童入学率达99.6%。

1998年，区划调整后，全市各级各类学校1491所（全日制），其中高等院校3所，中专2所，中师1所，普通高中48所，初中238所（包括九年一贯制学校），小学644所，幼儿园513所（其中民办小学67所、幼儿园390所），职业中学28所，成人中专6所（其中教师进修学校5所、成人干部中专1所），成人、中小学47所，特殊教育学校5所，在校学生62.59万人（不包括大专院校）。全市小学招生4.16万人，学龄儿童入学率99.86%，在校生巩固率98%；初中招生3.95万人，小学毕业升学率100%；初中在校生巩固率99.83%；665名残疾儿童随班就读，残疾儿童入学率86%；青壮年非文盲率99.4%。1999年全市实现基本普及九年义务教育和基本扫除青壮年文盲“两基”工作。东兴区1998年被评为全国“两基”先进县。1999—2001年全市上重点大学人数居全省第二位（仅次于成都），2002—2003年上大学本科人数分别为4000人和5000人。2005年，全市各级各类学校1491所（全日制），在校学生62.59万人。全市基本保证六岁儿童入学，小学招生4.16万人，小学学龄儿童入学率99.88%，初中招生3.96万人，小学毕业全部升入初中。全市小学阶段在校学生巩固率98%，初中97.5%。内江六中、威远中学、隆昌一中建成国家级示范高中，省级示范高中5所，市级示范高中8所。普通高中在校生8.19万人，当年参加高考2.42万人，本科实际录取0.94万人，占参考人数的33.89%。全市中等职业学校43所，在校生3.9万人，中职毕业生就业率98%；为城镇在职职工提供培训3万余人次，培训下岗失业人员3000余人次；为农村劳动力提供实用技术咨询30余万人次。截至年底，市境内有内江师范学院、内江职业技术学院、内江电大等高等院校3所，在校学生1.38万人。

二、科学事业

民国时期，内江科技事业发展缓慢，到民国38年（1949年）底，内江有科技人员1740余人，科研机构5个。中华人民共和国成立后，科学技术得到迅速恢复和发展。1952年，资中糖厂率先跨入机械化制糖行业。1954年，甘蔗品种“内江55—75”在内江甘蔗试验场育种成功，结束内江长期依靠外来蔗种历史。1958年后，全专区先后建立一批科学技术领导机构和工、农科学研究机构，掀起群众性技术革新、技术革命和农村科学实验热潮。到1965年，制糖已全面进入机械化阶段；机械工业步入设计制造；化工、食品、造纸、电力、纺织、冶金、交通、邮电、建筑等部分技术水平有了长足进步；多发病、常见病、流行病得到有效控制和治疗；农作物自育新品种不断涌现，现代农业新技术得以推广普及。1972年后，一批科技院所、工厂、医院落户内江。

改革开放后，内江科技事业进入新的发展时期。全地区认真贯彻“经济建设必须依靠科学技术，科学技术工作必须面向经济建设”方针，广泛开展以提高工农业生产技术水平为重点的科学研究及技术推广工作，科研成果大量涌现；积极推进科技体制改革，实施科教兴市战略，推进科技成果产业化。在农业方面，市种子公司和市农业科学研究所在全国有计划、有目的地引种高产抗病新品种，解决水稻汕优二号接班品种。1983年1月将福建用于晚稻的汕优63等几个新组合引进用于中稻栽培试验。经过几年引种、鉴定、繁殖制种和推广系列技术配套，与种子、科研、农技、植保、土肥等技术部门联合，达到“一年引种对比，二年试验示范，三年鉴定推广，四年全面普及”的发展效果。至1986年，累计推广种植296万亩，共创效益7137万元。此项目分别荣获省、市科技进步二等奖、一等奖。1989年，市农业科学研究所选育成功的杂交水稻新组合菲优63，抗性和再生性优于对照组合汕优63，在四川省内示范推广。1993年选育成功的杂交水稻汕优多系一号，表现出高抗稻瘟病、米质优、丰产性好、制种产量高、再生能力强等5大特点，被省作物品种审定委员会确定为四川省第三代杂交水稻首推品种。其后又选育出菲优多系1号、金优多系1号、冈优182号等成型新组合，示范推广119.2万亩，增产10.56%。此项目获四川省科技进步一等奖、内江市科技进步特等奖。

在工业方面，四川银山磷肥厂与成都科技大学合作开发的“二水法磷酸—中和料浆浓缩法制固体磷铵新工艺”，历经控制性试验、小试、中试及工业性试验等，于1988年获得成功，被化工部列为“七五”期间全国推广技术，应用到国内数十个化工企业。1989年荣获国家科技进步一等奖。

1985—1994 年，全市科技计划项目 498 项，取得市级以上科技成果 392 项，其中 300 项获国家、省（部）及市科技成果奖或科技进步奖。同年，全市拥有各类技术经营机构 296 个，专兼职人员 1 万余人，年度技术合同成交金额 2000 万元，技术经营机构在科技成果转化中创年产值 7000 万元。1998 年，全市组织实施实现高新技术产值 10 亿元的科技兴市 1 +5 工程，工程项目 71 项，实现产值 27.5 亿元，其中科技产业实现产值 6.6 亿元，科技成果推广 20.9 亿元。取得市级科技成果 17 项。2000 年，全市新发展 15 家民营科技企业。产值上千万元 13 家，上 3000 万元 3 家，上 5000 万元 1 家，全年实现产值 5.3 亿元。全市获专利授权 70 项。引进、聘请各类国外和台湾地区专家 38 人次；引进新技术、新产品及先进设备 20 项。2003 年，内江市在全省率先建立外援科技智力队伍，成立以市委书记为组长的内江市外援科技智力队伍领导小组，集聚国内外专家、学者和内江籍在外优秀科技人才 6000 余人。在互联网上开通“全球科技协作网”，为企业与外智人才的合作提供高效、便捷的快速通道。在各县（区）和市级相关部门、单位设立 14 个咨询点，帮助企业广泛开展上网查询和对接外智人才。组织全市外智队伍建设培训会，在“全球科技协作网”上为 50 家企业制作上网网页，推出上百个技术难题、招标项目，供企业与外智人才选取、查询和对接。8 月，市委、市政府重奖对内江经济做出突出贡献的重庆大学教授刘飞、四川大学教授粱玉祥。内江市被四川省科技厅确定为全省唯一的外智人才建设示范市。2005 年，全市组织实施各类市级科技计划项目 80 项，其中国家级星火计划项目 2 项，省级重点科技项目 9 项，市级重点科技项目 69 项；落实项目经费 246 万元，其中省级经费 96 万元，市级经费 150 万元，新登记科技成果 21 项，评出市级科技进步奖 11 项。全市建立城乡各类科技、科普组织 1266 个，各类专家、学者、工程技术人员及农村能工巧匠人才 58 万余人。开展科学技术服务活动 2000 余次，实现社会经济效益 1.7 亿元；科技“金桥工程”市级立项 140 项，年增产值 2.4 亿元，创利税 5078 万元，节约资金 3385 万元。举办各类农村实用技术培训班 15579 期，参训人员 103.93 万人次；创建省级科普示县 1 个、市级 2 个；市级科普示范乡镇 12 个，市级科普示范基地 7 个。建立各类农村专业指导站 298 个，指导农户 26.3 万户，实现年总产值 10.8 亿元，销售收入 9.8 亿元。举办全市性青少年科技大赛活动 12 次，8616 所（次）中小学校、326 万人次师生参加，产生科技作品 55.8 万件，获全国奖 36 个，省奖 257 个，市奖 3448 个；面向全社会举办科普讲座 3975 场（次），赠送科技资料 108.1 万份，开展科技下乡 238 次，宣传接待群众 875.2 万人次。

第二节　卫生　体育

一、医疗卫生

1949 年 12 月内江解放，专署卫生局在人民政府领导下，立即接管旧医疗机构 13 所，逐步改建为县卫生院。1957 年，内江专区城市及工业医疗机构 108 所，农村区卫生所 75 个，乡（镇）联合诊所 395 个，初具地（专）、县（市）、区、乡四级卫生网络雏形。同时，地、县两级卫生防疫站和县妇幼保健所（站）单独建制成立。1965 年，恢复大队保健室，督导 13 所中学开办半农半医卫生班，并通过各地卫生部门组织巡回医疗队，举办训练班、技术推广站等形式，培训不脱产农村医生、卫生员 4 万多人，接生员 5000 多人，免费配给保健箱、产包 3.2 万个；在生产大队建立合作医疗站，在小队配备不脱产卫生员。1974 年，全区 97.8% 生产大队建立合作医疗站，赤脚医生 1.3 万余人次，并在乡（镇）卫生院统一管理下，实行就诊医疗经费部分或全部免费合作医疗制度。1978 年，卫生部门针对大队合作医疗站出现的投资困难、人员分散、乡镇卫生院越办越穷、农村预防保健工作难以落实的局面，借鉴农村经济改革的经验，经过推行经济管理，层层落实岗位责任制，以及撤区并乡建镇和卫生院“乡办乡管”等各项卫生改革，对卫生院实行人、财、物、权下放，预防保健工作实行承包责任制，因地制宜地调整了部分区乡卫生院规模和专业设置，将濒临解体的合作医疗站更名为村卫生站（点），把办医形式与医疗制度分开，实行“谁受益，谁负担”多种形式办医，鼓励有条件的继续实行合作医疗或劳保医疗制度，从而增强了基层卫生组织的活力。1979 年，三分之一重点县卫生事业建设和 1983 年世界银行货款县建设项目开展以后，城镇医疗卫生保健条件获得极大改善，各级综合医院纷纷在医院分级管理评审中上等达级。乡镇卫生院亦随 1989 年农村初级卫生保健工作的实施和 1991 年农村卫生三项建设的开展，逐步落实兑现国家对集体所有制卫生人员工资总额的 60% 的卫生事业补助费，并采取多渠道筹资措施，改造危房，加快配备房屋、设备、人员的乡镇卫生院建设，使之联系县级卫生部门和指导村级卫生站（点）的农村三级卫生网络枢纽得以稳定，一些有条件的卫生院在竞争中办成具有精神、口腔、痔瘘等特色专科医院。截至 1994 年年底，全市农村 4815 个行政村，恢复卫生点或合作医疗站 4962 个，乡村医生、卫生员 8821 人，接生员 5350 人，城乡个体开业医生 1168 人。全市乡及乡以上医疗卫生机构 1138 个，其中医院 747 个、医院床位 1.49 万张；职工总数 2.31 万人，其中卫生技术人员 1.92 万人。与解放初期相比，机构和人员分别增长 59.9 倍和 114.6 倍，每 1000 人口占有医疗床位和卫生技术人员数分别上升到 1.07 张和 2.15 人。年门诊和住院病患人数分别达 2024.4 万人次、39.8 万人次。全市卫生部门拥有固定资产 3 亿多元，房屋建筑面积 14.2 万平方米，卫生事业发展成包括卫生防疫、妇幼保健、医疗预防、教育科研、中医中药五大卫生体系和配套的中西医药行业。其中，市、县卫生防疫监督人员已达 800 多人，药品专（兼）职监督检查员 1500 余人，市、县 13 所中等卫生（技术）学校，在校生 4000 余人。先后培养中西医医护、卫生、药剂等 8 个专业中专毕业生 7136 名，培训职高毕业生 2654 名和初级卫生人员 1.7 万人。并与省内部分医学大专院校联合举办多种形式大专班，培养各类大专学历人才 1000 人。一大批中青年学科带头人脱颖而出，开展医学应用新技术项目逐年增多，其中获市级医学成果奖 153 项，获省级科技成果奖 37 项。

1998 年后，全市医疗卫生机构 559 个，病床 8104 张。其中县及县以上医疗卫生机构 227 个，乡（镇）及地方卫生院 313 个；卫生人员 13365 人，其中卫生技术人员 11176 人，医生 5877 人。平均每 1000 人拥有卫生技术人员 2.66 人，医生 1.39 人，病床 1.93 张。村卫生站（室）2376 个，乡村医生和卫生员 3965 人，村卫生站（室）覆盖率占行政村总数 93%。形成以公有制为主体、多形式、多层次、多渠道办医格局。全市提前三年以县为单位实现“2000 年人人享有卫生保健”的低限标准，合格率 100%；农村自来水受益率 40.36%；改厕率总数 22.06%；食品卫生监督覆盖率 95.5% 以上，甲乙类传染病总发病率由 1962 年 33.68‰下降到 1998 年 1.933‰；婴幼儿死亡率由中华人民共和国成立初期的 454.68‰降至 1998 年 10.23‰；孕产妇死亡率由中华人民共和国成立初期 127.8‰降至 1998 年的 0.332‰；新法接生率城市达 99%，农村巩固 90% 以上。钩虫病、地方甲状腺肿、布氏杆菌病、地方性氟中毒由中华人民共和国成立初期 454.8‰降至 1998 年 10.23‰；平均寿命 71 岁，比 1952 年 31 岁提高 1 倍以上。2000 年，全市 3 所市级医院、7 所县级医院在实行收支两条线后，共上缴财政698.14万元。2005年7月22日至8月1日，资中县、威远县、市中区、东兴区31个乡（镇）43个村相继发生“人感染猪链球菌病”病例，至8月22日，全市累计报告临床病例51例，死亡8例。市委、市政府及时按省委、省政府要求，迅速启动突发公共卫生事件应急预案，在市第二人民医院、资中县、威远县、隆昌县人民医院设立“人感染猪链球菌病”治疗点；建立市级诊断治疗专家组、市级流行病学调查组、医疗救治组、卫生执法组；制定“防治关口前移、流动关口上移、诊断关口上移、定点集中救治病人”的防控措施，出动干部群众6万人、120.5万人次，使该病病死率低于全省下平均水平，市第二人民医院集中救治的危重病人零死亡，资中县医院在省、市专家组入驻后病人零死亡，隆昌县全县无一例感染病例发生。全市抗击“人感染猪链球菌病”疫情工作受到省委、省政府表彰。资中县作为四川省新型农村合作医疗试点县，参加合作医疗的农民29.77万人，占资中县农民人口的25.61%。在中心城区启动社区卫生服务体系建设工作，确定市中区牌楼、城东、壕子口、东兴区胜利镇社区卫生服务中心为省级社区卫生服务标准化建设示范机构。2005年，全市卫生机构185个，诊所、卫生所、医务室、社区卫生服务站744个，村卫生室1977个。实有床位6710张，卫生技术人员8205名，每千人拥有卫生技术人员1.98名。

二、体育事业

内江从1995年以来，全市共承办国家级比赛5次、省级比赛28次，举办市级比赛160余次，多次荣获全国和四川“最佳赛区”称号。

先后于1986年、1990年、1994年、1998年、2002年和2005年组队参加省第一、二、三、四届青少年运动会和四川省十运会。

1985—1995年，全市村小以上各类学校全部施行“达标”工作。2003年荣获省“国家体育锻炼标准特殊贡献奖”。内江市体育传统项目示范学校由1998年的41所增至2003年66所。2005年，隆昌县一中被命名为国家级体育传统项目示范学校，市中区翔龙中学被命名为省级传统项目示范学校。先后举办全市中学生田径运动会、小学生“萌芽杯”、中学生篮球运动会、市直中学广播体操比赛等；组织部分学校参加省中学生3个俱乐部活动，人数分别为34.85万人次、17.30万人次、20.20万人次。

1977年，各行各业建立职工体育机构233个，业余代表队303个，运动员6709人。1986—1990年，举办市级各类运动会201次，参赛运动员3万余人，县级举办运动会309次，80000人参赛。1990年11月，举行内江市首届职工运动会，参赛运动队97个，运动员836人。1995年举办内江市第二届职工运动会，各行业系统组团33个，运动员1000人参赛。1998年举办县以上运动会94次，42450名运动员参赛。2001年，内江市首次举办“党政领导干部运动会”，将原来的职工运动会、农民运动会合并为四年一届的“内江市运动会”。

从1995年开展全民健身运动以来，县（区、市）和社区体育有长足发展，群众体育、农村体育、老年体育、残疾人体育十分活跃，隆昌县评为全国体育先进县，东兴区太安乡、隆昌县圣灯镇被国家体委、农业部、全国农民体协评为全国农村体育先进乡镇。市中区新华路社区获全国群众体育先进单位和国家级体育俱乐部、市中区临江社区和东兴区西林社区获全国城市体育先进社区。

1987—2005年，组队参加6届四川省老年人运动会。资中球溪河糖厂老年体协和市老年体协，先后获全国老年体育先进集体。内江市举办8届，评出“甜城健康老人”77人，先后参加10届省评选，评出“巴蜀健康老人”15人及全国健康老人1人。长年参加体育锻炼人数占全市人口30%。

1996—2004 年，连年获得国家体委、省体委“全民健身活动周”先进集体和优秀组织奖。按照“保重点项目，办热点项目，攻难点项目”发展思路，保证省三、四届青少年运动会和省九、十届运动会上圆满完成市委、市政府确定目标任务。同时向国家、省输送奥运冠军唐琳、世界锦标赛冠军巫丹、亚洲女飞人刘晓梅等一批优秀运动员。在第二十七届奥运会上，有 4 名运动员参加，在全省市、州中领先，占全省参加奥运会四分之一，而且获得四川省 8 年来唯一一枚金牌，也是内江体育史上首枚奥运金牌，评为“四川省体育事业突出贡献奖”，受到省委、省政府的表彰和奖励。

从 1986—2005 年，内江籍运动员在参加亚洲运动会、洲和世界锦标赛及奥运会上共获金牌 16 枚、银牌 8 枚、铜牌 5 枚。2005 年，全市共成立体育总会、桥牌、信鸽、门球、武术、乒乓球、棋类、长跑、足球、田径、老年体育协会等 12 个群众性体育组织，全年举办市级以上竞赛 39 次，其中市级竞赛 32 次，月均 2.6 次。县级以上竞赛 98 次，每县平均 19 次以上。举办两次综合性运动会——内江市第二届运动会、内江市第二届统一战线运动会。全市体育人口比例 30% 以上。2005 年，全市大型体育场 7 个、体育馆 4 个、游泳池 12 个、看台灯光球场 17 个。

第三节 劳动就业

改革开放后，内江贯彻执行中央关于劳动部门介绍就业，自愿组织起来就业和自谋职业的“三结合”方针，多渠道安置待业人员。协助全民、集体单位兴办“大集体”“小集体”，鼓励行业人员个体开业。1981—1985 年，资中、隆昌、威远 3 县安置城市待业人员 4.45 万人。1986 年 10 月起，国有企业新招工工人一律实行劳动合同制。同时在 130 户试点企业以优化劳动组合为重点的搞活固定工制度试点。1990 年全市合同制工人占国有企业职工 8.1%，实行“工效”挂钩企业和职工，占国有企业 44.3% 和 66.8%。1986—1990 年，全市企业职工 49.77 万人，其中全民职工 35.29 万人，集体企业职工 14.52 万人，招收合同制工人 2.84 万人。安置城镇待业人员 6.3 万人。全市转移 100 多万人次，向全国 20 多个省、市、自治区输出劳动力 57 万人。1992 年，在转换机制中，全市 52 家企业、3400 名职工参加“内三制”（中层干部竞争上岗、职工双向选择、绩效挂钩）改革试点，分别占全民企业总户数 7.6% 和职工总人数 19.7%。1994 年，市、县（区）劳动部门实施内江印染厂等 7 家破产企业 1990 名失业人员分流，通过兼并、转产、调配、兴办实体等，妥善安置失业人员。1995、1996 年，全市安置待业人员 1346 人，劳务输出 2.21 万人，就业培训 1.26 万人。全市劳动服务企业新安置城镇失业人员、待业和企业富余人员 4530 人。1998 年，内江实行“两保”（养老与失业保险）再就业工程，全市 279 家国有企业均建立再就业服务中心，1.98 名下岗职工实现再就业，安置城镇待业（失业）人员 8520 名，劳务输出 5500 名，就业培训 13300 名，劳动服务企业新安置待业、失业和企业富余人员 1321 名。2000 年，筹集下岗职工生活保障资金 1556 万元，发放下岗职工基本生活费 5363.2 万元，1.46 万人下岗职工实现再就业，安置城镇（失业）人员 7933 名，劳务输出 4533 名。2005 年，全市建立劳动保障所 120 个，配备工作人员 144 人；建立社区劳动保障工作站 139 个，聘用专兼职劳动保障协理员 304 名，形成覆盖全市基层劳动保障工作服务网络。全市城镇新增就业 23500 人，其中持《再就业优惠证》下岗失业职工再就业 13800 人。政府帮助 3943 名持《再就业优惠证》“4050”人员等再就业。全市帮助 2760 名“零就业”家庭实现 1 名成员就业再就业，306户失地农民“零就业”实现1名成员再就业；4852名失地农民参加失业保险，城镇登记失业率控制在4.53%。全市下岗失业人员再就业优惠政策资金补贴1630.12万元。年末城镇从业人员21.94万人，比上年增加3901名。

第四节　社会保障

改革开放后，内江地区各级劳动部门和工会加强对劳动保险业务管理，劳动保险工作趋于正常。1986年，内江市、县（区）两级建立职工社会保险事业管理处（后改为社会保险事业管理局），专门管理社会保险工作。当年，试行国有企业固定职工退休费用统筹、劳动合同制工人缴纳少量保险费起步。全市企业养老保险工作首先在市中区国有企业中试点，到1987年8月，各县（区）国有企业养老保险相继实现退休费用县级统筹；1989年1月，由县级统筹过渡到市级统筹。1990年，全市参保人数21.57万名，征缴金额2.22亿元，当年支出1.99亿元。合同制工人的养老和待业保险，已形成制度健全、基金专项管理、专款专用体系。新招合同制工人统一实行了养老保险。1995年，全市国有企业参加退休费用省级统筹单位995家，参统职工18.99万人，离退休（职）人员5.02万人，职工养老基金征集率95.4%；城镇集体企业实行以县为单位养老费用统筹，参统单位1296个，在职职工5.40万人，离退休人员1.67万人，职工养老基金征集率94.5%；城镇临时工、农民合同工养老保障全面展开。全市国有企业参统失业保险100%，非国有企业参统38%，累计为2000多人次提供各类失业保险服务，发放失业救济金60多万元。对全市43802名国有企业和城镇企业职工进行了补充养老保险。工伤、女职工生育保险、大病医疗费用统筹也得到开展，为职工社会保险一体化奠定了基础。1996年1月，社会统筹与个人账户相结合的养老保险制度改革实施后，个人账户按个人缴费工资的11%计入（其中个人缴费3%，社会保险机构从企业中划入8%）。国有企业固定职工从1992年4月省级统筹实施之月起，按个人收入的2%缴纳基本养老保险费。1997年，按照统账结合要求，全市以缴费工资11%比例建立的个人账户由个人缴费工资3%、企业划转8%两部分构成。当年，全市纳入基本养老保险统筹单位1916个，参统离退休人员78703人。

1998年2月，区划调整后，内江市纳入全省基本养老保险统筹单位1295家，参统职工139425名，离退休人员58351名。当年11月贯彻国务院关于建立统一的企业职工基本养老保险制度，从1998年1月1日起，企业单位缴费为职工工资的20%，职工个人缴费按月工资4%执行。1999年7月1日起，企业职工个人缴费按月工资5%扣缴，单位按20%缴纳。当年参统企业1295户，参保职工13.93万人，离退休职工5.83万人。全市个体劳动者参保2396人。2000年，全市筹集养老保险基金3441万元，支付离退休人员养老金3216万元，征收率和付出率分别达到98%和98.9%，实现养老金积累165万元。参加失业保险职工22.80万人，征收失业保险1646万元，发放1039万元。2001年1月1日，正式实施《内江市城镇职工基本医疗保险暂行办法》。当年，全市医疗保险参保单位2077个，参保职工186123人。实际征收医疗保险基金3758万元，征缴率达86.76%，全市按规定实际支付参保人员住院医疗费用908万元。2002年，内江市征收养老保险基金实行统一费率，企业缴费5%，个人缴费6%。2003年到2004年个人部分为8%，企业部分为3%。2004年，经省政府批准，内江市率先在全省实行养老保险市级统筹试点。统一费率，统一计发办法，统一政策，基金统收统支，统一调度使用。同时在全市范围启动和发展工伤保险，当年参保人数5.80万人，工伤基金征收820万元。全市养老保险累计结余27525万元，工伤基金累计结余1517万元。2005年，内江市率先在全省实行养老保险市级统筹，扩大社会保险覆盖范围，推进非公有制经济组织和灵活就业人员参加社会保险，强化社会保险基金征缴。全市企业养老保险净增扩面3061名，实行企业法参保职工16.2万人，征收基本养老保险费3.4亿元。清理回企业历年欠缴的养老保险费1607.51万元，全市发放8.39万名企业离退休人员基本养老金4.96亿元。企业离退休社会化管理服务率100%，社区管理覆盖面89%。全市失业保险参保人数13万人，征缴失业保险金2315万元，失业保险费支出1600万元。全市基本医疗保险参保总数20.7万人，征收基本医疗保险费1.14亿元。全市生育保险参保人数9.1万人，征收生育保险费170万元。全市工伤保险参保总人数67200人，其中高风险企业19382人参保，缴工伤保险费（含清欠）679万元，全年累计支付779.48万元。

第五节　社区建设

1984年，内江市城西街道办事处及所属公园街居委会同中国人民解放军内江军分区一起开展共建文明一条街——公园街的创建活动。1985年，城西街道办事处首次推出居委会工作百分赛制度。所辖7个居委会当年获得百分赛一等奖的2个，二等奖2个，三等奖3个。至1985年年底，全市共有居委会202个。1993年，全市开展“模范村（居）委会”和“优秀村（居）委会主任”的评比表彰活动。1997年，全市19个居委会被命名为“示范居委会”。1999年，在居民自治工作上，市政府命名50个居委会为“示范居委会”。

2002年4月，市委办、市政府办印发《关于大力推进城市社区建设的意见》，7月，市政府成立内江市社区建设工作领导小组。各县（区）按照市委、市政府要求，将社区建设工作纳入党委、政府重要议事日程，陆续完成摸底调查、学习考察、制定实施意见，成立领导机构、拟定发展规划、注入建设资金等工作，全市社区建设工作已进入具体运作阶段。9月，市中区交通路下段社区居委会、东兴区内糖社区居委会、资中银磷社区居委会、银糖社区居委会、明心寺镇川硫社区居委会相继成立。隆昌县将县城14个街道居委会调整划分为15个社区居委会。各地采取挪、挤、调、租、建等多种措施，在短时间内全部落实每个社区居委会不低于50平方米的办公用房和50平方米左右的活动场地。当年，全市建立社区服务站37个、劳动服务中心5个、文化活动中心41个、卫生服务中心17个、青少年活动中心14个、托幼园62个、餐饮、维修等各类服务网点720个，全市志愿者2141人、各类技术服务人员1749人。全市调整完善社区党组织55个，有6个居委会被命名为自治示范单位。2003年，市政府将创建示范社区工作纳入当年为民办实事目标进行考核，要求年底前，各县（区）完成创建1—2个示范社区、市中区完成1个示范街道的任务。市政府与各县（区）签订社区建设工作目标责任书，印发《社区建设领导小组及成员单位职责》和《内江市社区建设示范街道、乡镇和示范社区命名暂行办法》。全市城市已划分新型社区97个。全市社区均依法按规定建立社区党组织、社区居委会等社区组织，乡镇社区规模调整也正式启动。市民政局利用“星光计划”资金，向全市社区建设投放资金160万元，市政府向全市社区建设投入资金100万元，加上县（区）投入，当年全市在社区建设上投入800万元。同时，全市还深入开展自治模范创建活动，全市2个街道办事处、69个居委会分别被市、县（区）政府命名为示范单位。2004年，市委、市政府提出以建设新型社区为目标，以发展社区服务为重点，以强化社区功能为核心，以示范活动为载体，以规范化建设为手段，将创建1个社区建设示范街道和12个示范社区纳入民政部门职能目标实行管理，提出警务、文化、卫生、社保工作“四进社区”要求，并将此项工作纳入市政府重点督办项目。截至10月底，全市城区和乡镇共245个社区，城区“四进社区”工作完成率91.9%，乡镇“四进社区”工作完成率62.15%。年底，市中区城西街道被市政府命名为社区建设示范街道，全市33个社区被县（区）政府命名为示范社区。2005年，在社区建设上，实施市级领导率社区工作成员单位联系社区制度，开展“四进社区”活动，加强社区基础设施建设，市财政安排专款100万元，为乡镇社区配备微机，改善乡镇社区办公条件。经检查验收，全市有4个街道办事处、38个社区被授予“示范街道”和“示范社区”称号。当年，全市建立社区居委会组织248个（其中城市社区97个、乡镇社区151个），社区党组织248个，社区办公场地平均达54.6平方米，社区居委会专职干部898人。全市建立街道社区服务中心1个，社区服务站134个，社区便民服务网点382个，社区服务志愿者组织199个，安置就业和再就业3183人。

第五章 城建环保

第一节 城乡建设

一、城乡规划

内江市城市总体规划起步于1959年。1959年、1964年、1974年曾三次编制城市总体规划，由于各种原因，基本上没有实施。1979年第四次编制城市总体规划，1982年报经四川省人民政府批准。1985年2月建立省辖地级内江市后，对1982年的内江市城市总体规划进行修订，1988年经省政府批准实施。按城市总体规划，中心城区各项建设事业全部纳入规划管理，规划市中区、内江县两个区域为中心城市。1990年，各县（市、区）先后对城市总体规划进行修订、完善，确定出城市性质、规模、布局及功能分区，确定内江城市空间布局结构以内江市区为中心，成渝公路和铁路为中轴，向东西两翼全面辐射展开；城镇化水平2000年达到32%、2010年达到44%；城镇人口发展规模2000年308万人，2010年441万人；内江城市性质：全市的政治、经济、文化中心，川南交通枢纽和轻工商贸中心城市。1992年，省政府批准内江市成立省级“内江经济开发区”。1994年10月，内江市、简阳市城市总体规划，经省人民政府正式批准实施。完成威远县城总体规划修订，着手编制资中历史文化名城保护规划，先后调整、完善内江市区临江南苑小区、西林大道左侧住宅组团、简阳石盘岗湾小区、乐至池南小区等一批小区建设性详细规划。完成16个试点小城镇规划编制，其中7个已经内江市人民政府批准实施。全市规划面积由解放初期的1.2平方公里扩大到22平方公里，城市化水平达12.4%。

1998年2月，内江市行政区划调整后，市人民政府对城乡建设规划提出“老城繁荣，新城崛起”的工作思路，建设市区城市中心、发展改造3个县城、积极推进小城镇建设。2001年，内江市城市总体规划托四川省城乡规划设计研究院设计，5月进场，7月完成初稿，12月完成规划。2003年1月经省政府批准实施。城市总体布局，以城市用地发展调整、疏散旧城。重点北移东兴、西拓东兴、新江整合完善；以邓家坝、乐贤控制建设；积极开发白马，引导椑木合理发展，构建西北—东南，东—西两条生态廊道，形成绿色开敞空间。全年，编制控制性详细规划16.45平方公里、专项规划5项、修建性详细规划190项。2005年，在准备市区邓家坝3平方公里控制性详细规划的地图测绘等前期工作，完成《城市道路体系规划》《绿地系统与景观风貌规划》等14项。威远县修订连界镇10平方公里总体规划，完成城南工业园区6.04平方公里控制性规划、向义镇2.16平方公里控制性详细规划、新场镇40亩修建性详细规划、严陵镇占地0.33公顷的农民新村规划；隆昌县努力打造“西部青石文化城”，规划编制云关峰、南关牌坊群等11个重点建设项目；资中县规划设计武陵二期工程、汇源工业区等。

二、城乡建设

内江城区，位于市境南部，沱江中游。原主城位于沱江右岸呈孤形半岛阶梯状分布。清代末，城内主要街巷11条，城外街巷12条，县城面积约1平方公里。民国年间，拆除少量城墙扩街路，整治店面，民国34年（1945年）后开始有砖木结构楼房出现，也曾有过发展计划和设想，仅作一些街面拓宽改造为新式建筑店面，城市没有多大发展，市政设施十分简陋。1949年11月县城解放，此时县城面积约1.2平方公里，人口6.02万人。

中华人民共和国成立后，内江成立建设科，开始对城市实行统一管理和建设。到1978年，城市建成面积达8.27平方公里，城市常住人口15.4万人。改革开放后，城乡建设快速发展，先后建立健全城建、乡建、规划、园林、环保、统建、市政等方面的管理机构，逐步开展城市总体规划，城市迅速扩展。到1985年内江实行地改市时，城市建成区面积达11.55平方公里，常住人口21.4万人，已发展成为中等城市。经过30年的发展建设，内江城区建成区面积增加10平方公里，人口增加15万。市政建设方面：3米宽以上道路达37条，总长3.2万米；公共绿地21.55公顷，建成人民公园，西林公园、梅家山公园和塔山公园4处；自来水从无到有，建成4座水厂，即城区水厂、东兴水厂、白马水厂和椑木水厂，日供水能力21万立方米/日。城区排水系统逐渐完善，共有主干沟36条，支沟57条，合计长度37公里；内江城区已有二座发电厂、1座110千伏变电站、4座35千伏变电站，总装机容量112900千伏安。有程控电话交换机600门；城市客运车辆发展到115辆，线路30条，年客运量2471万人次；环卫设施设备不断增加，已有环卫车辆39辆，公厕234座。

1985年内江实行撤地建市，成为省辖地级市，实行市管县体制。在新的体制下，城市建设得到快速扩张。到1993年，内江城区建成区面积达20.81平方公里，常住人口30.3万。2000年，城市建成区面积达24.3平方公里，常住人口44.56万人。到2005年，城市建成区面积达29平方公里，常住人口48万人。城市面积增加17.45平方公里，人口增加26.6万人。城市已由旧城逐步向东兴、双苏、马家坪、乐贤、椑木、白马和邓家坝等区域发展，初步形成有机疏散、分片集中的开放式沿江组团结构。

1985年，城市道路共118条，总长41.2公里，道路总面积48.97万平方米。到2005年，城市道路已增加到215条，总长度达到121.93公里，总面积228.3万平方米。城市道路增加97条，长度增加80.73公里，总面积增加179.33万平方米。主要建设、改造了汉安大道、东兴大道、西林大道、甜城大道、凤鸣大道、江华大道、大千道、入城线及内椑路、新盛路、兴隆路、平安路、东桐路、太白路、滨江东路等30余条城市主、次干道，初步形成了内江建设大城市的基础道路网络体系。新建城市桥梁两座，即西林大桥、桐梓坝大桥。城市广场3个，即大洲广场、大千广场、和平广场。城市防洪按50年一遇洪水位标准设防，新建防洪堤12公里。城市供水建成城市水厂4座，设计供水规模15.8万吨/日，取沱江水源为主，供水普及率达95%，供水管网总长约510公里。

1985年，城区排水管道以明沟和条石、砖砌为主。多为盖板涵和拱涵，排水制度为雨污合流，直接排入沱江，造成河水污染。到2005年，在新区已实行雨污分流制，且多采用混凝土园管。2004年建成占地57亩，投资10090万元，日处理污水5万吨的城市污水处理厂一座。大大地减轻了城市对沱江河水质污染，极大改善了水质和环境条件。

内江城市天然气工程于1985年开始筹建，1987年3月正式供气。到2005年，全市用气户约5.6

万户，气化率70%。城市气源来自隆昌太平配气站。输送管道全长24公里，最大输气能力10万NM³/D。城区门站建于东兴区红光村，具15万NM³/D供气能力。在大千路西侧建储备站1座，设计规模为4×1000立方米。椑木建有配气站1座，用户1500户。白马天然气接凌家22#气源，用户500余户。全城设CNG三级充装站5座，充装能力1300辆。内江城区有220千伏变电站1座，110千伏变电站5座，35千伏变电站3座。容载比1.26。110千伏线路50.2公里，35千伏线路51.82公里，城区年用电量6—8亿千瓦时，最高负荷165万千伏左右。内江电信交换机总容量已达到34万门，模块容量为2.2万门，接入网容量2.3万线。城市电话普及率为21%，城区设电信综合局2处。移动电话已有中国移动、联通、网通等多家公司经营移动电话业务，基本形成移动通信网，城区移动用户达3.8万户，普及率为11%左右。拥有公交车辆500台，营运线路40余条，线路总长500余公里，年运量9000万人次/年，每万人拥有公交车11辆，出租车700辆，年运送旅客360万人次/年。广播电视覆盖率为93%，电视节目覆盖率57%。

2005年，资中县城区建成面积8.60平方公里；县城实有道路39.30公里；实有道路面积65.50平方米；供水综合能力5.38万立方米/日，53.90公里；供水总量602万立方米，供水人口7.40万人；天然气用户13300户，用气人口3.48万人；绿化覆盖面积159公顷；园林绿地面积141.1公顷；公共绿地面积27.44公顷；公园1个，面积12.30公顷；路灯盏数1910盏；公厕35座。隆昌县城区建成面积12.05平方公里；县城实有道路42.87公里；实有道路面积97.40平方米；供水综合能力5.38万立方米/日，排水管道长83公里；供水总量602万立方米，供水人口9.63万人；天然气用户27600户，用气人口7.10万人；绿化覆盖面积281.30公顷；园林绿地面积205公顷；公共绿地面积33.36公顷，公园1个，面积12.30公顷；路灯盏数1910盏；公厕35座。威远县城区建成面积9.20平方公里；县城实有道路37.53公里；实有道路面积63.90平方米；供水综合能力6.80万立方米/日，排水管道长96公里；供水总量2211万立方米，供水人口8.05万人；天然气用户26013户，用气人口6.61万人；绿化覆盖面积87.5公顷；园林绿地面积79.4公顷；公共绿地面积42.84公顷，公园1个，面积31.90公顷；路灯盏数2600盏；公厕8座。

民国时期，全地区集镇285个，主要分布在沱江河沿岸及重要交通要道上，绝大多数城镇是农副产品集散地。中华人民共和国成立后，党和政府十分重视集镇建设。1970年后，大力发展二轻、街道、乡镇、文教卫生事业，新辟农贸集市，增设商业网点，集镇面貌逐步发生了变化。到1978年，全地区建制镇10个，集镇用地面积3957公顷，聚居人口发展到46.89万人，住户发展到11.01万户。1979年、1982年全国第一、二次农村房屋建设工作会议后，全地区各县（市）按照“全面规划、正确引导、依靠群众、自力更生、因地制宜、逐步建设”的原则，狠抓集镇规划、建设和管理工作。1986—1990年间，重点抓集镇建设规划的编制工作，全市完成433个集镇建设规划的编制任务。通过规划，确定了集镇道路骨架，明确功能分区，把长期以来盲目建设，逐步引导到有规划、有步骤的建设轨道上。1985—1990年，对村镇建设采取典型试点，选择不同类型的26个镇作为试点镇（其中省级2个，市级8个，县级试点16个）。到1990年，全市集镇数由新中国成立初期的310个增加到358个，面积1821公顷，人口25.13万人。建制镇数由1984年18个增加到74个。全市集镇建设184万平方米，公共建筑130万平方米，住宅160万平方米；新建、改建道路40万平方米，自来水厂248个，公共厕所405座，市场147个、15万平方米，影院140座，文化站356个，幼儿园917所，敬老院120所，医院205所，多数集镇改造和新建中、小学校，有的集镇还建起电视差转台、安装闭路电视，办起自己的电视节目。全市农村20万户农民，新、改、扩住房1257万平方米，人均居住面积20平方米。1991年，全市在试点、总结经验基础上，全面开展规划编制调整和质量，到1995年年底，全市有23个部、省、市级重点镇，有20个镇完成规划编制，并经市政府批准实施。其中简阳市贾家镇新编规划在全省省级试点镇规划评比中获“优秀方案奖”。1995年，市委、市政府再次扩大试点镇范围，将原来23个重点镇扩大为50个。1994年、1995年，第一批23个部、省、市级重点开工基础设施项目86个，投放资金1.0973亿元。23个重点小城镇工农业总产值1994年与1995年相比，增长24%，二、三产业增长32%，镇级财政收入增长18%，镇区人均收入增长14%，农民纯收入增长18%，23个镇社会总产值均超过亿元。1998年区划调整后，全市辖87个镇、24个乡。1998—2005年，全市村镇建设累计完成住宅建设3868万平方米，投资71.96亿元。公共建筑325.63万平方米，投资9.09亿元。生产建筑263.42万平方米，投资5.3亿元。公用设施建设总投资15.8亿元，改扩建农村道路1157万平方米，新改建农村公厕315座。全市国家级试点集镇4个，省级试点集镇31个。2005年，规划5个小城镇、10个小康示范新村。

第二节　环境保护

中华人民共和国成立初期至1957年，内江工业化水平低，环境自净能力强，自然生态平衡，环境污染尚未显露出来。1958年大炼钢铁，森林和矿产受到严重破坏，生态环境开始恶化。自1963年起，随着内江工业大发展时期的到来，大多数建设项目边设计、边施工、边投产，忽视“三废”（废气、废水、固体废弃物）治理，环境污染由局部发展到整体，环境质量逐渐恶化。沱江河水有机物污染严重，城市煤烟型大气污染和噪声污染突出。1975年7月，内江地区革命委员会环境保护领导小组成立。1976年11月，内江地区召开第一次环境保护工作会议后，内江地区环境保护开始走上正轨。中共十一届三中全会后，内江环境保护事业得到快速发展，全面实施建设项目有效管理，狠抓污染治理，环境影响评价和环保“三同时”制度逐步得到落实。至2005年，全市累计投入污染治理资金4.3亿元，累计建成各类污染治理设施1300余套。2005年，全市工业废水处理能力为3501万吨，工业废气处理能力5451141万标立方米，处理和综合利用废渣324万吨。全年环境污染治理投放资金12658万元。

一、沱江水污染治理

沱江水污染属典型的有机物污染。根据沿江污染源分布和对沱江污染的程度，全地区（市）采取分行业逐步治理办法，加快水污染防治步伐，力保全地区（市）人民的生命线。1985—1990年，全市地面水污染日趋严重，全市除沱江的支流大清流河、三岔湖和长葫水库等的水质较好外，其余水质普遍较差。1992年，四川省人大常委会作出综合治理沱江水污染的决议，沱江水污染治理逐步走上流域治理的轨道。1992—2000年间，全市酒精废醪基本得到治理，六大糖厂制糖滤泥用作农肥，26造纸厂实现纸机白水回收，造纸黑液碱回收技术试验成功，三个大型机械化炼焦厂建成，代替土焦窑，炼焦废水集中治理；11个主要煤矿和部分小煤矿洗煤废水实现闭路循环；市、区、县医院和企业职工医院病毒废水通过治理达标排放；西南医用设备厂、资阳内燃机厂等18户主要电镀企业（车间）的电镀废水完成治理；内江肉联厂等6户肉类联合加企业完成屠宰放废水治理；内江发电总厂冲灰水全部进入渣场，年回用冲灰水1700万吨；全市天然气脱硫尾气、硫酸尾气、含氟废气、高炉煤气、炼焦废气和烯煤气等主要工业生产废气，陆续建成净化处理设施，工艺废气净化处理率达50%，燃煤烟气净化率达90%；全市煤矸石、煤渣、硫铁矿渣等主要工业固体废物综合利用率达58%。2001—2005年，按照国家统一部署，重点查处水污染不法排污行为，促进一批水污染源的治理。通过对沱江水污染治理，沱江干流水质基本接近国家Ⅲ类地面水环境质量标准。沱江干流水质指标中氨氮、生化需氧量、亚硝酸盐分别下降1.7毫克/升，1.75毫克/升，0.05毫克/升。特别在实施“一控双达标”和治理重点水污染源后，沱江内江段水质恶化的势头得到一定遏制。沱江干流平水期水质基本达到地表水环境质量Ⅲ类标准，丰水期一般为Ⅳ类，枯水期基本属于Ⅴ类以下水质。主要支流中大清河、蒙溪河水质良好；小青龙河、乌龙河水质得到明显改善；球溪河、威远河水质污染严重。主要饮用水库长沙坝、葫芦口水质较好，常年保持Ⅱ类标准；柏林寺水库水质逐步恢复到Ⅲ类。2004年，因川化集团第二化肥厂排污口向沱江排放大量氮氨2000吨，造成沱江水域发生“3·02”水污染，全市沿江受灾乡镇32个，行政村266个；受灾畜牧业单位2616个；受灾渔业单位1909个；受灾规模工业企业62家；受灾建筑企业39家，受灾餐饮企业1704家，受灾服务企业1311家，全市直接经济损失超过3亿元。7月30日，省建设厅、省发改委批复内江城市引水（濛溪河应急）工程方案，从资中县濛溪河取水至内江二水厂。全线铺设玻璃管道长19.5公里，日供水6万立方米，经过110天建设，于2005年2月4日正式举行通水典礼。

二、城市环境综合治理

城市污染是内江突出的环境问题，大气煤烟型污染和噪声污染突出，生活废水、垃圾和粪便不能得到妥善处理。从1980年开始，内江地区及各县（市）政府积极开展城市环境污染治理工作。1992年后，内江城区关闭、搬迁扰民企业20余家，城区烟尘控制区面积覆盖率达100%，煤烟型大气污染得到改观。1992年，市政府下令城区15个单位限期改造不合格的生活，至1999年，内江城区累计治理重点烟尘污染源36个。从1999年开始，全市集中开展高、中考期间“禁噪”，环保部门坚持24小时值班巡查，集中整治一批噪声污染源。公安交警在城区主要街道实施机动车禁鸣喇叭。2000年，内江市城区为全省8个噪声达标的城市之一。从2000年开始，内江城区推广使用压缩天然气（CNG），全市公交汽车和出租车约1150辆改装使用，加之城市道路改造，如滨江西路、入城线改造，双苏开发区、西林开发区建设，以及实施城市交通畅通工程，城区交通阻塞现象大大减少，机动车尾气污染得到综合治理。2000—2005年，在内江城区禁止经营性燃煤，六年间内江城区餐饮业主燃煤全部改为天然气、液化石油气、电等清洁燃料，燃煤造成的二氧化硫和烟尘污染得到有效控制。2005年，全市环境噪声达标面积31平方公里，城市区域环境噪声53.7分贝，小于55分贝。2005年生活垃圾简易处理能力达390万吨/日，生活垃圾简易处理量12.1万吨，粪便清运量3.4万吨。2005年，全市累计建成公园13个，人均公共绿地3.63平方米。内江城区空气质量全年二级以上天数308天，占总天数的86.3%，好于二级标准的天数超过三分之二。

三、控制新污染源

在老污染治理取得较好成绩的同时，全市执行建设项目环境影响评价制度和“三同时”制度，严格控制新污染源产生。1993年，内江市制定《内江市建设项目管理办法》，简化建设项目环境管理审批手续，提高办事效率。2000年，中共中央、国务院实施“西部大开发”，全市积极改善投资环境，简化审批程序，实行环保政务公开，促进招商引资和项目审批。2000—2004 年，全市约有 9000 个新、扩、改建项目按要求办理了环境影响报告书（表），环评执行率由 2000 年 95% 至 2004 年 100%；全市应执行“三同时”项目约 3500 个，执行率 100%。其中应执行环境评价 10 个，实行执行环境评价 10 个，环评执行率 100%。至 2005 年，全市清理 2002 年以来审批的建设项目，逐一督促落实“三同时”，严把环保准入关。强化建设项目“三同时”管理，实施全过程监管。全市各环境监测站共获环境监测数据 44365 个。按《关于转发国家环保总局对环境监测站标准化建设验收的通知》要求，内江以 97.6 的高分一次性通过国家和省专家组验收，并在全省验收达标监测站中名列第五。完成沱江干流水质自动监测站建设并通过验收，内江城区建成 2 座大气自动监测点。

第六章 名胜古迹

第一节 建 筑

一、圣水寺

圣水寺位于市中区城西三公里沱江河畔，是川中颇具名气的寺庙，有“川中第一禅林”之称。该寺建于唐代咸通年间（860—873年），因寺后山有泉水流出，尚有“灵泉”美称，寺以“圣水”而故名。圣水寺建筑面积6000多平方米，分两个单元，东面从内至外主体建筑为圆觉楼、藏经楼、大雄宝殿，称大寺；西面主体建筑为大悲殿（即千手观音），称古寺。建筑模式有唐寺、宋院、明亭、清阁；雕刻艺术现存唐雕宋刻，造型奇异，文线粗犷；观音阁后楼一壁石刻和以整块石刻的千手观音尤为珍贵。明代大学士赵贞吉所书“圣水寺”和“圣水岩石”书法，笔力刚劲圆柔。1958年圣水寺被列为四川省文物保护单位。

二、西林寺

位于市中区北渡沱江左岸，是四川最大的尼姑庵之一。始建于南宋咸淳五年（1269年），明末焚毁，清嘉庆三年（1798年）重建。民国27年（1938年）改住比丘尼众30余人。寺庙主体建筑由观音殿、文昌殿和大雄殿三重殿组成，另有僚房、主堂、贯堂及尼众佛学院（旧址）等附属建筑。庙宇红柱碧檐、青瓦飞鳌，屋脊刻彩色人物、兽、龙图像。寺内有明代拟建“百丈”山石坊1座，单门双柱，造型古朴；寺前有明代照壁1幅，正面为明代万历年间邑人刘象岩所书“紫霞境”三字，背面为明代大学士赵贞吉书《偈语手迹》。寺周古木参天，林木葱郁，辟有花园1500平方米，苗圃3000平方米，寺前临江处有清代道光乙巳年始建的“太白楼”亭阁，相传为后人为纪念唐代大诗人李白偕友人范金卿同游西林寺，临别时所作离别诗一首《别范金卿》而建造的。

三、资中文庙

位于资中县城重龙镇文庙街。占地面积7035平方米，建筑面积2608平方米。北宋雍熙年间（984—987年）始建于县城东街，清道光九年（1829年）由东大街迁此。主要建筑灵星门、大成门、大成殿，排列在南北中轴线上；东庑、西庑、钟楼、鼓楼、乡贤祠、名宦祠，对称分布东西两侧，崇圣祠位于大殿左后。大成殿高20米，内藏有清康熙、雍正、乾隆、嘉庆、道光、咸丰、同治、光绪八位皇帝书写的匾额及民国时蒋介石、林森题写的匾额，有全国在大成殿内唯一的一尊孔子站像，以及镂空雕刻九龙二凤盘绕金底黑字、全国最大的明“至圣先师孔子神位”。明成化年间“御制重修孔子庙碑记”、清康熙皇帝御书“大学碑”尤为珍贵。最具资中地方特色的照壁壁间七孔镂空壁塑，图案精美，由云海波涛、蟹虾鱼龙、坊塔石树、鱼跃龙门等构成故事。作为四川地区的孔庙建筑群，资中文庙以其历史悠久、布局严谨、造艺精湛、特色显著、内涵丰富、古朴典雅、保存完整倍受中外人士称赞。先后收录于《中国名胜大词典》《中国旅游名胜大词典》《四川文物览胜》等。1980年，四川省人民政府公布为文物保护单位。

四、清代一条街

清代一条街原名新正街，位于资中城中心偏西。街宽5.1米，长120米，南北走向。此街建于清光绪年间，是仿效成都巡警道周孝怀为推行清廷“新政”修建劝业场的做法而建。全街两旁房屋全是清一色带挑厦建筑，一个格调，高低一致，门面大小进深一律。3层木板楼，小天井，木板门，门上雕文武2门神，临街的格子窗，雕花足瓜柱，滴水檐瓦，整齐划一，简朴浓郁的古代风格引人入胜。旧时通街是旅店、饭馆、茶楼、酒店。现此街仍以饮食业为主，全街有40余家店铺经营着资中的名小吃、茶馆、酒店等。北街端水柱上还有资州学正、四川著名书法家包汝楷撰写的对联：“任北步南行，背市廛捷径，极层楼飞宇信州郡大观”。

五、甘露寺

位于资中城西22公里的甘露镇甘露村。该寺始建于唐代，明正统十二年（1448年）重修，清乾隆、嘉庆年间两次培修，先后增修殿宇数重，形成较为庞大的古建筑群。寺庙坐北朝南，前后四进，共有三重殿堂和厢房24间，建筑面积3100平方米。主殿大雄宝殿高15米，整座大殿全木结构，无一铁钉，无一尖眼，都是木料交互搭建而成。殿中正梁上有一精致木匣，内藏一件为张三丰绘的墨龙，此乃镇寺之宝，为历代方丈代代相传。大殿外有一座高约5米、宽约4米的石坊，此坊建于明代嘉靖年间（1522—1566年），石坊正中刻“资中第一禅林”，是清嘉庆七年（1802年）资州牧赵遵律所书。寺后2公里有龙洞，龙洞为苌弘养晦处。甘露寺内保存的赵遵律的《游龙洞记》石碑，就记述有苌弘的事，是珍贵的考古资料。寺侧有西岩，旧说僧人无相曾在此修行过。岩下清泉潺潺，相传能治病，人称之为甘露，寺庙因此而得名。1991年，四川省人民政府公布为文物保护单位，面积1446平方米。

六、永庆寺及木牌坊

位于资中县重龙镇，始建于唐代，清康熙重修永庆寺，占地10200平方米，建筑面积2869平方米，内有大雄殿、天王殿、东西厢及宋始建、清重修的来鹤亭。大雄殿筒瓦红柱棂窗门，殿堂宏伟，供释迦、罗汉、观音，前门一联：剪长江万里波涛，千仞峰头开一鉴；解大众四禅束缚，诸天阁上演三车；后门一联：西方本自归虚际；南海从教在眼前。来鹤亭重檐八角，传原有宋黄庭坚书“惊鹤归来”，寺前高耸“文命诞敷”牌坊。“西蜀名刹，重龙古迹”石坊，巍峨精美。寺后有明石坊玉虚宫，清代石砌内城墙。寺内陈列室陈汉、唐、明、清各代釜、俑、镜、币、碗、瓶、木雕及恐龙化石等文物，碑亭集苏轼、黄庭坚、米芾、文天祥、董其昌等书画石刻。黄庭坚行书《幽兰赋》，由7块长2米，宽1米峡石组成，字大15—20厘米，气魄恢宏，尤足珍贵。廊挂何绍基、包弼臣、邱正达、公孙长子及今人张爰萍等木刻匾。也是成渝线唯一的一座五百罗汉堂。1991年四川省人民政府公布为文物保护单位。

七、静宁寺

位于威远县向义镇境内，为川南最大儒、释、道寺庙。静宁寺的前身为高峰寺。寺庙始建于明代，清光绪年间复建，改名为静宁寺，又名复觉寺。有房屋千余间，占地百余亩，成为荣县、威远、资中、内江、富顺、自贡一带的一座大庙宇。寺内设有观音殿、玉皇楼、孔子殿、关圣殿、王母殿、考香院、儒林院、大礼堂、慈善堂、八德池、五福桥、字库塔、凉亭等，寺庙内石狮、石刻、楹联、木亭、桥、池、井等保存完好。寺庙富有明、清风格，其结构为斗拱柱梁，琉璃筒瓦，搬敖座脊，雕龙刻凤，巧夺天工，俨然古代宫殿，在建筑结构上即保持中国古庙宇的对称性和古建筑的风貌，又体现西方园林式建筑特色。静宁寺设儒、释、道三大教派，在全川乃至西南地区均属罕见。寺庙曾是川南慈善总会所在地，孔子第七十二代孙孔德成曾从山东赴静宁寺主持慈善活动。在抗日战争期间，全国唯一的一所国立中学——东北中山中学和张学良的东北中学两所学校迁址于此办校8年之久。

第二节　石　刻

一、翔龙山摩崖造像及石刻

位于内江市中区翔龙路。沿翔龙山西面长206米、宽约9米高的崖壁上，留存造像61龛，计有大小造像368尊，高者达8米，小者仅数厘米，保存摩崖题刻9处。此山由明代进士、盐运史王三锡书刻“翔龙山”而得名。翔龙山摩崖造像始凿于唐代，盛于宋代，延至明清。宋代在山前傍崖接楼，兴建资圣寺，1960年被拆除。唐代造像中较著名的有阿弥陀佛为坐佛，刀法简练，衣纹线条流畅明快，刻技精湛。千手观音造像高8米，造型端庄，气势恢宏。有大小造像150尊，像高5—30厘米不等，凿造人物形态各异，造型精致，栩栩如生。翔龙山留存有清代至民国时期的摩崖题刻9幅，集篆、隶、揩、草于一壁，字体多样，风格迥异，书法、诗文俱佳，最为著名的是张大千早年重书明代赵贞吉诗碑，是张大千民国10年（1921年）从日本回故乡，应资圣寺住持果真之请所书。此外，翔龙山崖壁上还保存清末民初邑人曾庆昌、陈鸣鸾、邱特澄等书画家书刻题诗石刻多处。1996年，四川省人民政府公布为文物保护单位。

二、东林寺千手观音

位于内江市市中区城东河坝街，与沱江对岸的“西林寺”遥相对峙，为旧时内江“二林晚眺”胜景。该寺始建于南宋绍兴十一年（1141年），明万历年间焚毁。清康熙、乾隆年间重建和续建。寺后靠崖，自唐宋以来历代都有摩崖造像，故曾有“千佛岩”之称。其中宋代千手观音石刻造像高7.4米，宽7.16米，造型端庄，线条浑劲，刻工精湛。造像具40只手，顶上双臂托佛，胸前合掌，下护双膝。其余34只手，分别提串珠，举宝莲，握法器，托花盘，各具姿势。寺庙虽饱经风雨，观音造像却基本完好，面部所贴赤金光彩照人。

三、重龙山摩岩造像

位于资中县重龙镇公园街，造像分布古北岩、君子泉两处。君子泉处造像127龛1222身，古北岩处造像 45 龛 491 身。据《金石苑》载《唐重修北岩院记》，其凿始于唐建中四年（783 年），造像以观音、地藏、药师佛和净土信仰一类题材居多，雕刻或细腻或粗犷，形象生动。左侧第一窟为释迦牟尼全身立像，高近 5 米，头戴珠光宝冠，前胸半裸，身着布衣僧迦梨，饰以衣纹、佛面丰腴，神情端庄，体态健硕，造型简朴。摩崖正面有华严三圣图，维摩示疾图，观无量寿佛经变像，千手观音像，毗沙门天王像等龛。观无量寿佛经变像龛为三部，上部刻西天“极乐世界”盛况；中部造“西方三圣”；下部雕“未生怨”和“十六观”故事，场面宏伟。崖间还有个别道教造像，如老君青牛图等。1981 年收入《中国名胜辞典》，1981 年四川省人民政府公布为文物保护单位。

四、隆昌石牌坊群

位于隆昌县金鹅镇。在隆昌县境内，留存清代时期的石刻牌坊群堪称中国石牌坊之冠。现存石牌坊共 17 座，石碑 4 座。分布在隆昌县城北关和南关。每座牌坊正门上面分别刻有不同碑文。上下、左右两侧也分别刻有善长芳名、立坊年代以及象征“善”“福”“寿”等浮雕。每座上面都雕刻着栩栩如生的人物、花鸟、动植物等图案，图案造型讲究，雕工精美。这些牌坊均建造于清道光十八年（1838 年）至清光绪十三年（1887 年）49 年间，历经道光、咸丰、同治、光绪四个朝代。其建筑格式大多为四柱三门三重檐、五滴水、三开间牌楼式清石仿木结构建筑。计有郭陈氏节孝牌坊、禹王宫山门牌坊、锄莠安良碑、牛树德政牌坊、孝子总牌坊、刘光第德政牌坊、肃庆德政牌坊、郭玉峦功德牌坊、舒承是百岁牌坊、节孝总牌坊、除暴安良碑、政通人和碑、李吉寿德政牌坊、觉罗国欢德政牌坊、郭王氏功德牌坊等。2001 年 6 月 25 日，隆昌石牌坊作为清代古建筑，被国务院批准列入第五批全国重点文物保护单位。

五、佛尔岩唐代摩崖大佛

位于威远县东联镇境内，为唐代摩崖造像。大佛身高 11.82 米，系省内最大的弥陀接引佛。大佛身披架裟，袒胸裸肘，腰系宽大褶裙，左手托舍利于胸前，右手长垂，倚北面南站立于莲台之上。佛像方正丰硕，两耳垂肩，慈眉善目，庄严古朴。大佛左侧有四座摩崖佛龛，造型精美。佛像均身高两尺余，清巧大方。佛龛之下有山泉涌出，终年不断，水质清澈透明，口味甘醇，大佛佛尔岩大佛下方新建有大雄宝殿，殿内刻有观音菩萨、文殊菩萨以及普贤菩萨等佛像均金光闪烁，富丽堂皇。

第三节　风景名胜

一、长江森林公园

位于东兴区郭北镇长坝村，距内江城区 14 公里，临大清流河右侧，以山长、顶宽、林木葱郁而得名，是东兴区境内集中成片的最大林区，东北长 2.8 公里，东西宽 1.6 公里，海拔最高点（新马道子）405 米，山地面积约 4 平方公里，营造 2600 多亩以松树为主的森林。1992 年被四川省林业厅批准为“四川省长江森林公园”。长江森林公园以森林植被景观、水景景观、地质地貌景观、田园景观、人文景观组成的风景游览区。其中森林植被景观以人工培育的马尾松、湿滴松、火炬松等幼中林、桃林，橘林组成。水景景观在园内三条山梁之间形成数十米深的两条峡谷，在交汇处筑成铁炉沟水库，总库容 468 万立方米。

二、资中重龙山风景区

位于资中县重龙镇。重龙山风景区历史悠久，东汉时楼钟山建有宁国寺，隋唐后逐渐扩展至重龙山，成为浏览胜地。重龙山文物古迹众多，有永宁寺、三贤池、来鹤亭、寨门、木牌楼等古殿宇，其中珍藏有苏东坡、黄庭坚、米芾、袁枚、曾国藩、张大千等名家书画碑刻、题记、楹联、绘画及出土文物1700余件。尤以黄庭坚的《幽兰赋》碑最为名贵，是稀世珍品。山腰有“君子泉”三面环岩，泉水叮咚，四季不绝。泉边岩壁及古北岩壁上，密布隋唐以来摩崖造像1600尊。景区古建筑连片，文庙、武庙相望，东岳庙在武庙右侧，为辛亥革命党人杀端方纪念物“文命诞敷”牌楼。重龙山“唤鱼池”系苏东坡手迹，寿音阁依山而建，重龙阁屹立山顶，登阁俯瞰全城。1980年列为四川省重点文物保护单位。1993年被评为省级风景名胜区，2002年被评为国家AA级风景名胜区。

三、白云山风景区

位于资中城西南16公里的新桥镇，1993年被核准为省级风景名胜区，2002年被评为国家AA级风景名胜区。长11.5公里、最宽处7.6公里、总面积40.7平方公里，108个山峦连绵起伏。景区由白云峡、白云山、灯树坪、杉树坳4个组成。白云山有树种37科、80余种，植松树15万亩，呈现出千山万壑、漫坡遍野的繁枝茂叶、蓊蓊郁郁，蔽日遮天的林海，有“川中林海”之誉。

四、云顶寨风景区

云顶寨距隆昌县城20公里，坐落于海拔530米的云顶山上，始建于明代洪武四年（1371年），至清咸丰十一年（1861年）建成。寨墙全长1640米，通高75米，面宽3至4米，有6道寨门，是保存完整的古城堡。离寨子1华里的云顶场，是为适应当时寨主夜间打牌作乐后购物、进餐需要而设，人们半夜进场交易，天亮散场，此风俗至今未变。1995年1月被列为四川省级风景名胜区。2003年12月被列为国家AA级景区。

五、船石湖风景区

坐落在威远、仁寿、资中三县交汇处，位于威远县连界镇境内，由船石湖和白牛寨森林公园组成，景区长7公里，宽3公里，面积12平方公里，湖面直径为12.5公里，有203条岔道穿插于山林中。湖周重峦叠翠，林海茫茫，山风袭来，松鹤齐鸣，形成长虹卧波、象鼻登高、芙蓉赏月、百年相思等景点。湖岸白牛寨，有成片森林6万多亩，广植松、杉、油茶、楠竹等，形成一片林海。景区内林木繁茂，花草丛生，环境幽静，鸟语花香，有三教寺、白牛寨、古银杏、梅海奇观、驼象岭、空中行车、放生池等景点。林区西南部有寺，曾几时香火鼎盛，今中衰落，而古庙尚存。1995年被列为省级风景旅游名胜区。

第四节 古 镇

一、罗泉镇

位于资中县城西部，距县城西51公里，是一座具有千年历史的古场镇。该镇于清雍正七年

（1729 年）置资州分州，为分州治。嘉庆二十年（1815 年）设罗泉井场。民国 3 年（1914 年）撤分州置县治，改场为罗泉镇，民国 17 年（1928 年）撤县佐，镇由县直辖。镇因早日盐井星罗棋布，卤泉丰富，故得名。罗泉镇聚落依山傍水，由南向北，古镇长街蜿蜒五里，依山沿球溪河畔而建。街道因势造形，时宽时窄，有开有合。开处临河为半边街，将远山近水引入街道，构成一个较大的开阔区域；合时复为封闭式小街，狭窄处反数步而已。街房大多系清代建筑，多为二层楼房，前临街，后依山或傍水，根据地势的不同，依山之屋层层升高，傍水之房以吊脚楼为多，并配有观景的挑廊，其古建筑在川中小镇中凸现了“高、大、精”三大特点，在四川其他地方尚未有类似的建筑群，故有“川中第一龙镇”之美誉。在镇北坐落着全国唯一的一座用于祭祀盐神的庙宇——罗泉镇盐神庙。庙宇占地 1275 平方米，建筑面积 1191 平方米，纵向分三层台基构成，横向采用传统的对称分布，在长达 52 米的地基中轴线上，殿宇、厅堂、回廊、楼阁等建筑一应俱全。罗泉镇的盐业史，最早可追溯到秦朝，其产盐史，比有着“盐都”之称的自贡还要早五百多年。罗泉的盐业历经唐、宋不断发展，至清朝时达到顶峰。清光绪年间，有盐井 1515 口，不仅盐矿丰富，其质量在同行中也是佼佼者，所产井盐于民国 14 年（1925 年）的法国巴黎世界博览会上荣获“博览会金奖”。1992 年被四川省人民政府列为省级历史文化名镇。

二、铁佛镇

位于资中县城西 36 公里处。铁佛镇建于清乾隆五十三年（1788 年），嘉庆、咸丰、光绪年间相继培修。古镇建筑面积近 5 万平方米，清代建筑就达 3 万平方米。古镇由上街、中街、下街、禹王街、猪槽街、新街组成。老街依山势而建，形似镰刀，线状延伸，呈三层布局。九处石梯，拾级而上，一层高一层，层次分明。小街宽 5 米，街两边店铺前的街沿较宽，有 3 米，便于经商营业。店堂一般宽 3—4 米，进深 4—5 米。大多数店堂后有一小天井，正对天井的一方是堂屋，天井两侧的厢房就是卧室和生活用房。全街一房紧接一房，全是石立柱、石砌基的青砖青瓦房，可见高出屋脊许多的用青砖砌成的“封火墙”。封火墙翼角高翘，雄奇瑰丽。古街上留下的这些明清民居，屋檐斗拱，挑坊雕刻，各具特色。上街到中街有 20 多台石级，街呈缓坡，台阶两边依梯而建、鳞次栉比的木楼，蔚为壮观。古镇上还有广东会馆南华宫、江西会馆万寿宫、福建会馆天后宫及川主庙、王家祠、菁莪书院等历史遗址。1992 年被四川省人民政府列为省级历史文化名镇。

第五节　纪念馆

一、张大千纪念馆

位于内江市东兴区东桐路圆顶山，西林寺西侧，与市中区一江之隔。张大千纪念馆占地 31.46 亩，主体建筑为大风堂、画苑，配有长廊、亭、榭、水池、花园、山石等，总建筑面积 1060 平方米，采用三合院、四合院几重进院落式布局，粉墙青瓦、穿门结构、坡面、马头墙与山头屋面交替使用，独具民族民居建筑风格。馆内收藏并展出张大千各个时期的艺术作品，介绍张大千一生艺术生涯和艺术成就。馆内园林布局精巧、环境幽静，站在临江的长廊上，可俯视沱江，眺望内江城，与西林寺对视，是内江市区内景秀丽名胜，2002 年被评为国家 AA 级风景名胜区。2003 年 10 月被四川省政府列为第三批爱国主义教育基地。

二、四川保路运动会罗泉会议会址

位于资中县罗泉镇。包括胡范渠书楼及原福音堂，占地面积 564 平方米。1911 年 8 月 4 日，同盟会员龙鸣剑、秦载庚等人在此召开会议，商定改同志会为同志军，安排武装起义。罗泉井会议为全川同志军起义作了重要的思想和组织准备，将和平请愿的保路运动引向反清武装斗争。是中国同盟会把保路运动由保皇的改良主义转变为武装推翻清朝的民主革命的第一个具体步骤和重要里程碑。1991 年 4 月，四川省人民政府公布为文物保护单位。

第七章　风土民情

第一节　宗　教

内江境内宗教主要有佛教、道教、伊斯兰教、天主教和基督教。2005 年，全市 3 县 2 区批准开发的宗教活动场所 85 处，宗教教职人员 175 余人。全市信教群众 50 万余人。

一、佛教

内江市境内佛教历史久远。汉建安五年（200 年）资中城郊谷田乡宁国村所建宁国寺，系佛教传入四川最早的地区之一。至唐朝，佛教在内江兴盛，资中县宁国寺智诜及其弟子令柔、处寂、无相等高僧，在全国佛教界影响颇大，武则天曾宣昭至长安讲解佛法，并赐智诜为“国大禅师”，赐宁国寺为“菩提道场”。宋太祖即位后的建隆元年，实行对佛教保护政策，仅内江县僧尼达 4000 人，仅次于成都、乐山。元朝时期内江佛教开始衰败，至明朝时期，内江佛教又开始振兴，多数寺庙得以维修或扩建。资中县出高僧弘恩，内江县出高僧丈雪，二人著作颇丰，诗词、书法皆佳，佛理升达。清朝时期由于元末和清初战乱，内江人口大减，寺庙遭破坏，天主教、基督教进入内江及其所辖各县，佛教逐渐走向衰败时期。民国 3 年（1915 年）成立中国佛教会四川省内江县分会，资阳、资中、简阳、井研、威远等县也有佛教协会，开展佛事活动。中华人民共和国成立后，内江各级政府贯彻宗教信仰自由政策，僧尼的爱国热情和思想觉悟得到提高，内江及所属各县佛教的知名僧人当选为政协委员或人大代表。“文化大革命”中，佛教被冲击，僧尼被视为“封建的代表”，寺庙遭破坏，佛像被毁，门窗打烂，房梁拆走，名人题字被销毁。改革开放后，恢复群众信教自由。1978—1985 年间，内江市及所辖各区、县政府，清查、退还各寺庙被查抄走的物资、田产、房屋及有关设施，并拨给部分经费作为维修寺庙所需。1983 年起，寺庙逐步交由僧人管理。僧人及信教群众恢复宗教生活。1986 年，全市相继开放圣水寺、西林寺、永庆寺、真觉寺、宝光寺，千佛寺、大佛寺、报国寺、开元寺等 9 处寺庙，佛教教职人员 315 名。至 2005 年年底，全市共开放寺院 54 座，僧尼 162 名，信教群众约 42. 23 万人。

二、道教

内江市境内道教历史悠久。西晋时期道教著名领军人物葛洪，在内江县境内（联盟乡）之山穴炼丹。县人称此洞穴为“葛仙洞”，宋朝时，人们在此建葛仙寺，香火延数百年。唐朝时期，内江及所属各县大兴土木，修建道观。唐末五代两宋时期，由于四川战乱较少，道教有所发展。内江又在此阶段修建不少道观，且以消灾取福、呼风唤雨、治病除瘟、渡亡济死为职事，深得执政者支持。在此时期，安岳县道教名人陈抟对内丹学、天体学、人体学等等很有研究，著作丰厚，对整个中国道教影响很大，特别是对道教全真派影响深远。元朝时，由于皇室敬奉全真教，道教维持发展状态。民国24—38年（1935—1949年）年底，四川道教约有3万人，内江道教约1000人。1949年后，经过土地改革，农村道观的道士分得土地，靠耕种自食。“文化大革命”时期，道教宫观多遭破坏，道教停止活动。1982年，道教恢复宗教活动，部分道观进行维修或扩建。1984年经省主管部门批准，全省道教宫观开放42处，其中内江境内3处。1985—1990年，经市政府批准开放道教活动场所1处，宗教教职人员56人。1998年区划调整前，经县级以上政府批准道教活动场所3处，准予登记道教教职人员2人。2005年年底，经县级以上政府批准的道教活动场所3处，道教教职人员7人，信教群众7000余人。

三、伊斯兰教

清初“湖广填四川”，随着回族移民迁入，伊斯兰教传入内江。据清《清真寺大凼寺碑》文记载：“吾先祖康熙年间由楚入蜀，托迹内江，落业大凼，兹于1880年（光绪庚辰），约集同人商议，募化马战聪、马维金、马朝松、马朝章之地建寺……不数月而殿宇辉煌，规模广大，经堂楼阁，胥咸落成……”而据20世纪90年代编辑出版的《隆昌县志》记载：“隆昌少数民族以回族人数为多，信奉伊斯兰教。据调查此教是1711年（康熙年间）由回民苏正选由湖迁隆传来……”中华人民共和国成立后，穆斯林宗教信仰、宗教活动和风俗习惯受到法律保护和尊重。土地改革时，按《土地改革法》有关规定，在征得穆斯林同意前提下，征收一部分寺产参加分配，仍保留一部分田地、山林、房屋等，作为教内自养。1958年，隆昌县、内江县伊斯兰教对旧制度、旧习惯进行改革。在“文化大革命”期间，清真寺遭到严重破坏，正常宗教活动被迫停止。1978年后，逐步落实宗教政策，清真寺逐渐修复或扩建，恢复穆斯林正常宗教生活。1995年，隆昌县政府常务会议决定，由县财政筹资35万元，金鹅镇清真寺自筹5万元，在金鹅镇青年路重建金鹅清真寺。该寺于1996年12月竣工，寺之外形为阿拉伯式，建筑总面积为1034.98平方米。1985—1990年，经各区（县）人民政府批准，全市开放伊斯兰教活动场所3处，分布在东兴区、隆昌县，宗教教职人员4名。至2005年年底，全市开放伊斯兰教活动场所4处，宗教教职人员2名，信教群众6000余人，主要分布东兴区、隆昌县。

四、天主教

内江天主教大都在清嘉庆五年（1800年）后建立并发展起来，只有安岳较早。其后，传至内江县、资中县、资阳县、简阳县、威远县、隆昌县等地。至清末天主教传教士依仗鸦片战争取得在华腹地传教特权后，大量涌入市境内传教，内江、资中、资阳、简阳、安岳、乐至、威远、隆昌等县均有法国父传教士修建教堂，兴办修道院、教会中小学、西医诊治所等。民国35年（1946年）仅隆昌县建立教堂25座，教徒1364人，其中男教徒712人，女教徒652人。至1949年，全市共有教徒20000余人，大小教堂52座。中华人民共和国成立后，天主教割断与帝国主义的政治经济联系，坚持独立自主办教原则，开展“三自”（自传、自治、自养）革新运动。改革开放后，根据群众信教需要，于1980年，内江市及所辖各县落实宗教政策，天主教恢复活动。如市中区陈家冲天主教堂，1982年，天主教恢复活动，活动使用面积为120平方米，余3101平方米由教堂出租。1985—1990年，经各区（县）人民政府批准，全市开放天主教活动场所5处，教职人员4名。1998年区划调整后，全市开放天主教活动场所2所，教职人员2人，至2005年年底，全市开放天主教活动场所3处，宗教教职人员2人，信教群众4000余人。

五、基督教

清光绪十五年（1889 年），美国传教士鹿依士，重庆求精学校毕业李天元来资中县传教，分别在资中北街和重龙山仰止阁侧建教堂两座，并在各乡镇设堂传教，资中县成为内江基督教传教活动的重点县份之一。基督教传入内江后，传教士们频繁与内江各界人士接触，包括官员、士绅、商人、农民以及小商小贩、家庭妇女，向人们宣讲基督教。在建立教堂的同时，逐渐建立学校，包括幼稚园、初小、完小、中学；还普遍建立诊所或医院，有的县还建立农村服务处，为农民种植业服务。创办学校不收学费，开办诊所不收处方费和药费，而获得一些人的支持或加入，成为基督教教徒。民国 31 年（1942 年），美国基督教会内江福音堂卫理公会与武汉迁渝的“宽仁医院”合谋，创办“体仁医院”，成为内江市第三人民医院的前身。民国 38 年（1949 年），全市基督教堂 11 座，教徒 2000 余人。中华人民共和国成立后，基督教割断与帝国主义的政治经济联系，内江境内基督教创办学校、医院、慈善机构由政府接办或处理，并在政府的扶持下，实现独立自主，自办教会道路。1966 年“文化大革命”开始，内江基督教礼拜堂全部关闭，教会房产被占用或被拆除。改革开放后，内江基督教逐渐恢复开展宗教活动，教会房屋、财产也得以归还和补偿。1985—1990 年，经县（区）人民政府批准，全市批准开放的基督教活动场所 4 处，分布在市中区、隆昌、资中、简阳县，宗教教职人员 9 名。1998 年区划调整后，全市基督教活动场所 3 处，宗教教职人员 3 人。至 2005 年年底，全市基督教活动场所 21 处，宗教教职人员 4 人，信教群众 57500 余人。开办教育自养的社会福利事业。有的教徒被选为人大代表或政协委员。

第二节　民　俗

一、婚俗

1953 年开展贯彻《婚姻法》“运动月”以来，青年男女开始自主的自由恋爱婚姻。被礼教束缚的寡妇可以再婚，二婚嫂不再被人歧视；四十、五十的单身汉，因分得土地和住房，也能够结婚。旧的封建婚姻制度被打碎，旧的婚姻礼俗也随之废除，代之以婚事新办的新风尚。在农村，新娘不办嫁妆，不坐花轿，由新郎迎接，或三、五女青年随伴到婆家。新郎、新娘不拜天地，也不拜祖宗，而是在堂屋正壁中贴上毛主席像，向毛主席行鞠躬礼。在城市、机关、学校、工厂的职工，先扯结婚证，再由工会、青年团出面组织一个简单的结婚仪式。由主持人、来宾、新郎、新娘讲话。整个婚事十分简朴，花钱很少。20 世纪 50 年代中期，农村男女青年的社会活动范围有限，一般通过介绍人说合，多数仍由父母作主，但必须征求本人的意见。20 世纪 60 年代，城市青年自由恋爱公开。农村男女仍要人介绍，双方先见面，后约定日期到男家“上门”。看了家屋后双方同意，男方送给女方的钱和衣料，作为订婚凭证。结婚时，先办结婚证，后择期完婚。结婚之日，男到女家亲迎步行。到了婆家，一般还要举行个简单仪式。1963 年通过社教以后，机关、学校、工厂、农村，大都做到了节约办喜事，赠送毛泽东选集，勉励努力学习和工作。20 世纪 70 年代，内江又流传“早栽秧，早打谷，早生子，早享福”“有女无儿半边孤”的封建言论。部分青年选择对象讲条件，要“三转一响”（手表、缝纫机、自行车、收音机）和全套家具。农村接一个媳妇，要送“十道礼”（见面礼、订婚礼、生日礼、端午礼、中秋礼、春节礼、送期礼、过礼、谢媒礼、回行礼），都要按旧规矩送钱、粮、衣、物等，还要安媒人，合八字，择期、拜堂、闹房等。1975 年后，广大青年响应中央号召，自觉实行晚婚，男二十五岁、女二十三岁结婚。结婚时，不要彩礼，男到女家落户。改革开放后，随着物质生活水平的提高，内江地区出现了女方索取财物、男方比阔气、讲排场的现象。各级民政部门狠抓《新婚姻法》的宣传贯彻，大力提倡节约办婚事和开展“五好家庭”活动，出现了婚事新办、夫妻平等相待、家庭和睦团结、子女尽心瞻养老人的新风尚。

二、丧葬

中华人民共和国成立后，旧时的厚殓厚葬习俗的经济基础没有了。阴阳、道士、端公，消声匿迹；纸扎房停业，香烛纸钱不见于市面。20 世纪 50 年代中期，民间崇尚棺材，以黑漆为上品，群众以秧歌锣鼓为死者送葬。1958 年，平毁官山墓地，种庄稼，向祖宗要粮，许多无祖坟墓平掉，一些有主坟墓保留或迁移，提倡由公社建立陵园、公墓。1960 年后，内江专区准许薄棺材出售，场镇有纸银子、青香、红烛出现。用短小白帕代替披麻戴孝，端公、道士在夜间为死者开灵做法事，窃窃念经，为死者祷告。阴阳看期安葬，选用寅卯时刻，以未天亮而隐其活动。在工厂、机关、学校，以带黑袖纱代替孝帕，以花圈代替焚香摆供，以开追悼会代替发丧送葬。在追悼会上介绍死者生平及优点。1970 年后，以鞭炮送终。城市机关、学校、工厂等凡有去世者，皆成立治丧委员会，以讣告向亲友发孝。提倡火葬，以白纸花代替披孝，用哀乐代替哭丧。亲友送祭幛布代替送花圈，对死者祭奠之后，可以作后人的衣料。但旧习俗也有所抬头，用水泥做棺材，有围鼓唱和，有哨呐吹奏，更有甚者做道场，扎冥房。送葬途中，鞭炮齐鸣，祭幛飞扬。改革开放后，从简办丧事，城市火葬已成为风尚。不少共产党人逝后不发讣告，不开追悼会，不留骨灰，为简办丧事树立了榜样。但在农村及一些地方，请道士、僧人念经，搭灵棚，做道场，焚香点烛，扬幡招魂者还大有人在，有的丧事越办越大，花钱越来越多。1998—2005 年，市中区和资中县专设殡仪服务中心，提供 24 小时全过程、全方位的殡仪服务，严禁在城区的街边、院坝设置灵堂。

三、节庆

市境城乡居民均非常重视春节。沿袭下来的习俗主要有杀过年猪、腌腊肉、做炒米糖等，临近除夕又蒸黄粑，做艾叶猪儿粑。腊月初八日吃八宝饭，二十三日送灶神上天，全家老小要洗澡，家家户户打扬尘（打扫卫生）。除夕时全家团聚、酒菜丰盛，尽欢而后止。深夜有守岁（守田坎，祈来年生产顺遂）习惯。是夜鞭炮声不断，午夜子时达最高潮。正月初一全家穿戴一新，按卑幼向尊长拜年，长辈祝小辈又长一岁，散“压岁钱”。从初二起，亲友互相请过年酒，习惯送“茶食”（糖果）、姜片子（带皮二刀猪肉）和鸡等。20 世纪 80 年代起，晚饭后，全家人围坐在一起观看中央电视台春节联欢晚会，成为除夕夜的主要活动。零时前半小时，各家各户开始燃放烟花爆竹，当电视里新年钟声响起时，烟花爆竹燃放达到高潮，以迎接新年到来。农历正月十五本来称为上元节，原为祭祀上元一品赐富天宫的日子，但民间历来以此作为年节的终止之日，俗称“过大年”。元宵这天，内江各地早上各家各户吃“元宵”——汤圆。中午或晚上敬神后，撕下堂屋门楣上所贴门笺焚烧掉，表示年已过完。元宵当天，千家万户庭院门前挂出的灯笼大小形状各异，图案色彩纷呈：有四方、五角、六边、椭圆等图形；有走马灯、玻璃灯、宫灯等式样；有龙、凤、虎、鱼、鸡、兔、蛙等造型。人们息劳作，上街“游百病”（认为这天出外游走，可以消除百病）。城镇乡场有龙灯、狮灯、采莲船、高跷等群众文艺活动。隆昌县组织的龙灯舞，汇集各类龙灯队，一直将龙灯舞队开至内江城。各县（区）皆是锣鼓声声，鞭炮阵阵，称“闹元宵”。2000 年后，内江市人民政府每年元宵节晚上都要举行大型焰火晚会。

清明节，系一年二十四个节气之一，在每年公历 4 月 5 日前后，民俗有扫墓踏青之举。中华人民共和国成立后，清明节是祭扫和追思亲故的吊唁活动日，人们在坟墓前烧香、烛、纸钱叩拜，清除坟上荒草杂物，用泥土垒坟，燃放鞭炮。全市各学校、机关企事业单位组织人员到各地烈士陵园、烈士墓前祭扫，缅怀革命先烈，进行革命传统教育。同时，清明节又是宜于植树的春雨季节。每年清明前后，全市各地组织机关、学校和单位到郊外进行植树造林活动。

农历五月初五，民间俗称“端阳节”。端午这天，内江各地街头一早出现叫卖菖蒲、艾叶兼小儿洗澡草药的人。不少人家门前、窗户悬挂菖蒲、艾叶，借以驱邪免疫。城乡各家吃粽子、盐蛋、包子、苋菜，有的喜欢饮雄黄酒，屋内洒雄黄酒驱毒虫。小孩子系彩丝缠菱角，戴香包布猴，脸上搽抹雄黄。在临河地方，开展龙舟竞赛，抢鸭子，沿岸锣鼓喧天，鞭炮齐鸣，吼声如雷。龙舟竞赛活动与开展经贸活动相结合，如沱江上多次举办“资阳龙舟交易会”“资中龙舟交易会”，将民俗活动与经贸活动融为一体。

农历八月十五日为中秋节。内江民俗，在中秋之夜，家人围坐品尝瓜果、月饼，如逢皓月当空，更相聚于月光之下，欣睹月华。老人们常给孩子摆谈“嫦娥奔月”“吴刚砍桂树”等故事。农村此际，稻禾登场，瓜果满枝，农家欢度中秋，庆贺丰收之意。20 世纪 50 年代以后，送节、赏月、吃月饼之俗尚存，节日前，各企事业单位多为职工发月饼、酒类等食品贺节。20 世纪 80 年代后，不仅在节日期间品尝佳肴美酒，而且还惦记着海外侨居的亲人。内江各地侨联、台办等部门举行“中秋茶话会”，邀请侨眷、台属参加，畅谈祖国早日统一，亲人早日团圆，引进海外资金，促进当地经济发展。

四、内江方言

内江方言大别为西南官话的四川话和非西南官话两大类，其词汇系统、语法体系与四川其他地方大同小异。不过，内江方言至今还保留了成套的卷舌音声母，无舌尖中鼻音声母，有舌面鼻音声母和舌根鼻音声母，古入声字归去声调类，因而，在四川方言里面较为独特。内江方言词汇丰富多彩，群众日常用语地方特色非常鲜明。如老挑（连襟）、丘二（跑腿的人）、烂眼儿（不学好的人）、木脑壳（反应迟钝的人）、倒汉儿（有点傻、神经有点异常的人）、闷墩儿（性格内向、不善言语的人）、坨坨娃（又矮又胖的人）、活闪（闪电）、鬼东瓜儿（猫头鹰）、香猴三儿（螳螂）、阴阿子（蝉）、蚂蚂灯儿（蜻蜓）、梭老二（蛇）、阵仗（架势）、答白（答话）、二天（以后）、晃（不务正业）、歪（凶恶）、绵（拉沓）、秋（生意冷淡）、叨人（骂人）、紧倒（老是）、码倒（欺负）、抽起（支持）、阴倒（暗地里）、扎起（支持、捧场）、弯酸（刁难）、冒泡儿（挑头说或做某事）、默倒（以为）、踏嚎（羞辱）、精估（照顾、护理）、关火（说话顶用）、展劲（用劲）、利实（能干）、瘟丧（笨蛋）、落教（守规矩、讲信用）、撇脱（为人爽快）、背时（不走运、倒霉）、醒豁（做事通情达理）、麻杂（做事不公开，混水摸鱼）、打冲拳（吹牛）、剪脑壳（理发）、抽吊台（拆台）、敲砂罐（枪毙）、放烂药（出坏主意）、打霉州（走霉运）、吃抹货（吃混食、占便利）、开黄腔（说外行话）、踩假水（虚伪、做假）、看笑神儿（看人出丑）、醒瞌睡（开玩笑）、呜嘘呐喊（大喊大叫）、上把位（酒席上位）、憨吃傻胀（吃饭不知饱足）、搓一顿（吃一顿、聚餐）、帮干忙（帮人做事不要报酬）、惊炸鼓响（说话中气足、声音响亮）、敷汤药钱（赔偿医疗费）、作古正经（一脸严肃）、眼睛下乡（注意力不集中）、妖艳儿活闪（故意转移话题、装做不知道、装腔作势）等等。此外，内江还有廖家方言，主要分布在隆昌、威远的一些乡镇。

第八章 地方名人

内江开发较早，历史悠久，产生过全国知名甚至享誉世界的名人，有着为民族独立、人民解放而斗争的志士，成长出一大批在各条战线各个领域做出突出贡献的人士，他们中有东周时杰出的天文学家、音乐家苌弘，被尊为“孔子之师”；西汉宣帝时，有著名辞赋家王褒，其名著《僮约》等，历来为学术界重视；东汉学者董钧，在明帝永平间为博士，后任五官中郎将，被时尊为“通儒”，相传班固即出其门下。唐开元年间的状元范崇凯，所作《花萼楼赋》被唐玄宗赞为“天下第一”；宋朝时的状元赵逵，因文风似苏轼，时人称他为“小东坡”；南宋时赵雄在宋孝宗淳熙五年（1178 年）担任右丞相。明代嘉靖年间（1522—1566 年）礼部尚书、文渊阁大学士赵贞吉，书法诗文名冠当朝，与杨升庵、任少海、熊南沙被称为明代蜀中四大家。清光绪二十一年（1895 年），资中人骆成骧中乙未科状元，成为四川唯一状元。一大批历史文化名人，造就了内江“文化之乡”的美名。

进入 20 世纪后，中国社会发生剧烈震荡。内江地处交通要道，信息灵通，在政治上极为敏感，新文化、新思想不断传入。不少有识青年受到影响，外出寻求救国救民、改造社会真理，喻培伦、喻培棣、黄复生、谢无量等先后赴日本留学，追随孙中山从事推翻清王朝的英勇斗争。喻培伦献出年轻生命，谢无量后来成为造诣很高的学者、书法家。张善子、张大千兄弟也到日本留学。张善子曾参加四川保路运动斗争。书法家余切（公孙长子）早年是同盟会员，从事军事斗争，友人赞他是“马上从容挥露布”。书法家余燮阳也摈弃清朝军机处官员优厚待遇，转而接受同盟会的革命影响。五四运动前后，赴北京的几位青年则在中国新文学运动的开创时期作出了贡献。康白清在民国 7 年（1918 年）参加由陈独秀、李大钊指导下成立的北京大学“新潮社”，创办推动新文化运动的《新潮》杂志，是新诗创作的开路者之一；林如稷在民国 9 年（1920 年）开始发表小说，并于民国 11 年（1922 年）发起成立“浅草社”，是新文学史上有实绩的早期社团，被鲁迅赞扬“浅草社”的创作活动“将真和美唱给寂寞的人们”。陈毅在民国 10 年（1921 年）参加“文学研究会”，并在《晨报·副刊》《小说月报》上发表作品。中国共产党成立后，共产党人廖释惑、廖恩波、黎灌英、曾莱以及进步文化人傅运莲等，通过开办书店、办刊物、组织读书会等形式，传播革命思想、革命理论和进步文学作品，在青少年中影响深远。以曹荻秋、罗世文为代表的知识青年接受影响，走上革命道路。曾莱、黎灌英还以通俗的言语和民间小调形式，分别创作《四季歌》《农民歌》到农民中教唱，宣传革命道理。

进入 20 世纪 30 年代，一批文学新秀以他们的创作实绩登上文坛，罗淑、罗念生、邵子南、范长江、刘师亮的小说、散文、报告文学及杂文，以其强烈的时代气息和深刻内容，成为风靡一时的作品。邵子南、范长江还投奔民主抗日根据地，成为民族解放战争中杰出的文化战士。此外，张善子、张大千的国画、公孙长子、余燮阳的书法，享誉艺坛，为内江赢得“书画之乡”美称。

抗战期间，以抗战为中心的文艺创作空前活跃。闻化鱼、梅英主编的《内江日报》副刊和《文化动员》发表一批有影响作品。李仲权、刘克生等以旧体诗形式，热情讴歌抗日正义斗争。张善子、张大千则创作大量宣扬民族正气的国画，到各地展出，以鼓舞群众。张善子还远赴法国、美国举办画展，宣传中国的抗战事业，争取国际援助。展票收入所得，全部捐献抗战。直到民国29年（1940年）10月归国，终因积劳成疾，以身殉国。冯玉祥将军为抗战来内江开展募金活动，深受感动，写下《内江颂》热情诗篇。著名文化人老舍、范长江到内江演讲；著名画家丰子恺、郁风、柯璜、董寿平、张聿光、阎松父、沈一千、周伦元、关良等曾来内江举办画展；著名戏剧家洪深、应云卫、史东山、沈浮、陈伯尘、吴祖光、杨村彬、温锡莹、项堃、白杨、司徒慧敏、张瑞芳、金山、蓝马等曾随演出团体来内江献艺。这些艺术活动大大促进了内江文化的发展进步。

中华人民共和国成立后，内江境内英才辈出，群星闪耀。著名“痔瘘专家”内江县人黄济川于1954年全省中医代表会上，公布秘方“枯痔散”和“药线挂线疗法”，主动将私人诊所改建为集体所有制的成都痔瘘专科医院。1956年9月被省政府授予“痔瘘专家”称号。著名生物学家威远人罗世嶷先后发表过《阿尔惹理种橘》《泥土中解毒及杀微生物之研究》《水与农业》《番茄种植法》《人粪之价值及收藏法》等多篇论文，在法国主编的《农业杂志》至今存于上海市图书馆。内江人晏济元在上海读书时，曾用石涛笔法创作了一幅《人语落孤峰》山水画，并与张大千的《荷花图》一道参加“中德柏林美展”获得成功，被时人称为国画界的“两张一晏”。1960年为纪念鉴真和尚东渡扶桑1200周年而作的鉴真和尚肖像画和1962年根据郭沫若提议为毛泽东70寿辰而作的《苍松红日》均受到行家们的普遍称赞。1964年，晏济元在北京政协展出庐山写生作品40多件。著名戏剧翻译家威远人罗念生专事研究古希腊文学，一生译著和论文有1000多万字，50余种。1987年12月，希腊驻华大使代表希腊最高文化机关雅典科学院授予罗念生“最高文学艺术奖”（国际上仅4人获此奖）。著名戏剧家、杂文家魏明伦1978年后，以“一戏一招”的创新精神先后写作《易胆大》《四姑娘》《潘金莲》《夕照祁山》《中国公主杜兰朵》《变脸》《巴山秀才》《岁岁重阳》等一批在国内外有影响的戏曲文学戏本，先后获得各类大奖。短跑健将刘晓梅在1994年在第12届日本广岛亚运会上，勇夺女子百米赛冠军，荣获“亚洲女飞人”称号。排球运动员巫丹1985年入选中国女子排球队，任替补主攻手，参加一系列国际国内比赛中获得优异成绩，先后获运动健将和国际级运动健将称号。体育健将唐琳2000年在第二十七届悉尼奥运会上，打败法国选手勒布朗，获得女子柔道78公斤级金牌，为中国体育代表团在本届奥运会上赢得了第八块金牌。获中央军委表彰的“共和国卫生”游德高，“无私奉献模范指导员”柴鑫良，“英雄火箭筒手”甘在和，著名超导专家、2001年诺贝尔物理学奖候选人范江弟，肯德基东南亚地区总裁王大东，美国旧金山大学校长母长霜，美国可达公司总工程师吕德睿，著名国际金融专家李山，丘吉尔学院院士曾向武，被誉称为清华大学“爱迪生”的邱虹云，中国工程院院士干勇，1983年、1992年两次赴南极考察、中国第一个踏上南极的女科学家李华梅等都是当代内江人的杰出代表。

第十篇　乐山市

乐山市地处四川省西南部，北面与眉山市接壤，东面与自贡市毗邻，西接雅安市，东南面和西南面分别与宜宾市、凉山彝族自治州相连，幅员面积12827平方千米。市境辖市中区、五通桥、沙湾、金口河4个区，犍为、井研、夹江、沐川4个县及峨边、马边2个彝族自治县，代管峨眉山市，2005年全市总人口347.9万人。乐山古称嘉州，有“海棠香国”之誉，历史悠久，人杰地灵，风景优美，春秋时期即为蜀王“开明故治”，属古蜀国地。北周取“郡士嘉美”之意，置嘉州。宋改嘉州为嘉定府。清雍正年间取“城西南五里有‘至乐山’”，置乐山县，“乐山”之名沿用至今。乐山人文底蕴深厚，汉代文学家郭舍人在乌尤山注释《尔雅》，留下千古遗迹。唐代海通禅师发起历时90年，耗巨资修筑的石刻摩崖弥勒坐佛像（乐山大佛），成为世界上最大的古代石刻艺术珍品。李白、苏东坡、杜甫、岑参、范大成、黄庭坚、陆游等文豪巨子曾到古嘉州为官、游历，留下了脍炙人口的千古绝唱。近现代史上，乐山又诞生了一代文坛巨匠郭沫若；孕育于峨眉仙山的峨眉武术，与少林、武当并称中国武术三大流派；以峨眉山—乐山大佛世界文化与自然遗产为代表的旅游资源得天独厚，优势突出，享有“天下山水之观在蜀，蜀之胜曰嘉州”的美称。乐山位于成都、川南、攀西三大经济区结合部，紧邻西部综合交通枢纽成都市，境内交通四通八达，自然资源富集，基础设施完善，科技实力雄厚，是全国首批对外开放城市，对外交往和贸易合作频繁密切，在四川及西部地区具有重要的战略地位。乐山中心城区坐落在三江交汇处，与乐山大佛隔江相望，8.7平方千米绿心居于城市之中，“森林在城市里，城市在山水中”，是联合国城市管理中心在中国的第一个协作城市。先后被授予中国历史文化名城、中国优秀旅游城市、国家园林城市、国家卫生城市、全国绿化模范城市等称号。乐山农业生产条件良好，农业基础地位和农村经济不断巩固发展，现代农业综合效益不断提高，围绕茶叶、林竹、畜牧、蔬菜和中药材五大农业主导产业，竹叶青、永丰纸业、哈哥兔业、吉象木业等国家、省级重点龙头企业不断发展壮大，成为四川省重要的农产品生产和加工基地，拥有四川唯一的国家级农业科技园区。乐山工业门类齐全，发展基础较好，电子新材料、冶金建材、盐磷化工、清洁能源及农产品加工等五大产业集群特色鲜明、发展势头迅猛，成为四川省重要的工业城市。2005年，全市地区生产总值306.72亿元，是1986年的13.7倍，位居全省第7位；人均地区生产总值9116元，是1986年的13倍，位居全省第6位；地方财政一般预算收入13.42亿元，是1986年的5倍，位居全省第7位；全社会固定资产投资120.2亿元，是1986年的16.8倍；全市社会消费品零售总额119.48亿元，是1986年的14.4倍；农村居民人均纯收入3242元，是1986年的9.2倍。教育、科技、文化、卫生、广电、体育等社会事业取得全面进步，城乡商品贸易繁荣活跃。人民群众生活质量不断提高，精神文明和民主法制建设得到加强，民族团结和睦，社会安定和谐，为乐山全面建设小康社会奠定了坚实基础。

第一章 地理状况

第一节 自然环境

乐山市位于四川盆地西南部，处于川西盆地向川西南山地过渡带。岷江、青衣江、大渡河三江汇流于乐山城东南。境域地理位置界于北纬28°28′52″—29°56′06″，东经102°15′30″—104°15′02″之间。地形地貌为三江平坝区、丘陵区和山区，平均海拔约500米。其中：平原12.50%，丘陵21%，山地66.50%。垂直地带性显著，山地气候、植被、土壤随高度递变，生物、土壤资源趋于多样化。市境属中亚热带季风性湿润气候，具有四季分明、多阴少照、降水丰沛、山区气候多样、垂直变化显著等特点，年平均气温17.8℃，1月份平均气温8.2℃，8月份平均气温25.9℃，年平均降水量1062毫米。市境自然灾害以低温、干旱、洪涝为主。土地总面积1282749公顷，合12827平方千米。农用地面积1127656公顷，占87.91%，其中耕地231480公顷，占农用地20.53%，占总土地18.05%。森林面积50.4万公顷，森林总蓄积量4896.7万立方米，其中用材林1854万立方米，森林覆盖率50.46%，其中有林地森林覆盖率42%。动植物资源种类繁多，植物5000多种，动物296种，其中大熊猫、牛羚、小熊猫等20多种野生动物为国家一、二级保护动物。境域内地质构造比较复杂，地层出露齐全，矿产资源丰富，量大质优、优势矿产突出，分布相对集中，宜于开发。尤其是非金属矿产种类多，开发潜力巨大。已发现各类矿29种，探明储量25种，重要矿产地208处，岩盐、磷矿等资源丰富，是全国卤（井）盐的主产地之一，马边磷矿储量位居全国八大磷矿第四位。已探明的矿产储量：煤炭1.2—1.4亿吨，岩盐105亿吨，磷矿石6.83亿吨，石灰石6.98亿吨，石膏1.08亿吨，钾长石6336万吨，硅石1415万吨，矿泉水开采资源量1788万吨/日，地热水分布比较丰富。境内江河纵横，拥有岷江、大渡河、青衣江和众多中小河流，水能资源理论蕴藏量790万千瓦，可开发量670万千瓦，有大中小水利工程15029处。自然景观丰富，旅游资源密度大。拥有世界文化与自然遗产的峨眉山—乐山大佛，有全国重点文物保护单位10处，国家级非物资文化遗产4个，国家级AAAAA级景区1处、AAAA级景区2处，国家级风景名胜区2处、自然保护区1处、森林公园2处、地质公园1处，省级文物保护单位35个、省级风景名胜2处，省级森林公园3处，构成了乐山绮丽多姿的旅游景点。

第二节 建置沿革

乐山是四川开发较早的地区之一，有人类活动的历史可以追溯到石器时代。市境在夏、商时属梁州之域，西周为杜宇氏蜀国南郡。春秋时期，开明氏首领鳖灵率部沿江入蜀，初治乐山，史称“开明故治”。秦统一中国后，在乐山境内置南安县，属蜀郡。北周大成元年（579年），取“郡士嘉美”之意，乐山市域建置嘉州，治平羌郡（市中区），领平羌、青城、齐通、隆山四郡。唐乾元元年（758年），由嘉州改名而来的犍为郡复改为嘉州，并升置中都督府，下领龙游、平羌、峨眉、夹江、绥山、乐都、罗目、玉津、犍为九县。南宋淳熙十六年（1189年），光宗之次子赵扩封嘉王，嘉州成为他的食邑地，并升格为嘉定府，属成都府路，仍领龙游、峨眉、夹江、洪雅、犍为五县。元世祖至元十三年（1276年），置嘉定府路，领原嘉定府辖县龙游、峨眉、夹江、洪雅、犍为五县及眉、邛、雅、黎四州及属县。明洪武四年（1372年）罢嘉定府路，仍置嘉定府，上归四川行省辖制。清雍正十二年（1734年）升嘉定州为嘉定府，并在府治置乐山县，因“城西南五里有‘至乐山’”而得名，“乐山”之名沿用至今；下领七县一厅，即乐山县、眉山县、洪雅县、夹江县、犍为县、荣县、威远县、峨边厅，仍属建昌道。清光绪三十四年（1908年）改建昌道名上川南道，嘉定府为其辖地之一。民国6年（1917年）四川军阀混战，形成防区制，各县县政由各驻防军队自主。民国7年（1918年）开始，川军第二（独立）旅管辖乐山、犍为、峨眉、洪雅、夹江、峨边、青神、井研、马边、屏山等县，其后随各军阀势力消长而变化。民国18年（1929年），四川省政府宣布废道制，县直隶省政府，但各县多仍处于防区分治状态。民国24年（1935年）川政统一，防区制结束，四川实行行政督察专员制，第五行政督察区专员公署设在乐山县，管辖市中区、犍为、峨眉、峨边、马边等县。井研属第二行政督察区，夹江属第四行政督察区。

1949年12月16日乐山解放，在原第五行政督察区基础上置川南行政公署乐山地区专员公署，治地乐山县（简称乐山专区）。1953年3月，眉山、乐山两专区合并为乐山专区，下辖13县1市，即乐山、犍为、峨眉、沐川、井研、眉山、彭山、青神、洪雅、丹棱、夹江、雷波、屏山等县和五通桥市，代管峨边、马边2县。后划出雷波、屏山，划入仁寿，下辖县市变为12县1市。1968年成立乐山地区革命委员会，属四川省革命委员会。1978年，乐山地区革委会改名乐山地区行政公署，撤销乐山县和五通桥区设县级乐山市，五通桥区改为县属区。1984年4月，国务院批准成立峨边彝族自治县和马边彝族自治县，正式划属乐山地区。1985年2月11日，国务院批准撤销乐山地区，建立省辖地级乐山市。1985年5月省辖地级乐山市建立后，实行市管县体制，设市中区、五通桥、沙湾、金口河4个区，仁寿、眉山、彭山、丹棱、洪雅、夹江、青神、峨眉、井研、犍为、沐川11个县及峨边、马边2个彝族自治县，下设58个区、55个镇、509个乡。1988年9月设立省辖峨眉山市（县级），由乐山市代管。1997年6月23日，经省政府同意并报国务院批准，乐山市行政区划进行调整，划出原所辖眉山、仁寿、洪雅、彭山、青神、丹棱6个县建立省辖眉山地区（后建省辖地级眉山市）。乐山市下辖市中区、五通桥、沙湾、金口河4个区，犍为、井研、夹江、沐川4个县及峨边、马边2个彝族自治县，代管峨眉山市。实行撤区并乡后，2001年乐山市辖11个县（市、区），下设231个乡（镇）和中心城区4个街道办事处、2363个村、17783个组。2005年，乐山市辖11个区、市、县、自治县未变，下设115个乡、97个镇和中心城区4个街道办事处、2248个村、17596个村民小组，244个社区居委会、2390个居民小组。

第三节　人口　民族

一、人口

近几百年来，乐山境内历经战乱、饥荒、瘟疫，人口发展呈现高出生、高死亡、低增长状况，至民国时期，乐山人口在331万人至357万人之间。中华人民共和国成立后，乐山人口发展经历了4个发展时期，即人口增长高峰期、低谷期、生育失控期和计划生育期。至1986年，乐山市总人口为630.69万人，其中农业人口为544.98万人，占总人口的86.4%；非农业人口为85.71万人，占总人口的13.6%；自然增长率为12.64‰。1994年全市总人口为668.22万人，其中农业人口为563.07万人，占总人口的84.3%；非农业人口为105.15万人，占总人口的15.7%；自然增长率为7.02‰。1997年6月23日，乐山市行政区划调整后，全市总人口缩小为343.35万人，其中农业人口为266.05万人，占总人口的77.49%；非农业人口为77.30万人，占总人口的22.51%；自然增长率为3.89‰。2000年，乐山市总人口为345.90万人，其中农业人口为265.51万人，占总人口的76.76%；非农业人口为80.39万人，占总人口的23.24%；自然增长率为2‰。2005年乐山市总人口为347.90万人，其中农业人口为261.16万人，占总人口的75.07%；非农业人口为86.74万人，占总人口的24.93%；自然增长率为2.38‰。从1986年到2005年间，非农业人口在总人口中的比重逐步上升，人口自然增长率逐年下降。1997年净增人口为13372人，2005年下降到8284人，人口压力有所缓解。人口老龄化趋势较快，2005年全市有百岁老人268人，占全省总数的10%，居全省之首。

二、民族

市境内历来民族杂居，经历代演变、融合、迁移，1964年人口普查全地区有少数民族39717人，占总人口2%。1982年人口普查全地区有少数民族82660人，占总人口的2.65%。1990年人口普查统计，全市有彝族、回族、满族、苗族、藏族、土家族、壮族、白族、蒙古族、维吾尔族等23个少数民族98114人，占总人口的2.98%。2000年11月人口普查统计，全市有40个少数民族共123264人，占全市总人口的3.71%。其中人数较多的有彝族117355人，回族1780人，苗族1526人，蒙古族598人，满族451人，藏族387人，土家族258人等。截至2005年年底，金口河区、峨边彝族自治县、马边彝族自治县总人口38.02万人，其中少数民族人口11.85万人，人口自然增长率9.26‰。彝族主要分布于峨边、马边两个彝族自治县。峨边彝族自治县位于乐山市西南部，幅员面积2395平方千米，县政府驻地沙坪镇，辖19个乡（镇）。境内山峦耸立，沟壑交错，谷壁陡峭，水力、矿藏和森林资源丰富，县域经济以林业为基础，以电力为龙头，1989年成为全国第一批100个农村初级电气化县之一。1997年该县黑竹沟风景区被评为省级风景名胜区，2000年被批准为国家级森林公园。2005年全县总人口为143348人（其中彝族37829人），地区生产总值实现111989万元，总量居全市第9位；规模以上工业企业增加值实现51844万元，地方财政一般预算收入完成5593万元。黑竹沟风景区接待游客34万余人，实现旅游收入1.19亿元。马边彝族自治县位于乐山市西南端，幅员面积2383平方千米，县政府驻地民建镇，辖29个乡镇。境内属山地地貌，山脉众多，峰峦重叠，大风顶为全县最高点，海拔4042米，大风顶自然保护区为全市唯一的国家级自然保护区。森林、水能、磷矿资源丰富，其中磷矿远期储量24.8亿吨，为国家八大磷矿之一。2005年该县总人口为182385人（其中彝族63816人），地区生产总值实现7.44亿元，规模以上工业企业增加值实现1.37亿元，地方财政一般预算收入完成3013万元。金口河区有两个彝族乡。和平彝族乡辖6个村55个生产小组，幅员面积40平方千米，人口8287人（其中彝族1508人）。共安彝族乡辖7个村41个生产小组，幅员面积171平方千米，人口5353人（其中彝族2255人）。境内回族主要聚居在犍为县罗城镇及乐山城区较场坝、郊外九峰乡等地。苗族主要聚居在马边彝族自治县民主乡。其他少数民族多由工厂内迁、工作调动、参军、婚嫁等迁入境内，散居各地，风俗习惯多融于汉族。

第二章 经济状况

第一节 发展状况

1978年中共十一届三中全会后，乐山开始实行改革开放，发展商品生产，活跃城乡商品流通，城市企业由生产型向生产经营型转变，逐步打破高度集中的计划经济体制。农村实行家庭联产承包责任制，广大农户开始成为独立的权利、责任、利益结合的生产经营者。1986—2005年间，乐山市坚持以经济建设为中心，不断深化城乡经济体制改革和对外开放，对外经济贸易协作日益密切，逐步建立完善社会主义市场经济体制，先后完成4个五年计划确定的奋斗目标和主要任务，经济社会发展取得显著成绩，综合实力明显增强。在工业经济上，不断优化生产力空间布局，形成“一心三线”的新型工业布局，即以乐山高新区为中心，重点发展高新技术产业；以成昆铁路、成乐高速公路为纽带，重点发展新材料、医药产业和生物产业，构筑北线经济走廊；以大渡河和成昆铁路为纽带，重点发展能源、冶金产业，构筑西线经济走廊；以乐宜高速公路、岷江航运水道为纽带，重点发展盐磷化工和林浆纸产业，构筑南线经济走廊。在“一心三线”思路引领下，大力推进新型工业化，电子新材料、冶金建材、盐磷化工、清洁能源、农产品加工等五大产业初具规模，重点项目相继竣工投产，民营经济加快发展。在农村经济发展上，农业基础地位得到巩固，全面停征农业税及其附加；大力推进现代农业，农业综合效益不断提高，围绕林竹、畜牧、茶叶、蔬菜和中药材五大农业经济主导产业，永丰纸业、吉象木业、竹叶青等国家、省级农业产业化重点龙头企业相继建立并发展壮大；实施旅游发展总体规划，“中国第一山”国际旅游区建设全面告捷，以“峨眉山—乐山大佛”世界文化与自然遗产为代表的旅游业蓬勃发展；城乡商品贸易繁荣活跃。全市经济发展呈现持续、健康、快速的良好势头。

1986—2005年乐山市地区国民生产总值（GDP）情况

表10—1　　单位：万元

指标 年份	GDP总量	第一产业	第二产业	第三产业	人均GDP
1986	223845	76558	94208	53079	699
1987	264301	87049	113914	63338	816
1988	333948	106138	142739	85071	1023
1989	363201	115103	148903	99195	1106

续表10—1

年份＼指标	GDP 总量	第一产业	第二产业	第三产业	人均 GDP
1990	413321	138566	168665	106090	1252
1991	466165	137370	209041	119754	1402
1992	533267	147821	241970	143476	1594
1993	654748	174986	302473	177289	1945
1994	829021	232643	363907	232471	2447
1995	974068	278727	412459	282882	2859
1996	1108368	325089	458090	325189	3242
1997	1213941	341753	510957	361231	3540
1998	1301116	347565	560559	392992	3783
1999	1350210	350183	570538	429489	3916
2000	1464500	351064	638747	474689	4239
2001	1641390	353300	743929	544161	4922
2002	1865349	377727	873780	613842	5560
2003	2155705	412841	1051596	691268	6399
2004	2636900	518500	1310100	808300	7842
2005	3067168	561626	1606847	898695	9116

说明：1986—1997 年数据不含眉山市

一、所有制结构

20 世纪 80 年代初，全市经济结构以全民和集体所有制为主体，存在少量个体所有制经济。1986 年后，随着农村体制、城市经济体制改革的推进，到 21 世纪初形成了以国有制经济为主体，多种所有制成分并存的经济结构。1987 年全市工业企业固定资产 39. 3 亿元，其中全民所有制占 87. 7%，集体所有制占 12. 2%，个体经济占 0. 1%。1988 年，在采煤、食品、纺织行业出现 4 家私营企业，资产 5. 5 万元。1989 年上升到 90 家，资产增加到 498 万元，1991 年达到 184 家，资产 1179 万元。1988 年出现股份制企业，1990 年出现“三资”企业。1994 年全市工业企业固定资产 310 余亿元，其中国营占 50. 6%，集体所有制占 21. 8%，私营经济占 0. 8%，个体经济占 14. 9%，股份制经济占 6%，“三资”企业占 2. 2%，其他占 3. 7%。1997 年乐山行政区划调整后，全市乡及乡以上独立核算的工业企业总产值 110. 69 亿元，其中国有经济 33. 21 亿元，占 30%；集体经济 27. 18 亿元，占 24. 55%；股份制经济 22. 59 亿元，占 20. 4%；其他工业 11. 43 亿元，占 10. 32%；乡属企业 16. 28 亿元，占 14. 44%。2005 年，全市规模以上工业企业实现增加值 125. 58 亿元，其中股份制企业实现增加值 103. 58 亿元，占规模以上工业的 82. 48%，股份制企业已经成为工业经济发展的龙头。

二、产业结构

改革开放后，国民经济的产业结构开始逐步发生变化。第一产业贯彻调整改革方针，农村产业结构调整加快，逐渐摆脱以粮为纲的束缚，林牧副渔业和乡镇企业并行发展。1994 年，农业和林牧副渔业总产值实现对半开，其中牧业占到 42. 9%。第二产业大力发展轻工业，以重工业为主的局面开始改变，1994 年全市工业总产值 220.53 亿元，其中轻工业达到 114.08 亿元，占 51.8%。第三产业在加快发展传统服务业的同时，金融保险、综合技术和生产服务、居民服务、房地产业、教育文化、广播电视等新兴服务业发展迅速。1994 年，新兴服务业产值 19.59 亿元，超过了传统服务业。全市三次产业比重逐步调整，1992 年第二产业接近第一产业。1993 年第二产业超过第一产业。1994 年全市地区生产总值 82.90 亿元，三次产业结构为：第一产业 23.26 亿元，占 28.06%；第二产业 36.39 亿元，占 43.90%；第三产业 23.25 亿元，占 28.04%。2005 年，全市地区生产总值达到 306.72 亿元。其中：第一产业增加值 56.16 亿元，第二产业增加值 160.68 亿元，第三产业增加值 89.87 亿元。三次产业分别拉动经济增长 1.0、9.1、2.7 个百分点，对经济增长的贡献率分别为 7.5%、71.0%、21.5%。三次产业增加值占地区生产总值的比重为 18.31∶52.39∶29.30。

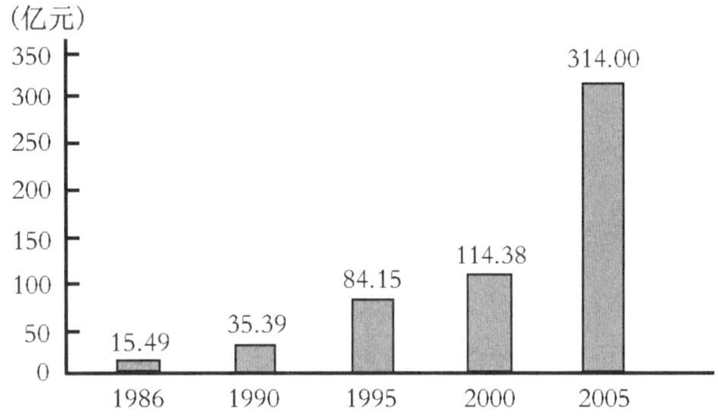

注：1986—1997 年数据不含眉山市

图 10—1　乐山市规模以上工业企业主营业务收入图

1986—2005 年乐山市第一、二、三产业所占比重表

表 10—2　　单位：%

年份＼指标	第一产业	第二产业	第三产业	年份＼指标	第一产业	第二产业	第三产业
1986	34.20	42.09	23.71	1996	29.33	41.33	29.34
1987	32.94	43.10	23.96	1997	28.15	42.09	29.76
1988	31.78	42.74	25.47	1998	26.71	43.08	30.20
1989	31.69	41.00	27.31	1999	25.94	42.26	31.81
1990	33.53	40.81	25.67	2000	23.97	43.62	32.41
1991	29.47	44.84	25.69	2001	21.52	45.32	33.15
1992	27.72	45.38	26.91	2002	20.25	46.84	32.91
1993	26.73	46.20	27.08	2003	19.15	48.78	32.07
1994	28.06	43.90	28.04	2004	19.66	49.68	30.65
1995	28.61	42.34	29.04	2005	18.31	52.39	29.30

说明：1986—1997 年数据不含眉山市

三、体制改革

改革开放后，随着城市经济体制改革的逐步深入，全市国营工商企业开始实行厂长、经理负责制，部分国有企业开始股份制改造。五通桥盐厂成为全省首批试点改制的股份制企业。1988 年 6 月，四川峨眉山盐化工业（集团）股份有限公司、乐山电力股份有限公司正式成立。1990 年，市级银行和部分县级银行先后建立融资机构，开展融资业务。1991 年年底，川盐化通过股份集资 9000 万元，发行职工个人股票 800 万元，向社会发行企业债券 1460 万元，较好地解决了企业发展资金问题。

1992年建立“西南融资联合体”和“乐山金融市场”，分别与全国和省内重点城市的资金市场联成网络。当时，乐山悄然形成国内最早、最大、最“原始”的股票交易自发市场，俗称坝坝股市。在中心城区主要交通要道的牛呣桥至乐山电力股份有限公司办公大楼门前，再转至彭山路十余里长街，数万人云聚，每日交易额达数亿元。1993年3月，川盐化在深圳证券交易所上市，成为西南地区第一个在深圳上市的公司。乐山地方电力、四川峨铁、四川金顶（水泥）股票先后在上海证卷交易所上市，连同27户定向募集股份有限公司，股本金总额达23.11亿元。1994年年初，乐山产权交易中心成立，对国有产权挂牌发行和上市交易，企业生产要素逐步市场化。当年，市属企业通过拍卖、出售、合并、兼并等产权改革，共有整体或部分国有资产、国家股权1.15亿元，评估价值1.46亿元，成交额6183万元，转让产权收入处理5364万元。1997年，乐山市出台《关于国有企业机制大转换、资产大重组的决定》，综合配套大力推进国有经济战略性调整，积极引导支持民间资本参与国有和集体企业改革、兼并和重组。当年市属企业破产4家，兼并1家，减员增效2家，募集资金2.2亿元，转让资产总额4.83亿元，盘活存量资产34.84亿元，多数转制企业实现扭亏为盈。1999年，全市中小企业所有制结构得到有效调整，实现破产重组企业124家，兼（合）并企业38家，改成私营企业474家，非公有制经济得到较大发展。2000年，川盐化公司因为经营困难实行转制。2001年，产权制度改革进一步深化，全市改制面达到99.1%，其中市属企业改制面94.5%，乐山无线电股份有限公司、峨眉山铝业集团公司、永丰纸业股份有限公司等大中型企业的现代企业制度基本建立。2002年，乐山市进一步深化国有企业改革，加快建立现代企业制度。全市纳入改制的2140家企业已完成2115家，其中109家市属企业基本完成。除国家垄断、半垄断的企业仍为国家所有外，国有资本基本从竞争性领域退出，民营、个体、私营经济日益壮大。2005年，全市列入转制的2143家企业全部完成，企业产权明晰，“四自”（自主经营、自负盈亏、自找市场、自融资金）机制形成，民营、股份、股份合作制经济成为企业的主要形式。

四、对外开放

改革开放后，乐山开始出现企业跨行业、跨地区协作联合。1984年地区组织地、县主要领导到省外参观、学习开展区域经济技术协作的经验，是年6月召开“三市两地”（成都、德阳、攀枝花、乐山、绵阳）经济技术协调会。1986年，乐山市为发挥地域文化旅游优势，对外开展经济技术协作，于6月7日至12日举办首届乐山龙舟经济交易会，协议引进资金719万元，经贸成交总额9063万元。1990年，乐山无线电有限公司与外商合资兴建永大半导体有限公司开始，乐山市不断加大对外开放力度。随着全市经济技术协作和对内开放不断加强，到1994年年底，全市引进经济技术协作项目达1600余项，引进技术人才487人，引进资金1.94亿元，劳务输出1.8万人。1996年乐山海关、乐山出入境检验检疫局（乐山商检局）相继成立，全市进出口贸易更加便捷。2004年，乐山3家企业到境外投资，取得一定成效。到2005年年底，乐山引进内资项目72项，协议引进资金35.38亿元，实际到位市外资金54.48亿元。1995—2005年，全市共审批“三资”企业300余家。2005年全市参加年检的外资企业50余家，总投资额约9.38亿美元，注册资本约3.22亿美元；新审批“三资”企业6家。实际到位外资2648万美元；海外输出劳务1536人次；具有进出口经营权的企业190余家，海关进出口总额4.18亿美元，其中出口总额2.43亿美元；组织参加西博会、西洽会、农博会等重大经贸活动。2001年将高新技术开发区从市中区通江镇调整到车子镇，首期开发面积6.92平方千米，2003—2005年固定资产投入40亿元，完成区内5.5千米道路硬化、绿化、亮化及水、电、气、通信等管网建设，建成投产23家独资、合资、民营企业，实现财政收入1.45亿元。

随着经济技术协作的广泛开展，1984年7月，地区行署提出与有较密切往来的城市建立稳定、广泛的协作关系意见。年底，与新疆哈密地区草签了友好地区协议书。1986年8月，为建立稳定、广泛的城市协作关系，乐山市与江苏省苏州市结为友好城市。1990年，与广东省中山市结为友好城市。到1994年年底，缔结友好城市23个，其中草签6个，设立市政府驻外办事机构17个。1995年、1998年、2001年，乐山市分别与北京市东城区、河南省三门峡市、贵州省六盘水市、云南省楚雄州结为友好城市。到2005年年底，乐山共与全国26个城市缔结友好城市关系，友好城市间横向联合与协作活动频繁。1999年、2002年乐山分别与澳大利亚赫维湾市和美国吉尔伯特市缔结友好城市，结束了长期以来只有日本市川市一个国际友好城市的状况。

五、人民生活

改革开放后，乐山把改善提高人民生活水平作为发展生产的重要目标来抓，大幅度提高农副产品价格，加快职工工资调整，从物质和文化生活上逐步提高城乡居民的生活水平。城镇居民消费结构逐渐发生变化，彩电、电冰箱、摩托车等高档耐用消费品开始进入城镇居民家庭。在城镇居民消费支出中，食品消费支出开始出现下降趋势，衣着、医疗、教育、住房、通信、文化、娱乐等消费类型所占比例逐渐增大。同时，居民的消费观念也在不断的调整和变化，衣着类消费走向时尚、品牌和个性化，档次普遍提高；食品消费更注重营养、科学、绿色和方便快捷；住房消费上，通过住房制度改革和商品房市场的兴起，绝大多数城镇居民家庭拥有了私有住房。在追求物质享受的同时，旅游、上网、美容、健身等为居民生活增添了亮点。2005年，全市在岗职工工资总额35.4亿元，比上年增加3.82亿元，增长12.1%；在岗职工平均工资12343元，增加959元，增长8.42%。据中心城区城镇居民抽样调查资料显示，个人住房产权拥有率达85%，人均住房面积26.14平方米；每百户家庭拥有彩色电视机135台、电冰箱79台、空调器69台、家用电脑32台、固定电话79部、移动电话125部；私家车开始进入普通家庭，家用汽车消费热潮已悄然兴起。

1988—2005年乐山市城镇居民收支情况（中心城区）

表10—3　　　　单位：元,%

指标 年份	可支配收入		消费性支出		食品支出		恩格尔系数
	绝对数	比上年增减	绝对数	比上年增减	绝对数	比上年增减	
1988	1215	—	1278	—	626	—	48.97
1989	1420	16.9	1210	-5.3	731	16.7	60.37
1990	1604	13.0	1406	16.2	759	3.9	54.00
1991	1804	12.5	1554	10.5	815	7.4	52.45
1992	2020	12.0	1636	5.2	906	11.1	55.37
1993	2510	24.3	2251	37.6	1095	20.9	48.64
1994	3459	37.8	3112	38.2	1542	40.9	49.56
1995	3730	7.9	3478	11.8	1823	18.2	52.40
1996	3938	5.6	3718	6.9	1951	7.1	52.47

续表10—3

年份＼指标	可支配收入		消费性支出		食品支出		恩格尔系数
	绝对数	比上年增减	绝对数	比上年增减	绝对数	比上年增减	
1997	4257	8.1	3760	1.1	1986	1.8	52.82
1998	4310	1.2	3884	3.3	1828	-8.0	47.08
1999	4947	14.8	4457	14.8	2031	11.1	45.56
2000	5217	5.4	4752	6.6	1940	-4.5	40.83
2001	5610	7.5	4804	1.1	1996	2.9	41.56
2002	6076	8.3	5163	7.5	2210	10.7	42.80
2003	6489	6.8	5638	9.2	2269	2.7	40.25
2004	7161	10.4	6521	15.7	2659	17.2	40.78
2005	7520	5.0	6423	-1.5	2757	3.7	42.93

说明：1986—1997年数据不含眉山市

改革开放后，农村居民食品消费占生活消费的比重（恩格尔系数）呈明显下降趋势，农村居民生活水平得到大幅度提高，生活质量和生活条件有了明显改善。食品消费注重膳食结构由量的满足向质的提高，从要求吃饱向讲究营养转变；衣着消费不再满足于单一的“青蓝”色调，衣着服饰品种、规格更加齐全，日渐多样化；住房消费上，农村曾几度掀起“建房热”，砖瓦房在农村地区已经很普遍。这一时期，农户建房经历了由草房到砖瓦房、楼房的发展阶段。据调查户基本情况统计，2005年年底农户人均住房面积达38.26平方米；农村居民医疗保健支出快速增长，特别是新型农村合作医疗制度的推行，农民过去“小病等、大病拖”的状况得到极大改善。中高档的耐用消费品的拥有量从无到有，开始进入农村居民家庭。到2005年年底，农村居民每百户家庭拥有彩色电视机93台、影碟机59台、洗衣机66台、电风扇172台、自行车54辆、摩托车51部、固定电话56部、移动电话61部；拖拉机、运输汽车、小汽车开始进入农村家庭。

1986—2005年乐山市农民人均纯收入和生活消费支出情况

表10—4　　单位：元，%

年份＼指标	农民人均纯收入	购买生产性固定资产支出	生活消费支出	食品	衣着	住房	恩格尔系数
1986	352	9	321	200	27	40	62.31
1987	396	10	363	221	24	46	60.88
1988	446	13	432	353	30	63	81.71
1989	490	11	452	277	31	50	61.23
1990	504	8	474	302	31	44	63.71
1991	589	16	556	342	39	64	61.48
1992	648	15	592	367	41	57	62.01
1993	722	8	634	392	43	45	61.90
1994	921	30	878	561	16	75	63.88

续表10—4

指标 年份	农民人均纯收入	购买生产性固定资产支出	生活消费支出	食品	衣着	住房	恩格尔系数
1995	1115	66	1074	657	25	71	61.19
1996	1455	56	1418	1001	88	79	70.57
1997	1762	34	1683	1041	107	90	61.85
1998	1941	19	1742	1084	100	73	62.21
1999	2072	10	1629	974	100	72	59.79
2000	2154	17	1646	944	94	86	57.34
2001	2245	34	1692	962	93	96	56.85
2002	2377	22	1781	991	110	80	55.66
2003	2546	23	1850	994	123	81	53.70
2004	2927	24	2136	1223	117	92	57.26
2005	3242	50	2522	1289	159	156	51.13

说明：1986—1997 年数据不含眉山市

第二节 优势产业

一、电子新材料

1978 年后，乐山电子新材料工业发展迅速，主要产品有电子元器件、多晶硅、单晶硅、硅片、硅外延片、高纯金属等，成为乐山市的支柱产业之一。电子元器件的主要生产企业是乐山无线电股份有限公司及其合资企业乐山—菲尼克斯半导体材料公司。乐山无线电股份有限公司的前身是乐山无线电厂，1984 年引进技术开始生产玻壳封装 D041、D035 开关管和稳压管。1990 年与台湾、香港企业合资建立永大、永佳半导体合资厂，使企业成为全国分立半导销售收入的第一名。1995 年与摩托罗拉合资建立乐山—菲尼克斯半导体公司，2002 年与荷兰比尔公司合资建立乐山飞舸模具厂，2003 年与香港合资建立乐山功率半导体厂。乐山无线电股份有限公司经过多年的发展，已由生产电子管无线电元器件的小厂，发展成拥有多个合资公司，主产半导体元器件的企业，形成研发、加工制造、销售完整的产业链，先后荣获四川高新科技产业型企业、高速增长型企业等称号。2005 年，乐山无线电股份有限公司及其合资企业乐山—菲尼克斯半导体公司的小信号片式分立器件在世界同行业排前 10 名、国内排前 3 位，实现销售收入过 10 亿元。峨嵋半导体材料厂经过长期技术攻关，攻克 $SICl_4$ 氢化、尾气干法回收、导热油循环冷却及 9 对棒大直径多晶硅还原炉等 4 项关键技术难题，掌握了“改良西门子工艺技术”。1999 年年底，具有年产 100 吨生产能力和自主知识产权的国内第一条“改良西门子法”工艺多晶硅生产示范线在该厂投运。2000 年 1 月，通过国家鉴定验收。2001 年 9 月，新光硅业科技有限公司承担建设年产 1000 吨多晶硅高技术产业化示范工程项目。2003 年开工建设。2005 年年底，全市多晶硅产量达到 7.84 万千克，生产能力位居全国第一。

二、冶金建材

冶金行业以钢铁、铁合金、铝和不锈钢为主，其中钢铁和铁合金是乐山市的传统产业，进入 21

世纪后发展较快。2001 年，四川德胜集团钢铁有限公司收购原国有控股企业大渡河钢铁股份有限公司后，产能成倍增加，已达年产 100 万吨钢铁的能力，成为全市最大的钢铁生产企业。2005 年，全市生产生铁 37 万吨，钢材产量达到 71.4 万吨。铁合金发展也很快，川投峨眉铁合金有限公司在国家重点铁合金企业中综合指标排名第 3 名，为四川省最大的铁合金企业。2005 年全市铁合金产量达到 39.1 万吨。铝和不锈钢是进入 21 世纪后乐山的新兴产业，虽然起步晚，但起点较高。2005 年 9 月，在峨眉山市其亚铝业公司基础上成立的四川其亚铝业集团公司，是乐山市最大的工业企业之一，其生产的铝锭产品在四川市场占有率达 30% 以上。2004 年，在金口河铁合金公司基础上组建的四川西南不锈钢有限责任公司，填补了西南地区不锈钢生产领域的空白，其核心技术从乌克兰引进，属世界最先进的铁合金冶炼技术之一，是西南地区最大的不锈钢生产企业。其不锈钢产品在省内市场占有率为 90%，畅销广东、上海、江苏、浙江等经济发达地区。建材以水泥和瓷砖为主，乐山市一直是四川省水泥生产的主要产地，其产量在省内名列前茅。四川金顶（集团）股份有限公司是全市水泥生产的龙头企业，保持较快的发展势头，产量比 20 世纪 90 年代翻一番多。2005 年崛起的峨眉山水泥有限公司的产量已接近金顶集团。嘉华水泥股份有限公司生产的特种水泥广泛用于油井等特殊施工场合，产品附加值高，销往全国各地。2005 年全市水泥产量达到 603 万吨。乐山市瓷砖生产企业超过百户，2005 年生产能力达 28045 万平方米，为全省瓷砖产能的一半以上，主要集中在夹江，夹江县被誉为“西部瓷都”，是全国四大陶瓷生产基地之一。

三、盐磷化工

盐磷化工是乐山市的传统产业。进入 21 世纪后，盐磷化工产业依托和邦集团、巨星集团、四川希望集团深蓝电蓝公司等重点企业，延伸盐化工产业链，大力发展营养盐、纯碱、烧碱、PVC 和 PVC 型材盐化工下游产品；依托金光集团、大中华集团等重点企业，延伸磷化工产业链。建设和邦集团 60 万吨真空制盐、永祥树脂公司 20 万吨 PVC 二期、巨星集团年产 5 万吨氯碱扩建技改、四川希望集团深蓝电蓝公司 8 万吨氯酸钠一期 2.2 万吨、大中华集团年产 30 万吨重质纯碱工程、马边磷泰电有限公司年产 1 万吨黄磷生产线等重点项目，启动和邦集团 30 万吨联碱及 20 万吨 PVC、圣达集团一期 10 万吨 PVC、通威集团与巨星集团合作建设 50 吨 PVC 等项目前期工作。五通桥区盐磷化工产业在全市的地位突出，和邦集团 30 万吨联碱、巨星集团 20 万吨 PVC 一期 4 万吨、金光化工集团公司联碱 6 改 10 等项目先后建成投产，已基本形成盐卤资源开采—制盐—制碱和盐卤开采—氯碱—PVC－PVC 型材生产的盐磷化工产业链，实现盐、酸、碱等基础化工产品的“体内巡回利用”，加速了从基础化工向精细化工的转化升级。乐山盐磷化工主导产品竞争优势凸现，产量在全省的地位日益突出，正在成为四川省的盐磷化工基地。和邦集团、金光集团生产的纯碱、氯化铵双吨产能已达 47 万吨，居西南地区第一；金光集团 11 万吨磷酸系列产品、2.5 万吨稀土精矿加工产量列全省首位；盐、纯碱（氯化铵）和烧碱直接成本比全国平均成本低 20% 以上，PVC 成本远低于国内平均水平。

四、能源工业

乐山市的能源工业主要是电力和煤炭。电力以水电和火电为主，水电占绝对优势。改革开放后，乐山市丰富的水电资源得到开发利用，水电站建设以每年完成 5—9 处、8—20 台机组、7—10 万千瓦装机的速度发展。到 2005 年年底，全市除井研县外，其余各县（市、区）都建有水电站（厂）。

另外市境内部分骨干企业如其亚铝业、瑞松纸业、川投嘉阳电力公司等建立了9个企业火电厂，以保证高峰时段生产的正常运行。2005年全市在册地方电厂共有132户，装机容量267万千瓦，完成投资22.16亿元，新建发电厂站76处，新增装机23.88万千瓦。其中龚嘴发电总厂（以下简称总厂）下辖龚嘴和铜街子两座大型水电站，装机容量为132万千瓦，承担了四川省电网的发电和调峰、调频及事故备用任务，在全省电网中具有举足轻重的作用。2004年，总厂成为全国36家“无人值班”的水电厂之一，进入国内技术领先、管理先进的大型水电厂行列。2005年总厂实现发电量57.4亿千瓦时。

煤炭开采是乐山市的传统产业。境内煤矿资源处于乐威煤田西部，多为极薄复合煤层，煤矿开采在市境内历史悠久。1985年全地区有煤矿259个，固定资产投资4396.73万元，国营矿井生产能力118万吨，乡镇企业新建煤井77对。1986年后，全市煤矿固定资产投资继续增加。1994年，全市国营煤矿固定资产投资累计2.38亿元，其中基建投资1.82亿元，技改投资5629万元，国营矿井生产能力148万吨，全市有各类煤矿756个，产煤能力约550万吨。1999年，国家对煤炭行业结构进行调整，实行“关井压产”。乐山市连续几年对破坏资源、污染环境、技术装备落后、不符合安全生产条件的中小煤炭企业进行强制关停并转。同时加强对在建煤矿企业的技改投入和安全生产监督管理，严厉打击私挖滥采行为，全市煤炭生产走上了规模化、节约化的轨道。截至2005年，全市有煤矿176个，年开采原煤745万吨。

五、农产品加工

改革开放后，随着农村经济体制改革的不断深化，全市坚持以市场为导向，通过政策、项目、信息、技术等引导和支持，鼓励农民面向市场生产，峨眉山、井研、犍为、沐川等市（县）农户组织专业生产者协会、专业技术协会等进行技术交易，积极发展股份合作制企业，推行“公司+基地+农户”生产经营模式，农产品加工向产业化方向发展，培育了一大批具有相当带动能力的农产品加工型龙头企业，逐步形成林竹、畜牧、茶叶、蔬菜、中药材五大特色农产品加工产业。2000年，四川省乐山国家农业科技园区开始规划建设。2001年，成为国家科技部等六部门批准建立的首批21个国家农业科技园区之一，也是四川省唯一的国家农业科技园区。园区采取“一区多园”的建设模式，结合乐山农业五大优势产业，以产业化龙头企业为主体，通过政府引导、企业开发、市场化运作、产业化经营，设生态、畜牧、茶叶、花木、中药材、优质粮油科技园核心区，在全市及周边地区形成示范区。2005年，乐山市年销售收入100万元以上的农产品加工型龙头企业158家，固定资产规模30.81亿元，实现销售收入54.7亿元，利税4.41亿元，其中年销售收入5000万元以上的企业24家，亿元以上的大型企业15家。五大特色产业龙头企业120家，占总数的75.95%，实现销售收入46.93亿元，占总销售收入的85.46%。在550家流通型龙头企业（专合组织）中，五大特色产业企业达320家，占总数的58.18%，实现销售收入29.1亿元，占总销售收入的69.91%。其中井研县农业产业化龙头企业加工销售收入达到12.8亿元，占全县规模以上工业企业的81%，成为县域经济的支柱产业。2002年，井研县成立四川省哈哥兔业公司，采用“公司+基地+农户”的业主模式在该县建立绿色食品养殖基地3000公顷，并辐射到乐山、内江、自贡、眉山、南充6个市，建立养殖基地130个，带动10余万农户养兔。沐川县通过林竹产业化培育县域特色产业，国家级农业产业化重点龙头企业永丰公司带动全县23万农民造林栽竹，该公司创造的税收收入占全县地方财政收入的三分之一以上，走出了一条产业化扶贫的路子。峨眉山市竹叶青公司生产的“竹叶青”茶叶成为四川茶叶第一品牌，2004年建成茶叶文化主题博物馆竹叶青生态茗苑，集栽培、科研、旅游观光为一体。峨眉山市双福镇建成集茶叶加工交易于一体的大西南茶业市场，吸引来自全国各地的大量茶商，成为西南地区最大的茶叶集散地之一。

第三节 名优特产

一、土产药材

乐山是四川土产药材的主产区，主要有黄连、杜仲、天麻、灵芝、峨参、朱砂莲、何首乌、姜黄、金银花、银杏、川黄柏、川牛膝、干姜、麦冬等。产地遍及峨眉山及犍为、沐川、马边、金口河、沙湾、夹江、五通桥等市（县、区），其中以黄连、杜仲、天麻、灵芝、峨参、朱砂莲等土产中药材尤为著名。峨眉山自古以盛产中草药而闻名于世。历代本草书籍如《孔子图记》《千金方》《蜀本草》《本草纲目》《本草品汇精要》等均对峨眉山药材资源有大量的收载。集中国药学大成的明代《本草纲目》记载了峨眉山地道中药材种类655种，占《本草纲目》所载药物的34.6%；其中著名地道中药材72种。脍炙人口的白娘子峨眉山盗灵芝的传说，也源自峨眉山中医药文化。

二、轻工产品

乐山轻工产业历史悠久，品种齐全。传统轻工业得到继承和发展壮大，新兴轻工业异军突起，成为乐山支柱产业之一。知名轻工产品有嘉定大绸、乐山宋笔、峨眉藤杖、夹江书画纸、夹江陶瓷、峨眉草席、永丰纸业等，其中尤以夹江书画纸和乌木雕刻最为著名。夹江书画纸源于夹江传统的手工造纸技艺，抗战时期，著名书画家张大千与夹江纸农共同研制了大千书画纸，与安徽宣纸齐名，被誉为“中国有宣、夹二纸，堪称二宝”。2005年，夹江书画纸品种达240余个，其中“丈二匹”书画纸的问世，创下了中国手工造纸之最。乌木雕刻是以大渡河、青衣江、岷江河床千万年前埋藏的乌木为原料，经过精心雕刻、加工制作的艺术、旅游纪念品，具有极高的文化内涵和收藏价值。

三、食品饮料

乐山境内饮食风味以麻辣味闻名，具有浓郁地方特色，种类繁多，味道变化无穷，香飘海内外。较有名气的乐山食品有跷脚牛肉、西坝豆腐、哈哥兔干、乐山甜皮鸭、钵钵鸡、黄焖鸡、玻璃烧麦、豆腐乳、牛华麻辣烫、豆腐脑、苏稽米花糖、犍为薄饼、沐川乌骨黑鸡等，其中以跷脚牛肉最为有名。跷脚牛肉发源于市中区苏稽镇，旧时当地村民多以宰牛卖肉为业，剩余五脏六腑无以为用，就放在一口大锅里用生姜、胡椒等佐料煮沸熬汤，用干辣椒面拌吃。由于当时条件简陋，仅有一条长桌，没有座位。食客往往一脚支地，一脚置于长桌横撑，做跷脚状，跷脚牛肉遂而得名。乐山茶叶种植历史久远，茶文化源远流长，主要有竹叶青、仙芝竹尖、峨眉雪芽、马边森林雪、沐川一枝春等知名品牌。其中尤以竹叶青为代表。该茶产于峨眉山海拔1200米的高山茶区，形如竹叶、扁平直滑、香味扑鼻，名字为1964年国务院副总理兼外交部长陈毅途经峨眉山万年寺时所取，现已成为中国绿茶知名品牌、四川省名牌产品、中国围棋队指定用茶，其商标被评为中国驰名商标、四川省著名商标。“竹叶青”系列产品获准使用绿色食品标志，部分产品还获得有机食品认证。

第三章　地方文化

第一节　发展状况

一、文化活动

市境内群众文化活动历史久远，具有十分突出的地方特色，在全国均有较大影响。中华人民共和国成立后，群众文化活动倍受党和政府重视，广泛开展群众文艺辅导、业余文艺创作，组织参加文艺演出、调演等活动，传统节目得到发掘，推出了一批精品节目。改革开放以来，市境各地先后组织大型综合文艺活动，多次举办经贸交易会、龙舟会、文化艺术节等大型活动，广泛开展戏曲、诗歌、演唱、书画、美术、摄影展览活动及游街游江文艺表演。1994 年 5 月，乐山国际旅游大佛节期间，全市 4500 多人参加文艺展演，400 多名文艺骨干演出大型广场舞剧《嘉州魂》。同年 8 月举行四川省第三届青少年运动会，18500 多人次表演大型广场文艺《乐山乐水》。2000 年后，乐山中心城区广场文化、社区文化活动广泛开展，周末广场文艺表演日趋活跃，“欢乐假日”文艺演出好戏连台。2005 年，乐山市举办首届嘉州文化艺术节、“嘉州杯青年歌手赛”和美术、书法、摄影展暨民族文化、旅游产品博览会、廉政文化建设作品展等丰富多彩的基层群众文化活动，庆祝建市 20 周年。同年，承办四川省第五届少数民族艺术节，大型歌舞剧《七彩小凉山》和美术、书法、摄影作品在艺术节上共获各种奖励 80 个，获奖总数居全省各代表团首位。乡镇文化站和文化信息资源共享工程建设加快推进，全省数字图书馆开通暨重走长征路构建公共文化服务体系启动仪式在乐山市举行。市文化部门组织市歌舞剧团、市川剧团、市京剧团深入县（市、区）乡镇、村、社举办《希望的田野》——建设社会主义新农村大型文艺巡演 30 余场；周末广场文艺演出 50 余场；纪念中国电影诞生 100 周年，组织开展公益电影放映 167 部 256 场；全年放映农村电影 5500 余场次，观众达 20 万余人次。

二、文艺创作

市境内历代文人辈出。五四运动时期，郭沫若创作了《女神》等一批中国新诗的奠基作品；抗日时期，又创作了《屈原》《筑》《虎符》等历史名剧和大量诗文，成为继鲁迅之后中国新文化战线的又一面旗帜。中华人民共和国成立后，乐山地区开始组织专人从事文学创作，出版发行文学季刊《沫水》。改革开放后，乐山市文联、市文化局创作室、市文化艺术研究所，多次举办讲习、研讨、评奖活动。乐山籍作者文学作品不断问世，一批诗歌、小说、散文、戏曲、戏剧、影视剧作者跻身全省或全国文坛。20 世纪 80 年代靳岷江等人的摄影作品获得好评。1989 年吴子牛导演的《晚钟》

获国际大奖殊荣，李琼久、黄仲新为人民大会堂创作巨幅国画《泸定桥》。1991 年吴雅明应邀去联大总部大厦举办画展，为联合国会议中心创作巨幅国画《云与青山澹不分》。1998 年，以大佛为题材的《天下一佛》剧本问世，《红黄黑——彝家的色彩》《我的祖国佤几佤》《青衣江、牵魂的江》等歌曲参加省第三届少数民族艺术节获得好评。2001 年，市文艺工作者创作的舞蹈《创造者》《峨眉灵秀》、川剧《天国梦》巡演获得成功。2003 年，舞蹈《石磨的歌》、表演唱《七月的伞花》创作演出获得成功。2005 年，市文化主管部门推出了大型诗乐舞《沫若·女神》在四川公演，大型川剧《大佛·海通》赴北京长安大戏院、北京大学、清华大学演出取得成功，探索创新了川剧进高校闯市场之路。大型歌舞剧《七彩小凉山》和美术、书法、摄影作品在省第五届少数民族艺术节上获得各种奖励 80 个，获奖总数量居全省各代表团首位。另外，全市还恢复出版文学刊物《沫水》和《乐山文化》，编辑出版五本《中国·乐山文化丛书》，策划推出反映乐山历史文化和自然风光的邮资明信片一套。

三、文物馆藏

市境内文物遗迹资源丰富。乐山留存着上万座汉崖墓，尤以麻浩崖墓内的石刻浮雕和壁画为珍贵。秦蜀守李冰为避洪患，分江溢洪，形成著名的乌尤“离堆”。东汉佛教开始传入乐山。东晋以后，佛教寺庙与日俱增，香火日趋旺盛。唐宋时期，乐山成为中国西南佛教文化的重要场所，峨眉山成为中国四大佛教圣地之一。唐开元元年至唐贞元十九年（713—803 年），历时 90 年建成的乐山大佛，宏伟端庄、举世闻名。宋、元、明、清代，乐山的文物遗存更为丰富。1961 年 3 月，峨眉山万年寺普贤铜铁佛像经国务院公布为第一批全国重点文物保护单位，成为乐山第一个全国重点文物保护单位。改革开放后，乐山重点加强世界文化与自然遗产地文物和全市重点文物保护单位的保护维修工程。1984—1991 年开展对乐山大佛的整治工程。1990 年对大佛寺灵宝塔进行维修。1997 年实施乐山大佛综合整治工程，重点解决大佛后山地面水冲刷侵蚀佛体以及河道对大佛底座的冲刷旋空等问题。年内完成大佛右侧危岩的排险加固。1998 年对乐山乌尤寺乌尤殿进行维修。1999—2000 年，对大庙飞来殿进行了局部维修和安防设施改造。2000 年，完成郭沫若旧居博物馆、峨眉山飞来殿、乌尤寺大殿的维修整治。2002 年完成了乌尤寺旷怡亭维修、张公桥扩建工程等。1997—2003 年，投入 2000 多万元搬迁犍为一中并全面保护修缮了犍为文庙。2004 年，对郭沫若旧居进行白蚁专项治理，完成明王寺保护维修工程；2005—2006 年，保护维修三江白塔、熊克武故居等。

1994 年，全市有全国重点保护文物 4 处（乐山大佛、麻浩崖墓、万年寺普贤铜铁佛像、峨眉大庙飞来殿），省重点保护文物 21 处，市重点保护文物 79 处，县级保护文物 288 处。地面文物主要有新石器时代遗址、战国巴蜀墓葬、汉代崖墓及砖室墓、唐宋摩崖造像、宋代墓葬，元明清结构建筑等；馆藏文物 22513 件，其中战国巴蜀青铜器、汉代陶器、画像石、画像砖、郭沫若手稿等较有特色。2005 年，全市有各类博物馆 5 个，6 处文物申报成为全国重点文物保护单位（峨眉山古建筑群、大佛寺灵宝塔、犍为文庙、夹江杨公阙、千佛岩石窟、沙湾郭沫若旧居）。推荐公布乐山市首批 22 个市级非物质文化遗产名录、14 个省级非物质文化遗产和 14 处第三批市级文物保护单位，建立乐山市国家、省、市、县四级非物质文化遗产保护名录体系。实施“乐山乌木珍品文化博物苑”“嘉州‘天地人’文化街”“恢复成立‘新又新川剧社’”等重大文化产业工程，全年完成文化产业项目 5 个，实际投资总额达 3932 万元。

第二节 特色文化

一、夹江竹制造纸

夹江竹制造纸兴起于唐宋，具有1300多年历史。夹江竹制造纸以完全的古法手工舀纸术生产，从选料到成纸共有15道环节、72道工序，与明代《天工开物·杀青》所记载的生产工序相合。早在唐宋年间，夹江就因竹制造纸种类多、品质优、产量高而名扬海内外。明代嘉靖年间，夹江已能生产较好的“棉纸（椿纸）和“竹纸”，达到“精粗大小皆备”的水平而载誉巴蜀。清康熙二十年（1681年），被钦定为“文闱卷纸”（科场用纸）。每逢科举之年，如数上贡朝廷。清同治年间，夹江竹制造纸已具备相当规模，全县一半以上的乡镇从事或曾经从事手工纸生产，造纸人口达到全县的三分之二，手工造纸达到鼎盛时期。夹江因此被誉为“蜀纸之乡”，名扬全国。抗战时期，夹江手工造纸成为大后方纸张供应的重要产地，国画大师张大千先后两次来夹江和纸农一起研究改进夹江竹纸制作技艺，研制出著名的“大千书画纸”。夹江纸仍然完整保留“蔡侯”造纸技术，完全按照明代《天工开物》记载的古法舀纸工序生产，是竹料制纸的典范。2006年5月，夹江竹纸制作技艺列入首批国家级非物质文化遗产保护名录。

二、峨眉武术

峨眉武术发源于峨眉山，兼有佛家和道家之长，既吸收了道家的动功，又吸收了佛教禅修的静功，故而创造出一套动静结合的练功方法。这种方法与各种拳术、器械、散打及气功结合在一起，构成了庞大的峨眉派武术体系。峨眉武术主张动与静并重，动功练十二桩，静功讲究六大专修功，著名拳种有火龙拳、峨眉剑手、三十六闭手、峨眉南拳、六合拳、蛇拳、猴拳等，形成黄林、点易、青城、青牛、铁佛五大派，发展至今有徒手、器械、对练、套路、练功法和技击项目2638个。改革开放后，峨眉山市广泛开展峨眉武术群众活动，并将峨眉武术纳入旅游文化活动之中，加强对外宣传交流，峨眉武术影响面日渐扩大，广泛流传于社会，名扬海内外，成为与少林、武当并列的中华武术三大门派之一。

三、夹江年画

夹江年画为川西南独具特色的农民画，取材于历史或民间传说，体裁广泛，想象丰富，对表达的内容以高度概括和形象地夸张。夹江年画制作分绘画、雕刻、印刷、修整等工序，每一道工序都精细准确。在制作技艺上，构图对称饱满，线条粗犷，色泽明快，进行木板镌刻。在色彩运用上，要求色调鲜明，对比强烈，所用颜料为天然植物和矿物质原料，不易变色。在人物绘画上，要求形象饱满，线条粗犷，风格爽快利落。画像多张贴于大门外，对称站立，庄重深厚，民间情趣强烈，具有独特的地方工艺美术色彩和淳朴古老的民族文化风格。夹江年画起源可追溯至明代万历、天启年间。至清末民初，夹江已经有很多年画作坊在大规模生产销售年画。除满足周边地区的需求，还远销湖广、云贵及东南亚，年销量超过1000万份。由于当时城市社会不发达，年画的主要受众还是农民和部分手工业者。所以，夹江年画在创作上强调“喜闻乐见”和“有看头”。直到民国初年还十分鼎盛。中华人民共和国成立后，夹江年画在“文化大革命”动乱年代遭受重创，濒于失传。改革开放后，四川省及夹江文化部门着手抢救夹江年画。经过不懈努力，夹江年画技艺达到恢复和发展。

四、沐川草龙

沐川草龙俗称草把龙，又称黄龙，是一种民间民俗工艺品。2003 年 12 月，沐川草龙获得吉尼斯世界纪录，成为世界上最长的草编龙。草龙全长 200 余米，龙头、龙身、龙尾设计精巧，龙眼、龙鳞、龙爪活灵活现。草龙古朴原始，气势豪迈，乡土气息浓郁，表现了吉祥、丰收、欢乐的主题。草龙制作工艺精细，独特工艺罕见，主要有选材—熏蒸—上骨架—上草—连接—上龙筋等工序。选取经过脱掉稻衣、蒸煮晒干后的金黄色高杆水稻作为材料，依次编扎龙头、龙身、龙尾及龙筋，总装好一条草龙。沐川草龙精妙之处在于舞，百余名训练有素的强健汉子，身着黄色短裤，赤上臂、戴草巾、批草肩、系草裙、穿草鞋，在铿锵的锣鼓声中跑、跳、腾、挪，舞得黄龙腾飞，气势磅礴，表达丰收的喜悦和对吉祥幸福生活的向往。长期以来，沐川草龙在民间广泛流行，盛演不衰，21 世纪以来，更是在国家、省市级民间文化展演活动中屡获殊荣。

五、乐山“二七十”

发源于乐山市五通桥区，被称为乐山市的城市名片。“二七十”又名“桥字牌”，经久不衰流行于乐山、眉山一带。“二七十迷”遍布乐山城乡，老少皆会。据说“二七十”的历史可追溯到两百多年前，当时五通桥盐业兴旺，盐商为便于算账结算费用，实行每包（筐）盐或煤编号牌，采用不同字体和颜色区分不同码头的号牌。工余间，盐工们就用牌子上的号码斗数寻乐，于是产生了最初的“字牌”。后来有富家太太们闲得无聊，也跟着玩起来。这种轻巧、便利的“桥字牌”就传播开来，最后玩法越来越多。因该游戏可吃数字“二七十”成列，故称为“二七十”。玩“二七十”不仅能娱乐开心，其变形艺术字体形象夸张、优美流畅，给人以美感，为广大收藏爱好者所珍藏。

乐山市境内历史文化底蕴深厚，民间特色文化众多。其他特色文化还有岷江号子、嘉州奇石、五通桥龙舟竞技、夹江秧歌、夹江金钱板、峨眉（夹江）堂灯戏、井研竹琴、犍为麒麟灯、马边“阿惹妞”、峨边“甘嫫阿妞”等等，展现了乐山作为历史文化名城，有着悠久的历史文化传统和浓郁的乡土民情特色，是乐山文化领域内最具吸引力、影响力和感化力的资源。

第四章 社会事业

第一节 教育 科技

一、教育事业

乐山的教育发展史可追溯到隋唐，至清末各县共办有书院35所。清光绪三十一年（1905年）乐山县于草堂寺兴办“乐山县官立小学堂”，为乐山县城最早的新学堂。抗战初期，武汉大学、江苏蚕丝专科学校内迁乐山，四川大学迁峨眉，同时国立中央技艺专科学校创办，对境内教育发展起到推动作用。改革开放后，乐山落实知识分子政策，调整教育布局，组织初中文化和初级技术补课，集资办学，改善办学条件，改革管理体制，促进了全区教育事业迅速健康发展。1986年，全市有12个县（市、区）普及六年教育，入学率96.4%。当年实行职业中学毕业生就业优惠政策，促进了职业教育的迅速发展。全市有职业中学33所，普高附设职业班74个，在校学生9680余人。1987年，市教育局建立教育督导室，建立和实施督导评估制度。同时初中教育开始实行分流试点，开展劳动技术培训。1991年，根据市人大常委会关于普及九年义务教育的决议，在抓“普六”的基础上开始抓“普九”。1992年市人民政府教育督导室正式建立，进一步强化教育督导制度。1993年，乐山普通高中分流教育全面展开，同时狠抓校风建设，优化育人环境，促进教育质量的提高。1994年，全市普及六年义务教育，在校生52.1万人，学龄儿童入学率98.8%。1998年，全市采取“县对县”“校对校”“市级部门对乡镇”对口支援办法，帮助“两县一区”相继实现普九教育。2000年，全市有10个县（市、区）实现普九，人口覆盖率96.47%。同年3月，乐山师范高等专科学校与乐山教育学院合并组建乐山师范学院，为省属普通师范本科院校。成都理工大学与核工业西南物理研究院共同创办成都理工大学工程技术学院，为全日制普通高等学校。2001年，全市有高中阶段在校生49722人，连续四年实现上等升位，高考上线率59.3%。2002年，全市普高招生25040人，高考硬上线比上年增加1062人，上线率（64.55%）位居全省第四。同年，占地175公顷、规模60个班的乐山一中新校园投入使用。乐山工业学校、卫生学校、财贸学校3所国家级重点中专合并组建乐山职业技术学院，成为综合性全日制普通高等院校。民办的计算机学校建成“四川乐山信息技术专科学校”。2004年，全市普高在校生4.57万人，本科上线率54.38%。乐山一中、五通桥中学、峨眉二中创建成为国家级示范高中。同年，立事达集团创办乐山外国语实验学校（规模60个班）落成投用。市境内新增成都中医药大学峨眉分院、西华大学峨眉分院。2005年，全市各类普通小学在校学生251545人，学龄儿童入学率98.37%。基础教育阶段实施“爱心助学”工程，全面启动“两免一补”（免教科书费、免学杂费和补助寄宿生生活费）。实施中小学危房改造工程106个，消除中小学危房4.5万平方米。大力推进素质教育，培养学生创新精神和实践能力，基础教育成果不断巩固提高。马边顺利通过“两基”第一轮复查验收，全市乡镇“普九”覆盖率达100%。全市有国家级示范性普通高中3所，省级示范性普通高中4所，市级示范性普通高中8所。普通高中在校生4.82万人。当年参加高考人数16606人，本科实际录取11368人，占参考人数的68%。全市有中等职业教育学校35所，在校生41230人。为城镇在职职工提供培训4万余人次，培训下岗失业人员4000余人次；为农村劳动力提供实用技术培训20万余人次，培训外出务工人员1万余人次。截至年底，市境内有乐山师范学院、成都理工大学工程技术学院、乐山职业技术学院、西南交大峨眉校区、成都中医药大学峨眉分院、西华大学技术监督学院、乐山广播电视大学、民办乐山信息技术专修学院等8所高校，全日制专科以上在校生规模5.5万余人。

二、科技工作

市境内科技进步源远流长。抗战时期，著名科学家侯德榜在五通桥成功研制侯氏制碱法，处于当时世界先进水平。境内解放后，乐山科技工作者面向群众开展科学技术普及活动，先后成立了一批地、县科技管理机构和工农业科技研究所。20世纪60至70年代，国家“三线”建设在境内进行，一批高科技国防企业、科研院所建成投产或投入使用。改革开放后，贯彻“科学技术是第一生产力”方针，进行科技体制改革，建设科技队伍，研究开发、推广运用新技术，推进科技成果产业化。1984年9月，中国自行设计和研制的最大可控核聚变实验装置“中国环流器一号（HL-1）”在乐山核工业西南物理研究院建成并成功启动。代表了当时中国准稳环形磁约束聚变实验研究的最高水平。1986年，乐山市组织实施“星火计划”，1990年进行科技示范乡镇建设试点。20世纪90年代，乐山每年组织大中型企业、民营科技企业、科研院所参加全国性和地区性技术交易会，一批科技项目获得国家级、省部级、地市级奖励和专利称号。1994年，全市科技“百亿工程”开始启动，主要项目包括光纤通讯、电子元器件、生物技术、新医药、新材料、精细化工及民用核技术等，“科技兴市”战略付诸实施。5月，乐山核工业西南物理研究院在“中国环流器一号”的基础上，成功改建的“中国环流器新一号（HL-1M）”通过验收，达到了当时的国际先进水平。1998年，市科技“百亿工程”重点项目105项实现产值53亿元，完成科技成果16项，在布鲁塞尔第四十七届世界发明和科技大会上，乐山有4个项目获金奖、1个项目获银奖。2000年，全市103家民营科技企业销售收入12.14亿元，税利1.03亿元。市新列百亿工程120个，实现产值107亿元。全市获专利授权45项。2002年，“中医脾阴虚临床诊治研究”处于国内领先水平，获乐山市科学技术进步特等奖。2003年，以乐山国家农业科技园区和省级乐山高新技术产业开发区为重点，整合科技资源，促进人才资源向人才资本转变。全市民营科技企业产值12.6亿元，利税1.04亿元。实施各类科技合作项目70项，引进外智人才170多人次，其中引进9名院士作顾问。2005年，组织实施各类市级科技计划106项，组织申报国家级科技计划项目8项、省级科技计划项目41项，新登记科技成果30项，评出市级科技进步奖32项。乐山国家农业科技园区企业总数达47家，六大专业园核心区形成，辐射带动作用显现。26户重点园区企业销售收入增长46%，利税总额9094万元。示范辐射带动农户近30万户；实施“院地科技合作”孵化资金项目8项、“市校科技合作”项目7项，项目资金总计148万元，完成技术对接19项；巩固加强与中科院、四川农大等科研院所、大专院校的科技合作关系，同时与北京航空航天大学建立科技教育合作关系。当年，乐山市被列为“四川省国际科技合作网试点城市”，全年新办专利申请204件，获授权项目101个，创历史新高。

第二节 卫生 体育

一、医疗卫生

中华人民共和国成立后，乐山人民卫生事业开始发展振兴。20世纪80年代以来，乐山市持续开展三十余年的爱国卫生运动，市、县、区卫生防疫站指导基层单位群众常年灭鼠灭蝇，改水改厕，开展免费疫苗接种，加强传染病防治。1986年10月，经卫生部考核乐山基本消灭血丝虫病，传染病在居民死亡原因排位中已退居后位。同年，乐山市加快医疗卫生建设步伐，县、乡、村三级医疗卫生网络逐步形成，仁寿、眉山、峨眉山等9个县（市）完成卫生重点县建设任务。全市医疗机构加强肝胆、呼吸、心胸、烧伤、职业病、急救医疗等专科建设，兴办肿瘤、精神病、老年康复、口腔病防治等专科医疗研究机构，增添大量医疗器械设备，提高诊疗技术水平。乐山卫生学校和县（市、区）卫生职业、进修学校先后为基层培养数千名医士、护士、助产士等卫生人才。20世纪90年代城乡居民人均寿命上升到69岁。1997年，全市2868个单位20万人参加以整治环境卫生为重点的卫生突击活动，犍为、夹江建成市级卫生县城。年内投资1568万元，改扩建乡镇卫生院60所，建筑面积3.8万平方米。连续五年防止境外霍乱传入，乙类传染病发病率进一步下降，妇女儿童疾病得到有效控制。孕产妇死亡率、婴儿死亡率提前达到2000年目标，全市初保达标乡镇128个。多渠道投资1128万元，完成32个乡镇卫生院和6个防保机构的“三项建设”任务。开展医疗卫生体制改革试点，医院、卫生院经历了市场化到政府主导的公益性经营探索过程。2003年3月29日和4月19日，夹江县和金口河先后发生两起3例输入性非典型肺炎疫情，全市层层建立防治工作领导机构和专业防治队伍，排查外地到乐及返乡人员168321人，排除16例可疑病人。在全市交通口岸建立50个交通检疫站、点，共检疫140多万人；指定13家二级以上医院为“非典”救治医院，设发病门诊（点）197个，接诊发热病人10363例，隔离观察830例，收入疑似病区观察治疗9例。取得“非典”防治无Ⅱ代病例发生、无医务人员感染的重大胜利。之后，国家加大卫生基础设施投入力度，投入大量资金进行医务人员培训、医疗设备配备和乡镇卫生院改造新建。2005年，全市建成市县两级12个疾病预防控制中心，9个县级传染病区，1个艾滋病检测确认实验室和11个县级艾滋病初筛实验室。峨眉山市有13万农民参加新型农村合作医疗试点，有6841人次报销医疗费43.8万元。筹集农村医疗救助费512万元，救助贫困群众11172人次。在艾滋病防治中，结合全市艾滋病知识巡讲和对6000多名往昔有偿献血人员和两劳（劳教劳改）人员的HIV抗体筛查，开展“行为干预”“药物治疗”“同伴教育”与健康宣传相结合的艾滋病综合防治。2005年，在中心城区启动社区卫生服务体系建设工作。出动卫生执法人员2.7万余人次、车辆5700多台次，对全市9446家（次）餐饮、食品经营单位的食品安全和1920家（次）城乡医疗机构的医疗执业和采供用血等进行专项检查，并成功处置数起突发公共卫生事件。

二、体育健身

中华人民共和国成立后，乐山各级机关、厂矿、学校广泛开展广播操活动。1956年开始，地区及各县相继建立体育运动委员会，先后举办两届大型综合性专区运动会。改革开放以来体育事业发展迅速。据统计，1979—1994年，乐山市举办各类运动会223次，参赛运动会53万余人次。乐山籍运动员获得全国及以上体育比赛金牌147枚，银牌89枚，铜牌99枚。1994年，承办四川省第三届青少年运动会，新建设现代化的乐山体育中心。1997年，新建民族体育馆，全市累计有各类体育场地1121个。同年4月举办有18个体育代表团3000余名运动员参加的市第二届运动会。9月下旬承办8个市（地、州）600余名运动员参加的省第十届少数民族运动会。乐山获得金牌总数和奖牌总数第二、传统体育表演第一的成绩。2001年，除组团参加省十一届少数民族运动会外，5—8月召开市第三届运动会，分别在中心城区、峨眉、井研、犍为四地举行。共有25个代表团3000余人参加比赛。有8人打破4项省纪录，36人打破19项市纪录。同年，在中心城区举行跨世纪申奥全民健身万人长跑活动。夹江代表队代表四川省参加在苏州举行的全国秧歌舞比赛，获得一等奖。2002年，乐山市假日体育兴起，元旦、春节、“五一”、国庆法定大假期间，举办全开放、全免费的大型体育游园活动，40多万名市民参与，开启全国“假日体育”之先河。全市各地涌现游泳、武术、健美、龙舟、登高等群众体育先进群体，先后获得“全国游泳之乡”“全国武术之乡”“全国亿万农民健身活动先进乡”等称号。2005年6—9月举办市第四届运动会，是建市以来规模最大、参加人数最多、比赛项目最全的一次体育盛会。9月组团参加省十二届少数民族运动会。10月参加在南京举行的全国十届运动会。全年获奖26项，其中：国家级奖励7项，省级奖励11项，市级奖励8项。创建国家级训练基地2个，省级训练基地7个，市级训练基地20个；建成国家青少年体育俱乐部8个，市级体育俱乐部5个。假日体育继续深入开展，邀请奥运双星领跑，举行家庭组合对抗赛、健身健美操、体育舞蹈公开赛等，参与比赛群众达30多万人。

第三节　劳动就业

改革开放后，为更好地做好就业安置工作，1984年12月建立乐山地区劳动服务公司，创办各级各类劳动服务企业，形成以安置城镇待业人员为主进行生产经营、自救的集体所有制经济组织。1986年，国务院下发《关于发布改革劳动制度四项规定的通知》后，乐山市开始改革计划经济时代的劳动用工制度，当年新安置城镇待业人员1.29万人。1992年，乐山市开始全面推行适应社会主义市场经济体制的劳动合同工制度。1995年，全市有2779家企业37.95万名职工实行劳动合同制，培训城镇各类求职人员9740人，帮助指导1.23万名城镇待业人员实现就业。同年，全市开始实行最低工资保障制度。1996年，全市实施再就业工程，推进就业制度改革，变安置就业为介绍就业，引入市场机制，强化就业服务。同时要求私营企业和个体工商户必须与其雇佣的人员通过签订劳动合同的形式确立劳动关系。全年帮助指导1.71万名城镇失业人员实现就业。1997年，全市以贯彻实施《中华人民共和国劳动法》为契机，组织1.5万名失业和下岗职工参加再就业工程，帮助1万人实现分流安置和再就业，帮助城镇待业人员9240人就业，培训各类求职人员8000余人。1998年，乐山市组织市级机关为下岗职工办实事，全市国有企业有1.89万名下岗职工实现再就业。是年11月，沐川县下岗职工贺宗琳被评为全省十佳“再就业之星先进个人”。全市有468家企业签订集体合同，涉及职工104972人。2000年，全市筹集下岗职工生活保障资金7558.9万元，发放下岗职工基本生活费5395.8万元，代缴“两金”（养老、医疗保险）1951.3万元，确保了3万余名下岗职工的基本生活。2002年，筹集下岗职工生活保障资金10923.1万元，发放下岗职工基本生活费4979.7万元，代缴“两金”3726.7万元，确保了2.8万名下岗职工的基本生活。全年下岗失业职工实现再就业2.76万人。2003年9月，成立乐山市劳动关系协调委员会。2004年5月1日，全市开始施行劳动和社会保障部颁布的《集体合同规定》。全年集体合同签订数359户，审查备案集体合同271户。2005年，劳动合同管理重点是督促非国有企业劳动合同的签订，着重抓好农民工和其他灵活就业人员的劳动合同签订。全年签订区域性集体合同24份，覆盖企业388家，行业性集体合同两份，覆盖企业18家。全市城镇新增就业2.93万人，其中下岗失业人员再就业1.57万人，城镇登记失业率为4.15%；帮助1241户“零就业”家庭至少1人实现就业；帮助129户“零就业”失地无业农户至少1人实现就业。年末城镇从业人员43.2万人，比上年增加2.93万人。

1986—2005年乐山市职工人数情况

表10—5　　　　单位：万人

年份	人数	年份	人数	年份	人数	年份	人数
1986	34.63	1991	39.08	1996	37.46	2001	24.33
1987	35.76	1992	39.36	1997	36.62	2002	24.16
1988	37.30	1993	38.68	1998	34.02	2003	26.44
1989	37.82	1994	37.47	1999	33.03	2004	28.05
1990	38.27	1995	36.94	2000	25.55	2005	29.24

第四节　社会保障

改革开放后，乐山地区各级劳动部门和工会加强对劳动保险业务的管理，劳动保险工作趋于正常。1986年，乐山市、县两级建立社会保险处（后改为社会保险局），专司社会保险工作。当年，乐山市实行企业养老保险社会统筹，先以国有企业职工为参保对象，实行个人和企业共同缴纳养老保险费的办法，在试点的基础上逐步推开。全市国有企业7.65万人参加基本养老保险，征缴金额48万元。1987年，全市分别实行以区（市、县）为单位的退休费社会统筹。1990年全市参保人数发展到14.6万人，征缴额4166万元，当年支出养老金3641万元，全市逐步建立起基本养老保险制度。1995年，参加退休费用社会统筹企业职工190289人，征收养老保险基金14893万元，支付11989万元。全市失业保险制度得到巩固发展，参加失业保险的单位1871家，其中市级547家。15个县（市、区）建立工伤保险制度，2个县开展女职工生育保险试点。次年全市参加工伤保险人数11.72万人，征缴额213.72万元；参加生育险人数4057人，征缴额7万元。1997年10月行政区划调整后的乐山市有参保企业822家，在职职工155488人，离退休（职）人员49899人。当年11月，贯彻国务院关于建立统一的企业职工基本养老保险制度，从1998年1月1日起，企业单位缴费为职工工资总额的20%，职工个人按本人缴费工资的4%执行。1999年4月，乐山市在犍为县和峨边彝族自治县进行城镇医疗制度改革试点。1999 年 7 月 1 日起，企业职工个人缴费按月工资 5% 扣缴，单位按 20% 缴纳。当年参保职工 166964 人，征收养老保险基金 22326 万元，支付 25146 万元。2000 年全市筹集养老保险基金 27149 万元，发放离退休人员养老金 2.52 亿元，确保了 6.5 万名企业离退休人员按时足额领到养老金。当年参加生育保险 5.9 万人，征缴额 110 万元。9.9 万人参加工伤保险，征缴额 388.98 万元。2001 年 1 月启动新的基本医疗保险制度，当年全市基本医疗保险参保单位 508 家，参保职工 21.96 万人，征收医疗保险基金 6701 万元，并开始实行补充医疗保险，解决基本医疗保险支付封顶线后所发生的医疗费用。2002 年 7 月，省劳动和社会保障厅批复同意乐山市征收养老保险基金实行统一费率，企业缴费率为 24%，个人缴费率为 6%，城镇个体工商户、自由职业者缴费为 20%。2004 年 12 月，市本级养老、医疗、失业、工商、生育五个险种的缴费基数统一以省上一年职工平均工资作为缴费基数，单位职工或城镇个体劳动者参加社会保险只申请一个缴费基数，申报的个人缴费基数最高不超过省上一年职工平均工资的 300%，最低不低于省上一年职工平均工资的 60%。当年市参保人数达到 206542 人，征收养老保险基金 44872 人，支付 47768 万元。2005 年 11 月，贯彻省政府“城镇，各类企业缴纳基本养老保险费率统一为 20%，职工个人缴费费率为 8%”的规定，全市养老保险参保人数 22.8 万人，增加 2.14 万人，养老保险基金征缴 68743 万元，发放离退休人员养老金 6.06 亿元，确保了 9.9 万名离退休人员按时足额领到养老金；失业保险扩面新增 1.31 万人，失业保险基金征缴 2505 万元，为 1.15 万名失业人员发放失业保险金 1800 万元，保证了失业人员的基本生活；医疗保险扩面新增人数 3.35 万人，医疗保险基金征缴 21600 万元；工伤保险参保人数 14 万人，工伤保险基金征缴 1774 万元；生育保险参保人数 4.78 万人，生育保险基金征缴 319 万元。社会保险基金现场监督覆盖面为 54%，非现场监督覆盖面 100%。

第五节　社区建设

1988 年 5 月，乐山市在中心城区张公桥街道办事处开展社区服务试点，成立社区服务站，办服务设施 3 个，开展服务项目 5 个。1989 年试点范围扩大到泊水街办事处。1990 年社区服务推广到全市 14 个县（市、区）的 20 多个镇。到 1994 年年底，全市有 16 个县（市、区）的 4 个街道办事处、46 个镇开展社区服务工作。2000 年 11 月，中共中央办公厅、国务院办公厅转发民政部《关于在全国推进社区建设的意见》的通知下达后，乐山市开始着手城市社区建设工作。2001 年，在市中区和峨眉山市进行城市社区建设试点工作：市中区将原中心城区 38 个居委会调整为 25 个社区居委会，峨眉山市将城区原 8 个居委会调整为 12 个社区居委会。7 月，全市第一个社区居委会在市中区泊水街街道办事处黄家山社区选举产生，至 11 月全市共撤销居委会 45 个，新建社区居委会 56 个。新社区成立后，各级党委、政府统筹解决了办公用房和干部待遇问题，本着“共驻共建社区”的原则，动员社会资助社区建设。与此同时新建社区普遍开展了建章立制工作，使社区的各项工作逐步走上轨道。2002 年全面推进城市社区建设工作，到年底，全市共撤销原居民委员会 168 个，新组建社区居民委员会 84 个，正在组建的社区居民委员会有 25 个。2003 年，全市 11 个县（市、区）建立社区居委会 177 个，同时，社区开始承接党委、政府及相关部门的大量行政事务，在协调群众利益关系、调解民事纠纷、维护社会稳定等方面承担了具体而繁重的工作。2004 年，加强社区居委会硬软件配置，全市205个社区的办公用房由平均不足50平方米增加到100余平方米。市中区、沙湾区抓好社区政务公开，确保社区居民享有选举权、决策权、管理权和监督权。2005年，继续加强社区居委会办公和服务设施建设，并纳入市委、市政府先进性教育的重点整改事项，采用租、借、并、转、拨等方式为中心城区15个社区解决办公和服务设施用房2000平方米，全市212个社区居委会的办公和服务设施用房平均达到200平方米。同年，充分发挥社区公共服务功能，深入开展创建社区建设示范活动，部分社区开展了文体娱乐、养老扶老、卫生保健、志愿活动等便民利民服务项目，社区成为党委、政府与人民群众的重要联系渠道。全市有9个镇被评为社区建设示范镇。

第五章　城建环保

第一节　城乡建设

一、城乡规划

1985年5月省辖地级乐山市建立后，乐山市编制了1986—2010年城市建设总体规划，1988年省政府批准实施。按总体规划布局，中心城区各项建设事业全部纳入规划管理，规划眉山县、犍为县作为两个区域副中心城市。1992年省政府批准乐山成立省级“乐山经济开发区”“乐山旅游度假区”。1994年1月，国务院批准乐山为国家级历史文化名城。是年8月对城市建设总体规划进行修编，新规划依照“生态城市、绿心城市、山水城市”思路布局，规定乐山城市性质为国家级历史文化名城和风景旅游城市，总体形态为环状组团式，由绿心、城市环、江河环、山林环交融共存。1994年8月，该规划模型在联合国技术信息促进创新博览会上获卓越成就奖。1997年乐山市行政区划调整后，确立建设组团式城市群，即以中心城区为中心，包括五通桥区、沙湾区、峨眉山市、夹江县、井研县等构成组团式大城市框架。2005年，城市总体规划围绕建设“最美丽城市”和大城市发展思路，在延续中心城区绿心环状布局基础上，构建组团式环形圈层放射状布局结构大城市。在专项规划和景观规划方面，完成了《乐山市商业网点规划》《乐山市城市交通专项规划》《乐山市中心城区农副产品市场整改规划》《乐山市中心城区商品住房建设规划》《乐山中心城区环卫设施专项规划》及《乐山历史文化名城保护规划》《乐山城市绿心总体规划》《峨眉山风景名胜区总体规划》《乐山大佛风景名胜区总体规划》《乐峨路景观改造规划》《乐山大佛旅游精品线路修建性详细规划》《老霄顶及文庙整治规划》等。年底，中心城区控制性详细规划覆盖率达85%。

1988年，乐山市16个县（市、区）城区1986—2010年城市建设总体规划编制完成，经市政府批准实施。在实施过程中，部分区县城市规划作了一定调整，使之更加完善，按程序申报批准进行了县城总体规划修编的有五通桥区、丹棱县、峨眉山市、彭山县、眉山县、青神县等。1997年，乐山市行政区划调整后，从市域社会经济发展战略目标着眼，委托四川省规划院编制了《乐山市域城镇体系规划》。规划乐山市域城镇体系的基本框架是：“一个核心，二条轴线，五级城镇”，即以乐山为核心，优先发展乐山市中区、峨眉山、夹江城市经济带，再扩展到五通桥、沙湾、井研，形成组团型大城市；以成昆铁路、岷江沿线为城镇发展的两条轴线，形成犍为、峨边两个二级经济中心；一级城镇为6个组团城市，二级城镇为犍为、峨边，三级城镇为金口河、沐川、马边，四级城镇为市域内的38个国家（省）试点镇，五级城镇为59个一般建制镇。之后，市域内五通桥、沙湾、金口河、峨眉山、犍为、井研、夹江、沐川、马边、峨边10个县（市、区）相继完成了各自的城市总体规划修编；峨眉山、夹江、井研、犍为、沐川、马边、峨边等7个县（市）完成了县域城镇体系规划。

1982年，乐山地区着手进行乡村建设统一规划及建设试点。1984年组织122个测绘专业队伍，培训规划人员，实地测绘地形现状，为编制集镇与村庄建设规划作准备。1986年，市、县两级规划部门开始对建制镇、村庄逐个编制规划。1994年共审批建制镇域总体规划13个，乡（镇）域总体规划23个，集场、乡村建设规划44个。1997年，乐山市行政区划调整后，全市有国家级试点镇3个、省级试点镇25个、市级试点镇10个。21世纪初，按照国务院、省政府关于加快小城镇建设精神，市县两级加强建制镇、集镇及中心村规划工作，先后完成茅桥、水口、土主、车子等21个建制镇和集镇规划；完成土主镇铁牛村、白马镇娄子村、王村镇杨家河村、集益乡向阳村等16个中心村规划。2005年重点做好小城镇规划，先后完成冠英、蔡金、桂花桥、永和、玉津、九峰、土主等15个镇的小城镇总体规划。

二、城乡建设

中华人民共和国成立后至20世纪70年代，乐山从改建、扩建道路入手进行城市建设，但城市变化不大。1985年5月省辖地级乐山市建立后，城市建设明显加快，基础设施迅速增加。“七五”期间，全市改、扩建城市街道153条，新增市区道路304千米。“八五”期间，配合开发城市新区，配套改造旧城，一批规范化、高标准道路在中心城区建成。1990年，开工建设城南新区民用天然气工程。1991—1994年，中心城区旧城改造拆迁涉及街区21条，新改建下水道17829米。新增城市道路119.3千米，新增道路总面积143.3万平方米，建成城南、城北城市干道，配套改造市中心“十里长街”、滨江大道、滨河路，组成城市道路网。1994年8月，柏杨新区修建主支干道6条，形成新区交通网路。其中嘉州大道长1420米，宽70米，成为新区交通的枢纽。1997—1998年，集中资金1.35亿元，相继建成柏杨西路、龙游路等11条道路26.5千米；铺筑混凝土路面15.3万平方米，铺砌人行道5.4万平方米，形成城市新区道路骨架。1999—2000年，中心城区投资16670万元，建成全长4400米、宽50米的柏杨西路，成为乐山至峨眉景区的高等级旅游通道。投资1170万元，改造混凝土路面7714.5平方米，完成滨江路改造，成为现代气息的滨江大道。2000—2001年，旧城区改造重点转入小街巷整治，投资1020万元浇筑混凝土路面67775平方米。2004年，新建全长3791米的通悦大道，中心城区河堤全线贯通，形成15千米河堤的通行便道和景观。城区共建成硬化道路面积360万平方米，人均道路面积18平方米。2005年，投资3800万元建成全长1605米的青果山片区道路；投资1200万元完成嘉州广场二期工程，成为集文化、旅游、休闲、教育、集会等为一体的多功能城市客厅；投资2602万元、全长1.68千米的滨江休闲长廊投入使用，展现嘉州古城历史风貌和江城一色的秀丽风景，成为乐山城市旅游的一道靓丽景观。同年，创建国家园林城市获得成功，为四川省唯一入选城市。

1982年起，乐山地、县先后建立村镇建设管理机构，培训建设和管理人员，编制建设规划，进行集镇建设试点。1985年，省辖地级乐山市建立后，以中心城区为重点，带动卫星城镇和乡村建设事业进入有规划、有组织的发展时期。1990年，全市60个建制镇有街面道路222千米、建筑面积329万平方米，人均居住面积13.4平方米。1994年，市境内的青龙、思蒙、桂花桥、苏稽、牛华等10个镇被列入全省100个试点镇，投入基础设施建设资金5.5亿元。1995年，全市省级试点镇增至17个，牛华、黄土镇、桂花桥被列为国家级试点镇，投入基础设施建设资金3.86亿元。至年底，全市建制镇133个，人口48.14万人，建筑面积2003.82万平方米，人均居住面积12.19平方米。1997年乐山行政区划调整后，市境内小集镇建设试点镇减少为38个。2000年，全市建制镇有小城镇建设试点镇43个。2001年，市建制镇试点镇基础设施建设投入资金22.28亿元，犍为县和市中区被列为四川“生态家园富民工程”试点县。2003年，国家投资137万元在市中区、峨眉山市、犍为县、沐川县新建农村生态家园富民工程示范户1000户。2005年，完成村镇建设总投资10.48亿元，制订《乐山中心城区规划区范围内农民建房管理办法》，10个乡镇5万户、15万名农民建房审批问题得到解决。全市城镇化水平提高到34%，集镇人口达到76.69万人。五通桥区刘家山村、井研县尖山村、犍为县紫云村等10个村开展以村域环境整治，改水、改厕，农村清洁能源建设等为重点的社会主义新农村建设试点，全市首个小康商住区——井研县王村镇祥和小区竣工。

第二节　城市管理

一、城市环境卫生

改革开放以来，乐山市先后被批准为对外开放地区、国家级历史文化名城和风景旅游城市。市容环境卫生部门加强环境卫生整治，中心城区实行“门前三包”（包绿化、包清洁卫生、包治安秩序）和“院内四自”（自搞环境卫生、自护环卫设施、自育花草树木、自管单位秩序）责任制，环卫责任制实行“六定”（定岗、定员、定任务、定质量、定考核、定奖惩）。1993年，乐山市开展创建国家卫生城市活动，加强城市管理，整治城市秩序，实行垃圾袋装化管理，中心城区环境卫生秩序面貌焕然一新。1996年，乐山市被国家爱卫会命名为市级“全国卫生城市”和“三优一学”文明城市。1999年，乐山市创建为国家级卫生城市、省级园林城市。2000年，采取落实公厕承包责任制；严格控制在市区鸣放鞭炮；对中心城区遛狗现象进行专项整治；开展城区校园周边环境整治等措施，城市环卫卫生秩序面貌进一步改善。2001年1月，乐山市被国家旅游局命名为第二批“中国优秀旅游城市”，在全国41个参创的地级市中名列第二。2003年防治“非典”期间，开展环境卫生大扫除、大整治，广泛开展创建“文明示范街”“最佳市容示范街”活动。2004年，首次对怡心花园、竹公溪等城市公共资源经营权进行公开拍卖。2005年4月，对嘉州广场等休闲区域和大型户外广告位经营权公开拍卖，进一步促进城市市容市貌规范有序。10月份，乐山市通过创建国家园林城市检查验收和省级卫生城市复查。

二、相对集中行政处罚权

1985年起，乐山市先后制订颁布有关市容、环境卫生、交通秩序、市场、广告、建筑施工、食品卫生等城市管理规定，使市容治理做到有章可循，有法可依。1989年，乐山市城环委成立城市管理监察大队。1992年，乐山市城市管理委员会成立，专门负责城市市容和环境卫生管理。之后，市监察大队、城管办和其他部门对城市市容和环境卫生多次进行综合执法、综合整治。2001年，经国务院法制办和省政府批准，乐山市成为西南地区第一个开展相对集中行政处罚权试点城市，2002年3月1日起施行。2004年3月，市政府发布《关于全面推进相对集中行政处罚权工作的决定》，并以市长令形式制订颁布《乐山市城市管理综合执法办法》，实行管理权、审批权与监督权、处罚权分离制度，对执法权限、执法程序、执法监督等作出规定，克服了过去既管理又执法“一条龙”弊端；实行罚缴分离制度，罚没收入全额上缴财政，杜绝以罚款、收费养队伍和以罚代法现象。参与城市管理执法部门由过去的9个减为1个，执法人员从360人减为126人，减少65%。实行以城管行政执法力量为核心，组建综合整治队伍在城市街道巡查，集中力量开展综合整治或专项整治。对重要路段实行“四定”（定人、定责、定段、定质效）属地管理，一人多能综合执法。2005年11月，乐山市相对集中行政处罚权工作在北京首届全国城市管理理论论坛上作了交流。

三、联合国城市管理协作

2000年7月，联合国城市管理中心向乐山市授牌，乐山市成为联合国城市管理项目在中国的第一个协作城市。10月13日，联合国城市管理项目亚太地区办事处和乐山市政府共同签署联合国城市管理项目乐山协作城市合作备忘录，确定联合国和乐山城市管理协作，通过长期、全面合作，提高乐山城市管理能力，把乐山建成国际旅游城市。2001年12月，总投资近2亿元的乐山中心城区污水治理、垃圾收运处理工程正式启动，2005年年底竣工投入试运行。建成后的城市污水处理工程日处理城市生活污水4.3万吨左右，处理率达到74%；生活垃圾收运处理系统建成后，城市生活垃圾无害化处理率达到100%。

第三节 环境保护

改革开放后，市境始建立环境保护管理机构，开展环保宣传教育。先后在乐山、峨眉、五通桥等地对主要污染企业进行摸底调查，督促被国家和省点名治理的严重污染企业进行污染治理。20世纪80年代开始，对企业实施国家规定的排污收费政策，对建设项目实行“环境影响报告书（表）审批”制度和“三同时”制度（建设项目与污染治理同时设计、同时建设、同时竣工投产）。1985年，市、县环保办公室开始独立行使保护环境的职责，环保工作得到加强。1986年，乐山市出台《乐山市环境保护管理办法（试行）》，对重点污染源加强督促治理，环境监测机构也有较大发展，市、县两级监测站为环境管理提供近10万个监测数据。1990年开始，围绕“世界环境日”主题，开展环境保护法制教育，广泛宣传经济、社会和环境保护协调发展的重要意义，查处一批违反《中华人民共和国环境保护法》的建设项目。1994年，市政府同10个列入国家、省重点污染源名单的企业负责人签订《污染治理目标责任书》，市环保局同20家企业签订《环境管理目标责任书》，实行重奖重罚。同时，加强对污染源的治理和“三废”排放的管理，境内岷江、大渡河、青衣江干流水质指标保持在国家地面水Ⅲ类水域标准内，中心城区及五通桥区、峨眉山市、眉山县等城区的大气环境质量标准在国家三级标准内。2000—2004年，建立起环境保护领导责任制和环境保护机制，连续整治饮水水源环境，防治工业污染，改善城市环境和开展专项环保行动，严肃查处环境污染违法行为，全市环境质量状况保持良好。2005年，全市有市、县各级环境监测站7个，城市环境空气质量达到国家环境空气质量二级标准的天数在90%以上，岷江乐山段及其支流大渡河、青衣江水质达到Ⅲ类水域标准，出境水质全年达标率为100%。区域环境噪音平均值多年保持在56分贝以下。26家省列限期治理污染企业治污任务全面完成，95%以上的重点工业企业实现达标排放，22家企业取得资源综合利用证。完成投资1.1亿元，实施环境污染治理项目129个，环境治理的经济和社会效益初步显现。

第六章　名胜古迹

第一节　世界遗产

1996 年 12 月 6 日，在墨西哥历史文化名城梅里达举行的联合国教科文组织世界遗产委员会第二十届全委会上，全票通过了“峨眉山—乐山大佛”列入世界文化与自然遗产名录。“峨眉山—乐山大佛”成为世界第 18 个、中国第 3 个、四川第 1 个文化与自然遗产。

一、峨眉山

又称“大光明山”，位于中国西部四川省的中南部，四川盆地向青藏高原过渡地带，主峰金顶的最高峰万佛顶，海拔 3099 米。峨眉山以优美的自然风光、丰富的动植物资源和悠久的佛教文化著称于世，享有“峨眉天下秀”的美誉。峨眉山保存有完整的亚热带植被体系，森林覆盖率达 87%。景区内有高等植物 242 科，3200 多种，约占中国植物总数的十分之一，其中仅产于峨眉山或在峨眉山发现，并以峨眉定名的植物有 100 余种。此外，峨眉山还是多种稀有动物的栖居地，已知动物 2300 多种。随着季节的变化和山势的不同，加上古木参天，流泉飞瀑，令峨眉山的景色更加清幽，风景独秀。四川峨眉山与山西五台山、浙江普陀山、安徽九华山并称为中国佛教的“四大菩萨”道场，是中国四大佛教名山之一。东汉之初，峨眉山山间便有了第一座以药农舍宅为寺庙的“初殿”。后历经晋、唐、宋续建和明、清两代发展，连绵百里的山峦先后兴建起寺庙 200 多处，僧众达数千人。峨眉山景区保存有 10 余处古寺；有中国最大的牌坊——天下名山牌坊；有报国寺、万年寺、华藏寺、洗象池、洪椿坪等全国重点寺庙 5 座；有普贤骑象铜铁佛像、华严铜塔、圣积晚钟等国家、省重点保护文物。寺庙佛教僧人 200 余人，仍然保持着正常的宗教生活。进入 21 世纪后，四川省提出把峨眉山建设成为“中国第一山”国际旅游区，摆在四川五大精品旅游区之首，迎来了峨眉山旅游发展的黄金时期。2001 年 5 月，在报国寺建成峨眉山博物馆，是全国风景区首座集地质、动植物、历史、宗教、民俗等内容于一体的博物馆，成为峨眉山风景区文化景观的新亮点。2005 年，峨眉山建设“中国第一山”全面告捷。年内，峨眉山先后荣获全国文明风景旅游区（名列第一）、AAAA 级旅游景区、2005 年度中国最具影响力十大旅游品牌、“中国最美的地方”等荣誉称号。同年，联合国国际交流合作与协调委员会在深圳举行的 2005 年全球人居环境论坛上，峨眉山被评为“全球优秀生态旅游景区”；在瑞士举行的第二届中欧国际旅游论坛上，峨眉山被评为“欧洲游客最喜爱的中国旅游景区”，载入《中国首选旅游》画册，在欧洲各国宣传推广。

二、乐山大佛

坐落在乐山城区东南的凌云山栖鸾峰西壁，依山开凿，脚踏三江。始建于唐开元初年（713年），最初规划、募化修建者为凌云寺海通禅师，后经三代人历时90年，于唐贞元十九年（803年）竣工。佛像通高71米，坐身高59.96米，面临三江激流，背负九峰凝翠，神情庄严肃穆，是中国最大的石刻摩崖弥勒坐佛像，也是世界上最大的古代石刻艺术珍品。曾有13层楼阁覆盖，毁于明末兵患，佛身彩绘也渐次剥落。中华人民共和国成立前曾有过修缮，但其保护主要在中华人民共和国成立后开展。1962年乐山县组织力量培修大佛。20世纪80年代初于大佛右侧石壁凿九曲栈道，大佛足外侧开辟崖洞接通500米"凌云栈道"的回环游道。1990年维修灵宝塔。1994—2002年，乐山连续举行4届国际旅游大佛节，对提高乐山大佛知名度，促进乐山大佛的保护维护起到积极作用。2001年，乐山大佛进行了造佛以来最大规模的维修保护。采用传统锤灰材料补修大佛头部螺髻、佛身、双脚；清除大佛的鼻黑、脸花、"泪痕"及不合格的水泥层等。2002年，完成大佛佛脚平台工程，拓宽120平方米，填充佛脚水下淘蚀洞，加固岩体，增强佛脚承载能力。乐山大佛的载体凌云山上建有凌云寺，又名大佛寺。"凌云禅院"为苏东坡手书，山门匾额"凌云寺"为郭沫若手书。大佛头后的栖鸾岭上有始建于宋的东坡楼，传说苏东坡曾在这里读书。山顶端的灵宝塔为嘉州古城标志，塔高13级，建于唐代，2005年申报成为国家级重点保护文物。与凌云山并肩相邻岷江之滨的乌尤山，四面环水，孤峰兀立，山上林木茂盛。有全国佛教重点寺院乌尤寺。位于凌云、乌尤两山之间溢洪河道东岸的麻浩崖墓，共有崖墓群544座，为东汉至南北朝间所葬崖墓，其中坐佛像是中国最早的摩崖佛教造像，1988年麻浩崖墓被确定为全国重点保护文物。1989年5月，远眺大佛景区发现的"巨形睡佛"奇观轰动一时。"巨型睡佛"又称"隐型睡佛"，位于乐山城侧的三江汇流处，佛头、佛身、佛足由乌尤山、凌云山和东岩连襟而成，南北直线距离约1300余米，头南足北仰卧在三江之滨。乐山大佛正好端坐在"巨型睡佛"腋部的深坳处，正好应验唐代雕佛者寓意的"心即是佛"和古代民间"圣人出于腋下"之说，形成"佛中有佛"奇观。1999—2000年，恢复"龙湫""虎穴"唐遗址，重塑大雄殿三身佛金身，维修加固承载东坡楼的栖鸾峰危岩。2005年，实施并完成灵宝塔基础加固工程和载酒楼危岩加固工程，省道305线大佛景区段绕线公路建成通车，旅游精品线路打造顺利进行，大佛博物馆工程开工建设，乐山大佛景区发展迎来新的发展机遇。

第二节　嘉州古城

嘉州古城始建于北周大成元年（579年），有1400余年历史。嘉州城垣依山取势，沿江构筑，逶迤曲折，河堤与城墙合一，码头与城门合一。城中以高标山为制高点，左右延伸的屋宇建筑如凤凰展翅。明正德八年（1513年），沿岷江、大渡河筑东南两面约2000米城墙。明嘉靖三、四年（1524年、1525年）续修西北两段2600米。石城周长1700丈，有10座门，其中7座门为临江"水门"。清康熙年间先后增修城高达10丈6尺，宽（长）1299丈6尺，有城门10座：三江门（后改会江门）、观阳门（后改涵春门）、定波门（后改福泉门）、北上门（后改迎恩门）、崇明门（后改丽正门）、瞻峨门、来薰门、望洋门、育贤门、拱宸门（后改崇明门）。清咸丰十年（1860年）因防务之需，增修半圈外城墙，外墙东临岷江，南接明老城墙，全程约700米，筑城门16座，其中水门15

座。1986 年，嘉州古城确定为省重点保护文物。嘉州古城就地取材，用红砂石砌筑，城墙线上还有许多名胜古迹，如被范成大题作“西南第一楼”的万景楼、始建于唐的嘉州文庙、清乾隆修建的祭祀治水斩蛟太守赵昱的龙神祠、北竹公溪口保存完好的张公桥、下观音大殿等均被公布为省重点保护文物。1994 年 1 月国务院命名乐山为国家历史文化名城。1999 年对来薰门进行改造，建成 1 万平方米的水西门广场（后称沫若广场），其台场中心竖立有象征郭沫若科学、艺术成就的“文坛巨笔”青石雕刻。2002 年，育贤门、铁牛门建起两座二重歇山顶式小青瓦红柱木窗箭楼，屋面尺寸适度加长，增修脊饰，檐椽下还配有挂落饰物。2003 年 11 月，对外城墙的人和门、平江门、承宣桥门、新发街门进行了修复。在古代修建的 26 个城门中，2003 年内城墙存约 3000 米，城门尚有 5 座（来薰门、丽正门、育贤门、福泉门、涵春门）；外城墙存约 500 米，城门尚有 5 座（兴发街门、承宣桥门、平江门、人和门、拱宸门）。福泉门和涵春门曾陆续进行改造扩建，筑起了雄伟的城门楼。涵春门还刊刻有广东顺德老人潘鸿忠的《巨型睡佛发现记》。进入 21 世纪之后，该处成为游人观赏隐形睡佛的地方。

第三节　郭沫若旧居

郭沫若旧居坐落在沙湾城区沫水街中段，背负绥山，面向沫水，始建于清嘉庆年间（一说为咸丰初年）。该旧居为中式穿斗结构平房，由四进三井和一个后院组成，有大小房间 36 间，建筑面积 1108 平方米，占地面积 2148 平方米。郭沫若旧居牌匾为魏传统手迹。旧居正门楣上“贞寿之门”横匾，系因郭的曾祖母长寿（102 岁）所赐。第一个天井的前门枋上木刻联语“传家有道惟存厚，做事无奇但率真”，用以警示启迪家族后代。旧居宽进窄出的大小门，隐喻着郭家理财学问。二进横匾“汾阳世第”，意指郭氏为唐汾阳王郭子仪后裔。二进三进陪房为郭沫若诞生之处所及与张琼华结婚时的洞房。其父母居室、酒房、厨房亦在此处。厨房内有一口水质好的井，井水冬暖夏凉，为郭家扩建时留存。每当天气炎热，为防腐保鲜，张琼华便用竹篮装好食品吊放在水井半空中，保住了郭家人的健康。后院为绥山山馆及花园，是郭沫若幼年启蒙的地方。1980 年，修缮后的郭沫若旧居被列为四川省重点文物保护单位。1992 年，修建了郭沫若博物馆及郭沫若铜像，纪念郭沫若诞辰 100 周年。博物馆坐落在郭沫若旧居后花园外沿，占地 1000 平方米，为一楼一底仿古建筑。馆内收藏了反映郭沫若一生业绩的文物、图片、资料等两千多件。郭沫若铜像矗立在沙湾城东铜河西路，高 3. 5 米，基座石高 2 米，重 3 吨；面向绥山，背负大渡河，眼望北斗，安放在题有文豹诗的巨石上。1995 年 11 月，郭沫若旧居被命名为省级首批爱国主义教育基地。2003 年，投资 600 万元对郭沫若旧居按清末民初风貌进行建设，新建停车场、游人中心、文豹堂等基础设施和景点。2004 年创建成为国家 AA 级景区。2005 年申报成为全国第五批重点文物保护单位。

第四节　其他名胜古迹

一、夹江千佛崖

位于乐山市夹江县城南 3 千米的青衣江畔。有始于隋唐延及明清的历代佛教摩崖造像 162 龛，佛像2470余尊，分布在沿江悬崖峭壁上，为蜀中著名古迹之一。造像中的弥勒坐佛、净土变龛、天王龛及多窟观音像龛，俱为盛唐造像的精品。最大的为弥勒像龛，佛高2.7米，比例适度，造型优美，姿态与乐山大佛相似。佛廊西端的万咏岩上，有琳琅满目的历史题刻。除造型各异的佛像和万咏岩外，还有秦汉栈道、汉墓古穴、灵崖洞、佩玉泉、西城楼、水云阁、揽胜亭、观澜亭等名胜古迹。全国十大专业博物馆之一的夹江手工造纸博物馆也建于此，馆藏丰富，图文并茂，生动展示夹江悠久的造纸历史。1956年被四川省人民政府公布为省级重点文物保护单位。

二、沙湾美女峰石林

位于乐山市沙湾区城南。系峨眉山脉第三峰，面积1900公顷，海拔2027米，因形似美女仰卧，被郭沫若誉为“睡美人”。峰内生长着830多种野生动植物，是一处绚丽多姿的森林生态群落。美女峰腹部有一片石林，方圆约10平方千米，分为迷境、万佛、俑林、石街四大岩溶景群，石林千姿百态，山石奇美，植物茂盛，石峰石笋如兽似神，似动犹静，形态万千；石盆景藤缠石、树夹石，石树争辉。溶洞穿山而过，清泉瀑布绕石而行，其中有一突兀响石，击之如洪钟巨响，为石林一绝。石林附近有溶洞两座，最宽处可容纳千人。石林集“山、石、峰、洞、泉”于一体，兼有位高、险峻、秀丽等特点，是川西南独具魅力的天然公园。1996年被四川省人民政府公布为省级风景名胜区。

三、犍为文庙

坐落于乐山市犍为县城玉津镇南街297号。占地2.4万平方米，规模宏大，富丽堂皇，在全国现存文庙中规模居全国第四、四川第一。犍为文庙始建于北宋，重建于明洪武年间，迄今已有600多年历史。文庙建筑布局坐北向南构成一条中轴线，自南端始，万仞宫墙、灵星门、大成门、大成殿、启圣宫依次排列在中轴线上，贤关、圣域、礼门、义路、东庑、西庑等左右对称布局，被称为“犍为故宫”。其中大成门三重檐牌楼式建筑是我国古代建筑史上绝无仅有的奇葩，受到中外建筑专家的青睐。紧傍文庙东南侧，有建于清代的节孝坊和奎阁，如众星拱月，构成一庙、一坊、一阁富有传统地方文化特色的古建筑群。

四、嘉阳小火车

处于乐山市犍为县石溪镇境内，是中国迄今还在运行的最后一列客运蒸汽小火车。1958年，为解决煤炭运输难题，乐山地区犍为县嘉阳煤矿（现四川嘉阳集团）修建了总长19.84千米的芭（芭蕉沟）石（石溪）铁路，并从石家庄蒸汽机车车辆厂购回小火车，于1959年7月12日正式通车运行。由于其轨距76.2厘米，仅为普通列车轨距的一半，因此也被称为“寸轨”火车。随着芭沟镇煤炭资源的逐步枯竭，部分矿井早已关闭，仅留存昔日热闹的芭沟镇林立的老式楼房。犍为小火车是当地进山出山赶集乡民的主要交通工具，成为世界上为数不多的还在载客运行的老式窄轨蒸汽火车之一，被誉为“18世纪工业革命的活化石”“原生态的工业革命景观”。

五、罗城古镇

位于乐山市犍为县东北部。罗城古镇“船形街”始建于明末崇祯年间，位于一个椭圆形的山丘上，建筑风格属于川南民居传统的穿斗木构架形式。在经历300多年的风雨后，至今仍未改变其船形格局。“船形街”东西长209米、南北宽9.5米。从鸟瞰图上观察，它就像搁置在山顶的一只船，又像一把织布的梭子，因此它又有“山顶一只船，云中一把梭”之称。“船形街”两侧的长廊被当地百姓称之为“凉厅子”，在这里穿行赶集不怕晒、不淋雨、不湿足。明清时期，这里被人们称之为“晴雨市场”，人们在凉厅内喝茶、看戏、观灯、下棋。这种穿斗木构架形式的建筑，对于地震的抵抗能力更强。罗城的建筑布局引起了国内外专家的重视，1983 年，澳大利亚在洛克斯市投资建设一座以罗城“船形街”为母本的“中国城”。1992 年，罗城古镇被四川省人民政府批准为“省级历史文化名镇”。

六、峨边黑竹沟

位于乐山市峨边彝族自治县境内，地处海拔 4288 米的马鞍山东侧，为原始生态群落。面积约 180 平方千米，沟内地势雄险、生态原始、物种珍稀，有无底洞、鬼推磨、阴阳界、狐狸山等奇特景观。在沟内海拔 2400 米以上的山坡地带，分布有以“天眼”“船湖”“杜鹃池”为代表的 10 余处高山海子，湖光山色相映成趣。季节差异的山地气候使这里冬季积雪覆盖，千姿百态的雪淞、雾淞、冰挂、冰凌等构成了景观一绝。沟内民族风情浓郁，加之纬度之秘、幽谷奇雾之秘、野人之秘、恐怖死亡谷之秘等种种神秘之说，使这里充满神秘色彩，被誉为“中国的百慕大”。旅游开发价值巨大。2000 年 2 月，峨边黑竹沟被批准为国家级森林公园。

七、马边大风顶

位于乐山市马边彝族自治县境内。1978 年经国务院批准建立马边大风顶国家级自然保护区，主要保护对象为大熊猫及森林生态系统。保护区地处四川盆地和云贵高原的过渡狭长地带，东西宽 15.3 千米，南北长 37 千米，总面积 34500 公顷。最低海拔 800 米，最高海拔 4042 米，区内地势陡峻，山高路险，森林覆盖率 82%，有 4 条马边河的主要源头溪流。保护区属中亚热带季风湿润气候区，物种十分丰富，已知主要植物有 51 种 132 属 248 种，属国家一级保护的有珙桐、桫椤、连香树等，二级保护的有银杏、篦子三尖杉等；已知主要陆栖脊椎动物有 25 目 75 科 268 种，属国家一级保护的有大熊猫、四川山鹧鸪、牛羚等 7 种，二级保护的有小熊猫、白鹇等 28 种。是一个珍贵的野生动植物基因库。保护区地处四川省彝族聚居中心地带，具有浓厚的彝族风情，旅游开发潜力巨大。

八、金口河大峡谷

位于乐山市金口河区境内大渡河下游。该峡谷全长 26 千米，谷底宽 70—200 米，局部小于 50 米，谷肩最大宽度约 8 千米；谷深 2600 余米，比美国的科罗拉多大峡谷深 542 米，最窄处比公布的世界最窄的虎跳峡大峡谷还窄。金口河峡谷呈现前震旦系峨边群至二叠系峨眉山玄武岩巨厚完美的地质剖面，尤如巨厚的天书，记录了 10 多亿年来地质演化的历史。大峡谷附近分布有大瓦山火山岩地质地貌景观、寿屏山冰川遗迹景观、龙塘山岩溶洞穴景观、阳新灰岩古生物化石遗迹景观等地质遗迹和大瓦山—寿屏山原始森林，加上成昆铁路、“富林文化”遗迹、乐西公路、彝族风情等人文景观，构成高品位、高质量的旅游资源组合。2005 年年底，金口河大峡谷被《中国国家地理》评为“中国最美的十大峡谷”。金口河大峡谷已经申报成为国家地质公园，被列为“中国十大著名峡谷”之一。

市境内其他名胜古迹还有乐山文庙、平羌三峡、乌木博物苑、竹叶青生态茗园、五通桥小西湖、丁佑君烈士纪念馆、桫椤峡谷、三江白塔、雷畅故居、沐川竹海、五马坪、黑熊谷森林公园、马边悬棺等众多景点，文物古迹遍布各地，自然景观与人文景观交相辉映，构成了乐山绮丽多姿的高密度、高品味旅游资源。

第七章　风土民情

第一节　宗　教

乐山市境内宗教历史悠久。周成王时就有羌人葛由隐居绥山传道，立祠数十。乐山麻浩崖墓出土过佛像浮雕、佛像陶座。清初“湖广填四川”，随回族移民迁入，伊斯兰教传入乐山。明末天主教传入市境，清末基督教传入市境。中华人民共和国成立后，贯彻党的宗教信仰自由政策，加强宗教活动场所管理，保护正常宗教活动，同时严肃处理自封传道人等非法宗教活动，制止乱修滥建小庙、滥塑神像等行为，抵制境外宗教敌对势力渗透。至20世纪90年代初，全市有信教群众15万余人，约占总人口的2.3%。教职人员350余人，爱国宗教团体30个，开放寺、观、堂96座，其中全国重点寺庙6座。宗教在社会主义政治、经济、文化、社会建设中的作用不断增强，宗教界知名人士多成为省、市、县各级人大代表、政协委员。

进入21世纪后，党和政府陆续制定一系列宗教政策，规范对宗教事务的管理，进一步促进了宗教事务管理和宗教活动的健康发展。至2005年年底，全市新批准设立宗教活动场所21处（佛教14处，道教1处，天主教3处，基督教3处），共计有宗教活动场所和其他固定宗教活动处所72处，信教群众约31万人。宗教教职人员日趋年轻化、高学历化。适应全市改革开放、旅游开发、构建和谐社会等活动，宗教界的大型宗教活动和对外活动增多，爱国爱教、引人向善、救人急难、弘扬善举，为促进精神文明、社会和谐贡献力量。

一、佛教

乐山市境内佛教历史久远。唐代开元年间海通和尚结茅凌云山，凿临江石壁为弥勒佛大像，遗存至今为世界之最。清初民间信佛之风盛行，峨眉山成为中国佛教四大名山之一。民国17年（1928年）成立中国佛教协会峨眉山佛教会，乐山、峨眉、井研、眉山、彭山、洪雅、青神、犍为等县也有佛教协会，开展佛事活动。中华人民共和国成立后，执行党的宗教政策，加强宗教事务管理，重点是佛教徒较多的峨眉山和乐山乌尤、凌云两寺。改革开放以后，实行以峨眉山佛协为核心的佛协与片区两级管理，至1994年年底，全市共有开放寺院58座，僧尼272人，信教群众约11万人。寺院都源于禅宗，多为临济、曹洞两宗，个别为沩仰宗。在修持上禅净双修，遵照制度办事，以教规约束自己行为，静心修持。

1994年开始，峨眉山佛协和乐山市佛协先后完成新老接替，截至2005年有26万佛教信徒，分布于全市各地。这一期间，继续发挥佛教在社会主义现代化建设中的作用，先后举办“乐山大佛节峨眉山朝山会”“中国佛教二千年”纪念活动和“大悲法会”“祈祷世界和平大法会”“庆祝香港回归祝福祈祷法会”“四川省佛教协会第十次（峨眉山）传戒法会”、迎请“金顶十方普贤法像（模型）安座暨慧持祖师、茂真禅师塑像开光”“万盏明灯供普贤”法会等大型宗教活动。同时，佛教界积极参政议政，大力开展社会慈善事业，为助学、扶贫、救灾等作出贡献。

二、道教

乐山市境内道教历史悠久。周成王时就有羌人葛由隐居绥山传道。唐玄宗开元年间，是峨眉山道教史上最兴旺的时期，峨眉山传为被道教奉为教主的天真皇人论道之地，为道家有名的福地。后因当政者尊崇佛教，道教势力越来越小，逐步走向衰落。但市境内道观众多，据民国初年不完全统计，市境内有道观200余座，到民国末年存100余座，其中以峨眉、乐山、彭山、夹江等县居多。改革开放后，落实宗教信仰自由政策，道教活动逐步恢复，1994年全市有职业道士4人，信道群众9530余人。

截至2005年，全市信道群众约1.5万人。主要分布在沙湾、峨眉山等地。道教活动处所仅存乐山市中区紫霞宫一处，未建立爱国宗教组织。乐山道教派系主要有正一道和全真道。散居农村的正一道主要侍奉、崇拜鬼神，画符念咒，祈福禳灾等。全真道又分为子孙庙和丛林庙活动。散居农村的子孙小庙，宗教活动不严格；峨眉山绥山猪肝洞等少数十方丛林宫观的宗教生活要求十分严格，认为“斋直是求道之本”，以礼拜、诵经和神思达到“洗心净行，心行精至”；收心离境，住无所有才是“学道之初”。乐山全真道士除宗教活动外，还注重自身修炼，特别是峨眉山道士由养身修炼而成内功，与拳法结合，逐步演化成峨眉派武术，与武当、少林三派鼎立，闻名天下。

三、伊斯兰教

清初“湖广填四川”，随回族移民迁入，伊斯兰教传入乐山。清雍正十一年（1733年），市境内犍为县罗城镇夏家坡首建小型清真寺。后随回民不断迁入市境内，乐山、峨眉、仁寿、夹江、沐川等县纷纷修建清真寺，至中华人民共和国成立前有13座。中华人民共和国成立后，穆斯林民族习俗得到党和政府的重视，清真寺经维修恢复后纷纷对外开放，开展正常的宗教活动，满足了当地穆斯林群众宗教生活需要。1994年年底，全市有穆斯林群众2087人，阿訇4人，开放清真寺4座。

截至2005年，市境穆斯林仍约0.2万人，主要分布犍为县、市中区、峨眉山市。以清真寺为中心，联络周围穆斯林居民形成教坊。各教坊信教群众选举“民主管理委员会”，独自处理教务和寺务。伊斯兰教除每周五主麻活动外，有开斋节、古尔帮节、圣纪节等三大节日庆典活动。穆斯林的宗教生活习俗与宗教教仪融为一体，互相依存。宗教生活主要内容为“五功”（念、礼、斋、课、朝），主要习俗为净仪。伊斯兰教老阿訇生活费由政协发给补贴，日常开支来源于穆斯林乜贴和政府补助。市中区，犍为县，峨眉山市等地清真寺开办清真餐馆，副食商店等，增强自养能力，为伊斯兰教自传、自治、自养奠定了基础。

四、天主教

明崇祯十五年（1642年），天主教传入青神，但未设教堂。嗣后传至彭山、乐山、峨眉等地。清末天主教传教士依仗鸦片战争取得的在华腹地传教特权，大量涌入市境内传教，眉山、洪雅、丹棱、夹江、仁寿、井研、犍为、沐川等县均有法国神父传教士修建教堂，兴办修道院、教会中小学、西医诊治所等。民国35年（1946年）后，建立的乐山教区对天主教的发展影响极大。到1949年年底，全市共有教徒14500余人，教堂18座。中华人民共和国成立后，天主教割断与帝国主义的政治经济联系，坚持独立自主办教原则，开展“三自”（自传、自治、自养）革新运动。改革开放后，根据群众信教需要，天主教经政府批准在部分区县新建教堂，宗教活动步入正常轨道。1989年，乐山市政府拨款新建乐山护国寺大教堂及辅助用房。1994年全市教徒发展到23400余人，开放教堂27座。

截至2005年，乐山天主教爱国会共召开4次代表大会，完成领导机构的新老交替。全市天主教徒约为3万人，主要分布在五通桥区、沙湾区、峨眉山市及犍为、井研、夹江、沐川等县。宗教活动主要是在教堂（堂口）内举行主日、四大瞻礼、庆典、施行七件圣事和家庭祈祷等。教徒随时以“天主十戒”和“圣会四规”约束自己行为。截至2005年，乐山天主教爱国会共召开4次代表大会，完成领导机构的新老交替。教内神职人员坚持独立自主办教原则，积极发展自养事业，教会经济基本做到自给，与境外天主教人士友好交往日益增多。

五、基督教

清光绪初年，英国传教士在乐山创办基督教乐山内地会，仁寿县成为乐山基督教传教活动的重点县份之一。基督教会在市境内多办有各类学校、医疗诊所等福利机构。清宣统二年（1910年），基督教牧师文幼章在乐山白塔街创办福音诊所，次年在白塔街建医院，福音诊所迁入，成为现乐山市人民医院的前身。民国38年（1949年），全市基督教共有教堂14个，教徒2000余人。中华人民共和国成立后，基督教割断与帝国主义的政治经济联系，坚持独立自主办教原则，开展“三自”革新运动。改革开放后，全市基督教不分派系，走联合礼拜道路。1994年有教徒2000余人。

截至2005年，全市有基督教徒4600余人，主要分布在市中区、五通桥区、沙湾区、峨眉山市等区（市）。基督教徒的宗教生活以每星期日（星期六）参加教堂的主日礼拜为主。另外还参加教会举办的其他庆典、团契活动和自愿奉献捐款等。平时以“十戒”规则约束自己行为。1995—2005年，市基督教会的教牧人员、义工多次参加省宗教局、省基督教会、市委统战部、市宗教局组织的教牧同工座谈会、爱国会主任培训班、神学思想建设研讨会等学习和培训。乐山市基督教“三自”爱国会先后举办3期义工培训班。与境外基督教人士友好交往也日益增加。

第二节 民 俗

一、婚俗

近20年来，市境城镇男女结婚年龄普遍推迟，一般经人介绍或自由恋爱（俗称“耍朋友”），互见父母长辈无意见后，即进行结婚登记。随后，选定婚礼日期，拍摄西式婚纱照，发送婚礼请柬，在餐馆酒楼预订婚宴。婚期那天，男方动用彩车接新娘到婚宴举办地举行婚礼。市境农村男女结婚年龄较早，但大都符合法定婚龄。双方经媒人介绍订婚、恋爱后进行结婚登记。一般选定农闲冬季举行婚礼。接着购置家电、家具及床上用品，在男家布置新房（入赘的在女家布置）。结婚当日，新郎及男方亲属到女方家用摩托车、小四轮、面包车接走新娘和送亲的人到男家。新娘抵达男家院坝时，鞭炮音乐齐响迎候，吹鼓手齐声奏乐。男家堂屋正壁上贴大红喜字，由知客师司仪，举行拜堂仪式。礼成后，贺婚人纷纷参加在院坝里举行的婚宴，俗称“九大碗”。一般农村婚礼酒席要讲场面，相互攀比，奢侈浪费之风有所抬头，渐渐成为农村居民生活的一种负担。

在乐山市管辖的“两县一区”（峨边彝族自治县、马边彝族自治县、金口河区）的民族地区，彝族群众的婚俗习惯有所特别。彝族过去实行同族内婚，等级内婚、家支外婚，严禁与外族婚嫁，严禁不同等级通婚；姑舅表优婚，姨表不婚。存在包办、买卖、转房、配婚等现象。婚嫁过程是：换裙子、订婚、婚期、迎亲几个阶段。民主改革后，贯彻实行婚姻法，旧婚姻习俗逐渐变化，尤其是改革开放后，随社会经济发展，物质文化生活水平提高，各民族间文化习俗逐渐相融。过去父母包办逐步变为男女双方自主婚姻。等级内婚姻制虽表面上还保持，实际多数人已突破，看重人品、家庭经济、文化等条件。姑舅表优先和少数人的一夫多妻制基本废除。同外民族间通婚日多，不少彝族姑娘嫁汉区，汉族也有嫁彝族的。据调查，峨边彝族自治县黑竹沟镇西河村5组一两年内即有4人嫁汉区。

二、丧葬

近20年来，市境城镇居民去世后，多在住所院内搭灵堂。县城以上城市一般都有专事丧葬祭祀服务的店铺，提供花圈、香烛冥钱，代写挽联，制作黑纱臂套，负责搭灵堂，播放哀乐，在灵堂举行祭悼活动。前来致哀者一般送花圈。至亲好友往往还送床单被面等实用祭幛以安慰死者家眷，有的改用现金慰问。死者送殡仪馆火化时，至亲好友还赶去向其遗体告别。有身份或地位的人去世，往往由单位或某民间组织出面办理丧事，成立治丧委员会向社会发讣告，举行追悼会。火化入葬那天，由丧家约请车辆，家眷及至亲朋友护送至公墓安葬。市境内部分农村及大部分山区仍流行土葬。长辈死后家人快速报丧，“孝子”向前来探望者磕头请求帮忙。死者儿女披麻戴孝，其他亲朋佩带黑纱袖套，也有戴小白花致哀的。下葬要以阴阳先生掐算的日期和时辰进行。出殡时，“孝子”端灵牌在前面拉棺，每当抬棺者歇肩时，即长跪恭候；女儿媳妇则跟在棺木后哭丧送葬。有的下葬前请端公做道场，举行令家眷恸哭的家祭，思念死者一生的功德。有的还请吹鼓手奏乐，有老协组织的农村多以川剧锣鼓为丧家助哀。

在乐山市“两县一区”（峨边彝族自治县、马边彝族自治县、金口河区）的民族地区，彝族普遍实行火葬（婴儿除外）。人死后，先用白酒净身，穿上新衣，将遗体男向左、女向右侧身曲体放在门板、竹笆上，再盖上新披衫，停于堂屋左侧，接受亲友吊唁。送葬期间，全村停止田间劳动。死者亲友，不论远近，闻讯都要前往吊唁。携带的祭品有酒有羊，富裕而有名望之家甚至牵牛来。吊唁亲友，行至看见死者房屋之外便开始啼哭，进屋后依次坐于死者两旁痛哭，一边叙说死者生前美德和友情以示怀念。遗体停放2—3日，接受亲友吊唁后火葬。先选地挖坑，坑上堆架木柴。火葬当天上午吉时，亲友向遗体哭泣告别，然后将遗体放木板或担架上，送往火葬场。将遗体侧卧停放柴禾堆上，盖上树枝，举火焚烧。此时，亲友聚坐百米之外，边哭泣边饮酒，直到遗体火化完毕，才慢慢散去。丧家拾取部分骨灰，将火坑盖上土，叠上3—5块石头作为坟志。有的在火化完毕后，将火坑铲平不留痕迹，有的将骨灰撒在竹林、杉树林中，也有安放在山洞中以供凭吊的。

三、节庆

市境城乡居民均非常重视春节。沿袭下来的习俗主要有杀年猪、腌腊肉香肠、蒸醪糟、打汤圆、扫扬尘、办年货、放鞭炮等。进入腊月二十以后，春节的年味渐浓，机关、企事业单位开始进行年终总结，举办团拜会，发年终奖、过节钱。农村外出务工农民无论天南海北，天远地远都要赶回老家过年，形成蔚为壮观的“春运返乡潮”。腊月三十（除夕），城乡街道店铺集市大多关门闭市，家家都在准备丰盛的年夜饭。傍晚时分，全家人团聚一堂，吃着丰盛的年夜饭，给长辈拜年，发小孩压岁钱，燃放喜庆烟花爆竹。部分家庭还在年夜饭前端“刀头”、烧袱纸祭祖。城市家庭年夜饭的规模档次不断提高，逐渐由家庭自行操办到酒楼饭店订席。20世纪80年代起，晚饭后全家人围坐在一起观看中央电视台春节联欢晚会，成为除夕夜的主要活动内容。零时前半小时，各家各户开始燃放烟花爆竹，城乡各地流光溢彩，火树银花。当电视里新年钟声响起时，烟花爆竹燃放达到高潮，以迎接新年的到来。部分家庭成员进行“守岁”，通宵不眠。从正月初一起，穿戴一新的居民纷纷拖娃带女走亲访友、外出游玩，中心城区各大广场开展龙灯、狮灯、花灯等民间民俗表演。峨眉山飞来殿举办盛况空前的庙会。元宵节（正月十五）各县城均有街头游艺表演，将春节活动推向高潮。

公历4月4或5日为传统民俗中的清明节。城乡民间及公职人员利用节日前后四五天上坟，扫墓祭祖。在坟墓前烧香、烛、纸钱叩拜，清除坟上荒草杂物，垒砌维护坟墓，燃放鞭炮。近年还时兴焚烧大面额的冥币，或将“灵电器”“灵别墅”“灵小汽车”献给亡灵。进入21世纪后，倡导文明祭祀，祭扫坟墓用鲜花寄托哀思的群众越来越多。

农历五月初五是民间盛行的传统民俗端午节。市境城乡有吃粽子，赛龙舟，挂菖蒲、艾叶，薰苍术、白芷，喝雄黄酒的习俗。而划龙舟则为历来的大民俗，乐山、五通桥每年端午节都要举行规模浩大的龙舟竞赛和传统民间体育活动，五通桥被誉为“龙舟之乡”。随着时代发展，在传统节目的基础上，新增彩船造型、水上焰火、飘气球、飘河灯、滑水、跳伞等竞赛、表演节目，五通桥间隔年份举办龙舟会，一些国际友人曾数次组队参加龙舟竞赛和抢鸭子活动。农村时兴未婚女婿背粽子、盐蛋、腊肉、茶食糕点去老丈人家拜端午节，然后将女朋友接到男家过节。

农历八月十五是民间传统的中秋节。风俗是吃月饼赏月。中秋节当晚，月光皎洁明亮，城乡家庭都要举行赏月、祭月、吃月饼祝福团圆等活动，有些地方还有放河灯、舞草龙、砌宝塔等活动。由于食品企业及商家的炒作，开发制作出多种风味和档次的月饼，把中秋风俗搞得很浓厚。机关、企事业单位以福利形式向干部职工发月饼。民间除买而自食外，还把月饼作为节日馈赠至亲好友的礼品。企业和商家以此作为公关手段向客户或有影响单位送礼。

在乐山境内的彝族地区，还有过彝族年节的习俗。该年节称“库施”，时在彝历蛇月（相当于农历十月）。彝历一年为十个月，具体时间，过去以村寨为单位请看星象之人择吉日为期。峨边、马边自治县成立后，过年时间，峨边彝族自治县订在每年阳历10月1—10日；马边彝族自治县订在农历十月初一至初十。2000年起，全市将彝族年统一定为每年农历十月初五。过年前，要备足年货，煮好酒、粑、菜、豆花等。过年前一天，鸡叫起床，清洗家什、打扫房屋，要磨刀、捆绑杀猪架、挖地灶、备佐料。然后将石块在火塘内烧红，夹到盛有清水的木盆内，使产生蒸气，在锅庄、家什、捆年猪的绳子上绕一圈后，把水泼在屋外，意在去除污秽，然后在屋外地灶生火烧水烫猪。杀年猪按照彝族尊敬老人的传统习惯，先从寨里最受尊敬的长辈之家起，由小伙子们逐户宰杀。杀猪后要看猪肉颜色和多少，要取猪脾脏、苦胆看财喜。要将猪胸部肉切成砣砣肉煮熟，先将砣砣肉加上两个粑，装在大碗内，在锅上绕圈，再将砣砣肉、粑和第一碗泡水酒敬献祖先灵位，然后敬父母，再请其他人享用。过年第二天互相拜年，吃早饭后同村寨人三五成群挨家串户，相互祝贺问候。主人以泡水酒招待客人。青年人摔跤、唱歌、打牌尽情玩耍。小孩子们带上熟食、泡水酒到约定的地点会餐（彝语阿依舍惹），把各人带去的食品混在一起大家共同享用。三天以后走亲访友，到远处亲戚家拜年。已出嫁的女子带着酒肉礼品回娘家，探望父母。乐山市境内的民族地区称“小凉山”，彝族不过火把节。

四、乐山方言

乐山方言属于中国北方方言区四川方言语系，与四川其他方言语法、词汇大体相同，但乐山方言至今依然保留了“五音”，即古代汉语的“阴平、阳平、上声、去声、入声”五种声调，抑扬顿挫明显，发音艰涩凝重，在四川方言里面比较独特。乐山方言词汇丰富多彩，群众日常用语地方特色非常鲜明。如叉巴（专指女性不稳重）、行实（自以为是）、悬火（没有把握）、搅臊（捣乱）、杀角、归意（结束，完成）、苏柑儿（橘子和其同类的柑橘）、麻郎儿（蜻蜓）、灶唧唧（泛指蟋蟀类的昆虫）、一改人（一个人）、一污猪（一屋住）、暴蔫子老汉（年近半百而稍显苍老，精力不济的男人）、赞林子（没事找事的人）、白扯扯的（爱说假话被人瞧不起）、醒啲啲（不正经、不严肃、好开玩笑）、七翘八拱（心不齐，行动不统一）、妖精十怪（过于注重打扮，妖里妖气）、白而胡子（无缘无故）、白求伙食（二流子娃儿）、没警各得（不小心、未留神）、麦倒起（以为、认为）、巴离不得（迫切希望）、清丝雅静（非常清静）、杀贴归一（收拾好了，井井有条）、打不出的喷嚏（吃哑巴亏）、砍竹子遇到疙巴（做事遇到困难）、尖起指头使莽力（偷奸躲懒）、十处打锣九处在（经常出现在多种场合、露面频率很高）等等。

第八章　地方名人

乐山古称嘉州，又有“海棠香国”之誉，是四川境内开发较早的地区之一，具有悠久的历史和丰富的文化底蕴，自古物华天宝，人杰地灵，人才辈出，素有“郡士嘉美”之美誉。

在古代各个历史时期，乐山涌现了众多著名人物，可谓群英荟萃，代不乏人。春秋时期，开明氏首领鳖灵率部沿江入蜀，初治乐山，史称“开明故治”。后鳖灵北进成都平原，取代望帝杜宇为蜀王（丛帝），建立古蜀国最后一个王朝——开明氏蜀国。秦蜀郡守李冰凿离堆，平盐溉，“避沫水之害”，疏通岷江航道。西汉文帝时，南安人邓通私家铸造“邓氏钱”通行全国，“富甲天下”“财过王者”，所铸“半两钱”成为四川文字记载的最早钱币；西汉武帝时，犍为郭舍人在乌尤山尔雅台注《尔雅》，留下千古遗迹；东汉良臣张皓及其子张纲知人善任，公正严明。还有重开石门的杨涣，留有汉碑杰作《杨孟文碑》；三国时期，文有费诗、杨洪，武有张翼、杨戏，为巩固蜀汉政权立下汗马功劳；隋唐时期，海通禅师广化善缘，主持凿山建造弥勒大佛，面对官吏勒索，自剜双目以示抗拒，写下建造乐山大佛的悲壮历史。“边塞诗人”岑参曾任嘉州刺史，人称“岑嘉州”，其诗作对嘉州题咏甚多。“诗仙”李白曾出川放舟岷江，路过乐山平羌三峡，留下《峨眉山月歌》千古传唱。著名女诗人薛涛自幼受嘉州山水熏陶，擅长诗文、才艺、音律。“药王”孙思邈在峨眉山上采药炼丹，在牛心寺留下药王洞。北宋时期，出现了乐山历史上唯一的状元何栗，官至宰相，面对金人入侵，爱国主战，后绝食而亡。南宋著名诗人陆游摄理嘉州政务，勤政便民，振军习武，留下诸多诗作。著名史学家李心传著有《建炎以来朝野杂记甲集》《建炎以来系年要录》《朝野杂记》乙集等史作，后世誉为宋之良史。明代有“嘉定四谏”徐文华、程启充、彭汝实、安磐 4 人，为官高风亮节，刚正不阿，对上冒死规劝皇帝，对下司弹劾之职能，以气节闻于当世、名垂青史。清代有重臣胡世安、雷畅等等，所有以上历史人物为乐山古代历史写下了光辉灿烂的一页。

自清道光二十年（1840 年）鸦片战争以后，中国逐渐沦为一个社会动荡的半封建、半殖民地国家，政治、经济、文化、社会和人的思想观念发生了复杂深刻的剧烈变化，乐山出现了一大批对国家、四川历史发展具有重大影响和贡献的代表人物。在反封建专制、反帝国主义，追求民族独立复新的革命斗争中，出现了红灯教领袖宋士杰，太平天国著名将领李学东、王泰阶，抵御沙俄入侵将领董阳春，四川保路运动领导陈孔白、葛义先，成都“丁未六君子事件”之一王述怀等。在思想人文领域有一代国学大师廖平，潜心研究经学，穷辩伪古文经学，开启学术界厚今疑古之风；认为“经学之要在制度不在名物”，使千余年来今古之纠纷涣然冰释；并倡“托古改制”之说，使古代经学有近代政治思想色彩，为资产阶级改良主义找到了理论依据。著名变分学专家胡坤升对变分学的研究达到世界先进水平，成为中国从事变分学研究的先驱。还有作家刘濂清，名画家张悲鹭、王瑞卿，历史学家贺昌群，名中医陈鼎三等，都为国家、社会的进步和发展作出了重要贡献。

民国10年(1921)年7月，中国共产党成立后，乐山人民在中国共产党的领导下，为反对“三座大山”压迫，建立新民主主义的新中国进行了不屈不挠的革命斗争。民国27年(1938)年，武汉大学内迁乐山，先后有著名学者朱光潜、叶圣陶等到武大执教，冯玉祥、白崇禧等到校活动。乐山涌现了郭沫若、熊克武、何克希、邵从恩、章泯、陈潜夫、王达非、程杰、毛英才、刘立平等代表人物或革命烈士，其中以文坛巨匠郭沫若最为著名。五四运动后，郭沫若怀着改造社会和振兴民族的热情从事文艺运动，创作《女神》等一批中国新诗的奠基作品，开创“一代诗风”。后又创作《漂流三部曲》等小说，出版诗集《星空》《瓶》《前茅》《恢复》；著有历史剧《蔡文姬》《武则天》，诗集《新华颂》《百花齐放》《骆驼集》，文艺论著《读〈随园诗话〉札记》《李白与杜甫》等。成为继鲁迅之后，中国文化战线上又一面光辉的旗帜。郭沫若还是中国著名的无产阶级革命家、思想家、考古学家、古文字学家、历史学家、书法家和社会活动家。这一时期，还有左翼戏剧家、电影导演和电影艺术教育家章泯，民国24年(1935年)撰写《悲剧论》《喜剧论》等专著，系统阐述悲剧和喜剧的起源、发展及其不同的形态特征，是中国最早介绍并实践苏联戏剧理论大师斯坦尼斯拉夫斯基表演体系的人。

中华人民共和国成立后，乐山境内英才辈出，群星闪耀，他们有的为社会主义革命和建设事业奉献了青春和生命，有的在改革开放的宏伟事业中建功立业，成为国家建设的栋梁，乐山人民的骄傲。其中有“党和人民的好女儿”丁佑君，中华人民共和国成立初期在西昌参加征粮工作不幸被土匪绑架，面对百般摧残和死亡威胁，她视死如归，英勇牺牲，年仅19岁；中央人民政府签发毛泽东署名的“革命烈士证”，核定为“革命功绩：一大功”。有抗美援朝战士、英语翻译林学逋，誓死不背弃祖国，为维护祖国尊严，壮烈牺牲在敌人的屠刀之下。有著名的化工专家吴鹿平设计建成新中国第一个化工联合企业，为国家盐化工业发展作出重大贡献。有著名眼科专家毛文书，建立国内最早的眼科生化实验室；口腔学家夏良才，主编中国第一部口腔外科学专著。“九叶诗人”之一陈敬容，其译作《巴黎圣母院》《绞刑架下的报告》《安徒生童话》等均为广大读者所喜爱。有马克思主义著作翻译家、诗人曹葆华，首漂长江的勇士尧茂书，“中国核电之父”欧阳予，核电专家昝云龙，光电技术专家黄尚廉，生命科学家陈常庆，半导体科学家张瑞夫，地质学家潘龙驹，针灸专家江永生，实业家兼电影制片人任宗德，国画大师、嘉州画派创始人李琼久、李道熙，“中国当代画竹第一人”余新志，名中医江尔逊，肠胃病专家汤一新，刑法学家伍柳村，四川第一个举重世界冠军邓国银，“中国飞人”衣瑞龙，“当代第一比丘尼”隆莲法师，大德高僧普超、遍能，影视导演吴子牛，彝族歌唱家苏都阿洛，艺人陈小艺等。